民主周刊

【北平版·华北版】

民主周刊社　主编

群言出版社
Qunyan Press
·北京·

图书在版编目（CIP）数据

民主周刊：北平版·华北版 / 民主周刊社主编 .—
北京：群言出版社，2014.11
（民盟历史文献）
ISBN 978-7-80256-664-4

Ⅰ. ①民… Ⅱ. ①民… Ⅲ. ①期刊—汇编—中国—民国 Ⅳ. ① Z62

中国版本图书馆 CIP 数据核字（2014）第 262904 号

责任编辑 盛利君 张天放
封面设计 群言艺术设计中心·胡蔓青

出版发行 群言出版社（Qunyan Press）
地　　址 北京市东城区东厂胡同北巷 1 号（100006）
网　　站 www.qypublish.com
电子信箱 qunyancbs@126.com
总 编 办 010-65265404 65138815
发 行 部 010-65263345 65220236
经　　销 全国新华书店
读者服务 010-65262436 65276609
法律顾问 北京市君泰律师事务所

印　　刷 北京画中画印刷有限公司
版　　次 2014 年 12 月第 1 版 2014 年 12 月第 1 次印刷
开　　本 880×1230 1/16
印　　张 18.25
书　　号 ISBN 978-7-80256-664-4
定　　价 80.00 元

前言

中国民主同盟成立于一九四一年三月，正值抗日民族统一战线遭到国民党独裁统治破坏的危难之际。民盟以贯彻抗日主张、实践民主精神、尊重思想自由、提倡依法治国为政治纲领。民盟凝聚了当时绝大多数进步知识分子和社会精英，可谓群贤毕集。在不同的历史时期，黄炎培、张澜、沈钧儒、杨明轩、闻一多、李公朴、梁漱溟、史良、胡愈之、楚图南、吴晗、费孝通……这些民盟前辈精英们纵横捭阖、开阔放达，本着知识分子的人文良知和社会责任『奔走国是』，在政治、经济、军事、外交、教育、社会等领域都提出了明确的纲领和主张，将平等、民主、自由的思想播撒在中国的土地上。

在那苍黄翻覆、陵谷变迁的大时代，在那风云变幻、波澜壮阔的动荡岁月里，历史的浪潮将中国民主同盟，将有志于民族振兴的贤良才俊推上了风口浪尖，他们在改变中国命运的同时，也改变了自己的人生轨迹。他们为历史的进程，为国家富强、民族振兴和民主政治的进步做出了卓越的贡献；他们将自己的荣辱与民族存亡紧紧地联系在一起，为中国的民主、繁荣奋斗了一生，为后人留下了许多宝贵的精神财富；他们关于新民主主义社会的探索，至今仍具有巨大的影响和现实意义。

在和平盛世的今天，为了保存这珍贵的历史财富，为了让后人记住先辈们的独立之精神、自由之思想以及他们为国为民、励精图治的奋斗事迹，我们通过多年的精心准备和积累，出版了《民盟历史文献》丛书，这不仅仅是追忆往昔、缅怀先贤，也不仅仅是为了从学术研究的角度去厘清历史、臧否人物，更重要的是：通过回顾那段曲折的历史，传承民盟与中国共产党肝胆相照、荣辱与共的真挚感情；纪念民盟先贤为新中国做出的巨大贡献；呈现近现代中国社会的嬗变和进步知识分子的爱国情怀；同时也是为了民盟薪火相传、与时俱进的需要；为了让那些隽永传奇的人物和可歌可泣的历史再现后人的眼前。

路漫漫其修远兮，吾将上下而求索。《民盟历史文献》丛书的出版，是对先贤们多党合作历史的尊崇和传承。

《民盟历史文献》编委会

目　录

民主周刊

創刊號

言論自由？

發刊詞

時評

貫徹停戰命令（仁）要漂亮一點（蕪）

祝越南聯合政府成立（時）

反對重選國大代表的理由何在（韓靜）

特載

中國民主同盟南方總支部成立大會宣言

重慶出版業對政治協商會議意見書

民主出版社

主編：民主周刊社　發行：民主出版社

中華民國三十五年一月二十一日北平版

發刊詞

民主周刊，是中國民主同盟的正式刊物。這是主要的理由，爲什麼在北平市上業已有好幾種進步的與內容豐富的刊物之今日，還要發行本刊北平版？不過本刊雖然是由同盟主辦，却絕對沒有包辦的意思，裏面所載許多文章，都是同盟以外的朋友寫的。甚至短評方面，也有一部分採用外稿。我們始終相信，民主與「淸一色」是互不相容。要講民主，就得講理，就得容忍別人不同的意見，而且還要勇於改過。當然在這小小的刊物裏，一部分文章，將要代表同盟的立場。所以要發出這類文章的道理，倒不着重在宣傳，而是在向廣大的民衆，請求批評，請求指敎。剩下若干篇幅，甚盼各界朋友，不吝賜稿，我們很願意，拿這不多的篇幅，貢獻給大家作爲公開言論的園地。主張和我們是否相同，絲毫沒有關係。甚至見解與我們相反，也沒有什麼。在擁護民主與反法西斯的最高原則下，祇要篇幅容得下，什麼樣的文章，都可以登。如此說明以後，萬一將來在某期中，發現同時登載的兩篇文章，彼此觀點互相衝突，請讀者不要奇怪。我們所最討厭的：就是單調的，淸一色宣傳文字，所以很想努力不蹈覆轍。

說起民主周刊的歷史來，本刊是一九四四年十二月八日在昆明創刊的。原來在那年夏天，一切都籌備好了，準備假「七七」抗戰的紀念日創刊。却不料風聲傳出，立刻遭到無情的打擊，非法的壓迫。請求登記的申請書，被壓住不予遞上。審查圖書雜誌機關，不肯審查，而且越法阻礙了本刊的登記申請與發行准許。在當日環境下，本刊再三難產，僥倖未致流產，已經可說是近乎一種奇蹟。

經過千辛萬苦，叫某一方面人頭痛的民主周刊，終於在前年十二月八號，初次問世。創刊日期，挑在「一二九」偉大紀念日的前夕，並不是一件偶然的事。從那天起，昆明的靑年運動，昆明的靑年們，開始自動拿起學生運動的大旗來。在多年日僞壓迫之下，北方的靑年運動，一時被窒息了。代之而興者，有我國西南角上的昆明，「五四」運動的傳統，隨着學校的南遷，在這遼遠的山城裏，生長起來，壯盛起來，從此昆明一變而成中國民主運動的主要中心之一。當然對於這種具有歷史的意義發展，本刊同人，自認貢獻無多，絕不敢以此居功。祇覺得在大運動當中，能夠配合在一起，担任一名跑龍套的脚色，已經是無上的光榮。

本刊創辦成功以後，麻煩並沒有了。在去年七月初政府宣布新聞自由以前，差不多整整一年，本刊遭受圖書雜誌審查機關無數次莫須有的騷擾。在昆明我們變成了審查的主要對象。負責審查的先生們，干涉到每一期每一篇的稿件。扣的扣，壓的壓，任意删減，删減了還不准「開天窗」。這樣不斷地麻煩，無非是想把這初生的嬰兒窒死。

時代轉變了。審查條例，終於在中外輿論聯合反對之下，被迫取消。雖然名符其實的言論自由與新聞自由，此刻在後方各省，亦迄未實現，但是有限度的這種自由，確是被人民爭取到手了。在這種相當成功的鬥爭當中，本刊亦曾聯合性質類似的民主刊物，勉盡棉薄。不幸檢查制度，雖在後方已在名義上予以撤消，而在所謂收復區則反而變本加厲。今日華北各地言論與新聞之受箝制，不但遠過於抗戰最緊張階段之後方，抑且可與日僞統治時期比美，在日本業已正式投降以後三個月，這眞是一件叫人痛心的事。上海文化界的朋友們，早在幾個月以前，就在鬧着爭取言論自由了。最近甚至連上海市政府，也已經呈請中央，請求廢除新聞檢查。惟獨華北方面，除開天津的中學生，在反甄審運動當中，曾經提出言論自由的口號以外，其他迄今還是無聲無臭，聽之受之，難道這七百年來的古都，眞是像空了心的老樹麼？昔日「五四」的光榮，到那裏去了？不。我們決不相信，故都就會這樣沉寂下去。在沉寂的表面底下，蘊藏着無限的力量。也許我們對於季候的感覺，比一般人特別來得早一點吧。

民主周刊在昆明也曾遭遇過很大的經濟困難。討厭我們的人，總宣傳我們的經費「如何如何」，其實完全與事實不符。除開偶爾找到幾位同道的朋友，捐助一部分印刷以外，我們一向是力求自給自足。編輯部同人，開不出飯，買不起茶，是常有的事。最初發行的時候，是印的兩千份。中間有幾期，銷路落到一千份左右。[illegible]經過幾度努力，刷新內容，改良印刷，到了去年十一月初，升到三千份[illegible]，最近居然在昆明一地，突破萬份。目前本刊內容，缺點依然甚多，固然不容諱言，不過能如此突飛猛進，決不是偶然事件。在一個人口不過三十萬左右的城市（北平現在聽說有二百萬人），居然能銷這樣多的份數，可見本刊多少總有其存在的價值。

近來本刊在昆明之所以銷路激增，無疑是因爲在眞實消息被歪曲的場合中，本刊獨能主持正義，報導眞正的消息。經過昆明同學們血的奮鬥，兩個法西斯主義者與殺人凶犯—李宗黃，關麟徵—被打下了擂台（可惜沒有明正典刑）。本刊同人得附驥末，深以爲榮。

北平版的昆明周刊，是否會如在昆明一般呢？這事有待於歷史的證明。其決定因素，則在於讀者對這小小的刊物，是不是肯予愛護提攜。

時評

應貫澈停戰命令

一月十日國共雙方下令停戰，十三日軍事調處執行部抵平。報載長江南北各線衝突，十五日已完全停止。十六日美機開始在平綏，平漢及津熱三線之衝突地區散發停戰命令，執行處並即將派遣若干小組，分赴未停戰地區執行任務。就目前整個情勢來說，內戰已開始停止。

自然，事情並不像一般人所想像的那樣明朗，乾脆：說停就停，其間有技術上的困難，命令傳達需要時間。但也有人爲的困難，就是即令雙方首腦部已感大勢如此，不可再打，部隊中難免也還有許多不識大體，固執成見，不肯善罷干休的人物。因此軍事調處執行部所担負的實在是一個十分艱鉅的任務。

但調處執行部的權力是有限的。他們並不是排難解紛的機構；他們只能傳達命令，調査事實，報告重慶。因此，眞正的全面停戰還須要全國人民繼續積極督促政府認眞辦理才有希望。否則陽奉陰違的情形還在所難免。

報紙是人民的喉舌。中國報紙同輿論對於製造和制止內戰都盡過不少的力量。最近報紙關於停止衝突之後的衝突宣傳盡力，各黨報紙彼此責難尤多。實際誰是誰非，恐怕還須要軍事調處執行部各小組或軍事考察團正式出發調査之後，才能眞像大白。

在和平剛有一線曙光，眞像尙未完全判明的時候，我們希望輿論界少作惡意的攻擊，多作積極的•善意的督促，培養一點相忍爲國的和平空氣。這對於國家人民是有益的。（仁）

要漂亮一點

政府早在上年十月初就已明令停止新聞檢査，開放言論自由，但時間已過去三個多月，這些自由都只是一張空頭支票，（在內地正式的檢査雖沒有了，在我們收復區却變本加厲）但暗中的控制仍威脅着全國：

上海「民主」周刊出版後放在書店裏遭來歷不明的人沒收。

上海「周報」發售時遭具有特種資格人士査禁。

重慶「自由導報」在書店發售時，遭警局奉重慶國民黨市黨部命令査禁，書店幷受警告不得代售。

昆明民主周刊出版後不能向收復區寄發。

全國郵電仍依舊嚴厲施行檢査。

對這一連串的事實，我們不想再用文字來說明，只有一個希望，就是請政府當局給我們一個明白的解釋，請說出一個要這樣自相矛盾的道理來。

現在不是要開政治協商會議了嗎？

我們希望政府在行爲上要稍微漂亮一點，不要言行太相違悖了，因爲這在一方面只是增長人民對政府的憎恨憤怒，另一方面也大損於政府本身的信用。

我們完全贊同自由導報的意見，全國文化界，出版界，新聞界聯合起來發動拒檢運動，實行拒絕登記運動，一切出版物逕行出版，以自動澈底廢止一切縛束言論自由的明暗管制和縛束，我們更希望全國爲民主奮鬥的出版界展開廣泛的自衞運動，言論自由是人民基本權利，我們不要向任何明暗特權者乞求。（蕪）

祝越南聯合政府成立

舉國一致的越南民主聯合政府，在擴大其原有基礎後，已正式在今年元旦成立。這不祗是越南獨立初步成功，和越南各黨各派更趨團結的象徵，而更是東南亞弱小民族在解放鬥爭中勝利的信號。它在目前雖然還沒有獲得世界各國的承認，但毫無疑問的，全世界愛自由愛民主的人們，都會衷心同情他們的。我們站在中國人民立場，對於兄弟之邦這幾年來的艱苦奮鬥，與其輝煌成就，遙致其無限的敬意。

越南呻吟在法蘭西帝國的榨取壓迫下，已經八十多年了。在這次第二次世界大戰中，法國投降後無力保護其遠東殖民地，法督越古遂繼之向日本帝國屈膝。越南人民已經覺醒了，他們是不甘再繼續受任何帝國主義統治的。在這悠長的五年中他們發揚了過去鬥爭的傳統。爲民族解放獨立自由，而付出了無限的代價。本年八月日本投降以後，越盟軍隊更用自己簡陋的武裝從日寇桎梏下解放了越南大部分領土。這說明了殖民地的時代已經過去了，越南人民已經在不斷鬥爭中壯大起來。

日本投降後，法蘭西帝國還想借外力把枷鎖套在越南人民頭上，不斷聯合英國的軍隊去進攻和屠殺越南人民。但，世紀是人民的世紀，時代是民主的時代，人民已經站起來，是無法再把他壓服下去的，徒見其心勞日拙而已。

我們祝禱在陣容更整齊，力量更團結的新政府領導下，越南民族能够在不斷鬥爭中獲得完全獨立。我們更希望法國能推己及人，體驗一下過去四年來受壓迫屈辱的痛苦，放棄過去迷夢，讓越南民族在世界上獲得自由。我們更切望英國回味一下英倫三島岌岌之日的心情，再不做法國的幫兇，否則終有一天在更大的打擊下，紛碎自己底迷夢的。如果東南亞和西南太平洋的弱小民族，不在這次世界大戰後獲得自由解放，世界是無法獲得和平的，這次大戰將失去了它光輝的義意。（峙）

反對重選國大代表的理由何在

韓　靜

國民大會代表是否應該重選問題，在政治協商會議已成爲各代表間所爭論的主要問題之一：據邵力子氏表示「如堅定非重選不可，則此問題不能談下去」。那麼政治協商會議的前途是頗堪憂慮的。邵氏反對重選的理由是：「當年所選之代表，非國民黨員亦甚多，如周鍾嶽，揚衛玉等，直到現在止，尚未入黨，故不能謂爲一黨包辦」。這是非常不合邏輯的。所謂一黨包辦是指辦理選舉那件事的本身而言，如果是國民黨一黨辦理的選舉，則即使其中包括少數的非黨員在內，也絲毫不減少一黨包辦的選舉性質。更何況所謂非黨員又僅是極少數的幾個人呢。其次，此次政治協商會議是包括着各黨各派和無黨派人士在內的，又由這個會議所產生的政府，不管叫做聯合政府也好，或叫做什麼政府也好，總不能不包括各黨派和無黨派的人士罷，那麼在這種團結的新形勢發展之下所要召開的國民大會，爲什麼就不可以由各黨派和無黨派的人士共同辦理選舉，而仍堅持過去的一黨包辦的選舉呢？邵氏又說：「亦考慮容納新人在內」這是根據邵氏邏輯——有非黨員即不是一黨包辦——於是想多增加幾個非黨員企圖更證明不是一黨包辦。即使我們免强承認他的那個邏輯，可是全國的國民大會代表總數不過千餘人，而在一黨包辦下選舉出來的已有九百六十餘人。既然承認他們的代表資格都有效。則所能增加的新人，必將是極少數。這樣怎能使各黨各派和無黨派的代表在國民大會中得有相當比例的代表人數呢？增加與否實在對於一黨包辦的本質沒有多大關係的。還有，所謂增加的新人是由什麼方式產生呢？如果說由協商方式產生，則人民一定要主張行使自己的直接民權，即是要由人民自已直接選舉代表。不讓人民直接行使其權利，選舉其代表，就是不民主，也就是包辦。如果讓人民行使自已的直接民權自已選舉，那又爲什麼不讓人民選舉全部的代表而僅讓選舉一小部分的代表呢？因此，我們認爲「容納新人在內」的主張，並不是一黨包辦的放鬆，而是堅持一黨包辦的另一花樣。

再根據張厲生氏的說明，沒有重選的原由，一是：「根據法理來講，我們在法律上找不出根據來」，「國民大會的職權，是制定憲法，並決定憲法施行日期，國民大會代表就只有這種任務，沒有任期。政府沒有法律根據，可以解除他」。沒有任期的代表也可以解釋爲終身職，終身職的國民大會代表，是世界所沒有的，即使在假民主之下也不會這樣愚蠢，顯明地表示着寡頭政治罷？我想按照常理是不應該那把解釋爲終身職的，那麼就根據組織法第十一條「國民大會於會期完畢任務終了」的規定解釋，又似乎是極短時期的。任務一終了，代表便失去其代表資格。可是問題是八年不召開國民大會，他們就有八年以上作代表的資格，開會而不制憲，他們又可以有幾年代表資格，制憲而一時制不完，又可以拖長下去，同時誰又敢保證在所謂完成任務之後，不在一黨包辦下做第二屆國大代表呢？結果短期的，變成了長期的，長期的變成了無限的長期的了。試問這不是剝奪了全國人民的權利而維持一個人或少數的獨裁制嗎？張氏說：「沒有法律根據可以解除他」。我們認爲人民沒有義務一定要遵守這種不合理的法律。人們現在有權利要求廢止或修改這種不合理的法律。張氏所說的第二個理由是：「以現在政治上一般趨勢，並對目前國家所希求的，是團結統一，從團結統一來求得國家的安定」。不知道張氏所說的團結統一是全國性的，還僅是少數人的。如果是全國性的，則由各黨派和無黨派共同辦理選舉，重選代表正是促進團結統一之道，而反對重選，就是破壞團結統一的道路，張氏所說的第三個理由是：「假定過去已經依法選出的九百幾十位代表，政府或任何方面不承認他們的代表資格，從新選舉，請問幾百位代表心理上作何感想？作何反應？」中國是四萬萬五千萬人口啊，難道張先生忘了嗎？爲什麼張先生不想想如果承認他們的代表資格，則四萬萬五千萬人民的心理上將作何感想，作何反應而只顧及幾百個人的感想和反應呢？這是一。第二，人民所反對的並不是代表本身的問題而是反對他們產出的根據——一黨包辦下的組織法和選舉法。在將來修改後的組織法與選舉法下，過去的代表，如果是能够爲人民謀利益的，當然還可以被選出。當他們再由人民選出做代表時，他們的感想必然是光榮愉快，他們的反應必然是精誠團結。因此張氏即使眞爲團結統一着想，即使僅爲九百多人的感想和反應着想也應該不反對重選罷。張氏又說：「……這九百幾十位的代表資格或是否認，或是取消，他們是不是也要另外組織一個團體。假定例如組織一個國民大會黨，同樣像其他黨派，向政府表示他的意見和願望，再來開一個甚至幾個協商會議，政府將何以處置？」這話裏充分的表現着沒有實行民主的誠意，充分表現着怕人民表示他們的意見和願望，更怕召開協商性質的會議。否則就讓這九百多代表組織什麼團體。又有什麼不可呢？如果他們眞正有羣衆擁護能够組織什麼團體或黨派，難道不取消其代表資格就永遠使他們不能組織起來嗎？

總之邵力子氏和張厲生氏等反對重選國大代表的主張是沒有充分理由。我們站在和平建國的立場上，希望這個問題不像邵氏的預斷「談不下去」，而必須談下去。並且政府必須表示誠意實行民主，允許各黨派共同辦理選舉，人民自已重選代表。這樣才能使政治協商會議得到圓滿的解決也才能打下民主的基礎。

由進軍東北說到停戰命令

郭啟蒙

中央進軍東北，恢復主權，似乎理直氣壯，而一般人對之，亦不覺奇異，專門頌聖的新聞報導，又大書特書，東北人民，如何歡迎國軍，如何夾道歡呼，這種不求甚解的後果，吾人認為是使東北問題，更深刻的惡化，是的，東北人民，在日本壓榨十四年後，忽被解放，其對於由祖國而來之個人或團體，甚至帶去之貓狗手杖，都是好的，都感到親熱，但這些都不可能是持久的現象，觀於滬寧平津的市民，對於中央接收大員與部隊，乍到時期之歡迎，不更逾於東北人民乎，然而征服佔有的姿態，乃是以暴易暴，人民不但不能繼續歡迎，勢必怨恨日深，故用軍事接收東北，為中央，為地方，為整個國家，絕非上策。

中央必須進軍東北，至少要在四種情況之下，(一)東北人民不歸服中央，(二)日軍尚未繳械，(三)共產黨在破壞東北，(四)東北土匪遍地。無如事實告訴吾人，這四種情況，一樣都不存在，因此也就無進軍東北的理由，若強說理由，只能說為表示中央是征服者，為了示威與鎮壓，為了一黨專制，為了便於官僚剝削，這一串的理由，在東北人民，未明瞭以前，儘管歡迎於現在，必然反對於將來，蓋東北人民，歡迎中央，是希望用民主政治，解除日本軍閥壓榨的痛苦，絕不是歡迎中央，仍以日本軍閥的手段，再來個以暴易暴，蓋帝國主義的枷鎖與封建官僚的枷鎖，是同樣滋味也。過去所謂軍隊也者，莫不擾民，而且是加重人民担負，在由上而下的獨裁政治時期，國軍也好，黨軍也好，有損無益的軍隊，人民是飲泣吞聲，莫可如何，今既屆由下而上的民主政治時期，軍隊的性質，應該是真正保衛人民的武力，不再是少數當權的御用品，應該是由真正民主政府，形成軍隊，不再是以少數當權的爪牙，冒充國軍，故東北人民，在目前絕對不歡迎甚麼國軍或黨軍，進入東北。今中央若藉外力，而強行開入，甚至打進東北，這無異是在東北，埋藏了大量的爆炸物，遲早會爆發的，換言之，東北人民與中央，遲早是要衝突的，況現時也就正在衝突，方冀中央與中共，商談停止軍事衝突，安協後，一了百了，今後中國，可整個入於和平建設的階段，乃美中不足，停戰命令，竟把東北除外了！東北人民，過去與現在，前方與後方，都大聲呼籲，不要把東北特殊化，而中央非要把東北特殊化不可，這一特殊化，就是東北人民，眼看着內地各省，從今後化戾氣為祥和，人們皆將各安生業，而東北方面，軍事還須要衝突，交通還須要破壞，人民還須要在水深火熱中去掙扎，這使東北人民，對於中央，多麼失望，多麼寒心的事呀！

中央進軍東北，原說是為恢復主權，語意之間，彷彿其他淪陷區的收復，不算恢復主權似的，這就太滑稽了，明明同是在恢復主權的工作分配上、而引起的軍事衝突，在內地者，可以協商停止，在東北者，偏就例外，這種理由，實難索解，若謂，東北是由蘇軍手裏接收，蘇軍撤退，我自應派兵接防，那末東北在蘇軍撤退後，至少要有以下可能的情勢。(一)東北地方秩序，立即混亂的可能。(二)東北政權，立即被共黨搶去的可能。(三)東北土地，立即被日本重行佔領的可能，顧此之種情勢，第一，東北人民，在日本長期壓榨下，被解放後，絕不會倡亂的，第二蘇聯依據條約，必不能將東北政權交付共黨，第三是更不可能了。

吾人止以東北，由蘇軍手裏恢復，主張用政治接收，而不應用軍事擾亂，蓋蘇軍為驅逐日寇，進入東北，依據中蘇條約，任務達成後，自然撤退，固無須使用軍事也，對於東北及主權，亦當然交還，國民政府，吾以政治接收而有餘，安用軍事，是以吾人甚盼中央，對於東北張皇失措的政策，立即改絃更張，停止進軍東北撤消東北行營，明令東北地方，建立聯合性的民選政權，也就是地方自治，已派赴東北各省之主席，暫即責令辦理普選，限期完成，俟地方民主政權建立後，即行辭職，如此則東北經濟文化，其他一切，方能順利展開，而東北方能確保永遠是中華民國的東北。

要好的權利

水樂

美國古柏君撰「獲知的權利及世界新聞自由」一文，各報已有譯載者。他說：「新聞自由的火花正在全世界燃燒。」「這真使人有悵望天涯之感。該文中又說，美國憲法的修正案規定「國會不得制定限制出版自由的法律」，而我們的好像比國會更好的特派員則正共勢洶洶地鬥着取締不合法的出版物的把戲：相形之下，我們又當作何感想？在傳統的愚民政策之下，我們當然談不到獲知的權利，這且不必說了。

我們目前所爭取的卻是更讓一步而更基本的權利，其名曰要好的權利。不好的要牠好，好的要牠更好：這似乎是人的天性，就個人說是一種向上的要求，就國家社會人類說是一種推動及發展的力量。嚴格的個人的要好可以用潛修自強獨善等等方法去做，不受外力的拘束，其權利可說是無法被剝奪的。這且不論。但以(一)環境不能絕無影響於個人，(二)自己好了還要別人好兩點來說，我們實不是沒有擴大而進一步要求國家好社會好的理由及權利。如何去要國家好社會好呢？溫和的方法是講學立言奔走呼號，激烈的方法是武力抗爭流血革命。中國歷史上自孔孟之棲棲皇皇，墨翟宋牼之非攻反戰，以至　孫總理之革命，　蔣主席之北伐：都是這一個「要好」目的下的異時異類的活動。再看歐美列強的建國及發展，更可以說每國都是一部「要好成功史」。要國家社會好是正當的，至少不是不正當的：這還有什麼問題嗎？

可憐可痛可恨可笑可怪可怕，而更可恥的是這。個人類基本權利之一的要好的權利的最小一部分直到此時此地還有待於努力爭取！三句不離報紙立場，還又提到所謂言論的權利了。一般所規定的各種基本權利之中，除居住，集會，信仰等或疑其僅涉及個人目的在中國獨尚認爲所求過奢外，言論總可認爲是以要大家好爲的目的了。發言立論，發狂嫖濫賭招搖勒索者，我們相信迄今尚無，將來亦不會有。所以言論權就是要好權，言論的自由乃是要好的自由。而現行的制度却說，「要好須受限制」，或竟「不許要好」。這是什麼話！

禁止要好的立塲僅可能有兩種。一是我不要好或甚至對方且要壞，則你的要好與我相違，故須嚴防。若果如此，則我們當然無話可說；消極者就不必再說要好，積極者自必另謀要好之道。二是自認很好，而尚有嘵嘵取厭者，故須禁止。這立塲尚不堅穩。嘵舌的人們還可以說：我們姑且承認現狀是很好，但何妨再好一點呢？於是論點便須推進至現狀是頂好最好而無可再好。若果如此，便是事實問題了。先不必請大衆判斷，且請自認爲好的人於黎明夢回頭腦清醒之時說明一句如何？

具體地說，言者要實行眞正民主以息內爭，要懲治奸僞以正人心，要鏟除貪污以清吏治，要攻擊招搖勒索以慰民憤，要不要剌激物價以安定民生：所有這些是否都是要好呢？事實上是否已是頂好最好而無可再好了呢？然而不許要，以致言論界迄今還陷在要求要好的階段中努力掙扎，請問自居於上述二者中的那一個立塲？

現行的制度所許的，若干言論者所做的，是要好；所不許的，所怕做的，是要好。有好我們亦願意捧，方且薰香禱祝以求之，只恐殊少文章可作耳。而尚有稍堪自慰者，則是我們尚未被迫去要壞捧壞。然我們又以爲，與其不許要好，毋寧乾脆捧壞，直至全國輿論一朝同栽「狂嫖濫賭招搖勒索爲至高美德」之名論，則人類世界中可以沒有我們的事，我們也無所用其要求要好了。

立卽實現自由諸言 人民不能再等待了

（每週陪都航訊）

十四日是政治協商會議開始正式討論具體問題的第一天，羅隆基先生是民主同盟方面昨天指定的發言人之一，他剛開完政治協商會議，還沒有吃飯，就匆匆的跑到『政治協商會議陪都各界協進會』的每天晚上必舉行的夜會（只要政治協商會議開會，每晚一定要舉行的）里去報告。今天夜會來聽報告的人，比以前幾天都多，總有三四百多人，把合作會堂擠滿了。羅先生敘述昨天下午國民黨提出的改組政府的六項意見以後，就談到他自己在政治協商會裏的講話，主要是對政府提出的改組政府意見不同意的部份。當他說：十幾年來政府不知公佈了多少次的人民的基本自由，但一點實際效用都沒有的時候，聽衆都鼓起掌來。他繼續說：其他的人民基本權利，如說還要天天翻翻什麼條文之類才可以做的話，那末釋放政治犯，馬上就可以做到的呀，爲什麼不立卽實行呢？說到改組政府，他說並不是因爲中共毛澤東和民主同盟張瀾沒有參加政府的問題，而是民主的問題。例如僅僅把行政院弄許多個委員放進去，不能眞正解決人民什麼問題的話，那就叫做官，要挨人民駡的。羅先生這樣說了之後，大家都笑了，而且熱烈的鼓掌。羅先生剛報告完，台下聽衆要求發言的人像雨後春筍一樣，到處都在叫主席。主席施復亮先生自己也忙着要把自己的意見說出來。他說：照政府在提出改組政府的辦法看起來，還是『澈頭澈尾維持個人獨裁』，如果同那個意見站在一起，同樣要遭受人民唾棄的。今天雖然是中華民國，可是政府提出的方案，還是對『黨』負責，對『民』不負責。最後他提出幾個具體意見：第一，希望爲人民說話的各代表提出共同綱領，爲全國人民奮鬥的目標；第二，重新考慮開國民大會的問題，舊代表要重選，因爲過去國民大會是國民黨一黨包辦的，而且有兩千萬人民被剝奪選舉與被選舉權。他着重的說：在是非中間沒有中立，在民主與反民主中間，決不能調和！施先生說完之後，會塲里掌聲四起。接着又有人提議：用政治協商會議陪都各界協進會名義致書政治協商會議的代表，要堅持改組政府問題討論解決之後，才談別的，不要馬馬虎虎過去。接着又有人提到人民基本權利的幾件具體事實要立刻解決：（一）收復區人民辦的報紙，不能禁止，（二）立刻釋放政治犯，（三）馬上停止『衣冠不整』的人的逮捕，（四）要求切實停止內戰，（五）開放政權，要地方和中央一樣，不要中央開了一點，地方還是一黨包辦。這個發言的人還沒坐下來，另外的人又站起來了。有人提議，請政治協商會議及政治協商會議陪都各界協進會，通電全國各地，成立政治協商會議協進會又有人大聲說：現在政治協商會議正在開着，居然還時常有人失蹤，這成什麼樣子？一定要取消這種特務作風，不管中統軍統，要一律取消。又有人提議組織人權保障委員會，用行動來保障人權。還有人提到現在有些漢奸跑到重慶來活動，並義憤的提出，要立刻審判一切漢奸。關於保障人權與釋放政治犯的問題，大家提出的意見最多，有人提議開一個歡迎政治犯大會，會場湧起一陣鼓掌和歡呼。羅隆基先生進出會場的時候掌聲一直把他送到門外。老百姓是如何想說出他們自己的話而又如何熱愛爲他們說話的人啊！

重慶航訊：政治協商會議陪都各界協進會，請政治協商會議代表講演夜會，十五日晚七時第三次舉行，請張申府，李燭塵兩代表與會講演。參加的各界人士，比前次更多，台上台下擠得毫無孔隙，主席史良先生作簡單介紹後，張申府先生就開始報告昨天大會議進展情形說：昨天上午大會，各方都集中在討論共同綱領爲中心，關於共同綱領中共，民主同盟都有方案提出，青年黨方面對此也有說明，政府代表沒有方案，現還將繼續協商。張氏講演中，一再申述共同綱領的重要及其爲各方所重視的理由。

李燭塵先生報告他是代表無黨派的，他將向大會提出關於經濟問題的提案。他深感中國爲一大農業國家，政府對農業向來重視，所以他的提案內容是『國農民工』，就是用政府力量協助農民解決一切困難，用政治力量解決土地問題，使耕者有其田。工業則交由其有財力能力的民間人士經營。爲便於工業發展，應有工業法，有保障民族工業的進口稅則等。李氏將具體向大會提出組織各黨各派及無黨無派參加的最高經濟指導委員會，內設設計、執行、考核等部，以督促全國經濟生產事業。

張李兩代表講完後，參加的聽衆就紛紛發言。一位傷兵站起來說：重要問題如不能解決，希望政治協商會議延期，希望代表爲人民多說話，希望無黨無派積極起來，担負起人民的付託。另一位說：請協進會請一兩位政府黨代表也到會講演，使人民見見政府黨的代表。同時現在還望黨國元老，爲國宣勞了三十五年了，應該休息了，好讓我們人民自已選出來的代表，來組織我們自己的政府。還有今後國民黨各級黨部，請再不要用我們國家國庫的錢了，人民太苦了。一位姓馬的聽衆說：前天政府黨代表提出的改組政府方案，對於這個方案，當時各黨和無黨派代表沒有當場把它否決，這實在使我們人民大痛心。又一位聽衆說：現在這個是什麼政府嘛？舉例吧，善後救濟總署給中國一萬頭耕牛，而農林部只敢收下二千頭，還再把這二千頭牛轉賣給老百姓，這能算是個政府嗎？

接着是許多人提議，有人提議發動各界每日舉行街頭演講和流動宣傳，以配合政治協商會議代表。一羣職業青年並提出了下列案件，該項案件經大會通過交協會理事會辦理。以大會名義（一）電英美蘇三外長、杜魯門、馬歇爾、高思、史迪威致敬。（二）要求外交部取消限制愛金生、史諾等六記者來華的決定。（三）電蔣主席立即實現在政治協商會議開幕詞上允諾的人民四項自由的諾言。（四）通電全國各級學校向政治協商會議提出對國是的主張。（五）要求蔣主席立即撤消各級三青團，各級學校黨部，新縣制及保甲制。（六）要國共兩黨及其他地方軍隊，公平減裁至五十萬，其餘軍隊一律從優遣散。（七）譴責陸軍總司令何應欽縱容敵僞討媚敵僞的行爲。第三次夜會至昨晚十時散會。

又訊：政治協商會議陪都各界協進會，今晚七時請邵力子郭沫若兩代表講演。

郭沫若先生對改組政府問題說：政府延攬各方人士參加政府，這是現了誠意。這目的是爲了實施憲政，研究的結果似乎難以達到這目的。（一）國府委員增三分之一，人選權在主席，即使所增的都是黨外人士，那也不僅沒有決定權，連建議權也沒有，恐成伴食大臣，參政會即是一例，政府既有決心：與誠意，應決心使憲政目的達到。（二）主席權太大。雪艇先生說主席並非獨裁，但是也太辛勞，是否可設輔助辦法，設副主席或常委會，以減輕主席之勞瘁與責任。（三）對政務執行機構部分，方案太簡單了。（四）最好根據黨派平等合法原則，由各黨派來另成機構研究國府組織法。

張東蓀先生對改組政府發表意見說：『爲什麼要改組政府？是爲了要實施憲政，爲什麼要憲政？爲的是實行民主。要實現民主，改革政府是必要的，但是並非有了改組政府就是够的。因此討論改組政府，有一前提：即是人民要有基本自由權利。如果人民的自由沒有，加入政府的人，實在也做不出什麼事來。我請政府本在會所宣佈的四項，最好在改組政府問題討論之先來做，做了就有助對改組政府的討論。請政府在這交換議程的四五天會議之後，或者是本星期六，向大會來一具體報告，報告那些違反人民自由的法令已修改或廢止了。報告多少政治犯已經釋放了，要有一名單。這些事做起來一點不難，那些特務機關已限制其活動範圍或裁撤，希望政府有一明白的報告。王世杰先生說國民黨是第一大黨居特別地位。這一點如果人民自由權利不給，則一般人對此總不放心。如果政府對此諾言做了，那時政府黨提出第一大黨，人民就不成問題了。邵力子先生前在會中說要看本會的成績如何，意思是要一政治休戰，我認爲這是周而復始的事，並不是一定要先有政治休戰才給人民自由，把圈子來套住。這圈子只要政府有決心應先來做起。決議會有人民得到了自由還要來與政府搗蛋的。說互讓也應由強者先讓，還是請政府先下決心去辦。

梁漱溟先生接着說：對人民自由權利的諾言，我們要求政府告訴我們做了什麼？如諸言又不做，很不願意來討論與它問題。對改組政府，實際國家化，國民大會等問題，各方正爭執甚烈，下次再述。

（元月十七日H寄）

寫給學科學的青年們

曾昭掄

戰爭總算是勝利地結束了。今後大家的任務，在於如何將一個簇新的中國，從刼後殘灰中建設起來，使其成爲人民安居樂業，自由平等的國家，並且對於安定世界，維持長久和平，有所貢獻。橫在我們前面的問題，不是簡單的復員，更不是復原，甚至不單純地是復興，而是如何改造整個國家，令其成爲一個康樂的，强盛的，自由的，平等的，民主的，與現代化的中國。過去幾千年當中，也曾有幾個時期，中國確是世界上最大强國之一，人民也享受太平的幸福。漢唐盛世，元清初年，是其中最顯著的例子。然而我們從來沒有過政治上的民主，人民與統治者一向不曾處於平等的地位。貧富懸殊的現象，雖爲儒家所不贊助；但是經濟上大家應該平等的原則，在中國却始終未被承認。我們今天的任務，首先在於將中國變成一個自由平等，人民可以充分享受幸福的國家。至於如何强大，尚屬次要。假如一般人所謂復興，不過是指恢復漢唐盛況，使中國國威遠揚海外，甚至支配世界，而不顧及人民的自由，平等，與安樂，那是我們所不敢苟同的。實在說來，在五十年代的今日，當全世界人民都已覺悟這是人民世紀的時候，唯一使中國强大起來的方法，是首先承認人民是中國的主人翁，將我們一切努力放在維護人民利益與改善人民生活上。要不然，所謂復興，根本就不可能。即令可能的話，一種暫時的强大，也保持不了幾天。希特勒與日本軍閥的失敗，對此應該是很好的教訓。

中國立國數千年，迄今仍然保持獨立國家的地位，這不是一件偶然的事。中華民族，自有其特出的優點與美德，所以經得住熬煎，能將四千年的古國，維持至今不墮；而且不但不似昔日埃及羅馬的沒落，反而在若干方面露出蓬蓬勃勃的生氣，如此次抗戰中所顯示者。我們對於中華民族的未來，絕無可以悲觀的理由。但是誰也承認，如果中國想要立足於現代國家之林，取得並且保持其應有地位，我們不得不從許多方面，將國家予以澈底改革。中國人是沒有問題的。成爲問題的，是目前流行的若干制度與作風。中國脫離封建時代，可說有許多年了。但是封建時代的制度，作風，與思想，殘留在我國社會，一時還不容易剷除。近年來不幸又吸收了許多法西斯主義的毒素。這些毒素，在國內多數區域，經過二次大戰，不但未曾消除，反而蔓延起來。將一個半封建的，充滿着機關主義的，帶有法西斯政治色彩的中國，改造成爲眞正自由平等，物產豐富，分配洽當的國家，這是現代青年偉大的任務。這種任務如此重大，當然不是任何一個人或者少數人所能妄想担負起來。但是如果我們能在此種運動中，担起自己所能担任的一份，那是很光榮的，對社會是很有益的。事情不論大小，祗要朝這個方向配合着做去，便是很有意義。此刻說我們處在一個大時代，決不是誇大之詞。戰爭雖已完結，前途尚有十年的艱苦期間。但是能够參加這種劃時代的建國工作，眞是千載一時的機會。

改造中國，我們所需要的是什麼？發生在二十多年以前的五四運動，早已明白地指出，民主與科學，是中國建國的光明大路。時至今日，這種基本要求，並未變更。二十餘年以來，我國在科學上，雖然一度略有進展，究屬非常有限。說到民主的話，不幸不但並無進步，反有背道而馳的傾向。到了今天，我們祗有重新提出這兩個口號來，作爲大家共同奮鬥的目標。民主與科學，同爲使國家走上現代化所不可缺的因素，二者也是相輔而行。沒有近代科學，我們的產業，便會永遠滯留在一種中古時代的情況，如此物資無法豐富起來。在這種情形下，無論分配如何公允，結果祗有大家都窮，絕談不到人民如何享受幸福。另一方面，如果經濟制度不能採取民主，無論物資如何豐富，結果祗有少數人可以享福，廣大民衆却始終在飢餓線上掙扎，祇有闊人用不完，吃不了的東西，大批當作廢物一般地拋棄。所謂經濟民主，當然脫不開政治民主。少數人把持一切的獨裁或寡頭政治，從本質上說，根本就不會想到人民的利益。惟有人民成爲國家的主人翁，纔能顧到他們自己的利益。科學也解放人類的勞力。這點聯上產業的發達，使人們得有閒暇的時間與多餘的物資，可以從事於更進一步的科學研究，並且從事於政治生活。同時民主政治的實施，使一國內每個人，在不妨害社會秩序與適當的集體生活之範圍以內，充分發展其個性，充分享受自由，如此更可加速科學的發達，多多爲人類造福。相反地，獨裁或者不民主的政治，多少不免統制思想，限制言論出版、結社，集會的自由，以此妨礙學術的發展。當然社會科學，所受此等妨害最大，自然科學與應用科學則較少，但是亦非毫無影響。尤其值得注意的一點，是不幸科學脫離了民主，其結果不但不能造福人類，反而可以成爲屠殺人民，鞏固反動政權的工具。希特勒底下的德國，前車之鑒不遠。

今日中國的科學青年，應當負起科學與民主雙層任務。一方面應該不斷研究科學，貢獻於社會的改造。另一方面站住自己的崗位，以其專門學識，貢獻於社會的改造。另一方面，不要忘記，自己也是中華民國的國民，對國家對人民負有責任，同時自己也有一份應得的權利。既然這樣，對於國家大事，切不可袖手旁觀，採取一種消極的態度，聽天由命。尤其不可將其專長，與人民公敵結緣，加強了壓迫人民的勢力。假如因為要潛心研究科學的關係，時間不許可你成為一位民主鬥爭的鬥士，至少也應該對民主運動採取一種同情與關切的態度，對國家履行公民應盡的責任。如果願意批評政治的話，應本科學精神，持公平態度，不要以為談科學要規規矩矩，談政治却可胡說八道。漫罵或漠不關心的作風，以及頑固思想，如果不幸存在，應當努力革除。祇有這樣，纔能成為新時代的一位典型人物，社會上一位有用的人才。

中國未來幾百年的歷史，有賴於今後二三十年的努力。青年們不要放棄自己的責任。

請提出你的主張和要求

對政治協商會議

決定着全中國人民自由幸福的政治協商會議，正在重慶積極進行：我們華北的青年朋友對這一會議應提出我們自己的要求和主張；本刊擬在協商會議時間繼續出版「華北青年」對政治協商會議的意見特輯」數期。茲特提出下面六個問題，希望讀者諸君，踴躍而大膽地提出要求和意見，寄交本刊。（並請寫明通訊處，寄交北平五十八號郵箱收轉。）

1 我對於停止內戰命令的估計，和對於國內團結的看法？

2 要如何才能獲得人民應享有的基本自由權利？

3 應如何改選政府，推行地方自治？

4 應如何才能使軍隊國家化？

5 我對於和平建國綱領的提議。

6 國民大會的代表應如何改選？大會的職權和憲法應該怎樣決定？

民主青年社上

政治協商會議的本質及前途

王立果

一、協商些什麼？

一再遲誤的政治協商會議，已經決定要在元月十日召開了，對於這樣一個關係中國國運興衰隆替的政治會議，全中國的人民自然是無比的關懷，就是我們的盟邦，如英國、美國、蘇聯，也莫不以極大的興趣在注視着這個會議的發展和結果。

對如此重要的一個會議，我們自應有一明晰而清楚的認識。

首先我們應該認識的是：政治協商會議究竟協商些什麼？

大家都同意，今天中國的最迫切的要求是：和平建國，民主統一八個大字。內戰不停止，就談不到建國，民主不實現，統一也無可能。所以，協商會議的協商主題，應該是：如何立即消弭國共兩黨的武裝衝突和立即實現中國人民所期盼的民主政治。

兩個問題實際上是一個，前者從屬於後者。民主政治不實現，內戰是不會中止的，反之，它會更加擴大，更加激烈；民主政治實現，內戰根本就不可能發生，因爲民主實施之後，人民就變成了眞正的主人，他們當然不會允許破壞和平的事發生。

所以，更進一步的說，當前政治協商會議的最大任務，是：商討實施民主政治的具體辦法。換言之，也就是商討國民黨取消一黨專政，眞正還政於民的具體辦法和必要步驟。

二、問題的本質

說起來是很可笑的，就表面上看，今天的中國應該是一點都沒有紛爭的國家；因爲所有的黨派都一致贊成民主政治，大家的目標毫無衝突之處。共產黨、民主同盟和其他許多黨派都主張立即實施民主政治，而當權的國民黨竟也毫不猶預的說：「我也贊成民主」；這樣，似乎是沒有衝突了，何以現在不但政治上有衝突，而且還有武裝的衝突呢？

所以，我們不能不把表面上的一切冠冕堂皇的言論一脚踢開，而仔細的研究一下，分析一下，把問題的本質弄清楚。

問題的本質是什麼？一句話，兩個字，曰政權。

今天中國政治問題的本質就是：當政了十八年的國民黨是不是願意取消它的一黨專政？換言之，國民黨是不是願意交出它的政權？現在鬧得烏烟瘴氣，五花八門的一切爭執，不論文字上，理論上說得何等美妙好聽，其實剝開皮一看，無非就是政權二字在作祟，一切的紛爭，其癥結就在於此。

表面上是沒有什麼可爭的。大家要國民黨取消一黨專政，國民黨說：「我早就願意取消了」，大家主張民主政治，國民黨說：「我一直是爲實施民主而奮鬥啊」，這眞是好極了，還有什麼可爭？實際上，如果國民黨眞願意交出它的政權，取消一黨專政，則今天早就是天下太平，不會有什麼紛爭了；今天所以混沌紛亂，問題就在於國民黨絕不願放棄它的一黨專政而欲堅持執掌其既得的政權。

國民黨既不願交出政權，而共產黨及其他黨派又莫不切望政權，於是發生爭執，發生衝突。

任何一個政黨，無不以掌握政權爲其目的，如果沒有爭取政權的慾望，則政黨根本就不必存在，而一個長期掌握政權的政黨，對於在自己手中的政權自然更是戀戀不捨的。這不僅中國如此，其他各國也是如此，所謂政爭，就是對政權之爭。

但何以別的國家同樣有政爭而無內戰，獨中國則不然？其癥結就在於民主政治之施行與否。

政黨爭取政權原是理所當然的事，但是這種爭奪應當以政治鬥爭而非軍事鬥爭來實現，換一句話說，政黨爭取政權，應該取決於人民的投票，而非取決於槍彈。如果是民主國家，人民是國家的眞正的主人，人民認爲那一個政黨是眞誠爲人民的福利而奮鬥，人民就選舉它，把政權交給它。但是在不民主的國家，眞正的人民的意見是無法表達出來的，在一黨專政的局面之下，即使有所謂「民意」，實際上不過是執政黨的「黨意」。我們回憶一下袁世凱由於「民選」而稱帝，就可以知道，在沒有民主政治的國家之內，所謂「民意」是個什麼東西。

在不民主的國家之內，既不能由正常的方式從事政爭，則武力的爭奪就不可免的要發生。因爲執政黨既以武力維持其政權，則在野黨除非放棄爭奪政權的企圖（這等於取消自己的政黨），否則唯有以武力對抗之一法。記得有一位國民黨的元老在共黨部的紀念週中公開說過：『現在的江山是國民黨用血汗打下來的，誰要想拿去，就請他拿血汗來打好了』，這可以代表執政黨對政權的基本態度，所以在野黨不能不以武力爲爭取政權的工具，這正是沒有民主政治的一個無可避免的悲劇。自命爲「大公」的大公報竭力責難共產黨不以政爭而以兵爭來奪取政權，正是倒因爲果，顛倒黑白，混淆事實的說法。

中國之所以發生武裝戰鬥，原因就在於此，國民黨之一再强調要共產黨解除武裝，其原因也在於此。

所以，要停止內戰，唯一的辦法就是實行民主政治，使一切黨派不得憑籍武力而憑籍民意來鬥爭，也就是說，以人民的意見決定政權之誰屬。今天全中國的人民一致要求實施民主政治，也就是認清了祇有民主才能得到和平，否則，中國在二三十年之內將始終浸沉在戰亂之中。

這就是當前中國政治問題的本質。

三、協商會議的前途

問題的本質既如上述，現在要問：政治協商會議的前途如何？會有什麼成就呢？

首先就國民黨的表現來看，它對協商會議的態度是極勉强的，因爲會議召開之後，它不能不有所讓步，它的既得的特權祇會減不會增，所以它對協商會議是根本不歡迎的。共產黨代表和馬歇爾特使到達重慶之後，國民黨發動了猛烈的宣傳攻勢，表現在我們眼前的不是和衷共濟的呼籲而是御用民衆團體的一片「戡亂」之聲，這對於和平協商的會議所應有的氣氛是極不相稱的。國民黨之所以這樣做，一方面表示它對政治協商不感興趣（它的興趣是「戡亂」而非協商），一方面是對馬歇爾特使表示中國的「民意」。

然而不管如何，在全國人民的壓力之下，在國際列强（尤其是美國）的敦促之下，國民黨又不能不召開會議，這正是當政者今天的最大苦痛。

協商的先決條件是停止衝突，衝突不停止而談協商，豈不滑稽？共產黨代表一到重慶之後，就提出無條件休戰的建議，然而國民黨報報之以冷淡的答覆，僅僅從這一點上，我們就可以看出，今天喜歡兵爭而不喜歡政爭的，到底是誰。

復次，蔣介石先生在北平對外記者的談話以及在元旦的廣播演說中，强調了幾點：

第一，共產黨必須交出它的軍隊（即所謂還軍於國）；

第二，國家的根本大法（即五五憲草）不容有所更變；

第三，政府的基礎（即國民黨的現存統治機構），不容搖動；

第四，今年五月五日的國民大會召集令，亦不得有所變動（即所謂還政於民）。

蔣先生並且在元旦廣播中特別强調的說，除了以上幾點之外，「其他無不可以容忍，無不可以協商。」其實，目前各黨派所爭的正是以上幾點，而這四點也正是當前政治協商的關鍵；既然國民黨對這基本要點不能讓步，則還有什麼協商之地？還談什麼「容忍」？難道枝枝節節的應付一下，就算「容忍」，就算「協商」了嗎？

就字義上看，目前國民黨所唱的口號「軍令與政令之統一」以及「還軍於國，還政於民」是一點都不錯的，而且與各黨派及全國人民所要求者完全吻合。不過問題是如何統一？統一給誰？還軍於國，還給怎麼樣的國？如何還法？還政於民，還給那些民？如何還法？

統一是天經地義的事，然而袁世凱，吳佩孚之流不正是以「統一」之名大動干戈，「討伐」國民黨的麼？所以，今天談統一，首先應明白的指出，是應當統一於民主，而非統一於專政。還軍於國還政於民更是一點不錯，但民主政治未實施之前，所謂還軍於國，不過是把武裝交給國民黨，所謂「軍隊國家化」，不過是「軍隊國民黨化」，而所謂還政於民（國民黨認爲國民大會召開就是還政於民）也祇是右手還給左手而已。

由上述，我們可以看出目前當政黨對於政權毫無放棄的意思，他們對自己手中的特權執着得異常之緊。

爲什麼國民黨態度如此强硬？由下面一段電訊中可以找到答覆：

『此間當局認爲最近共黨代表在重慶之提出無條件休戰，乃共黨在華北軍事力量衰弱之表示：……』（聯合社十二月二十日北平電）

原來是國民黨認爲共產黨在軍事力量上「衰弱」了，因此，它對武力「戡亂」的信心也就大大的提高了，也因此，它本來準備讓步的若干問題，現在也一筆勾銷了。這就是國民黨對「協商」不感興趣的原因。

如此說來，政治協商會議還會有什麼前途？還會有什麼成就？

然而不然，儘管國民黨態度如此强硬，我們認爲它還是不能不有所讓步，政治協商仍然可以獲得相當的結果。

從倫敦會議到莫斯科會議

費孝通

百足之蟲，死而不僵，軸心國的武力屈服之後，它們的心是不會死的，不但軸心國的主腦會希冀死灰的復燃，許多軸心的外圍，更不能不在沒有同歸於盡的時候，亟力掙扎。這許多勢力，匯合起來，在歐洲停戰到和平完成之前，儘量的想利用同盟國間之矛盾，引起它們的裂痕，以破壞和平。和平的破壞是軸心國及其外圍復興的前提。

世界和平秩序的建立本來不是件易事。一個戰亂之餘的世界，怎樣整理，同盟國間不易有一致的看法。而且加上了在這次大戰前，英美和蘇俄間傳統的猜忌，不同的看法又極容易被認爲個別利益的爭取。這些事實上的困難和心理上的隔膜，給破壞和平者發揮陰謀的好機會。

同盟國間的摩擦到去年的倫敦的五外長會議達到最高峯。兩位貝先生不等協議的成立竟拂袖而去。散場的不歡，鼓勵了軸心餘孽的張目。事態演化到十一月，第三次世界大戰已在形成中的謠言，已普遍的傳播，甚至出諸當時的美國駐華大使之口，共嚴重性是可想而知的了。

正在預備慶祝戰後第一個和平的聖誕節的美國人民被這種謠傳所震醒了。一再聲明和平爲唯一國策的白宮對着勢如潮湧的輿論，不能不重行檢討從倫敦會議之後所發生世界的嚴重局勢了。這嚴重局勢的關鍵就在美蘇關係。

從戰爭到和平的過渡期間，美國政治的內部發生一種畸形的現象。在戰時，爲了爭取軍事上的勝利，所以一切均以軍事第一，內政外交均得以軍事的最高策略爲依歸。譬如羅斯福對維琪政府的政策，爲了北非軍事的壁劃，不得不犧牲政治上否認軸心附庸的原則。一國政策的重心既放在軍事上，最高統帥部也就成了白宮的中心。戰事獲得勝利之後，客觀情形突然變化。爭取和平是一件政治工作。依理來說，國家的政策應該立即由統帥部轉移到國務院。可是事實上却有困難，敵國的佔領一方面可以說是在戰爭的範圍之內，另一方面也可以說是戰後國際政治的開始。若是白宮裏的主人威望充沛，自能應付這過渡局面，謀得適合的調度。不幸的是羅斯福中途逝世，繼任的總統並不能把住這轉渡的船舵。於是在美國的對外政策上，不免發生了可慮的雙重性。統帥部的軍事看法和國務院的政治看法既然大有出入，各方各行其是的結果，若是走到極端，很可能重踏九一八之前日本的覆轍。

在軍事觀點論，一切的計劃不能沒有一個意想的敵人。以美國說，有資格做美國意想敵人的自然祇有蘇俄。在政治觀點論，最重要的原則是化敵爲友，而且自從原子能的利用成功之後，戰爭的毀滅性太强，規定了不是人類消滅戰爭，卽是戰爭消滅人類的公式。一切的政治家都不能再以戰爭爲最後手段了。所以在政治上，美國無論如何必需和蘇俄調洽。這個軍事和政治的矛盾，在軟弱的總統身邊，必然是會暴露的。加上了軸心餘孽的陰謀，到去年十一月，已瀕於極危急的時候了。

就在這時候，美國的特使飛到了南蘇的素溪。幕後的情形我們固然不知道，但是重建美蘇友誼的

爲什麼？因爲今天國民黨之所以强硬，是因爲它自信在軍事上握着優勢，可以用武力壓服共產黨，可是這種優勢是完全依靠美國武裝力量的支持，一旦美國撤銷這種支持，它在軍事上的優越地位就要立刻喪失。所以今天國民黨態度硬軟的關鍵，是繫之於美國的政策的動向。今天美國的政策固然對「支持蔣委員長政府」的基本立場沒有改變，但它也不能不要求和平，民主。因爲祇有民主，中國才能和平，祇有和平，遠東才能安定，美國的貿易才有希望。所以，美國必將對國民黨予以相當的壓力，國民黨在這種壓力之下也，不能不作相當的讓步，馬歇爾特使對美國國務院報告之一再聲明「中國局勢有望」，自有所根據。有人以爲這種看法是過於重視了外國的力量，但在經濟，政治一切買辦化的今天，這種看法是有其客觀的必然性的。

可是再反過來說，政治協商會議的成就也有其一定的限度，這個限度就是：國民黨可以放棄若干特權，可以部分開放政權（卽組織聯合政府），但絕不會放棄全部政權。而且卽使聯合政府成立之後，仍然會有强烈的鬥爭，因爲聯合政府本身是一個各種力量的結合，互相之間的矛盾幷未解消，用術語說，它是「矛盾的統一」的複雜機構。不過這種鬥爭是否仍然會演化爲內戰，抑或演化爲正常的政治鬥爭，則全視眞正的民主政治能否貫澈施行。但無論如何，聯合政府是向民主之路前進的一個重要的階段。

有很多人認爲政治協商會議的前途完全取決於國民黨之有無誠意，這是過於天眞的看法，因爲這不是「誠意」的問題。歷史上從來沒有一個統治集團會具有「誠意」的自動放棄它的政權，祇有在受到强有力的壓力與打擊之下，在不得不交出政權的

方案這時必然已經合攏。在貝爾納斯宣佈將與蘇英外長重開會議於莫斯科時，雖則貝氏曾描淡寫的祇說這不過是經常的三外長聚談，在美國報紙上却同時傳出，國務卿將有撤換的風聲。這是貝爾納斯最嚴重的試驗。他所主持的國務院是否能執行人民所需要的和平政策？

在貝爾納斯啓程之前，他做了兩件大事：一是遣派國務院代表到麥克阿瑟的總部，傳達白宮所規定對日的嚴厲政策；一是遣派前任參謀總長馬歇爾爲駐華特使執行杜魯門總統所宣告的對華政策。馬歇爾的遣派是富有意義的。遠東方面的中美關係相當微妙。統帥在華美國軍隊的是接受中國統帥部命令的美國參謀長。事實上，美國參謀長自有他特殊的地位，不會向中國統帥唯命是聽的。他也上司是美國參謀總部。可是這微妙關係中，國務院對在華美軍的行動似乎是無法直接左右的。同時這些軍隊的行動却是決定中國內政以及美國對華外交的力量。美國在戰時和平時外交的雙重性，在這微妙的關係中更看得清楚。爲了要政策一元化和平時化，不能不請出這位前任參謀長來做合攏的工作了。

貝爾納斯在遠東佈置好了國務院可以指揮或控制的機構，才能起程到莫斯科。莫斯科會議的成功是早爲一般人所預料的若。若沒有成功的把握，貝爾納斯決不會貿然起程的。

莫斯科會議最大成功的是在美蘇友誼的表示。會議的公報斷絕了許多破壞和平者的夢想。祇有在破壞和平中能得到利益的人自然不免爲此沮喪。但是若有人覺得從此和平的基石業已安定，則又未免是過分的樂觀。

我們若分析這公報的內容，主要的骨子要美蘇間默契：在太平洋方面，蘇俄對美國讓步；在歐洲方面是美國對蘇俄讓步。這自是實際政治的最合理的方案。可是這世界上並不祇有美蘇兩國。其他國家對於這個方案是否能支持還是有問題的。在會議進行時，倫敦方面就有「東方慕尼黑」的攻擊；意思是美國爲了要遷就蘇俄，將把中東的英國地位作犧牲了。而且，又傳出土耳共問題，隱射蘇俄不但要控制黑海，還要問鼎地中海。英國最近獲得了安定經濟的急救借款，對美國的政策固然不致有公開的反抗，但是大英帝國生命線的保持也是不會放鬆的。他們將怎樣表演，現在還不可預測。

在太平洋方面蘇俄表示了全部支持美國對華政策。這是我們最關心的一部分。杜魯門對華政策的聲明現在已成了同盟國三強共同的聲明了。換一句話說，美國已得到了國際的保證可以放手來應付中國的局面。從另一方面看，美國的責任也加重了。馬歇爾特使是否能貫徹杜魯門的聲明：制止中國內戰，擴大現政府組織的基礎，實現民主的中國；將是向同盟國負責的一個繁重任務了。

遠東方面美國今後的問題似乎將在「外交一元化」的問題上。在對日政策上，麥克阿瑟和貝爾納斯之間已有了一點小小口角。麥氏認爲共同管制日本是不能接受的。而且說在事前並沒有得到他的同意。可是貝爾納斯却回答他說：白宮有決定政策的全權，麥氏祇在執行政策，不必取得麥氏的同意并決定政策的。這場口角是否又會引起波折，我們不能預測，但是國務院要恢復這國對外政策的主權，在這場口角中却可以看得很明白了。

從大處說來，貝爾納斯在莫斯科會議已得到了極重大的收穫。他既廓清了美蘇即將相見於疆場的謠傳和心理，不但使世界和平得到了一項重要的保障，而且可以使美國政治走上平時的常軌。

美國不是日本，美國的軍人也不是日本的軍人。在一個民主國家中，一切的政策是要向人民負責的。美國人民在過去兩個月裏表示了要求和平的堅決態度，把美國政治中的矛盾，從根拔起。美國的歷史和傳統保證了他們人民決不能接受一個不向人民負責的政策決定者。即使在軍人中或是在政府中有人要推行一種會威脅世界和平的政策，他也決不能在現存美國的政治結構得到出頭的機會的。赫爾利事件是一切最清楚的教訓。

情形之下，它才會放手。

因此，民主就決不是可以「要」到手的，而必須去「爭」到手的。

政治協商會議之能否有所成就決非什麼「誠意」的問題，而是民主與反民主兩個力量對比的問題，所以，全中國的人民對這個會議都有其責任，而應該貢獻出他的力量的。

我對中國的前途是一貫樂觀的，我認爲民主力量最後一定會戰勝反民主的力量，民主政治必定會在中國得到輝煌的勝利，這是今天人民世紀裏面全世界各國的總方向，中國是絕對不會例外的！

元月二日於昆明

本刊稿約

本刊是懇切地歡迎外稿的，正如在我們的「發刊詞」裏所說：「我們很願意拿這不多的篇幅，貢獻作爲大家公開言論的園地。」因爲北平出版的幾個民主刊物多係內地翻版，而本刊卻希望眞正成爲華北人民自已的刊物；除了原則，時論之類的文字外，我們打算分一部份篇幅來作爲「民主信箱」，凡是讀者有任何疑難問題諸要提出大家商討時，都可以寄來，本刊可代爲解答，代爲發表，下面是徵求稿件的條例，希望大家踴躍投稿：

一、本刊歡迎下列性質之稿件：國內外時論，通信，現實性的雜文等。諸凡各稿均以闡揚民主理論，報導民主事實，從而推進民主運動爲原則。

二、來稿務盼不超過三千字，特約撰述，當不在此例。

三、來稿內容，務盼踏實，具體。

四、來稿務請繕寫清楷，詳加標點。

五、稿件每千字以一千元致酬。

六、來稿如經發見已在他處發表過者，恕不致酬。

七、來稿如不採用，兩週內即退。

八、任何來稿，本刊編輯人有删改之權，不願删改者請預先聲明。

九、一切來稿均請簽署眞實姓名及詳細住址。

十、來件請交北平五十八號郵箱收轉即可。

來件

中國民主同盟南方總支部成立大會宣言

由八年抗戰的勝利結束一直到現在，國際和國內的情勢，都不斷的發生變化，而其變化的軌迹則在達到和平，合作，民主的目標。

就國際講，當前的三大强國美英蘇，誰都不願意再發生戰爭，而努力于維護和平，加强合作，爭取民主，這不但是全世界人民的一致要求，並且適合于三國本身的利益。自然，最重要的關鍵却是民主，因爲美英蘇惟有以共同爭取世界的民主才更能加强牠們的合作，也惟有以不斷加强合作才更能維護持久的和平。

不錯，現在國際間還存在着法西斯的殘餘勢力，以及不少的孤立主義者和綏靖主義者，他們反對民主，並且很猖獗而不斷在美英和蘇聯的中間盡其挑撥離間的能事，以破壞合作，破壞和平。但是他們僅佔世界人民的一極小部份，他們的這一種反動力量決不能對抗全世界人民的進步力量，他們的這一支逆流決不能阻碍全世界向着和平，合作及民主前進的主流。最近如三國外長會議的成功，以及聯合國籌委會的順利結束和聯合國大會的即將舉行，都證明了美英蘇和其牠各國對于和平及合作的努力。而這樣的努力又是有利于全世界的民主的。

就由于和平，合作及民主乃是世界的主流，再加上中國人民的一致要求，中國所應走的道路便只有一條——和平，團結，民主，統一。今後的中國一定要成爲一個和平，團結，統一的國家，一定要成爲一個民主的國家。今天中國的政府也知道不能違背世界的主流，但是目前牠不但沒有走上民主的道路，而且還沒有走上和平的道路，更談不上團結和統一了。儘管表面上要用民主做一塊招牌，可是實際上仍在繼續其一貫政策，箝制人民自由，打擊民主運動，以維持一黨專政。例如去年八月十日雖公佈了人身保障法，但人民仍不能免于非法被捕，無故失蹤以至於公然失蹤，又本年十月一日雖取消了檢査制度，但言論出版的不自由依然如故；甚至國民大會還要以十年前政府圈定的代表來包辦。而其更使得人民痛心疾首的，乃在挑起不幸的內戰而危害了世界和平。

然而反民主的倒行逆施終阻不住廣大人民的民主運動。恰恰相反，加强的壓迫反而促成民主運動的擴大和深入。而目前全國人民的反對內戰，就可算是民主運動的具體的有力的表現之一。反對內戰的昆明學生，雖然國民黨當局竟不惜以刺刀，衝鋒鎗，機關鎗及迫擊炮橫加壓迫而造成大流血慘案，可是他們仍高喊着英勇不屈的口號：「與其因內戰而死，不如爲反內戰而犧牲！」這種可歌可泣的學生反內戰運動，不僅證實了內戰的責任究將誰屬，同時還證實了國內並沒有一點民主的迹象。就以全國的軍人而論，他們反對內戰的情緒也在高漲着，如第十一戰區副司令長官高樹勳將軍及中國遠征軍反對內戰同盟的反對內戰的表示，都是顯著的例子。

如所周知，被看作革命策源地的中國南方，民主思想早已灌注於民間。在抗戰沒有結束以前，南方的民主運動雖由于敵僞的阻碍而缺乏統一的領導，但在兩廣各地早已有相當的發展。至在敵人投降以後，廣東當局的加强壓迫言論出版的自由以及特務的加緊活動，却使得民主運動有普遍展開和集中領導的必要。同時南洋一帶的僑胞，爲着促成全國的民主團結，也關心國內的民主運動而自願參加。再加上美國駐華特使馬歇爾的來華以及政治協商會議的即將召開，南方的民主運動也應有積極的表現。由于目前的需要以及總盟的決議，我們現在便成立了中國民主同盟南方總支部。我們的任務就在鞏固國內的民主團結，發展南方民衆及僑胞的民主運動，而爭取民主政治的儘速實現。以下是我們的要求：

一、立即停止內戰
二、立即取消一黨專政
三、儘速建立民主聯合政府
四、保證言論，出版，集會，結社及身體的自由
五、釋放政治犯（漢奸除外）
六、取消特務制度，解散一切特務組織

最後，我們還要聯帶提到的是，我們贊成杜魯門總統對華聲明的精神，但同時要求美國立即撤退駐華的美軍。

中華民國三十五年一月一日

重慶出版業對政治協商會議意見書

日本投降，舉國騰歡。八年苦戰餘生，正望休養生息，孰料慶祝最後勝利之聲未歇，瀰漫全國之內戰即起。哀我劫遺，何堪重罹水火。三閱月來，全國人民籲請停止內戰，聲不絕耳；而內戰烽火，則愈張愈熾。全民疑懼，不可終朝。所幸舉國翹望之政治協商會議，幾經蹉跎，終在四萬萬五千萬人喁喁殷望之下，即將召開，凡爲國民，莫不稱慶。「天下興亡，匹夫有責，」爰本斯義，對於國是，揭陳四端，尙乞　垂督。

政治協商既爲朝野公認解決政治問題之最好方式，則任何糾紛，任何困難，均須提交政治協商會議討論解決，斷不容邊談邊打，且戰且商，代表周旋於議席，士兵喋血乎疆場。甚望國共兩方，立即全面停戰，和平團結，拯生民於水火，昭誠信於事實。此其一。

五五憲草爲一黨專政下之產物，如不本民主精神，博採民意，細爲修改，則人民權益，無由保障，眞正之民主政治，無由建立，而所謂還政於民，亦必徒託空言。故憲草應即修改，庶百代之大法，美備於一舉。此其二。

國大代表產生於黨治之下，抗戰以前。無論衡以民主之原則，事實之觀點，均不足代表眞正之民意。應即實行普選，以期人民意志，得眞正表顯，舊有代表，果屬賢能，在普選中必可重膺議席，而八年來爲抗戰努力之人士，亦因以獲有參與國大之機會。如此情理兼顧，始爲計出周全。此其三。

政治協商會議有所商決，爲求眞正見諸實行，唯有集合全國各黨各派無黨無派賢達俊彥，擬定一全民服膺之共同施政綱領，且組織臨時性之聯合政府，以實施此綱領，爲結束黨治而達眞正民主之橋樑。此其四。

以上四端，爲出版業對國是之共同意見。玆再就出版業本身問題，略陳五事：

八年抗戰，出版業輾轉播遷，旣犧牲於敵寇之炮火炸彈，復受制於種種苛律之束縛。勝利以來，圖書審查制度雖言取消，而變相之檢查辦法，旋踵繼起。出版自由云云，全成空談。吾人飽嘗痛苦，敢就所見，提請討論。

（一）廢止出版法　按出版法之主要目的，端在箝制言論出版，實施該法第四章「出版品登載事項之限制」一點，爲明眞相，照錄其文：

「第二十一條　出版品不得爲左列各欵言論或宣傳之記載。

一、意圖破壞中國國民黨或違反三民主義者。

二、意圖顚覆國民政府或損害中華民國利益者。

三、意圖破壞公共秩序者。

第二十二條　出版品不得爲妨害善良風俗之記載。

第二十三條　出版品不得登載禁止公開訴訟事件之辯論。

第二十四條　戰時或遇有變亂及其他特殊必要時，得依國民政府命令之所定禁止或限制出版品關於政治軍事外交或地方治安事項之登載。

第二十五條　以廣告啓事等方式登載於出版品者，應受前四條所規定之限制。」

該法除本章上列五條外，皆爲因輔助上述五條而束縛著作、編輯、發行、印刷者之種種方法與手續，倘上述五條無存在之必要，則該法應該根本廢止。而上述五條經逐一研究，實屬絕無存在之必要。其理由：

（甲）關於第二十一條第一欵「意圖破壞中國國民黨或違反三民主義者」：

1 按以文字記載而爲「破壞」某人某一團體或某一主義之行爲，則無異爲誹謗罪。而誹謗罪已有刑法第二十七章「妨害名譽及信用罪」之第三百零九條至三百十四條加以種種罪罰，絕無另設單行法之必要。

2 此次政治協商會議，政府旣承認各黨各派均有合法平等之地位，本條欵專爲保護國民黨而設，自屬不合，更無存在之必要。

3 任何黨派或主義，其宗旨必爲福國利民，否則根本不能成立。若非喪心病狂，絕無加以誹謗之理。若其方法上有所不合，輿論加以指摘或批評，自不能認爲破壞。此所謂言論自由，豈容加以限制。

十三民主義本主張出版言論自由之民權，今乃因保護主義而設置本法為束縛自由之工具，不免自相矛盾。

（乙）關於第二十一條第二款「意圖顛覆國民政府或損害中華民國利益者」：

本條款已有刑法第一章「內亂罪」第一百條至一百○二條規定種種罪罰，絕無另設單行法之必要。

（丙）關於第二十一條第三款「意圖破壞公共秩序者」：

本條款已有刑法第七章「妨害秩序罪」第一百四十九條至一百六十條規定種種罪罰，絕無另設單行法之必要。

（丁）關於第二十二條「出版品不得為妨害善良風俗之記載」：

本條款已有刑法第十六章「妨害風化罪」第二百三十五條規定種種罪罰，絕無另設單行法之必要。

（戊）關於第二十三條「出版品不得登載禁止公開訴訟事件之辯論」：

查本條「禁止」二字，自屬指對於禁止該事件之公開發表聲明，如登載者不受禁止，自有法律裁判，絕無另設單行法之必要。

（己）關於第二十四條「戰時或遇有變亂及其他特殊必要時，得依國民政府命令之所定禁止或限制出版品關於政治軍事外交或地方治安事項之登載」：

本條主意，乃為禁止洩漏政治、軍事、外交或地方治安事項之秘密，無異與第二十一條第二款相同，且刑法上有「外患罪」第一百零三條至一百零五條之規定種種罪罰，絕無另設單行法之必要。

（庚）關於第二十五條「以廣告啟事等方式登載於出版品者應受前四條所規定之限制」：

綜觀該法第四章各條之限制，從觸犯此限制之行為而論，並不限於文字之記載。故刑法所定各項條例範圍甚廣，何以其他行為並無特設單行刑法，而獨於出版則設出版法加以種種之束縛？除有意限制人民之言論自由，實無可解釋。政府現既確認人民此種基本權利（見國共會談紀要），出版法自非立即廢止不可。

（二）取消期刊登記辦法　現行期刊出版，按出版法第九條之規定，須先呈准登記，始能發行。而登記手續之繁苛，極盡束縛留難之能事。以言承辦機關，表面上經由該管官署轉報層峯，而實際上一切取決於國民黨黨部。以言登記核准，動輒經年累月，甚且永無批覆。是故欲求出版自由作非即除去此種苛律不可。敢請立即取消期刊登記辦法，以後凡期刊出版，祇須一面聲請備案，一面即可發行。一經發行，郵局應即立許掛號，為新聞紙類寄遞。

（三）撤消收復區檢審辦法　淪陷區內言論出版，久經敵偽鉗制蹂躪，摧殘迨盡，人民對於精神食糧，如飢如渴。一旦光復，政府對此非惟漠不關心，反將大後方已取消之檢審辦法，復行之於廣大收復區。目前上海、北平、廣州、武漢諸大城市之出版業，莫不在收復區管制辦法下深感束縛重重，奄奄一息。為使收復區數萬萬同胞有書可讀，出版書店有業可營，應請立即撤消收復區有關出版各項之檢審辦法。

（四）明令取消一切非法檢扣　十餘年來，不知名之機關，常駐郵局，從事檢扣書刊。寄件者查詢郵局，例不答覆，冊頁千萬，不明下落。而各地黨政軍警，不論機關，不論個人，皆能任意檢扣。書店則受害纍纍，讀者則恐怖重重。如不取消此種非法制度，縱令表面如何自由，亦何自由之有？應請明令取消一切非法檢扣措施。遇有檢扣，受害者得按律控訴，並由政府負責賠償損失。

（五）取消寄遞限制　勝利以還，書刊寄遞，百般阻難，一仍舊貫。應請立即開放全國郵路，恢復及改進印刷品之寄遞，以便供應，而利文化。

以上各項為出版業最迫切之要求，亦為促進文化之必要條件。伏懇　採納芻蕘，促其實現，則出版業幸甚，中國文化前途幸甚！

大學印書局	文通書局	自強出版社	現代出版社	新地出版社
中外出版社	世界書局	作家書屋	開明書店	萃益出版社
文化生活出版社	正風出版社	東方書社	雅典書屋	黎明出版社
文化供應社	北門出版社	建國書店	進修出版社	樂群書店
文光書店	生活書店	峨嵋出版社	萬光書局	學藝出版社
文聿出版社	光明書局	國訊書店	新知書店	聯益圖書公司
文治出版社	自由中國出版社	復興書局	新亞書店	讀書出版社

民主周刊

北平版　第二期

「石沉大海」　·沈同衡·

主編：民主周刊社　　發行：民主出版社

中華民國三十五年一月三十日出版

軍警憲兵特務橫行 竟搜查黃炎培住宅

人民自由毫無保障！對民盟代表及協會議一大汚辱！

（重慶航訊）中國民主同盟政治協商會議代表，黃炎培張申府二氏居室，於本月二十六日中午，無故被軍警及便衣人員騷擾，政治協商會議猶未閉幕，四項諾言言猶在耳，而政協代表居室公然被擾，一般人民基本自由又安有保障？茲將事件經過及處理情形略誌於次：

事件經過

二十六日上午十一時，突來憲兵一人，穿着灰色軍服者一人，由戶籍警一人率領，並未通知辦事人員，逕至菁園黃先生寓所，聲稱據報黃某藏有槍械，特來搜查，第一句話即說：『黃先生的槍在那裏』？當即守住電話，禁止在菁園值工之練習生李國全與外界通話，一面翻箱倒匣，除將案頭之上海杜月笙來電抄錄外，毫無所獲，並留言聲稱：候黃某返寓時，再來搜查云云而去，當其搜查時，並剝開練習生李國全衣服，露出胸口，以槍口對准其胸，迫令招出『槍在何處』？李國全答以『黃先生沒有槍』。該便衣人員更聲稱要將其抓去。憲警特務等自黃宅出來，聞黃氏在國府路三百號同盟代表團；即去該處尋找，在門口盤桓很久才去。事後黃炎培氏即請內政部長即厲生氏同往菁園查明眞相，途中因聞中共代表團亦有類似事件發生，張氏張離去。張申府代表之居室，未被搜查，但亦有同上四人前來盤問。

同盟態度

事件發生後，同盟主席張瀾立即召開緊急會議；當決定嚴重交涉，黃炎培代表並致書蔣主席請予查究，昨日下午本爲綜合小組開會，黃炎培、章伯鈞等遲往參加，說明經過，提出三點意見：（一）此事關係重大，但不顧妨礙大局，（二）要求政府應於所有政協會會員以安全保障，（三）政府應立即頒佈『人權保障法』，澈底保障人權。

當時，孫科以主席資格表示道歉，並憤慨的說，這種行爲是汚衊國民黨；破壞國府信用，破壞蔣主席領導。政協綜合組各代表均甚憤慨。

民主同盟對於此事件之態度，認爲此不僅爲黃張兩代表之個人問題，亦非民主同盟問題，而係全國人民基本自由問題，張瀾主席並謂：在全國人民基本自由不能獲得前，一切協議均屬懸空，民主同盟一向特別重視人民基本自由，而今竟有如此事件之發生，誠爲不可想象之事。（民盟新聞處）

諾言必須兌現！

一個反動的統治者走向沒落的時候，必然會更加喪心病狂，倒行逆施，好像中了瘋，着了魔，神經失常，步調錯亂，就這樣加速自己的崩潰。——最近重慶政治協商會議尚未閉幕的時候，竟然有軍警特務人員「奉命」搜查政協會代表黃炎培先生的住宅，並「奉命」在民主同盟代表團的門口盤桓甚久，威脅政協會代表的人身自由。這種荒謬絕倫的事件，正好說明了這一點。這事件的經過情形，具見本期所載的重慶航訊。我們僅就此略抒我們的感想。

這次在重慶舉行的政治協商會議，是中國政治改絃更張的大關鍵，也是國民黨執政者改頭換面回頭是岸的好機會。國民黨政府邀集各黨各派和無黨無派的賢能聚首一堂，討論和平建國的百年大計，水深火熱中的全國人民，乃至全世界愛好和平的人士，莫不寄以深切的屬望，甚至以「祇許成功，不許失敗」八字相期勉。就會場上的情形看來，雖然爭論是不免的而且是應該有的，但出席的代表們（包括國民黨的代表們）都還能深識大體，表現了議會中應有的雍容和諧的民主風度。這個會照這樣開下去，看樣子很有成功的希望，但我們老百姓根據已往無數次慘痛的經驗，最怕的就是「會內成功，會外失敗」。如今會內的議程還沒有討論完竣，在會外居然發生了非法威脅代表們居住自由和身體自由的不幸事件，這清清楚楚地表現了執政者「誠意」的限度，而且預示了，即使會內協商得到意想不到的好結果，在會外能否逐一實現，還是很大的疑問。這是一個很好的提醒，全國老百姓應努力奮起，不但爭取會內協商的成功，而且爭取它在會外的實現，這是擺在前面的更艱鉅的任務。

這次政治協商的成功和失敗，以及會商的結果能否在會外實現，的確是一種考驗——對於大權在握的國民黨及其最高領袖的是否「偉大」的一種考驗。蔣主席在政協開會時所宣佈的四項諾言，本來已經替這個會議掃除了若干雲霧，假使這個諾言不是純粹的「諾言」，則會內協商的成績一定更好，而會外「奉命」搗亂的非法行爲也不致如此接二連三地發生。這更提醒了我們，我們不單要能取漂亮的諾言，而且要起來發動一個大規模的要求任何諾言的「兌現運動」。（韜）

時評

停戰令下以後

感謝全中國人民反內戰的奔走呼號，感謝杜魯門先生，感謝莫斯科三外長會議，感謝馬歇爾元帥，感謝横棺在聯大圖書館爲反內戰而犧牲的四烈士，是你們的努力，鬥爭，壓力，以至鮮血，中國的內戰（注意是內戰，不是內亂，要不然，不該叫停戰，而是救亂或停亂。）終於由國民黨共產黨雙方正式頒布命令停戰了。

火併了十八年，自相殘殺，爲親者所痛，爲仇者所快，最爲人民所痛心疾首的內戰，懸崖勒馬，立地和平，不但中國人民歡欣鼓舞，全世界的民主國家也在歡欣鼓舞

令是下了，戰是停了，以後呢？

以後的事，第一是永絕內戰根源。

如何永絕內戰根源？國共雙方和全國人民有共同的認識，軍隊和政黨分開，軍隊國家化。政黨不能擁有軍隊，政黨只能從事政爭，絕不可以兵爭來解決政爭，這也是誰都明白的常識。然而不幸，中國過去的特殊國情，國共兩黨都有軍隊。政黨而擁有軍隊，已經不合法，不合理，更進而從事長期內戰，在人民看來，是不能原諒的罪惡。以此，當前之務，是政黨必須還軍於國。

還軍於國，就是軍隊國家化。如何國家化？必先成立聯合政府，由聯合政府來接收國共兩黨的軍隊，在聯合政府中，國共兩黨的成份各佔四分之一，因之，這軍隊就必然成爲國的軍隊，人民的軍隊，誰也不能利用來進行內戰。這樣，內戰的根源才可以永遠消除，政治才能上軌道，人民才能安居樂業。

第二是恢復正常秩序。

日本投降以後，交通系統爲了運兵內戰而紊亂，人民有家歸不得。如今，停戰了，再也沒有藉口來阻撓人民還鄉了。應該立刻修復交通系統，輪船，火車，汽車，給人民以優先的復員權，後方並無共軍的區域的交通，尤其應該儘先修復。航空客運的檢查留難，郵電的檢查，新聞獨佔和封鎖，收復區的新聞統制，過去據說都是爲「奸匪」的，如今內戰已停，「奸匪」且在國府大禮堂和各黨派協商，這些防「奸」的非法措施，已經失去對象，該讓老百姓鬆一口氣，給一古腦兒澈底廢止，恢復正常秩序了吧！

還有，爲了內戰，爲了從事內戰的軍費，過去全國各印鈔廠晝夜加工，趕印大額鈔票，刺激物價，禍國殃民。如今停戰了，該可以不加印鈔票，收縮通貨，讓老百姓能多活幾天了吧？

第三是學習自尊心理。

這該是一個教訓，人民反內戰被屠殺，被毆打，被拘捕，一定要叫「內戰」爲內亂，製造「民意」要下討伐令。一直要等到杜魯門先生說話，莫斯科三外長會議聲明，一直要鬧到貝爾納斯公開說明，有內戰的不民主的國家不能參加國際集團，一直要鬧到馬歇爾元帥到重慶，才雙方都有「誠意」下令停戰。民族的危機算是渡過了，民族的自尊心也就掃地了。人民在歡欣，也在慚愧。

學習吧，從頭做起，在未來的歷史新頁上，做到眞正的團結，民主，和平，統一，不再有勞國際的善意關切，也不再有勞馬歇爾元帥的大駕。

不提舊賬和不提聯合政府

政治協商會議開幕以後，提軍事、提政治，提和平建國綱領，提國民大會，只有兩件事不提，就是一不提舊賬，二不提聯合政府。

不提舊賬的說法，大意是一切種種譬如昨日死，過去的都不算，重新做起，大家在心理上造成和諧空氣，期望會議能有眞正的成功。這意思是很好的，要不然，國共兩黨眞要算舊賬，時間快二十年，人命案幾百萬件，從何算起？而且，即使算得出，這會變成國共兩黨算賬會，而不是包括有國共以外的民主同盟和社會賢達的政治協商會議了。

當然，站在國共兩黨的立場，不提舊賬是對的。可是，站在人民的立場呢？舊賬姑且也不算，新賬算不算呢？

新賬太多了，昆明的一二一慘案，中央社造謠案，成都李實育案，上海的學生被毆案，青島的槍殺女教員案，重慶的自由導報禁售案，收復區的「勝利財」案，「勝利災」案，勒徵補徵淪陷時期的田賦案。一宗一宗簡直汗牛充棟，都是新賬。昆明四烈士的靈柩還未安葬，其他的案子也都未了結，這些都和共產黨無關，倒底該不該算呢？

政協會代表諸君，假如你們曾經自命是代表人民的話，那末，這些新賬是該算的，不可不算的。算賬的唯一辦法，是廢除一黨專政，廢除特務制度。

在第五次會議中，國民黨員陳布雷先生强調在會議進行中，應保持平靜和諧精神，勿引用各種會外習用之不必要名詞，如「聯合政府」等等字樣，最好一律避免，因所謂「聯合政府」，在民主國家僅戰時有此組織，目前中國不適用云云。

是的，陳布雷先生，聯合政府這一名詞，除了奉有密令的國民黨員不許用以外，全國人民在習用，共產黨在習用，民主同盟在習用，不但習用，而且幾年來都在大聲呼號。我們明知你們不喜歡，也正是因為你們不喜歡，我們才喜歡，反之你們所喜歡的一黨專政，訓政，中統，軍統等名詞，政府中常用的名詞，我們也深惡痛絕的。在你們的立場是「民之所好不好之」，我們人民呢？「政府之所惡深喜之」。政府和人民的對立，在這場合上，還不夠顯明嗎？

而且，用「會外」兩個字來形容人民，人民被摒棄於會外，人民所喜歡的名詞不許在會內提，我們實在無法明白，這個會是搞什麼的，所謂代表諸公是代表什麼的？難道代表了黨就非和人民對立不可嗎？

再得問問陳布雷先生，在民主國僅戰時有聯合政府之組織，這一理論是根據那一個星球的事實推斷？法國的政府是不是聯合政府？法國是不是民主國家？南斯拉夫，波蘭，比利時，意大利……呢？他們的聯合政府是不是被陳先生「剿」掉了？現在的歐洲是不是戰時？中國呢？停戰令剛下，據今天中央社的論調說還有戰事，陳先生，還是請睜開眼睛吧，別白天作夢！

好吧，你也許說人家是外戰，咱們是內戰。那我們得坦白告訴你，只有成立聯合政府，才能永絕內戰的根苗。你聽了作何感想，還撐得住，保持平靜和諧的精神嗎？

華北人民的東西

還給華北人民

去年八月間日本投降的時候，據說敵人存在平津一帶各倉庫的糧食總額，足夠供華北全體人民九年半的吃用。這種神話式的傳說，或許不免過度誇張。但是，鑒於日本民族那種一向準備周詳的特性，對於八年來或為作戰主要基地的華北區域，其儲存物資之異常豐富，可想而知。奇怪的，是在糧食堆積如山的華北，現在大多數老百姓，却在瀕於餓死的邊緣。那巨量的糧食及其他物資，都到那裏去了。事情弄到這樣，究竟誰該負責？許多人也許會說，日本人把大量物資拿走了，所以日本人應該負責。的確不錯。因為華北受降，係在日本正式投降以後一個多月，方始實現，日人利用這個時期，把物資燒的燒，藏的藏了。但是我們又要問，天皇既已下令，叫日軍投降，日軍繳械投降，根本就沒有問題，何以當初不調附近抗日部隊，前來執行，而定要爭我的你的，把受降權來爭執；又何以不先派少數官員，選飛華北，執行此項任務？已成過去的事，姑且不必說。被日本燒掉毀掉的物資，為數雖然驚人，究竟在總數中所佔成分，不過少數。還有那大批被日本人和漢奸瓜分的東西，為何不澈底一齊追出來，分給老百姓享用。

自從清理日偽藏匿物資的委員會成立以後，這類物資，果然追出來一小部分了。可惜對於這些，老百姓休想分一杯羹。中央政府，把敵偽資產，不管是存在倉庫裏的，或是藏匿在私人家中的，一律沒收成為國有，據說是要拿去平衡國家的預算。華北人民，眞是罪孽深重。全國的預算，要收復區人民來担負一半。話又說回來，誰叫你當初當了順民。假如大家都跑到後方發國難財，那就不但無罪，而且有功。

在敵人統治下集結於華北的巨量物資，當初是怎樣來的。沒有人肯相信，日本軍閥會有那麼仁慈，從本國搬這許多東西來。顯然這些東西，都是從華北人民身上搜括去的。我們祇有一個合理的要求，華北人民的東西，應該還給華北人民。（西）

我們需要編一部新字典

渴望得到救濟的華北人民，眼巴巴地等了五個月，總算等到了一批聯合國善後救濟總署發下來放賑的麵粉。這批麵粉，分配到北平市民的，每戶最多不過十市斤，質量已屬微乎其微，杯水車薪，對於嗷嗷待哺的老百姓，根本無濟於事。不過總是聊勝於無，有點救濟，總比完全沒有好一點。却不料事情一到我們貴國大員手裏，馬上就變了質。明明是救濟中國人的物資，中國救濟善後總署，却偏偏要拿來出賣，而且賣的價錢，和黑市價格相差無幾，顯然有故意高抬物價的嫌疑。至於賣了麵粉所得那筆欵子，究竟拿來做什麼用，小民也無從知道。我們不要忘記，在敵人佔領期間，日本人配給中國老百姓的糧食，還不過黑市價格十分之一呀！

想來想去，想不出道理。大概是我們這班後知後覺的老百姓，對於「救濟」兩字的定義弄錯了。由此聯想到，一般闊官貴人們常常掛在嘴邊的種種漂亮名詞，如「自由」，「平等」，「三民主義」，等等，都和我們過去的解釋，完全不同。這樣弄下去，大家越來越糊塗。最好先知先覺的賢明當局，赶快叫人編一本新字典，把這些彼此解釋不同的名詞，重新下個定義，別叫老百姓再誤會。如果這種辦法還不生效，把就祇有將為數達四萬萬以上的愚笨中國，一齊送入訓練團，集中營，勞動營之類，把他們的腦筋澈底改造一下，別讓他們把建國的前途誤了。（山）

索性大家來把賬算清一下

在倫敦舉行的首次聯合國安全理事會，不料馬上碰到難題。首先是伊朗政府，認爲蘇聯對伊朗北部亞塞耳拜然省的民主運動，表示偏袒態度，並阻止伊軍北開，實屬干涉該國內政，侵犯該國主權，以此對安全理事會提出申訴。這件事的處理，本來就够麻煩了。跟着在一月廿二日，烏克蘭及蘇聯出席聯合國大會的代表，分別向安全理事會提出請求，要求該理事會採取步驟，終止因英軍在印度尼西亞及希臘駐兵並參加內戰而造成之情況。同時傳稱五個阿剌伯國家（埃及，沙地阿剌伯，伊拉克，敘利亞，及黎巴嫩），亦將提出要求英法軍隊自敘黎兩國國境撤退的問題。甚至波蘭政府，可能也會提出，反對在蘇格蘭及義大利，繼續駐有武裝波軍。

這一束問題所包含的一個共同原則，是一個國家究竟應不應該干涉另一國內政。從這個觀點看去，美國對華政策，也有提出供國際研討的必要（可惜我們出席倫敦會議的代表是決不會提出的）。另外還有一個值得嚴重考慮的問題，是這些干涉別國政治的事例當中，插進手去的外國軍隊或外國政治勢力，所幫助的，究竟是某一國的政府，還是某一國的人民；是反動的政權，還是革命的勢力。在若干國家裏，政府與人民，不但不是站在一條線上，而且是處在相反的地位。同時南洋問題，顯然是民族革命的爆發，殖民地對帝國主義的反抗。

我們很贊成，把世界上一切麻煩問題，都拿出來，索性大家痛痛快快地，公開討論一番，讓全世界人民，下一個公平的判斷。除掉上述各問題以外，越南，緬甸，印度，菲律賓等問題，似乎也都值得一齊提出來。

（文）

做官與從事政治

曾昭掄

偶爾有一次和朋友閑聊。在這個年頭，當然一談就談到國內政治問題。話談得不太投機，那位朋友便問：「你既然對政治很有興趣，爲何不去做官？」他又說：「你既然還沒有做官，就不能算政界的人。如果一定要弄政治的話，還是趕快去做官。」這一席話眞弄得我有點惶惑。本人對政治發生興趣，憑良心說，至少已經有十年以上的歷史了，或者甚至有二十多年。可是不但從來未曾做過官，現在並不想做，甚至將來也想避免做官。假如大學教授的資格不因政治關係而被取消的話，倒很想教一輩子的書，到了學問實在太落伍，無法再教爲止。

那位朋友說得很不錯，我的確不是政界人物；因爲中國一向的觀念，所謂屬於某界的意思，是吃那門的飯。從這種觀點看去，我不但不屬於「正的政界」，而且是屬於「負的政界」，假如我們在此引用一點算學觀念的話；因爲我從事政治運動，不但未曾得到半文金錢上的報酬，反而大大地賠了本，更不必說冒了多少次精神上與身體上的風險。論做官的話，我的確是一個十足的失敗者。不過說我懂政治不如目前在台上衮衮諸公之多，至少現在還不服氣。也許我的做不上官，就是因爲脫不了書呆子的傳統，把政治研究得太多。如果年輕時候，把主意拿穩一點，索性不談國事，說不定現在已經做了很大的官，用不着吃教育界這份苦飯。事情眞有這樣矛盾。做官的人，未必懂政治；對政治有興趣的人，未必就想做官。孫中山先生，爲着想復興中華民族，一生奔走革命。在他四十年的事業生命當中，做官的時期，非常短促。在辛亥革命以前，他就根本沒有做過官；而且老早就把當醫生的固有職業拋棄了。我現在還可勉强算作學界的人。辛亥革命以前的孫先生，不知應該算是那一界。還有那現在叫人頭痛的馬克斯先生，他在倫敦英國博物館，埋頭十年，寫了一部資本論；從賺錢的眼光看，這也是大大賠本的買賣。馬克斯先生，在當年當然不配做政界人物。或者他研究那許多問題，也不免有點傻。

容許我說句書呆子的話，中國政治之所以弄得這樣糟，就是因爲大家不求甚解，把做官和從事政治混爲一談；西洋政治之所以進步，正是因爲多數人民對政治發生興趣，願意參加政治，但是並不一定都亟亟於做官。現在大家都明白，今日中國的政治，糟到無以復加的程度。多數人也知道；欲圖挽救中國的危機，非立即建立民主政治不可。可是什麼是民主？用一句淺顯的話來說，就是老百姓做國家的主人翁。我們大家要拿出主人翁的資格來，過問政治；不管某些包辦主義者願不願意。至於自己做不做官，或者誰去做官，那是次要的事。重複說一句，我們需要大家都參加政治，但是並不需要許多人做官。在貧弱的中國，靠政界吃飯的人，現在已經太多了？

論擴大政府組織方案

吳晗

伴着政治協商會議的開幕，停戰令公布了。保障人民自由，政黨合法地位，實行地方普選，釋放政治犯，四項決定實施事項，又一度由蔣主席正式宣佈了。渴望了多少年的人民，喉乾、筆禿、血枯、淚盡、望眼欲穿，好話聽得耳疲，得到這樣好消息，該是如何歡欣，如何狂喜！爲反內戰而犧牲，靈柩還安置在聯大圖書館的四烈士，該在冥冥中含笑了吧！然而，人民還是蹙着眉頭，死者還未能安葬，並非麻木，更不糊塗，爲的是心頭還有一塊大石頭在，沉重得不讓你狂歡，不許你安息。這塊大石頭是一黨當政，是特務制度。這塊大石頭一日不除，人民將永無歡顏，民主也永遠無從實現。

從十日下午孫科先生發表改組政府的談話，到十四日政協會的國民黨八代表正式提出六項組織方案，和王世杰先生的說明，這一連串的事實，更加證實了人民的憂慮加重了人民心頭沉重。

六項組織方案要點爲（一）國府委員從三十六人增加爲四十八人，即增加三分之一。（二）國民政府委員得由國府主席提請選任黨外人士充任之。（三）國民政府委員會爲政治之最高指導機關。（五）國府主席對委員會之決議，如認爲執行有困難時，得提出覆議，覆議時如有三分之二以上委員仍主張維持原案，該案應予執行。（六）遇有緊急情形，國府主席得爲權宜之措置。王世杰先生的說明，指出所謂選任，就是由國民政府主席提經國民黨中央執行委員會通過，而且聲明，國民黨委員的名額應具某特定的多數，否則，不能履行領導的責任。其次，行政院設置政務委員若干人，政務委員得兼任各部會長官，使國民黨以外人士，得參加執行機關。這樣做的理由，爲的是顧到事實，顧到法律。（組織方案第四次是國府委員會的職權。）

這提案是一黨專政之下的政府黨提出來的，在全國人民要求廢止黨治，實施民主政治的今天，在美蘇英各友邦熱望中國走上團結民主和平的今天，我們對這提案不能不予以嚴重審慎的注意。

我們不能不指出，特別指出，人民的要求是廢止一黨專政。

根據提案第三項，國府委員由國府主席提請選任，由誰選任呢？王世杰先生說明由國民黨中央執行委員會通過。這是什麼意思呢？國府委員會對國民黨的最高機構中央執行委員會負責。在這組織下，政府系統第一層是國民黨代表大會，第二層是國民黨中央執行委員會，第三層是以國民黨的國府委員具某特定的多數，搭配着少數黨外人士跑龍套的國府委員會。第四層是行政院，可以容納黨外人士。不用說也是少數。這組織系統說明了什麼呢？說明剛好和廢止一黨專政相反，恰好是鞏固一黨專政。因爲十八年來國民黨的一黨專政絕未得到人民的同意，絕未得到各政黨的承認，也沒有得到國際的諒解，最近杜魯門總統和三外長會議的聲明都指出了這一點。這提案的正面意義，成功了使一黨專政合法，不成功也可以作爲討價還價的地步。

其次，我們不能不指出，特別指出，人民的要求是成立聯合政府。

根據提案第一項，國府委員增加三分之一，由國府主席提請選任。黨外人士得參加行政院爲政務委員。國府主席有緊急措置權。國府委員中國民黨具某特定的多數。照這提案，很明白是請客式的擴大。誰都明白，國府委員是酬庸退閑的冗官，國府委員會也不大聽見有作用，和軍事委員會一樣，是經年不開會的閑冗機關，如今忽然枯木逢春，被提出來擴大，作爲最高政治指導機關了，眞是「化朽腐爲神奇」。機關的本質如此，而且新加的委員由國府主席選任，而且黨外人士的新加委員「要具某特定的少數」，爲國民黨委員所領導，要提建議案永遠不會湊够三分之一，要維持覆議案更永遠不會湊夠三分之二以上，而且，國府主席還具有和過去日本天皇一樣，為全世界任何民主國家政府領袖所無的緊急措置權，如此這般一來，又不免「化神奇為朽腐」了。黨外人士卽使利欲薰心，也萬萬蠢不到如此！挨進國府，挨進行政院坐冷板凳，吃一碗無法下咽的閒飯。這組織系統說明了什麼呢？說明剛好和成立聯合政府相反，恰好是反聯合的施捨式的一黨專政的請客搭配政府。情形明白到如此田地，而居然提出，惟一的理由是在全世界聯合政府的潮流下，在全國人民迫切的要求下，國民黨政府無法堵住這潮流，更無理由拒絕這要求，自絕於國際，自絕於人民，但是又死死戀棧，硬不肯交出政權，只好用魚目混珠，燕石亂璞的辦法，添出十幾個閑部冗會，和政務委員，甚至施捨幾個因人而設的國府委員，說這也是聯合呀，各黨各派都有一份，這不叫聯合是什麼呀？成功了使一黨專政合法，不成功也可以作為討價還價的地步。

據說，如此可以顧到事實，顧到什麼事實呢？顧到一黨專政的事實。如此可以顧到法律，顧到一黨專政的法律了。

孫科先生王世杰先生設想很週到，眞是忠於謀黨，可惜是疏於謀民。人民經過十八年的壓迫，經過八年抗戰的鍛鍊，更經過十二月這一個月血的教育，不但已經很明白，而且非常堅強了。

讓我們再明明白白，清清楚楚，提出自己的要求。

第一要立刻廢止一黨專政。保證黨派合法地位的唯一途徑是實現黨派平等地位，前者只是以國民黨為主體的施予，紙面的口頭的諾言在今天已經不能再取信於人民和各黨派了，遠之如武漢時代的抗建綱領，近之如雙十會談紀要，以及政府過去無量數的許諾，那一樣兌了現？反之，只有國民黨退為普通政黨，放棄一切特權，明白的說，黨的各級機構，從中央黨部到縣黨部，各特別黨部，都退為黨的私組織，和各級政府無關，更和人民以及社會團體無法定的關係。黨和政分開，更和國分開。收起以黨治國的招牌，重整門面，黨費出於自籌，不但退出各級政府，也退出工廠，退出學校，退出鐵路，郵局，銀行，一切公私機構。當然，必須解散黨的特務組織，軍的特務組織，各級黨部佔用的房產家具財產一律交還國家，黨的通訊社報紙以及各項文化事業一律取消所享特權。當然，必須取消黨化教育，明確廢除訓導長制度，廢除學校當局和教員威嚇利誘入黨的辦法，取消強迫式的黨義課程，取消留學生入黨受訓政策。總之一句話，國民黨只能享有和其他黨派的平等地位，以主義來競爭，以政策以政績來競爭，博得人民的信仰和擁護，只有這樣，才能實現政黨政治，也只有這樣，才能實現民主政治，而且，也只有這樣，才能使國民黨新生，無負其過去光榮的歷史。

第二，要立刻成立聯合政府。我們主張聯合政府是目前中國唯一符合於人民利益和時代要求的政府形式。聯合政府的成份國民黨共產黨民主同盟和無黨無派代表少數民族代表各佔四分之一，再退一步，國民黨最多也不能過三分之一。省縣兩級也是如此。政治協商會議的主要任務，應該研討如何組織聯合政府，付之實行。聯合政府成立後的首要任務是保障人民自由，是實行普選，由普選產生各級地方政府，由普選選出國民大會代表，再由國民大會產生眞正民選的民主聯合政府。聯合政府成立後實行還軍於國，政黨和軍隊分離。實行還政於民，政黨不再直接統治人民。只有這樣，中國才能團結，才能民主，才能統一，才能和平。也只有這樣，內戰才能永遠消滅，人民自由才有眞正的兌現的保障。

我們忍受得太久了，喉乾，筆禿，血枯，淚竭，眼穿，耳疲，不能不對政協會代表諸君寄以深厚的期望，同時，也保留自己選擇的權利。

最後，忠告雖然未受人民委託，而在為人民奮鬥的代表諸君，堅持原則，要爭到底，寧失敗，毋妥協。各政黨的前途，人民前途，繫於千鈞一髮，」勉之勉之！

十五自談

本刊稿約

本刊是懇切地歡迎外稿的，正如在我們的「發刊詞」裏所說：「我們很願意拿這不多的篇幅，貢獻作為大家公開言論的園地。」因為北平出版的幾個民主刊物多係內地翻版，而本刊却希望眞正成為華北人民自己的刊物；除了短評，時論之類的文字外，我們打算分一部份篇幅來作為「民主信箱」，凡是讀者有任何疑難問題需要提出大家商討時，都可以寄來，本刊可代為解答，代為發表，下面是徵求稿件的條例：希望大家踴躍投稿：

一、本刊歡迎下列性質之稿件：國內外時論，通信，現實性的雜文等。諸凡各稿均以闡揚民主理論，報導民主事實，從而推進民主運動為原則。

二、來稿務盼不超過三千字，特約撰述，當不在此例。

三、來稿內容，務盼踏實，具體。

四、來稿務請繕寫清楚，詳加標點。

五、稿件每千字以一千元致酬。

六、來稿如經發見已在他處發表過者，恕不致酬。

七、來稿如不採用，兩週內卽退還。

八、任何來稿，本刊編輯人有刪改之權，不願刪改者請預先聲明。

九、一切來稿均請簽署眞實姓名及詳細住址。

十、來件請交北平五十八號郵箱收稿卽可。

釋放政治犯再不能拖延了

兼為羊棗先生的暴死集中營控訴！

聞一多　李源　吳晗　胡釗

本月十日，蔣主席在政治協商會議開幕詞中，宣佈釋放政治犯。在他說了而沒有做的第三天，被捕七月餘的名記者羊棗先生（楊潮）竟以「突」患急病死於集中營了。這是上海時代日報十三日的消息：

釋放政治犯聲中 羊棗突患急病死去

名記者羊棗於昨日在杭州監獄中，突患急病逝世。按羊棗曾任衡陽大剛報主筆，福建建甌研究院院長。後在美新聞處工作時被捕以迄於今。

羊棗先生早沒有死，遲沒有死，恰好在蔣主席宣佈釋放政治犯，而沒有立即實行的第三天纔死，而且不是患普通的病死去，而是「突」患「急病」死去，這個「急病」，實不能不令我們爲三十餘萬政治犯的生命安全「急」出「病」來！羊棗先生眞的患「急病」死去嗎？他的被捕七月，旣不見政府公佈其罪狀或提起公訴，死後又不公佈其病狀死因，死後就這樣用「突患急病死去」可以草草埋沒其死因了嗎？我們要追究責任，不能放過劊子手的罪惡，如果羊棗先生可以用「突患急病」而掩飾其死因，那恐怕受盡特務迫害虐待的三十餘萬政治犯，會在釋放之前，通通在集中營「突患急病」死光了！

羊棗先生之在政協會會議期中於集中營「突患急病死去」（？），告訴了全中國以至全世界人民，誰是中國法西斯的禍首，他的死，又一次有力的暴露了國民黨一黨獨裁和特務制度的罪惡。如所周知的，羊棗先生是一個無黨無派的新聞工作者，初在清華學校肄業，後在交通大學學工程。但作爲一個有良知的科學家，他能躲在工廠實驗室安心工作嗎？在政治環境的低氣壓下，愛光明愛民主的羊棗先生，終於拋下了他的本行，投身新聞工作，更直接的爲中國民主實現而貢獻他的力量了。他的一生，如同每一個愛光明愛民主的中國人一樣，遭受了無數殘酷的迫害，終於以「急病」死於集中營里。

在一九三九年至一九四一年間，他在香港星島日報任軍事記者，每次撰寫「一週國際」，他尖銳的筆鋒，曾挑起了多少青年人對法西斯的仇恨，和對於民主光明的熱愛，他是受到無數讀者的愛戴和擁護的。爲了他的酷愛光明，在是年六月間，遭到國內法西斯壓力的迫害，而與金仲華、邵宗漢、郁風等同時被迫離職。香港光明報創刊後，他又參加光明報的撰述編輯工作。太平洋大戰爆發後，他回到國內主持衡陽大剛報的編務和筆政，爲了堅持他一貫愛光明愛民主的立場，他又因爲舉辦了一次「民意測驗」而去職。一九四四年湘桂戰起，他應福建省政府之聘，赴永安創辦建甌社會科學研究院担任院長，兼在美新聞處東南分處任高級職員。至去年七月，突被第三戰區以莫須有之罪名加以逮捕。他的被捕經過，至今聞之還是令人悲憤髮指的。

當他日間在美新聞處辦公時，第三戰區突派大隊武裝包圍該處，并以機關槍威脅强行逮捕。當時該處處長提出嚴重抗議無效，提出數條件如不能用刑，每日由處派人探視送食物等，第三戰區口頭答應後，竟背信棄義囚之集中營，全未履行諾言。此後下落不明，亦未見當局加以公開起訴及宣佈罪名。就這樣，一生爲光明爲民主而奮鬥的羊棗先生，經過七個多月的禁閉，和飽受了無數痛苦後，就突然以「急病」（？）死在集中營，永遠離開我們了。

羊棗先生今年纔四十餘歲呢，他還年青，苦難的中國還需要他，他還能爲爭取民主做許多工作的，他不能死去，他不應該死去，但血淋淋的事實告訴我們，羊棗先生終於在反動的勢力追害下死去了！他的死，是中國民主事業的莫大損失，是青年們的損失。他的高度的工作能力，他對於民主自由的渴望和鬥爭的韌性，他扶植後進的苦心和愛護青年人的眞誠，凡是和他接觸過或讀過他著作的人，都會永遠留下一個不可磨滅底印象的。他的死，控訴了國民黨特務制度血腥的罪惡，加强了全中國人民爭民主的決心。他的死，暴露了國民黨釋放政治犯的「誠意」和可能存在的陰謀。他沒有死，他永遠生存在愛民主愛自由的人們心裏。作爲他的同學、朋友和學生的我們，沒有悲哀，沒有眼淚，我們會在悲憤莫名的痛苦下擡起頭來，更堅定的擎起你所遺下的民主自由旗幟，繼續走完你的旅程。

爲了羊棗先生的死，我們不能不向全國人民和政協會諸代表，喊出了我們有力的呼籲和控訴：

「釋放政治犯再不能拖延了！」

因爲羊棗先生之死是死得不明不白的，可能是一種政治陰謀的暴露。他的死，并不止是他個人的問題，而是關係目前三十餘萬備受迫害的政治犯的生命安全問題。爲了這樣，我們要向政協會議諸代表提出了我們對釋放政治犯的具體主張：

一、要求政府調査公佈羊棗先生被捕原因，被捕經過，及在集中營患何「急病」死去。并嚴懲主兇的第三戰區負責者，及厚卹楊先生家屬。（羊棗先生原名楊廉正，後改名楊潮，湖北人，其妹楊剛係全國知名之女記者，現任大公報駐美特派員。他素無積蓄，身後蕭條，遺有一妻無子女。）

二、政府釋放政治犯的諾言，要立即兌現，不能拖延，或所謂「按次序辦理」。并保證不能再用任何陰謀使「政治犯」在集中營突患急病死去。如果確係在集中營患病死去，必須公佈其病狀及診斷經過，并請社會公正人士會同檢驗，不能視人命爲草菅。

三、政治犯要全部釋放，政府再不能玩弄花樣，要在野黨派提名始逐一予以解放。因爲在「不滿政府即係異黨分子」的情形下，被政府目爲政治犯而加以逮捕的，絕大部分爲愛民主愛自由的青年，而無任何黨派關係的。如果一定要在野黨提名始逐名釋放，則許多無黨無派青年，勢將還要繼續受到殘殺迫害。

四、釋放出來的三十餘萬無辜青年和政治犯，如有殘廢及患病者，政府應負責撫卹和治療的費用。

五、政府應明確解釋何謂「危害民國之行爲」，不能含糊其詞，亂加政治犯及無辜青年以大帽子。因爲事實告訴我們，政府是慣於使用這套技倆的。最近四川大學學生李實育案，就是一個最有力的例證。

六、政府要做到保障人民的自由，就要立即廢除在黨政十八年中殘害無數純潔青年的集中營和特務制度，此外各地的郵電檢査，海陸空的交通檢査，收復區的新聞檢査及一切束縛人民自由的法令，應立即一律廢除。

七、在蔣主席宣佈除「司法與警察機關，不得拘捕審訊」後，憲兵及其他任何軍事機關應停止私自逮捕人民的權力。（憲兵英文爲Military Police意爲軍事警察，僅供維持軍隊風紀及調整軍民爭執之用，不能管民事）且美英等國家之憲兵組織，并不如中國憲兵組織內設有特務機構。

中國人民無辜的血流得太多了，國民黨十八年來一黨獨裁和特務制度，特別在抗戰八年間，曾經迫害殘殺了數以十萬計的純潔青年。如果目前三十餘萬的政治犯和無辜青年，不能立即無條件從集中營放出。如果特務制度這些最醜惡的東西，不能從此在中國絕跡，那末非但羊棗先生和無數被迫害的政治犯，會死不瞑目，全中國愛民主自由的人民，也會不惜以鮮血洗滌這大地底腥羶的。

釋放政治犯再不容拖延了！

"建設康樂富強的新中國我全國同胞要加緊生產建設的工作"(?!)——一九四五年元旦大貢獻——

政治協商會議的重大難關

尙鉞

——評國民黨代表對擴大政府組織的基本觀念——

前天邵力子先生說：『常常有人問起：「會談的雙方究竟有沒有誠意」？我的答覆是「有誠意的」。邵先生這種「有誠意」的答詞，我們的確相信是眞的，爲什麽呢？現在先就雙方來分析一下看，這裏所謂「雙方」，我們不願意用一般有黨派成見者所慣用的字義—國共兩黨來說，因爲這樣說，不僅抹殺了國民黨十九年治中國的「偉大功績」，而且抹殺了十九年來中國廣大人民被統治得「愉快」和「歡喜」（括弧中是中央社天天傳播的消息）的成績，因此，我們所瞭解的「雙方」是國民政府與人民，是統治者與被統治者，是壓迫者剝削者，與被壓迫者被剝削者，只有這樣瞭解，我認爲纔把問題弄得更清楚一點。老實說，如果國民黨一黨政府這十九年來眞正實行了他所標榜的中山先生所手創的三民主義，今日也沒有內戰，也沒有國共之爭，也沒有政府與人民之爭了。

正是國民黨政府這十九年來，根本背叛了中山先生，忘了三民主義，所以全國人民被統治除了少數政府中有權勢的人們以外，幾乎全國沒有一個人能過安居樂業的生活，沒有一個人不輾轉呻吟於死亡綫上。這種「偉大功績」，超過了中國歷史上的任何暴君在位的時代。這「偉大的功績」不僅毀滅了中國人民的生理上的國防力量，也大大地削弱了幾千年來中國歷史上所遺留下來的精神上的國防力量—中國人民的道德傳統，結果是招來了日本法西斯的侵略。經過八年的艱苦鬥爭，中國人民用血汗爭來的勝利，國民黨政府，又想取而獨占之，於是乎驅着數百萬厭戰，反戰的飢餓疲憊之兵，發動起內戰來，這是中國人民所不能容許的，是前綫數百萬士兵所不能容許的，是全世界愛好和平的友人所不能容許的。全國人民反戰的呼聲，從雲南學生的流血，到東北人民的「側目而視」，國民黨的軍隊整軍齊師的放下武器，發出反內戰的呼籲。國民黨內部開明分子的吼聲，以及國際友人要我們「立即停止內戰」的一半勸說，一半干涉的文獻，都可以作爲一種事實的鐵證，這事實是國民黨政府已經走上了總崩潰的前夕，再也搞不下去了。

在這樣的場合，邵先生說「會談」，雙方是有「誠意」的，我們十分相信，就人民方面說，他們已經被國民黨政府搞到只剩最後一口氣，爲着挽救全體死亡，要求以會談的方式，把喉嚨上勒緊的統治繩索，稍微鬆一下，自然是出於至誠，在國民黨政府方面呢？爲着避免總崩潰，緩和一下人民的憤怒，企圖保留統治權，當然也有着相當的誠意。這誠意是誠誠懇懇地想再玩「捨小存大」的妙計，所以在會談中，一談到改組政府的問題，或組織聯合政府的問題，就碰到無法解決的困難。會談解決不了，交給政治協商會議，在第四次討論擴大政府組織的時候，這困難依舊存在着，首先，王世杰部長所發表的三點基本觀念，第一點是政府應該擴大，第二點是容納國民黨以外人士的機關，包括政府最高決策機關和執行機關，這兩點基本觀念，一則曰：「應該」，再則曰「容納」除了以自己爲主體的「容納」，帶着十分官僚氣以外，尙覺官冕，可是這兩點都是空的，因爲第三點是擴大組織的限度，這限度在六項組織方案中，說得特前清楚：（一）國民政府委員會委員就原有名額增加三分之一，現有國民政府委員三十六名，再增十二名，共爲四十八名。（二）是選任黨外人士，必須「由國民政府主席提經國民黨中央執行委員會通過，「這種手續，國民大會未召開前，不能不保持」，爲什麽呢？王先生先說是「法統」，什麽法統還沒有弄明白，他又露出一句馬脚來，這就是：「在座各位，都承認國民黨是立於領導地位的大黨，如果國民黨委員的名額，僅僅是比較任何他黨的名額多，而不具其特定程度的多數，國民黨便不能履行領導的責任」。這種

國民大會

光未然

「國民大會」是統治者僞裝民主的把戲，它已經變成塚國厭聞的不祥的名字了。去年夏天，重慶有幾次盛會，像煞有介事地討論「還政於民」——佈置這場把戲如何開鑼和下台的問題。但是在全國人民一致反對之下，玩把戲的人也弄得驚惶失措。六全大會把這個難題推給六中全會，六中全會推給中常會，中常會又把它推給參政會，參政會也怕引起全國的唾罵，又把這只破皮球踢回給政府了。一場滑稽，騰笑中外，乃寫此詩以嘲之。曾在西南聯大的詩歌晚會上朗誦過，到今年此刻才得到發表的機會。（一九四六年一月二十五日，補記於北平。）

這是一只破皮球
這不是國民大會
這不是討論還政於民
這是玩弄一場滑稽戲
這不是玩滑稽
這是踢足球
那邊把它踢過來
這邊把它踢過去

這不是六全大會和參政會
這是一個足球場
這不是將軍元老和參政員
這是些足球健將
這是當年的球場英雄
如今太老又太胖
用盡了吃奶的力氣
要把這球踢出去

可憐的說白，不僅充分地說明了邵力子先生所說的「誠意」是玩把戲，而且也違反了中山先生的遺訓。第一，中山先生在解釋「以黨治國」的時候，會經聲明是以國民黨的三民主義和三大政策治國，並非以黨員治國。這十九年來，國民黨政府之所以把中國弄得如此殘破，衰弱，社會如此紊亂，其主要的原因，就在於國民黨政府曲解中山先生的「以黨治國」的遺訓爲以黨員治國，而不以主義和政策治國，王先生是黨國要人又是學者，難道中山先生的遺著都沒有讀過，或涉獵一下嗎？當然不是的，而是別有作用，這作用是上述的「捨小存大」的妙計運用，是顯而易見的。第二，國民黨政府要保留國民黨四分之三的「特定程度」的多數，說這是「領導責任」所必須的，這就意味着：（甲）國民黨絕沒有設想以開明的政策，或其三民主義來領導全國，而只是想以衆欺寡，假公濟私。（乙）假民主之名，請幾個既無權又無勢的客人，來實行獨裁專制之實，這不僅與全國人民的要求不合，而且也與我們的盟友杜魯門總統所發表的對華政策，各政治黨派「以平等而有效」的方式參加政府的要求，也沒有絲毫相同的地方。（丙）老實說這種障眼法，除了欺騙一些患着嚴重官迷的黨棍（國民黨以外的黨）和政客以外，誰願意在這種自欺欺人的條件下，來接受國民黨政府的邀請，出來與之分負喪盡人心的敗國責任呢？於是國民黨政府就可以在這裏玩一下偷天換日的把戲，把不合作的責任，輕輕放在其他政黨身上，向杜魯門總統和全世界的盟友說：「並不是我們的國民黨不願組織聯合政府，而是他們不來「平等而有效」的參加呀」。這樣，一方面可以借款，可以繼續美國的租借物資，另方面也可以繼續專制獨裁，當然也可以用平「內亂」的名義再來搞一下內戰。眞是一舉數得好計！有了這一點，其他的組織方案，什麼決議軍政大計，什麼決議財政預算，什麼議用人之權，自然都成了空頭支票。不必贅述了。

倘若實現「捨小存大」的妙計，所以在協商會議第四次會議，討論擴大政府組織，特別是關於擴大限度的問題上，國民黨出席協商會議的八員代表，所提出關於擴大國府組織之意見，及王部長的三點六項說明，實際上就是加強國民黨專制獨裁的法理根據。國民黨八代表所提擴大政府組織的意見第五點是：

「國民政府主席對於國民政府委員會之決議，如認爲執行有困難時，得提交覆議，覆議時如有三分之二以上的委員仍主張維持原案，該案應予執行」。

這話在表面上看來，好像是削弱了主席的權柄，實際上却大謬不然，爲什麼呢？我們看在國民政府委員會中，國民黨的委員，既佔「特別程度」的多數，再加上國民黨所推選的政客官迷（根據協商會的組織，無黨無派的人士，由各黨派推定）所謂三分之二的比例數字，自是易於取得的，因此，在國府委員會中，萬一因國民黨一時人數不足，或因一時頭昏沒有注意到其他黨派人士的提案有損及國民黨的獨裁利益，或因一時爲情勢所迫通過某種有妨害國民黨獨裁的議案，則國民黨的主席，就有權提請覆決，在覆決時，有三分之二的委員不予贊同，主席固應予以執行，國民黨的委員既占特定程度的多數（既不僅比其他任何黨派的委員爲多的更多數）再加上其他的政客官迷，甚至黨棍（國民黨以外的）有什麼國民黨主席認爲難於執行的議案，否決不了呢？

這一條，無疑地表面上看來很民主，實際上加強國民黨專制，獨裁的法律基礎以外，實沒有其他作用。何況（六）遇有緊急情形時，國民政府主席的，得爲權宜之處置，就更加把獨裁和專制的暴虐手段予以法理保障。

總結國民黨王部長和八代表對於擴大政府組織方案的說白和意見，顯然的，國民黨政府雖然口口聲聲「還政於民」，「實施憲政」，實際上，仍在企圖假借民意強化自己的專制獨裁，這便是邵力子先生所說的政府方面的「誠意」，不過，國民黨這一陰私的企圖，雖然是協商會議的重大暗礁，但全國人民的要求，人民空前強大的力量的不可侮，全國賢達人士的高瞻遠矚，國民黨廣大士兵羣衆的反對情緒，全國經濟破產的情形，以及我們的盟友美蘇英，尤其是美國全國廣大人民羣衆，都是支持我們爭取民主勝利的因素，所以，對於政治協商會議，我們固然不可太樂觀，却也不必過於悲觀。

可是踢去踢來
踢不到目的地

因爲這不是足球
這是一隻破皮鞋
這是破皮鞋里
裝進些破銅爛鐵
這是些破銅爛鐵啊
又叫做猪仔議員
這是十年前屯積的猪仔
這化了大本錢
這是道地的破銅爛鐵啊
這不是欺騙

唉！這不是足球健將
這是些可憐蟲
這不是好玩的啊
這個球太沈重
這簡直是開玩笑麼
這哪兒是踢足球
使盡了吃奶的力氣
踢得頭破血流
看這些高貴的英雄們
在球場上栽跟頭

因爲這不是足球健將
這是些將軍元老和參政員
這不是討論還政於民
這是一個大欺騙
這不是開玩笑啊
這是在製造內戰
這不是足球或破皮鞋
這是炸彈

你懂嗎我的朋友
這不是國民大會
這是一顆炸彈
這是炸彈啊
在你的身邊團團轉
你沒有本事踢開它
轉瞬自己就完蛋
快丟下它，而且
滾開吧！我的朋友
這把戲對你太危險

（一九四五年八月三日）

政協協進會記者李學民遭特務毒打事件

（陪都航訊）

政治協商會議陪都各界協進會，爲該會記者李學民君被特務毒打事件，於昨下午二時在遷川大廈招待記者，首由李德全女士報告李君被毒打的經過以及特務歷次在協進會開會時擾亂會場，毒打聽衆及搗亂滄白紀念堂的詳情，李君頭、腰、臂、手等部都被打傷，頭部並有刀傷兩處，已由法院驗明，傷勢頗重，所以未能出席招待會，其被打詳細情形用書面報告，該報告說：本人不幸被暴徒毆擊，辱承各界關心及諸位光臨，衷心感激不已，現因傷重力竭，不能起立報告，只作書面叙述，還請原諒。

本人原爲裕服布廠經理，自由導報記者，現兼任政治協商會議陪都各界協進會新聞處記者。二十四日下午六時，本人偕田君夫婦應人民週報馬義君約，赴北平愛爺餐廳晚餐，餐後出門即發現十一二位着藍色呢中山裝者，取包圍形勢，本人行至三六九門口時即被四人綁架，口稱『奉命逮捕，請値價點』。並問『是幹什麼的？』本人告以係協進會新聞處記者暴徒即稱『你幹得好，老于正在拿你』。本人當向其索閱逮捕公文，暴徒即將本人按倒在地，施以毒打，計面部、腰部，頭部受擊數十下，後腦被小刀刺破，本人無法，即大呼『搶人』五聲，崗警李警士與冬防隊吹哨攔阻，路人圍觀，均抱不平，暴徒仍揚言『奉有命令，警察不得干涉』，經警士及本人一再向其索閱公文，暴徒始在人羣中呼嘯而去，計本人被毆至脫險時，約歷兩小時半。

此外並由同行的田君夫婦報告特務逞兇的情形，繼由該協進會的理事章乃器先生講話，報告歷次親見的特務搗亂情形，及其親自聽見的搗亂份子的發言及喊出的『擁護國民黨』，『打倒各黨各派』，『打倒民主』等口號。在此章先生有一感想，他說：從他們所喊的口號聽來，是反對共產黨，而幫助政府的。但若以這種方式來幫助政府反而是害了政府。昆明事件即一先例，引起了國內及國際上多少反感，這實在是一種愚蠢的，有害於國家，有害於國民黨的行動，如當時講演的梁漱溟先生果眞被石頭打破了，那麼第二天包包紮紮的去出席政治協商會議，將成何體統！章先生在此又提起曾接到過一張油印品，那上面說中央某要人曾下條子給國民黨重慶市黨部，要其注意協進會並要其派人去活動，據說上面發下活動費四百萬元，每天二十萬元，計每人每晚發二千元，但章先生又說，他自己不相信會有人竟有如此愚蠢的作法的，但從行動上看來，却又有點相信，故希望市黨部能對此表明態度，如果這種下流行爲果然是市黨部所做，則希望中央軍政機關對此應嚴加查辦，並希望這種丟人行爲今後不再發生，陶行知先生講話特別强調蔣主席的四項諾言應兌現，而治安機關尤應有其重責。胡子嬰女士相繼發言，講述特務搗亂的詳情，都希望能迅速實現蔣主席諸言，而不再有特務搗亂行爲的發生。該會現已決定致書蔣主席和馬歇爾特使等，要求制止此種下流行動，要求實現蔣主席宣佈人民自由的諾言。當此招待會將散時，劉清揚女士起來又報告了憲兵警察搜查政治協商會議代表黃炎培先生住宅的情形。

「賊」梳官篦（補白）

醒牛

記得不久以前，報紙上彷彿發表了一個小統計：蔣主席在南京接到人民「申訴」函件內容已經揭曉，其中控告新四軍的約有二三十件，控告官吏公務員及接收違法的約有一百五六十件。這是何等顯明的一個對比，古語有云：賊過如梳，官過如篦。想不到這話到今天還是照舊的眞實。

新四軍之爲「匪軍」，比國民革命軍第十八集團軍的資格要老得多。這支軍隊在大江南北前後打了七八年之久，但結果僅有二三十件控案。接收人員的活動恐怕還不滿七八個月，但控訴案件已有百五六十件，如果把雙方時間長短的差別注意一下則讀結果實在是更可驚的。由告御狀的統計看來，儘管小老百姓頭腦有些冥頑不靈，但畢竟不是一味糊塗到底的。

保障人民自由權利的具體辦法

湘汀

保障人民自由權利，這是任何一個民主國家起碼必須做到的事。這次政治協商會議的召開，既爲了實現政治民主化。就應切實解決這件事。微聞政府方面頗希望政治協商會議不討論這一問題，理由是政府自己已經準備去做，討論是多餘的。當會議開幕時，蔣主席曾宣佈政府決定實施的事項有四。就中第一項是：「人民享有身體、信仰、言論、出版、集會、結社之自由，現行法令依此原則分別予以廢止或修正。司法與警察以外機關不得拘捕，審訊及處罰人民」。第四項是：「政治犯除漢奸及確有危害民國之行爲者外，分別予以釋放。這就是說，政府已決定保障人民自由權利了，你們可以放心。但是，另一方面，也說明一直到蔣主席說這話的時候，人民自由權利還沒有得到保障。人民自由權利既沒有得到保障，要大家憑蔣主席的幾句話便放心，便不再要求，便把這一問題擱起不談。是不可能的。人民並不是不願意信任蔣主席，而是過去政府當局已曾多次作過這一類的諾言，都從未有一次兌換過現。遠的且不說，三個月前，『國共會談紀要』，政．方面不是明白承認要保障人民自由，取締特務權力，釋放政治犯嗎？但是，這些記載一直到現在，不過是寫在白紙上的黑字，在實際上，絲毫沒有發生任何效果！蔣主席這次在政治協商會議上所說的話，不過是『國共會談紀要』的重述。這次究竟能否完全兌現，誰敢事先担保呢！所以要使蔣主席的話完全實現，也就是使人民自由權利眞正得到保障，那就必須政治協商會議對這一問題經過認眞討論，決定具體辦法，交給政府去實行。

說到具體辦法，最主要的，是：（一）政府應該立刻把專以限制，侵犯和剝奪人民自由權利爲目的而制定的一切法令規章如出版法等，列舉出來，宣布廢止；此外，一般法令中，限制、侵犯和剝奪人民自由權利的一切條文也應該立刻予以刪改。（二）政府應該立刻把司法和警察機關以外的一切曾經逮捕、審訊、處罰甚至殺害人民的特殊機關如軍統局、中統局以及所謂勞動營等，列舉出來，宣布解散。（三）政府應該立刻明白宣布任何黨部都無權直接、間接干涉人民自由權利，不論是集會，結社也好，言論出版也好，黨部都無權過問，同時，也無權命令司法，警察等機關去過問。（四）政府應該立刻宣布釋放漢奸以外的政治犯，並嚴令各級軍政警憲及司法機關一律執行，不得拖延，隱蔽或殺害政治犯。至於特務機關所拘押的政治犯，自然是要和立刻解散特務機關同時，立刻予以釋放了。（五）政府應該在政治協商會議開會期間，把這幾件事完全做到，並將辦理情形，向該會議提出報告。有人說：辦理這些事情並不是簡單的事。究竟那些法律應該廢止？究竟那些機關應該解散？究竟那些人犯應該釋放？需要經過相當期間的調查和研討，要在政治協商會議期間都能做到是不可能的。其實，這只是一種『拖』的藉口。對於這些事情，政府應該是早已瞭若指掌的，何時調査和研討？難道政府自己制定的法律自己能够不了解它的內容？政府自己設置的機關自己能够不了解它的性質？政府自己逮捕的政治犯自己能够不知道他們是些什麼人？是拘押在什麼地方？只要政府願意做，誠如張東蓀先生所指出：「做起來很簡單，三兩天內就可以廢止或修改法令，釋放政治犯尤其容易」，解散特務機關更是一紙命令便可做到的。老實說，今天是做不做的問題，不是能不能做的問題。以上是要政府做的。此外，政治協商會議還應該推定公正人士或發動人民團體組織一個保障人民自由權利的委員會或大會，負責調査和監督政府執行上述的各項辦法。例如政府報告一切政治犯都已釋放了。這個委員會就必須去實地調査這種報告是否確實？如果發現不確實就要一方面向政府質問，他方面，把事實眞相向人民宣布。這樣，人民自由權利才能得到眞正的保障。人民自由權利得到保障，民主政治才有實現的可能。梁漱溟先生在政治協商會議中說：『假如人民尙無基本自由，則雅不願先討論改組政府問題』這並不是偏激之語。

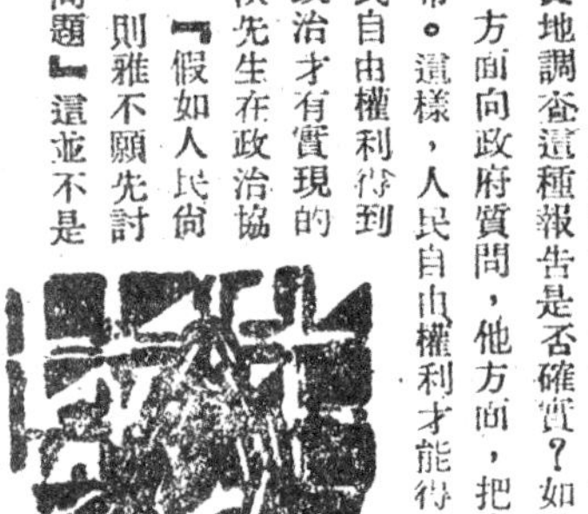

誰是國家？

仰山

「政治民主化，軍隊國家化」的口號近來喊得高入雲霄，遍及全國，已成爲舉國一致的要求，全民公認的「國是」了。但這口號本身却不過是一個空洞的原則，圍繞着這一空洞原則自不免有若干說詞或爭辯。例如另一個似甚漂亮而動聽的口號，所謂「國民黨還政於民，共產黨還軍於國」者，便可視爲是這一原則的一種詮釋，一個補充的較具體的意見。至關於這一原則實行的程序，論者更屬莫衷一是：有人主張先行政治民主化而後軍隊國家化，反對者則先要軍隊國家化而後才肯政治民主化，而調和折衷之說則謂二者宜同時實行。

類此的說法或爭辯，本文初無意於參加。現在所想說明的乃是討論這一原則時所必然涉及的另一更爲基本的問題。假如此基本問題之說明，能有助於這一原則之認識，因而能將那些爭辯加以廓清，自亦不失爲一個附帶的收穫。這基本問題便是：誰是國家？

誰是國家呢？理論上事實上曾有過幾種答案。第一可舉出的是「朕即國家」（L'etat c'est moi）說。法王路易十四這句歷史上的名言代表着一切專制帝王的思想，道破了君主爲國家主權說的要義，中國舊日「家天下」的思想亦屬此類。皆是認國家爲「朕」一人的或「朕」一家的，人民是「朕」的臣庶；主權在「朕」人民無與；人民不止沒有主權，並且根本屬「朕」所有。歷史上有過這樣情形的存在，是事實；但在理論上殊難找出理性的根據。遠在十七世紀末葉，洛克的政治論文已將這類思想駁斥淨盡，在今日號稱爲「人民世紀」的二十世紀還有接受這種說法的餘地麼？

然而二十世紀中竟亦有過與此類似的政治體制，茲列爲第二種答案，便是所謂「黨國」，明言之即謂黨是國家。最明白顯著的例子便是新近敗亡的法西斯義大利及納粹德國。這種體制第一步先說黨等於國家，第二步緊接着又說黨要有獨裁的領袖：於是結論自然是「領袖即國家」，與「朕即國家」並無二致。不過因其有不少的徒衆組織成了黨，便彷彿與君主專制不同而別有些什麼道理。其實即使承認了黨的價值亦仍不能一跳而謂黨即是國。假如全國民盡是黨員則即無所謂黨，如係只有一部分國民是黨員，則又如何能說一部分國民所組成的黨等於全體每一公民皆是一構成份子的國呢？半個或甚至大半個西瓜能是整個的西瓜麼？而過度熱心於黨的人們甚至更提出「黨權高於一切」的口號。這不但是說黨等於國，抑且是說黨高於國。這樣的黨治實際是否認了國家，還可名爲「無國家主義」。

第三，不應於此並舉而又不得不指明糾正的是一般無知之徒每易或故意混爲一談的「政府即國家」之意。這純是一種錯誤或糊塗。現在說明：政府不是國家。止此一言已足。其理由見於許多政治學的課本中，不必多述了。

合於理性而圓滿健全的答案究是這第四亦即最末的一說，即謂國家是人民總意志的凝結及實現。這話似近於玄學的，但須知國家之爲物本只是一個概念，只可由哲學方面去了解牠。從發生的觀點看，國家實起源於人民意志的凝聚，而實現於人民意志的表現。國家的輪廓常常是頗黯淡的，模糊的，有時甚至隱晦而幻滅了。惟有當人民意志堅強凝結而得充分發揮的時候，國家始湧現出來，具體化起來，而被我們體認到。意志凝結及表現的程度愈高，國家便愈覺其實在。我們並不每時每刻都深切感到國家的存在，但當例如九一八以後的舉國主戰，抗戰八年中的全國一致敵愾同仇，以及勝利以來的全面要求民主政治等類的場合之下，我們乃能清楚地體認到國家，找到國家在那裏了。這便足以說明國家乃人民的總意志。民主國家的理論根本亦建築在這一點玄學的思想上。既云舍人民意志即無所謂國家，則國家當然應以人民爲主體。所以國家云者在定義上即是民國；既是國家，便是民國；如非民主，便總是畸形的而非正常的國家了。一般民主國家的憲法概先規定「國家主權屬於全體人民」，便是根據此理；而所通行的選舉複決創制罷免等制度，保障人民思想言論出版集會結社等自由，其用意也無非在爲人民開闢一條發揮其意志的軌路，俾不致因意志之無由表現而致國家幻滅，或因意志之橫決表現而致國家於混亂：正是合理的而且必然的事。我國之不定名爲「中國帝國」或「中國黨國」，而幸稱爲「中華民國」，在原則上是完全合乎理性的。

於是我們稍知誰是國家了。反觀我國：在現狀之下，能無忝於「民國」之美稱嗎？衡諸上舉的標準，能說是正常的國家嗎？嚴格說來，我國尚未到達標準國家的境地。然則所謂軍隊國家化者，叫牠化到那裏去呢？對一個根本無家的遊子勸告其回家，眞所謂牛頭不對馬嘴的話。然而軍隊國家化究竟是天經地義的原則，而任何一人或一黨皆應「還軍」：這是絕對不容否認或狡賴的。所餘的問題只是：還軍於誰？共產黨尚可還軍於國民黨，而國民黨又找誰去還軍而稍卸其仔肩呢？追問到此，我們乃深感覺還軍問題還須有一前提：便是「國家國家化」或說得較明白些即是「國家民國化」。於是我們的口號乃是：「國家民國化，軍隊國家化」。在這個口號之下，大家到時候皆有處可以還軍；而「政治民主化」與「軍隊國家化」的先後問題也無爭辯之餘地了。

希臘政治問題

菲立浦・約但 (Philip Jordan) 作
趙克文 譯

——原載民族週刊，一九四五年十二月八日——

(一)混亂情形不可延續下去

一年以前英國曾用武力在希臘鎮壓左派的革命；現在希臘被右派份子搞得一團糟，也需要英國來幫助解救。這個意見在希臘的輿論上是表示過的。若在希臘趕快採取民主的措置，那一定會得到最大多數人底擁護的。

現在希臘的人民實在是恐怕那不可想像的混亂情形延續下去；但是，也有一部份人害怕共產黨和蘇聯。希臘政府還是設法壓迫任何民衆運動，對於它所不喜歡的人都加以「左派」的頭銜而作爲逮捕的借口。

(二)右派當政，左派反對

左派和右派正在鬥爭。乘着民主運動還未廣泛而深入地開展，右派爲了抓得合於自己口味的法統，硬要在一九四六年一月二十日舉行大選。左派要叫希臘變成一個近代式的民主國家，所以反對這麼快的大選。右派堅持先舉行大選而後舉行公民投票，這樣的作法不但未能解決問題，反而會引起更多的糾紛。公民投票是人民表示意見的方法，是叫政府這樣作或那樣作；按理說，公民投票應該在大選之前。因爲右派所怕的是民意，所以要延遲公民投票，而包辦讓別人措手不及的大選。

左派表示反對右派所包辦的大選。他們不留餘步地說：「如若這樣的大選是一定要舉行，那麼，這是一個僞造的大選；我們絕對不承認它是合法的。」他們還指出；右派把持政府財政，用公欵來印刷大選所必需的宣傳品，而且數量非常之大：同時左派，因爲沒有財政來源，沒有法子印刷，因而在宣傳上不能同右派競爭。他們又揭發；右派製造出許多虛僞的選舉人，來增加利於右派的票數，把握眞理的人是不怕競爭的；但是現在右派不許競爭，叫眞理不能出頭。

關於上述的情形，作者本來願意得到更多的資料，報告給讀者，但是，一則因爲言語隔閡，再則因爲想同我說實話的人怕警察捕他，所以我作不出再詳細的報導。經我仔細觀察之後，我覺得左派所講的話至少有一部份是確實的。

左派的領袖們告訴我：左派份子以及同情者有數千人是被關在監獄裏，這些人自然是得不到投票權。這是左派要求大赦政治犯的一個基本的原因。

(三)希臘政府鼓勵殺人

希臘還存在着白色恐怖。在一九四五年十二月左派革命時受到影響的人常常威脅那些被人看爲左派的人。內政部長有一天宣佈，國內已恢復秩序；但是他底話被他自己給推翻了，因爲他是暗殺的主使人。殺人的暴徒是不斷地出現；雅典城的報上每天都刊有暗殺的新聞，這就無法否認事實了。

希臘是這樣地混亂，不能不說當政者是腐敗，是無恥。一九四五年英國軍隊攻擊左派，一九四六年爲什麼不可以管一管右派呢？

希臘政府是鼓勵殺人的，而在表面上裝作並無其事，眞是叫人氣憤。我舉一個例：一個富豪，因爲家人在一九四五年十二月被殺，而揚言要殺任何左派的人；政府用警察來庇護他。他殺人好像是在打獵，每次殺的不止一兩個人，用的是刀子。他在殺人之後也要被押入獄的；但是只坐牢一週，罰欵約值美鈔一百元，即行恢復

青年黨與民主同盟

陳意

青年黨與民主同盟的關係，現在仍然是一個謎。有人說已經退出了，有人說名義上還沒退出，但事實上已經退出。議論紛紜，莫衷一是。推根結論，主要原因當然是青年黨在政治協商會議中獨立成一單位而未與民主同盟合流。關於此點，據一位此地青年黨負責人最近表示，該黨並未脫離民盟，具所以在政治協商會中成一獨立單位的意思無非是想爲民主力量多爭幾個代表額，名義上雖然另成一單位，但在意見上及表決上則仍然完全一致云云。然無論此種解釋是否令人滿意，或這種見解是否代表青年黨全體意見，有一點可以斷言就是青年黨到現在還沒有公開表示正式退出民主同盟。

討論上項問題有一點須特別指出糾正，就是還有許多人認爲民主同盟仍然爲一黨派的集合。事實上這種觀念已經不完全合乎實際情形了。民主同盟的前身爲「中國民主政團大同盟」，確係以各黨派爲組成單位。但前年秋間爲擴大民主基礎，增強民主力量起見，召開全國代表大會，正式易名爲「中國民主同盟」。內中包括各黨各派份子同時亦有無黨無派份子，而各黨派份子亦係以個人立場而非以黨派立場參加。青年黨份子參加民主同盟自然也不能例外。參加同盟係以個人立場，退出時自然也還

自由。這位富豪於是又來殺人。這樣的殺人，不知已經定若干次了。我有足夠的證據，敢說這是事實。這一類的事不只是這一件，而且到處都有。

爲了恢復秩序，英國人查理斯威克哈姆（Charles Wickham）爵士正在創立並訓練一個警察隊。他是一個很堅强的人；雖無左翼思想，他却是一位人道主義者，並且愛好法律。他底工作已經收到效果；雅典警察居然只帶警棒一種武器就可以維持秩序了。他召募警察，並沒有來自左翼的人；所以左派不滿意他。

（四）社會和經濟是不穩定

我們可以用一句話來揭開希臘底經濟情形；假設沒有國際善後救濟總署底救濟，希臘在一週之內就可以陷於死亡線上。可惜的是這些貨物大部份被希臘政府暗地轉賣給黑市，以致需要被救濟的人民反而得的非常之少，而且還只限於食物。國際善後救濟總署只管供給貨物，交到政府，而讓政府去分配；貪污的希臘政府就利用這個機會來肥了自己。我曾親眼看見市上出賣這類東西。

左派說：希臘政府所分配的救濟貨物，也只是給他們認爲不是左派的人；右派這又多了一種政治資本，來排斥左派。

希臘海外僑民，特別是在英美兩國和埃及，握有大量的資產；其中 330,000,000 美元，希臘要收回，但是失敗了。希臘需要用這筆錢作爲復興的資本。

因爲希臘的社會和經濟是不穩定，難以保證投資的安全，所以難能得到別國企業家底投資。政治革新是經濟建設的先決條件。

希臘曾經要求美國讓義大利賠款給它，但是美國拒絕了。義大利以及附合的阿爾巴尼亞固然是給希臘很慘重的破壞，但是義大利現在實在是沒有賠款的能力；這不能說是美國厚於敵而薄於盟，可是希臘政府怎麼也不了解這一點。

希臘要求美國幫忙它復興；美國考慮一種低利借欵給它。它說，要是借欵，那一定叫義大利來歸還；美國拒絕了。

（五）讓傾左的中派來執政

英國在希臘駐有好幾師軍隊，但現在英國駐希臘的大使林肯麥克維夫（Lincoln Macveagh）是無權用兵來干涉希臘政治；但是，這樣糟糕的政治是需要干涉的，而後才可以產生一個穩固的政府。我們想：若是讓那較左傾的中派來執政，前途才可樂觀。叫人遺憾的是希臘政客是大大地多於政治家。那些富於行政經驗的人都已經是太老了，而且也是太固執；年青的人缺乏行政能力。我們在英國所見的一九三六年以來的政府，對於希臘也是個生疏的東西。

左派和右派都不大喜歡英國。左派以爲英國會叫希臘國王復位；右派說英國不許他們採取報仇的行動。但是，就是因爲有英國軍隊駐在希臘，有一天左派舉行一個五萬人的大會，沒有發生意外；這是有助於希臘的民主運動的。

希臘爲了收復豆地坎尼斯島（Dodecanese）犧牲了不少的軍隊，因而它要求美英蘇三强允許它佔領該島，但是也遭拒絕。

阿爾巴尼亞恐怖黨領袖恩窩厚甲（Enver Hodja）曾在希臘邊境殺死不少的希臘人。現在這位魔王所組織的政府，根據可靠的報告，就要取得英美兩國的承認。英美兩國這樣作，是更刺激了希臘，可能引起一連串的不幸事件。

是個人性質的。青年黨既非全體黨員皆係民主同盟盟員，所謂「青年黨退出民主同盟」云云顧名思義是不能成立的。

「民主政團同盟」改組演進到「民主同盟」後，凡社會上熱心民主運動的各界各階層人士都可自由加入。據統計，同盟的盟員無黨派關係的早已超過半數，而牠的主席又由一位無黨派的人當任。

同盟中一部分盟員，很希望將來同盟能發展成爲一個政黨，而使牠眞正成爲一個嚴密堅强不分黨派，不分階層，不分職業，不分性別的結合一個民主主義者的總機構。這種主張，現時還有若干困難，不能立刻實現。可是無論如何，據個人意見，這是同盟應該走的方向，這不但是同盟惟一的前途，並且也是中國今後政治能否穩定和上軌道的一個重要因素。

上面說清楚了民主同盟是代表許多階層的，它包括着民族資產階級，小資產階級，知識份子及一部工農。在它由「政團」演進而爲「同盟」再進而可能發展成爲政黨的過程中，這樣龐雜的組成份子有的自然是搖擺不定的，又是不斷左右傾的。在這個過程中，有些份子中途退出毋寧說是很自然的。但是另一方面，新的，更有力的，更積極的份子反而在這逐漸淨化，單一化的進程中，更容易，更願意參加進來。

如是我聞

——北平見聞錄——

子岡

筆者來到北平兩個月了，雖然華北是敵人投降以後時局的重心，北平城外烽火在望，這帶都八年來飽受「和平淪陷和平收復」，人民受的壓迫怨氣似海之深，但是直接影響整個華北局面的還是華盛頓莫斯科，重慶的政治協商會議更是關心國是的人們所焚香禱祝的，當這幾天消息傳來幷不如人們所盼望的痛快時，人們大爲焦灼，如同熱鍋上的螞蟻一樣的老百姓最怕「拖」。

就從北平的氣氛來測量政治協商會議，也可以得出一點跡象。我在重慶當記者七年，尚未滿處聽得「奸匪」稱謂，但到了這裏，却如雷貫耳。長官部及河北省政府的記者招待會報告以此爲報告資料，比重在80%以上，總不外報告「奸匪」的征稅征糧征丁征欵以及慘殺破壞販烟毒等等，有時祇像一個沒有時間地點數目字的故事，中國記者沒有興趣問，外國記者追問時，報告的人也無詞以對。

最近有一宗報告是說「匪」區鼓勵生育，寡婦處女生了兒子由地方上送鷄蛋若干；曲周縣强迫婦女慰勞隊以口哺飯（喂傷兵），譯作英文時還說明From mouth to mouth，我不知外國記者作何感想，我却覺得羞慚得無以自容，這算是醜詆麼？首先自已失了身份，五强之一的中國鬧起家務來比孩子打架還要稚氣。

又有一次報告是自稱謠言：「匪」區把某種像步槍響的鞭炮向北平傾銷，供美軍燃放。據報告這其中的陰謀是使人們聽慣了這種音響時好眞假不辨，一旦入城……一位外國記者聽了哈哈大笑。

會開過一個在高級黨務人員領導下的北平「各界」反對破壞統一的大會，各界代表結結巴巴讀了一陣寫好的講演，翌日新聞稿變成了「全場情緒熱烈激憤」，一個參加該會的學生對我說：「見鬼啊。」

臨時補習班六個同學一度被捕，其他「悄悄隱遁」的人尚多，自然無從見報。北平的學生在關心時局而外，切身的甄審問題救濟問題也不在其次，到後來蔣主席在太和殿前稱他們「親愛的子弟們」，以致使不少人感動得落淚，赤子心是一片白紙，無限熱誠，幾年來陸續到大後方去的青年們不是人人以爲那裏是天堂，一切美好完善麼？

貧窮籠罩着整個北平，學生也不能例外，大家習慣了吃雜糧，連燕大號稱貴族的學生也啃窩頭甘之如飴，學生們的穿着大不如前，請求工讀的在一半以上。日前曾有五個大學生窮急智生，也作了一次劫犯，結果在溜冰的時候被抓住了。

收復區存在的新聞檢查也是使人民最納悶的事情之一，作報的人也呼籲再三，有一次熊斌市長公開答覆說，因爲收復區環境不同，怕不小心走漏了一點消息，被內敵利用搗亂。看樣子言論自由之日尚早。

日軍逐漸返國，但也還留了不少來維持治安。又如山西，是全國未舉行受降典禮的一個地方，因爲山西境內日軍和他們的武裝尚大有借重之地。據山西當局說械是交了的，但槍枝上加蓋「晉」字後借給日軍使用，以維治安。和平之初，山西當局曾贈運城之敵七十兩黃金作路費，因起初敵人不肯走，討價百兩。據山西來人說，山西當局之優點爲坦白，有問必答，十分可愛。第一戰區的人奉送第二戰區的外號是「七路半」，因爲共有些地方酷似八路。

北平漢奸是捉了，名單迄未公佈，記者有天碰到主持這事的戴笠氏，他笑說：「請相信蔣主席吧，這一切自有程序。」王克敏死在獄中，王揖唐也以心臟病高臥醫院裏的傳說好與不好太難分，地下工作者的帽子一戴，抑且有功。爲周作人作保請釋的信件聞達二百封之多，中國的人情面子眞是國寶。聞莫德惠宣慰使初去長春之際住在某大奸之家，鄉親故舊紛紛去說情開脫漢奸帽子，便使得蘇聯方面大爲駭異。

保定石家莊的火車時常遇地雷爆炸，有說是八路幹的，也有說根據爆炸情形不像八路所爲，或係日軍存貨，或係中央炸「匪」的飛機所擲，因爲徐州機場每天均有飛機出動，給予目標，但因飛機師無法辨認「匪」與民，便擲在郊野算了。

中央大員們來的不少，學生們忙集合聽訓荒廢不少功課。宣慰特使張繼鹿鍾麟的宣慰人民祇從廣播裏聽到，人民想告訴他們「小米麵也吃不起了」，但是無從告訴，張繼大談其人道與獸道，人民摸着餓痛了的肚皮說：「不知道是哪一道。」

城市是孤立的，工廠開工遙遙無期，當局擬從拍賣的敵僞物資去平衡今年度的預算，工廠原料來不了，工廠主對開工甚少興趣，許多來平公務員就要領北平薪了，但是家眷尚在四川，爲之蹙眉，大事小事公事私事，無不仰望重慶的協商會議，仰望各方的誠意。

內戰——葉青在一次講話中硬不許叫內戰，要叫內亂，因非雙方的過錯！使人民苦痛，就是正在主其事的高級將領也無不痛苦，據綏包來人說、傅作義近來看到傷兵就哭，他自已說：「我是上歲數的人，怎麽還變婆婆媽媽起來了？」鄧寶珊在某日四次會上發言，會是爲了「侵脫」解圍，但他無一次談到共產黨。最近他來平，他也關心若政治協商，而且說：「我們是搖旗吶喊的奴婢，聽太太使喚。」他表示爲打內戰而痛心。他的留平十載的小姐要記者留言，我給她寫：「八年來你是抗戰將領的女兒，十分光榮，我盼望你繼續保持這光榮，鼓勵中國軍人祇應付外敵。」她看了閃了閃眉，她爸爸看了說「好好好，末一句有力。」另一位記者寫：「民之所好好之，民之所惡惡之。」他們也說「好好」。鄧司令夫人子女在蘭州一次空襲中殉難，受敵人直接傷害最烈。

物價在飛漲，記者來平兩月，平均物價漲了四五倍，是有法幣美金人的世界，可憐一般北平的薪水階級是聯幣計值，普通薪水祇一萬，合法幣二千，在「漲漲漲」的颶風中顛簸得快翻了船！一個老頭子摸着肚子說：「努力，努力，我叫我的肚子努力！」孫連仲長官會主席說：「奇怪，重慶人走到哪裏漲到哪裏，又和重慶一樣了！」救濟分署的白麵與舊西裝，人民不敢仰望。

在北方談八路爲家常便飯，似乎觸碰得到的東西一樣，而且奸匪似乎祇是重慶來人加之的新稱謂，猶之改馬路胡同的名字，總不及舊的家喻戶曉，人們對那邊的平等，人人有工作，窮人得救等事實予以公道批評。就連鄧寶珊副長官也說，「八路和國軍俘虜一塊吃飯，他們吃粗麵，俘虜吃白麵，放回來的不少，傷的給我們抬到火線上。」矛盾，矛盾，中國要在矛盾迂迴中前進。　一月六日在北平

「民意」

眞民

（重慶航訊）政治協商會議陪都各界協進會第七日晚會，仍在滄白堂舉行，到會羣衆比往日還多。原請政治協商會議國民黨代表張羣吳鐵城和民主同盟代表梁漱溟三人演講。張吳二氏因事未到。大會主席章乃器先生宣佈開會後，即由梁漱溟先生報告整軍方案。梁氏在報告國共兩方意見之後，提出民主同盟的主張是：軍隊應不屬私人，不屬一黨派，不屬地方。並主張在三人小組之外，另成立一委員會，以整編全國軍隊，在三期能縮編國軍到最低額，並安遣退伍官兵的就業。這個委員會的任務，直到全國部隊整編完成，並由文人眞正管軍的時候爲止。在梁氏講演中間，曾有五次被搗亂份子擲石子搗亂。記者親在廣場見左右階旁第一顆柏樹下，由一身着西裝大衣掛證章的青年，先擲一石頭作信號，石雨即狂擊會場和房屋，致羣衆紛紛奔而出。但因羣衆關心政治情切，隨即退回會場，報告照常舉行。接着就有自稱「提幼稚問題」者數人發問，都經梁氏作答。惟不久狂石又起，並有爆竹聲夾雜其間，並狂呼各種亂七八糟口號而去。當狂石紛飛時，一關姓青年的左腿受傷。又該會因政協大會休會，也暫行休會。今後並擬安爲維持會場秩序辦法後，再舉行大會。（政協會議協進會新聞處）

「還政於民」並不算甚麽「美德」，也不是一種「慷慨」「樂善好施」，因爲是「民國」，所謂「政」，本來就是人民的，無須立甚麽德政碑之類以示感激，而且既言「還」，可見當初不是攘去的便是奪去的，不是偷去的就是騙去的；總之，一定不是人民「自願奉送」去的，自然，也未必是「委託」。

然而，說「還」就「還」，十足兌現，從此「改過自新」，倒也不失爲識時達務的一條好漢。但抱歉的是：據說這一「還」，也還得「慢慢地」，於是，天下地上就「慢慢地」「還」來了屠殺學生，「還」來了秘密綁架，「還」來了「自行失縱」，「還」來了查禁報紙，「還」來了警告書店，而最近在重慶又「還」來了「申述民意」。

據報載：一月十六、十七兩日，「政協會陪都各界協進會」邀請政協會代表演講，不料却遭受到有組織有計劃的破壞，一批特務腿子，不僅極力擾亂會場秩序，而且向主持開會的人百般侮辱，漫駡，並狂呼口號：「擁護國民黨打倒異黨」而去云云。

當晚會主席爲這事質問國民黨代表邵代表力子氏，邵代表力子氏回答得很「幽默」，很「婉轉」，他說：「他們喊的口號也是申述民意呀！」並且，還勸協進會同人「不要再開會了，聯合國大會也沒有看見有聯合國大會協進會呀！你們還是休息幾天的好！」

以後是否「休息」了「幾天」呢？大概沒有，這只要一看一月十九日出版的重慶報紙，便可證明，十八日晚上有兩個去聽講的青年學生，剛一離開會場，就被一羣「申述民意」的打手包圍毆傷，爲甚麽？因爲「據說」他們是「扒手」。

就在這樣「申述民意」的幌子下，許多青年都做了「烈士」，成了「扒手」，這眞是對現實一種致命的「諷刺」。一月十四日國民黨的國防最高委員會例會中決定「政治犯於七日內調查明確，除漢奸及確有危害民國之行爲者外，分別予以釋放。」這個國民黨自己決定的「限期」一到今天爲止已經十天，據說才從監獄裏「走出來」一個中共中央候補委員廖承志。其餘的政治犯都「申述」到哪裏去了？而十多天內就只「調查」出一個廖承志麽？

這筆賬是不能不查的。僅僅「釋放」也並不能就算完事，只要「御用使者」一覺得你「確有危害民（？）國之行爲」，即使「釋放」，也還是一定要捉回去的。因爲，這也是「申述民意」呀！」

從投擲手榴彈到秘密綁架，從「受人利用」到捏造贓證，從逼寫悔過書到「轉送法院」，從「奉令查禁」到「申述民意」，從派兵鎮壓到擾亂會場，這是一部完整無缺的「進化史」，就是國民黨口口聲聲所說的「民意」麽？

來件

昆明教育界致政治協商會議代電

重慶政治協商會議祕書處轉各代表公鑒：諸先生此次在渝集會，協商國是；誠國家民族興衰隆替之機，團結民主和平奠基之日。諸先生責重任遠，固當捐除私見，爲人民立言，爲子孫造福，羣策羣力，必其成功。同人等義切救焚，責無旁貸，願陳數事，用作準繩，諸希明察是幸。

甲：政治協商會議結束以前，應切實辦到下列各事項：

一、立即停止軍事衝突，此項工作由馬歇爾將軍會同國共雙方以外之公正人士監督實行。

二、開放言論出版通訊集會結社及其他基本自由，一切報館及通訊社聽任私人或黨派自由經營，其曾經政府控制支持者，一律停止其控制及支持。

三、取消一切特務組織，立即釋放一切政治犯。

四、組織聯合政府，在憲法實施以前，以聯合政府爲中華民國之最高統治機關，政府人員應由全國賢能領袖公平分担，任何黨派所佔員額不得超過全數三分之一，軍政財政兩部並不得操於一黨之手。

乙、下列各事項由聯合政府辦理：

一、縮編全國軍隊，並提高其品質，以期達到高度現代化之目的，全國軍隊之數量平時以五十師爲最高限度。

二、改組並刷新各地方政府之行政機構，其主要人員不得由任何一黨包辦，並不得由現役軍人充任。

三、制定制憲會議之組織法及選舉法於聯合政府成立後六個月內，辦理選舉，並召開會議。

簽名者

張奚若 錢端升 朱自清 金岳霖 王贛愚 袁家華 李繼侗 吳之椿 費孝通 潘光旦 湯佩松 費青 胡毅 聞家駟 潘大逵
卞之琳 倘鉞 夏康農 李廣田 蘇鴻綱 姜震中 顧元 王康 陸欽墀 廖寶昀 袁方 徐毓枬 周新民 楚圖南 沈嘉瑞 向達
陳定民 楊業治 聞一多 林文錚 徐嘉瑞 胡慶鈞 全慰天 陳美覺 馮素陶 俞銘傳 張光麟 孟超 楊一波 趙渢 鄭伯華 張默濤
林彥華 許之喬 劉北汜 張書田 陳逸娟 黃綺 張子毅 李蔭遠 張東祺 程溯洛 吳晗 李若明 羅應榮 汪子嵩 呂德申 葉方恬
汪志華 金先杰 何善周 李榮 劉錫銘 張璧華 劉禹昌 張國廉 唐敖慶 姚寶漢 邱家鑫 范寧生 程應鏐 彭蘭 馬忠 王振華
許維遹 楊明 丁維鐸 余冠英 吳謨 尹科雲 林慧 李濂 楊天堂 王鑾 陳鍾遠 胡宗禮 謝廣美 陳閔增 王樹勛 曾憲邦
吳徵鎰 董中保 池際尚 陳德明 王瑤 江楓 欽俊德 王通裕 季正懷 張瀾慶 金孟肖 張炳熺 李學應 俞和權 殷汝棠 孫本旺
苗華殿 凌德洪 周家熾 蔡德惠 張行煜 鍾景文 楊德森 劉邦瑞 余瑞忠 吳彬 顏錫嘏 王溶 馮秀明 文波 田方增 劉心務
婁康俊 趙全章 崔士英 徐紹齡 李俊昌 郝錫宏 戴玉貞 趙崇漢 楊鵬魁 王金鐘 胡維青 盧福康 朱紹侯 程力方 龍文池 范寧
賴才澄 陸永俊 許傑 黃爲 王志誠 張德成 陳峯 陳志鵬 何陶如 余世光 龍敏惠 莫翰文 彭麗天 孫瑞谷 遲中陶 楊光社
陳衡謝 陳德祥 閻昌麟 許醒農 仲數仁 李健武 錢介福 蕭前桂 康倪 蕭前瑛 王萬俊 武子楨 趙寶煦 王荃 向大甘 譚正儒
王榮周 游象乾 張紹楨 高國泰 唐品喻 劉舒心 藍仲雄 馬毓泉 鄧漢英 郭沂曾 楊捷 胡白恒 焦瑞身 楊東蓴 王曉雲 劉源
楊體濬 劉宗漢 黃綺 等共一百九十四人

民主出版社

本社通訊處：北平五十八號信箱

特約經銷處：西長安街中外出版社　天津新世紀書店

發行五大民主期刊

一九四六年給中國人民帶來了民主和平的曙光；而逢着這世界和平時期的第一個年頭，本社同仁發起組成「民主出版社」，供應民主知識；從去年十月代民主週刊社發行「民主星期刊」以來，銷數日增，深獲平市各界人士的愛護，繼之代民主青年社發行「民主青年」亦獲同樣效果，鼓勵同仁實深，本社爲擴大業務，加強民主知識供應的工作，除已代發行之「民主星期刊」「民主青年」外，決定再增代發行生活教育社之「民主教育」（二月十日出版第一二三期合刊）救國會沈鈞儒老先生發行之「民主生活」，民主同盟之「民主週刊」原爲昆明民主週刊已於一月廿一日在平重新編輯發行。）三大期刊；並擬於短期內再發行創刊「民主知識」及「民主婦女」兩種期刊。除先後代發行之五種期刊及擬於短期內發行之兩種期刊外。本社特聘約國內民主先輩及民主戰士編撰「民主叢書」一套約三十一冊。預計二月一日開始即可陸續發行。

民主出版社

謹上

民主周刊　每期定價六十元

本刊係民主同盟的正式期刊，在內地發刊最早，從本月廿一起重新在平編輯發行，已出版兩期。

民主青年　五六期合刊　六十元

本刊爲華北青年的公開園地，是青年學習修養的良好讀物。「華北青年對於政治協商會議意見專輯」已出版，各書店均有代售。

民主生活　第二期已出　定價四十元

本刊係救國會沈老先生所創辦，專刊載短小精闢之文字。

民主星期刊　第十七期刊出

這是在平發刊的第一個民主刊物，現銷數已達二萬餘份，第十七期已出版。

民主教育

本刊係陶行知先生所創辦，爲民主教育之專刊，擬於二月十日出版。

代發行及總經售兩大期刊：

人民文藝　創刊號已出版

本刊是綜合內地各大文藝期刊之精華編輯而成。

人民世紀　第三期已出版

「人民世紀」是北平最富地方性的期刊，從本期起改爲半月刊，篇幅增大。

中外出版社北平分社舉辦

十四種期刊聯合訂閱

本社爲便利讀者選購各種雜誌起見，特訂自由定閱辦法，凡每一讀者預付定費國幣五百元或一千元，可選擇雜誌兩種以上試閱，倘遇不適合，即可通知更換。收費按照該雜誌每期定價八折優待，並另贈優待劵一枚，持劵向本社購買書籍一律九扣。外埠讀者請函本社發行科辦理訂閱手續，匯欵務請註明「西長安街郵局」字樣。

中外出版社北平分社

地址：西長安街甲二三號

電話：二局〇六七九

民主（星期刊）　發行人：陶行知　主編：鄧初民　民主出版社代發行

民主青年（月刊）　編輯：民主青年社　發行：民主出版社代發行

民主週刊（昆明創刊，移平發行）　發行所：民主出版社

民主生活（週刊）　發行人：沈鈞儒　主編：宋雲彬　民主出版社代發行

民主教育（半月刊）　民主出版社代發行

民主（週刊）　主編：鄭振鐸　國內時評權威雜誌　每期銷行數十萬份

文匯週報　發行人：孫伏園　編者：陳翰伯

新星（月刊）　編輯：新星報社

新聞評論　編輯：新聞評論社

活葉雜誌　新穎的姿態　新穎的作風　創刊號準於二月中旬出版

集納（二月中旬出版）　是雜誌的雜誌　精華中的精華

世界知識　國際，政治，經濟，文化半月刊．　主編：金仲華

民主周刊

北平版　第三期

躲開點大象來了！

第三期要目

主編：民主周刊社　發行：民主出版社

中華民國三十五年二月十一日出版

時評

法國政潮—民主政治的一面鏡子

戴高樂將軍，對於法國，不能說毫無功績，然而他終於爲法國人民所背棄，爲代表各階層的政黨所反對，這是爲了什麼？一句話說了：他的政策和主張違反了人民和國家的利益！

首先，戴氏贊同「西歐集團」的陰謀，甘心在民主的大潮中，作帝國主義的尾巴。所以，遠在數月以前的法國大選和政府改組期間，他就幾幾乎被人民和各進步黨派抨下去。那次他之沒有倒台，是由于法國還沒有獲得必要的安定，及各黨派之間尙有種種矛盾的緣故。

其次，戴氏這次辭職的原因，是他主張擴張軍備，膨脹軍費預算，及要求在未來新憲法中賦以廣泛的獨斷權力，而爲各黨派及人民反對。擴張軍備，就要加重人民負担，無疑的於人民不利。法國人民今日需要的是和平安定，繁榮幸福，並不是要重又踏上帝國主義的道路，從事軍備的競爭。法國經過這次大戰的教訓之後，人民已經澈底厭棄了虛僞的資產階級民主主義，而要求在新民主主義的基礎上建立眞正的嶄新的人民民主政治。戴高樂的政策却是與此相反的，他的一切主張仍然脫不了帝國主義路線的窠臼，和充滿了資產階級專政的臭味。

最近法國政潮的發生，又一次充分表現出人民力量的偉大，和民主主義的勝利。人民的意見和力量由各進步政黨反映出來，戴高樂除了接受與屈服之外，就只有辭職下野這一條路可走。各政黨之中，尤以法國共產黨的力量發展最爲迅速，基礎最爲雄厚，其所以如此，據戴氏及其擁護者的看法，乃是「得力於建議解除人民所遭受之長期罪惡」，並非由於「宣傳」，可見唯有站在人民的立場上眞正爲人民謀利益者才能得到人民的擁護，即其反對派亦不能不加以承認。

然而戴高樂將軍也並非全無可取的地方，第一、他是一個軍人，可是他並不用武力來壓迫人民和反對黨，以求保全他一已之私的權力和地位。第二、他領導了法國的抗戰，但是他沒有抹煞其他黨派抗戰的功績，反而尊重他們。第三、在抵抗納粹這一點上他是法國的功臣，在法國的政治史上，他還沒有成爲法國的罪人，但是他尊重人民的意志，服從多數的主張，當他的政策不容於人民時，他就辭職，決不戀棧，不像別的獨夫民賊，既無理性，又沒有廉恥，專爲個人的權位利祿是圖。

法國政治的變化，是一面很好的鏡子。

切實保障人權！

——爲李公樸先生被特務毆打提出嚴重控告！——

直到現刻，人民身體自由的確還沒有得到保障，相反的，妨礙身體自由，侵害身體自由的非法舉動，幾乎時時都在各地發生。當本刊上期付印時，接獲民盟新聞處的報導，重慶軍警憲兵特務「奉命」搜查政協會代表黃炎培先生的住宅，並且「奉命」在重慶國府路三百號民盟代表團門口盤桓甚久。威脅政協會代表的人身自由。接着玩火者的目標又轉向昆明，昆明黨政軍當局又一次非法的傳佈密令，控制印刷館，拒絕印刷本刊等四個要求民主，呼籲民主的期刊，而更令人憤怒者，尤爲今天（二月十一日）報載郭沫若，李公樸，施復亮諸位先生主持陪都各界慶祝政治協商會議成功大會，被特務，暴徒毆打傷害事件；這一事件的眞象，據本市報載：「十日九時半到各界民衆三千餘人，主席團章乃器提議由李德全（馮玉祥夫人）爲大會總主席，而周德候則以擴大器當場報告謂，我國農民最多提議以農會代表劉野樵爲總主席。李公樸以劉不應充任總主席阻止劉發言，並除去劉手中之播音器，一時台下譁然，民衆紛紛擁上主席台，秩序大亂，互相毆打」等語，而據李德全先生所發表的談話看來，劉野樵係自任主席，並無任何羣衆擁護，僅由此點即可說明玩火者們又在耍一套嫁禍於人的陰謀而進行其「密令」所負的職責。郭沫若、施復亮，李公樸等先生顯係特務乘勢毆打，自任總主席劉野樵及其嘍囉們顯係「奉令」來把持會場，破壞會場。我們對於這種荒謬絕倫的事件提出嚴重的控告：

第一、嚴懲奉令把持會場，破壞會場的特務暴徒。

第二、兌現諾言，切實取消一切明鬆暗緊，上鬆下緊，口鬆手緊的作風。

第三、要求人權保障委員會對當局正式提出保障人權的具體辦法，並促政府盡早正式公佈廢止一切妨礙人權的法令。

第四、制止一切特務由非法變爲合法化的實施。

最後，我們謹向替大家說話，代表人民阻止特務把持會場，遭特務毆打的李公樸，施復亮，郭沫若等先生致最崇高的敬禮和慰問；我們深信暴徒們的此種倒行逆施，正是促成腐敗政權早日滅亡的表現。（普）

× × ×

向天津學聯致敬

一月二十五日天津學聯召開「鞏固和平大會」，並舉行遊行，這是「一二九」「一二一」精神的繼續和發揚，也是收復區學生運動從爲「自身利益」到爲「群衆利益」的發展。在這次大會上，學聯提出的二十六條口號，都是貫徹了這個精神，得到了廣大人民的擁護。

我們在此謹祝這空前勝利，並向參加大會的民主戰士致最崇高的敬禮。

「一・二五」的勝利，是黑暗中的中國的一線曙光，當各地的學生先後遭受到屠殺，監禁，毆打之時，這是僅可告慰的一件事。

然而，一月三十一日天津軍政當局的會銜佈告，就是針對着「一・二五」運動發出的「砲彈警告」，企圖鎮壓學生的愛國行動。

但是，儘管恐嚇，高壓，天津青年學生是不會低頭的，爲了愛國家，爲了受苦受難的人民，爲了解放和自由，爲了爭取民主的勝利，他們却不惜犧牲不惜流血！

天津市學生聯合會是在學校和當局壓迫，干涉，禁止集會，包辦自治會嚴厲監視下逐步鬥爭，團結組織，逐漸壯大，堅實起來的。

今後學聯工作的展開絕不會因軍警干涉，壓迫而影響它的積極性；相反地，它一定會更加壯大，堅實，意志更堅決，組織也必更擴大，更普遍。學聯今後的任務，不單是指導學生，而是普遍的展開群衆組織工作，領導天津二百萬人民在民主的旗幟下，爭取民主的勝利。

最後，我們也要忠告天津的軍政當局，如果你們知道衆怒不可犯，衆意不可抗；那末，對這一個群衆性的民主運動就不得干涉壓迫，且須加以保護。學生青年如遭意外殺害或失踪，天津市軍政當局須負全部責任。（瑩）

惟我獨尊 C.L.

（收復區怪現象之一）

論軍隊國家化

吳　晗

軍隊國家化是全國人民的要求，經過幾年來的奔走呼號，已經從民間走進國民政府大禮堂，成爲政治協商會議議題之一，各黨都有提案，雖然辦法儘管有出入，原則是被一致肯定了，即使國民黨政府，也不能不承認軍隊國家化是天經地義。

從民間到廟堂，固然又一次證明人民的力量和成就，值得歡欣，值得鼓舞。但是，必須警戒，必須嚴肅地注意，正如過去歷史上的新興文學和藝術一樣，產生於民間，發揚於人民中，然而，一進入廟堂，便起了質變，面目雖是，內容全非，買櫝還珠的故事，值得我們回味。

我們得明明白白清清楚楚指出軍隊國家化的原來意義，不許有質變，到不許以軍隊國家化之名行黨化私人化之實。這名詞從人民中來，還是得回到人民中去。

首先得說明軍隊國家化的軍隊，是指什麼軍隊。

第一這軍隊必須是人民的軍隊，爲人民服務的軍隊，盡保國衛民之責任軍隊。而不是反人民的屠殺人民迫害人民，從地下鑽出來，從山上走下來，怯於外戰，日蹙國土百里的軍隊。

根據這原則，前一種軍隊應該國家化，後一種軍隊則應該淘汰，遣散歸田。根據這原則，抗日有功的軍隊應該國家化，成爲捍衛國家的主力，無功的甚至喪師辱國的不應該國家化，應該完全遣散，使之就業。

由原則得出兩個結論，第一僞軍先遣軍之類，必須完全遣散，已經改頭換面的，例如青島保安隊之類準此。第二國民黨和共產黨軍以及各地方軍的國家化，不能以既成事實，如人數，配備來決定比例，而應公平地建立國軍的合理標準，如體力，高度，體重，作戰技術，政治意識，戰功等等來決定，合格者留，不合格者去。

其次得說明軍隊國家化的國家，是指什麼國家。

國家化的對立名詞是黨化，是私人化，是地方化。國家這一名詞的具體內容是人民的政府，軍隊國家化的眞實意義是軍隊屬於人民自己的政府，不能屬於黨的政府，更不能屬於私人的政府，或屬於地方性的政府。

因之，一黨專政的政府不可能使軍隊國家化，一人獨裁的政府，和地方性的政府也不可能使軍隊國家化。質言之，具有這樣特性的政府要實行軍隊國家化，只是使軍隊一黨化，和私人化，更加地方化。

以此，實行軍隊國家化的先決條件是政治民主化。也只有民主的政府才能負起軍隊國家化的任務，民主政府的構成的先決條件是廢止一黨專政。

人民的要求是立刻成立聯合政府，因爲在現階段，聯合政府是最符合人民利益的政府。

從上面的原則，得到的結論是只有聯合政府才能實行軍隊國家化。

軍隊和國家的定義既明，然後才能如何化？到什麼程度？

先談如何化？

第一、軍和黨分開，不止是各政黨黨部退出軍隊，不止是廢除士兵集體入黨的規定，而且要嚴格做到官兵一律脫離黨籍，務使任何政黨不能控制或操縱軍隊，任何軍官士兵，不受任何政黨的影響。前兩點的規定是永久性的，後一點有時間性。必須民主政治基礎鞏固，政黨政爭進入常軌以後，才可以撤消這限制。

第二、軍和政分開。現役軍人絕對不許兼任中央及地方長官。軍政部長或國防部長以法律規定由文官充任。澈底掃除軍人割據和軍人干政，軍人主政的壞風氣。

第三、軍隊置於人民直接監督和指揮之下。軍隊數量和軍費由普選產生之國民大會決定。國民大會閉會期間，宣戰媾和動員復員之權屬於由國民大會及省議會所選出之上下兩院。

再次，談化到什麼程度。

第一要化到軍隊是人民自己的軍隊，盡愛護人民保衛人民的責任。方法是提高士兵智識水準，施以民主教育。提高士兵生活水準，保障合理待遇。軍官必須受專門教育，陞遷一依法定程序。

第二要化到軍民不分，軍民合一。方法是實行徵兵制，常備兵數量減少到全民總數的千分之一，卽五十萬人，縮短兵役年齡，人人都有服兵役的義務，人人都有養兵的義務，在這情形下，不但「軍人第一」的新觀念不再存在，「好男不當兵」的舊觀念也可澈底消滅。軍費也可減倒到歲出的最少部分，人民負担減輕，建設生產事業可以大量促進，國富增加，自然國力也强大了。

從以上的說明，可以明白軍隊國家化是全體人民的要求，也是全體人民的任務。決不可能單由國共兩黨來解决，也不可能單由國共兩黨和善意的盟友所組成的三人委員會來解决。更不可能由一黨專政的國民黨政府片面提出整編中共軍隊所能解决。

（我們再也經受不起，容忍不了任何形式的內戰了。澈底消滅內戰的途徑，眞正建立民主政治的途徑是軍隊國家化。軍隊國家化的初步是軍隊脫離政黨，軍隊脫離政治，這是當前必須立刻做到的事情。我們認爲共產黨的軍隊應該整編，國民黨的軍隊尤其應該整編。整編的原則在目前必須由政治協商會議續淺討論，研究盡善盡美的辦法，交由三人委員會執行，才能達到初步解决的目的。

名詞要緊，內容尤其要緊，差以毫厘，謬以千里，眞鬧到買櫝還珠，人民是不會答應的。

國民大會的法律問題

好吧！我們就來談談『法』！

孟南

政治協商會議的國民黨代表，對於人民基本自由與共同建國綱領等項問題認爲「並不重要」，故絲毫不感興趣；但對於與國民黨少數統治集團利害攸關的政府組織問題和國民大會問題，則先後均有提案，特別重視。國民黨少數集團口口聲聲說「還政於民」，然而事實恰好說明所謂「民」，所謂「國」，均不在他們的心目中。

國民黨統治集團最喜歡講法統，十多天來的協商會議中，他們始終擺出這幅面孔。法統要有法律作根據，於是乎他們開口閉口不離法律，不忘法治，彷彿天下之法儘在國民黨統治者的囊中，任何法律都可以爲他們當盾牌，作根據。

繼「擴大政府組織案」之後，國民黨代表提出了「國民大會案」，主張（一）本年五月五日「如期」召開國民大會，（二）第一屆國民大會職權限於制定憲法，（三）舊代表有效，新代表「合理增加」，（四）根據憲法，於六個月內選舉并召集第二屆國民大會。其他黨派與無黨派代表反對這個提案，尤其是反對舊代表的有效，國民黨代表就拿「法」來做擋箭牌，拿「法」來辯護他們的違法與反民主。

張厲生說：「對於過去已經依法選出的代表，沒有理由不承認他的代表資格：原因有二，一是根據法理來講，二是根據情理……。先從第一點來說：我們在法律上找不出根據……。」（雖然國民黨統治者不知創造了多少違反人民的法律根據！以及創造了絕不合法的國民大會代表的法律根據！）

陳立夫說：「講民主須顧到法，否則爲『無法無天』，何能謂爲民主。」（他忘記他口裏的法，僅僅是國民黨的法，而人民和別的黨派從來也沒有承認過這類的法，並且不許這類法再繼續下去了！）

陳立夫還說：「第一、由一黨政治制度到多黨政治制度之過渡期間，不能抹煞現有一黨的政治制度。」爲什麼？據說一抹煞就「一切問題不能解决」，（那末，就只有用「剿匪」的方法來解决了，是不是？）而且，就國民黨看來，各黨派參加共同建國工作，只是他們的「義務」，惟國民黨少數集團才能享其「權利」。「第二，……由政府指派代表二百四十人之辦法雖非絕對良好，但適合中國國情。」蓋國民黨以黨治國，素來喜歡利用這種「國情」。「第三」，舊代表根據國大組織法，「任期不但未滿，且尙未開始」，所以依然有效。這裏，又拿出所謂法來了！

號稱無黨無派實際是替國民黨說話的王雲五也大談其法，王氏一則曰「民主的基礎係在法治，倘抹煞法律，則此種民主實不可靠。」二則曰「法治之精神，人民應守法，政府亦應守法。政府不能隨便否定法律，否則與民主的立場衝突。」不知王氏所談的「法治」究竟是什麼法治，亦不知其所謂「法律」，究竟是誰的法律！倘說你們的「家法」，爲了本集團利益的緣故，不容推翻，亦不能自行否定，豈不更好麼！

好的，你們既然滿口滿身都是「法」，我們就來談法！

請問『法』的根據在那裏？

國民黨根據的是什麼法？一言以蔽之，是他們的家法和憲法，是他們少數集團口袋裏拿出來的和御用機關御用官僚製造出來的法！這些法，未經人民承認，亦未經各黨派同意，與人民毫無關係。

國民黨堅持國大代表有效的法律根據是國大組織法與國大代表選舉法。這兩個法頒佈於民國二十五年，修正於二十六年四月。誰製定？誰頒佈？誰修正？一言以蔽之曰，韓巴朗是國民黨政府。國民黨政府憑什麼來製定，頒佈這些法？唯一根據是他們的武裝和權力。但國民黨大會振振有詞曰：我們還有法律的根據，國民大會的規定首見於建國大綱，再見於訓政時期約法。而訓政時期約法爲十五年前國民代表會議所製定。我們國民黨根據約法，「受人民的付託」行使政權，我們就有權力來製定法律，我們和我們的法律就是代表人民。國民黨統治集團常常是這樣的肯定人民曾經「付託」他們，並給他們權力。

這種詭辯，在「無法無天」的中國，在統治者篡取權力的時候，是必然的。從前的獨夫暴君自稱「受命於天」，今天的則只要輕輕地把個「天」字改爲「民」字就行。

然而，還是不行的。

首先，我們談建國大綱。這是中山先生的革命行動綱領，不是法律根據，更不是人民公定的法律。人民在革命沒有變質和沒有違背自己利益的時候，可能贊同和擁護這個綱領，但他們有權保及加以修正，却決沒有絕對盲從它的責任義務，尤不能視之爲法律的根據。而當革命完全變質，人民的革命被變爲篡取人民權力和榨取人民利益的進軍的時候，人民就更沒有遵守它的義務。尤其不會對以它爲根據製定的違反人民權利意志的法律表示贊同，受其約束。建國大綱縱然是一種革命的綱領，然而據以召開的國民會議與由國民會議製定的訓政時期約法，却完全是革命反人民的，因爲國民革命遠在民十六年就變了質。

其次，我們談訓政時期約法。這個法是國民會議製造出來的，國民會議是否代表人民呢？不是的，那只是假人民之名而製造出來的一個御用機關，其用處在借此寫出「受人民付託」或「受命於民」的字眼，爲一黨專政事後作成「法律」的注脚。試回想一下當年的情形，國民黨政府正在大規模剿除「赤匪」，捕殺青年，壓迫民衆，排除異己，那時不但沒有在野黨派的合法地位和老百姓表示意見的餘地，就是後來又和好了的國民黨內各派系，也備受南京方面的壓迫和排擠！民國史上最恐怖的一九三〇——一九三一年代，中國那裏有什麼人民的代表和民意？那裏會有什麼人民製定的法律？就實際情形說，製定約法的國民會議代表，誰也知道是指定和包辦的，不僅人民沒有眞正選舉他們，便是國民黨內的其他多數派系也沒有代表參加。記得當年史實與政治內幕的人，怎會不清楚！但我們最好不要去回憶——那會勾起無數醜惡的影象，令人噁心的。

然則，如此會議何能代表國民！由它製造出來的訓政時期約法又何能謂之民意！國民黨的政權更何能謂之「受人民的付託」！從人民手裏奪去了政權，轉而壓制人民，還說「受人民的付託」，古今中外有這裏「請你動手開刀，小民願受宰割」的人民麼！

所以，不但國民大會組織法與國大代表選舉法沒有人民法律的根據，就是國民黨的整個政權與一切法律也都不是「受人民的付託」或有半點人民的意志爲基礎的。

而況手訂建國大綱的中山先生並不曾叫你們製造那種全是爲了一派（僅僅是國民黨內之一派！）之私的會和法！

且談國民大會的兩種『法』

退一萬步，退十萬步說吧，我們略開那些根本問題不談，且談國民大會的組織法和代表選舉法。我們應該研究一下這種前無古人後無來者（應該是後無來者）的法！應該讓一切人都看一看這種曠絕中外，無法比擬，超過任何包辦獨斷及違反民主平等原則抹煞人民意志的法！研究了這種法，你就會替國民黨覺得這種法絕對是多餘！還不如乾脆不要法，只說一句「一切由我」來得爽快，叫人佩服。

民國二十五年公佈的國大代表選舉法第二條規定：國民大會代表總額爲一千二百名，依左列各款分配之：

一、依區域選舉方法選出者六百六十五名。

二、依職業選舉方法選出者三百八十名。

三、依特種方法選出者一百五十五名。

二十六年修正選舉法第二條則於上述三種代表之外，又加了兩種：

一、「當然代表」！

二、國民政府指派者二百四十名。

據修正國大組織法第三條所載：「中國國民黨中央執行委員，監察委員，及候補執行委員，候補監察委員，爲國民大會當然代表」！這種「當然代表」是四百六十名，合計上述四種代表是一千九百名。問題在那裏呢？在：

第一、代表四萬萬左右人民的區域代表只有六百六十五名。而操縱在國民黨手裏的少數職業團體代表却有三百八十名，連同「當然代表」，「指定代表」，「特種代表」（亦屬於指定範圍）是一千二百三十五名——佔雙倍的絕對大多數！

第二，所謂「當然代表」•「指定代表」，「特種代表」眞是冠絕古今，恐怕只有國民黨才有這樣的妙法和傑作！

所以，一位最溫和的論者也不能不說：「毋論這些代表怎樣公正，怎樣能够體察民意，自動代表；但在法理上總不能認爲是國民的代表。在一般民選機構中，擁有這樣大量非民選的代表，可說是創例（簡直是胡鬧呵！）可能影響此機構的本質，減弱其民主性，甚至使之變質！」（重慶大公報一月二十日星期論文：「首次國民大會的性質和職權」，作者熊子駿。）

然則，陳立夫、王雲五們，你們還有什麼根據談「民主」，談「法律」！

「而其選舉方法，尤呈異觀」，熊子駿先生說。這「異觀」是怎樣的呢？

第一、是由國民黨的官僚和土豪劣紳作「推選人」，「推」定「候選」者。據國大選舉法規定：（一）區域候選人，由鄉鎭長或坊長推定，人民不能表示意見。（二）職業團體候選人，由各團體的機關職員推定，非職員的會員社員如工人等等羣衆無此權力。（三）特種選候人一部分由國民政府指定，一部分比照前兩種規定推選。

人民不得到國民黨的同意，誰也沒有競選的資格，而被「推」爲「候選人」者，非僅要受官府的銓定，並且非受國民黨籠絡的黨員土劣官僚莫屬，請問人民的被選舉權何在？

第二、不但廣大的人民羣衆沒有被選舉權，便是公正士紳與國民黨內部非中央執政派系的人士亦沒有被選舉權！因爲區域候選人的名額被限制爲代表名額的十倍，職業團體僅爲三倍。其所以限制如此嚴格，狹小，就是爲了便於操縱包辦，連國民黨內的非正統派也要排除。

這就是陳立夫所謂的「特殊」！

第三、人民（嚴格說，是國民黨的少數「選民」）的被選舉權固然被剝奪，即選舉權也是完全剝奪了的。選舉法規定「其選舉票應載明候選人全體姓名，由選舉人就中圈選一人」。那就是說：（一）你只能選十分之一或三分之一，沒有更多的權力。（二）不許在名單以外去選，只能選國民黨指定的「候選人」無論你同意不同意。

這樣，選民就成了十足的沒有半點自由的傀儡！

第四、那時，婦女沒有選舉權，國民黨以外的各黨各派人士沒有選舉權和被選舉權。

十足的，百分之一千的國民黨少數集團所壟斷，所包辦。

無怪最溫和的人士也要問：「這樣還能代表幾成民意呢？」

我們再退一百萬步說，就依照這樣的法來選罷，是否眞的選過一下？沒有，絕對的沒有！

請二十歲以上的有良心的人來證明，拿當時的報紙雜誌的記載來證明，拿選票和國民黨人互相控告的案卷來證明：所謂選舉的實情是這樣的：

第一、大多數的區域和團體都是由鄉鎭保甲長及機關職員一手代塡選票。

第二、多數地方選舉時有槍桿子在「選民」後面鎭壓着。

第三、「選民」不是吃過酒席，便拿過法幣。

第四、許多地方，根本沒有選舉。

第五、國民黨人爲了「競選」而打架，告狀，暗殺……的事不勝枚舉。

那種情形，眞够得上「無法無天」。

陳立夫說：「過去國大已選代表，皆係由全國各區域產生，如以民主必須取決於多數，則無人有權取消其資格。」請問「民主」在那裏？「多數」究竟是多少？韋瑪憲法會議的代表是這樣產生的？美國的費拉德非亞會議委員和人民制憲會議的代表是這樣產生的？法蘭西的三次國民大會代表是這樣產生的？蘇聯的最高蘇維埃代表是這樣產生的？只有袁世凱的「約法會議」代表或「中央政治會議」代表才與之類似呵！

還要辯一辯，怎麼樣呢？

陳立夫所說的「不能抹煞現有一黨的政治制度」和權利義務問題也要辨一辨。

何以「不能抹煞現有一黨的政治制度」？有什麼作根據？縱令建國大綱規定了「訓政」階段，但後面接着要實行憲政，並不曾叫國民黨萬世一系的「訓政」下去。縱令你們有「約法」爲根據，眞的受過「人民的托付」。人民也沒有叫你們無限期的「訓政」下去，直到地球毁滅爲止。何況這些都不足爲根據，何況你們「無法無天」的玩了將近二十年！二十年，多長的日子！「訓政」的結果，國家怎麼樣？人民怎麼樣？有勇氣的就該坦白承認呵！

何以各黨各派參加建國工作只有「義務」，獨國民黨有此「權利」？還又有什麼根據？還是那套「約法」是不是？八年來的抗戰，倘沒有人民的支持，沒有各黨各派的努力，沒有敵後人民武力的牽制？沒有人民以血肉換來的國際援助，你們還有什麼「權利」？你們到那裏去尋找「勝利」？國民黨既得利益集團發國難財之不足，繼之以發勝利財，復員財；佔有了國內的資本不算，還有三萬萬以上的美金存在外國，有巨量的財產放在南美，難道「權利」還沒有享足？

「權利」與「義務」的標準又是以什麼法律和情理來區分的？

你說：「不能抹煞現有一黨的政治制度」，但人民說：可以抹煞的。因爲一黨專政的成績首先就否定了這種制度，其次是人民的意志，歷史的潮流，國際的輿論，友邦的態度，都不承認可以繼續這種制度。

你說：「以多黨立場視一切建國工作爲權利，然從一黨專政立場觀之，則認爲義務。」人民與各黨派既然否定了一黨專政，國際態度既然都說「一黨訓政，必須結束」，自然就沒有獨佔這項權利的理由！

你說：對舊代表「無人有權取消其資格」，人民說：有的！因爲人民根本沒有給他們做代表的資格，連「取銷」兩字都用不上！人民會還麼說：根本沒有那回事，我們從不會選誰當代表。

怎麼樣呢？

（一月二十二日）

哭楊潮

夏衍

清早起來翻開報，一個黑邊新聞闖入眼來：『名記者楊潮突在獄逝世！』楊潮死了！我不忍相信，可是，我早知道他現在所處的境遇，是隨時都有『突然逝世』的可能性的！

四十幾歲，健康的身體和旺盛的鬥志，楊潮是不該早死的，可是，這不是噩夢而是事實，在號稱民主國家的中國，楊潮是被罪惡的黑手活生生的捏死了！

我清清楚楚地能夠回想起他的聲音笑貌，慢吞吞的談話聲音，在長象牙烟嘴上一支又一支地點着捲煙的，溫文的神態，和感情激動時成了習慣的口角上的•彎，這一切，都不能再看到了，他的學識，他的熱情，他的趣味，他的探索的精神，和他的不管一切地用全生命來拚撞的鬥爭態度，一切一切，都隨這短短的幾十個字的新聞報導而逝去了！

希天知道了這個消息沒有？愈之呢，于懷呢，還有遠在紐約的楊剛呢，你的四哥死了，活生生的被人虐待死了，爲了什麼？爲了中國人民的自由，爲了中國的民主，他戰死在自己的崗位上，在這天將破曉的時候。

我認識楊潮記得是在一九三〇年，見過一兩次沒有留下很深的印象，直到他後來參加左聯的工作，我們見面和談話的機會才頻數起來，很快，我們之間發生了一種強烈的友情。在當時，熱情有餘的許多青年文藝工作者裏面，他的存在是特殊的，他有廣博的學識，豐富的人生經驗，有主張，有脾氣，肯做事也能做事，他沒有特定的一個政治關係，但他有強烈的正義感和不計成敗的鬥爭精神，從他的出身，經歷，和他當時的生活來說，毋寧說他是不能和我們一路的，他是一個獨往獨來的自由主義者，他嗜愛美好的生活，歡喜讀各種各樣的書，交各種各樣的朋友，愛辯論，感情激動的時候就和最好的朋友吵架，可是不一刻他就說幾句自嘲的話，笑着和他的對手和解了，他有豐富的趣味，他養熱帶魚，一個時候把上海所有的關於熱帶魚的洋書都蒐買起來，使上海專業熱帶魚的中外商人也不能不向他請教，他養鳥，把他霞飛路汾陽坊的那個前後樓幾乎變成了城隍廟鳥店，有一次他要送我一對英國芙蓉，送了之後又把養這種鳥的知識傳授給我，怕我聽過忘記，邊講邊寫，累得我惶恐不安，可是，他並沒有溺於這些趣味，他的工作精神和工作效率是可怕的，說做就做，做不通的時候就一個人想，從書裏去求解決，最後是找了人吵架和爭論！……在我短短十幾年的交遊中，這樣豐富，這樣熱情，這樣有強烈的個性，而依舊能夠孜孜兀兀地在實踐中求眞理的朋友，實在並不多，而像他這樣一個

羊棗先生是怎樣死的??

中國青年記者羊棗——顧祝同司令總部的政治犯·因具有「錯誤思想」於上星期因染病死於杭州省立醫院。羊棗是名女　者現任大公報美國特派記者楊剛之兄，自從去年七月二十三日，在福建永安被捕後，曾在東南好幾處地方囚禁。

儘管羊棗之友人從未能獲得官方所下渠應逮捕之正式公函，儘管羊棗從未引渡法庭受審，但「官方」曾告訴他的家人稱：羊棗被捕之原因係由於同情左翼份子，和可能與新四軍區域內之共產黨具有聯絡。而延遲釋放羊棗之原因，據說是他不肯改變他的「錯誤思想」。

過去數星期內羊棗被囚在杭州監獄裏，照情形看來他終於是會被釋放的，爲他奔走的幾位外國朋友，在委員長宣佈允許釋放所有的政治犯之後，得到了通知說，羊棗很快就會被恢復自由了。

去年十二月三十一日，羊棗已得了病和發熱。到了本月七日——被送到醫院的那一日——他已失掉視覺和不能言語，正月十二日他便死於『惡性瘧疾』有李某者，爲第三戰區政治部主任，他對羊棗之死表示抱歉，並說：「他之所以致死，原因是在被送醫院之前，自己服食過量的阿斯匹令」。李主任向人解釋說：「

人，就在四十幾歲的壯年，白白地被法西斯惡魔作踐死了！

我記起抗戰開始時候的他的那種興奮，他跑腿，寫文章，計劃，幫別人接洽些鎖鎖碎碎的事情，忙得連喂鳥的時間也全交給他太太了，一直到上海失守，我走的那一天，問他，『你怎辦？』他不加思索地說，『留在上海』。我一點也不替他擔心，我相信他的決定是對的，他有充分的社會關係，他熟悉上海，他懂得暗夜裏走路，他是可以照顧自己和幫助別人的。這樣，他在上海活躍了三年，在一家外國通訊社做事，替幾家抗戰的報紙寫評論，幫助戲劇界的朋友們辦劇場，他忙，但是他很愉快。

一九四○年，我們又在香港見面了，那時候他是孳島日報的軍事記者，他的論評是南中國青年人最愛讀的讀物之一，在灣仔附近的一間小樓上，他再沒有魚和鳥，有的祗是成綑成堆的關於軍事，政治，經濟的洋書雜誌，和貼滿四壁的畫着紅藍鉛筆的地圖了。

這一年是最緊張的一年，法西斯德國進攻蘇聯了，我們見面的時候就談戰局，一直抱着耶茲馬的時候，他驟然焦慮起來，有一次我去看他，他正在用紅筆畫托爾斯泰的『戰爭與和平』，旁邊是一張地圖，許久之後才對我說：『這是一個重要的地方，過了這個地方，就』他停止了，想了好久，才說：『時代變了，武器變了，戰爭的形勢也變了……』又是一陣沉默，他那種憂心忡忡的情狀，我此刻通楚地可以記得出來。莫斯科危急了，蘇聯政府一部分東遷，一天晚上爲了莫斯科之戰的估計和于懷爭吵起來，六七個人的討論變成了他們兩個人的激辯，結果是逼得于懷用『上吊』來打賭莫斯科的運命、這情景是當天參加的人都還記得起，可是今天，再沒有韜奮，再沒有楊潮了！

我們在香港淪陷之後分手，大家到了桂林重慶，他卻轉到福建去了，對於他，大家是放心的，他一定安全，他一定會有事做而且一定做得好，果然，他當了大剛報的總編輯，他繼續寫他的雄文，一個時候，沒有消息，不多久他的文章又在福建的報上發現了，從這時候起他再不露鋒芒，他做研究性的工作，他是福建省政府主席劉建緒聘他去的，可是，莫須有的罪名竟又落在他的頭上，莫名其妙地被捕，不明不白地關進了集中營，我們聞訊之後向各方探訊，有的說沒有捕，有的說捕了又逃出來了，有的說立刻就會釋放，拖到戰爭勝利，憑常識想他總該可以出來了吧，可是我到上海遇見曹聚仁兄，知道他押在杭州，罪名是與奸黨文化人來往，被作爲政治犯而塞進牢裏去了。十月十日，雙十會談紀要發表，政府同意了釋放政治犯，我們的心鬆了下來，可是，他一直沒有釋放的消息，再三個月之後，受了外國的壓迫力之後又宣佈了一次諾言，這次可不能再賴了吧，誰知道，天哪，就爲了這一諾言，他『突然』死了！他死得好冤枉啊！死在政府的諾言，死在爲了滅口，我在這一瞬間死一般的痛苦，我憂慮到現在還關在集中營裏的千萬愛國犯人的安全了！這是什麼日子，這是什麼世界啊！

楊潮死了，一個最優秀最有才能最富正義的新聞記者和政論家死了，死了一個就少了一個，我們爲國家民族痛哭這一個不可補償的損失，可是，爭民主的戰士是永遠死不完的，楊潮啊，你倒下了，但成千成萬的人會繼續走完你的道路，而終於達到那光明的自的地的。

一月十四日上海（文聯社）

羊棗先生是怎樣死的??

羊棗被送醫院之遲緩，其原因由于『韓主任』不在，未能得到移送政治犯到醫院去的批准一。

羊棗畢業于交通大學，主持報紙雜誌筆政多年。在戰事初期裏，他幾乎逃不了汪精衛的鎗手們的暗殺，而要逃到自由中國來避禍。

羊棗的某些友人說，他被捕的真正原因，是由于顧祝同和福建省主席劉建緒之爭執：顧司令長官終于施壓力于劉主席，要他逮捕那些在他統治下的所謂「自由」思想者。

儘辦控告和反控告及一些混亂情事，環繞着羊棗的事件，但有幾件和這案件很有關聯的事實存在：

爲什麼逮捕羊棗的罪狀不公佈反而隱藏？甚至連被告者家屬都不知被告者所犯何罪？

爲什麼在六個月的期間內，羊棗被從一監獄移送到另一監獄都沒有經過法庭審判？

最後，羊棗的健康爲何少加注意，以至釀成病情嚴重，在未送醫院前已成不治？

很清楚的，像羊棗的命運在中國記者頭上一天存在，縱使新聞檢查廢除，他們也是沒有新聞自由的。一容與譯」（原文載自十九日上海密勒氏評論報）

美國大兵要還鄉

L·柏羅特

大兵們說：『沒有船隻，沒有選票，讓我們回家！』

太平洋美軍因思鄉心切，最近紛紛起要求儘可能提早把他們遣送回國。他們對於一些「藉口」如手續麻煩或航輪缺乏等都覺得不能成立。

太平洋美軍寄回國去的信上都寫着這樣的口號：「沒有船隻，沒有選票，讓我們回家！」

雖然一個外邊的人看到陸海軍部關於遣送美軍回國的報告會覺得他們的工作還相當可以滿意，但是對於親自體會的美軍本身却不是這末一回事。

據海軍部統計（十一月三十日發表）：九月二日太平洋區美軍共計三百四十萬人，已遣送回國的在一百十萬人以上。同時陸軍部宣佈十二月份將再遣送二十三萬七千人回國，並且說十月份及十一月份美軍回國均與原因計劃相差無幾。

但情形並不使思家心切的美國大兵們滿意。出身紐約的克林特勒担任陸軍報紙「星條報」讀者園地專欄的編輯，他說他每天平均收到的一百五十封信件中，約有半數是和回家問題有關的。其中一半以上牢騷極多，就記者與美軍官兵談話所得的印象來看，這種情形是確實存在的。

「沒有船隻，沒有選票」的口號大約是來自馬尼刺。但立刻傳播極廣，在東京美軍郵局服務的士兵把這個口號做了一個橡皮章，在所有經過他們手的信件都加蓋了這個戳子。

美國榮譽軍人回國

據「星條報」收到的讀者信件及記者個人的分析。這些思鄉病美軍的怨憤大約有下面幾點：

一，商船空回返國而士兵却在等待運輸艦；

二，低積點官兵重行入伍，請准假期的較高積點退伍士兵反得早期返國；

三，陸軍部在運送兵員到戰場上把船裝得滿滿的，但現在回舊金山的船却比較空；

四，某區或某單位不公平地得到優先權；

五，對積點制本身不滿。

美國陸軍部方面對這些怨憤都有答覆，他們承認有商輪回空，但把貨輪改裝成運輸艦需要在船塢工作四十天，費用二十五萬美元。但這個回答不是以使高積點的官兵平憤，他們寧願睡冷甲板，吃乾糧，只能回家，同時兵士們知道這些所謂不宜運兵的船隻正在把中國的軍隊一批批送上華北前線。

當然美國陸海軍部並沒有盡量利用一切交通工具。最近自由輪「威廉·康德」號的水手說從八月二十三號以後他們一直在琉球或東京「待命」得這樣久，這班人老早可以回家了。

關於低積點官兵重行入伍請假返國的辦法在兩方面都受到攻擊。一方面高積點的官兵說這些低積點的人為了要回國便重行入伍，結果倒要他們自己來填充這些重行入伍的人的空缺。另外一方面，重行入伍的官兵也有人久久不能請准假期返國。

其他個別的怨憤更是每天都能聽到，最近有一個護航隊的理髮兵說他因為在一個軍艦上為一個軍官理髮，誤了指定載送他返國的船。

這些大兵們還有一個共同傳說，他們說官長們為了要儘量保持兵力所以處處阻撓士兵返國。但軍官但軍官們也在急着想回國 。這話恐怕是靠不住的。

美國的罷工風潮

胡克輯譯

杜魯門說：『若不能叫工業充分發展和工人充分就業，我們不免要碰到嚴重的結局……』

美國正處在全國範圍的大罷工的嚴重情形之下。到一月二十二日爲止，參加罷工的工人達一百六十五萬人；其中通用汽車公司工人爲數十七萬五千人，鋼鐵工廠一千二百九十二家工人爲數七十五萬人。

通用汽車公司工人罷工最早，是在去年十二月中旬。鋼鐵工廠工人罷工是從一月二十一日夜半起始。此外參加罷工最普遍的還有電氣工人二十萬人，肉類裝配工人二十六萬三千人。因鋼鐵工廠罷工而受影響的工廠達一千二百九十二家。分佈於國內三十個州。鋼鐵工業中心是在賓夕凡尼亞州，俄亥俄州，印第安那州，伊利諾州等地。

通用汽車公司，鋼鐵工廠，電氣工廠，肉類裝配工廠，這四個部門的工人罷工，所損失的工資，到一月廿一日止，達一萬萬美元。這是指直接參加罷工的工人一百六十五萬人底工資損失。至於間接受影響的工人一百四十二萬六千人，每日損失工資一千二百十四萬三千八百美元，相近於直接參加罷工的工人底每日工資損失一千三百五十萬美元。

風聲所及，鐵路工人也正在準備罷工。

工人罷工，爲的是提高工資，但是資本家不那麼容易答應，因而陷於僵局。政府出面來調停，可是未能成功。

杜魯門總統爲了這件事，曾經特別發出一篇警惕的演說：「我們如若不能叫工業充分發展和工人充分就業，我們不免要碰到嚴重的結局。在這工潮日益擴大的時候我有責任深切地關懷我們底將來」

鋼鐵工業和電氣工業都是基本的工業；基本工業底停滯要動搖全國經濟基礎。汽車工業類和肉裝配工業，是或關係運輸，是或關係民食，都是不能久懸的。怪不得杜魯門是這樣着急。

這回罷工是很有計劃的，很有組織的。各地各業工會採取緊密聯絡，合作，以求達到共同的目的。由於工會的號召，還有許多工業部門的工人舉行同情罷工。直接罷工的和同情罷工的工人，在工會的工人之中佔九分之一，還是在初期。隨着工潮底發展，這樣的人數也是不斷地增加，將要打破一九卅七年的紀錄。

爲本刊及昆明四刊物橫遭陰謀破壞

對玩火者警告·向人民伸訴

全國以及全世界人民所矚望的政治協商會議在開會，在研討「根絕內戰，建立民主，鞏固和平的方案，國民政府主席蔣介石先生也「又一度」在開幕詞中宣佈政府決定實施事項，明明白白指出第一項「人民之自由」，人民享有身體信仰言論出版集會結社之自由。第二項「政黨之合法地位，各政黨在法律之前，一律平等，並得在法律範圍之內公開活動」。墨瀋未乾，人民的記憶猶新，十三天後，昆明的各民主期刊便遭受到意外的迫害，政府的諾言立刻受到考驗。

事情的經過很簡單，二十三日下午民主週刊送稿付排，印刷廠婉辭拒絕。事實上二十一日晚某幾方面曾經舉行過聯席會議，印刷廠正如兩個月前的情形相彷彿。接着二十四日上午十一時昆明四個大印刷廠的負責人又被某方面召集訓話。釜底抽薪，印刷工具被徹底控制了，民主週刊便無法如期出版。連帶波及的還有時代評論，昆明新報，中國週報，昆明學生報等民主刊物。

這是玩火者的又一次陰謀！

明鬆暗緊，上鬆下緊，口鬆手緊，是玩火者的拿手傑作。給人民以一切自由，同時給各政黨以合法地位，表演民主政治，是明鬆，是上鬆，是口鬆。同時控制郵電，更進而控制印刷工具，把信仰言論出版一切自由又一筆勾消，是暗緊，下緊，手緊。朝三暮四，暮四朝三，變來變去還是一樣！

我們對玩火者提出嚴重的警告，你們的諾言已經提供得太多了，這一次的諾言是最後的兌現機會。

我們向全國父老兄弟姊妹申訴：

第一，玩火者侵犯、破壞他自己所允諾的信仰言論出版等自由。

第二，玩火者侵犯、破壞他自己所允諾的政黨合法地位，當中國民主同盟的代表正在國民政府大禮堂開會的時候，民主同盟的正式機關刊民主週刊被非法阻礙出版。

我們正式提出下列要求：

第一、兌現蔣主席的四項諾言：

第二、廢除郵電檢查所航空檢查所及一切特務機構。

第三、廢除政府對各部門工業獨佔及控制制度，特別關於造紙業和印刷業等文化工作部門，政府不得加以控制或操縱。

最後，我們要指出，當印刷工具，集會場所，通訊機構，交通系統被一黨或一集團所非法控制，民營工商業隨時隨地被一黨或一集團所任意威嚇利誘，政府不遵守他自己的諾言，任意破壞法紀的時候，民主政治是不可能，也不會實現的。

這不但是對政府的一個最後考驗，也是給飽受磨折的政治協商會議一個嚴正的考驗！

我嘲笑

光未然

我嘲笑
唐·吉柯德
竟敢
　和風車挑戰
他聲言
要扭轉
　這時代的巨輪
要摧毀這風車
連同它的
　自由的翅膀和
　民主的風帆
他鞭打
　他的瘦骨稜稜的戰馬
揮動着他的長戈
衝上去
剛剛交手
還不到一個回合
唉　眞可憐
這位反民主的英雄
　連人帶馬
　滾落在地面
他的破舊的盔甲
　跌爛了
他的丈二戈矛
　被折成兩段
就這樣結束了
　這位游俠騎士的
　偉大的冒險
哈哈哈哈哈哈
　哈哈
　偉大的冒險

我嘲笑
阿Q
全副武裝
胸前掛滿了勳章
他得意洋洋
整天
　向小尼姑挑戰
　向小D挑戰
冷不防
被人抓住了小辮
劈頭給他一拳
他縮緊頸子　閉住眼
說這是
　兒子打老子
說這觸犯了
　領袖的尊嚴
　可又冷不防
碰到假洋鬼子的哭喪棒
啊　眞漂亮
他一面交涉
　一面抵抗
說和平沒有絕望
　決不放棄和平
犧牲未到最後關頭
　決不輕言犧牲
說一定要
　先安內而後攘外
說至少這兩大武功
　要同時進行
可是那假洋鬼子不賞臉
嘴里罵着八格牙魯
提起哭喪棒
　向他追趕
眼看和平絕望了
他宣言焦土抗戰
一面却拖着辮子
　拖着鼻涕向後轉
哈哈哈哈哈哈
　哈哈
拖着鼻涕向後轉

昆明近事

·林　慧·

你走後，昆明發生的一件驚天動地的事件，你想必已所聞，最近張奚若在聯大演了一次講，題目是「政治協商會所應該解決的問題」，依我看這題目還不十分恰當，應當叫做對國民黨一個總評。資料豐富，觀察深刻，見解透闢，詞句辛辣。聽了的演說，身上像拔去毒疥那樣又痒又痛的舒服。那在對方看來，簡直是原子彈，照妖鏡，使他們形影難逃！有人說，聽張先生的講演，使人來不及鼓掌，簡直鼓不出掌來，也不知道該在那一句上鼓掌，他每一句都精彩，人們要摒絕呼吸，凝神諦聽，不上幾句，便引起一片會心的鬨堂大笑！以鼓掌或不斷地鼓掌來形容會場的熱烈情緒，放在張奚若這次的演講是根本用不上！編者案：欲讀張奚若先生講詞全文，請參看民主青年增刊「華北青年對政治協商會議的意見特輯」）

張演講後，各人民刊物，以不同的手法記載着，有的直錄，有的加以描寫，賣報的工讀生們在街上電影院里發狂般地叫賣，頃刻間，賣報的兩手空空。羣衆們人手一份，一路上津津有味地閱讀着，有的還多買幾份，分寄友好。這種空前的情況，是你想像不到的。

但是，這演講震撼了統治者們的神經，他們實在受不住了。

我嘲笑
阿Q和他的
流亡政府
嘲笑他裝模做樣
在他的集中營里
實行民主
嘲笑他的
精神勝利和他的
等待主義
嘲笑他從孔巳巳那里
學會了滿口仁義
有辦法
他會用封條
封住別人的嘴
眞有辦法
他舒舒服服地
坐在山洞里
盤起辮子翹起腿
拖着鼻涕唸咒語
說最後的勝利是我們的
他發佈命令
教大家睡睡
他自己一心一意地
等待勝利
等待敵人撤退
等待四方的貴人
助他一臂之力
假使老百姓
起來打擊游
收復失地
那就是違犯了
他的軍令軍紀
哈哈哈哈哈哈哈
哈哈
軍令軍紀
我嘲笑
光未然我自己
因爲我的嘲笑
太無力
因爲我寫了一首一首的
諷刺詩
完全是浪費
因爲那唐・吉柯德和阿Q
他那荒唐的言論
他那荒唐的行爲
本身就是
絕妙的諷刺詩
他天天吹牛皮
文不對題
天天劈劈拍拍地
打自己的嘴巴
天天嬉嬉哈哈地
嘲笑他自己
算了吧
不必讀我的詩
算了吧
不必聽我朗誦
我使盡吃奶的力氣
不討人歡喜
你要是想尋開心
打哈哈
只要看看他那
瘦骨稜稜的戰馬
他那一身破盔甲
他那小辮兒 鼻涕
他那一本正經的鬼神氣
哈哈 包管教你
笑破了肚皮
哈哈哈哈哈哈哈
哈哈哈哈哈哈哈哈哈哈
哈哈哈
笑破了肚皮

一九四五年九月三日下午
當晚在聯大詩歌晚會朗誦

昆明近事

・林慧・

一月二十六日昆明學生報有下列三段新聞：

1 西南聯合大學張奚若教授週前在聯大公開演講，據聞某部某首長認爲他危害民國，詆毀元首，罪孽深重，曾函請法院對張奚若提起公訴，法院的法官連開了三次會，翻過了六法全書，也找不出罪狀來，法官認爲此事極爲「傷腦」。

2 本市曾經幫同劊子手屠殺青年學生無辜人民的「輿論界」也奉到了向張奚若教授「總攻擊」的命令，前幾天某報（係雲南日報）的短評「政治道德和法律」就是命令的反響。不知某某執筆時是否會想得起十二月一日的「放槍自由」的法紀和誣蔑學生的政治道德來。民主中國的「輿論」原來就是這樣的嗎！

3 民主週刊及時代評論本期因故不能出版，現已向有關方面交涉中，一俟結果圓滿當定期出刊。（按：聞係社會局派人恐嚇印刷所，不准他們印）

又聞，本市最近出有「正言評論」一種，對張之演說大肆「正言」云云。（下略）

（編者按）張奚若先生之演講記錄見北平二月一日出版之「民主青年特別增刊」。

察哈爾的現狀

文茂

察哈爾省有豐富的農產牲畜皮毛，鐵礦是非常著名的。人口大約一百四十萬，除蒙旗外共分十九個縣，一個市。敵人統治了八年，變化很大，八路軍佔領下的情形怎樣呢？這裏是一篇察省光復前後的一位目睹者的報導，作者並不是共產黨員。

一、八路軍進駐

八月十五日張家口廣播電台放送出日本投降的消息，驚醒了一般人的迷夢，有的人在狂歡慶祝，有的人因爲和敵人有過勾搭，對於將來的命運不得不作反省，住在鄉村的人還半信半疑，在兩個月後，還以「聽說日本投降了，眞的嗎？」相詢問。那時候的敵人還是全付武裝，耀武揚威的擺樣子，我當時也懷疑，這就叫做投降！自從蘇聯的飛機在張家口蘇炸掃射以後，同時由察北推進，這使敵人對於他們八年來視爲命脈的察省，不得不放棄了，在八月廿二日全部撤退（僑民在內）。敵人的撤退是非常匆忙狼狽，所以各倉庫及工廠都相當的保持完整，沒有大的破壞。八路軍在敵人退走三天後，乃正式進駐張家口，該軍未到以前，地方的秩序是騷動着紊亂着，敵人的機關搶了，商店住宅搶了，倉庫也搶了。這時候李逆守信部下的僞軍，分駐在省內各大城鎮，並且已經奉到命令，要堅守防地，不許「奸匪」接收，於是全省各地僞軍和八路軍展開攻防戰，新保安（平綏路一車站）打得很凶，被圍攻了一個多月，聽說在圍攻正急時，有從北平來過飛機傳達命令（當時李逆守信在平，已經搖身變作十路軍總司令了），並擲下大批黨徽帽花和鈔票。蔚縣（察南）的攻防戰演的最久，縣城內所謂「十路」，三個多月才被八路解決了。察哈爾全省在九月底已完全由八路軍進駐（僞軍僅保有一二個城鎮，至十一月中完全潰滅）。據說駐察的共軍，是屬於冀察晉軍區，司令爲聶榮臻和蕭克。

八路的正規軍，服裝是草綠色的和深灰色的，不十分整齊，民兵完全便衣，頭上罩着白手巾，大棉袍老是披在臂上，腰纏有子彈袋，槍械長短不一。進駐察省以後，得到了充分的補給，服裝槍械都很整齊完備，並且組成了砲兵和騎兵。在張家口宣化大城市的八路軍，他們穿着敵人留下的皮大衣皮鞋戰帶等等，跟北平的中央軍沒有什麼差別。他們對於人民很和氣，願意找你談天，談談他們八年來抗戰的經過，在敵人背後是怎樣艱苦，物質條件是怎樣惡劣，敵人的掃蕩是怎樣頻繁，他們與農民合作，發動生產，克服環境上的一切困難，堅決忠勇與敵人作殊死戰，如平型關會戰消滅了坂原師團；採用敵進我進的戰術，發動百團大會戰等等光榮的歷史。

察衆對於八路軍的進駐，沒有像北平歡迎天上飛來的國軍那樣夾道歡呼的熱烈，相反的是冷淡懷疑，人民對於八路軍不瞭解，對共產黨有點害怕。自從十七年的剿共，人民們有了殺人放火的印象，淪陷後日本鬼子也整天罵他們洪水猛獸，汪記政府也喊着反共，敵人投降了，中央仍然說他們是奸匪，而進攻，剿撫，凡此種種都給了人民一種壞的影響。不過漸漸的由事實的表現，他們認識了八路軍，把懷疑恐怕的心理消滅了，軍民的感情現在是非常融洽的。

二、敵僞產業的接收

敵僞的產業是集中於張家口宣化兩處，有工廠有倉庫有商店住宅，八路軍進駐後的接收，是分爲三個部門，由邊區工礦局接收工廠和礦山，軍區供給部接收倉庫和被服廠，其餘商店住宅則由張家口市政府接收，他們沒有若干部門的特派員，他們也沒有把整個的有系統的工礦，由若干個單位分割。在接收前由高級幹部人員先行視察，然後由各工廠倉庫商店的原任職人員負責報告，即行派人接收，對原來的工人職員完全留用，他們發動工人自己愛護工廠，由工人自己管理。接收不久（約在九月中旬），工廠方面由原工人自動陸續復工，倉庫的物資也開始平售，所以沒有五花八門的封條貼起來讓人民欣賞。可是各方面都顯着零亂，管理沒有秩序沒有系統，生產的效率低下，計劃也不够，至於營私舞弊或盜賣公物的情事，可以說是沒有，這是爲人民所稱贊的。另外有敵僞財產清理委員會之設立，對於已接收之各部門再作詳細之清查，舉凡物資種類機械用具原料成品等等，皆詳細估定價目，列表編冊報告之，約在十二月底已完全清理竣事。文獻整理委員會把各處散亂的文件圖書都集中整理，這裏面有寶貴的調查報告和研究紀錄。

敵人在察省建設的工廠有二十多所，重工業設宣化，有煉鐵廠、採礦場、機械廠、煉鋼廠，附設氫氣廠、耐火磚廠；發電廠在下花園（平綏線一車站）附設有電石製造廠；輕工業設張家口，計有橡皮廠、烟草廠、火柴廠、獸骨化學廠、毛織廠、皮革廠、酒精廠、製冰廠、榨油麵粉清酒醬油陶磁等工廠，大規模造紙廠則設於宣化。此外尙有石棉廠、雲母廠、小規模機械廠等。公營之商店有裕民百貨公司復興商店新中公司等數家，發售敵人倉庫中之棉絲織物日用品，食糧及一切食物用具，華豐公司則收售工業器材。

三、共產黨的政治作風

最初晉察冀邊區政府是最高的地方行政機構，直至十一月一日全省人民代表大會在宣化舉行，選出省政府委員和主席（張蘇），乃正式宣告成立察哈爾省政府。至於市政府縣政府及其他下級政府的首長，還不曾由民選。共產黨的政治作風，是提倡民主，把握羣衆，所以首先發動了羣衆鬥爭，提出了減租減息的口號，佃戶與地主鬥爭要求二五減租，工人與工頭清算，退還了歷年尅扣的薪金和物資，商店的夥計與舖長鬥爭，取得了合理的待遇，這一切開展在全省各個角落，鄉村裏把貪污的村長打倒了，把魚肉人民的漢奸剷除了，在羣衆大會裏讓罪大惡極的漢奸坦白，要羣衆加以裁判。這樣廣大的鬥爭運動，在數千年封建社會裏的農民，感覺到驚奇，或者是懷疑。聽說最近鬥爭的事件已經消沉下去。

共產黨因土地革命的失敗，實行新民主主義，維持私有財產，扶助民族資本之發展，對於公教人員及工人，採用全面薪水制，以小米爲單位，每月發薪按市價折錢，公教人員的待遇由二五〇—五〇〇斤，工人由二〇〇—四五〇斤，各種技術人才的待遇特別優厚，由五〇〇—一二〇〇斤。在那裏沒有官僚，不分階級，大家一律平等，他們提倡開荒，注重工農教育，大家都在忙碌着，興致勃勃的。流行的通貨是晉察冀邊區銀行的鈔票，票面最大的是五〇〇元，僞蒙疆票也還通用，兌換率是一比五。

已開辦的學校計有師範學校，女子中學，農科職業學校，工科專門學校，商科職業學校，醫科專門學校，還有由延安遷來的魯藝學院，和由阜平遷來的聯合大學，各校除聯大外，學生都很少，師資也不足。報紙有晉察冀日報，察哈爾報，工人報，子弟兵等。新華書店時常出版新書，多屬於政治方面的小冊子。

察哈爾是變了，整個社會形態是在蛻變中，我所知道的這些是片斷的，不完全不詳細，但也許能給人們一個概括的印象吧。

天津學生第二次請願遊行記

（天津通訊）

任民

天津學聯自成立後，第一聲巨炮便是反甄審。他們爲了正義和眞理，終于在去年的十二月三十一日，他們組織起來，到教育局請願，遊行，經過了無限的艱難，結果他們獲得了勝利。接着第二次的吼聲又起來了，在一月二十五日，有十餘學校在民園的廣場上，召開了一個「鞏固和平大會」，一個有着三重意義的大會，即：「促進協商的成功」「追悼因制止內戰而殉難的烈士」「慶祝學聯的成立」。

一 開會前

一點鐘左右的時候，廣場上聚集了一萬多的青年學生（因放假的原因故各校不是全體），尤其使人注目的便是身穿藍大掛，白鞋，白襪，臂上帶紅十字的兩個護士學校的學生（志生和市立第一）。荒凉的操場上活躍起來了。

起來，不願做奴隸的人們！——激昂的歌聲充溢了全場，有的同學因加緊練習，他們的臉都緋紅了。大肚子的巡警手提警棒，來回的徘徊着，看樣子是有些手足無措了。不知在何時還來了三位所謂『大人物』，一個肩帶金章；一個身着綠呢軍裝大衣；另一個都是西裝革履，無疑的這是文武兩行嘍。他們的臉像將要降雪的天那麼陰沈，愚昧的目光釘視着這羣生龍活虎般的青年們，他們竭力的釘視着，釘視着，要想透視了這一萬多個火熾的心。但是誰理會這消極的威嚇呢！反而他們在這高度正義的氣氛下却低下了頭，是怯弱呢？還是受了良心的責備？尤其當司令台上發出請警察局××長和××長的時候，在你推我，我推之下，三位却像初秋的蒼蠅疲困而無力的走上司令台。

二 開會了

大會開始，司令台的中央擺着國父的遺像，前面六個青年高舉三面旗子，上面各寫着：「促進協商成功」「追悼殉難烈士」「慶祝學聯成立」。在莊嚴的音樂演奏下國旗昇起。當司儀者喊出：「爲殉難烈士靜默」，一萬多個頭低下了。除寒風吹得國旗發抗的聲音外，再也聽不到甚麼了，顯然的連頭上的藍天也被感動的低下了頭。大會的程序嚴肅而緊張的進行着。主張致開會詞畢，由學聯的一位女代表報告昆明學生殉難經過：「——同學們！我們的國家勝利了，但是勝利給我們帶來的是甚麼呢?!是重重的黑影，內戰的炮聲，這內戰的炮火使我們還沒好的創傷又加重了痛苦，給我們國家的前途上又罩上了一層暗影。因此，先進的青年們爲了國家，爲了自己，先後起來呼喚反對內戰制止內戰。那知道，他們這偉大而正義的舉動，却還到了政府的岐視當嫉妒，更遭到的政府陰險的阻止和破壞。——一二一的那天，有四位同學便犧牲在惡棍特務份子們的屠刀下了！其中的一位同學是受了重傷，他還有活的希望了，但是殘暴毒辣的魔魂還恨他不死，又在他肚子上一連扎了好幾刀——他說到這裏的時候，他的聲音嗚咽了，許多同學們被感動得流了淚，他們不顧一切的喊了起來：

我們要打倒特務份子！

消滅內戰製造者！

接着甚痛的講話又繼續下去：——我們那些親愛的同學們是死了，但是我們還活着，我們那活着的，不僅要追悼他們，更重要的是承繼他們的精神，繼續那未完成的工作。一位同學臨死時還握着拳頭喊：同學們！團結吧！我們要記着，永遠記着這句話！這時又是一陣高呼：同學們！團結吧！這麼壯沈痛的呼聲迴旋在空中，一直到閉會的時候。

三，遊行

三點鐘以後，一條鐵的行列由樂隊的引導從民園出發。三面旗幟在空中飄揚着。每一個學校單位的前面有同學舉着四方的牌子，上面劃着一二一慘案情形，畫的極爲生動，除了少數沒良心的中國人外，莫不大受感動。行列的最後一是一輛運貨車，裏一載滿了宣傳品和學報。

隊伍向着舊一界綠牌電車道進行，每到一個地方，這地方的交通便宣告停止，兩旁的觀衆幾乎和行列混合在一起了。

要求實行眞民主！

反對假民主！

政治協商只許成功不許失敗！

放棄一黨獨裁！

消滅法西斯！

暴風雨般的口號振盪着天空，激動了無數觀衆們的心，像怒潮，像浪花前仆後繼。像健鷹似的騎着車子的糾察隊，迴旋在前後左右維持秩序。散傳單和賣報的同學們，常常落在隊的後面，被羣衆們包圍了。老頭子，紳士們，三輪車上的小姐少奶奶們都搶着買份學聯報，弄得同學們都接應不暇了！

一個老頭子手拿宣言，邊走邊讀，當他讀到『嚴勵懲辦吃舞弊的接收人員』的時候，他的臉漲的紅紅的說道：』對，說的對，非得懲辦不可了，不然，人們沒死在日本午裸，也得死在他們手裏了，接受倉庫，時，都運到的自已家去啦，那一個不是大門貼封條，後門挖大洞，眞是，他——』說完了，他吐了一口寃氣。

當大隊進行到天增是十字路口的時候，激烈的講演聲從四角處相繼而起，接着掌聲如雷，青年們沸騰了，聽衆們沸騰了！天增里一帶都沸騰起來了！

行列一股勁的向前挺進。電車的前後左右，廣告牌上，商店的門板上都寫滿了粉筆字的標語：

取消特務份子！

實行民主！

制止內戰！

……………

……………

隊伍走到大胡同子南口時，向東轉沿着紅牌電車道奔向舊義租界了。路過河沿時，他們向着站在河邊上的工人們高呼：『救濟失業的工人們！』一個同學揮拳舞臂的向着他們喊：『——勞苦的同胞們！你們是最神聖的勞動者，過去的八年我們受盡了敵人的摧殘，在壓榨和辱罵，我們過的生活簡直不像人的生活——八年過來啦，我們盼望着勝利給我們帶來好的生活，那知道勝利給我們帶來的是內戰的痛苦，是失業，是物價的日漲。——總之，我們還不能活！總之，還是要我們的死。勞苦的同胞們！我們還要活着，我們不能死，我們要起來要求政府救濟失業的工人們！我們要求平抑物價，不能使我們連棒子面都不能吃了！——』他們使勁的喊，他們的臉都紅了。聽者越來越多，連拉車子的都放下車把向他們聚攏來，他們一邊聽着，一邊以熱烈的掌聲來回答他們。

晚幕一點一點拉下來了，但阻止不了他們的前進，經過警察局時，高呼『警察是人民的公僕，不得打罵主人』。經過教育局時，高呼『救濟失學失業的青年』『不得增加學費』。他們忘了累，忘了冷，忘了餓，他們的嗓子都喊啞了，然而他們依然健捷向前走。

在暮色蒼茫的時候，他們才回到了民國，時間已有七點了！

一九四六年一月二十九日

重要文獻特載：

政治協商會議五項協議

政府組織分組委員會報告

本組對於孫會員科等八人所提擴大國府組織之意見，及曾會員琦等五人所提改革政治制度，實行政治民主化案，曾經開會協商八次，茲將所得結果報告大會，敬請公決。

召集人　王世杰　羅隆基

一　關於國民政府委員會者

中國國民黨在國民大會未舉行以前，爲準備實施憲政起見，修改國民政府組織法，以充實國民政府委員會，其修改要點如左：

一、國民政府委員名額定爲四十人（內有五院院長爲當然委員）。

二、國民政府委員由國民政府主席就中國國民黨內外人士選任之。

三、國民政府委員會爲政府之最高國務機關。

四、國民政府委員會討論及議決之事項如左：

甲、立法原則；

乙、施政方針；

丙、軍政大計；

丁、財政計劃及預算；

戊、各部會長官及不管部會政務委員之任免，暨立法委員監察委員之任用事項；

己、主席交議事項；

庚、委員三人以上連署提出之建議事項。

五、國民政府主席對於國民政府委員會之決議，如認爲執行有困難時，得提交覆議，覆議時如有五分之三以上委員仍主張維持原案，該案應予執行。

六、國民政府委員會之一般議案，以出席委員之過半數通過之。

國民政府委員會所討論之議案，其性質涉及施政綱領之變更者，須有出席委員三分之二之贊成始得議決。

某一議案，如其內容是否涉及施政綱領之變更發生疑義時，由出席委員之過半數解釋之。

七、國民政府委員會每兩週開會一次，必要時主席得召集臨時會議。

二　關於行政院方面者

一、行政院各部會長官均爲政務委員，並得設不管部會之政務委員三人至五人。

二、行政院不管部會之政務委員及部會長官，均可由各黨派及無黨派人士參加。

三　其　他

一、在憲法實施前，國民參政會人數應否增加，職權應否提高，由政府斟酌情形定之。

二、中央及地方行政機關之用人，應本惟才惟賢之義，不得有黨派之歧視。

附　注

（1）國民政府主席提請選任各黨派人士爲國府委員時，由各黨派自行提名，但主席不同意時，由各該黨派另提人選。

（2）國民政府主席提請選任無黨派人士爲國府委員時，如所提人選有爲各被選人三分之一所反對者，則主席須重新考慮，另行選任之。

（3）國府委員名額之半，由國民黨人員充任，其餘半數，由其他各黨派及社會賢達充任，其分配另行商定。

（4）行政院現有部會及擬設之不管部會政務委員總額中，將以七席或八席約請國民黨以外人士充任。

（5）關於國民黨以外人士所担任之部會數目，於會後繼續磋商。

施政綱領分組委員會報告

本分組奉　交商訂『和平建國綱領草案』，經舉行會議八次，擬定當前施政綱領五十三條，計分總則、人民權利、政治及軍事、外交及經濟、財政、教育及文化、善後救濟及與僑務九項，另有附記六則，一併報告大會，是否有當，敬祈公決。

召集人　張厲生　董必武

和平建國綱領草案

國民政府鑒於抗日戰爭業已結束，和平建設應即開始，爰邀集各黨派代表與社會賢達，舉行政治協商會議，共商國是，以期迅速結束訓政，開始憲政，特制定本綱領，以爲憲政實施前施政之準繩。並邀請各黨派人士暨社會賢達參加政府，本於國家之需要，與人民之要求，協力一心，共圖貫徹，綱領如左：

一　總　則

一、遵奉三民主義爲建國之最高指導原則。

二、全國力量在蔣主席領導之下，團結一致，建設統一自由民主之新中國。

三、確認蔣主席所倡導之『政治民主化』、『

軍隊國家化」，各黨派平等合法，爲達到和平建國必由之途徑。

四、用政治方法解決政治糾紛，以保持國家之和平發展。

二 人民權利

一、確保人民享有身體、思想、宗教、信仰、言論、出版、集會、結社、居住、遷徙、通訊之自由。

現行法令有與以上原則牴觸者，應分別予以修正或廢止之。

二、嚴禁司法及警察以外任何機關或個人，有拘捕審訊及處罰人民之行爲，犯者應予懲處。政府已公佈之提審法，應迅速明令施行。

三、保證婦女在政治上、社會上、教育上、經濟上地位之平等。

三 政治

一、當前國家設施，應顧及全國各地方、各階層、各職業人民之正當利益，保持其平衡發展。

二、爲增進行政效能，應整飭各級行政機構，統一並劃清權責，取消一切駢枝機關，簡化行政手續，實行分層負責。

三、建立健全之文官制度，保障稱職人員，用人不分派別，以能力資歷爲標準，禁止兼職及私人援引。

四、確保司法權之統一與獨立，不受政治干涉，充實法院人員，提高其待遇與地位，簡化訴訟程序，改良監獄。

五、厲行監察制度，嚴懲貪污，便利人民自由告發。

六、積極推行地方自治，實行由下而上之普選。迅速普通成立省縣（市）參議會，並實行縣長民選。

邊疆少數民族，所在之省縣，應以各該民族人口之比例，確定其實行選舉之省縣參議員名額。

七、自治縣政府，對於其轄區內之國家行政，應在中央監督指揮之下執行之。

八、中央與地方之權限，採均權主義，各地得採取因地制宜之措施，但省縣所頒之法規，不得與中央命令相抵觸。

四 軍事

一、軍隊屬於國家，軍人責任在於衛國愛民，確保軍隊編制之統一，與軍令之統一。

二、軍隊建制應適合國防需要，依民主政制與國情，改革軍制，實行軍黨分立，軍民分治，改進軍事教育，充實裝備，健全人事經理制度，以建設現代化之國軍。

三、改善徵兵制度，公平普遍實施，並保留一部份募兵制度，加以改善，俾符合高度裝備軍隊之需要。

四、全國軍隊，應按照整軍計劃，切實縮編。

五、籌備繼餘及退役官兵之復業與就業，保障殘廢官兵之生活，撫卹陣亡將士之遺族。

六、限期遣送投降日軍回國，對於僞軍之解散，游雜部隊之清理，應妥訂辦法迅速實施。

五 外交

一、遵守大西洋憲章，開羅會議宣言、莫斯科四國宣言，及聯合國憲章，積極參加聯合國組織，以確保世界和平。

二、根據波茨坦宣言，肅清日本在中國之殘餘力量，並與同盟國共謀日本問題之解決，防止日本法西斯軍國主義勢力之再起，以保障東亞之安全。

三、與美蘇英法及其他民主國敦睦邦交，遵守條約信義，並致力於經濟文化之合作，以共策世界之繁榮與進步。

四、本平等互惠之原則，迅速與有關各國訂通商條約，並改善僑胞之地位。

六 經濟及財政

一、遵照 國父實業計劃，制定經濟建設計劃，歡迎國際資本與技術之合作。

二、第一期經濟建設原則，應予澈底實施，凡有獨佔性之企業及私人資力所不能舉辦者，劃歸國營，其他企業，一概獎助人民經營之。本此原則，對於現行設施，加以檢討與改進。

三、爲促進中國工業化，由政府定期召開全國經濟會議，邀集對發展經濟建設有關之各方面社會人士，吸收民間意見，以決定政府之措施。

四、防止官僚資本之發展，並嚴禁官吏利用其權勢地位，從是於投機壟斷，逃稅走私，挪用公款，與非法使用交通工具。

五、積極籌劃增修鐵路、公路，建設港灣，與修水利，及其他工程，並資助住宅學校醫院及其他公共機關之建築。

六、實行減租減息，保護佃權，保護交租，擴大農貸，嚴禁高利盤剝，以改善農民生活，並實行土地法，以期達到，『耕者有其田』之目的。

七、勵行荒山造林植草，保持水土，發展畜牧，整頓並發展農村合作組織。加强農事試驗，研究工作，利用現代設備及方法，治蝗除蟲，以扶助人民之生產。

八、實行勞動法，改善勞動條件，試行勞工分紅制，舉辦失業工人及殘廢保險，切實保護童工、女工，並廣設工人學校，，提高工人文化水準。

九、迅速制訂工業會，使經營工業者得有單獨之組織，並本勞資協調精神，將有關工廠管理法規，加以檢討與改進。

十、財政公開。厲行預算決算制度，緊縮支出，平衡收支，劃分中央與地方財政，收縮通貨穩定幣制。並公布內外債之募集及用途，由民意機關監督之。

十一、改革稅制，根絕苛雜與非法攤派，歸併徵收機構，簡化稽征手續，以資產及收入定累進稅則。並厲行國家銀行專業辦法，扶助工農事業之發展。

十二、征用逃避及凍結之資產以平衡預算。

七 教育及文化

一、保障學術自由，不以宗教信仰及政治思想干涉學校行政。

二、積極獎進科學研究，鼓勵藝術創作，以提高國家文化之水準。

三、普及國民教育與社會教育，積極掃除文盲。擴充職務教育，以增進人民之職務能力，充實師範教育，以培養國民教育之師資，並根據民主與科學精神，改革各級教學內容。

四、在國家預算中，增加教育及文化事業經費之比率，合理提高各級學校教師之待遇及其養老年金，資助貧苦青年就學與升學，設立科學研究文藝創作之獎金。

五、獎勵私立學校及民間文化事業，並補助其經費。

六、獎助兒童保育事業，普及公共衛生設備，並積極提倡國民體育，以增進國民健康。

七、廢紙戰時實施之新聞出版、電影、戲劇、郵電檢查辦法；扶助出版、報紙、通訊社、戲劇電影事業之發展，一切國營新聞機關與文化事業均確定為全國人民服務。

八　善後救濟

一、迅速恢復收復區之社會秩序，澈底解除人民在淪陷時期所受之壓迫與痛苦，制止收復區物價之高漲，嚴懲接收人員之貪污行為。

二、迅速修復鐵路公路，恢復內河沿海航業，協助因抗戰而遷徙之人民還鄉，如有必要，並為安頓其住所與職業。

三、妥善運用聯合國善後救濟物資，以救濟戰災，分配醫藥，以防治疾疫。供給種籽、肥料，以恢復農耕。由民意機關與人民團體，協同主管機關推進其工作。

四、迅速整理收復區之工廠礦場，保障原有產權，繼續開工，使失業工人恢復工作，並謀敵產逆產之合理處置，使後方對抗戰有貢獻之廠家，參與經營。

五、迅速治理黃河，並修築其他因戰事而破壞及失修之水利。

六、政府停止兵役及豁免田賦一年之法令，應由各級政府切實執行，嚴禁變相徵發之行為。

九　僑務

一、對海外各地受敵人摧殘而失業之僑胞，應協助其復業，並對其居留國內之眷屬生活，予以救濟。

二、協助歸僑返回原地，便利其復產復業。

三、恢復並協助海外各地僑胞之教育文化事業並獎助僑胞子女回國就學。

附記：

（一）凡收復區有爭執之地方政府，暫維現狀，俟國民政府改組後，依施政綱領內政治一項，第六、第七、第八三條之規定解決之。

（二）地方參議會，律師公會，及人民團體代表，會同組織人民自由保障委員會，經費由政府補助之。

（三）關於公民宣誓及公職候選人之考試，應依民主國家之通例，即予改訂。

（四）行政院所設之最高經濟委員會，應參加民間經濟專家及有經驗之企業家為該會之委員，共策進行。

（五）建議政府撤消礦管制。

（六）（一）查明在抗戰期間由下游遷至後方之工廠，因戰事結束停工失業之工人，其遣散費用，由政府酌量補助。（二）在戰時於兵工器材有貢獻之工廠，政府應繼續收購其成品，並儘量收購其器材。

（七）修正出版法，將非常時期報紙、雜誌、通訊登記管制辦法，管理收復區報紙、通訊社、雜誌、電影、廣播事業暫行辦法，戲劇電影檢查辦法，郵電檢查辦法等予以廢止，並分別減輕電影戲劇音樂之娛樂捐與印花稅。

軍事問題分組委員會報告

召集人　胡　霖　張東蓀

本組根據曾會員琦等五人所提『停止軍事衝突實行軍隊國家化案』，張會員瀾等九人所提『實現軍隊國家化並大量裁兵案』孫會員科等八人所提『全國軍隊國家化確保軍政軍令之統一案』，謬會員嘉銘所提『請迅速大量裁兵案』經開會商討四次，已獲協議，茲將結果報告大會，敬請公決。

一　建軍原則

一、軍隊屬於國家，軍人責任在於衛國愛民。

二、軍隊建制應依國防需要，並按照國家一般教育及科學與工業之進步，改進其素質與裝備。

三、軍隊制度應依我國民主政制與國情實行改革。

四、改會徵兵制度，公平普遍實施，並保留一部分募兵制度，加以改善，俾符合高度裝備軍隊之需要。

五、軍隊教育應依建軍原則辦理永遠超出於黨派系統及個人關係以外。

二　整軍原則

甲、實行軍黨分立

一、禁止一切黨派在軍隊內有公開的或秘密的黨團活動，軍隊內所有個人派系之組織與地方性質之系統，亦一併禁止。

二、凡軍隊中已有黨籍之現役軍人，於其在職期間不得參加其駐地之黨務活動。

三、任何黨派及個人不得利用軍隊為政爭之工具。

四、軍隊內不得有任何特殊組織與活動。

乙、實行軍民分治

一、凡在軍隊中任職之現役軍人，不得兼任行政官吏。

二、實行劃分軍區，其區域之範圍應儘量使與行政區不同。

三、嚴禁軍隊干涉政治。

三　實行以政治軍辦法

一、在初步整軍計劃完成時，即改組軍事委員會為國防部，隸屬於行政院。

二、國防部長應不以軍人為限。

三、全國軍額及軍費應經行政院決議，立法院通過。

四、全國軍隊應受國防部之統一管轄。

五、國防部內設一建軍委員會，負建軍計劃及考核之責（此委員會由各方人士參加）。

四　實行整編辦法

一、軍事三人小組應照原定計劃，儘速商定中共軍隊整編辦法，整編完竣。

二、中央軍隊應依軍政部原定計劃，儘速於六個月內完成其九十師之整編。

三、上兩項整編完竣，應再將全國所有軍隊，統一整編爲五十師或六十師。

四、軍事委員會內應即設置整編計劃考核委員會，由各方人士參加組織之。

國民大會分組委員會報告

三十五年一月三十一日

召集人 余家菊 鄧穎超

本組奉交討論「國民大會問題」，經根據孫會員科等八人所提「關於國民大會之意見」，開會六次，並與綜合分組委一會聯合舉行會議一次，詳加商討，已獲結果，謹具報告，敬祈公決。

一、民國三十五年五月五日召開國民大會。

二、第一屆國民大會之職權爲制定憲法。

三、憲法之通過，須經出席代表四分之三之同意爲之。

四、依選舉法規定之區域及職業代表一千二百名照舊。

五、台灣東北等新增各該區域及其職業代表共一百五十名。

六、增加黨派及社會賢達代表七百名，其分配另定之。

七、總計國民大會之代表，爲二千零五十名。

八、依據憲法規定之行憲機關，於憲法頒佈後六個月內，依憲法之規定選舉召集之。

憲法草案分組委員會報告

召集人 莫德惠 陳啓天

本組自三十五年一月二十一日下午開始會議，繼續共開會四次。除決定組織憲草審議委員會外，並就憲草內容協商修正原則，提出協商會議報告後，交憲草審議委員會根據本組決定之修改原則作條文之修正。茲將四次會議商討之結果報告大會，敬請公決。

一 組織審議委員會

名稱：憲草審議委員會

組織：委員名額二十五人，由協商會議五方面每方面推五人，另外公推會外專家十人（參考憲政期成會及憲政實施協進會名單）。

職權：政協會設憲草審議委員會，根據協商會議議定之修改原則並參酌憲政期成會修正案，憲政實施協進會研討結果，及各方面所提出之意見，彙綜整理，製成五五憲草修正案，提供國民大會採納（如有必要時得將修正案提出協商會議協商）。

時間：以兩個月爲限。

二 憲草修改原則

一、國民大會

（1）全國選民行使四權名之曰國民大會。

（2）在未實行總統普選制以前，總統由縣級省級及中央議會合組選舉機關選舉之。

（3）總統之罷免以選舉總統之同樣方法行使之。

（4）創制複決兩權之行使另以法律規定之。

附註：（第一次國民大會之召集方法由政治協商會議協商之）

二、立法院爲國家最高立法機關，由選民直接選舉之，其職權相當於各民主國家之議會。

三、監察院爲國家最高監察機關，由各省級議會及各民族自治區議會選舉之，其職權爲行使同意彈劾及監察權。

四、司法院即爲國家最高法院，不兼管司法行政，由大法官若干人組織之，大法官由總統提名，經監察院同意任命之，各級法官須超出於黨派以外。

五、考試院用委員制，其委員由總統提名經監察院同意任命之，其職權着重於公務人員及專業人員之考試，考試院委員超出於黨派以外。

六、行政院

（1）行政院爲國家最高行政機關，行政院長由總統提名，經立法院同意任命之，行政院對立法院負責。

（2）如立法院對行政院全體不信任時，行政院或辭職，或提請總統解散立法院，但同一行政院長不得再提請解散立法院。

七、總統

（1）總統經行政院決議，得依法發佈緊急命令，但須於一個月內報告立法院。

（2）總統召集各院院長會商，不必明文規定。

八、地方制度

（1）確定省爲地方自治之最高單位。

（2）省與中央權限之劃分依照均權主義規定。

（3）省長民選。

（4）省得制定省憲，但不得與國憲牴觸。

九、人民之權利義務

（1）凡民主國家人民應享之自由及權利，均應受憲法之保障，不受非法之侵犯。

（2）關於人民自由，如用法律規定，須出之於保障自由之精神，非以限制爲目的。

（3）工役應規定於自治法內，不在憲法內規定。

（4）聚居於一定地方之少數民族，應保障其自治權。

十、選舉應列專章，被選年齡爲二十三歲。

十一、憲章上規定基本國策章，應包括國防、外交、國民經濟、文化教育各項目。

（1）國防之目的在保衛國家安全，維護世界和平，全國陸海空軍須忠於國家，愛護人民，超出於個人—地方—及黨派關係以外。

（2）外交原則本獨立自主精神，敦睦邦交，履行條約義務，尊守聯合國憲章。促進國際合作，確保世界和平。

（3）國民經濟應以民生主義爲基本原則，國家應保障耕者有其田，勞動者有職業，企業者有發展之機會，以謀國計民生之均足。

（4）文化教育應以發展國民之民族精神，民主精神與科學智能爲基本原則，普及並提高一般人民之文化水準，實行教育機會均等，保障學術自由，致力科學發展。

註：以上四項之規定不宜過於煩瑣。

十二、憲法修改權屬於立法監察兩院聯席會議，修改後之條文，應交選舉總統之機關複決之。

民主周刊

北平版 第四五期合刊

·本期目錄·

主編：民主周刊社　發行：民主出版社

中華民國三十五年三月六日出版

談東北問題

近來東北問題鬧得震天價響，官方和半官方的報紙大聲疾呼於前，渝滬平津的學生響應遊行於後，愛國的熱情，使我們非常感佩。現在宣傳的階段，大概已經過去了，我們都應平心靜氣，共謀解決之道。

要解決問題，必須先認清問題之所在。東北問題究竟主要的是國際問題呢？還是國內問題？主要的是外交問題呢？還是政治問題？這必須首先認清的。有人一定說這是國際問題，那當然希望引起一種國際干涉了；憑良心說，在今天引起國際干涉，對我們有沒有好處呢？至於說這是外交問題，更容易把問題引入歧途，因爲大家都知道，目前東北因嚴重的內戰和不合理的接收政策所引起的大混亂，決不是單純的外交問題所能解決的。即令我們於盛怒之餘，一手撕毀了中蘇同盟條約，對解決東北問題也祇會有害處，不會有好處的。——這是多麼平凡的常識，然而許多人竟不能理會到這一點。

東北問題絕對是政治問題，這個問題，祇能循着政治協商的途徑來解決。中國民主同盟的主席張瀾先生，最近在重慶對此問題所發表的談話，就很清楚的指明了這一點。他說：東北問題，是中國政治不民主的結果；如果政治民主了，像東北這樣的問題，根本不會發生。因此對症下藥，中國民主同盟對東北問題所提出的解決辦法是：（1）在促進中美蘇合作的前提下解決問題；（2）由各黨派及無黨派的東北賢達人士共同組織一個東北政治委員會，以協商的方式解決問題；（3）將在東北的國共兩黨軍隊及民兵改編爲保安兵團，停止火併，肅清土匪，恢復交通，則其他問題自然易於解決。

光嚷，光鬧，不能解決問題。用反蘇反共的呼聲壓倒爭民主的呼聲，祇會把中國老百姓送到苦難的深淵。我們必須注意，反蘇——反共——反民主，永遠是一脈相通的。過去日本法西斯和一切法西斯的信徒們，都是這種「三反政策」的忠實執行者，我們可不能上了他們的當。

我們要不要跟蘇聯交朋友呢？如果不要，那就不談了。如果要，那就得認清這位朋友的怪脾氣。蘇聯是社會主義的國家，全世界的資產階級很討厭他，因此他常常神經過敏，總疑心別的國家會利用他的左鄰右舍作爲日後向他進攻的根據地。他絕對不容許他的東西鄰邦有反蘇政權的存在，對這一點他非常固執。此外，這個年青的國家，對一切反民主的紳士們都非常不客氣，不大演禮貌的，看他對西班牙，對阿根廷，以及在希臘問題印度尼西亞問題上對英荷所表現的粗暴態度，就可以知道。老實說，撇開他的主義不談，單就他的這點怪脾氣，倒還有值得我們學習的地方。

藉東北的題目來打擊中國共產黨，來動手搗毀他的報館和打傷他的人員，來削弱他因政治協商會議而擴大的政治影響，在今天眞是一個好機會。但是，這又何必呢？是不是我們不要和中共合作建國了？再回到內戰的局面對我們有沒有好處？動手動腳又有甚麼意思呢？至於說中共會背叛祖國，出賣民族，從他八年來艱苦抗戰事實來看，從他在政治協商會議中的表現來看，從他所領導的東北抗日聯軍十四年來的苦鬥精神來看，從他的黨員們的清廉自守自我犧牲的情形來看，似乎都很不像。苦心織造的罪名，恐怕只落了空。中共驕傲地說：在他們的陣營裏不會出現汪精衛；這話大致是可信的。中共最容易遭人誤會的地方，在於常常公開的與毫不隱晦的袒護蘇聯，這大概由於他是民族主義者又同時是國際主義者的緣故。其實民族主義和國際主義，並不是互相排斥的東西，中山先生的理想，便同時具備了這兩種美德。何況蘇聯的存亡，對於全世界新民主運動的盛衰，確乎有很大的關係呢。

東北現狀的本身已經夠混亂了，談東北問題的人如果不肯認清問題的本質，隨意把它引到岔路上去，雖也能逞快於一時，但結果祇會把問題弄得更加混亂的這是我們不得不鄭重指出的一點。

（明）

代郵

大明・黃光・陸一諸先生：

您們的信都收到的，所詢關于東北方面的各項問題，本刊本期已特載數稿，從這上面，想來總可以爲你們解答一些疑難吧。

希望你們常來信，常寫稿。

編輯部

關於愛國遊行示威

最近重慶，上海，天津，北平都有學生愛國示威遊行的舉動，而且規模都相當盛大，這眞是可喜的現象；因爲很久以來，青年們已失掉了結隊遊行的自由了。

過去每逢青年們有集會結社遊行示威的舉動，常被指爲「有奸人操縱」，「被奸人利用」，結果便來一次大鎭壓。這次據說是「純係愛國熱心」——毫無被人操縱情事」，這當然是可喜中之尤其可喜者！

但是天下事往往有美中不足的地方，就說北平的這次遊行吧，我們一方面讀到世界日報上讚譽備至的社論，而且義正辭嚴的警告着：『如果一定再要問受誰指使，那麼，可以再告訴你，還指示的就是他們自己的良心！』（該報二月二十六日社論）這很够令人肅然起敬了。但是翻到該報前兩天的教育界簡訊中，却刊載着本市某校當局令飭學生參加遊行的消息。「令」而且「飭」，這就是美中不足的地方。因爲那條消息如果屬實，則「令」「飭」學生的某校當局，豈不就有了「操縱」「指使」的嫌疑？同是一家報紙，竟有兩樣不同的說法，這我們於肅然起敬之餘，又不禁爲之爽然若失了。

美中不足的另一表現，是重慶學生示威遊行，竟喊出了「蘇聯是德國加日本」「斯大林是希特勒加裕仁」以及「打回東北去」「打倒赤色帝國主義」等偏激的口號。「打」或「打倒」，都是需要動手的；不動手就「打」不「倒」。於是乎動起手來，打倒了新華日報（中共的機關報）的營業部，打倒了民主報（民主同盟的機關報）的發行部。一轉眼間，由反蘇而反共，由反共而反民主了。

在這里我要籲請所有參加了這次愛國遊行示威的青年朋友冷靜地想一想：反蘇反共反民主，到底是符合了誰的利益？「三反」的口號，到底是誰的口號？反而且動手以後到底會造成怎樣的結果？我想，只要是有愛國熱情的青年朋友，是不難自己找出答案的。當然，如果說，我是被「令」「飭」而去參加的……，那就不必多說了。（良）

要求取消「特種營業」的登記辦法

二月九日本市世界日報有一則新聞，剪貼在下面：

（本報訊）平市府警察局，鑒於書店印刷店等，至易宣傳不良思想，隱匿犯罪行爲，無論在警察學理上及事實經驗上，均應由警察機關予以登記管理，俾弭患于未然。因正計劃加强特種營業之登記管理，凡屬特種營業範圍內者，悉應赴警察局登記，予以管理。已開業者須向局登記，準備開業者，先申請核發許可憑單後，再持許可憑單向社會局憑領營業執照。茲將特種營業範圍包括之各種商店，誌之如下：

書店，印刷店，舊貨業，旅棧業，女招待業，洗染業，成衣業，刻字業，修理鐘表業，飲食業，理髮店，澡堂業，音樂廳，劇場，影院，符號臂證業等。

政府已經通令全國廢止有害人民自由的法令，並且地方機關自行製定的法令中有與中央有關人民基本自由之法令發生抵觸者，亦一律通飭廢止，在這時，北平市當局却要實行這種特殊的管制辦法，請問是何居心？是以「地方」來補「中央」的不足？還是要重整旗鼓，加强專制統治，以示「老爺還有威風」？普通營業均有登記辦法，已足便於統計和管理，爲什麼還要以「特種」的名義來「加强」？難道「犯罪行爲」是靠這麼一「管理」就會絕跡的麼？大的貪污行爲都是在這些「特種營業」中發生的嗎？那大概是不算犯罪行爲，還是「不干緊要，免予追究」？最荒謬的是敵人統制下所慣用的「不良思想」，竟也出來當作法寶，就不說有追隨法西斯强盜的嫌疑，難道也不覺得太陳腐些麼？並且，特別把書店印刷業列在最前，想係表示「加强」的決心和程度，自然也就無意中招供了當局對人民的思想言論自由是何等「重視」了！我們堅決反對這種不顧信義違反諾言的措置！要求當局立即取消「特種營業」的登記辦法！人民對於這種新「加强」的專制主義特務作風一定要誓死反抗！所有被列入「特種」的營業團體都應該團結起來，一致反抗當局的不合理的管制辦法！

（興）

謠言與物價

近幾天來，平津市民最受刺激的是兩件事：第一，關于東北的謠言非常多，使人莫明其妙；第二，物價飛漲，老百姓活不下去。粗看是兩件事，其實每逢國家多事，謠言四起的時候，一定會刺激物價飛漲。囤積家投機家們，都懂得這個道理，他們頂喜歡製造謠言，一轉眼間，便會撈到一批不義的利潤。

謠言刺激物價，所以謠言是老百姓的死對頭。

謠言在街頭巷尾偷偷的傳播，已經很够可怕了；謠言如果變成大標題，印在報紙上，馬上就會引起市面的大混亂。

不幸北平的老百姓最近就吃了一場謠言的虧。

二十三日的晚上，本市世界晚報（世界日報的晚刊）忽然發表了一段聳人聽聞的消息，說中蘇已經開戰，而且大字標題，列為頭條新聞。姑無論這條驚人消息，根本毫無根據，就按照電文內容，也是文不對題。但是謠言已經變成白紙上的黑字了，報販們驚相傳語，惶然變色。就世界晚報說，當天的報紙，當然銷路頗佳，但當晚市場上便發生一個大混亂，第二天米糧便馬上急劇上漲，老百姓因之叫苦連天了。

這個謠言為甚麼會刺激物價上漲？那是很顯然的。中蘇開戰，和平無望了；中蘇戰爭一定會破壞國內的團結，則停戰令的執行和交通的恢復都不可靠了，鄉下和外埠的貨當然來不到了；中蘇戰爭還一定會轉化為第三次世界大戰，東北和華北將要變成戰場，那還了得！物價還不能飛漲？

上當如領教，從這件事上，老百姓應該得到以下的教訓：第一，謠言不可輕信，且要監督那些不負責任的報紙，勸告他們以人民利益為重，不要亂放謠言。第二，應該愛惜國內的和平與團結，愛惜國際的和平與團結，不准陰謀家挑起新的反蘇反共的戰爭。第三，政治不民主，便不能確保和平，和平不能確保，便容易滋生謠言，刺激物價。同時，政治不民主，財政經濟便沒有辦法，財政經濟無辦法，便永難把物價平抑下去。因此大家不能光是嘆息和憤慨，應該積極參加當前的民主運動，要求政府早日改組，要求政治協商會議的民主改革的辦法早日兌現。（騰）

物價狂漲

舊曆年關以後，各地物價，狂漲不已。原來生活業已萬分窘迫的平津市民，不勝惶惑，不勝恐慌。抗戰爭而獲勝，大家都以為從此可過一點好日子，殊不知結果如此。在一般平素不大關心政治經濟的老百姓看來，眞是百思莫得其解。

最近幾年住在後方的人們，對此一點也不覺得稀奇。過去兩三年當中，一年三節，每過一節，物價總要漲一倍。有時因謠言的刺激，物價更會飛漲。今日平津的情形，在重慶，昆明，早已司空見慣。像這次物價再度狂漲，大家早就料到了。

雖然如此，料到物價必然繼續高漲，卻並不是不關切。後方人民，早已吃盡因此引致的許多苦頭。這種痛苦，華北人民，剛在開始嘗着，更苦的日子，還在後面，假如一切還是照舊繼續下去的話。

物價狂漲的壓迫，加速了後方人民的覺悟。在那些地方，廣大的羣衆業已明瞭，找一個小事，或者撈一筆錢，決不能解決自己的切身問題。惟有及早實現民主政治，纔能眞正解決人民的苦痛。歷史的教訓，往往是慢性的，痛苦的。今日收復區許多數人，祇顧着忙自已的生活，滿以為政治問題隔自已遠得很，因此對於爭取民主，覺得沒有多少興趣，其實這眞是大錯特錯。等到覺悟過來，又得多受好幾個月的苦。（西）

▲取之於民用之於狗▼

本刊徵約

本刊是懇切地歡迎外稿的，正如在我們的「發刊詞」裏所說：「我們很願意拿這不多的篇幅，貢獻作為大家公開言論的園地。」因為北平出版的幾個民主刊物多係內地翻版，而本刊卻希望眞正成為華北人民自己的刊物；除了短評，時論之類的文字外，從本期起已分出一部份篇幅作為「讀者園地」，凡是讀者有任何疑難問題需要提出大家商討時，都可以寄來，本刊可代為解答，代為發表，下面是徵求稿件的條例，希望大家踴躍投稿：

一、本刊歡迎下列性質之稿件：國內外時論，通信，現實性的雜文等。諸凡各稿均以闡揚民主理論，報導民主事實，從而推進民主運動為原則。

二、來稿務盼不超過三千字，特約撰述，當不在此例。

三、來稿內容，務盼踏實，具體。

四、來稿務請繕寫清楚，詳加標點。

五、稿件每千字以二百元致酬。

六、來稿如經發見已在他處發表者恕不致酬。

七、來稿如不採用恕不退還，倘須退還者請註明并附足郵票。

八、任何來稿，本刊編輯人有刪改之權，不願刪改者請預先聲明。

九、一切來稿均請簽署眞實姓名及詳細住址。

十、來件請交北平五十八號郵箱收轉即可。

東北問題答客問

華傘

一、東北的陰雲。
二、「九一八」能否重演？
三、蘇聯為何不撤兵？
四、反對東北特殊化。
五、所謂「東蒙人民共和國」
六、張莘夫怎樣死的？
七、怎樣解決東北問題？

午飯後正在讀報，有東北友人來訪，談到了東北問題。以下是對談的紀錄，客去後追憶補充而寫成的。——筆者。

東北的陰雲

——對不起，我打擾你了。你在看報嗎？正好！我正要和你談談東北問題。你看，這些時候，東北問題實在鬧得太不成話了！難道蘇聯眞的變成赤色帝國主義了嗎？難道中共眞要出賣國家民族的利益嗎？我站在東北人的立場，實在不能忍受！無論如何，「九一八」不許重演！

——朋友，請坐下來談吧。看你那焦燥的樣兒！拍桌子幹嗎？你對誰發脾氣呢？

——還能不發脾氣嗎？你沒聽說蘇聯不但不撤兵，還對我國提出了新的要求？而且聽說中蘇之間，還在進行秘密談判哩！你說吧，這都是怎麼回事？——是的，我也聽到了好些傳說，如像甚麼「特殊利益」「勢力範圍」之類的話，但可惜只是些不負責任的傳說，我們直到現在，還沒有讀到關於此事的官方聲明或負責的確定的消息，因此無法作正面的論斷。其實相反的聲明倒是有的，如蔣主席二月十三日在上海對外記者所發表的負責談話，就曾經着重地指出：『現在中蘇之間，並無正式談判，惟關於經濟合作之非正式商談，則時在進行，但並無不公開告人之事。』前些時外交部吳次長也曾發表過類似的談話。我不懂為甚麼那些一向以擁護領袖信任政府著稱的報紙主筆和黨務人員們，却偏偏在東北問題上不信任政府，不信任領袖。我希望中蘇之間的任何正式的非正式的談判，既然如蔣主席所保證的，並無不可公開告人之事，那就最好是把談判的情形，隨時公開報告國人，免得引起大家猜度，形成種種的疑團，或者照大公報的說法，形成了「東北的陰雲」。這種疑團和陰雲的存在，不論是政府或對人民，都是非常不利的，因為有許多陰謀家們便利用這種迷離撲朔的局勢，從事於挑撥和鼓動，藉以減低政府的威信，並以此大吹大擂，轉移國人的視線，鬆懈了大家對於政治協商會議以後的國內嚴重局面的注視，然後他們便可以趁此機會，玩弄手法，進行反團結，反民主與反人民的勾當。

「九一八」能否重演？

——照你這樣說，難道蘇聯對我們並沒有甚麼領土的野心？也沒有特殊的經濟要求嗎？那麼，他為甚麼又遲遲不肯撤兵？是不是要重演一次「九一八」事變？

——問得很對，這正是我們大家要問的問題。我覺得，凡是載在中蘇友好同盟條約上的，我們為了共同作戰及防止日本再起而共同簽訂的諸條欵，彼此都該信守，彼此都不該翻悔。記得去年八月中蘇同盟條約簽訂公佈的時候，全國各報紙都曾經著論慶祝，美國報紙輿論，也一致認為大有助於共同作戰及戰後和平。最近發表的雅爾達秘密協定，共有關中國問題者，都沒有超出中蘇同盟條約的範圍。這個協定當時之所以秘密，正如美國務卿貝爾納斯的聲明：『當時盟軍方有事於西陲，猶需蘇聯能於東線（註：歐洲的東線）有所幫助。設或日本獲悉協定之內容，勢將立卽攻擊蘇聯，其結果必使蘇軍自東線撤退。』遺憾的是，中央社的編輯先生們，把這個協定譯成中文的時候，不能忠實地傳達出原文的句子；到了某些主筆先生的筆下，又復斷章取義，加以引伸，此所以有了「恢復以前俄羅斯帝國之權利」的口號，作為挑起一個新的反蘇運動的藉口。我們對於蘇聯本無好惡，對於國家主權尤認為不可侵犯，我們希望政府能根據民主外交的原則，將新近及以後的中蘇談判完全公開，以徵求全國人民尤其是東北人的意見。就我看來，如果說蘇聯有併吞東北的野心，如果說「九一八」將會重演，實在不大像。因為這樣一來，將違反中蘇兩國廣大人民的意旨，且將因而爆發第三次世界大戰，蘇聯的當政者們，一定不會這樣傻。我們看，蘇聯經過這次大戰，元氣大傷，現在正以其新五年計劃，恢復創痛，難道還願意吞進一顆炸彈，重新把自己拖進火坑嗎？至於說到對於東北經濟權益的要求，我認為是可能的，我們希望政府對這一點也能慎重將事，並公開徵求全國人民的意見，不要輕易斷送了國家的主權。在戰後復興的偉大事業中，我們本來是歡迎國際合作的；這次政治協商會議所公布的「和平建國綱領草案」中，其經濟及財政一章的第一條，就寫着『歡迎國際資本與技術之合作』的字樣。但是我們歡迎友邦的經濟合作，是有限度的，其限度便是不要損害了中國人民的主權。政府和另一盟邦——美國經濟合作的方式，平心而論，就很超出了這個限度。戰後中國的絕大部分，將無疑地都是美國的市場，美國的資本，可以無保留無條件地自由投資於各工礦交通的產業部門中，可以在我國各地自由修建機場和航空站，美國技術人員今後將無限度地大量地來華……，這些，直到今天，還沒有人提出是否危及主權的疑問。

蘇聯為何不撤兵？

——對不起，你還沒有談到蘇聯撤兵的問題。

——是的，我現在就談這個問題。東北蘇軍的遲遲不撤，可能是由於以下的三點疑慮：第一，東北會不會出現一個反蘇的政權？第二，東北會不會發生長期的內戰，這戰火會不會燒到他身上去？第三，美國的在華駐軍何時撤退？蘇聯戰前需要和平建設，戰後更需要和平建設，但蘇聯生活在資本主義的包圍中，他覺得四面都是敵人，猜疑心很大，自是人情之常。這次大戰之前，他的東歐諸鄰國，受了大國的利用，都先後變成反蘇的堡壘，蘇德戰爭爆發，東歐諸小國，便很自然地成為進攻蘇聯的跳板或前線，這使他吃了很大的虧。希特勒崩潰以後，改變了這種形勢，蘇聯幫助佔領區的各鄰邦一一成立了民主政權，分別訂立了長期友好的協定，於是他放心了，他的佔領軍便從這些國家先後撤退。照這種情形看來，蘇聯不容東北境內有反蘇政權的存在，顯然已成為他的不可更動的政策。而目前東北的現勢，以及接收東北的軍政大員們的措施，都使他不能解除這個疑慮。說到第二點，東北目前有內戰，而且是非常嚴重的內戰，乃是不容否認的事實，錦州附近經常發生激戰，儘管報紙上不披露，住在平津的老百姓都很清楚，而且就因為東北的內戰，刺激了平津的物價飛漲，使關內的東北人民無法返鄉，影響非常之壞。中國各民主黨派，尤其中國民主同盟，早就大聲疾呼，指出東北的內戰很可能成為爆發第三次世界大戰的導火線。敏感的蘇聯人，當然不會不感覺到這一點。至於第三點，便是事實。老實說，美國在華駐軍的戰鬥任務，早就完畢了。旗下遣送日俘處理戰犯等工作，實無需乎這樣龐大的軍隊駐在中國。美國士兵亟欲還鄉，曾多次發動請願運動。但是美國看到蘇聯未撤兵，自己也不放心先撤；蘇聯看到美國沒有撤兵，反而大量輸送中央軍到東北，從而加重了他的第一和第二點的疑慮，這樣自己也就不肯先撤了。平心而論，蘇美兩國的種種疑慮，從他們本身的利害看來，雖然都不無理由，但從我們中國人民看來，卻無法表示贊同。站在我們的立場，我們要求蘇美兩國軍隊，同時而且儘快地從中國領土上撤去！這樣可使中國問題趨於單純。而我們自己，在籲請盟軍撤退的時候，也更應該團結一致，本着政治協商會議的良好精神，以協商的方式解決東北問題，儘快建立一個民主的聯合的東北地方政權，以解除蘇聯或美國的疑慮，同時也就解除了中國人民的重大憂慮了。

反對東北特殊化

——這麼說來，你是同意了中共的主張，希望東北特殊化了？對不起！我是東北人，我反對東北特殊化！

——請你注意，我們也和你一樣，堅決反對東北的特殊化。但是在今天，民主聯合的辦法，和平協商的方式，不僅是共產黨這樣主張，國民黨，民主同盟和全國絕大多數的老百姓都這樣主張的。民主聯合，和平協商的基本原則，不僅是解決中共問題的指導原則，而且是解決地方問題的指導原則。違背了這個最高原則，以其他特殊化的危險辦法來解決東北問題，我們從來是堅決反對的。譬如說，停戰協定及其調處執行的辦法，本來是符合全國人民的要求的，本來是很好的辦法，這辦法如今已在全國範圍內實施，而且頗著成效；但是淪陷了十四年，受戰爭災害最久而最深的東北九省，卻被視為特殊，被看做例外！當全國各地的內戰都被相繼調處停火的時候，東北方面卻公然可以運兵遣將，進行撕殺，這不是在鬧特殊化是甚麼？這種特殊化應不應該反對？又譬如說，地方均權的原則，和平建國綱領中已有明文規定，政協會的憲草修改原則，關于地方制度的部分，更確定了省為地方自治的最高單位，省與中央均權，省長民選諸原則，這也將是解決地方問題時的最高指導原則。違背了這個指導原則，以其他特殊化的危險辦法來解決東北問題，我們尤其是堅決反對的。但是，政府接收東北的辦法，不管在政治上還是在經濟上，都違背了這個原則。一切都是中央化，中央派去的軍政大員，有權接收一切，處理一切，而地方人民對於切身的地方問題，卻無權說話，無權過問；而民選的省長和縣長，也一律被認為不合法，要重新委派！這種辦法，是違背了政協會所決定的地方均權的普遍原則，更加是違背了東北人民的普遍意旨的，這不是在鬧特殊化是甚麼？這種特殊化應不應該反對？說到政府對於收復區的接收政策，早就流弊叢生，增加了人民的痛苦，許多中央接收人員在平津京滬所表現的「德政」，大家都很清楚，且有許多歌謠可資佐證，他們早就成爲人民唾棄與嘲罵的對象，使當權的國民黨及現政府爲之蒙羞不淺！這種特殊人員的所作所爲，加以派到收復區來的大批特務份子的特殊作風，早就特殊得够了！特使得使人不能忍受了！這些情形都證明中央的接收政策早就行不通了，早就該改絃易轍，與民更始，然而政府在華北及東南收復區中行不通的政策，失敗了的政策，抑仍然要強行於東北，因之助長了東北的混亂，加重了東北人民的痛苦，這也是我們所不能同意的。

所謂「東蒙人民共和國」

——那麼，所謂「東蒙人民共和國」又是怎麼一回事？

——無所謂「東蒙人民共和國」，根本沒有這麼一回事；有之，那是由於一部分反蘇反民主的陰謀份子及共通訊社故意製造出來的名詞，用來聳動視聽，挑逗反共反蘇的情緒的，前幾天東蒙人民的代表，在北平招待新聞記者，就曾經嚴正地聲明了這一點。東北興安省內的蒙旗地帶，也就是蒙古民族定居的區域，反對改旗爲縣，而要求政府賦與他們高度的自由權，按諸中山先生民族主義內各民族一律平等的原則，本來是無可非議的；蔣主席答應考慮他們的要求，正是基於此種理由。政協會公布的和平建國綱領第三章中，就曾承認了邊疆少數民族的自治權；憲草修改原則中，更確定了『聚居一定地方之少數民族，應保障其自由權』的字樣。這是出席政協會的各黨各派包括國民黨的代表所共同協議的原則，將要成爲今後處理國內任何少數民族問題時的不可動搖的南針。這次東蒙人民來要求其正當的權利，我們應該本着五族一家親愛精誠的態度，給他們以高度的同情和支援，萬不可上了陰謀家的當，對他們冷淡仇視，甚而無中生有的喊出分裂的口號，生生地把他們排除於中華民族大家庭的門外。

張莘夫怎樣死的？

——這樣說來，倒有些道理。不過在東北問題中，最使我們惶惑的，便是張莘夫被殺害的案件。老實說，我簡直很憤慨！你說，究竟是蘇聯殺害了他呢？還是八路軍殺害了他？他們爲甚麼要幹出這樣橫蠻的事情？

——對於這個問題，在眞象沒有大白以前，我們最好不要下輕率的論斷。我剛纔說過，由於錯誤的接收政策，曾經助長了東北的混亂。混亂到怎樣的程度呢？我最好把二月二十日大公報上刊載的該報記者陳紀瀅先生的哈爾濱通訊（原題爲「冰雪待春風」——東北北部治安問題）唸一段給你聽，大公報記者舉出八路軍在東北的作戰對象，『眞是五花八門，有自稱是保安隊，有稱中共軍的，有稱是胡宗南部隊的，杜聿明部隊的，馬占山部隊的；更稀奇的，新六軍剛在葫蘆島登陸，東北北部新六軍的番號早已發現。天曉得誰在冒打旗號？在秘密談話中，甲也奉令「建軍」，乙也奉令「建軍」，原爲「滿洲國」時代的軍官口口聲聲奉令「建軍」，文人黨員據說也要「建軍」，究竟奉誰之命，也眞只有天曉得！……』你前天不還告訴我，東北也有各種冒牌的八路軍游擊隊之類在各地作亂嗎？你看，東北竟混亂到這樣的程度！我們或許要質問，對于這種紛亂的局勢，難道蘇軍可以不負責任嗎？但事實卻爲大公報記者的補述：『蘇聯友邦的軍隊對于這種紛亂的狀況並未推棄責任，他們的軍隊隨時在各地繳辦各種冒牌的武裝力量，』可是『限於兵力與時間，顯然這種紛亂的局面，並非蘇軍所能澄淸，必將遺留給東北行營將這殘局澈底改善。這種艱鉅工作，最樂觀的看法，也不是一年內可望完成的。』（均見上述通訊）混亂最容易釀禍，於是有了中國接收人員張莘夫等被殺害的事件，也有了蘇聯軍官被殺害的事件。後一不幸事件的經過，也具見上述的哈爾濱通訊。通訊上說：『一月十六日午後，本市道外出了一樁槍殺盟國軍官案，一時人心極感恐慌，幸虧楊綽庵市長與喀，札爾夫將軍本於中蘇友好精神，平心靜氣應付這件事，到二十號兇手緝獲並被處決，一樁幾乎可引起軒然大波的事件，纔平息下去。』可惜一波甫平，一波又起，張莘夫等被殺害的事件，如今已在全國各地引起軒然大波了。關於張莘夫先生等的無辜犧牲，我們也同樣感到憤慨與悲痛。中國民主同盟和其他黨派（如中共）早就建議政府組織調查團，會同蘇軍當局到肇事地點去調査事件的眞象，務使眞象大白，免使死者永遠銜恨於地下！可是不知是甚麼理由，此項建議至今未被政府所採納，現在我們還該堅持此項建議，盼望政府趕快邀集公正人士組織調査團，到東北去調査眞象！全國人民誠如此憤慨，政府實在不能不管，這不僅是爲張莘夫先生等報仇伸寃，也不僅是爲了保障其他接收委員們的生命安全，而且是因爲從這一不幸事件中，反映了東北軍事政治社會治安的極度混亂，應該趕快調査眞象，掃清疑慮，並找出正本淸源的辦法，澈底解決東北問題；免得使烟火迷亂的東北，繼續延燒下去，燒出更大的禍事來。

怎樣解決東北問題

——我就該接着問了，究竟該怎樣解決東北問題呢？

——有兩套解決的辦法。前一套辦法是：政府對東北問題及中蘇談判保守沉默的態度，不發表負責的消息，不公開談判的內容，讓人民去猜測，謠言滿天飛，讓中央社今天來一段「據權威方面表示」，明天來一段「據可靠方面情報」，讓全國的官方與非官方的報紙，天天發表聳人聽聞的頭條新聞，說東蒙組織了共和國，說中蘇發生了激戰，於是物價便扶搖直上，一天翻幾個筋斗，投機商人便皆大歡喜。最好還是讓全國官方與半官方的報館主筆們，抓住一些不確定的消息，加上自己的幻想，每天寫一篇社論，有血有淚而且半呑半吐地，織造出東北的陰雲，挑逗起讀者的情緒，於是反蘇大遊行，反共大示威，喊出「反對赤色帝國主義」「反對中共出賣祖國」的動人口號，把全國人民的眼光，一齊從重慶吸引到西伯利亞，然後讓反民主陰謀家們，趁大家目光轉移的時候，神不知鬼不覺地，一脚踢翻了政治協商會議和停戰協定的成就，讓交通永不能恢復，讓東北人永遠回不了家鄉，讓北平的玉米麪漲到每斤一萬元。如果更殘酷一點，還可以大聲疾呼，說東北問題不是中國問題，是國際問題，要求國際干涉，拖美國下水，讓第三次大戰趕快爆發，把全中國尤其東北九省當成戰場，把原子彈投在長春哈爾濱，把全東北全中國乃至全世界的人民再一次拖進萬劫不復的火窟，讓日本法西斯利用這機會從容地抬起頭來……

——算了，別說下去了！這套辦法可是來不得！請問另一套辦法是怎樣的呢？

另一套辦法，就是中國民主同盟所主張的，同時也是符合全國大多數人民意旨的一套辦法，那就是以民主聯合的精神，和平協商的方式來解決東北問題，在外交方面，應該遵重和平建國綱領所規定的四原則，尤其是其中第三條所規定的，與美蘇等民主國家敦睦邦交，遵守條約信義，致力於經濟文化之合作諸點，應視爲不可更易的原則。至於目下中蘇之間正式或非正式的談判，我們都主張應該公諸國人，以大多數人民的意見爲依歸。我們主張蘇聯和美國的在華駐軍，應該同時地儘早地而且無條件地撤退回去。我們主張停戰協定及其調處執行的辦法，應該同樣適用於東北，不許東北發生內戰，我們主張將東北境內國共兩黨的軍隊及民兵改組爲保安兵團，共同致力於解除僞軍，土匪及游雜部隊的武裝。主張成立一個包括各黨派及無黨派的地方賢達人士共同組成的東北政治委員會，用協商的方式來解決東北的政治經濟諸問題，而解決這些問題時，必須不違背和平建國綱領的最高指導原則，不違背東北大多數人民的意旨。……你說，這些辦法是行不通的嗎？和平團結民主協商的辦法，既然在解決全國問題，能夠辦得到，行得通，爲甚麼在解決東北地方問題時便辦不到，行不通呢？那當然因爲政治協商會議的成就，還沒有見諸實行，還沒有形成爲一種强大的壓力，以推動東北問題向着光明的方向前進的原故。由此看來，東北問題，還是整個嚴重的中國政治問題中的一部份，放鬆了對於當前整個政治問題的注視，懈怠了監督政協會成就早日付諸實行的任務，而妄想以其他偏激的方式來解決東北問題，那將是問題越來越有害，陰雲越來越濃重，那就等於故意和東北人民作對，和全國人民爲難了；你說對不對？

——我想，除了民主協商的辦法以外，怕也沒有更好的辦法了。對！讓我去把這些意見告訴我的同鄉去；他們都像我剛纔一樣，被亂七八糟的謠言給迷在鼓里了。

二月二十五日，北平

對東北問題的看法

·秉剛·

編者按：作者最近剛由東北回來，而且是東北人，他說：「爲東北人民日後安寧計，應學英國人的現實主義，就地謀和平解決之道……不應在東北有彼疆此界之分，爭地奪城，重苦東北人民。」近日各地輿論蓄意將東北問題誇大鋪張，而不謀解決之道，結果於事實本身無補。爲幫助一般人了解東北問題的本質特推荐此文供國人參攷。

在最近幾天的報紙上，可以看出舉國一致的關心東北問題，我是個東北人，更不會例外。

——東北問題，最近忽然嚴重起來的原因，就報紙上所得的消息，不外兩點：一點是蘇聯在東北的軍隊未於雙方同意的二月一日撤退回國，一點是中共發言人對東北問題的四項主張：「（一）改組東北地方接收的機構，儘量吸收東北民主人士與國內各黨派無黨派人士參加（二）對東北的現有抗日民主部隊應予承認並改編，使與國民政府派去的軍隊共同維持地方治安，消滅僞軍土匪（三）對東北各縣民主自治政權應予承認，或採取協商改組辦法或另行選舉，（四）國民政府開入東北之軍隊應限制在一定數量之內，以輕民負，以利和平。」綜合內外兩個問題，驟聽之下，使人血脈緊張，覺得嚴重萬分，但事實擺在眼前，徒焦急無用，應深思解決之道。

觀美國國務卿貝爾納斯於二月八日對新聞記者重申對華門戶開放政策，謂：「美國過去與現在一向主張門戶開放政策，在此政策下，一切國家皆享有平等貿易機會……。」簡言之，即不論中國領土劃歸何國勢力範圍，只要美國在該地貿易投資不受干涉，機會均等，即達到其目的。（天津大公報二月二十二日社評有更詳細之解釋）再參以胡政之先生在天津市政府紀念週所作之內外大勢的演講，其一語道破者，即美國不會為他國發動第三次世界大戰，（詳見二月十九日天津大公報）已滿可以知道希望他人出兵動衆，為我們解決問題，是絕對靠不住的。

反之我們看看世界各個角落，因民主勢力勃興，與固有政權衝突，蘇聯常站在新興民主勢力一方面，不因英美，參加另一方面而退步，故對當前東北問題，應靠自己想辦法，不應懷着玄想．

蘇聯在東北駐軍，不按期撤退，我以為不會有領土野心，以蘇聯之國策論之，以扶助弱小民族，反對侵略為號召，更不應對中國有領土野心，現在遲遲不撤兵者，或事出誤會，以為東北現在於行政系統之上，加一軍事機關的行營，并於行營之外，又設一東北九省保安司令部．顯與國內各省特殊化，猜疑我們中央政府，表面與蘇聯為盟國，骨子裏對蘇聯不友善，將在東北替旁人佈置反蘇根據地。故第一我們應當却除蘇聯對我們的猜疑，同時抗日聯軍在東北有十四年苦鬥歷史，領導與中堅份子多半是共產黨，（見二月二十日大公報哈爾濱通訊）而最近進入東北之八路軍新四軍現已組成近三十萬人的民主聯軍，（見近日各報）這已成為事實問題，對於事實，應學英國人的現實主義，就地謀和平解決之道，這一大批攜搶械的人群，為東北人民日後安寧計，亦應當有一適當的安置，決不是不承認即可了事，何況國共兩黨對國事主張之分歧，大部分現已本於互讓之精神，經政治協商會議和平解決，關內同胞得免再遭塗炭，而將來施行憲政後，依憲法規定，各黨派均可在國內任何地點，為民主的活動，刻下似不應在東北更有彼疆此界之分，爭地奪城，重苦東北人民，故對於民主同盟所辦之民主報，就東北問題之建議：（一）應鼓勵與蘇美的國際和平與合作，（二）成立各黨派人士組成的東北政治委員會，（三）將國共兩黨軍隊及民兵改為保安團。」覺得尚合乎實際，誠能如此作去，第一可免去美蘇任何一國的猜忌；第二可免將要實現的和平解決國事協商受阻；第三可免去兩黨在東北武力衝突，東北同胞再遭流離之苦。另一方面因各黨派參加東北的政治經濟組織，所有武力改為保安團隊，再不會被誤解有反蘇之陰謀，則蘇聯亦可安心，我想蘇聯自可應我們舉國一致的要求而撤兵，如走另一途徑，激越雙方感情，結果恐一如「九一八」事變後的局面，國聯無辦法，友邦不過問，則東北之前途，眞又不堪設想！

以上一點意見，是我個人的看法，敬希國內賢達指正。

二月廿四日

貧困的華北

‥曾昭掄‥

任何從後方初到北平的人，都感覺華北都市中人民的普遍貧乏與文化上的一種空虛。經過八年敵偽的壓榨，華北確實是變了樣子。當我們從天空望見北平城，當我們在那寬闊平滑的馬路上走，眺望着層出不窮的美麗建築的時候，最初的感覺，是故國河山，依然如舊。在日本舖子關了門，日本人住宅被封以後，表面上彷彿都沒有變。連抗戰期間日本文化最顯著的王府井大街，也顯出完全是中國城市的模樣。可是祇要呆下兩三天，除開是澈底糊塗的人，誰都很快會發現，北平確是變了。變在那裏，不在物質或外表上，而在內容或人民生活與思想上。北海，中山公園，頤和園，北平圖書館，等等：這一切古蹟名勝和以前的有名建築物，都是依然如故。但是來往的人物，却已大大地改變，人們都變得很窮。祇看外表的人，斷不能了解裏面的內容。清華大學的房子，外面大體完整，裏面却一無所有。燕京大學的同學，依然是住在華麗的，貴族式的宿舍，可是吃的全是窩窩頭，許多同學難得一飽。這些情形，正足以象徵整個北平，整個華北。老百姓僅有的一點資財，全給敵偽八年來刮光了。

華北地方貧窮之甚，的確是許多人所難想像。後方的一般人民，也就夠窮；但是比起華北情形來，還要好得多。我們不要看，北平的學生們，穿得似乎比昆明，重慶的同學，彷彿要整齊些。他們不過因為幸而未逃難，敵人也沒有來得及破壞，所以還留下有一些舊日的衣服。說到吃的方面，他們確實比後方還要苦得多。日本佔領時代吃的混合麪，由二十幾種東西拼成的，至今還是青年學生主要的膳食，高粱飯，炒白菜，和完全沒有油的白菜湯，是他們僅有的食品。什麽營養，都談不到。至於一般中學生，更是連課堂都沒有生火。昆明，重慶的學生，儘管大多數瀕於赤貧；但是每個大學的大門附近，總擺着有許多攤子，開着有若干舖販子賣食品，生意大都不錯。相反地，今日在馬神廟第一分班前面，僅僅有一家麪館，可以找到東西吃，光顧者又全不是學生。

後方民衆，幾年來飽嘗通貨澎脹，物價飛漲的影響，十倍於今日之北平。不過在那些地方，苦雖說苦，開源多少還有辦法，不像北方這樣枯窘。同是一樣被生活壓迫，程度之差顯有不同。

誰使華北這樣貧困？當然主要是萬惡敵人與偽組織造下的孽．但是收復以後，這種情形，未見改善，反而變本加厲，則此刻當局，不能辭其咎。

專題研究

從人民立場批評五五憲草

胡岡

編者按：胡岡先生這篇文章是在政治協商會議舉行第十次大會通過五五憲草修正原則以前寫定的，修正原則中有幾點正與胡先生的主張不謀而合，而最近却有人企圖把政協會的修正原則大打其折扣了；於是這篇專論就特別值得向讀者推荐。

我國當前的大問題可以分爲兩種：一是目前的，一是久遠的。前者爲：怎樣眞正停止內戰？怎樣組織過渡時期的政府？怎樣召集制憲的國民大會？後者乃：怎樣可以實現憲政？我們應該制定怎樣一部憲法？若是我們把眼光放遠些，一定會認識後一種問題反爲重要，甚至可以說：前一種問題只是方法，後一種問題纔是目的。因此，我們認爲：前者的解決，雖得多少顧到目前的現實，而對於後者，則人民應該有一個堅定的立場，非做到名符其實的憲政，和制定一部與憲政相合的憲法不可。憲法乃是一國久遠的根本大法，一旦制定，我們絕不希望它輕易改易，所以它的內容絕不不應考慮到如何適應目前一時的現實，而祇應以我們所想實現的憲政爲其唯一的準繩。

我國談憲法，自清末以來，已不祇一次，人民從這多次的痛苦經驗中，早已深切了悟，一紙憲法的本身實是無足輕重，它的能否發生效力還大部決定於握有政權的人是否願意予以遵守。這點了悟實在說明了爲什麼人民對於自民國二十五年來即由政府宣布的五五憲草始終沒有熱烈眞切地討論過。當然，八年的抗戰和更悠久的時明時暗的內爭，也是使人民祇顧及了目前的現實，而忽略了久遠的大計。可是現在的情形不同了。無論我們對於正在召開中的政治協商會的實際成功，不敢存有過大的奢望，憲法的將由怎樣一個國民大會來制定，也還是一個舉國矚目的難題，但憲法的必得在最近將來制定，已快從願望成爲事實。於是人民對於這部自身此後禍福所寄的基本大法，也就不得不予以注意，何況憲法內容的是否妥當，至少也是它此後能否實施的一個決定因素。

一

到現在止，除了政府所提供的一部五五憲草外，我們還沒有機會看到其它的草案，所以我們也祇能以五五憲草爲根據，來表示一點對於憲法的意見。我們現在批評這部憲草，乃是以人民的立場爲出發，尤其是以人民所認識的憲政眞義爲標準。所謂憲政，乃指人民爲了保障自身的利益，怎樣憑藉法律，包括憲法在內，來控制或監督事實上少數握有政權者的一種政治制度。無論在名義上我們得稱此少數人所握有的施政實權爲治權，而稱人民所保有的控制權爲政權，但在實質上則問題還是同一。所以中山先生所創政權治權之說，實在是以憲政的眞義爲出發的。於是，五五憲草的基本問題即在它是否合乎此憲政的眞義。又具體地說：憲政所攷究的乃在如何使人民能控制政府的憲法。

和上述立場相反的，通常是政府的立場。任何政府無不應該希望爲人民多做點事，要多做事便須得多有權，所以總希望能多握一點權，更希望少受人民一點控制。這個立場本是任何肩負責任和能負責的人所同具的。可是論立場又不得不考慮到三個基本問題，一是理論的，二是實際的。從理論上說，我們既然承認我國是個中華「民」國，就不得不承認人民是國家的主人，政府祇是受人民的委託而來處理衆人之事的機關。這機關的權力本是受之於人民，若是人民不願意把太大的權力授予政府，政府除了不能像他所希望的多做點事外，本就沒有向人民爭權的理由。再從事實上講，若是政府眞是想爲和能爲人民多做點事，人民爲了自身的利益，那有不願給予政府以必要權力之理？所以問題還在：政府取得了很大的權力後，是否眞的會替人做事，而不利用此權力以取得統治或官吏的自身利益 。這點疑懼乃是任何國人民所共具，并且是從歷史上很多的慘痛經驗中所得來的。我們祇須看：拿破崙，希特勒，袁世凱怎樣從人民的手裏很容易地把權力搶去，就可原諒人民這點疑懼並非是杞人憂天。「一朝權在手，便把令來行」，乃是人情之常。人既不是上帝，就很少能不爲權勢所麻醉。關於權勢的麻醉性，已爲歐美哲人最近所注重的一個問題。無論統治的本意如何善良，一旦握了權勢，就有一輩諂媚說「是」的人來包圍他，使他聽不到外面的眞相，尤其聽不到對他施政行事的反對意見。這個可憐的統治者於是一天一天地入了自己以爲是在的幻覺中而自己還未知道。袁世凱的竟於想做皇帝，還不是因爲所讀的報紙，乃完全是籌安會所特地編印的麼？這點更說明：人民的這點疑懼，和他們不敢把太大的權力給予統治者，並非對任何特定人而發，而是根據了一般人性在權力麻痺作用下的脆弱。更說得澈底些，近世所有的民主和憲政這一套，也就產生於人民對於權力麻痺性的一點認識上。

憲政在人民初獲政權的國家，尤爲重要。因爲在這種國家，權力的被統治者所劫奪，最爲容易。人民寧願政府少做點事，少握點權，而不願再做奴隸的危險。等到憲政已有了基礎，人民已在輿論，民意機關，以及直接民權各方面確實取得了控制政府的權力，政府已有了守法的習慣，並且已確實做出些爲人民利益的事來，到那時再談如何擴大政府的權力，纔是洽當。

三

從上面所述的基本立場，我們覺得五五憲草的結癥所在乃是留給人民的政權太小，而所賦予政府的治權太大。人民的政權，依中山先生的主張，乃從兩種方法來行使：一是間接的，就是由人民選舉代議機關來行使，二是直接的，就是由人民自己來創制和複決法律，更由人民自己來罷免官吏。中山先生雖不滿於歐西現行的代議制，但並非根本否定了代議制，相反的，忽想用直接民權來補充代議制的不足。可是現在的五五憲草，一方面是限制和分散了代議關係的權力，在他方面却把直接民權改成了間接民權，而由代議機關之一的國民大會來行使。

依孫科先生的解釋，在五憲法內的國民大會和立法院都是民意機關或是代議機關。民意或代議機關最大任務，本應是能代表人民來制定法律和監督政府。現在的國民大會雖是由人民所直接選出，理應是能眞正代表人民的，可是它的職權，除了選舉政府官員外，最重要的制定法律和監督政府的兩種，則事實上是很難行使的。依憲草的明文，正常的立法權和監督政府的權是屬之於立法院，而並非操之於國民大會。例如第一三九條便明白規定：「憲法所稱法律，謂經立法院通過，總統布之法律」。雖然孫科先生曾解釋爲國民大會旣能創制和複決法律，當然包括有立法權。可是問題還得發生：由國民大會所創制的，依一三九條既不能稱之爲法律，到底將它做什麼？

又如：國民大會在六年的任期中，通常祇能有開兩次至多以二個月爲限的會議。在此一共四個月的時期內，除了選舉各種政府官員外，還有其它的例行公事，那有餘時餘力再來監督或顧問六年間政府的實際施政？更那有餘力餘時來代替人民行使諸種直接民權？

對於中山先生所最注重的直接民權，憲草都全部從人民手裏剝奪而奉之於國民大會。理由是中國幅員太大，人民太多，實際上不便行使直接民權。這理由若能成立，則人民直接選舉國民大會代表，也夠不便了，何不把這個人民直接選舉權也取消了？憲草的沒有把這個權利也取消，就是反證不便二字是不能成爲理由的。國民大會代替人民行使創制等權，雖名義上儘可美其名爲直接民權，實際上還不是代議制度？還不是中山先生所不滿而想用直接民權來補充的代議制度。他國有一個國會，已夠爲代議制度之病，憲草都於立法院之外再加上一個國民大會的代議機關，定是中山先生所能始料的麼？

立法院雖由憲草賦予代議機關的眞正權力，可是從它的產生上講，是否眞正是個民意的代議機關，却成了問題。代議機關的能夠代表民意，乃在它的由人民直接選舉，並由人民直接控制。可是憲草上的立法院是由國民大會選舉的。國民大會的代表雖得由選區人民罷免，而收控制之實，但間接由國民大會所選來的立法委員，則人民對之是莫如之何之。若是說，因立法委會是由人民所選舉出來的國民大會選舉，所以也就代表民意，則行政官吏如大總統也是如此選出，豈不更代表了民意，又何必再由同樣產生的立法院來監督他呢？所以，憲草的規定立法委員由國民大會選舉，實際上乃又剝奪了人民對於代議機關的直接選舉權。可是立法院在實際上的權限，比國民大會大得多。例如政府的預算案須經立法院通過，是即立法院掌握了國家的錢袋。預算案雖也是一種法律案，依上述孫科先生的解釋，似乎國民大會也能過問，但預算案是每年都須提出的，而國民大會是每三年祇召集一次，事實上又怎能使它能夠過問？於是依憲草，此近代國家最重要的錢袋握有權還是操在此實質上並非民意機關的立法院手裏。至於這樣的立法院是否眞能從大總統手裏取得此權，還是一個大問題。

總述上數節的結論：在五五憲草中，中國人民的政權，祇限於六年一次的選舉國民大會的代表，除此之外對於政府，對於法律，便一無控制之權。至於得有代議機關之實的國民大會，實際祇是一個選舉大會，徒具了代替人民行使直接民權的空名，很少控制政府的實權。本無代議機關之實的立法院，却掌握了此等大權。所以我們認爲五五憲草所留給人民的政權太少了。

三

現在可以講到人民基本權利的問題。憲草上在第二章內對於此種基本權利規定得相當詳盡。批評的人多說：每種權利都多上「非依法律，不得限制之」字樣，就等於不予保障，因爲政府儘可用法律來加以剝奪或限制。起草的人却又說：基本權利當然非絕對的，譬如人民雖有身體自由的基本權利，但一旦犯了刑法，應處徒刑，則其身體自由即受法律的限制。據我們看來，這兩種說法都各有各的理由。我們先退一步承認，若是基本權利非依法律不得限制的規定，眞能做到，則比了現在行政官員可以一紙手令任意拘禁，甚至殺傷人民，或剝奪其他如言論出版自由等權利的，已是進了一大步。并且我們更承認：起草者的上述說法，的確是合乎法理的，即使條文上除去了「非依法律」字樣，解釋上還得如是。可是批評者所提出的問題却依舊存在。這問題便發生於憲法和通常法律在層次上的高下，或是效力上的强弱。憲法既高於法律，於是憲法上所賦予的權利也高出於通常法律。更因此，法律可是否能限制此種權利，還得先看該項法律本身是否違反憲法。刑法的所以能够限制人民的身體自由，就因爲它本身是合乎憲法。使普通人民受軍事法庭和軍法管轄的特別法就違反憲法，所以它不能限制人民的基本權利。於是問題的本身便在：到底怎樣決定法律的是否合乎憲法？這批判的標準，決不祗是法律在形式上是否依照合法程序制定，而是在它實質上是否合乎憲法的精神。法律在形式上係由代議機關，如立法院，甚至爲國民大會，所制定。代議機關雖由成年人民所選出，但它仍可能制定違反憲法精神，和人民福利的法律。這種法律雖在形式上是依合法程序所制定，但實際上是違憲的。人民不祗對於行政官員，有其應有的疑懼，即對於代議機關，亦何嘗不然。中山先生對於代議制的不滿，就表示了人民這點應有的疑懼。憲法上所以明文規定人民的基本權利，其眞正用意也就在：這種基本權利不許由代議機關用違憲的法律來加以限制。若是在基本權利的條文內加上「非依法律」字樣就很容易使人誤解代議機關祗須依合法的程序，便能制定任何違法的法律來限制人民的基本權利。從這個見地講，則批評者的反對加上「非依法律」字樣實具有深長的理由。可是我們認爲眞正的問題還不是條文上如何規定，而實在：誰能具體地決定法律的是否在實質上違反憲法？美國的方法，是由聯邦最高法院掌握此決定法律是否違憲的最高解釋權。在大體上講，美國這個制度是長處多於短處。在五五憲草上，這個權是分屬於監察院及司法院。第一百四十條：「法律與憲法有無抵觸，由監察院於該法律施行後六個月內提請司法院解釋，其詳以法律定之」。對於憲草上這個制度的批評，將牽涉到司法院的性質和職權。在討論後一問題以前，我們應再進一步詳究此法律是否違憲的解釋權的性質。

自表面上看，這個法律是否違憲的解釋權，似應屬之制憲機關，最爲合理。因爲憲法既由這個機關所制定，它當然最能知道憲法的眞義。原來的制憲機關，雖不能常此存在，但有權修改憲法的機關似仍可代替行使者解釋權。可是問題却還不如是簡單淺薄。成文憲法是一國人民的憲法意識的具體化。憲法既已成文化成具體化了，就難免與它的本體，就是人民的憲法意識，有所出入。我們常聽人說：憲法的條文須得遵依憲法的精神來解釋。也指出這點可能的出入。所以，人民的憲法意識各有變易，同一憲法條文，可能解釋爲具有不同的意義。於是問題乃爲：誰能知道這個人民的憲法意識？誰能知道這個意識，纔能判斷憲法條文應該爲何解釋，也纔能判斷通常法律的是否違憲。各個人民雖爲造成此意識的因素，但因爲這意識已不只是各個人民意識的總和，而是超乎各個人民意識以上的一般意識，所以各個人民，從他個人的主觀意識立場上，也就很難，甚至不能，客觀地知道這個人民的一般的憲法意識。各個人民既然於此，由各個人民加起來的多數人民，也還是於此。這個理論，更同樣適用於制憲機關或修改憲法機關裏的各分子和多數分子。他們雖爲造成成文憲法的因素，但從他們的主觀意識立場上，也就很難，甚至不能，客觀地知道這個人民的一般的憲法意識。我們曾說：這個意識不只是各個人民意識的總和，而是超乎各個人民意識以上的一般意識，乃因爲這個人民的憲法意識，不特須有一貫性，或自成一個體系的性質，纔能使一部成文憲法內的各條條文，具有不相衝突的意義，它更得包含許多憲法明文以外的基本原則，這些原則雖爲憲政的必要基礎，而不一定爲普通人民所能了解。例如「法律不溯既往」的原則，通常在憲法內不予明示，它雖是保護人民利益的一個憲政基本原則，但不一定爲普通人民所能了解，綜上所述，能知道這人民憲法意識的人，不特需要一個客觀的立場，更得須具有關於憲法的專門知識。能絕對合乎這個條件的，只有全能的上帝，唯有他，纔能完全知道人民的疾苦和需要，而自己却又超乎人民之外。上帝既無法請到，於是只能返向人間來找尋相對的能合乎這個條件的人。在德國，希特勒曾自薦爲唯一適格者，但歷史已把他否定了。在美國，則找到了聯邦最高法院的推事們，歷史更證實他們在行使解釋憲法和法律是否違憲的職權上，功績多於罪過，美國這個制度的能够成功，當然與它美國整個憲政制度有關，但聯盟最高法院法官的適合上述條件，也是一個重要原因。

五五憲草第一百四十條的規定在原則上是師承美國上述制度的。但對該原則却予以兩點修改。一是由司法院掌握解釋憲法之權，而不是最高法院，二是須由監察院提出，并且在法律施行後六個月內。這兩點修改實在有了問題。先講第一點。從這點所發生的問題乃牽涉到司法院的性質和職權。這原是治權的五權制內一個大問題，我們也就不得不在這裏提前討論。問題的焦點乃在：依憲草，司法院到底是個行政機關，還在個司法機關？驟視之，司法院當然是司法機關。這復合乎司法權獨立的原則。司法院既由司法院長爲其首長，他就應該是司法權的最高掌握者。亦卽司法院院長應爲最高司法官吏。可是憲草第七十七條第二項却規定司法院院長對國民大會負有責任。同條第一項復規定其任期爲三年。若是我們貫澈上述司法院院長是司法官吏的理論，則司法官吏祇對法律負責，而不應對任何機關負責，且其任期應爲終身。現在憲草既叫他對國民大會負責並限制其任期，就明明說他不是一個司法官吏。既不是一個司法官吏，他到底是個什麼官吏？眞正的司法權，就是依法審判的權，既操之各級法院內的法官之手。他們絕對有獨立審判之權（第八十條）就是說，他們纔有眞正獨立的司法權。於是，司法院院長到底管些什麼？從上面所舉的幾條條文，我們不得不結論，他所管的祇是司法行政事務，他所掌的祇是司法行政權。可是在性質上，司法權和司法行政權是完全不同的。前者是行政權的一種，所以不能獨立，而後者則是獨立的。司法行政官吏是行政官吏的一種，所以他應歸民意機關負責，而司法官則祇歸法律負責的。這個區別，不祇是在憲草上，卽是在國民政府成立以來的實際政制上，都沒有弄清，因此，司法行政部的究應屬司法部抑屬行政院，這个是個懸案，而實際上則已來回改屬了幾次。司法院院長既是個行政官吏，於是司法院也就不得不是個行政機關了。

憲草一方將獨立的審判權，亦卽眞正的司法權，屬之法官，他方却將統一解釋法令之權（七十九條）和解釋憲法之權（第一四二，一四〇條）屬之司法院，我們認爲在理論和實際都講不通。這二種權，就是審判權和解釋憲法與法令權，在性質上是不能分的。審判既須遵依法令（包含憲法在內），而遵依法令就必然的以解釋法令爲前提。這尤以解釋法令的是否違憲爲然。

憲草起草人或可以說：法官既屬之司法院，所謂司法院有上舉解釋權，實際違憲等於法官有解釋權。但我們認爲憲草既定明司法院有解釋權，而不是法官有解釋權，則解釋的最高負責者，卽應爲司法院院長而不是法官。從上節所論，司法院院長既是一個行政官吏，而他却掌握了爲審判權前提的解釋權，豈不是間接的將司法權置諸行政權之下嗎？

繞了上幾節的大圈子後，我們現在可以回到原來的問題，就是解釋法令違憲的問題。我們既認定這問題是與保障人民基本權利問題有絕大干係，還十係更足說明爲什麼這解釋權是與審判權不能分開的。一條法律或一個命令的是否在實質上違憲，通常是不易發現的。能使這問題發生的人，正是在實施此法令時身受其害的人民，而能確切認識此問題的發生者，則是受理人民關此所提訴訟的法官。法官既須審判此訴訟案件，就不得不先解釋該有關法令的是否違憲。美國憲法上所以使具有最高審判權的機關，同時卽具有違憲解釋權，其理由卽在此。依此論據，我們直接的結論是這解釋權應明白規定由最高法院執掌，間接的結論是：在眞正司法權的掌握者，法院之上，再加上一個司法院，實在是畫蛇添足，這制度反使司法權獨立的原則，成了問題，解決之道，乃在明定法院爲唯一司法機關。握有獨立的司法權，包含審判權及解釋權；並取銷司法院，而將司法行政權，專屬於司法行政部，此部本身則屬於行政院。這正是各國通行的制度，而與中山先生所倡導，司法權獨立的眞義相符合。現在和憲草上的司法院制度，乃爲了維持表面上五權的並立，實質上反犧牲了司法權的獨立。

憲草第一百四十條內的第二特點，卽是違憲與否的解釋須由監察院在法律施行後六個月內向司法院提請，從我們在上節所述法令違憲問題惟有身受其害的人民，尤其是在關此的訴訟進行中，最易發現，就可看得出它的不妥。該條將司法機關自動發見違憲問題的權，和人民在訴訟中提出憲法問題的權，一概予以剝奪，實和憲法保障人民基本權利的主旨，適相違反。美國的違憲問題，專實上是多由人民自己經由訴訟而提出的。

憲草第一百四十條第二項起首的「法律」二字，應根據第一百四十一條，改爲「法令」二字，比較妥當。雖解釋上本應如是，但這二條既規定在一處，而該項却故稱「法律」而不稱「法令」，很是使人誤會，解釋權祇及於法律而不及命令。在實際上，則命令的違憲可能，實比之法律爲大，尤以第四十四條大總統的緊急命令爲然。此種具有法律效力的命令，實更應受司法機關解釋權的監督。

四

我們在第四節內會結論，人民在憲草的政權太小，政權既爲人民控制和監督政府的權利，於是該結論的反面便是政府的治權太大。憲草這個基本結癥，更表現於政府諸種治權間的相互關係上。

代議關係，在他國憲法上，本是代替人民控制和監督行政權的機關。在五五憲草上，正常的代議機關原是立法院，所以依第六十四條，第六十九及第七十條的規定，它握有控制和監督政府行政的職權。譬如預算案須經立法院通過，就等於立法院可以控制政府的一切施政。可是憲草上在立法院外，既另有一個國民大會，并且在實質上也是一個民意的代議機關，於是這兩個代議機關，在他們對於行政權的關係上，便發生權限不明的結果。在說明這點以前，須先說明憲草上的行政權。

憲草上的行政權是握在總統手裏，而行政院祇是他的從屬機關。這是從第五十六條及五十八條：行政院院長副院長及政務委員各部部長，各委員會委員長由總統任免；及第五十九條：行政院長等各對總統負責的必然結論。孫科先生也曾如此說明過，可是在另一方面，憲草復明定行政院爲中央政府行使行政權之最高機關（第五十五條）。我們且不問這條規定在表面上已與總統制不合。并且，依憲草，行政會議對於重要行政事項有決議權（第六十一條），但其組織則不包含總統在內（第六十條），於是實質上也就與總統制相左。這會議的決議是否能拘束總統？依條文上很難答復，因爲第五十九條祇規定行政院長，副院長，政務委員，各部部長，各委員會委員長，「各」對總統負責。但總統既有權任免，則行政會議的決議案，也就無法抵抗總統。誠如是，則行政會議的權限不就等於空談麼？

我們既認清總統是行政權的最高握有者，於是立法院對於行政權的控制權，例如預算案的通過權，也就應該是對總統的。但憲草既於第六十一條內規定由行政會議歸立法院提出預算等案，好像祇是行政會議對立法院負責，而並非總統對立法院負責，復於第四十六條明定：總統對國民大會負其責任，至於四十四條所規定，總統爲急速處分時所發緊急命令，雖須於三個月內提交立法院追認，但總統既祇對國民大會負責，則即令立法院拒絕追認此項命令，也對總統莫如之何。於是我們不得不結論，依憲草，立法院對於行政權是無控制之實的，有控制權的祇是三年開一次會的國民大會，但這控制權實際上又無從行使，例如預算案就得每年提出。總統便成了在實際不受任何代議機關控制的最高行政者，除非國民大會走了極端，行使它的罷免和複決權，但這些方法也祇能補救於事後，而不能預防於事先。

行政權是政府治權中最重要的一個，因它纔積極的及於人民的切身禍福。所謂行政，主要也在如何能用種種方法便此行政權能受到合理的控制和監督。立法機關或代議機關便應是能最有效地行使此控制權的機關。但五五憲草却把這個控制權，從重床疊架，權限不明的代議機關中，偷偷地放跑了。

現在可以講到其他三種治權，就是司法權，監察權，和考試權。這三種治權和其他二種，就是立法權和行政權，在性質上有一個基本的區別。這區別便在：前三種治權有其獨立性，而後二種則無。譬如我們祇聽到司法權須獨立，但沒有聽到過行政權須獨立。行政權的無所謂獨立，乃因爲它在性質上就應受人民和其它四種治權的控制和監督。立法權的無所謂獨立，便因爲它應是個代議機關，而受人民的控制。所以我們也可說：行政機關和立法機關是政治性質的機關。可是司法機關，監察機關，考試機關，則應不受政治的影響，而祇對法律負責。這就是說：它們祇受法律的控制而不受政治的控制。所以它們是法律性的機關。苟不如是，則司法官，監察官，考試官，須隨政治而進退，就無從行使他們應有的職務。所謂「司法權獨立」等的眞義便在此。

我們既明白了五種治權內性質上的不同，也可明瞭：要使各種治權能發揮各有的性質，並不是在政府組織的形式上創立五個平等的院。現在和憲草上的結癥，便在祇注重形式上五院的平等，而忽略了各種治權的性質。憲草上規定司法院，監察院，考試院，院長對國民大會負責，便是這個結癥的具體表現。關此的問題，我們已在上一節內詳論過。我們建議在行政院內設立司法行政部，監察行政部，考試行政部，掌理關於司法監察考試的行政事宜，而將司法機關，監察機關，考試機關，眞正成爲獨立的司法權監察權，考試權的握有者。中山先生創立五權論的眞意，我們想也是如此。

憲草第一條規定中華民國爲三民主義共和國，曾引起各黨間的爭論。我們從人民的立場，也就不得不表示一點意見。三民主義若是解釋爲「民有，民治，民享」，則中華民國內的「民」字實已包含了一切。三民主義若是解釋爲國民黨所信奉而在過去軍政和現在訓政兩時期內所實際奉行的主義，則我們認爲在將來憲法的條文上以刪去爲當。這個意見並非否認國民黨過去的功績。我們尤其對於中山先生的精神和事功，具有無上的敬仰崇拜。但是憲法是我國此後久遠的大法，不是過去的記功碑。要記功的話，那末於民國有功的人，也就很多，記也就不勝記了。我們認爲：對於中山先生表示敬仰崇拜的最好方法，乃正在努力使這部憲法能夠實現他一生所爲奮鬥的眞正憲政。

論口是心非與陽奉陰違

——粗看去是兩種病症，而其實是一套雙簧！

潘大逵

最近許多政論家在政治協會議前後，紛紛揭出中國政治病態，並建議補救方法。有主張「大黨毀兵」的，有主張「秀才管兵」的，有主張「兵不管秀才」的，有講演「廢止一黨」專政，組織聯合政府」的，這些都是想從制度方面來醫治中國。又有謂「中國政治在制度上是一回事，在實際上又是另一回事」的，這又似乎說不單是一個制度問題了。不錯，這些看法都對，不過我也有一種看法。

我認爲中國政治自民國以來就老害着兩種病症：一種爲口是心非，一種爲陽奉陰違。因爲這兩種老毛病就把中國弄得一團糟了。這兩種病也可以說是由於中國政治制度的不健全而起，也可以說是因爲有了兩種病，甚麼制度都不行。總之，無論怎樣，這兩種病在中國政治裏存在着，確是一個絕對事實。我們必須要根絕這種疾病，而建立新的作風。

口是心非與陽奉陰違的病症是怎樣呢？我來試爲診斷如下：口是心非是玩大政治，決定政策，發號施令的人所犯的病。這個病的特症爲言行不一，是非不分，利害至上，惟我獨尊。他們心所謂是者未必公開主張，心所謂非者亦未必公開反對。他們根本只有利害，無有是非：你說右也好，你說左也好，不管你說得頭頭是道，反正休想改變他早有計劃的決定。那個決定的標準就是個人第一。陽奉陰違的病是忠實幹部，小官吏，執行命令的人所犯的。這個病的特質爲察言觀色，先意承旨，投機取巧，變本加厲。上司謂是，他們不敢謂非，亦不敢必其爲非：要在體上意，寧肯做得過火，不願做得弗及，他們也有一個標準，那就是「升官發財」，所以希望「水漲船高。」

這種口是心非與陽奉陰違的症候，在我們看來是病態，但在他們看來是技術，用起來是法寶，玩起來是一套把戲。口是心非與陽奉陰違，在外面看來是兩種病症，而其實是一套雙簧。有在上者的口是心非，必有在下者的陽奉陰違；前者是因，後者是果。這種技術要精起來，絕不能呆板使用：必須要盡虛虛實實，變化無窮之能事；同時還要上下合作，彼此掩護，狼嗎，在上者就可以說盡好話，在下者就無妨做盡壞事；於是老百姓就大遭其殃。

上面所說的病症並非信口雌黃，乃是確實有據。姑無妨舉幾個例來作證明。我們就從清末民初的袁世凱開始罷。袁世凱當清末的時候，在外表僞裝着維新姿態與當時開明份子康有爲，譚嗣同等聯絡，而在暗中他可與最反動的西太后，榮祿勾結，並不惜親自告密。等到革命起來，他口口聲要「保存皇統」，「不負孤兒寡婦」，而其實他才在處心積慮的想做大總統，所以他的部下也就會把總統替他弄過來。他做了總統，又覺得不夠味，一心要想當皇帝，可是他偏要說「發揚共和之精神，滌蕩專制之瑕穢，永不使帝制再見於中國」。於是又自然有人勸進，請他做皇帝。袁氏眞不愧爲玩弄口是心非的人師，而其部下也算得作盡了陽奉陰違的能手。

北洋軍閥繼袁世凱之後，馮、段、曹、吳，張之流也一個一個的掛起民國招牌，實行獨裁政治；要做總統就有人會被收買，要講統一，就有人會發動內戰。於是「賄選」，「逼宮」解散國會，製造憲法等等花樣，層出不窮。亦可謂精於口是心非與陽奉陰違之技巧了。

國民政府在北洋軍閥手裏取得了政權，同時很不幸的也取得了這口是心非與陽奉陰違的毛病。舊賬我們不算，只算算幾筆最新的賬目罷。

（一）本月十日停戰令由國共雙方一齊下來，說是三天以後到達全國各地生效。然而令下了好幾個三天以後，國共雙方的報紙還在互相攻擊，你說我在打你，我說你在打我。無論誰打誰，打仗未停，總是一個證明了的事實。這要不是彼此都無誠意，必有一方面是口是心非；這要不是在上者口是心非，就必是在下者的陽奉陰違。有上面任何一件已經夠壞，何況嚴重性尚不止此。既然國共負責者同時下令停戰，而部下可以佯若不聞，繼續打仗，事後亦不聞受任何處分。這就說明中國之不統一不僅止是國共問題，而上下之間也大有問題在了。

（二）其次我們講「還政於民」，是如何冠冕堂皇的話，然而各黨各派及無黨無派的人民要求民主普選國民大會代表以代替十年前一黨專政時代所產生出來的人物；按理執政黨應該接受，可是政府又堅持不讓。這如不是口是心非，那必定是民主的解釋與衆不同，至於有許多類似民衆團體致電政協會要求維持舊國大代表，這又不過是陽奉陰違的一種變化運用。

（三）至於講到各種自由，那更是令人哭笑不得。政府不知道三中五令的說過若干次要給人民自由，政治協商會議開幕的一天又鄭重其事的聲明第一次，本月二十九日各報又載有政府已廢止若干妨害人民基本自由的法令，我們人民應該感激政府的恩德了，但是請看看「身體自由」的事實罷，自十號以後七天應該釋放的政治犯了，今天在報上僅見着兩個，可是同時大公新華兩報載重慶衛戍司令部近捕「散兵游勇」「服裝不整」之平民至數千人，這又是一件非法之舉了。「散兵」並非逃兵，「游勇」並非「奸匪」，而「服裝不整」更不犯罪，何以這樣多的無辜而遭受「司法警察以外機關」的非法逮捕？二十九日本埠雲南日報載重慶民主同盟辦事處，及黃炎培，張申府，史良等住宅均被非法檢查。這眞令人對所謂「身體自由」「居住自由」大惑不解了。再請看看言論，結社的自由罷。在首都已在協商民主憲政的時候，重慶政協會協進會每日請政協會代表到會報告，竟遭暴徒屢次搗亂，甚至傷人。昆明最近有幾種刊物如民主週刊，時代評論又『因故不能按期出版』。在公開允許各種自由的時候，尚且有如此一大串駭人聽聞的非法事件，那末在未許自由的時候爲如何當可以想像了。這叫人對政府給人民自由的誠意又不能無疑。

以上種種看來，說的話與做的事完全不符，眞令人百思而不得其解。我們不敢妄稱當局爲口是心非，那末想必總是在下者的陽奉陰違罷？然而在下者的陽奉陰違是這樣的普遍，猖狂，頑強；可並不遭受在上者的嚴厲制裁與處分，這是不是在上者有意縱容，默許，或甚而至於嘉獎呢？

總之，這口是心非與陽奉陰違的毛病在中國政治上已經是根深蒂固，由來已久，不過是於今尤甚，所以就把中國弄得這樣糟。這個毛病是任何制度的大敵人：我們如不將此病剷除，則任何制度的改革都不中用，也許這個病的根源在一個健全的監督機關與眞正的人民制裁之下，可以消除。因爲到了那個時候，口是心非的統治者，與陽奉陰違的部下就必得改變作風，否則就會立不住脚。筆者正寫到此處，有褚輔成老先生來訪，我以此兩種病症質諸於他，並問他剛從重慶回來的看法。他說『在上者已較有誠意實行民主，不過在下面的人還在亂來』。我希望這上半句話是眞，並深盼下半句話不久也會改正過來；那末我們大家眞正都是自己人，還鬧甚麼呢？

代郵

瀛大沈先生：

您二月十七日寫給我們的信，已收悉并轉照您的吩咐轉交給張先生的；讀過您的信，我們誠摯的感謝您所提出的六點指示，而且我們準備將您的指示應用到實際工作中去。

民主運動是一股巨大無比的洪流，它的力量正是人民的力量，所以我們希望各方面的朋友能將力量匯集起來，對於您「爲爭取民主貢獻全份力量」的精神我們異常敬佩并祈詳示通訊處以便面談。　謹致

民主敬禮！

編輯部

政治協商會議以後該做些甚麼

魯山

政治協商會議，終於在萬目睽睽之下。所謂飢者易爲食，渴者易爲飲，政治協商會議的結果，雖距離全民衆的希望還十分遙遠，但從報紙上的記載看來，也不能不說這結果是差强人意的。又在會議進行之中，據報紙上的記載，也說情形「十分和諧」。雖然會外仍免不了有搜査會員住宅，和在會員公開講演的會所有特種人物投石子搗亂的故事。但還並沒有出現袁世凱和段祺瑞時代由叫化子，流氓地痞所組織的「公民團」，與「督軍團會議」，這總算是一種幸事。或者說，眞正人民的力量，究竟使政府的措施，不能不多少有些進步了。

所以，平心說來，政治協商會議的結果，雖不能盡如人意，但也究竟有了多少的結果。譬如「和平建國綱領」與憲草修改原則，和軍事改革案之通過，總算是決定了此後和平建設，和一個新國家創造目標或基礎。這些議決案，都是極其實貴，極值得稱頌的。美中不足的，則是政治組織方案之未能澈底，和國民大會舊代表之仍然有效。這是多麼違反大多數人民意願的事！雖然國民大會新的代表已有增加，國府委員的名額，也有相當的調整，但地方政府是否也按照這個比例改組？議決案中，都不提到。這不能不令人耽心。中央雖有變更，而地方情形如故，表面雖已改變，而實質並沒有兩樣。而且，議決案的執行，旣不明文規定，也似乎沒有監督機關，這也祇有依於政府的「誠意」，此外，則是人民還不能鬆懈了對於民主政治的不斷的力爭，與要求對於政協會議議決案之迅速而澈底地實現。

所以，政治協商會議以後，該做些什麼呢？

第一，便是要求政協會議議決案之迅速澈底的實現，不容歪曲拖延，甚至於變質變量，使政協會的結果，化爲烏有。

第二，則是政府改組方案，必須合理，必有實效，否在政府委員或各部會名額中，加幾個陪客，加幾個配角，既不能促成眞民主之實現，祇是做成假民主的裝點或擺設，這不單是違反整個政治協商會議的精神，甚至對於全國政治的進步性的改造，和和平民主的新國家的建設，也都是無益而有害的。

第三，則是要求政府組織方案的實施，必須貫澈到地方政府中去，因爲地方政府與人民的關係最深，也最直接。不民主的政治的苦痛和災難，也以地方人民所感到的最爲深切，而未來實施憲政的基礎，亦在於地方，在於地方的人民。所以，政府的改組，怎麼能忽視了地方政府呢。如果忽視了地方政府，則所謂天高皇帝遠，一切陽奉陰違，一切言行不一致，中央與地方不一致的現象，必然發生，也就是政治協商會議的改組方案，必以應用的不靈活，不透澈，而減少實效。也就是頭輕脚重，尾大不掉，憲政民主的推進，仍然會遭到極大的阻礙，使爲民所仰望的政治協商會議的結果，終於成爲可望而不可及的不能充飢的畫餅！

所以，政治協商會議以後該做些什麼呢？民主憲政，當然不能一蹴而成，因此，對於民主政治鬥爭的努力，當然不能一刻停止。更應當深入和開展了這個運動，到各地方，到民衆中去作爲未來實施民主憲政的更有力的準備，和奠定了更廣大的民主憲政的基礎。這便是此後任何愛好和平自由，任何擁護憲政民主的人士，所不能不努力的方向。而在目前，則更切要的是加緊督促政協會結果的實現，因此便不能不集中力量於爭取上面所說的這三項要求。

× × ×

從收復區看中國前途

由蘇北現狀談到國共兩黨的作風

（蘇北寄稿）

靜遠

人們說經過一次戰事，這個世界變了。是的，中國也變了。不過因爲我們自己就是在變化之中的人，所以不能整個地瞭解這個變化，不能整個地追接這個變化。這個變化表現在知識份子之中的是多方面的激盪然而却是向着一個總的方向——接近眞理的方向靠近。假使一個知識份子訂婚之後去內地，經過了幾年再出來結婚，如果兩方家境都不是很寬裕的話，那麼會在共同的生活中深深感覺到這變化。就現在說，目前返鄉的幾乎是有辦法的和大小老爺們，這些人中大多數除了在戰爭中更墮落之外，沒有什麼大變化。然而就收復區的老百姓說，這方面變化是可感覺到的，雖淺如記者這樣，也多少能瞭解一點。

在鄉村中，平民的認識提高了，他們比以前堅強了。在城市裏，因爲在戰事中一向是大小地主與買辦集中的地方，情形略有不同，然而若就平民說，認識也提高，因爲經濟艱苦的生活，一般地說，也比較大胆了。戰前那種「莫談國事」的風氣不會再流行，所以國民黨再希望十年前那樣包辦選舉，已經完全不可能了，

鄉村地區太廣，情形複雜，實難一概而論。大部份鄉村在戰時是中共的游擊區，也有已解放的，也有在一種敵來中共去，敵去中共回的狀態中的（指中共的隊伍的來去，地下工作人員不在內）綏靖區，後來幾年敵人兵力不敷，就大量利用地痞流氓組成的僞軍幫助（這些僞軍有些還兼受軍統特務機關對共命令，如龐炳勳；而且有的僞軍在勝利之後還接受了「先遣」之類的名義，大事搜括，如孫良誠。）戰爭因爲時期很長，農民的痛苦極深，敵人盡力掠奪，即不在軍事活動地域的亦經常被搜索，農民們常常米缸中都被搜空，自己吃的米會被以低廉的公價買去，結果只好吃豬糠。至於今天紛紛戴罪立功的僞軍，是遠鄉下人破棉絮都拿了就走的。所謂「清鄉就是清箱」，一點不是誇張。現在一部份國民黨軍隊，承繼敵僞作風，也是「清鄉」了，如南匯。假如所消的的確是匪，倒沒有什麼，然而所消的就是中共軍隊：拿中共軍和國民黨收編的雜牌軍來比，實在消剿的軍隊遠比被消的軍隊近乎土匪的。至於那些騎牆部隊，最會隨風倒，被消剿的也不會是他們。

農民對中共的感情，大抵說來很好。除了一部份兩淮的新四軍之外，中共部隊軍紀很好。而這個雜牌新四軍，原意就在投機，往往不久之後，不是「和平」，就是「忠義」了。然而軍紀其實是末端，中共所得農民擁護，另有主要的原因。最主要的原因是中共經濟制度的良善，戰費負担合理化。這是絕對無可否認的事實。其次是近年以來，也許有一部份是「整風運動」的緣故，他們糾正了幼稚的作風，重視人類的自發的向上心。這很得到一些知識份子的同情與幫助，使農民因而增加對他們的親切感。

地主們是比不上農民好的，他們不再能過以前豪華的日子了。但若他們家中坐吃的人口不太多，就還可相當寬裕的過日子。有的大地主還在地方政府做著事，中共稱之爲開明的地主，若想明白「開明」的意思，還是說「不開明」吧，「不開明」的意義是：有通附敵行爲的，不肯擔負合理的戰費負担的，和過去劣跡昭彰，以剝削欺詐農民爲能事的土劣。

中共在戰時有許多缺乏的物資，這種物資或是在暫時性地攻下一個地方時用黃金向商人買，或是經過封鎖線與對方交換物資。在內戰期中仍如是。中共部隊到的地方發了貨幣，然而在臨走必拋售物資或以他們手中所有的法幣僞幣掉換他們的貨幣帶走。撤走時儘管有人說他們是堅壁清野的，實際上以我所知，從不攜走民間任何東西。

這次中共收復的地域，北到東三省，南至江浙各地，收復的地方人民對中共並不像對政府這樣不滿，但也有例外，那就是漢奸和商人。中共初收復

各地，把抗幣的價錢定得很高，其後因爲四鄉拿了抗幣的農民全來買東西，而幣值大跌，商人們既不敢囤積居奇，多少要吃一點虧。假使中共的抗幣不這樣用而也一下子撥多少億借給商人應付比期，那當然開心是的商人，倒霉的是農民了。

中共對處理漢奸也是大家都認爲合理的，至於作惡的漢奸無論大小，判罪很重；對於有名無實的傀儡反比前者輕。這還是與人民打成一片的緣故。若就政府收復的地域來說罷，因爲要利用「調查統計」人材，所以敵僞時代專門魚肉人民的特務也照樣錄用，以使監視異黨（包括中共一切不肯說「一個黨」「一個領袖」的人）。最近爲了新新公司職員檢舉漢奸李澤（新新公司經理），幾乎把檢舉人當作漢奸審問，而同時一個窮到全家吃粥的僞官，卻判了無期徒刑。在政府看起來，辦漢奸似乎是爲了正名，到了利害關頭，正名也就無所謂，儘管表面上做得怎樣賢德，實際確不是爲老百姓而懲奸。中共則認爲漢奸是反動陣營一部份，處置也就各異。

中共對於收復地區的工業，也沒有沒收的事。即使以前被僞政府逼得合作的廠家亦如此。共產黨當然主張生產工具公有，不過他們目前不沒收工廠，他們有他們的原因：

（一）現在要集中力量，打倒封建官僚和戰爭期間以高速度形成的大地主，官僚資本家，這樣才能政治民主化，同時也是經濟民主的第一步。步驟不能紊亂了。

（二）若是在嚴密的統制下，公有和私有，只是程度上的差別。「統制」兩個字，現在已使我們望而生畏了，但實際上可怕的不是統制，而是不合理的統制。美國不也在統制物價嗎？以我個人的意見，在將來的工業化過程中，因爲官僚資本有其先天的好處（雄厚是最主要），合理的統制恐怕是必要的，以免官僚資本獨佔，以免大資本欺壓小資本。

（三）在民族工業草創時期，在技術未有高度發展，人材不充裕的現在，允許私有可以提高生產效率，可以給有能力有魄力的民族資本家一個有限度的競爭機會。

（四）在健全的工會與有政府支持的工會存在的狀態中，資本家不能剝削工人。（這其實也往往是一種統制）。

在這裏我要提出李燭塵先生在政治協商會議席上說上海的工業家是買辦資本家，不能與民族工業家相提並論的話。這看起來有些武斷，事實上倒確是如此。周恩來說爲了建設工業，飯即使不能不吃飽，衣服則破的也要穿。到中共區域去幹工業的確只有這樣的人才成。若是讓這一批接收大員去，那就糟了。我決不胡扯，接收人員一到收復區，第一件事就做新衣服，第二件是買汽車，再有能力，第三件就買洋房。無論貪污大小，作風一樣。要他們再到重慶去爬坡或到昆明去穿美國兵剩下的舊皮靴，那是寧死不肯的。他們說：「好容易熬到今天出頭了，誰還願意再吃苦？」這種人勢非在建國期中流爲買辦或官僚資本家的嘍囉不可。（我再聲明一句：我決無一點挖苦或洩憤之意，不信咱們走着瞧。）

現在我們要說國民黨。戰爭之中，一年有如幾十年，社會變遷真大。幣值的變動這樣激烈而無規律，財富很快地集中到少數人手中去。加以封建勢力並未剷除，更加速了社會變遷。國民黨大概很受社會變動的影響，患了未老先衰的病症。在國民黨內顯着的變化是：

（一）官僚資本和大地主在黨內幾乎成了最主要的力量。儘管六全代會有要維持黨的「超階級性」的話，實際上除了這兩者，只拉了一些各階級的殘滓，拼湊而成，說不上「代表各階級」（邵力子語）的整個抗戰期中，政府最怕委屈了大地主和官僚資本家，除此之外，全中國人都該倒霉。（二）好的幹部沒有了。一部分幹部附敵去了。幹部原以中產階級（小地主，小資產階級等）爲主的。其中不附敵的，一部份腐化了，而且腐化到一種不堪再負任何責任的地步：一部份離散了。離散的原因，不滿於黨的作風。對收復區的種種行爲，一方面固然是表示今日中國政治的腐敗，但若更深刻地說，這實在是官僚資本在用各種各樣的方法吞併財富，過去八年中敵人與漢奸吞併了中產階級的產業，今天官僚們施用沒收，嚇詐，貪污，合作的方式吞併公私敵僞財富。有些地方雖然安定下來了，官僚資本卻掀風作浪於市場之上，實行合作法的（合於國民黨所制的法律的）吞併，中產階級繼續在貧困下去．就是內戰，也完全是站在地主和官僚利益立場上總的事，（內戰是有計劃的行爲，絕對無可否認。）

因爲他們所表現的是：

（一）倒退。恨不得中國沒有文明，回到幾百年以前去，那麼人民生活標準可以再減低，人民可以再愚昧一些，不再反抗。隨便看哪，一個城市的報紙，你都會以爲還是十八世紀的中國。蘇州一共有四家報紙。有一家最大的都不知所云。譬如有一次社論罵共產黨，題目是論流寇，全篇半通不通的文言，對毛澤東說：蔣主席邀你來重慶，「體同藩鎮」，你還不知自量云云。又如前天該報述江蘇省民政廳通令警察局不得管理案件（不要以爲奇怪，三民主義青年團還受訴訟呢）的標題是：「警察爲親民機關，負有監督指導職責。—對地方人民須威德兼施，絕對不許受理民刑案件」。再看公文（民政廳訓令）內容，果然是「威德兼施」。難道中國有三現代知識的人全死絕了嗎？讓這種蠢材來辦報，讓這種頑固份子來當行政人員！用收復區老百姓的話來說，眞是「連漢奸時代都不如」！

（二）無能。事無論大小難易，到今日行政官吏手中就糟。在上者則舉棋不定，甚至朝令夕改。或是法令雖如此，却另來一密令關照不要這樣做。像這次定外匯匯率是一個無能的最好例子。擱下來還些時候，物價漲落無定，人民痛苦不能描摹。又如這次紡織工業（敵產）民營的問題，原應民營，結果決定國營了兩三年再歸民營。且不說現在成立的中國紡織建設公司是在官僚資本掌握之中的，就眞是國營吧，照宋子文的解釋是因爲目下少數人有錢，現在買賣就爲他們把持。並且還預備發行股票，使平民大家買。政府有什麼能力，能保證兩年或三年之中，少數人就竊下來，或是多數人當上去。政府又怎樣保證股票一定不是少數人買去的？事情都搶着抓在手裏，這一大堆事，不是擱着不辦，就是辦得一團糟。這就是「無能」。

我這樣說，會有人以爲過激的。我可以引張發奎的話來證明，他說連十幾年在一起的心腹人員都貪污，現在簡直連自己兒子都不能相信了（在廣州招待宣慰使時談話）。又說到剿「奸匪」的情形：農民堅不吐露任何消息，即偶而在一二保甲長處得到一點消息，又因早失時效而仍捕不到「匪」，所以有時一團人經過幾個星期跑來跑去總遇不到一個「奸匪」的（在香港演講）。連兒子都不信任，還樣還談什麼主義？至於，後面一段是軍長自己透露出來的「剿匪」情形，與官方中央社發表的匪軍暴行是極好的對照。

然而誰也不要輕視國民黨的勢力，就收復區而言，他們到一個地方，自有和批封建勢力，買辦份子和各種殘渣牢牢地黏附在那上面，還有美國資本家爲後台，越是大家不喜歡他，越是要扎一下子。

未來的一個鬥爭還是酷烈的。

讓我們看一看將來。假使沒有更進一步的變化一我的意思是說，仍承認國民黨是第一大黨，是政治舞台上的領導黨，那末，改革也怕只限於土地上。民營工業主要是在獨占資本和外資手中，這就形成大都市經濟和鄉村合作社經濟的爭持，這種狀態之中民族工業家就要分裂了。農民對都市產生的一部分人物積怨很深，敵偽時代欺壓人民的漢奸是都市產物，收復時的大小官吏也是都市產物，他們比漢奸有過之無不及。—你說我胡說嗎？敵偽時代不過是搜盡了農民的米缸，而「收復時代」則逼那些只有幾升米的小農獻一斗，「主婦無以爲炊，懸梁自盡。」（大公報南京通訊）

進一步變化就要來的，一定不會太久，只要我們認爲國家還應當存在，子子孫孫還要活下去。反動份子早就不配存在於中國政府中了，最近軍政當局在各地廣興冤獄，濫捕知識份子，這是反動份子在敲自己的喪鐘。

開明的有力的政府將代這專制反動的政府而起了。用盡了卑污手段併吞貧苦農民土地的大地主要吐出他們的土地來了，以一切違背中國爲人道德的方法發財的官僚資本家不終身去度國外流亡生涯，就得在重重限制之下建立工業，若是仍如舊時之唯暴利是圖的話，就會遭到空前的失敗，淹沒下去了。只有能吃苦的，肯爲建設新中國努力的正直人物，才能生活下去，健康地，快樂地生活下去！

一九四五，一，廿五日

昆明各界大遊行

（昆明通訊）

慶祝政協成功，抗議二一〇慘案，堅持嚴懲一二一禍首

二月十七日（星期日）昆明政治協商會議促進會，昆明文協，中蘇文協，昆明學聯，學生報，中國周報，民主週刊等團體在聯大新校舍草坪舉行昆明各界，慶祝政治協商會議成功，抗議重慶「二一〇」血案，抗議政府任用「一二·一」慘案，禍首李宗黃，大會，大會於下午二時開始，由聞一多先生主席，報告開會意義後，首由褚輔成先生演講繼由費孝通先生，錢端升先生與舍先生等演講，情緒至為熱烈，演講畢通過大會宣言，並宣讀昆明學聯對政府任用「一二·一」慘案禍首李宗黃之抗議書時，「一二·一」被炸傷斷腿之繆祥烈同學亦在場，乃被聽衆歡迎上台演講，講畢當即有人提議遊行，獲得全場熱烈鼓掌與歡呼通過，遊行隊伍下午四時半自聯大新校舍出發，從昆北城牆缺口進城，四人一排，浩浩蕩蕩整齊熱烈，向市街中心出發，沿途民衆及學生加入者甚多，高呼口號：（一）擁護蔣主席立即實現四項諾言（二）擁護政府實現政協會五項決議（三）立即釋放政治犯（四）立即改組政府（五）嚴懲血案兇手劉野樵（六）取消特務組織（七）切實保障人身集會自由（八）反對重慶任意殺人兇犯李宗黃（九）立即嚴懲關麟徵，李宗黃）十）合理決決「一二·一」慘案（十一）全國同胞團結起來（十二）新中國萬歲。遊行隊伍於下午七時燈火輝煌中歸返雲大，在廣場上集合時羣衆數目已達萬人，由聞一多先生演講勉勵各界繼續爲民主團結而努力，並領導全體高呼口號然後散會。

大會宣言

昆明各界慶祝政治協商會議成功抗議重慶二一〇慘案堅持嚴懲一二一禍首大會宣言：我們昆明各界一個月來懷着興奮和期待的心情，對政治協商會議抱着無窮的希望。我們如全中國以至全世界的人民一樣，堅決地相信這個會議不僅是中國命運的轉機，也是人類和平的一個重要的試驗。

感謝各黨各派社會賢達和盟邦友人的共同努力，這會議雖然始終在緊張的局面下進行，終究爲中國人民帶來了和平的曙光，帶來了民主的希望，也爲新的民主中國奠定了立憲的基礎，開拓了和平建國的道路。我們昆明各界對於政治協商會議的成就，對於與會代表們的協商態度，首先願意表示我們衷心的愉快和敬定，幷願全國同胞能一致慶賀和重視這次會議的成功。

政協會決議應立即兌現

然而，也無庸諱言，這一成功大都是關於原則上的規定，它和一個民主的中國還保留着很大的距離，要想彌補這個距離，只有把那些原則上的規定立刻實行，把會議中的諾言，立即兌現。

正在這期間，各地都在慶祝政治協商會議成功的時候，重慶却因慶祝竟釀昆明一二一慘案之後發生的「一二〇」血案，許多愛好民主的人士連同政治協商會議的代表，竟在光天化日之下與國民政府所在的地方遭到特務們大規模有計劃有組織的公開毆打我們昆明各界面對着重慶較場口上淋漓的鮮血，感到極度的憤慨。我們除了向上傷的人士們表示崇高的敬意和慰問之外，今天，我們更要秉着不屈不撓的精神，在「一二一」的屠場上向全國人民提出我們對兇手們的控告和對執政黨的遺憾。這一次血案的造成，如果不是政府故意的放縱，也表現了政府的無能，暴徒特務竟敢在軍警森嚴國府近鄰近所在橫行無忌這責任毫無疑問的應該由國民政府完全承認。

嚴懲兩兇手消除特務制度

對於兇手們和主使者的懲辦，不能再當作是一件地方性的偶然性的事件看待，一定要爭取全面的和澈底的解決而且在一批腐敗愚昧的官僚黨棍

務制度不被清除消滅之前，人民所希望的解決，將永遠無法達到。這種警覺，對於昆明的人民特別沉痛，「一二一」慘案善後教訓充分地表現了執政黨的執迷不悟和對學生對人民的欺騙，「一二一」殉難的烈士們血漬未乾，而衆所公認的主犯立刻用他那雙血手去接替另一個更高的官位，九萬個青年在悲憤，成千萬人民在哀號，一個貪贓枉法毀壞民族生機的黨棍，在當前的政府中竟受獎升不被懲處，民族的道德怎不淪亡，在這種政治作風裏還有什麼是非公道。

我們要求

我們深深地體驗到中國民主道路的遙遠，我們雖然慶祝政治協商會議的成功，但是，一連串無恥的勾當却說明了這些成功依然非常的脆弱，這只是民主的開始，而不是民主的獲利。因此，我們昆明各界在這協商會議將要功敗垂成的時候，謹向與會代表們和當今的政府提出以下的要求：

一，貫澈施行政政治協商會議的決議。

二、澈底清除官僚黨棍及消滅特務制度。

三、嚴懲幷追究二一〇血案兇手及主使者。

四、切實保障人民自由權利幷不得再發生不幸事件。

五、爲表示政府，革新之決心，應立刻嚴懲昆明一二一慘案之主使者，關麟徵，李宗黃、邱清泉等。

六、如同對一二一慘案極盡歪曲汚蔑之能事一樣，中央社對二一〇血案的報導完全與事實不符，已遭到重慶人民和記者們的公開駁斥，我們認爲中央社一再造謠欺騙人民的無恥，不僅自毀了執政黨的前途，而且辱沒了中國的新聞界，但我們仍然希望中央社能善盡自己的天職，爲人民報導眞確消息，尊重自己的人格，自己的良心，絕不能再歪曲事實，混淆是非，用莫須有的籍口，汚蔑愛國人士的清白，包庇暴徒的罪行，而擾亂人民的視聽，然後才够資格自稱「公正」

我們昆明各界堅決地相信，只有立刻做到以上的要求，民主的中國才有希望實現，願全國同胞們和我們聯合起來。

何以使四烈士瞑目

頃報載中央社重慶十二日電：行政院第七三三次例會議決：「雲南省政府委員兼民政廳廳長李宗黃，另有任用，應免本兼各職。」及中央社重慶十三日電：「黨政考核委員會秘書長一職已改派李宗黃氏接充，業於十二日國防最高委員會常會通過。」昆明三萬大中學生閱悉之餘，不勝憤慨駭異！

查李宗黃關麟徵等同爲昆明「一二·一」慘案主謀罪犯，李等非法罪行，激起昆明全體學生罷課一月之久。昆明學生後爲顧全大局計，乃於十二月二十七日忍痛宣佈復課，但對李等濫用權力，違法殺人，敗法亂紀，罪大惡極之行爲，繼續向政府當局要求予以嚴懲，並由聯大教授會議分別向最高法院及軍事委員會提出控訴，昆明學生聯合會並議決停置四烈士靈柩以待政府公平解決，然後再行出殯。延擱至今，又當政治協商會議圓滿閉幕之後，政府當局突有以上的決定，出人意料之外，昆明全體學生認爲政府當局於理早應撤除李宗黃等各種政府職務，幷依據聯大教授會所呈告訴狀，調集證據，依法審判，李宗黃等給以應得之處分，四烈士方死能瞑目，昆明學生公憤得以平息，使一切依仗權勢違法侵害人民之人知所儆戒。

殺人升官人權何能得到保障

今政府當局竟作這種決定，這影響足以造成鼓勵一切非法份子破壞民主法紀的後果，因爲違法殺人者如李宗黃之不僅不受處分，而且，另有任務，更高踞要津，担任考核之重任，則此後所有政府官吏，均可以李宗黃爲標榜，羣起效尤。人民權利，將不知行於胡底，政治協商會議確保人民自由之規定，皆等於具文，中國民主政治的前進，實不堪設想。

昆明全體學生對政府當局這種極不合理的措施，不能不表示嚴重的抗議，向全國各界人士呼籲，幷提出如下要求：

請政府秉公處理依法審判

（一）要求行政院及國防最高委員會立即收回成命，並於李宗黃以行政的處分，明令撤職。

（二）要求最高法院及軍事委員會，依據聯大教授會呈遞之告訴狀，依法審判李宗黃等。

（三）要求政治協商會議各方代表對「一二一」慘案，尤其關於行政院議決李宗黃免職另有任務事，表示嚴正的態度，請向政府提出秉公處理。

（四）要求政府立即頒行妨害人民自由治罪法。

昆明學生認爲嚴懲「一二一」慘案禍首問題，不僅關係昆明三萬大中學生本身的自由權利，亦且是中國將是否能眞正走向民主建設大道的考驗，我們昆明全體學生一定要繼續四烈士犧牲的精神，踏着死者的血跡前進，爲完成死者的遺志，爲實現民主政治而奮鬥到底的。

昆明市學生聯合會三十五年二月十七日

重慶新華日報

被特務搗毀目擊記

·黃秋·

這是我親眼看見的！

二月二十日，從上午十時許至下午一時，暴徒在警憲虎視眈眈之下從容散去後爲止，我一直是站在新華日報營業部對門香樂園門口的人叢中。

在這以前，約十時，沙磁區學生的遊行隊伍過來了。是在重大隊伍剛剛過去，預先佈置在行人道上的暴徒搗毀了民主報的招牌，搶劫了旁邊的消費合作社。

這時，隊伍隔斷了，最後的一部份隴集在新華日報館的門口，喊着，我親眼看見幾個暴徒跑上前去，阻攔遊行隊伍前進，經過了一些爭執，遊行隊伍終於走了。可是新華日報館門口馬上爲暴徒所包圍。整個的交通是阻塞起來了。新華日報關上了。門口的警察四五個人指手劃脚的像是在疏散看熱鬧的人們。

一個老相識熟地從人羣裏鑽了出來，一直擠上前向那個警官狠狠的講着。雖然已經換着了長衫，但即使他跑到地獄裏，我也認得清他，他就是二，一〇較場口血案中強佔播音器，劫奪會場宣佈開會的『司儀』，他就是協同劉野樵指揮暴徒毆打李公樸、郭沫若、施復亮、馬寅初等人並命令暴徒毆打勞協和育才隊伍的那個大暴徒。今天竟然又來到民生路上導演這一齣無恥的醜劇來了！

就是在他的指揮下，馬路中間暴徒們『衝鋒』了，石子投擲在門口兩旁的玻璃窗上，玻璃碎了。但終於爲在場的那幾個警察暫是阻止住了。於是，爭論、鼓噪、辱駡，那個又領導着暴徒擁了上去。當警察從正面阻止的時候，站在警察身後的一個穿黃呢軍服沒有領臂章，沒有軍帽的特務暴徒，兩手一扳抓住窗欞，「呼啦」一聲，打破了左首的窗子，這時們另外一些暴徒鑽了進去。警察當時擱了幾個沒有進去。接着裏面的書報雜誌雪片般的飛擲出來。警察才集中到這面，左首的窗子又給打破拉一，暴徒們又湧進去。一叠一叠，一綑一綑的報紙投擲出來，一綑一綑，一堆一堆的書籍投擲出來。

我一動不動的冷冷的瞪視着這光天化日之下，萬目睽睽之下的暴徒們的暴行！

第二度的衝鋒又開始了，大門碎了，原來扳掉左首窗欞的那個暴徒，從裏面抱出一張竹梯來，支在門口，搗毀門口的橫窗。暴徒們整駄整駄的書報從屋裏扔出來。

『向二樓衝呀！』

在暴徒們在外面一邊呼嘯，一邊撕擲。約有十五分鐘的樣子，二樓的臨街門窗給打掉了，一綑綑的書首先接二連三的拋擲下來，接着桌子投下來了，椅子投下來了，連盥漱用具都投擲下來了，底下的暴徒們，像撕破布似的拉着、扯着、踢着、「呼嘯着……

二樓窗門口一個暴徒擲下一面國旗來，下面馬上是『噓，噓，噓……』的聲音。

於是另一面國旗掛出來了，用幾本外文書壓在窗沿，旗子的下緣正正壓住了剛才爲暴徒用拆毀的桌脚所搗毀的那水泥修成的『新華日報館』的華字，旁邊的木板製的豎招牌早已連木片都被暴徒踢碎了。……

『打三樓呀！』

『打三樓呀……』

首先三樓窗口被拋擲下來一床被子，下面是」徒的喝采！樓窗上飛下來皮箱，衣包，被蓋，樓下飛舞着棉絮，布條，暴徒們嘴里跳蕩凶笑，無恥的醜駡。

辦公桌也一條一條的拋擲下來了，樓上的用具在街道上堆成了山！

『樓頂有人呀，打上去』，同樣的一個音在暴徒中喊。

更多的暴徒湧進了新華日報，二樓、三樓的四個窗外，向外傾瀉着書籍用具。忽的，一個黑東西拋出來了，掛在電燈線上，是一座電話機。

『嘩啦』！從樓頂摔下來盆、盌、鍋，杓。

過了半天，從七星崗方向來了十幾個警察團團圍住了門口。幾個穿黃軍服上下身的暴徒，把左首那左邊站的警察推下去，把住窗口，一邊指着手勢，一邊急急的喊：『快些出來』！『快些出來』！……於是從兩處窗口，五十多的暴徒從容不迫的都從窗上跳出來。

接着暴徒又一大批的湧進去，約有十分鐘的光景，暴徒們拖着兩個人，一邊拖着一邊打着，走到門口爲警察接住。外面的暴徒舉起拆毀的床架，桌脚亂棒打下，一個人倒了下去，一個人伸着兩支血手！

『這是徐老闆，報館的』？一個人在我旁邊，竊極的自語着。

暴徒散了，館報門口只賸下了看熱鬧的人。地上撕破的書報雜誌，滿街舖滿了一尺厚。汽車在上面碾過。

可是新聞記者擠進不去了，門口堆滿了警憲也不許照像。

我什麽也寫不下去了，賸下的只有憤怒。詛咒…

二，二十二，三時。

團結所有愛好民主的青年

——北大師大校友會主辦時事演講會記——

北大師大校友會是北方唯一的一個青年團體，它雖然誕生在勝利以後迄今不到百日，但是爲了自由，眞理，它卻在惡劣困苦的環境中，作了不少奮鬥與努力。

政協圓滿閉幕了，使全世界每一個愛好和平民的人士，都在爲它快慰而贊揚，這當然應歸功於中國各黨派無黨派人士們的精誠合作與團結以及全中國人民巨大的力量。我們除去爲了世界，中國的民主和平的前途對政協諸會員的辛勞努力深致欽佩感謝外。我們更意識到政協成功與人民團結的價值。這一羣職業青年們——北大師大校友——他們爲了久對國是的關懷，更希望能聯合起北方更多層更廣泛的青年朋友，他們主辦了八年中以來，在北方空前的一個時事講演會，這正是愛國青年們所迫切需要的，終於在各方的督促，援助與鼓勵下使它實現。

遺憾的事是，當局神經過敏不分清紅皂白的鎭壓拖賴，與少數反動分子的陰謀：在請到主講者張東蓀，張申府，曾昭掄三位先生並借妥會場師大禮堂以後，聯合會便分頭在各校院，貼出廣告。但是不久廣告被撕了，「假借名義」「停止舉行」的謠言接踵傳來，感謝紀事報及其他官辦報紙的執事先生爲我們反宣傳說請同學勿徒勞往返，但是事實已鐵一般擺在面前勿庸分辯。同學們，校友們，以及社會愛好和平民主的人士們，都會看清這是反動者的陰謀，聯合會有毅力也有自信，這種時事演講會是青年純潔坦白的行動，標榜民主的政府及各黨派與無黨派的人士們一定會給與無限的同情，我們有理由爭取主辦這次把講會的自由，我們並且有信心使這次演講會必能如期開成。

二月十七日是一個清明的日子，雖然北方的天氣是常常免不了風沙，但卻阻止不了有愛國熱情的青年對這講演會的追求與關心。聯合會經多方努力終于爭得同情與諒解，只是師大學校當局抑僅答允在開會前一小時才可啓閉會場之門，致使三千多聽衆在外候了許久，聽有兩位聽講者在午前十時便攜了筆記本在場外貯候。要開會了，將近四千的聽衆把禮堂塞得滿滿的，座位中間的走道與講台上都站滿了人，有校友，有在校同學，有年高的老者，有的聚精會神的注視着講台，有的準備埋頭膝上速記。

開會了，行禮如儀，校友會主席團代表徐君簡單的致過開會介紹詞以後，便請第一位，張東蓀先生演講。張先生的講題是「政協的意義」。他開始便說明了八年的抗戰是民主的勢力與法西斯勢力的抗爭，所以抗戰終了以後，中國民主不成功就違反了抗戰的目的。他又說：要民主必須要和平，要和平必須要協商。黨在英文爲Party，原意是「一部分」，各黨意見可能是部分的，不同的地方，大家提出來協商，折衷退讓，使它成爲一致的意見，全國性的意見。他更強調的提出保障人民自由是政協第一點成功，政府自動提出保障人民的自由，與在野黨派的要求一致，這個運動現在已經開始，希望愛好自由的人民共同努力。

第二位講演者是張申府先生，他的演題是「我回來了！華。父老兄弟諸姑姊妹們。」申府先生以洪亮的北方口音，詳細說明他個人及民盟的主張，奮鬥努力的經過。接着他又詳細說明和平建國綱領。當談到「民主」的時候，張先生正言厲色的說，中國內民主不是美國式的民主，也不是蘇聯式的民主而是多階層的民主，全國不分地域，不分階層，工人，農人，不剝削佃戶的地主，不剝削人民的商人，小資產階級，都需受到正當的保護，都需在和平中求發展與進步，我們要打倒剝削人民的地主奸商貪官污吏。最後張先生說明他回北方來的任務與對北方人士的期望的更勉勵同學團結起來學習民主張先生講演的時間很久，對建國綱領詳細分章逐條縷述，對當前政治黑暗無隱的揭發，博得了與會人們熱烈撑聲。

最後由臨大教授曾昭掄先生講演「華北需要民主」，他首先指出說，現在有許多人都說想回家，（意從後方回華北）急需恢復交通，但民主比恢復交通還重要得多，回家做甚麼？簡單的回家，回家以後，恐怕也呆不住，都是把大前提忘了，曾先生又泛論對各方的觀感，比方他說：學主是僞的？需要甄審，但是軍不是僞的，有的僞軍遙身一變，不受甄審，還可作司令？最後他說：到處要民主，華北更需要民主。……民主不是一個兩個人的事，是要廣大人民一起爭取的。重慶校場口打李公樸，郭沫若的事件是反動勢力反民主運動最後的掙扎。政協會成功不是民主就到頭了，這是第一步，還有第二步，第三步。勉勵同學不要消沉，一直努力過到最後的目的。

時間已經十點多了，聽衆的情緒始終未曾鬆懈，會場的秩序井然不紊，聽的注視着聽，記的手不停在寫。在曾先生講完了以後，大家才喘過一口氣。主席團代表楊君簡單的致了閉會辭，大意說像這樣的學術講演會以及時事講演會，以後將盡最大努力繼續舉辦下去。會雖然閉了，却惠予與會的人們不少更新的希望與安慰。

在這里，我們深深的感謝三位先生給我們許多珍貴的材料與啟示，深深的感謝四千聽衆及社會各方人士對我們的關懷，援助與鼓勵。校友會今後願永遠隨在愛好和平民主的人士們之後，共同爲中國前途努力。正如曾先生所說政協成功是民主成功的第一步。我們相信，民主不僅要各黨各派無黨無派的人士來負責任，更需要全國各階層人民，全國各地域青年都負起責任來。

從這次講演會裏，使我們深深的領悟到北方的青年並不消沉並不麻醉，八年以來的消沉，我們不能在消沉中滅亡，便需要在消沉中奮起。一個公正的講演會，縱然反動人物有陰謀計劃的鎮壓騷擾，縱再多貼些反標語散些反傳單，再行造謠恫嚇，但終究打不倒我們之間的正氣。相信會場中一容有反動份子蓄意破壞，但是却被絕大多數聽衆們的正義所壓服，我們相信了正義的力量，我們爲要求正義，爲保障正義，我們應該發動更廣大的團結。

講演的時間過久了，遺憾在會後有許多同學提出的問題不能一一答覆，我們希望以後有機會還要作一次討論。報載二十四日燕大亦請張東蓀先生作時事演講，我們希望全國學校都能養成這種風氣。

▲一校友記于會後▼

憤怒的蓉城（成都通訊）

安奇

在全世界民主人士和全中國人民的渴望之下，經各黨派及無黨派社會賢達之努力，政治協商會議終于圓滿的結束了，凡是一個有良心的中國人民，無不歡欣鼓舞，同聲慶祝。

於本年二月十日，重慶各界人士及此次出席政協會的代表們，爲慶祝政協的偉大成功，在重慶校場口召開慶祝大會，於開會時，彼特務橫行，大肆加以破壞，將大會主席團李公樸，施復亮，郭沫若諸位先生毆傷，還有參加大會的新聞記者和育才學校的學生們都被特務毒打，此消息傳來，蓉市各界甚爲憤怒昨日蓉市五大學及社會各職業團體，在華西壩廣場上，舉行慶祝政協成功援助重慶「二一〇」血案大會，並遊行示威，向政府提出抗議。

在下午一時，華西壩的廣場上已擠滿了人民和學生，一時半大會開始，由沈體蘭先生任總主席，報告開會意義在於慶祝重慶政協之成功，因政協會爲中國帶來了和平，其次因重慶慶祝政協成功而演成「二一〇」特務擾亂橫行，毆傷政協會員之慘案。

繼由楊伯凱先生演講說：「特務，是中國走向民主道路的大阻礙，據說中國特務有百萬人，把這筆僅次於軍費的經費，用在這些寄生虫身上，人民是不願意的，但特務乃由政府豢養，因此我們要求政府取消特務，同時還要認清特務份子的來歷，一部份當然是喪心病狂的不可救藥的特務頭子，而另一部份是無知的被威脅利誘拉下水的，所以我們除了打倒大特務外，還要解放小特務」。接着是響透雲霄的口號聲，打倒大特務，歡迎小特務做人。

遊行的行列由華大校門湧出華西晚報和新華日報的兩面大旗領前，繼後爲五大學學生及各職業團體，還有許多市民，打倒特務的呼聲和歡聲四起，震盪着全蓉市。在一片打倒特務，除走狗的歌聲中，有根據打倒列強原調的，「打倒特務，打倒特務，除走狗，除走狗，大家團結起來，大家團結起來，爭自由，爭自由」。有根據打殺漢奸原調的，「打殺特務，打殺特務，特務是民主的死敵，要建設民主的中國，必須把特務殺光，大特務，禍國殃民，小特務，搖尾乞憐，是特務，喪盡天良，特務頭，罪該萬死，打殺特務，打殺特務，特務是民主的死敵，要建設民主的中國，必須把特務掃光」。最後是打殺特務進行曲，根據大刀進行曲原調，「大刀向特務走狗頭上砍去，全國自由的人士們，民主的時代來到了，民主的時代來到了，前面有全國的老百姓，後面有全世界的民主人，我們中國人民勇敢前進，看準了特務把他消滅，殺！大刀向特務走狗頭上砍去！殺！」遊行行列經過之地，兩旁民衆夾道歡呼，一個老百姓說：「這一下特務該要倒霉了。」五千多人漫長的行列，秩序特別良好，行至少城公園的廣場時，民衆早已站滿了這塊大地，後由一位五六十歲的老人范樸齋先生演講說：「當五四運動」的時候，我范樸齋是參加遊行之一，那時是喊打倒日本帝國主義，在當時我做夢也沒有想到眞能把日本帝國主義打倒，如今些？是眞的打倒了。今天我們喊是喊打倒特務，特務會不會被打倒？一定是會被打倒的，我們要繼續喊下去，以打倒特務爲止。」在一片雷震的呼聲下，大會宣告圓滿結束。

一九四六，二，十七日

李公樸先生訪問記

（二一〇）血案中受傷民主老戰士

力揚

昨日下午三時左右，我去民主報社看李公樸先生，我看報知道他已經從市民醫院，遷到民主報社的樓上了。

房門緊緊的關着，門外坐着兩三位青年，門口的小桌子上放着一本簽名簿，那是給來慰勞的人簽名用的，十行簿已經簽了一大半，至少有幾百人了。一位青年朋友告訴我：

「李先生睡着了，請簽個名吧」！

「好的，我回頭再來」。我簽了名。

我出去半個鐘頭光景，又折回民主報社。從幾位青年朋友的告知中，知道李先生因爲昨日來慰問的人太多，談多了話，受傷的力體，益加疲弱，早晨溫度似乎有些增高，下午睡了兩個鐘頭，現在是醒來了，我推了門進去，花香撲鼻，地板上，花瓶里，茶几上到處放着花束，籐椅下面放着幾簍金黃的廣柑，足見慰問者之多了。

他頭上扎着白布，背後墊着枕頭，用絨被覆蓋着身子。聽到我的腳步聲，他疲乏地睜開了眼。

「對不起，我到今天才來看你」。我握了他的手。我打量一下他的臉色，是流血過多後的蒼白。同時又發現了他牀後牆壁上貼着一張紙條：

「李先生需要休息，慰問傷勢諸君，請少談話以免勞神過度」。

我看了這紙條，原想起來告辭的，但李先生說：

「既然來了，就再坐着談談吧。」

我沉思地坐在他床前的籐椅上。

「那麼談談你的感想如何」？

他奮興了起來，把身子向上移動，兩足掀開絨被，讓它們露在外面。陽光反射在白壁的牆壁上，初春的下午，顯得有點暖熱了。

「好的。」一個微笑掠過他的臉，但馬上就嚴肅起來。「先談談我當時的心境以前我聽人說國民黨一部份人不願意政治協商會議成功，但我並沒有十分注意它。等到重慶市農會等六個團體臨時要參加，而且要參加主席團時，我們的感覺是政協既已成功結束，他們要參加慶祝會，不過是想來領導之意，同時我們也很高興，以爲從此可以和他們攜手合作。

到臨開會時，劉野樵、吳初人等的臉孔雖然和氣，但在主席台旁邊站着的人，似乎要在雞蛋裏找骨頭，我就覺得情勢不對。

「當時我們認爲他們想做主席，要講話都可以的。想不到他們是預先佈置，要搶佔主席台的。你要做主席，我們大可協商，何必出之以武力呢？

「慶祝會一切都是我們準備的，而他們在開會的前夕才說要參加。當天在會場上，那種無賴，荒唐，不講理的態度，使我們連協商都不可能。我要在擴音機上宣佈大家爭執的原因，他們大概心懷鬼胎，以爲我們要暴露他們的醜惡，所以就打起我來了。一點是非常明顯的，他們佈置了人，一發動，就打起來了。

「在他們蠻不可理喻之下，我是非常憤怒的，但等到他們動手打我時，我就非常平靜了！發我現許多打我的人，臉孔非常熟悉，大多是曾經在滄白堂擲石頭騷亂會場的那些人，原來他們要打我，至少已經有二十多天的仇恨。

「當他們開始打我時，我也考慮到：打他們？還是自衞？打他們，就成爲互毆，所以我決定不回手。在主席台上被打倒，就倒在郭沫若，曾琦，茅盾，李燭塵諸先生的坐位近邊。郭先生不顧一切來維護我。他們一面打郭先生，一面追着打我，我在台下被追着打了四五十棰。我仍然很平靜，維護着自己的要害。打了打，忽然他們自己停止不打了。當時我還不明白他們不打的原因，到後來沈靜芷和范堯峯兩先生把我送上吉普車，我摸一摸後腦時，才知道他們不打的原因，原來我的後腦被他們用鐵錘打破了，流血很多。大概他們還不好打死我，所以停手了。當時他們追着打我，一位警官限着看着，警官並沒有使他們打得我少一點。」

這時，一位青年走了進來，說一位司徒先生要來給李先生拍照。李先生說：

「請他等一等，我同一位先生正在說話」。

「拍了照之後，再談吧」。我說。

進來的是司徒慧敏兄，他拿着照相機站在房子中心，就要把鏡頭對準李先生了，李先生從枕頭底下摸出一個角質的梳子，梳理着鬍子。我退坐在牆角里的長籐椅上，薩空了的女兒已經坐在那里。

「當拍照的時候，就是最醜的老太婆，也要打扮自已，希望拍得漂亮一點的」。她咯咯地笑着。

我和薩空了坐在籐椅上，沉默地看着他梳鬍子。慧敏兄拍好了照，就走了。李先生繼續和我的談話：

「我認爲在和平建國的時期，國民黨是負很大的責任的。我們過去所接觸到的，都是國民黨的上層人物，現在我發現了他們的下層人物，七八年來胡行亂為，野和尚燒香不唸經，國民黨一部份的黨員，現在連香也不燒了。國民黨的下層是非常壞的，尤其是把握工會，農會的國民黨份子。為了愛護國民黨，我以為應該加以整頓，糾正不可。

「重慶是首都，應比其他地方好些，不用說其他小地方不如重慶，即使和重慶一樣，那也不堪設想了。他們的錯誤行為，應趕快設法糾正。否則眞是和平建國的障礙，而國民黨的復興，也就無從談起了。」李先生不勝慨歎地說。

「在民主運動上說：這事件是發生在陪都重慶，我個人區區不足道，但如郭沫若，馬寅初諸先生，都是國際上知名的人，慶祝會負責籌備的人，也都是國內知名之士，尚不能避免身受侮辱，其他，一切都在國民黨掌握之中，人民有多少自由呢，更可想而知。如果內地人民也遇到這樣的事，不僅被打之後不能住醫院，而且還要坐牢呢！

「最後，」李先生加重的說：「中央社報導的消息，眞太不成話了。過去對昆明慘案的捏造是非，還可推托是分社幹的。現在總社也發出這樣的消息，有良心的新聞記者應該羣起而攻之。我肯定地說，中央社不但名不符實，而且不足以代表中國的新聞報導。這話我願意負法律上的責任」。李先生斬釘截鐵地說，而且帶着無限的憤慨

李先生還想談些什麼，又有三位客人來了。一位是復旦的教授張友江，另一位，如果我沒有認錯，好像是國民黨的作家胡紹軒，還有一位我不認識。

他們慰問了一陣，愉快地談著。

「休息要緊，感情不要太激動」。張先生這樣說，他亦點頭。

「力揚兄！」李先生忽然把頭略向前仰，視線從客人們肩頭注視到我這裏：「我還要告訴你一個很可感動的故事，今天早晨，一個很重要的中央機關裏的一位少校，官來看我，他一進來，就把門緊緊地關住，生怕被人看見似的。和我只談了五分鐘，就涕淚交流的哭起來了，訴說他這幾年在中央機關被壓抑的情況。他說：「譬如看報吧，只准看中央日報，看新華日報就有嫌疑，為了避免嫌疑，在看完新華日報之後，必須偽罵一兩聲：「有一看頭呢？」其實我心裏是非常想看的。起初也有成見，後來看看報，看看事實，就覺得中央日報，說的多半是假話，而對新華日報，就非看不可了。」說完這些話，李先生哈哈地笑着，而胡先生的臉好像有些火辣辣的了。我也趁這似乎有些「」的場面中，退了出來。

二月十三日夜、重慶、 文聯社

讀者的呼籲

建立人民的通訊社和廣播電台

民主週刊社編者先生：

當世界上大部份人民都在民主的海洋里游泳的時候，我們中國的老百姓却一再被擠到臭水溝里去嗅那臭不可耐的封建垃圾的氣味！

蔣主席不止一次地對中國人民發出各種自由的諾言，人們都懷着莊嚴聖潔的歡欣等待着這崇高的賜與。然而乾打雷，不下雨，人民至今得不到點滴的潤澤。政治協商會議已經開了好幾天，人們想知道眞實的消息，可是翻開報紙，大半是造謠社的「花樣」（官樣都够不上）文章；撥撥收音機，都是些鸚鵡學舌的怪叫， 偶而聽到幾句發自遠方的輕微的呼喚，但很快地就被四週干擾的音波所淹沒。

是可忍孰不可忍，我們實在耐不住了！既然有誠意協商，就該立即把通訊自由，言論自由開放給人民，決不能等到掩；我們不能老跟在屁股後面苦苦哀求，我們要聽聽人民自己的聲音，至少是人民代表們的聲音！我們馬上就要！

我們要人民自己的通訊社，人民自己的廣播電台！

提出了要求，當然最好提出具體的辦法；可是辦法不是一句話隨便就能說出來的，而是要大家共同努力的。第一步，我們先請 貴刊把我們的建議發表出來，廣泛地徵詢人民讀者的意見，聞問大家要不要？如果要：第二步應在各地由各人民團體，學校，社會賢達，民主黨團組織起人民通訊社和人民廣播電台（或用民主兩字）的籌組委員會，再來商定募款及一切進行事宜，讓我們有錢的出錢，有力的出力，有腦筋的多動腦筋，一定要達到我們的願望。什麼合法的登記手續等等，且慢考慮，我們要幹就幹！

中國人民的力量，不是沒有顯示過的，這件事，更是一個極好的測驗。 我們無論如何要出成績來！

編者先生，把我們的意見帶給大家吧！讓全中國人民的意志，匯合到民主的海洋里去，再讓民主的浪潮沖洗掉全中國人民身上堆積的封建惡臭！

此致

人民的敬禮！

昆明讀者 林懋 劉中育 王興 張士釗 一元月

主張懲辦陪都特務暴行！

譴責新聞敗類顛倒黑白！

保障人權・忠實報道！

重慶新聞從業員二一二一人意見

我們同為重慶新聞從業員，抗戰軍興以還，堅守宣傳崗位，為抗戰國策竭盡綿力，愛護國家，愛護政府。勝利之後，河山光復，尤其政治協商會議圓滿成功，蔣主席四項諾言宣佈，國家和平統一民主團結已奠立始基，憲政民主之實現即在眼前，國內國際同聲讚揚，我們尤感興奮。詎料在此團結和諧之空氣中，竟在陪都層出反民主反和平之怪現象，滄白堂被搗於前，較場口慘劇踵起於後，人民身體集會自由頓失依據，尤以較場口事件最為嚴重。暴徒有計劃破壞慶祝政治協商會議成功大會，於光天化日之下，毆傷大會主席團李公樸施復亮等，並毆辱被邀參與大會之政協代表郭沫若及與會名流羣衆馬寅初等十數人之多，逼使大會流產，當時磚石橫飛，軍警袖手，此種暴行，重慶大公新民世界民主新華商務國民南京諸報均有忠實報道，無庸贅述。日來社會憤慨無已，對懲兇緝凶，保障人民權利等等，迄今尚無有效處置辦法。自滄白堂被搗事件迄今，時逾一月，「暴徒肆意橫行不已 ，若不立即制止，政府威信國際地位俱受影響，而中國民主憲政之前途，誠不勝憂慮，我們本諸愛國忠誠向政呼籲」，從速查明真相究辦主凶，實確保障人權，特使蔣主席四項諾言不蒙塵污，以昭大信於國人 ， 中國和平民主之前途實所依賴。

其次，較場口慘劇，受傷受辱者，皆為中國民主憲政而奮鬥之人士，新聞記者中亦有大公報高學逵，新民報鄧獨生姚江屏，商務日報梁柯平無辜被毆 我等敬表懇摯之慰問與敬意。

復次，自朝野倡導民主運動以來，各地不幸事件接踵而起，先有昆明成都學生運動之慘劇，與重慶滄白堂較場口事件，同遭特務權摧殘。事件發生之後，最令人痛心疾首者，莫過於新聞記載之混亂紛歧，少數新聞機關與人士，無中生有，捏造事實，以報道國人，此等現象出諸新聞界中，我深感羞痛。即以較場口事件而論，雖萬目睽睽，而指暴為善黑白顛倒之報道，亦公然出現。我等誠不明用心何在，夫新聞記事，不問個人立場觀點如何，惟報道真實乃新聞記者應有之天職，亦為新聞記者應有之道德，若自執言，是非顛倒，於記者為失去記者身份，於個人亦失個人人格，誠為智者所不取，「我等願本一貫之精神，以忠實報道新聞自勉，而對報道失真之同業，除表惋惜之外，亦期善納忠諫。甚望重視個人立言，對國家對人民所負責任之重大，勿囿於個人局部眼前之利益得失。此外，政府既宣佈新聞自由，應確實

無恥的說謊：宋雲彬

一個國家民族，到了沒有是非，甚至顛倒是非的時候，這個國家民族的前途就有問題了。例如德意志的潰敗，種因於十多年前的國會縱火案；假如那時候德意志人民能够辨別是非，不讓大騙子希特勒登台，何以會招致今天的慘敗。

現在法西斯政權是崩潰了，但全世界各地的法西斯殘餘並未掃除淨盡。那些法西斯殘餘承受希特勒的衣缽，造謠，說謊是他們的專長。我們中國素稱為禮義之邦，信愛是我們的固有道德，然而不幸這幾年來受法西斯細菌的侵襲，連這一點固有道德，大有搖搖欲墜之勢。只要看年來我們黨或官辦的通訊社，黨或官辦的報章雜誌，常常在顛倒是非，抹煞事實，以造謠誣衊作為宣傳原則，就該使我們驚心動魄了。

舉例以明之：「昆明「一二・一」事件發生後，唯一的官辦通訊社——中央通訊社，就憑空捏造事實，誣衊愛國學生，袒護毆屠軍人與腐敗官僚，各黨辦或官辦的報紙，更從而宣傳之，企圖用謊話來欺騙一般民衆，幸而事實昭彰，我們的羣衆又是能明是非，別黑白的，所以昆明事件終於真相大白，造謠者徒見其心勞日拙而已。

這次陪都各界慶祝政協成功大會，被暴徒搗亂的事件，在光天化日之下，萬目睽睽之前，再加從行兇暴徒劉海南身上搜檢出來的物證，其為有組織的故意搗亂，有計劃的侵害人民自由，已屬百口莫辯，然而當天的新蜀夜報卻說出了最無耻的謊話，以冀淆亂視聽，顛倒是非。新蜀夜報

會重，宜傳指導機關直接間接對新聞自由之干涉。亦望立即停止。

更有進者，中國實現民主黨政，爲政府與人民一致之願望，亦爲國際潮流所趨，無可阻止，暴徒反民主之行爲，決無前途，人人皆知，爲暴徒張目之報道，除鼓勵暴徒製造慘案，直接增加人民之憤懣間接減損政府威信之外，有何結果可言？爲人民自由權利與夫政府威信計，對此種作風，我等誠不能不加以譴責。

我等熱望和平民主之實現，目睹當前紛擾，不敢緘默，上述數項皆出諸衷心，以供邦人君子之參考，德有利於國家，有助於憲政常軌之建立，則幸甚矣。

重慶新聞從業員（以姓名筆畫多少爲序）

王少彥 王國華 王方綏 王湧祥 王曼 王碧 王素 王君樂 王季慶 王志俊 王德輝
王德隆 王漢新 戈茅 方白非 石西民 石光明 石恆齡 甘泉 田楚僑 田伯萍 左如惠
伍鎭琪 成文輝 任德深 任燕飛 任克 朱亞傑 呂明世 向賢初 李大賓 李有林 余理民
何鴻鈞 況正毅 吳柏 宋光暐 何乃迪 李康 杜凱 李鴻銘 李秉泰 吳茂陵 李時清
汪受善 何光杰 余朝煦 吳應熊 何季成 李亞群 何以庸 林格非 林祉 孟雲台 姚江屏
胡乃琨 胡漢君 洪沛然 柏玉書 粱柯平 吳全衡 汪琦 李述良 林濱 吳騫 兪和蘐
姚北樺 洪曉青 胡若木 孫留生 宋思平 但永茂 周亞君 林智彝 林啓芳 袁子華 胡星原
胡明信 胡繩 胡國基 高汾 孫問章 何光偉 邵嘉陵 周公惠 易柳茂 林嵐 胡達僧
胡作霖 胡曦嵐 范劍涯 胡少欽 唐斯頤 秦家新 徐之辭 陳烈川 徐敬 曹錫珍 許良之
莫沙 崔光鑑 張君鼎 陳季子 黃時知 欽本立 黃孝思 章漢夫 陳漢洲 黨承莘 陸慧年
陶敬之 喬木 陳理原 陳紹基 曾蘊特 馮光世 陳上方 陳天來 韋明 陸景春 徐獻游
黃炳宣 許仁鐸 郭家强 陸放段 郭明遠 張志餘 溫田豐 張孟恢 陳新桂 湯錫晋 徐克立
陳不賢 浦熙修 陶效侃 畢羣 鄒適今 郭振彬 張可緻 陳翰伯 陳軼凡 程光銳 黃兆均
陳茂彬 陳荷夫 黃文華 黃紹龍 黃光金 彭瀣淳 喬育棣 馮廷維 陳世杰 張偉 張耀秋
張子英 潘梓年 張毓森 鄔伯超 張朝鉦 裴紀品 敬清泉 徐祥明 佘廣福 揚犂勛 揚培新
萬成懋 揚序海 楊代賢 揚述 管佑民 蔡實君 楊永安 趙清源 趙毓泉 趙揚 熊瑾玎
鄭瑞登 鄭登山 趙展 熊映飛 熊大然 潘伯徵 潘梓探 魯海濱 蔡筱坪 鄧獨生 鄧峯
劉朝良 劉淑賢 劉火子 劉澤鯊 劉介澄 劉攸之 劉迪明 劉心正 劉守恆 劉鎮瀾 潘埒新
黎原 劉曉柳 熊思純 劉業富 鄭新文 樊葆明 閻德山 鍾穎 戴玉新 謝公望 鍾德馨
闕岳南 鍾廷明 鐃孝善 韓辛茹 魏光普 顏闕 瞿伏安 羅泛秋 羅睿光 羅慶龍 羅冷秋
顧宏興

無恥的說謊：宋雲彬

這一類無價値的報紙，本不足責，我們不屑費筆墨來指斥。乃堂堂中央通訊又忘記了過去對於昆明事件造謠不成的敎訓，又來作揑造事實，顚倒是非的報導，硬說著意搗亂的劉野樵是被公推的總主席，硬說參加毆打的是勞動協會會員和育才學校學生；中央日報從而附和之，說什麼「昨天較場口集會，還沒有進入演講或討論的程序，乃對於會衆已經同意的總主席，突起爭端，更由爭取總主席的一方面首先動手，引起互毆」。這種漫天大謊，虧他們會昧着良心，說得出來！這是一個道德的問題。過去舊社會一些知識分子，常常要自問，「讀聖賢書，所爲何事？」他們是尊重自己，自認爲担負一種道德的責任。現在的知識分子，讀的雖不一定是什麼聖賢書，但也得把自己的人格看重些，替國家民族保留一點正氣才好。

中國人民是懂得是非的，所以政治協商會議在人民的督促之下，獲得很大的成功，政協會的五項決議，受全國人民的擁護。現在中國正向着民主大道開步走；國民黨的主義，國民黨的領導權，又重新受全國人民的公認，所以國民黨也正在新生。這是千載一時的機會。中央通訊社和中央日報的主持人當然是國民黨員，參加工作者也大都是國民黨員，我們奉勸他們睜眼看看時代，在夜深人靜的時候，動動天君，思前想後，怎樣做一個眞正的三民主義的信徒。憑着良心說話，豎起脊梁做人。

（文聯社）

歡迎投稿　**讀者園地**　歡迎投稿

「解放區」的兩個問題

何方

自從我那篇去解放區回來的感想發表民主星期刊發出以後，朋友們半戲半嘲的說我「袒左」了，因此，本來想繼續寫的，也不得不「避嫌」了。近來聽到的各種議論謠言及看到報刊上的幾篇文字，使我又想說幾句話了。或這深臨共境的人，可能感想不同些，也許這就是「袒左」的根源吧？可是我願意潛心論事，不加雜感情作用在內。

我與北平新報記者閻子敬先生有同感：解放區同咱們這裏之間的誤會錯覺，互不了解的程度是非常大的。只有親臨共境的人——閻先生，才會發現很多憂慮是過慮，很多感覺是錯覺，再加上有政治作用的謠言，就更不可想像了。

下面我僅就所謂「國特」問題及舊禮教問題來提出個人的所見：

一　「國特」問題

我在未去解放區以前，是認爲「解放區」中國國民黨員一定要遭害的，可是事實不然，我那位朋友告訴我，在晉察冀邊區裏有國民黨公開黨部，一位姓胡的在那裏負責，並還去過重慶，很多縣份都有國民黨員，有的地區每一個大村子中都有三兩個，多半都是地主，是隨着鄉政機關而發展的，（許多鄉村鄉政人員就兼做黨的工作。）他們自已雖然還保守秘密，但已成了公開的秘密，這些話以後我在福山口，河東，李各庄，趙各莊，計鹿，白澗，板城等各村與村民閒談中都得到了證明。

這件事說明了國共是各採取兩種不同的方針的：國民黨對付共產黨是採用消滅的方針，故秘密逮捕，暗殺，集中營等辦法都來了，（這是人所共知的事）而共產黨對中國國民黨是採取政治鬥爭的方針，是將國共雙方的施政，行爲做出對比，（如將國共抗戰成績對比起來，說明誰是中國命運的決定因素等，）將作實暴露在人民面前，來爭取人民，也就是走「喚起民衆」的路線，這與國民黨對付民衆路線針鋒相對。

據我所知，共產黨對中國民黨員也不是千篇一律的。他們團結國民黨抗日民主方面（或個人），但反對其破壞抗戰不民主的另方面（或個人），（他們稱爲是革命性與反動性）。他們對「國特」也不是都「殺了」了之的，下面是我知道的二件事：

在白澗村（淶水新一區）有一個「國特」他叫張老勝是個地主，他做了什麼呢？他在大前年日本秋季掃蕩中造謠說：「日本佔領了阜平，八路軍都被打散了，剩下的也跑遠了，永回來不了。」並動搖人心想領導投入敵人懷抱，說：秋涼了，還在山上還不凍死，糧也要絕了，日本打八路軍不打老百姓，咱們不能在山上過一輩子。」在以前村民對張老勝像對別的國民黨員一樣，是採取團結方針，如張的兒子卽被選爲鄉副，但這次掃蕩後，大家要求檢討他，要求政府對他還破壞抗戰的言論給以治罪，政府接受了大家的意見，開了檢討會，會後張被罰苦工。在會上不但他自已承認了錯誤以後改正，並有很多人控訴他平素的惡行：（一）他利用金錢引誘一個寡婦成姦，以後又威脅利誘寡婦的兒媳也成姦，最後還企圖引誘寡婦剛十七歲的女兒，這女孩子由於羞恥心，雖然接了地主的錢，但是逃跑了。（二）有好幾個婦女在大會上哭訴他們在棒子地被張無恥調戲追逐等情。（三）長短工都控訴他怎樣罵他們，剋扣他們……。這些材料都是我親自在白澗村調查所得，並還見到張老勝也下地生產了。根據這些事我有以下兩點感想：（一）「解放區」一反「國特」是重在造成空氣，但每個人民都有反「國特」的觀念，因國民黨中壞份子不敢公開與日勾結，而不重在「殺」。（二）並不是將每個國民黨員都看作「國特」的，（新報「執行小組在晉綏」一文中可看到集寧縣秘書是一國民黨員卽是又一證明。）另外對「汪記」國民黨他們是當汗奸處理的。

二　舊禮教問題

解放區的男女關係，絕不是我們聽說的什麼「共妻」，其情形與前十幾年各大城市女學生剛一解放時類似，婦女都剪髮，放足，唱歌演話劇，「有的村子還不能做到男女合演。」對婚姻強調要自主，父母必須求得子女的同意，（娘家代女兒向男方要首飾或金錢等均不許可。）有一定條件，法律禁止包辦或買賣婚姻，（如對方有不治之病或虐待……等者可離婚，）但政府判離婚時也很愼重。戀愛之風並不熾，比起北平的學生四角來還差很遠。謠傳得如此厲害，可能因爲：（一）鄉村學研腦筋對這類事特別誇大。（二有政治作用的宣傳。他們對於忠孝仁義等道德觀念並不是「打倒態度，而是給以新內容如忠於民族，忠於抗日，孝敬人民！等對於父母公婆仍然要孝，不過無形中有了下面的意義：（一）國家民族觀念應比家庭觀念强。如我聽到兩個八路軍互相開玩笑一個說：「你沒有家庭觀念爲什麼請假回家呢？」那一個回答：我雖然回家但工作任務完成了呀！我的家庭觀念並沒超過民族觀念呀！」（二）兒女媳婦孝是一方面，長輩的愛是另一方面，並包括人權的問題在內，如宛平小龍門村有一個童養媳十三歲了，（童養媳一般禁止，因女方無法生活故特許可的）被她公公打了，她卽跑到婦救會主任處不回去了，婦救會對這事的辦法是把她送回去，給她公公說明打人是侵犯人權，她有錯誤要教育她，並指定婦救會一個會員與之聯系幫助教育她。外面傳說兒媳打婆婆之說不確，他們保障人權是不分老幼的。

半日聞見錄

笑白

舊年新正初三，一推飯碗就出去蹓轉，一了幾條馬路，也順便串了幾家門，來回雖只四，五個鐘頭，但却聞見了這麼幾件事：

一、一個佈告

原文記不清了，大意是說，抗戰八年，痛深創鉅，社會經過長期破壞，決非咄嗟所能復興，各國莫不如是，豈獨我國天津一地爲然，（以上幾句是原文）本市環境更險惡，情形更複雜，百般困難……更應共諒（以上幾句，是記得意思，原文記不清了）乃近有不明大意者流，不思國步之維艱，竟作軌外之行動，成羣結隊，請願招搖，挾衆苛求，不可理喻，法紀蕩然，至堪喟慨！（以上幾句是原文）……：直接影響治安，間接妨碍建國……嗣後各界團體，如有請求，可由團體負責人員，或推少數代表，陳述意願，不准成羣結隊……（以上幾句是大意）倘敢故違，則法紀所在，萬難容忍，必勒令解散，盡法以繩，勿謂言之不預也！（以上幾句是原文）最後的日期是中華民國卅五年一月××日，「銜」是軍政機關最高首長聯署的。

我記得前些日子天津市的幾千學生，爲反對內戰反對甄審，曾結隊成羣的遊行過一次，這個佈告，大概是在這次遊行之後而貼出的，這是佈告嗎？簡直是一張宣戰書！一月十日蔣委員長在政治協會上開宗明義第一章所宣佈的保障人民身體、言論、信仰、集會、結社等等自由權利，四萬萬五千萬人民，正在張大他們雪亮的眼睛，注視着言與行的時候，在華北首屈一指的大都市裏，居然出現了如此的佈告，唉！我只好也說，「不明大義」，「法紀蕩然」，「勿再……」，「否則……」，「勿謂言之不預也！」

二、兩張壁報

（其一）一羣人在遊行，背後畫着一個凶狠的惡魔，惡魔的兩手，各有繩索一根，牽着前面那一羣遊行的人，旁邊的標題是：「這是眞民主嗎？」意思很明顯，一羣人的遊行，是被背後的惡魔所主使與操縱，不是一羣人的自願，這不是眞民主，嗚呼！羣衆根據共同要求，形成自然的結合，這能說他們背後有惡魔主使?!進一步說，爲了爭取大多數人民的利益，如反對內戰，反對甄審等，而有所主使。有所推動，廣大人民的心裏所趨，實踐民主活動，這正是地道的眞民主，難道說：「老子天下第一」，「只許我稱孤道寡」「不許你伸寃告皇」，那是眞民主？天哪！

（其二）壁報的右上方，畫着一羣軍人，旁邊有一羣老百姓，手執國旗，好像表示歡迎的樣子，標題寫着：「國軍來了！」壁報的左上方，也畫着一羣軍人，軍人的前面，有一羣正在逃跑的老百姓，標題寫着：「？軍來了！」前者的意思，是說國軍來的時候，老百姓搖旗歡迎，後者的意思，據我的揣測，「？」號的地方，客氣點，應該是一「共」字。不然，再乾脆點，那就必須是一「匪」字，壁報的下方，還有說明，證實我的揣測是正確的，壁報的出版者是三民主義青年團天津支團。

我的意見，應接着再來一張壁報，內容應畫一羣老百姓，愁眉苦臉，表示大失所望的模樣，標題應是「？軍來了以後」至於下半部不必再畫，老百姓嚇跑了，是不是會回來，回來以後又怎樣，讓事實來證明吧！反正事實勝於雄辯。

三、兩人所談

（一）一位中年婦女說：「本市×次員，從重慶飛來之後，雖僅短短幾個月，但已弄到兩個太太，這位次員並曾自豪的說過，假如他在天津待上三年，天津所有的漂亮少女，都逃不出他的手心。最後這位中年婦女加以批評的說，身爲次員，而口出此言，未免太失官體了，我說：「未必吧！？恐怕又是奸匪的一貫技倆，『胡來造謠中傷吧！』她說：「無風不起浪，人家都說得眞而切眞呢！」

（二）一位青年夫人說：「天上飛來的大人先生們，對收復區的一切，都認爲是「僞」的，學生僞，教員也僞……只有兩種人不僞，妓女不僞，舞女不僞，毫無條件的很順利的就接收過來了！」我聽她說完，渾身發冷，覺着腦袋後頭眞冒涼氣！

二月十六日於津

天眞的抗議

小學生

我現在是一個小學生，我常見到或親身臨到許多不平的事，所以我要寫出來，因爲我們人人有嘴就要說話。

上公民課，老師說：「現在國家眞正和平了，我們有了種種自由權利了。」一個同學問：「爲什麼我們還要學國民黨的黨義？爲什麼不學別的黨的黨義呢？」老師大發雷霆，並且說：「你如果再說，立刻開除！」我想：「人民連大的自由都有了，爲什麼連教室中的發言權都沒有？如果那同學再說一句，還不要認爲反叛份子，送到警察局依法治罪？可見國民黨治下的地方，連小自由都沒有，大的自由就根本不用提」。

我們每星期一必定讀黨員守則，如此可知國民黨是在實施國民教育，還是在實施黨化教育。有一回，一位同學在讀黨員守則時笑了一聲，老師立刻說「你是中國人嗎？」那麼，如果不好好讀黨員守則，就不是中國人了！可是那些掛羊頭賣狗肉的黨員，該是什麼人？

星期日上護國寺，看見一個國軍套了一千元的「圈」，一個也沒套着。套完了，不但不給錢，反而理直氣壯的說：「我也沒套着，所以你也不應該要錢。」說完了揚長而去。我想：現在和平了，還能容許這種兵橫行嗎？而且這還是上等兵，那麼二等兵三等兵又該怎樣？

「家長附言」編輯先生：這是一個高小學生的寫作，請看字裏行間：有多少天眞的憤恨！我希望貴刊能將這孩子的呼聲公諸世界！讓人們看看統治者造成的影響不過請原諒的是他不願公佈姓名，因爲害怕開除或失踪。請諒解孩子的苦衷吧！

晨鐘

二月十九日。

重要文獻特載：

軍隊整編方案

軍事三人小組會議關於軍隊整編及統編中共部隊爲國軍之基本方案，已獲最後協議。政府代表張治中，中共代表周恩來，及顧問馬歇爾，二十五日下午四時特於國府參軍長辦公廳簽字。此具有重大歷史意義之儀式，於莊嚴和諧之空氣中舉行。四時十五分鐘，張馬周三氏聯袂步入會議室內。張部長於水銀燈光輝煌及各方參觀代表之熱切注目中，首先入座簽字。周恩來繼之。馬歇爾最後簽字。三氏簽名之基本方案共三份，係藍色錦緞封面，裝訂極爲精緻，將分由三方保管。三氏簽字進行之際，各攝影記者紛紛爭攝鏡頭。張治中、周恩來及馬歇爾三氏旋先後致詞，由皮宗敢參事，章文晉及美軍吳漢民上尉分別譯爲中英語。三氏致詞後，互相握手，參觀人士均報以熱烈掌聲。嗣舉行酒會，各方咸以歡欣心情舉杯慶祝。蓋各方對於過去十八年來內爭紛擾之終止，未來和平建國之美麗遠景，均具肯定之希望與信心也。此具有歷史意義之一幕，於五時許始告結束。

（中央社重慶二十五日電）軍事三人小組會議商定關於軍隊整編及統編中共部隊爲國軍之基本方案，於二十五日下午舉行簽字儀式。該項基本方案原文如次：

茲由政府代表張治中將軍，及中共代表周恩來將軍，并由馬歇爾將軍充任顧問，所組成軍事小組會議，經受權宣佈，雙方已就「關於軍隊整編及統編中共部隊爲國軍之基本方案」獲致協議。本軍事小組會議，現正根據方案擬具詳細實施之辦法。并將責成北平之軍事調處執行部向各軍傳達必要之命令，并監督其實施。爲減少整編期中之種種困難起見，上述各項辦法，規定於十八個月內，逐步實施完成。

方案之目地，在於減少軍費支出，俾促進國家經濟建設，與確立造成足以保衛國家安全之精練國軍之基礎。並包括若干辦法。保障人民權利不受軍隊干涉。本方案之各項條款全文如下：

關於軍隊整編統編中共部隊爲國軍之基本方案

第一條　統帥權

第一節：中華民國國民政府主席爲中國陸海空軍最高統帥。最高統帥經由國防部（或軍事委員會）行使其統帥權。本協定所提及之各集團軍總司令，各軍軍長，各補給區主任，均應經由國防部（或軍事委員會）向最高統帥呈送報告。

第二節：最高統帥有任免所屬軍官之權。但在整編軍隊過程中，遇必須撤免中共所領導單位之任何司令官，或有地位之任一共產黨軍官時，最高統帥應指派政府內資深之共產黨代表所提名之軍官，以補其缺。

第二條　職責與權限

第一節：陸軍之主要職責，在戰時爲保衛國家，在平時則爲訓練兵隊。陸軍可用以鎭壓國內騷亂，惟須受下節之限制。

第二節：當國內發生騷亂，經該地省主席向國府委員會證明當地局勢已非地方警察及保安部隊所能應付時，國民政府主席以最高統帥之資格，經由國府委員會之同意，可以使用陸軍以恢復秩序。

第三條　編組

第一節：陸軍包括由三個師所組成之各軍，各該軍配置軍屬部隊之人數，不得超過其總兵力百分之十五，至十二個月終了，全國陸軍應爲一零八師。每師人數不得超過一萬四千人。在此數內，由中共部隊編成者計十八個師。

第二節：全國將劃爲八個補給區，區設主任一人，向國防部（或軍事委員會）負責。在各該區內，担任以下職責：（一）辦理駐紮各該區內軍隊之補給、營舍及薪餉事宜。（二）辦理由各該區內被裁併各單位所收繳之武器，及裝備之貯存修理及分發事宜，（三）處理供應各該區內之編餘官兵，並處理供應遣都及其他目的地之過境編餘官兵。（四）處理供應並初步訓練在各該區內接收用以補充各部隊之新兵。（五）補給在各該區內之軍事學校。各補給區主任對於駐紮其區內之軍隊，並無指揮管轄權，尤不得干涉或藉任何方式影響民政，民事。各軍軍長應派其個人代表，駐於其部隊所在地之補給機關內，以保證其所轄部隊之需要獲得完全而迅速之補給。各區每兩個月應舉行會議一次，由區主任主席。該區內各軍軍長及師長或其指派之代表均須參加。國防部（或軍事委員會）亦應派遣代表參加，以傳達國防部（或軍事委員會）之指示。所有補給情形及有關事項，均應提出討論。

第四條　復員

第一節：本協定公佈後十二個月內，政府應將九十師以外之各部隊復員。中共應將十八師以外之各部隊復員。復員應立即開始。並大致每月裁撤復員人數十二分之一。本協定公佈後三個星期內，政府應擬具其保留九十師之表冊，及最初兩個月部隊復員之次序。在同期內，中共應擬具其部隊之詳細表冊，說明其性質、兵力、武器、旅以上司令官之姓名，及各單位之駐地。此項報告，並須包括所擬保留十八師之表冊，及最初兩個月部隊復員之次序。上項文件表冊，均應送交軍事小組。本協定公布後六個星期內，中共應向軍事小組送交所擬復員各部隊單位之全部表冊。政府亦應送交同樣表冊。軍事小組一俟接到上列各項表冊文件，應即製成實施計劃，送雙方批准。經批准後，上項文件表冊及實施計劃，即由該組呈報國防部（或軍事委員會）。

第二節：復員各部隊之武器及裝備，可用以補充所保留之各部隊。對於此類轉移之詳細報告，應由軍事調處執行部呈報國防部（或軍事委員會）。此項剩餘物質，依據國防部（或軍事委員會）之指示貯存之。

第三節：爲避免因復員而引致之普遍困難及不法情事，政府及中共應於初期各自供應其編餘人員之補給，並處理其運輸，及就業之諸項問題。政府應儘速接辦以上事宜之統一管理。

第四節：在上述十二個月之時期完畢後，六個月內，政府軍應更縮編爲五十師，中共軍應更縮編爲十師，合計六十師，編爲二十軍。

第五條　統編及配置

第一節：在本協定公佈後之十二個月內，應編成四個集團軍。每集團軍包括政府軍一個軍，中共軍一個軍，每軍三師。各該集團軍編成之次序如下：於第七、第九、第十、第十一個月各編成一個集團軍，各集團軍之參謀人員，政府與中共軍官應約各占半數。

第二節：在十二個月終了時，各軍之配置應如下述：東北五個軍（每軍三師），全部屬政府軍，各軍軍長由政府軍官充任，中共軍一個軍（每軍三師），由中共軍官充任軍長，共計六個軍。西北五個軍（每軍三師），全部屬政府軍，由政府軍官充任軍長，共計五個軍，華北兩個軍，（每軍三師）全部屬政府軍，由政府軍官充任軍長。四個集團軍各包含政府軍一個軍及中共軍一個軍（每軍三師）內中兩個集團軍總司令，由政府軍官充任。兩個集團軍總司令由中共軍官充任，共計十一個軍。華中九個軍（每軍三師），全部屬政府軍，由政府軍官充任軍長。中共一個軍（三個師），由中共軍官充任軍長，共計十個軍。華南（包括台灣）四個軍（每軍三師），全部屬政府軍，由政府軍官充任軍長，共計四個軍。

第三節：在十二個月以後之六個月內，上節所屬之四個集團軍，應更改編爲獨立之六個軍。內中四個軍，各包括政府軍一個師，中共軍兩個師，兩個軍各包括政府軍兩個師，中共軍一個師。以後集團軍即應取消。

第四節：在次六個月即第十八個月終了時，各軍之配置如次述：東北一個軍，包括政府軍兩個師，中共軍一個師，由政府軍官充任軍長。四個軍（每軍三師）全部屬政府軍，由政府軍官充任軍長，共計五個軍。西北三個軍（每軍三師），全部屬政府軍，由政府軍官充任軍長，共計三個軍。華北三個軍，每軍包括政府軍一個師，中共軍兩個師，由中共軍官充任軍長，一個軍，包括政府軍兩個師，中共軍一個師，由政府軍充任軍長。兩個軍（每軍三師）全部屬政府軍，由政府軍官充任軍長。共計六個軍。華中一個軍，包括政府軍一個師，中共軍兩個師，由中共軍官充任軍長。三個軍（每軍三師）全部屬政府軍，由政府軍官充任軍長，共計四個軍。華南（包括台灣）兩個軍（每軍三師）全部屬政府軍，由政府軍官充任軍長共計兩個軍。

第六條　保安部隊

第一節：各省應有權維持一與其人口比例相當之保安部隊，但其數額，不得超過一萬五千人。當省內普通警察，顯然無法應付局勢時，該省主席，即有權使用此項保安部隊，以鎮壓騷亂。

第二節：保安隊之武裝應以手槍步槍自動步槍爲限。

第七條　特別規定

第一節：軍事調處執行部，根據三十五年一月十日三人會議所簽協定而設立之軍事調處執行部，應爲本協定之執行機關。

第二節：統一之制服。整編後之中國軍隊，應採用顯著而劃一之制服，以供中華民國陸軍官兵之著用。

第三節：人事制度。樹立妥善之人事制度，凡陸軍軍官之姓名、階級，及執掌，均應載入統一之名冊內，不得以政治關係而有歧視。

第四節：特殊武力。本協定生效後，政府及任何政黨或派系組織，不得保持或以任何方式支持任何秘密性或獨立性之武力。

第五節：僞軍及非正規軍，所有受日本之直接或間接主使，而在中國成立之軍隊，以及政府或中共以外之個人或派系所保持之一切軍隊，應儘速解除武裝，並解散之。

第八條

第一節：所述之實施計劃內，應規定執行本協定之具體辦法，並限期完成之。

第九條　一般規定

第一節：本協定經蔣委員長及中共毛澤東主席批准後，軍事小組應即擬具關於執行本協定所載各種條款之詳細計劃，包括各種進度表、規章，及具體步驟，呈送核奪。

第二節：雙方諒解並同意上述詳細計畫，須規定復員應於最早日期開始，補給區之組織應逐漸成立，軍隊之統一編組之詳細程序，應根據第五條所規定之辦法實施。雙方同時諒解並同意在最初之過渡期內，政府及中共均應負責維持其軍隊之良好秩序與補給。並保證各該軍隊對於軍事調處執行部所頒發之命令，立即絕對遵行。

政府代表張治中，中共代表周恩來，顧問馬歇爾。

中華民國三十五年二月二十五日於重慶

特載

中國民主同盟綱領

（民國三十四年十月臨時全國代表大會通過）

政治

一、民主國家以人民爲主人，人組織國家之目的在謀人民公共之福利，其主權永遠屬於人民全體。

二、國家保障人民身體，行動，居住，遷徙，思想，信仰，言論，出版，通訊，集會，結社之基本自由。

三、國家應實行憲政，勵行法治，任何人或任何政黨不得處於超法律之地位。

四、地方自治爲民主政治之基礎，縣以下應行使直接民權。

五、縣設縣議會，省設省議會，中央設國會爲代表人民行使主權之機關。

六、爲求地方自治之充分發展，中央與省，省與縣之權限應以憲法明定其採分權制度。

七、省於國憲頒布後，應召集省憲會議，制定省憲，其內容不得與國憲抵觸，並應明白規定省長縣長民選。

八、國內各族一律平等，並得組織自治單位，制定憲法，實行自治，但其憲法不得與國憲抵觸，國家對於少數民族利益應加以維護，並發揚其固有語言，文字及文化。

九、國會爲代表人民行使主權之最高機關，由參議院及衆議院合組之，國會有制定法律，通過預算，決算，規定常備軍額，宣戰，媾和，彈劾罷免官吏及憲法上賦予之其他職權。

十、參議院由各省省議會及少數民族自治單位選舉之代表組織之，衆議院由全國人民直接選舉之代表組織之。

十一、國家設總統副總統各一人，由人民直接選舉，行使憲法上所賦予之職權。

十二、國家最高行政機構採內閣制，對衆議院負其責任。

十三、司法絕對獨立不受行政及軍事之干涉。

十四、國家應建立健全之文官制度，設立文官機關，掌管文官之考試，任用，銓敍，考績，薪給，陞遷，獎懲，退休，養老等事務，文官選拔實行公開競爭之考試制度，非經考試及格者不得任用，文官機關之長官及全國事務官應超然於黨派之外。

十五、國家實行普選制度，人民之選舉權，被選舉權絕對不受財產，教育，信仰，性別，種族之限制。

經濟

一、民主經濟之目的，在平均財富，消滅貧富階級以保障人民經濟上之平等。

二、爲求人民經濟上之繁榮與安定，提高人民生活水準，應力求發展社會生產力，以保障人民有不虞匱乏之自由。

三、國家保障人民之生存權勞動權及休息權並扭負老弱殘廢者之扶養。

四、國家確認人民私有財產，並確立公有及私有財產，全國經濟之生產與分配由國家制定統一經濟計劃，爲有系統之發展。

五、國家在農業上應，實施減租，切實保障貧農的土地使用權，以達到土地使用權與所有權的合理化與合一化，並規定最高限度之土地私有額，凡超額之私有土地，國家於必要時，得依法定程序徵購之，而以漸進方式完成土地國有之最高原則。

六、應通過合作農場及公營農場等方式，轉化小農生產爲工業化之現代生產，以提高生產技術質量。

七、附屬於土地上之礦業水利在經濟上可供公用者，均屬國有。

八、銀行，交通，礦業，森林，水利，動力，公用事業及具有獨佔性之企業，概以公營爲原則，至其他一切企業，均可由私人經營，無論公營私營企業，其監督管理均應實行民主化。

九、對外貿易，視其性質及國家經濟實際需要，依照國家經濟政策，及經濟計劃之規定，分別由國家或私人經營之。
十、公營企業及規模較大之私營企業之員工，應有參加管理之權。
十一、工業政策以民生國防爲目的，應勵行輕重工業之積極發展，以促進全國工業化，爲達到此項目的起見，國家得依法律之規定予外人以投資之便利。
十二、人民生活必需品之消費分配，以設立國營公營商店及消費合作社爲原則，並以法律節制私人商業上之中間剝削。
十三、稅制應依據能力担負之原則並以累進方法征收遺產稅，所得稅及利得稅。

軍事

一、軍權及軍隊屬於國家，按國防需要設置最抵額之常備軍，非國防必要不得調用軍隊，國家並應以法律禁止軍隊中之黨組織。
二、實行徵兵制，人民有依法服兵役之義務。
三、現役軍人絕對不得干預政治，並不得兼任行政官吏。
四、提高軍人待遇及其文化水準，對退伍及殘廢軍人之生活與職業，政府應切實予以保障。

外交

一、外交方針以保障國家之領土主權，民族之自由等，與各國和平相處爲原則。
二、積極參加世界和平機構與聯合國切實合作，以奠定國際上之民主基礎，並障人類之永久和平。
三、與美，蘇，英與太平洋利益有關各國切實合作，以謀東亞之和平與安定。
四、提倡國民外交及國際文化合作。

教育

一、教育之目的：在養成獨立人格，訓練人民團體生活，並發揚民主精神。
二、國家應保障學術研究之絕對自由。
三、國家確保人民享受教育之平等權利，初等教育應一律强迫入學，中高等教育應健全充實及推廣 對於貧苦之優秀青年並應保障其得受高等教育。
四、國家切實制定計劃，於限定期間內，澈底消滅文盲，並積極推展各式補充教育。
五、國家應普遍設立職業學校，以適應國家建之需要。
六、大學教育應特別注重學術研究，以推進國家文化之發展。

社會

一、國家適合社會環境需要，儘量爲人民服務，實施各種社會政策。
二、國家應確立適當之人口政策，倡揮民族優生，增進兒童福利，竭力推廣公共衛生事業，建立公醫制度，負担人民醫藥及休養之設備。
三、國家應辦理社會一切保險事業，推行疾病，死亡，衰老，殘廢，失業，妊孕等保險政策，以保障人民生活之安全。
四、國家勵行勞工福利政策，對於最低工資及八小時工作時間應分別規定之。

婦女

一、保障婦女在經濟上，政治上，法律上，社會上之絕對對平等。國家對於婦女參政權，教育權，工作權及休息權並應特別予以保障。
二、保障職業婦女在妊孕生育到期之生活休養。
三、政府應多設托兒所，幼稚園，及公共食堂以減輕婦女家庭責任，並增强其經濟上之獨立自由機會。（完）

青年之路

曾昭掄・李公樸著

本書內容

1. 中國青年的出路
2. 青年人怎樣鍛鍊自己
3. 女青年的新道路
4. 青年與未來中國政治
5. 寫給學科學的青年們

北門出版社出版

昆明・上海・重慶・北平

一本深入淺出的大衆讀本

民主講話

・曹伯韓著・

昆明・重慶・上海・北平・

北門出版社北平分社

出版新書兩種

李公樸先生在本書序言中說：「這是抗戰以來最好的一本有關民主問題的通俗讀物；它能使人一口氣讀下去，許多平時認爲專門，複雜而難懂的名詞與學說，一到著者的筆下，就馬上平常而易懂起來。」又說：「我們希望能讀書的人，都應該看看，更應該隨時隨地從城市到鄉村，講給一切讀不懂與不識字的同胞們聽聽。」本書價值，由此可見。

總經售：中外出版社　北方書店

平津各大書店均有代售

特約總經售：西長安街中外出版社　東四南大街北方書店

民主出版社發行五大民主期刊

本社通訊處：北平五十八號信箱　特約經銷處：東四南大街一三九號北方書店　天津新世紀書店

民主周刊 第三十期　七十元

本刊係民主同盟的正式期刊，在內地發刊最早，從一月廿一起重新在平編輯發行。

民主青年 第七期　廿五號出版

本刊是華北青年的公開園地，是青年學習修養最良好讀物。

民主生活 第二期　定價四十元

因郵局延誤，由第三期起，均未能按期出版，本社已以重慶交涉，設法編一綜合本。

民主星期刊 第十九期　二十元

這是在平發刊的第一個民主刊物，現銷數已達二萬餘份。

民主教育

本刊係陶行知先生所創辦，爲民主教育之專刊。三月十五日出版。

人民[illegible]

代發行及總經售兩大期刊：

第三期　三月十出版

本刊內容綜合各地大作家文藝及北平青年作家的作品編輯而成

人民世紀 第四期出版

「人民世紀」是北平最富地方性的期刊，內容有時評，通訊，報告，雜文等等。

一九四六年給中國人民帶來了民主和平的曙光；而逢着這世界和平時期的第一個年頭，本社同仁發啓組成一民主出版社，繼續「民主星期刊」，供應一般民主青年以知識；年來銷數日增，業務擴大，深獲平市各界人士的愛護，鼓勵，發行「民主青年」、「民主生活」外，並於一月廿一日在平同盟代發行「民主週刊」。又生活教育社之「民主教育」（原爲昆明發行），亦除已交本社新編輯發行。

除先後代發行之五種期刊外，本社特聘約國內民主先進及民主戰士編撰「民主叢書」一套，共約三十餘種。預計短期內即可開始陸續發行。

民主出版社 謹上

民主周刊

北平版·第六期

減租鬥爭（解放區人民生活特寫之一）古元作

主編：民主周刊社　發行：民主出版社

中華民國三十五年三月十八日出版

時評

獻給國民黨二中全會

目下在重慶舉行中的國民黨二中全會，不但關係國民黨的前途，而且關係着中國民主的前途，因此中外人士，對這個會莫不寄與深切的注視。

擺在國民黨二中全會前面的兩個主要議題，其一是改革黨務問題，其二是有關政協決議案的諸問題。這兩個問題，顯然都非常重要。

國民黨過去的光榮歷史，誰也不能抹殺，但在其執政二十年的長時間，直到現在，大部分的黨員，實在一天天的走向腐敗與倒退，竟至變成實行三民主義民主政治的大障礙，這已是無可諱言的事實，凡公正的國民黨員莫不同感痛惜的。因此最近在國民黨的內部，也在醞釀着「改革」或「革新」。報上透露的消息，說在這次二中全會期間，國民黨的「改革」與「革新」兩派，竟至形成對壘，後經會外協商生效，空氣始漸轉和諧云云。我們一向承認國民黨是我國的第一大黨，在今天及今後的中國，都需要國民黨和別的民主黨派及全國人民共同從事民主建設的大業，但我們尤其希望國民黨能够名符其實的來一次「改革」或「革新」，最好本着中山先生於民國十三年澈底改組國民黨時的精神，將大部分的腐化惡化的反動份子，從這個光榮的政黨里清掃出去。以蛻變求新生，化腐臭爲神奇，則該黨仍不難保持其在全國人民中的領導地位。這不僅是我們的期望，也是全國人民和美蘇英盟邦的共同期望。可惜的是，這次二中全會似乎還不能滿足我們的這個期望。由新聞記者的報導中，知道像王世杰邵力子等非常有功於國民黨的黨人，反在會中遭受無情的責難，而其他的國民黨民主派人士，仍無法在黨內發生積極的作用。我們讀了本刊本期選載的國民黨民主派陳銘樞將軍（八一三抗戰時的民族英雄）「以國民黨內民主化完成國家民主化」一文，實不勝感慨之至。但我們對國民黨的前途仍不失望，一線的希望寄託於該黨民主派的擴大發展及該黨英明領袖的最後抉擇。

至於政治協商會議的全部議案，按照蔣主席的說法，是對各黨派同具約束性的。換言之，各黨派（包括國民黨在內）既然派出代表，參加協商，並在最後決定的協議上簽了字，當然都該共同信守，促其實現，絕無翻悔之餘地。乃讀三月十日大公報重慶八日專電，竟說甚麼二中全會『對政協決議，除憲草修改原則表示有違國父五權憲法之精神，須重加研究外，可望通過』等等的話，實在令人驚奇！老實說，二中全會對於政協的決議，只應在絕對遵守的原則下討論如何促其實現的問題，根本談不到通過不通過。因爲只能讓國民黨接受政協會的約束，不能反讓政協會接受國民黨或其他黨派的約束。假使蔣主席（國民黨的總裁）還有約束國民黨各派系的權力，就決不應讓二中全會出現這種悖信悖理並與其領袖的諸言發生牴觸的情事。在此我們十分同意馬歇爾將軍在重慶招待各報主筆和總編輯席上的談話，他說：『我們認爲這次政協的成就是最超卓的，一點也不能打折扣。我們三國（指美蘇英）決以全力支持它，使它逐步實行。決不容許任何頑固勢力和法西斯的餘孼派系破壞的……。』（見本刊本期轉載昆明學生報的重慶航訊）希望參加二中全會的國民黨中央執行委員們，能够認清這幾句話的分量。

（年）

逮捕戰犯佛朗哥

英美法三國政府，經過協商以後，已於本月四日正式聯合發表聲明，促西班牙人民與愛國領袖，設法驅逐佛朗哥，另組政府，以便該國能與聯合國維持充分協調。當法西斯主義在世界各處企圖死灰復燃之今日，這是一件異常值得歡迎的消息，祇惜對付法西斯主義者如佛朗哥，這樣溫和的辦法，難以期望其生效，果然佛朗哥將軍，不但不下台，反而向美國提出抗議。這件事的清算，恐怕目前計劃中的提交聯合國安全理事會，一樣地也不會生效。對付法西斯主義者的惟一方法，就是用武力鎮壓。英美法等國，不是早將佛朗哥認作戰爭罪犯麼？爲什麼不由聯合國參謀部，直接派兵去加以逮捕？現在不再是姑息的時候了。

西班牙之所以有今日，過去英法兩國實行綏靖政策，實爲其主要理由。在民主勢力久已被暴力摧殘以後，此刻希望西班牙人民奮起，是很難的。解鈴還在繫鈴人，現在是該採取行動的時候了。

（西）

再來一次三巨頭會議

在目前聯合國大會開會的時候，爲了希臘，印度尼西亞及東歐各小國問題，英蘇，美蘇之間，會有過顯明的爭執。這以後又因了土耳其問題，伊朗問題，加拿大間諜案，邱吉爾呼籲英美同盟，一直到最近的中國東北問題，英美和蘇聯之間，好像已形成顯著的對壘之局。加上國際與國內法西斯殘餘和造謠專家們挑撥離間及誇大宣傳，這局面愈顯得劍拔弩張，使神經過敏的人們，感到我們又置身於一個新的大戰前夕的恐怖。

其實不論在戰時或在戰後的今天，美蘇英三強的團結合作，一直是現代歷史變動的主潮，這種團結合作的形勢，將要而且一定會繼續相當長久的年月。不過因爲英美和蘇聯的政治體制的不同，以及過去所形成壘積的許多歷史的原因，彼此間隨時可能有矛盾，有分歧，甚至是嚴重的對立。但更重要的，是彼此都需要團結合作，都害怕戰爭，所以這些矛盾對立仍有得到解決的機會。試看過去多少次嚴重的爭吵，每一次都幾乎造成分裂的，可是三國的代表一商談，三巨頭一會面，即刻得到出乎意料的圓滿解決。過去的莫斯科會議，德黑蘭會議，克里米亞會議，波茨坦會議等等，都是顯明的例證。這並不是說，三國的外交家特別高明，三國的領袖神通特別廣大，乃是因爲這三國都是民主國家，三國廣大人民的共同願望，是以迫使三國政府及其領袖不得不走上團結合作的道路。

最近英美和蘇聯的形勢又日趨緊張，這種緊張局勢，以失意政治家邱吉爾赴美游說締結軍事同盟，爲達到最高點。正在這緊張的關頭，却由倫敦政界傳出消息，說美總統杜魯門和英首相阿特里，將聯合邀請史太林委員長，在華盛頓舉行三巨頭會議，以和平方式解決戰後各種問題云云，就特別值得我們注意。

在今天，除了法西斯餘孽，軍火商人及其所豢養的走狗，還有少數的頑固份子以外，全世界絕大多數的人民，莫不需要持久的和平。而持久和平之確保，則首先有賴於美英蘇三強的團結這已是非常明顯的事。我們認爲，邱吉爾最近所號召的英美軍事同盟，是無益的，是危害三國的團結合作和國際的安全與和平的，是企圖以反蘇戰爭挑起第三次世界大戰的危險勾當。用「原子彈政治」來壓迫蘇聯就範，尤其是一種愚蠢而且滑稽的辦法，本刊本期所載論「原子彈政治」一文，就很清楚的指明了這一點。最好的辦法是適應三國人民也是全世界廣大人民的要求，趕快再來一次三巨頭會議，像以往的德黑蘭——克米亞良——波茨坦會議時的良好精神一樣——以和平協商的方式解決一切爭端。

倫敦所傳出的三巨頭即將會談的消息，還可能祇是一個試探性的消息，這反映英美政治家一方面想打仗一方面又怕打仗的矛盾心理。全世界愛好和平的人民，應該看破這種統治者的窘態，應該透過一切人民的輿論來督促三巨頭會議的重開，首先要求三國的外交使節先來一次懇談，成由華盛頓派遣一位得力的和平使者到莫斯科去交換意見，以掃清三巨頭會商的障礙。我們站在中國人民的立場，尤其希望三巨頭會議早日實現，因爲中國的法西斯餘孽派系，早已在那裏挑撥反蘇共的戰爭，想在戰爭中撈一筆油水；而國際戰爭萬一起來之後，必將破壞我們辛苦爭來的國內團結與和平，而且第三次大戰勢將以中國爲戰場，那尤其是我們要誓死反對的。

（明）

評中國反動派

馬歇爾

中國反動派藉愛國之名 進行反蘇反共陰謀

（重慶空訊）二十三日晚六時馬歇爾將軍招待本市各報主筆總編輯談話，主要內容如下：

一、馬將軍認爲北平調處總部竟有組織之暴徒千餘人搗毀事，是妨礙三國外長決議案之執行，破壞世界和平，侮辱他自己的尊嚴。並謂，三人小組調處總部還是三個外長決議案的執行方式，不僅爲美國政策，這我得向各位聲明的，不是單單美國希望中國怎樣，而是世界各國要中國非走上和平民主的路不可。

二、其次我認爲重慶的學生遊行與執行小組北平調處總部的被搗毀是不可分的，最近各地所發生的不幸事件（昆明一二一，較場口的慘案，北平調處被毀，這次學生遊行後而搗毀兩報館）無疑的是反民主，的集團企圖以最劣等的手段來推翻政協的成就，這種陰謀我們看得非常清楚的。這次官方鼓動學生情感藉「愛國」遊行招牌來反蘇反共，欲挑起更壞的惡果。可是這是決辦不到的。

三、在美國以及其他各民主國家的報紙新聞從業員都有着高尚的被尊敬的人格，他們只相信他們眼睛所看見的事實，而加以有系統的分析報導，我希望你們（指各報總編輯）以後報導要根據事實，少登官家發出的消息。

四、我們認爲這次政協的成就是最起碼，一點也不能打折扣，我們三國決以全力支持它，使它逐步實行。決不容許任何頑固勢力和法西斯的餘孽派系破壞的；這我特別向各位提出。

據所得消息，其中尚有數條文針對當前的逆流，將向政府當局建議。並且他還聲明不要報上發表。據記者的觀察馬將軍在學生遊行後二小時就此聲明，這足以證明馬將軍對中國的每一動靜都關懷都澈底了解的，更證明他對他的任務之認眞執行。再看他的這次談話內容比以往任何一次的都強硬，都具體。其內容不外他忠實於三外長決議交給他執行的任務。對促成中國和平民主的工作感到艱巨，也更了解他的力量可以阻擋反民主的逆流。從此我們看出他的談話，對象不是總編輯之流而是政府當局，也就是對反民主的份子說：「看，三國外長命令你走上民主的路」無疑的，他了解了中國官場的議而不決，決而不行的騙技。我相信蔣主席返渝後他會有更明白，更有力的建議給政府。

（轉載昆明學生報）

用協商方式解決東北問題

·本刊昆明版社論·

這兩週來，由於某一方面利用東北問題的複雜情勢有意無意地牽扯上國際糾紛以圖緩和國內政治上的民主壓力，散出許多不詳實的報導，在一般人心理上開始醞釀起了反蘇的情緒。

實際上，近來報紙上彼此轉載的消息，如中蘇正在進行某種重大談判，蘇聯曾向中國提出幾項要求等，都已經政府當局所明白否認，除了這些彼此傳聞的馬路新聞外，我們並沒有看到有半點足令中蘇邦交惡化的報導；而這一週來空谷生風的結果則使中國人民和美國輿論界對希望政治協商會議決議實現的迫切心情沖淡了許多，這一個事實倒是最足令人尋思的問題。

我們承認東北問題實已演到了一個很嚴重的階段。日本投降後崛起的地方武力已達數十萬之衆，再加上政府的正式接收進軍和中共滲入的武裝力量，東北軍隊已近百萬，秩序自然極為混亂。政府的接收並未考慮這客觀情勢，不用政治方法迅求和平解決，而堅持武力接收，致使所謂接收工作雖已開始數月，而一切仍停於初步階段，做了十四年亡國奴的三千萬東北人民益因此而陷於水深火熱的痛苦。

中國民主同盟曾主張把這問題提到政治協商會議中求得和平民主的解決，但終未被列入議程，實深引為遺憾。後在三十一日政協會綜合小組最後一次會議席上，民主同盟出席代表又再度提請政府考慮，政府代表的回答是「慢慢想辦法，將來以協商方式進行」。但這一月來的事實表現，是政府並沒有考慮我們一再所建議的協商辦法，而仍用美軍艦源源調大軍北上，以求貫徹武力解決，毫不顧到東北人民的願望，而恢復舊班人馬的統治，於今，問題是反而越拖越嚴重了，冰封的東北草原上於今是充滿了中國人自相砍殺聲，和東北人民的無助哀號聲！

面對着這樣的現實，我們以為捨民主協商之道而外，實無旁有可循。

第一：東北的領土主權是屬於中國的，我們不容許任何國外力量插入，這是毫無疑問的，這既已有中蘇友好條約和國際條約的保證，今天也並沒有這事實發生，我們唯有在主觀的努力上使東北迅速步入和平，民主，建設的坦途，以消滅客觀上足以引起遠東混亂的形勢——以民主的腐敗的統治。同時，為了中國內部問題的單純化，我們希望美蘇兩國在中國駐軍迅速同時撤退，因為任何外國武力影響的干入都足使遠東形勢轉入險惡。

第二：遠東的和平是繫於中美蘇的和平共處，特別是美蘇間的和平友好，中國應該採取主動的地位以維持並加強美蘇間的友好，不應妄想挑撥兩國感情，引起利益上的衝突而自戕，致此之道則唯有對外採取自主的外交，對內力行民主、團結。

第三：東北人民的願望必須尊重，地方政權的重建必須完全依照東北人民的要求，不應把關內腐敗的統治原封不動地搬置在東北，所以現存東北各省政府必須改組，而用民主協商的方式重建各地方政權，在政權的重建中應以地方人民和他們的領導人物為主要力量，而由各黨各派共同襄贊。

第四：國共兩黨必須立即停止繼續進軍東北。日軍既經蘇聯解除武裝，政府軍繼續進入惟足使東北境內武力敵對的形勢更為嚴重，遣散日俘工作因東北接近日本本土，可由中國自行辦理，已不需再求任何友邦幫助了，所以我們不主張任何外國軍隊繼續開入東北。

第五：國共兩黨軍隊必須立即停止衝突，軍事調處小組擴大行使職權於東北境內兩黨武裝衝突地區。地方人民武力迅速作合理收編，整理為地方保安部隊以維持地方治安，編餘武力迅速予以遣散，並作合理的生活安頓。

我們所提五項原則，完全是發於為國家為重的良知，這五項原則是最現實而最根本的。同時我們希望（一）不要再拿挑起國際糾紛作為內爭的本錢；（二）由東北人民自己領袖和各黨各派來共同協商解決東北當前混亂情勢；同時政府當局必須立刻消滅目前的反民主逆流，澈底實現政協會全部決議，以緩和國內的緊張情勢。

東北問題必須政治解决

邁之

直到目前爲止，東北問題的眞象並不曾爲一般焦灼者所了解，國內報紙上最富有宣傳性的評論多於事實的報導，甚至根本沒有什麼正確的報導，一般評論多只是一些有計畫的宣傳文字，有些也只是由於富有宣染色彩的宣傳文字所引起的錯覺；美國輿論方面也僅是赫斯特系報紙對這問題有所議論，這些議論也是神經過敏的感應多於實際問題的了解。我們對這個問題也因爲缺乏正確的報導，很難在此作何肯定的評論，但最可注意的是：（一）國內對東北問題的評論是在政治協商會議閉幕後才突顯「熱烈」，而且正與政協會閉幕後國內政局中不大小小的逆流同時興起的；（二）那些熱烈的「輿論」完全缺乏對事實眞象的報導；（三）某些報紙特別強調東北問題只是中央能不能接收的問題，無所謂和平協商的餘地。

目前一般人所焦灼的，似乎是集中所謂蘇聯的態度問題上。

據莫斯科廣播，一月二十三日美駐蘇大使哈里曼在決定經華返國之後，曾被史大林邀見。二十五日哈里曼經由印度到達重慶，立刻與蔣主席和馬歇爾特使密談通宵，這突然訪客的活動立刻引起國內外許多揣測，據合衆社舊金山訪員懷特的報導：中國政治協商會議的僵局是在哈里曼訪問重慶後才打開的。哈里曼曾把蘇聯的坦率態度告訴蔣委員長，他的談話內容包括三點：

一、重申蘇聯在建立統一的但更爲民主的中國的政策上，決與美國採取共同態度；

二、此一合作，全視國共衝突能否停止；

三、此一合作，全視重慶向來分裂美蘇與陷害變力政策是否能放棄。

蘇聯的態度是非常明顯的。中國在遠東的地位，是可以起美蘇友好橋樑的作用的，我們中國人應該時時自己警惕到這任務的艱鉅。對蘇聯的態度應該從善意方面去作客觀的認識。莫斯科三外長會議中所成立的嚴肅協議是美蘇友好的全面成立，也是兩國對中國政策協同一致的保證。蘇聯地與我國東北接壤，而東北又是歷史上一個遠東動亂的火藥庫，她顯然不希望這個地區從日本魔掌解放出來之後，又再度陷入混亂的狀態。東北過去之所以陷於一個悲劇的地位，最主要的是那地區上的統治始終是迷沉於黑暗與腐敗，特別是這地區在中央政權的邊緣上，腐敗黑暗的程度更爲深沉。蘇聯曾不只一次地表示，她不願這個地區形成一個國際反蘇的跳板，這話在一個作爲鄰邦的中國 應當是很 容易了解的。

認清了這一點，我們當不難了解，今天的東北問題是一個內政問題。自然在今天還每一個國家內的治亂都彼此息息相關的世紀中，每一國家的內政問題也都是意味着有國際影響的，特別是一個在與幾個國家接壤具有戰略價值的地區內的秩序是更具有國際意義的；但在今天，中國在東北的領土主權的完整既已獲得迭次國際條約確實保證，問題重心則已全寄在我們是不是能將東北建立一個民主和平的良好秩序。

東北的現實是：國民黨政權亟欲全面控制那塊最富誘惑力的土地，是想用全班舊人馬從關內移到東北；而不對人民的難望作絲毫攷慮；中共勢力也已大量滲入，中共勢力滲入後似乎很快地就與爲國民黨所漠視的地方人民力量取得了聯繫。國民黨的精銳武力一向是留置在大後方的，中共武力則結集在華北，在進軍東北的競賽上，國民黨早已處於不利地位。所以會要求蘇軍緩照雙方約定日期撤退，但蘇軍所能控制的地區也只是一些大據點和鐵路線，此外廣大地區仍難保證安全地交與北調的國軍接收。經過幾個月來的發展，在這兩個力量競賽的對比中，加上地方人民力量的勃起，國民黨政權益處於不利的地位了。

中共的力量既然在東北足以起決定的作用，他們的希望自然是要求這地位能得到政府的尊重，地方人民的願望和力量自然也不應予以漠視。

問題發展到現在，其本質已是一個政治問題，認識了這現實，解決的辦法恐怕於政治解決以外是毫無他途的，如果一定要牽涉到國際上去，那是自己的愚蠢。

今天東北的情勢已陷於可怕的混亂，兩個力量在比賽，在衝突，一切經濟活動都已陷於停頓，做了十四年亡國奴的老百姓在這局面下是欲哭無淚。這是誰的罪過？

東北的混亂已不容再拖延了，再拖下去，不但對不起望了十四年「王師」的東北三千萬人民，也會將引起國際糾紛的，美國務卿貝爾納斯的重申「門戶開放」政策以及美輿論主張英美蘇會商建立遠東新均勢的討論都是引起國際糾紛的開端，國際糾

嚴重的考驗

——對二中全會的期望——

曹夢陽

政治協商會議在上月底閉幕後，它所成立的全部決議和各黨各派對國是表現的協商精神已得到了中外輿論的一致讚揚。但也正如我們所預料的一樣，就在協議要成立之前和正式成功了之後，國內政治上又興起了一股不大不小有來有去的逆流。少數享受慣了特權和喝慣了人血的反動集團正在調始煽動破壞政協決議的陰謀，他們說：「國民黨在政協會中遭到了恥辱的失敗！」「國民黨從此完了！」還希望拿這種宣傳來激起全體國民黨員對政協會決議的不滿情緒，進而激起破壞和阻撓的運動。這些人物還想把東北問題作爲一宗祭品來挑撥美蘇關係，故作富有刺激性的宣傳；不自本民主團結之道來解決這個政治問題，而想用這宣傳以轉移人民以及全世界對中國民主實現的關切心情，妄想從這種拖的局面下使習以爲然的特權享受苟延殘喘。

這股逆流，現在似乎一時不能遏阻得住根據各方面可靠的報導，這逆流的興起最初是來自軍事上與政治上兩方面的，前者似乎暫時隱伏下去了，後者則顯得特別激揚。（實際上，前者也已結集到政治的表現上了。）

政治商會議的全部決議能否順利實現，協商的精神能否貫澈，說得更明白了一點，就是國民黨的領導有沒有誠意和有沒有能力實行政協會的全部決議，現在已臨到了一個嚴重考驗的關頭。

正如美國「底特律自由報」所說：「蔣委員業已面對着若干連續而來的困難，掌握政權與享受特權因而自肥者爲時已久，似不歡迎此變更」（美國新聞處五日電）國民黨單獨掌握了十九年的政權。在這十九年的血腥統治中，國民黨憑藉政權，制定法令，獨佔了一切政治上經濟上和社會上的發展機會，最大部份的黨員不但是藉此獨佔機會以自肥，而且在心理上形成了一種不可侵犯的優越感。這優越感漸漸很自然地形成了這個特權集團中每一個份子人格的一部分，也形成了這集團的價值觀念的一個構成部分，他們似乎沒有想到這種人格觀念在客觀上是蹂躪了人民的人格和尊嚴，也沒有想到這種價值觀念是顚倒了一個公平社會秩序的價值標準。因此也無怪乎關麟徵之流可對在校內開討論會的聯大師生咆哮着「有開槍的自由」，也無怪乎邵力子先生能下意識地說暴徒流氓在重慶滄白堂的搗亂是「民意」的表現，更無怪乎張厲生部長說暴徒在重慶較場口演出的悽慘血案「只不過是中國社會一般習慣而已」。（見二月十五日民主報載內政部長張厲生答記者問。）這些人的話都是出於非常自然，其習慣於搗亂，打人，殺人的程度之深可見也到了一個驚人的程度。在上者如此，在下者更不用說了；在日常生活態度上如此，也更無怪乎中國法令中對人民自由權利只有限制，控制的規定而從沒有一條對統治者妨害人民自由權利

紛的擴大最吃虧的只是中國自身。

處在這局面中，中國必須迅速採取主動的地位，這也就是說，獨佔中國政權的國民黨必須迅速採取主動的政策。

東北問題是一個政治問題，也是整個政治問題一環，所以也必須在整個問題的解決中立尋求上策。

政治協商會議既經成立五項協議，國家整個政治問題的解決總算已有端倪，東北問題的政治解決也唯有在政協會的決議和精神下去尋求才是一條光明大道。我們曾一再主張，聯合政權的原則不能單只應用於中央政權，地方政權也應同樣適用，特別是在政治情勢複雜的地區內，唯有如此才足以解決政權重建問題。所以，今天的東北問題不是政府能不能接收的問題，而是政府願不願澈底實行政治協商會議的決議的問題，如果政府能本和平、民主、團結的精神主動地處理東北問題，我們相信一切問題都可迎刃而解。

我在希望國內少數的唯恐天下不亂者不要再妄圖拿挑撥國際糾紛作國內政治的資本了，這是太危險而且是太愚笨的行徑，結果也只是唯恐天下不亂者自食其果。民主的諾言是必須澈底兌現的，今天全中國人民乃至全世界民主國家人士的視線都是集中在政治協商會議的全部決議是不是全部澈底兌現，任何乖巧花頭都轉移不了人民的情緒和注意力。重慶較場口的血案在中國人民心理中是比任何事件更受驚震，因爲那是當局者有無誠意，有沒有能力實現政協會決議的嚴重攷驗。所以，我們以最迫切的心情希望國民黨當局珍視當前局面中的主動地位，澈底實現政協會的全部決議，不要再自亂步驟，再事拖延了。

應予懲治的條文了。

政治協商會議的決議是要結束這一反動統治局面，使中國人民走上民主生活的道路；在另一個意義上，這新秩序的建立是打破這特權集團的「習慣」的開始，這在一般習慣了特權享受和優越感的人看來，自然是一個不可饒恕的侮辱，是一不可忍受的痛苦，他的必然要結集起一切特權集團中的勢力來反對，阻撓以維持舊觀，當是一件很自然的事。

獨裁政權本來就是一個自處於危險絕境的統治，他的目的在維持少數統治集團的既得利益，它假國家的名義壟斷一切政權，軍權，財權，法統而與人民爲敵。國民黨十九年的一黨獨裁的結果，早已拋棄了人民，而自陷於孤立危境。政治協商會議的決議是爲國民黨開出了一條與人民和平妥協從而自新的道路；所以政協會的協議中就國民黨而言，它是最爲成功了的，政協會所決定的新政治局面是解救了國民黨。國民黨並沒有完，完了的倒是那些習慣於食人以自肥的頑固反動者們。

國民黨中的進步人士對這新形勢只有比我們感覺得更深切，看得更清楚的，我們希望國民黨內的民主勢力能迅速地站在正面的領導地位，團結國內各民主黨派，逐步實現政協會的全部決議。

國民黨內的頑固派此刻正在設法企圖擊敗黨內民主勢力的領導，重慶滄白堂的歷次搗亂和較場口血案一方面固然向一切民主力量的進攻，一方面是對國民黨內民主領導所作有計劃的打擊。這鬥爭顯然將以二中全會爲頂點。

蔣主席在政協會閉幕禮致詞中，曾特別強調過政協會的全部決議對各黨各派都是具有約束性的，這原則自己爲參加協議的各黨各派所完全接受。所以在今後的民主鬥爭中，已不是政協會的決議實行不實行的問題了，而是實行到如何程度，是否澈底忠實施行的問題。最近召開的國民黨二中全會將能通過政協會全部決議，大致也是無疑問的，最關大局的，仍是國民黨能不能從此在黨內建立起一個民主的新領導來，因爲只有這樣一個國民黨的民主領導，才能與國內各民主黨派和人民有效地建立起一個國家的民主聯合政權，和平建國綱領也才能因此獲得眞正實施的保證。

這是國民黨有無決心、誠意和能力實行民主的一個嚴重考驗的關頭。

人民的頭腦是非常清醒的，我們從不夢想一個從獨裁專制局面進而爲民主的改革是可以廉價得來的，也從不幻想慣於騎在人民背上的統治者會很快的終止特權統治而實現人民的願望的，我們認爲中國眞正民主的實現仍需要一個長期的艱苦奮鬥。但爲了人民犧牲的減小，我們也仍是迫切地期待着國民黨中的進步人士能慷慨地同人民和各民主黨派携起手來。

請介紹您的朋友閱讀本刊

本期目錄

物價問題嚴重

當國內反民主逆流十分激盪。特務人員飛揚跋扈的時候，各地傳來了農村破產，物價飛漲的消息。湘省素稱產米之區，然據湘災後援會的調查，已有不少縣份的人民，以草根樹皮爲食，餓殍載塗，死亡枕籍：目前衡陽糧價，已漲至每擔五萬元，二月二十四日重慶大公報載北平、上海、武漢、福州、杭州、開封等地電訊，糧價物價均一律上升，大有不可阻遏之勢。

抗戰剛結束時，大家歡喜鼓舞，以爲和平來到，可以過比較安適的生活了，那裏知道是一場幻夢！事實擺在眼前，勝利的果實沒有得到，苦難却正在開始。

抗戰八年，我們始終沒有能够建立起一個民主政權來，實行有利於生產，有利於人民的經濟政策。在八年抗戰中，地上的地租剝削與高利貸剝削，官僚資本的半封建剝削與苛捐雜稅的榨取，只有加重，並未減輕。中農降爲貧農僱農，甚至中小地主富農經濟也在下降。官僚們蓄積巨大數量的資金，利用這些資金，獨占了金融機構獨占了運輸體系，獨占了對外貿易與對內貿易，操縱利用，起着妨礙生產，紡礙人民經濟的作用。抗戰一結束，官僚們又乘機發勝利財，封閉經濟機關，掠奪原有的中小工農反形停頓，目前農村破產，物價飛漲，人民生活陷入絕境，追本溯源，不能不歸咎於政治之不民主。

目前情勢已經很嚴重了，我們且卑之征甚高論，談談治標的方法。第一，對於農民，政府本有免征田賦一年，同時停止征實征借的明令，但事實上變相的田賦和變相的征糧，依然存在，口惠而實不至，如何能解除人民的苦痛！所以目前政府應

從物價飛漲談到

肅清官僚資本

陶大鏞

半個月來，各地物價又在飛躍了。而飛躍的姿態，比戰時還要來得駭人，每一個正當的職業勞動者，都愁眉苦臉，不知怎樣生活下去，同時，各工廠紛紛停工，金融市場也混亂不堪，看上去，我們像已面臨經濟崩潰的前夜了。在這里，我請大家特別留意官僚資本的活動。我不敢說，所有這些畸形現象，都是官僚資本在那兒作祟，至少，我們不得不承認：官僚資本是與風作浪，想來混水摸魚的！

本來，在半封建半殖民地的中國社會里，官僚資本已經枝粗葉茂了。我們也可以說，它是中國社會的特產。在別的國家里，雖也有官僚資本，但它的本質和形式，與中國的官僚資本是與中國的官僚政治分不開來的。在中國有一句流行的俗語：「升官發財」，好像升了官就一定發財，所謂「時來運來，不怕財不來」，就是這個意思。他們把「升官」看成了「發財」的手段，「發財」才是「升官」最大的目的。這雖是一種要不得的謬論，却成爲活生生的現實了，當然，高居官位，潔身自好的，也不乏其人，但是，這種清官畢竟是鳳毛麟角啊！

那末，中國的官僚資本是怎樣發展成長起來的呢？在本質上，它具有那一些特性呢？

我們知道：戰時的中國，是一個半封建半殖民地的社會。抗戰的勝利，並沒有完全改變了中國社會的本質。正因爲中國還是一個半封建半殖民地的社會，所以，官僚資本反而日益壯大起來。試問：有幾個大官僚不括地皮不開銀行呢？大地主、大銀行家就是大官僚的化身。我們再放眼看一看：眞正操縱國民經濟命脈的，又是誰呢？老實說吧，中國整個的財政經濟，是操在外國資本的掌握中，那班大官僚就是外國資本的大買辦。因而，大官僚們的土地資本，銀行資本和商業資本，就變爲買辦資本的尾巴了！由此看來，中國的官僚資本，不但有封建性，更具有買辦性。

這官僚資本的封建性和買辦性，帶來了超經濟的剝削和不合理的壟斷，它表現在經濟上的，並不是「公平負担」，而是「片面優待」；並不是保障合法利潤，而是虐待中小生產。所以，嚴格說來，它是中國所特有的獨佔資本。這種獨佔資本，並不是歐美資本主義國家里的獨佔資本。它沒有現代的托辣斯或卡特爾一類的獨佔意識，它並不是銀行資本與工業資本所結成的獨佔資本。中國的獨佔資本，是通過官僚的政治機構，利用特殊政治地位，來爲所欲爲

物價問題嚴重

該嚴禁變相的征糧，改善購辦軍糧的辦法，同時聯合國善後救濟總署允許撥助的大批救濟物資，應該平均分配給收復區的農民。據聞農林部曾有向中國農民銀行商洽借撥一筆鉅欵，購買大批實物貸給農民擬議，現在春耕期近，這個擬議，尤應早日見之事實，一面積極推行二五減租，嚴禁農村高利貸，實行以工代振的辦法，以救濟貧農。第二，物價的飛漲。固然原因繁多，但政局不安定，蔣主席的四項諾言遲遲未實踐，政治協商會的五項決議，正受一部分反動分子的攻擊與破壞，因之人心浮動，投機者趁此造謠挑撥，實爲促使物價上升的原因之一。所以目前政府應該痛下決心，與民更始，實踐諾言，實現政治協商會議的盟議，使人心漸趨安定。其次，過去政府所採取的黃金政策，其目的原在收縮通貨，穩定物價，但執行以來，不但沒有達到預期目的，反而便利了投機，刺戟了物價，曾經有人指出，在復員期內，政府對於軍政及經濟事業，以緊急命令支付的復員和流通經費，至少已有數千億元，公私方面從敵人接收或變賣得來的資金，亦不下數千億元，加以國家銀行對於獨占事業的借貸或透支，又是動輒數十億元以百億元，這些巨大資金都掌握在官僚手中，只要有權動用公欵的各個官僚，臨時動用數十百億元，就會使商品市場掀起軒然大波。所以政府應該對投機舞弊的官僚，從嚴懲辦幾個，並將官僚資本從經濟事業裏完全肅清出來，以作釜底抽薪之計：一面確定合理的外匯政策，宣布而執行之，以消弭市場上的投機造謠，紗檯，黃金以及其他的物價，都可以漸入正軌了。(佩滄)

的。它的神通，比什麼都廣大，它的威嚴，比什麼都神聖不可侵犯。它可以公開地囤積居奇，它可以任意地投機取巧，它可以明目張胆地走私逃稅，它更可以若無其事地借公費私。一切財政經濟的首腦機關，它都要一把抓！國家銀行變成了官僚的私庫，國營貿易變成了官僚的百貨公司，國營的交通工具更變成了官僚的專機或專車。要是說得更乾脆些，官僚資本簡直成爲一切政治權力的結晶了。

關於官僚資本的罪狀，實在舉不勝舉。那末，我們究竟應該怎麼辦呢？難道就這樣閉上眼睛讓它去無法無天嗎？不，不，决不這樣。我們要用最大的努力和全民的力量，來宣判它的死刑！

第一，我們要建立「專家政治」。政治是一種專門的知識，政治上的分工，在它的功能上，並不等於經濟上的分工，政治學的內容，絕不等於「等因奉此」。中國政治所以暗無天日，就害在那批不學無術的官僚手里。他們祇能「吹」，能「拍」，能「騙」，就可搖身一變而爲政治上的萬能博士。在官僚政治下，人才被埋沒，奴才却官運亨通。像這樣的官僚政治繼續存在下去，任何建設都無從談起。尤其是官僚資本，在官僚政治的庇蔭下，更將根深蒂固了。所以，消滅官僚政治就成爲肅清官僚資本的基本的前提。換句話說，建立專家政治是肅清官僚資本的一種釜底抽薪的方法。

第二，我們要發展民族工業。質然看來，民族工業似乎是與官僚資本無關的，實則不然。因爲，官僚資本是以投機爲主，生產爲次的。所謂「投機」，無非「賺錢」而已。民族工業雖也免不了要「賺錢」，但它畢竟是以生產爲主，營利爲次的。這是它倆根本的不同。在現階段，由於官僚資本的獨霸一切，民營的生產事業連氣都喘不過來。反映出來的，是減產，停工和倒閉。這不僅危害民生，甚且要動搖國本。因此，取消一切統制，扶植中小生產，實在是刻不容緩的。一方面消極地限制了官僚資本的活動，另一方面，又積極地培養民族工業，消滅了投機性，提高了生產性，在合理而公平的競爭下，官僚資本一定會望風披靡的。

第三，我們要保障經濟民主。當然，要保障經濟民主，就首先要政治民主。如果能夠建立專家政治，政治民主就有了基礎。因而，經濟民主也獲得了更大的保障，它們是密切地關聯着的。試問：要是每一個人都能享受充分的經濟民主，官僚資本又那里會這樣咆哮呢？物價所以跳得這樣厲害，還不是因爲官僚資本在各地搶購物資嗎？（通貨繼續膨漲，自然是刺激物價的主要因素，但却不是唯一的因素。）黃金風潮的洶湧，誰敢說不是官僚資本在那兒推波助瀾的呢？我們要求經濟民主，並不是空喊口號，我始終認定：肅清官僚資本應該是經濟民主的起點！

最近，關於官僚資本的時論，倒還不少，在政治協商會議所訂定的和平建國綱領中，也提到「防止官僚資本之發展」。而上面所提到的，也祇是一些粗枝大葉，希望能够引起輿論界特別是當局者的注意。讓大家牢牢地記住：肅清官僚資本是建設新中國的開始！

一九四六年二月廿二日旅渝隨筆

新形勢下的新聞工作者

新聞工作者應當爲廣大人民服務，而不是爲暴君獨夫服務；應當爲新生的光明的力量工作，而不爲沒落的反動的力量工作。

史・剛・

十八九年以來，國民黨當局一方面壟斷政權，一方面也壟斷了新聞事業。而新聞事業的壟斷，對於政權的壟斷與鞏固又起了巨大的作用。它像一塊神祕的布幕，障住了觀衆的眼睛，掩蓋了後台的汚穢和黑暗；又像一瓶有毒的安眠藥片，麻醉了人民的靈魂，使淸醒的人糊塗起來，聰明的人愚昧下去。在政治上，黨權高于一切；在新聞事業上，也是黨權高于一切。凡是與黨的利益相抵觸的新聞，或者觸犯了某些黨國要人的新聞，一律禁止；凡是非黨員團員的新聞工作者，一律要受到歧看和壓迫。甚至不惜採取無恥的手段，强迫所有的新聞機關都變成了獨裁政治的傳聲筒，强迫所有的新聞紙都登載枯燥的條文與無稽的謊話，强迫所有的新聞工作者都從無冕之王的地位落到奴才的地位：只准歌頌，不准暴露，只准撒謊，不准說老實話。

在這樣的政策之下，是沒有眞正的新聞自由的，只有混淆黑白的自由，只有含血噴人的自由。在這樣的政策之下，是看不到眞正的輿論或民意的，只能看到强姦過的「輿論」，製造出來的「民意」。王婆兇街式的社論，駢四驪六的通電，就是所謂的「輿論」；用鍾馗的方法，發表陰陽怪論，或者飛沙走石，破壞集會，就是所謂的「民意」。袁世凱是曾經根據這樣的「輿論」和「民意」來稱孤道寡，當了八十多天的皇帝的。但袁氏黨徒的製造輿論强姦民意的技倆，比起國民黨的黨化的新聞政策，實在遜色得多。

曾有人以這樣的話語來形容政治的黑暗；「貪贓枉法，官升財發，公正廉潔，理合懲罰」。新聞界的情形也和這差不多：善於粉飾太平的人善於造謠惑衆的人，都成了新聞界的驕子；甚至替敵僞宣傳的那些敗類，也和他們的主子一同取得了新的恩寵。而敢于揭露眞實，傳播眞理的新聞工作者，所得到的是壓制，是拘捕，是死亡，羊棗的命運，是進步新聞工作者的共同命運。

在前兩天的重慶新民報上，曾有一位作者把檢查制度比擬爲一面哈哈鏡。在歪曲事實這一點上說，黨化的新聞政策，實在是一面最醜惡的哈哈鏡。在這面哈哈鏡面前，一切公正人士都變成了歪嘴邪眼「浪人」，一切純潔青年都變成了殺人放火的「匪徒」。但對於工作者來說，黨化的新聞政策，不僅是一面哈哈鏡，而且是一道可怕的「金箍咒」：它束縛了活潑的思想，絞殺了寶貴的腦汁，它强迫新聞工作者對於「御製」和「欽定」以外的東西，不敢思想，不敢採訪，不敢報導。凡是在新聞界工作過的進步青年，都會痛切地感到：所謂記者或編輯，戳穿了說，不過是謠言的轉播者，是剪刀與漿糊所指揮的工具：明明知道是謠言，而且明明痛恨這謠言，却不得不用誇大的標題，鑲上美麗的花邊，把它轉播出去；明明厭惡剪刀，厭惡漿糊，却又不得不乞靈於剪刀與漿糊。我們所看到的東西，所知道的東西，試問能有幾分之幾可以報導得出來？在×一類的符號下面，在天窗裏面，不知埋沒了多少有價值的新聞，埋沒了多少寶貴的心血！新聞工作者的生活，也和別的文化工作者生活一樣，是充滿了委屈，充滿了苦難，充滿了酸辛的，

本來，中國的新聞事業與新聞工作者，較之別的國家，是幼稚的，落後的。而黨化的新聞政策，更是加深新聞政策，也就是新聞事業的屠殺政策。這種政策的存在與加强，對于愚蠢黑暗的一黨專政制度，當然是有用的，但對於中國人民，對於和平民主的事業，却是一種嚴重的威脅。

現在，政治協商會議已圓滿的閉幕，雖然這會議還有若干的缺點，還不能够百分之百地滿足人民的願望，但在制止內戰上，在改革一黨專政制度上，已有了顯著的成就。它克服了勝利以後的內部危機扭轉了險惡的形勢，使中國開始進入和平建國的新時期。

但也必須指出：政協會的成功，並不是黨專政的眞正結束。雖然各黨各派和社會賢達已可以參加政府機構，但眞正民主的聯合政府的建立，還相當艱難：內戰的危機雖然克服了，但內戰因素却還沒有澈底消滅，玩火者還不會死心塌地放下屠刀：蔣主席的四項諾言，誠然是漂亮的，但直到現在還沒有不折不扣地兌現，相反地，一月以來，反民主的現象還層出不窮：政協會的五項協議，誠然是値得高興的，但那還只是文字，而不是實際，而且應當估計到：反人民的集體，是會使用種種方法來破壞一切好的協議，阻攔它的實現的。所以，中國的前途，困難正多，要把政協會的一切決議全部實現，把一

當專政制度完全結束，建立眞正的民主國家，正需要全國民主人士和全體人民的加倍努力。現在我們正處在轉捩歷史推動歷史嶄新的時機，錯過了這個時機，恐怕沒有更好的時機了。

新聞工作者，是人民的喉舌，是民主思想的播種者，由於他的工作，在啓迪民智，表達民意，批評政府，督促政府上，具有特殊的效用，因此，在這新的形勢之下，更應當負起責任來。爲了發揮更大的力量，完成所負的責任，必須改變舊的工作作風。

首先，對於進步和新鮮事物的痲木不仁的症狀，對於黑暗勢力的軟癱的症狀，應該診治。過去因爲黨化的新聞政策的毒，因爲檢查制度和文化特務制度的威脅，迫使新聞工作者變成了夜間的梟鳥，面對着無底的黑暗，而毫不驚奇，毫不動心。久而久之，磨損了智慧的光芒，失掉抵抗強暴的能力。對於某時某地的進步和新鮮的事物，不是無意的忽略，便是有意的抹煞；對於腐朽的醜惡的東西，不是沉默，便是遮掩。當然，這種症狀的造成，主要由於客觀環境，主觀上的弱點，也是一個原因。

新聞工作者應當爲廣大人民服務，而不是爲暴君獨夫服務，應當爲新生的光明的力量工作，而不是爲沒落的反動的力量工作，當爲眞理奮鬥，而不是爲個人的金錢地位「奮鬥」。現階段中國的唯一的眞理，絕對正確的眞理，四萬萬五千萬人民要追求要實踐的眞理，不是別的，而是民主。去年，英國的一家報紙，曾稱歐洲的地下報紙爲「民主主義的利劍」。現在黨化的新聞政策，和一黨專政的制度一樣，還沒有眞正的結束，大後方的新聞檢查制度，表面上是取消了，實際上還受着重重的或明或暗的束縛，沒有採訪與報導的完全自由。只有揮着利劍，才能够衝破黨化的新聞政策斬斷一切鎖鍊，剷除一切荊棘，爲中國民主事業開闢出一條康莊大道。

從人民的立場出發，從民主的立場出發，新聞工作者應當有熱烈的愛憎與分明的是非。過去由於暴力的壓制與無理的干涉，愛憎的標準與是非的尺度，實在有點顚倒，有點錯亂。値得敬愛的東西，不敢敬愛，或不敢表示敬愛；應當憎恨的東西，不敢恨，或不敢表示憎恨。該歌頌，該詛咒的不詛咒。對於是非，不是吞吞吐吐，模稜兩可，便是顚之倒之，亂七八糟。是的東西，不以爲是，或不敢以爲是，而反以爲非，非的東西，不以爲非，或不敢以爲非，而反以爲是。一個普通的公民這樣做，會產生嚴重的惡果會使社會墮落，使國家退步，可愛的事物不易毁滅，甚至日趨鞏固。是的東西，不能取得社會的公認，非的東西，又不能受到社會的否定。長此下去，中國會變成怎樣的一個國家，新聞工作者會變成怎樣的一種人物，眞是不堪設想。

「爲了人民，爲了國家，也爲了新聞工作者自身，應當把愛憎的標準與是非的尺度扭正過來，對於新鮮可愛的東西，要有「糾纏如毒蛇，執着如厲鬼」的精神，不肯輕易放棄：對於醜惡可憎的東西，又要有「不共戴天」和「除惡務盡」的精神，不肯輕易妥協。是就是，非就非，絕不吞吐，絕不錯亂。新聞工作者的鋼筆，不僅是民主主義的利劍，還應當是愛憎是非的最公正的天平，不因利誘威脅而亂加上一個籌碼或亂減去一個籌碼。魯迅說過：「世界上倘眞有要活下去的人們，就應該敢說，敢笑，敢怒，敢罵，敢打，在這可詛咒的地方，擊退了可詛咒的時代。」我們不但要活下去，而且要活得有意思，活得自由幸福就更需要這種「敢」的精神。是的，一二十年以來，特別是抗戰以來，中國曾有不少的新聞工作者，在重重的壓力下，爲反對倒退，反對內外的黑暗勢力，爲爭取自身的自由與全體人民的自由，曾進行了堅毅的戰鬥，發揮了「富貴不能淫，貧賤不能移，威武不能屈」的民族氣節。他們寧受飢寒，而不願受豢養，寧犯大威，而不願被強姦，寧受普洛美修斯的遭遇，而不願放棄理想，把空氣和陽光帶給鐵屋子裏的奴隸，把火種帶給冷酷的人間，這些新聞戰士的業績是不可磨滅的。但鐵屋子還是這麼漆黑，人世間還是這麼冰冷，正需要後起的新聞工作者踏着先驅者的道路繼續戰鬥，給中國以更多的空氣和陽光，給人民以更多的溫煖，使本來黑暗的，光明起來，已經光明的更光明起來：使該死的趕快死掉，新生的迅速成長。

數年以來，新聞工作者，除官方特許的組織而外，是沒有自己的組織的，反人民集團是害怕一切人民組織的，更害怕新聞工作者的組織與團結的阻撓，壓制，破壞，無所不用其極。過去的青記學會就是顯明的例子。而所謂新聞界也就變成了黨員團員活動的天地，新聞事業也就變成了造謠的事業。這種不合理的情況應當改變，就和政治上的一黨包辦制度應當改變一樣。而進步的新聞工作者應當組織起來，也就和民主人士應當組織起來一樣。只有堅強的組織，從消極方面說，才能够有效地抵制反人民集團製造出來的一切桎梏，從積極方面說，才能够發揮巨大的力量，成爲人民的眞正喉舌，與團結整個的民主運動相配合。這種組織與團結，不僅是國內的，還應當是國際的，中國的反人民集團，不僅對於國內的進步新聞工作者，要橫加壓迫，就對於進步的外籍記者，也予以種種限制。魯斯到中國來，會受到黨國要人熱烈歡迎，而進步的美國記者史諾，愛金生等，却不准進入中國。足見黨化的新聞政策，是中外記者共同憎恨的東西，眞是老鼠過街，人人喊打」，應該聯合起來以共同的力量爭取新聞自由的澈底實現。世界的民主和平，是不可分割的，世界的新聞自由也是不可分割的。而沒有眞正的新聞自由，就不會有眞正的民主和平，即使有也不會得到堅固的保障。

所以，爲了國內的民主和平，也爲了國際的民主和平，新聞工作者應當握緊時機，盡最大的努力。

原子彈政治

赫生

在日本宣布投降不久，我曾和一位美國新聞記者談論國際間的大事，他得意地說「：國際團結是必然的了。美國出來領導，英國跟着來，中國跟着來，蘇聯也得跟着來——蘇聯再能違抗美國和其他國家的共同意志，要違抗，美國就會用原子彈把他炸掉。」

當時日本天皇正宣稱日本投降的原因是原子彈的破壞力太大。這位美國朋友在勝利歡樂之中天眞地描繪出一手拿着原子彈一手牽着全世界民族的鼻子的山姆叔的圖像來了。

後來在別的地方我又聽到一個中國官員同樣得意地說：「蘇聯得用原子彈來好好地教訓一頓才行！」好像原子彈也是他家的似的。

從原子彈出現那一天起，許多人的興趣突然濃厚起來了。他們從來對國際團結與和平是冷淡的，此時比任何人更起勁地談國際團結，談「世界政府」，核心同盟」（Nuclear alliance），而在談論中露出不可掩飾的殺機談「蘇聯得跟着來！不來嗎？仔細原子彈！」

在倫敦五國外長會議中，貝爾納斯和貝文一方面不許蘇聯參加共管日本，一方面固執要法國參加簽訂對羅馬尼亞和保加利亞的和約。莫洛託夫堅持共管日本，反對英美簽訂和約的辦法，並解釋說根據波茨坦宣言，法國不能跟他所不宣戰的羅保等國簽訂和約，猶之乎美國不能跟芬蘭簽訂和約一樣。但莫洛托夫的解釋無效，會議無結果而散。爲甚麼英美的外長固執地要這樣做呢？主要的用意除褫奪蘇聯在遠東的發言權與增强西方盟國在東歐的發言權之外，便是要打破波茨坦宣言的莊嚴，開一個違反這宣言來行事的先例，以後好不斷的節外生枝，以會議上的多數票在各種爭論中壓倒蘇聯。這是外交上反蘇的姿態。

就在這個時候，美國有一班人在發出議論，說原子彈發明後國際環境與戰略思想已有根本的改變，波茨坦會議所規定的管制德國計劃已陳舊而適不用，舊金山會議所決定的聯合國憲章也已成明日黃花了。所以，據這班人說，波茨坦宣言與聯合國憲章有更改或取消的必要。例如有人主張取消强國的否決權。這班人進而主張組織所謂核心同盟，以美國爲領導的國家，大家都「跟來」。這種「核心同盟」的主張「事實上就是一個反蘇同盟。」（見十月二十七日民族雜誌社論）。這是輿論上的反蘇姿態。

同一個時候，巴力斯坦和伊朗北部發生問題了。巴力斯坦之所以發生問題，是由英國「用猶太人的血和猶太人的苦難做本錢來買得阿拉伯人的煤油和友情」，以防止「蘇阿聯盟」。而「英美聯盟的眞實基礎」就是要把俄「羅斯巨人圍困在被封鎖的疆土之內。」（Ben-horin 文，見民族雜誌）。伊朗北部的事件是由於反動的統治者壓迫阿塞爾拜然省的少數民族而發生，英美藉不干涉之名要求蘇軍撤退，好讓在英美操縱下的伊朗政府軍「平亂」，使英美的勢力能直接到達蘇聯邊境而接近蘇聯生命線的高加索油田。英美是從不忘懷於接近高加索油田的。我們記得當德軍進攻蘇聯正急時，英美曾以援助爲名要求蘇聯把高加索的蘇軍與飛機調到前線去抵抗德軍而把後方的基地交給英美軍使用。蘇聯答覆說：如果英美誠意來相助就請把空軍也調到前方來共同對敵作戰，不必佔取蘇聯後方的基地。那時曾引起了英美與蘇聯之間的齟齬，結果也只有暴露！英美反動派反蘇的陰謀而已。今天阿塞爾拜然事件也正意味着同樣的事。蘇聯爲着自己疆土的安全，當然不肯撤兵而讓不友好的勢力逼過來。何況在同時候與不遠的地方，英國所控制的土耳其也發生反蘇示威與搗毀蘇聯商店的事件，蘇聯自不能鬆懈其警戒。

還在遠東，美國也以幫助中國受降爲名而把觸角伸入華北與東北，要在蘇聯邊境安置反蘇的前哨。儘管美國的籍口如何漂亮，「美國在這個地帶的行動，不能不使蘇聯理由充足地懷疑美國的動機，因爲這個地區離開美國可能設想爲有關其安全的地方都是太遠了。」（十月十四日紐約工人日報）。

在美國國內，政府下令繼續製造原子彈，保持相當大的海陸空軍，並討論海陸空軍統一指揮的問題。這難道是用來對付已被戰敗的德日意三國嗎？誰都知道這是要用來對付蘇聯的。

這些都是軍事上反蘇的姿態。

這種反蘇的陰謀蓄謀已久，曾因克里米亞會議與柏林會議三國領袖的協調而暫時消沉。但現在因爲有了原子彈壯膽而復活了。

× × ×

爲什麼要反蘇呢？

基本的原因雖然是資本主義與社會主義的矛盾，但這兩種制度現階段的特殊性規定着它們在一定時期間內和平相處的可能，在這階段的反蘇活動與其說是兩種制度固有的矛盾發展不如說是少數人挑撥。

社會主義現階段的特殊性是經濟建設從社會主義向共產主義的過進，以建設的成功保障社會主義的勝利。在這種情形下，它所需要的是安全，是和平，而要保障和平與安全，就需要加强國際的合作。因此蘇聯不需要戰爭：一切牽涉蘇聯的國際的糾紛都不是蘇聯發動的。資本主義國家現階段的特殊性是努力避免經濟危機，延長衰敗中的資本主義的壽命，但不能採用把德日等法西斯國家導入敗亡之途的軍事侵略手段而只能採用穩健的和平的方法，這種方法最典型的便是美國朝野大多數人所主張的提高各地人民生活水準。購買力，廢除關稅壁壘，以促進國際貿易。在這種情形下美國和英國也是不需要戰爭的。

然而在美國和英國（以及其他許多國家）卻有需要戰爭的人。這些是什麼人呢？法西斯殘餘份子，是最壞的帝國主義者。他們對於德日等國的敗亡懷着兔死狐悲的心情。他們對蘇聯和人民的勢力有先天的仇恨，因爲這些勢力可以推翻他們的支配與剝削的地位。他們看到：蘇聯威信的增長意味着反動勢力與舊的不合理制度的消滅：社會主義的消滅：將使得橫跨歐亞的大國成爲殖民地市場，可以幫助解決資本主義的危機。還有更短視的人，認爲戰爭的繼續既可以使他們獲得更多的利潤，避免戰後的經濟危機，又可以把人民的憤恨轉移去對蘇聯。在美國，美國第一主義者的法西斯份子與克利甫羅華德系報紙的死硬派以及想做駐華大使而做不成的魯斯之流，都是幾乎以反蘇爲職業的。在中國，漢奸和有汪派意識的人都是主張反蘇的，因爲反蘇就是反人民，那時他們不獨可以免於懲治與淘汰，而且可以獲得要職。你去調査罷，曾經「落過水」的人沒有不反蘇的：中國如此，外國也如此。

這些人從廣島原子彈的爆炸聲嗅到了第三次世界大戰的火藥氣味。他們馬上活躍起來，企圖用原子彈破壞英美和蘇聯的團結，鼓動反蘇戰爭。他們雖然也會鼓起了一些風浪，但英美負實際責任的領袖們一考慮到從事戰爭的具體問題時，却不能不冷靜下來。要發動反蘇的第三次世界大戰麼？如何發動呢？在歐洲能夠動員比希特勒的國防軍更強大的兵力去進攻蘇聯麼？在遠東能夠動員比用以對付日本的更強大的兵力進攻滿洲和西伯利亞麼？戰爭第一年內要傷亡多少人？要消耗多少物資？用什麼國號或打起什麼旗幟可以維持民心士氣與號召全世界的支持？沒有適當的旗幟以資號召，如何能防止國內與殖民地的反對（例如罷工怠工以至於騷動暴動武裝革命等事件）？這些都是冷酷的現實問題，是美國或任何其他資本主義強國所無法解決的。以爲光靠原子彈就可以制勝麼？那是太可笑的想法，太容易給昭和愚弄了。不錯，原子彈可能炸毀許多歐洲城市，炸死很多歐洲人民，但是原子彈不能佔領疆土，不能炸掉人民的反抗意志，因而不能解決戰爭。要用原子彈把蘇聯全國人民都炸死完，那在技術上與道德上都是離現實太遠的事，不獨做不到，而且一經露有這種企圖時，美國的威信與地位就要立即削弱或被推翻。而且，誰能保證蘇聯沒有原子彈呢？

這些具體的作戰的問題和遠大的政治經濟社會問題決定着英美的執政者不敢冒險作法西斯的賭博。但兩種制度固有的矛盾又使他們不能放棄反對蘇聯的措施。因此原子彈所鼓勵他們的只是從事於限制蘇聯的發展，打擊蘇聯的威信，把蘇聯「圍困在被封鎖的疆土內」，在蘇聯邊界佈置反蘇的前哨，在蘇聯的鄰國樹立反蘇的與親英美的政府，以便將來可能的世界大戰發生時可處於必勝的地位。在這個前提之下，原子彈不是被用作戰爭的武器而是被用作威嚇的工具：牠的工用不是牠的威力的潛在性（Potentiality）。

× × ×

在杜魯門和貝爾納斯手上的原子彈和法西斯死硬派眼光中的原子彈是不同的。後者是要用原子彈來「教訓」蘇聯一頓，是要用來投到莫斯科去。前者則僅僅用來恫嚇蘇聯，要他俯首就範，聽從美國的領導。

幾個月來，原子彈問題在美國鬧得震天價響：一會兒說原子彈是「神授予」的秘密，美國有保持這秘密的責任，不能公開：一會兒又說準備把這秘密交給國際的組織，但條件是蘇聯要說出他的願望，保證沒有更多的「要求」，並且也得把他的科學情報公開出來。把這高爾夫球玩弄在手上，像魔術家一般，在「俄羅斯巨人」的眼前幌幾下，不管這巨人是否抬起頭來望，便迅速地又把牠收到魔術袋裏去。這就是白宮的「政治」。

這樣，原子彈自誕生之日起，它的價值就經歷了三個階段。起初是最可怕的武器，掌握它的人以爲這個武器可以爲他建立起世界霸權。但是稍爲冷靜下來之後，便發覺這可怕的武器是不能使用出去的，只能用作恫嚇的工具。其所以能有的價值，是因爲它的威力的潛在性。但不能發揮的潛在性是不能盡恫嚇的作用的。於是原子彈變成了沒子彈的手槍，一點也嚇不倒蘇聯（美國參議員詹森語，十月二十九日路透電）。雖然沒有了恫嚇的價值，美國仍死死握着它不放，把它弄在手上，加上「神」的標誌，罩上「秘密」的外衣，作爲對蘇聯討價還價的商品，由爭霸的武器變成沒子彈的手槍，再變成引誘顧客的商品，原子彈的價值是每況愈下了。靠原子彈來壯聲的外交，如何能收到預期的效果？

作爲「商品」來看的原子彈它還秘密的時候對於顧客才有誘惑力。故無論蘇聯是否願意做「顧客」，是否會受其誘惑，但這種秘密究竟是不能保持的。在美國陸軍部下令禁止洩露原子彈的秘密之後，參加原子彈發明與製造的科學家曾在若干地點舉行會議，討論這個問題，所得到的結論是：「沒有秘密可守。人類知道這種能（原子能）的存在已經四十年了。在過去五年中，全世界的科學家都已共同知道放出這種能的各種原則。每一個先進文明的國家都有科學家能夠研究出這樣做的詳細方法。每一個先進文明的國家都可以獲得製造原子彈的一些資源。」（十月八日新共和雜誌）

據我們在報上所聽到的，德國在失敗前對原子彈的研究已瀕於成功，美國之所以搶先一着，是因爲捕獲了納粹間諜，套出了德國科學家所得出的方程式以補充美國科學家的不足。日本從事這種研究也已經很多年了，據說是因爲沒有鈾才把它放棄，不然，恐怕日本現在也有了原子彈。據日本原子能科學家說，蘇聯研究原子能的成績也很好，也許已經發明其秘密了。在美國大談原子彈秘密時，蘇聯科學家也發表他們研究宇宙線的消息，而宇宙線對有原子的分裂是有很大作用的。這也許是暗示蘇聯對原子能的研究已達到了很高深的程度。而且，據大公報記者報導，蘇軍入德境後，已將德國研究原子能的設備與科學家都遷到蘇聯去了。據十月三十日基督教科學箴言報載，在蘇聯的德國研究原能的科學家有與託漢（Otto Hahn）和勞伊（Otto Lave）等。蘇聯兩國科學的研究成績合起來之後，，誰能保證蘇聯未知道原子能的秘密呢？

退一步說，即使現在只有美國（還有英國和加拿大）知道原子彈的秘密，但這秘密是不能保持很久的。有人估計五年之內蘇聯和法國就可以製造原子彈；也有人估計兩年。無論五年也好，兩年也好，總之時間愈過去，別的國家的研究就愈接近成功，美國居奇來討價的原子彈秘密的價值就愈減少，而作為外交的本錢的原子彈的作用終要等於零。

基督教科學箴言報還說：那些研究原子能的專家們「已自成國際聯盟，原子彈之類的大發現猶同閃電，不分畛域，光耀全球。因此要想使這些科學家不為全人類而單為一國工作，那簡直是白日做夢。「科學是人類努力的成果，科學的發明是全世界科學家的共同財產；宇宙間的真理是不偏愛誰的，誰努力研究都可以發現它。把科學的真理看做「神」賜予美國的特權，那只有瘋狂的美國第一主義者才會這樣做。

× × ×

對原子彈如此過份重視的美國，也特別害怕原子彈。把原子秘密死抱着不放，一方面是外交的策略，另一方面也是出乎畏懼原子彈的心理。

美國科學家的意見可以代表一般美國人的心理。他們說：廣島與長崎轟炸，只是原子彈破壞力發展的初步而已。「在將來不久，用更多更大而更有效的原子彈便可以幾天內毀滅一個國家的全部人口和工業與軍事力量。而且。航空與火箭技術的發展還可以使這種破壞於數小時內完成，對於這種襲擊，沒有可能取報復的手段。」這些科學家又說沒有方法防禦原子彈的襲擊。一架火箭飛機可以攜帶很多的原子彈，假設有十架火箭機載着原子彈來襲擊，我們打落九架，但只要有一架能漏過而達到目的地，我們就等於沒有防禦原子彈。美國人這樣迷信武器在戰爭中的決定作用，對原子彈這樣的武器自然要以恐懼的心情把它神化起來的。

那麼，照美國人自己看來，美國在這種原子彈的戰爭中的強弱形勢如何呢？這些科學家說：像美國這樣的工業國家，最經不起這種襲擊，因為他的工業與人口的高度集中。任何一個擁有小數量的原子彈的國家都可以把任何敵國的戰爭潛力完全破壞掉。「擁有原子彈數量較多並不是一種優勢；優勢是『先下為強』。（以上所引見十月八日新共和雜誌）。照他們說來，美國的發達的廠業與巨大戰爭潛力不獨不是美國的優點，反而是美國的弱點。假如別國也有原子彈，在戰爭中那對美國將是如何大的危險。

假如別國也有原子彈，在外交上美國就要和他們立於平等的地位——美國人這樣想。那時美國將不成其為領導國，沒有那個國家願服從地「跟來」了。這種政治威勢的消失對於經濟利益將有如何大的影響。

因此原子秘密是萬萬不能讓他國知道的，還是「神」付托給美國的，美國得好好地保管它。基於這種心理，美國的陸軍部不管科學家如何反對，火速下令破壞日本人研究原子能的設備，好像遲一分鐘破壞就會讓外國人盜去神聖的秘密似的。對於「謎」一般的蘇聯，美國也疑慮他是否也獲得了這秘密。杜魯門，阿特里，金氏三人會議之後，發出宣言要蘇聯也把他所知道的原子能秘秘公佈出來，他們才肯把這秘密公佈。雖然莫洛託夫說蘇聯也要有原子能，但還不能叫美國放心相信蘇聯現在沒有，最近亦不會有原子能。最近倫敦報載羅漢石研究所所長稱蘇聯已有一種炸彈，其威力遠超過刻下英美炸彈，杜魯門特別為此事發出聲明，說美國無理由相信蘇聯已有原子彈。（一月八日合衆電）這種疑神鬼的心理正反映美國對原子彈的懼怕。對原子彈的過份重視會使美國在外交上跌屜了一個時期；反之，對原子彈的過度懼怕也使美國易於回心轉意去覓取蘇聯的合作。

美國之所以害怕蘇聯獲得原子能，還有一個重要的原因，那就是原子能在生產上的應用。一茶匙那麼多的物質，就可以使皇后輪船環行世界一週，這是如何偉大的動力。這種動力應用於工業之後，現在的電力及其他一切動力都要變成渺小陳舊的東西，工業生產力將要向上飛躍，擴大不知多少倍。這種生產力不是資本主義的生產關係所能容納的，那只有社會主義的生產關係才能適應。

在這次戰爭中所提高的生產力，已使美國遇着六七百萬人失業的頭痛的問題，到原子能使生產力獲得革命性的提高之後，美國的失業人口將不知增到多少萬，工廠將不知倒閉多少間，社會將不知發生怎樣的嚴重問題。這是美國最害怕的陰影。可是這陰影在蘇聯是不存在的。蘇聯沒有失業的少一欄提高，只有促進蘇聯從社會主義向共產主義的飛躍而已。原子能在生產上的運用對於美國是惡耗，對於蘇聯却是福音。我們可以想像得到（美國人也可以想像得到），若干年之後，蘇聯的工業生產將因原子能的運用而大為進步，把現在第一工業國的美國遠遠地撇在後頭。這個遠景不獨是美國第一主義者所不敢設想，就是美國一切資本家都不敢正視的。

× × ×

因此原來用以威脅蘇聯的原子能，像 Boomerang 一般反成為對美國的威脅了。已經發明了的東西不能把它回復到未發明的狀態，更不能阻止別人發明。聰明美國領袖只有一條路可走，就是趁未證實蘇聯也發發明了原子能的時候以合作的態度把秘密公開出來和蘇聯共享，由此而促成國際間進一步的合作。

莫斯科三國外長會議顯示杜魯門和貝爾納斯有這樣做的意向；原子能委員會的組織將是國際共管原子彈的第一步工作。但是，杜魯門和貝爾納斯這樣做之時候並不是沒有受到國內某部份人的反對的。會議公報發表後不久，美國國會即有人對管制原子能的決定表示反對，共和黨參議員范登堡說「此項規定可能使美國與蘇聯共享原子能秘密而未獲對方提出安全保證之補償，」因此「對原子能之規定，美參院不能接受。」（一月七日中央紐約電）。這種反對的力量已逼使貝爾納斯再「向美國人民保證原子之秘密仍得確保。

」（一月八日中央社電）。美國的頑固份子還是不肯棄用原子能的秘密來壓迫蘇聯的。

然而，無論美國恫嚇也好，誘惑也好，蘇聯對原子彈只是採取一貫的泰然不動於中的態度。蘇聯沒有要求過美國把原子能的秘密分給他；莫洛托夫主張原子彈不應保守秘密，不是說蘇聯要求知道這秘密，而是要各大強國放棄軍備競賽的政策。美國藉口維持和平來保守原子彈的秘密，莫洛托夫就指出他這樣做不是要維持和平而是製造戰爭。美國喋喋不休地以原子彈來相威脅，蘇聯不能充耳不聞，因此莫洛托夫對這種步武納粹唯武器論的製造戰爭的政策作強有力的抨擊，並指出原子能不是美國的專利品，蘇聯也要有原子能。然而，這不是說蘇聯要在原子彈的製造上和美國競賽，愛好和平的蘇聯是不愛好原子彈的，他所愛好的只是原子能而已。（廣州字有一家雜誌歪曲了莫洛托夫的原意，在引用他的話時把「我們也要有原子能」的「能」字改爲「彈」字這樣來故意誣蔑蘇聯努力發展建設性原子能——這是強烈的對照，這種對照必然削弱美國的地位而增長蘇聯的信譽。握着原子彈的美國在哪一點上可以威脅蘇聯呢？

蘇聯堅定不移的態度將使反蘇份子利用原子彈來破壞世界和平的企圖歸於失敗，假如蘇聯在反動份子的威脅之下表示怯懦，他將不能成其爲和平的堡壘，其結果要不是法西斯份子鼓動起反蘇戰爭，就是美國和英國步步進逼，到掌握着蘇聯的命運在手上爲止。由於蘇聯的不屈不撓，反蘇份子無所施其計，而步步向戰爭與毀滅走去的美國也會望到前途的可怕，將自覺地回復到國際合作的途徑來。

挑撥離間言論應即停止（香港通訊）

孫院長在香港各界歡迎會上演講

立法院長孫科，在香港大酒店各界歡迎會上，對中國政治問題，發表演說，認爲中國今後的國策，是「和平建國」。關於最近東北問題，他強調指出蘇聯並無領土野心，孫氏說：「與國防同樣重要者爲外交，任何一國均不能孤立，今後我們的外交，爲加強聯合國對同盟國特別是與我們並肩作戰的美英蘇的邦交，今後世界和平，繫於此四大強國者至大，國際間實不容有誤解或敵對的態度」。

孫氏復指出：「最近香港若干報紙因蘇聯未撤兵事所引起的對蘇不信任，甚至有反蘇宣傳」，這是絕對不應有的。且這種含挑撥離間懷疑性的言論，不僅對國際合作有極大妨碍，且百分之百有害而無益，希望輿論界今後對此，特別注意。

彼一再聲稱：「今後不容許再有戰爭，更不容許鼓吹戰爭，今後唯一的途徑，爲建立和平的世界，國與國之間應彼此諒解，認與互讓。目前若干人士和輿論界對東北問題的誤解，若干報紙誇大的宣傳東北問題，實是一大危險，對事毫無所補，相反的結果是百害而無一利。有人認爲美國對我援助甚多，又無領土野心，應該親善，英國也改變了過去的政策，亦可親善，但蘇聯則不然，提起了蘇聯，大有談虎色變的樣子，認爲蘇聯不可靠。其實，這是錯誤的認識，我可以向各位說，這是過份的疑慮。我從一九零八年便開始研究蘇聯了，至現在，約四十年，而且近數年來，我曾親自到過蘇聯兩次，從兩次目睹的蘇聯情況，更增加我對蘇聯的認識。

我認爲對蘇聯應該從新估計的，在這次戰爭之前，國際間對蘇聯太隔膜了，一九二八年我到英，法的時候，就發現了他們對蘇聯的完全不瞭解，而且先就有了成見，歐戰初期的不合作，就是明證。」

關於傳說蘇聯對我有新要求的問題，孫院長稱：「我判定蘇聯對我國並無領土要求，如果有，則早已爲之了。比方說，當時我國能力不曾及的新疆，它爲什麼不侵略呢？再就東北來說，如果蘇聯要佔領的，則又爲什麼要和們簽訂條約呢？

至於所謂撤兵延期，這當然有種種原因存在的，因爲中央軍未能及期開到，運輸工具缺乏等都是其中的主因之目前中央軍在東北的不過一二師而已。

我可以說，蘇聯對我們只有德而無怨，目前的反蘇宣傳，實非忠厚的中國人所應有的，同樣的反英美也是不應有的態度。」

孫院長最後結束其達一小時的演說：「今日國內要和平，國際也要和平，若國內不和，或對外不和，都足以招至戰爭的危機，和極不智的舉動。」孫院長詞畢，並舉杯高呼：「和平，和平，和平建國！」

（轉載自二月二十三日廣州建國日報）

專載

完成國家民主化

以國民黨的黨內民主化

陳銘樞

我們應作順潮流的成功者，不可作逆潮流的犧牲者；倘順潮流而努力者被犧牲，則國家前途將不堪設想啊！

中國二千餘年歷史，更朝換姓，互相砍殺，係一部腥血史。每值世亂之際，四方蠭動，羣雄席勢抗衡，殺到剩下最末一個頭子，放棄最後一桿戈矛，方入平定之期。轉入民國北伐以來，國共兩軍爭鬥，兵連禍結，幾二十年，愈演愈劇，目今一旦雙方放下槍桿，聽從政治解決，講求談判之策，化爲國軍，完成統一，直是開歷史一個新紀元，全國同胞那一個不額手慶幸。而這個偉大的歷史創造，不能不歸功於大國友邦馬歇爾特使居間調停的努力，雖然在形式上不是國家光榮的事。

二次世界大戰，軍人死亡千萬，平民更不計其數，誰不懲禍寒心，重來起釁！故今國際集議合謀，無非蘄求息爭和平之策，而我國在國際地位之重要，尤爲安定世界和平之支柱。請言其故。我國進入現階段，經從蠶食鯨吞取敗侮亡的險惡形勢，轉變爲政治建設、經濟發展的互助互榮的關係。即是由列強虎視眈眈的複雜環境，轉變爲與大國友邦相依爲重要的單純環境。因爲如此，昔日帝國主義者之唯恐我之不亂的企圖，變爲今日大國友邦唯恐我之亂。並且不僅不欲我之亂，反欲我能成爲強大獨立的國家。因爲必須我能強大，能獨立，方配得上與大國友邦攜手並進於繁榮之域，共同安定世界永久的和平。倘若不然。我仍在紛亂之中，陷於國際低落的地位，對各大國友邦間，不易取得平衡的政策，（不能如現下的法國）一有倚輕倚重或被動一方利害，必且[illegible]的衝突，這是很明顯的趨勢。因爲這正反兩種的緣故，所以大國友邦都需要我和平、統一、強大、獨立；尤其是在友好的歷史上，在政治的關係上，在經濟的發展上，與我最密切的美國，更急盼我能走上這個康莊的大道。跟着上所分析，我可下個斷語：中國和平的命運，係已經決定於國際的。國際需要和平，我不能不和平，所謂『勢之所趨雖有大力莫之能抗』的。然而非實現民主，則不能眞正和平，這亦是跟着民主世界的大潮流而來，更莫之能抗的啊！倘我仍跟着從前法西的國家叫獨裁，才是壞事，現在跟着要民主，並不是壞事呀！倘仍如前受人家挑撥內戰，才是壞事，現在賴人家促成和平，並不是壞事呀！國際的關係，總不出美惡兩面，現在這種關係，絕對係美的，不是惡的。只要我接受人家的美意，我們朝野間相忍相愛，眞誠爲國，照着去做，便不費力度入治平的新紀元。這個客觀的偉大福利的形勢，明明白白擺在面前的。我們如不一體認定，共同向着追求前進，時機一誤，將貽害百年啊！

上說的國際關係於我國前途的判斷，我相信凡認識世界潮流者，決不會否認的。若承認這個判斷，則這次政治協商會議成就的五項題目，就是伸手接受這個偉大福利的開始。這使我們無量感謝吾黨總裁的明智睿斷之所賜。所以我們要竭誠擁護政治協商會議的決議，並共促議決八項的一一實現。可是很不幸的，有些人反欲把伸出去接受和平的手拖回來。較場口的事件，就明顯表示這樣企圖。這不僅是全國要和平要民主的同胞痛心！且爲親善的友邦所痛惜！我眞百思不解。這些企圖的人們動機何在？國家的利害，係共同的利害，不是私人的利害，我誠懇希望這些人們平心靜氣反省一下，檢看自家的出發點係爲公抑係爲私呀！並且近日在市上普遍鬧着『美蘇衝突』『第三次世界大戰快要起』『邱吉爾赴美策謀英美動員對付蘇聯』等口號。三次大戰的口號嚷了數月了，現又重起喫來，純是利用和刺激落後的民衆心理的作用，這種作用。係極危險的：試問如這一些人們所想的三次大戰將以中國爲主要戰場，中國市場尚破壞不完嗎？農村尚殘毀不盡嗎？人民尚窮不到底嗎？流離喪亡尚有孑遺嗎？民智愚昧尚束縛不够嗎？大戰於我有甚麼好處。倘國際形勢果會發生三次大戰，非我國所能避免，則尚有何說。然而這斷斷不可能。斷斷不會形成事實。我敢向我全黨同志下個保證，第三次大戰在最近的將來任何國際嚴重衝突的形勢之下，亦絕不會發生的。推之致遠的將來，亦不會發生的。諸同志放心罷！不要作此就心！不要作此夢想！

現代全世界某一國的政治都離不開國際的關係。所以必須認識國際現狀和未來的趨勢。尤其特別關於本國前途的關係。上所說我國開了和平弭兵的新紀元，國際決定了我國和平民主的命運，和較遠的將來第三次大戰決不會發生，這三個基本的觀點，非徹底認定不可。但如何才能徹底認定，非將其他從主觀偏見出發的一切不正確觀念澄清了不可。若不澄清這些不正確的觀念，便會隨着國際種種表面上的波浪，旁流，和有作用的故弄技倆的形象所摸糊，進而動搖自家決定正確前途的根本方針。我們的正確前途爲何？即是從和平弭兵而走上去，從實現民主而達到的。這個根本方針，必須堅決認定上推論得到三個基本觀點，一心一德，毫不疑忌徘徊，朝野攜手向着民主的公共目標前進，方能打開光明大道。果能如此，請進而檢討本黨以往的工作，和今後偉大的任務。

把這次政治協商會議決定的五項要目來看，實切合於目前安定大局和實現民主初步的要求，在政治經濟方面並未超過本黨第一次全國代表大會宣言及去年六全大會宣言所主張的範圍。在政治機構及憲法草案方面，不過容納在野黨派的政見，和參加政權，亦屬折衷的方案，所謂卑之無甚高論，值不得大驚小怪。我們所應注重者：係切合與否的問題，不是或左或右誰利誰害的問題。即就本黨的立場來看；各黨派及無黨無派均一致奉三民主義爲圭臬，仍依照五權憲法的制度，承認本黨爲第一大黨，和共推本黨蔣總裁爲全國領袖。雖甘放棄黨治，結束訓政，還政於民，而在法治的精神與形式兩面都未損及本黨的領導地位。試問我們失去了甚麼？凡屬本黨的前進分子和認識時代的同志，以及全國民衆所渴望從此得到和平，無不衷心贊成這個協商的成果。然而在會議結束後，黨中異論，反見紛然，何以呢？我想所不贊成者，祇有企圖繼續包辦黨的一些同志而已。回溯本黨自民十三年改組，至國民分家當中，天下英才幾爲本黨網羅已盡，雖十餘年來內亂頻仍，抗戰繼起以迄於今，本黨同志仍遍佈於全國，在社會各基層，有廣厚的力量，和負衆望作支柱的人材共數何限。然試問這許多人材，能過問黨政者有幾？語及黨政不疾首蹙額者又有幾？大都被拒絕於黨的大門之外了，這不是包辦的結果是甚麼？本黨黨治在訓政時期垂二十年矣！如許長期間，非特不能訓民行使四權，反令人民本身的自由權利剝奪殆盡，反令人民的生活日加痛苦，試問本黨負着人民這宗不可計算的絕大債務，應該屬於全黨同志共負其責嗎？且應該是上說的無數人材能過問其責嗎？這不是包辦的服果是甚麼？黨治黨治者，黨權專制政權，政權從黨權產出。十餘年來，語及吾黨政權，祇看見官僚，看不見人民，貪污殃民之風，超過北洋軍閥時代，騰笑中外，無人敢否認的。姑退一步說，這與主黨者無涉。然試問各省地方主黨者不與主政者通同作弊者幾何？其本身不腐化貪污者又幾何？豈眞本黨賢能廉潔的同志乏其人嗎？這不是包辦的結果又是甚麼？三民主義本是極民主的。這次所協商的內容，本是我黨所應自動允許，向以待至今世界民主的大潮流，反被黨外人士聯合向我們要求民主，觀我方與他們酬應的同志，幾乏招架之力，而所協議的結果，又並不出我們國父遺教的範圍，何異他人入我之室假我之利器而反擊我！計本黨同志在數十年革命的紀錄，和在黨政軍社會事業所切身經驗，以及本着這種寶貴條件而鼓勵其志操，以追求時代進步的許多人物，眼光光看着他黨與我黨爭辯而旁觀嘆息，所以流行一種「黨外民主黨內獨裁」的口號。這不是包辦的結果又是什麼？上舉四端，包辦結果所表現的爲害之烈如此。猶未說及自其身之害哩！包辦者自身之害，莫過於對他黨祇有消極的防範及妨害，而對自黨毫無積極的建設和政策。甚至充分發展自私狹隘的心理，採取不正確的手段，變本加厲，形成黑暗的鬥爭，失義去主的立場。三民主義國父遺教變成口頭禪，爲世詬病，世界各國政黨間的光明作風，從未見過於國共對立的時代，這是全國民衆所最疾痛的事，似這種作法，試問怎能走上民主的道路呢？目今全國民衆都起來爭求民主，我們就要順應人心，眞眞實實去建立民主。倘仍如從前徒作口頭禪，企圖掩蓋，應付輿情，暗地裡仍步着故轍，並且在各地方加深對他黨他派防範妨害的手段，則將自食其惡果。蓋今日已當着不可抗的民主洪流，是眞的方能順應，假的必將被衝破，到時不僅其他黨派的活動無法防閑，即本黨素不能過問黨事的民主分子，亦將自動起來爭取，甚至與其他黨派聯合向共同的目標前進，這是情勢與推理的必然的結果，絕非有絲毫主觀的成見與衝動的情感要說這樣的話。因此，我今得到一個結論：主黨者包辦的終局，必召黨內分裂的危機。

上所陳列的事理，非常之明顯的，包辦的術語，早成爲黨內外人士對主黨者的口碑，非我一人之私言。我今純爲怵於本黨的危機，故推本其弊害以陳於主黨諸同志前！使知反省！使知陷入極大的錯誤！使知負着黨國全民衆不可償的債務！古語云「不遠而復」，今已屆窮途了，尚不知返呀！倘我言能見聽，當下改轍迴向光明的坦途，一新全國之耳目，豈惟挽救黨分裂的危機，且以挽補我主黨者親愛同志之晚節。我的用心如此，凡讀我此文者，當照見我一片公誠坦白的精神。大家都是國民一分子，都是愛着國家，負着國家社會的責任，苟本此設想，何有於私！況值今潮流動蕩洶湧險駭，正是風雨同舟之時，又何尤何怨！何恩何仇！故我今不禁心重語長，舉出包辦結果的危機，並非向主黨者攻訐，挑戰，更非有何慾望。我純是爲着挽救本黨，爲着實踐三民主義，自身負起建設民主的強大國家，始終不失第一大黨領導的地位而說話。且我今提出的：並非要包辦者不再辦黨，只是「繫鈴解鈴」「自結自解」而已。倘果能解結解鈴，我今提出三個公字：第一公開；第二公道；第三公正。公開則本黨各派各個份子及本黨與各黨平等站在全國民衆之前相見，公道，則黨內和黨外各種相對的立場，只見政見、主張、政綱、政策在民衆之前爭取，而非意氣、私圖的衝突：公正，則以身作則正己正人樹立民衆表率的風範。欲行此三者，首先實現我總裁，這次在政治協商會議第一日出席所宣布四項的諾言，且須毫無保留地迅速實現以昭大信於天下。果能如此，則本黨遍佈朝野無數的同志——人才都欣欣起來。爲着整個的唯一負着歷史使命的黨，共求實踐主義發揚民主而與其他黨派相見，則本黨的偉大前途，敢說是莫之與京的。否則仍狃於故技，躬着死的鷄卵不放，徒任僥倖不肖者隨逐於頹流，戀冉冉之落日，而舉黨賢智之士必愈離愈遠，勢所必至矣。爲利爲害，朗若觀火，望吾主黨同志深省此文。

此外，我對着全國武裝同志尚須說些話。我總裁最高統帥領導全國抗戰，收復五十年前的失土擴充疆宇豐功偉業，迄今巍然爲全國的領袖，誰不擁護，誰不殷殷望治繫於其一人之身。迄今武功已畢，文事方亟，競注意息內戰，講裁兵，整編，使八年浴血疆場的武裝同志，漸被忘記，凡各抗戰將領，得遂其成功之志，咸盼國家之安定，度入建國的新時代，當然不至驕伐；而英挺有爲具着研究現代武術的少壯將校，正是我們期盼他們能造成現代的新將才，負着將來國防軍的偉大任務，誰亦不欲他們退休，或被裁。可是有一件大事，這次政治協商會議尚未討論提出辦法者：即是被裁的數百萬官兵如何去謀積極的出路。這是關於全國治安，生計生產建國的極大問題，我今特別喚起全國人注意，並請當局亟謀具體方案。

結尾語：我們應作順潮流的成功者，不可作逆潮流的犧牲者；倘順潮流而努力者被犧牲，則國家前途將不堪設想啊！

順我者生，逆我者死：頌我者樂，疑我者病，我是世界的光，跟從我的，就不在黑暗里走。

德謨克拉西如是說

·紺弩·

二

有耳能聽的就應該聽，有眼能看的就應該看，有口能說的就應該說，有脚手能行能做的就應該行應該做，有能想的就應該想。

我要使聾子聽見，瞎子看見，啞吧說話，癱脚瘸手行走和做事；使傻子聰明，死人復活。

不是不聽，是不敢聽；不是不看，是不敢看；不是不說，是不敢說；不是不行不做，是不敢行，不敢做；不是不想，是不敢想——我給你們勇力！

三

我教你們從蟲豸到人，我教你們從猴子到人，我教你們從豺狼虎豹到人，我教你們從牛羊鷄犬到人！我教你們從非人到人，從末人到人，從超人到人！我教你們從人到巨人！

我給你們國，新的國。沒有君和臣，沒有主和奴，沒有大和小，尊和卑，强和弱，智和愚；沒有人和人，國和國，族和族的限界！

我教你們得人如得魚一樣，我教你們得到全世界。

四

莫想我來要廢掉律法和先知：我來，不是要廢掉，乃是要成全。我實在告訴你們，就是天地都廢除了，律法的一點一畫也不能廢除。都要成全，假如是應該成全的。

莫想我來是叫地上太平：我來，乃是叫地上動刀兵，我要叫兒子與父親生疏，女兒與母親生疏，媳婦與婆婆生疏，妻子與丈夫生疏。人的仇敵就是自己家里的人！愛父母過於愛我的，不配作我的門徒；愛兒女過於愛我的，不配作我的門徒；愛丈夫過於愛我的，不配作我的門徒；愛妻子過於愛我的，不配作我的門徒：不背着他的十字架跟從我的，不配作我的門徒！誰是我的父母？誰是我的兄弟姊妹？凡遵行我的意旨的就是我的父母和兄弟姊妹，凡不遵行的就不是！

得着生命的，將要失喪生命；爲我失掉生命的，將要得到生命，爲我的名撇下房屋田地，父母兒女，兄弟姊妹的，必得到百倍的收穫，並承受永生。

五

凡勞苦，担重担的人，可以到我這里來；我要使你們得到安息，你們當負我的軛，學我的樣式；我的軛是容易的，我的担子是輕省的。

你們飢餓的人有福了，因爲必會飽足；寒冷的人有福了，因爲必會溫暖；哀哭的人有福了，因爲必會喜笑；憐恤人的人有福了，因爲必蒙憐恤！飢渴慕義，使人和睦，爲義受逼的人們有福了，因爲未來的國是你們的！人爲了我而恨惡你們，辱罵你們，毆打你們，毀棄你們的名，以爲是惡，你們就有福了；因爲你們在新的國里是大的！

你們的眼睛是有福的：因爲你們看見我了！你們的耳朵也是有福的：因爲聽見我了！我老實告訴你們：從前許多先知和義人，要看你們所有的，却沒有看見：要聽你們所聽的却沒有聽見！

六

毒蛇的種類！誰指示你們逃避將來的忿怒呢？你們要結出果子來與悔改的心相稱！不要自己心里說：「有亞伯拉罕作我們的祖宗」！我告訴你們：上帝能從這些石頭中給亞伯拉罕興起子孫來！現在，斧子已經放在樹根上，凡不結果子的樹就砍下來，丟在火里！

你們這些假冒爲善的文士和法利賽人有禍了：因爲你們正當人前，把未來的國的門關了，自己不進去！也不讓別人進去！你們這些假冒爲善的文士和法利賽人有禍了：因爲你們走遍海洋陸地，勾引一個個人入你們的教，旣入了教，却使他作地獄之子比你們還加倍地惡！你們這些假冒爲善的文士和法利賽人有禍了：因爲你們將薄荷，茴香，芹菜獻上十分之一，那律法上更重要的事，就是公義，憐憫，信實，反倒不行了；你們這些瞎眼的領路人，蠓虫，你們濾出來，駱駝，你們倒吞下去，你們這些假冒爲善的文士和法利賽人有禍了；因爲你們好像粉飾的墳墓；外面好看，里面却裝滿了死人的骨頭和汚穢；你們故意在人面前顯出公義，暗中却勒索，放蕩，做假見證和行一切不法：先洗淨杯盤的里面吧，好在外面也乾淨了！你們這些假冒爲善的文士和法利賽人有禍了：因爲你們建造先知的墳，修補義人的墓，說：「若是我們在我們祖宗時候，必不和他們同流先知的血。」這就自己證明你們是殺害先知者的子孫了。所以，當現在的先知和義人到你們這里來，你們仍要殺害，要釘十字架，要在會堂鞭打，從這城逼到那城，叫世上所流的義人的血都歸到你們身上！從義人亞伯的血起，直到你們在殿和壇中所殺的巴拉加的兒子撒加利亞的血爲止，我老實告訴你們：這一切的罪，都要歸到這世代了！

七

伸寃在我，我必報應！

天地要廢除，我的話却不能廢除！

（轉載民主生活）

一九四六、二、二二·夕

台灣的隱憂（台灣通訊）

黎保

（一）可怕的遺忘

我是隨美軍到台灣去接收的。一下飛機，就有許多老百姓闖擁上來，但被日本憲兵阻擋住了，始終隔了一個距離。不過我還是可以看得出，他們用驚奇的眼光看着我們這一羣——高大的美國人與一個和他們很相像的我。我彷彿在那驚奇的眼光中，看到了一種激動與奮的情緒，而又多少帶點懷疑不安。

台灣——這南中國的島嶼，我對於牠也是很陌生的。當我發覺他們說的並不是日文，而我竟能懂得他們所說的話的時候，那種喜悅眞是無法形容的。於是我試着和一個年紀五十多歲的老人攀談起來。

想不到我的開口竟使他吃驚，「你怎麽能懂我們的話呢」他的話也使我大大的吃驚，天啊！爲什麽我不懂他的話呢？我們原是同一祖先同一血統的人啊！

朋友，你想怎叫我不悲傷呢

當我告訴他，我們所講的是福建話，台灣原來是中國的一部份，是甲午之戰被割給日本的時候，他老人家唏噓起來。我費力的爲他簡述着中國近百年史，他竟失聲痛哭起來，哭是那樣的眞誠，又是那樣的單純，像一個虔敬的教徒在聖像前的虔誠，又像一個不知身世的人突然知道了他不幸的身世一樣的悲痛。他哭訴着他一生的痛苦，日本人各種的欺壓。他似乎要將一生的忍辱和積怨，一下子對我傾訴。我和他像久別重逢的親人，大大地哭了一場，我將永遠記得他那多皺紋的臉孔，縱橫的老淚和虔誠的表情，他是一個可愛的老人，又像是一個可親的小孩子。

是五十年了，日子也不能說不久了。五十多歲的老人已不知道他們的祖國，是誰的責任呢？台灣——如一個被遺棄的嬰兒，她是從凄苦無助的忍辱中，度過了五十年奴隸的生活，牠怎能知道牠親生的父母呢？

遺忘，一切被遺忘，可怕的遺忘啊！

（二）在台灣的日本人

過去，在台灣的日本人是天之驕子，在政治上經濟上都有着優越的地位，但現在却變得那麽馴良，像一個媚態的貓，服從得使我們覺得過份。招待的週到到獻媚的程度，我願舉一個例子來說明，我們到達的第一天，日本人就在當地挑選五名最美的妓女，來供盟軍的玩樂。最可怪的是從一個極點變到另一個極點，竟變得那麽自然，絲毫沒有不習慣的樣子，使你幾乎以爲一切都沒有變，他們一向是低聲下氣的沒有一點怨憤的表情。日本是這樣的一個民族嗎？不，我彷彿看見他們隱藏在胸內的倔強的心，忍耐和堅毅的性格，實在是有點不寒而慄，美國人一談起日本人那過分的服從和沉默的忍耐，總是說：可怖！可怖！

還有一件值得注意的，是在台灣的大多數的日本人，都不願意回到他們自己祖國去，努力的在活動改籍，而少女們則積極地完成她的婚姻，嫁與台人，藉此而改籍。這當然可以解釋，是因爲他們在台灣住得太久了，對她非常留戀。但我們不要忘記日本人是一個對自己的民族具有相當優越感的民族啊！

（三）台灣的隱憂

日本是投降了，但是他們的思想和民族的靈魂，當另一個時機來到的時候，他們又要蠢幹的。所**以在台灣的日本人活動着改籍和少女們積極地完成**她底親屬關係，並不是太單純的，可能是包含着一個更大的陰謀。我的意思，並不是肯定地悲觀地認爲世界將在復仇的火焰中燃燒起來，而是說：我們若不能在若干期間內，用教育來改造日本人民的思想，那他們將是引起世界不幸的一個源頭。

敵人的再起固然值得可慮，但最可怕的還是自己的不努力。讓我再重覆的說一句：台灣被祖國遺棄，已有五十年之久了！

我很不願說，但我又不得不說：台灣在日人管理下，她的建設和社會秩序是內地所見不到的，我更不願說的是有不少的台灣人對於自己的祖國發生了很大的懷疑，對於重回祖國的熱望，已經開始動搖。一個學生和我說：「天是亮了，但今天還不是和昨天一樣嗎？」希望又在可怕的開始幻滅了。

關於接收的弊病和黑暗，我只願說一句：反正和別的地方一樣，眞使人懷疑倒底是中國眞缺乏好人，還是政府裏缺乏了好人？接受人員那種耀武揚威的戰勝者姿態，和一個侵略者在別人的土地上有什麽兩樣呢？他們似乎忘記了台灣是自己的土地，那裏的人民是自己的同胞，他們已被日本剝削了五十年，現在該是讓他們喘一口氣的時候。我眞担心不久又要有類似北平「盼中央，望中央，中央來了更糟糕」的童謠呢！

還有一件可笑的現象。台灣的人民動不動就說三民主義，接收要員講，三尺童子也講，有一回一個小孩子問我：「是不是三民主義說媽媽不該打我」？眞使我啼笑皆非，台灣人總覺得新到台灣的中國人都披上了一層三民主義的外套，宣傳變得如此的膚淺，還不如不要的好，不實實在在的做點好事，那「三民主義」四個字遲早是要被人鄙棄的。

不過事情雖然令人有點悲觀，但也有較光明的另一面，有很多的台灣人對於祖國的文化顯示着迫切的需要，這象徵着他們對祖國的熱愛。因此，這裏需要大批文化工作人員，來灌溉這塊久經荒棄的土地，因爲人少是無能爲力的，何況又有那些接收官員，天天供給人民以失望和悲憤的材料呢？

最後，我在這島嶼上，向我所熟悉的和不熟悉的朋友，伸出待握的手。

北平市出版業聯合會

爲抗議摧殘出版發行自由緊急呼籲

政治協商會議的決議，和平建國綱領的規定，蔣主席的四項諾言，政府對現行法令的廢止和修改的明令——這一切都說明了言論出版自由必須得到保障，任何人沒有權利否認和破壞。但就在這三令五申信誓旦旦之際，北平竟連續發生了許多威脅迫害文化界出版界印刷界及書報商人的事件。非官方的報紙時常遭受非法的沒收，例如三月十四日，一個便衣顧客到聯合派報社去批購報刊多種，走時不肯付欵，且持槍威嚇，該報社因此損失了十餘萬元。此外，報販們因售賣這些報刊而被毆打、被拘押，書店報攤紛紛受到警告，不許售賣一切談民主的書刊，諸如此類的事情，發生頻繁，舉不勝舉。三月三日，北平市社會局更發出通告，勒令未經核准之新聞紙雜誌及通訊社停止發行發稿，並於三月五日會同警察局召集本市印刷業同業公會，强迫各印刷所負責人具結，今後不再排印任何未經登記核准之出版物，設有違犯，即予以停業處分，但是已經登記的刊物如民主星期刊人言週刊等也同樣遭受到非法沒收的厄運。此外郵政局對於出版物之寄遞依然規定着重重的限制，使書報雜誌不能流通各地。這一連串的事實說明了反民主分子蔑視了政治協商會議的決議，蔑視了和平建國綱領，蔑視了蔣主席的諾言，蔑視了政府廢止修改法令的明令，蔑視了廣大人民的要求，蔑視了人民堅決要求的一切自由，而用各種非法的手段來妨害民主文化的自由發展，對這種不守約言不顧信義的行徑，這種摧殘民主文化危害營業自由的措置，我們一定堅決反對到底。現在我們向政府當局鄭重提出抗議，並向全國各界人士呼籲聲援，爲了民主、文化、自由，我們一致誓以實際行動來否認一切不合理的箝制，反抗一切非法的迫害，同時堅決主張實現下列各項要求：

一、澈底實踐蔣主席的諾言，嚴格執行政治協商會議的決議及和平建國綱領的規定。

二、立即廢止出版法及出版物呈請登記核准之規定，以及其他一切箝制人民自由之法令和措置，澈底實現眞正的言論出版自由。

三、澈底保障營業自由，廢除一切不合理的管制和隨時限制營業壓迫商人的行爲。

四、取消對出版物郵遞的任何限制。

五、取消一切特務組織，嚴禁黨政軍人員妨害人民自由之不法行爲。

六、保證今後絕無任何破壞文化事業組織（包括書店、報攤、派報社、出版社、報社、雜誌社、通訊社、印刷所，及文化界、出版界、書報商各種團體集會等）和危害文化界個人身體自由的事件發生，設有此類事件發生時，當地黨政軍當局應負完全責任。

最後，我們認爲在實行民主的今天，出版物的登記制度（原係根據舊出版法第十條之規定，而該出版法已經本年一月二十八日最高國防委員會決議明令修正）根本是不合理的，並且是沒有任何現存的法理根據的。因此我們對於最近社會局命令一切刊物呈請登記核准的通告，認爲根本是一種既不合理且不合法的措置，絕無遵行的必要。

我們的要求是合理的合法的，希望政府當局全部接受，並望全國各界人士和各地文化界出版界對我們竭力支援。

北平市出版業聯合會

人言週刊社　民主星期刊社　魯迅晚報社　新知書店
人民文藝社　集納社　新華通訊社　海燕書店
人民世紀社　新星畫報社　中外出版社　立生圖書社
文匯週報社　新聞評論社　民主出版社　聯合派報社
文藝大衆社　世界知識社　北門出版社　華友派報社
文萃社　世界與中國社　讀書出版社
民主青年社　校友社　北方書店
民主周刊社　解放三日刊社　生活書店

民主周刊

北平版　第七期

本期要目

主編　民主周刊社
發行　民主出版社

時評

國民黨破壞立即放棄
——必須和平、民主、團結的企圖

國民黨二中全會閉幕了，反動份子經過了十七天的悲憤（！）咆哮後，終於獲得了全面勝利。他們不但令黨內民主派人士噤若寒蟬，不但又繼續把持住了黨的領袖，而且還挾持着整個的黨來支解政協會議決議，來推翻全部民主工程，而重回到一黨獨裁的老路。

蔣介石先生是國民政府的主席，是國民黨的總裁，也是政治協商會議的主席。在法理上，在人情上，蔣先生本可領導起他的黨和政府來實行政協會議的全部決議，他有這個權利，也有這個責任。如今，二中全會果竟通過了「五五憲草修正原則」必須設法修改的決議，竟通過了各黨派參加政府人選必須由蔣先生提請國民黨中常會通過的決議，竟通過了於撤銷國防最高委員會之後又恢復中央政治會議代國民黨指導國家政治的最高機關的決議。

這不是恢復國民黨一黨獨裁的局面是甚麼？

二十天的政治協商會議不是從此成了一場荒唐的幻夢嗎？

「五五憲草」是十年前由國民黨一手製造出來的。那是法西斯正猖獗於全世界，德日意法西斯的氣燄正是咄咄逼人，民主國家極爲倒霉的時代，這環境窒息了中國所有的民主人士，也陶醉了國民黨的反動派，他們剝削人民，殺戮異己，就在這麼一個悲慘的時代背景下，國民黨一手欽定了這部違背孫中山先生遺教眞精神而充滿了時代錯誤和反動私利的「五五憲草」，希望使反動統治通過憲法的頒佈而披上合法的外衣。今天國民黨既願與全國人民來講民主，既願與各在野民主黨派來協商國是，共謀和平建國之道，這部「五五憲草」自然是必須修正的。

五五憲草既在蔣先生領導的政治協商會議中獲得了各黨派代表的協議修正，由蔣先生領導的國民黨二中全會爲什麼又另生枝節，拚命來反對呢？這不是出爾反爾嗎？這不是企圖動搖政協決議嗎？這不是破壞和平、民主、團結的政治陰謀嗎？

二中全會不但絲毫未提徹底實現人民自由諾言的話，而且任一手造成昆明「一二．一」慘案、殺死他人子女的李宗黃爲國民黨的中央常委了。這一類的法西斯劊子手從此盤據了黨的領導。天昏日暗，這是什麼世界！

中央政治會議在過去是國民黨控制政府的機構，是黨凌駕於國之上的憑藉，如今二中全會是一面講民主，一面又恢復這以黨統政的機構，這是什麼民主！

政協會既然決定由各黨派平等參加舉國一致的聯合政府，參加政府的人選是由各黨自推，如今，二中全會竟曲解爲提請國民黨中常會選任之，這是什麼平等？這不是要人家蒙着假裝民主，粉飾太平嗎？

中國民主同盟已堅決地表示，政協會決議絕不容許任何黨派來推翻，不容許任何黨派來曲解。對我們希望全國人士、國民黨內的民主人士和一切在野民主黨派迅速團結起來，以阻止國民黨反動派的政治陰謀。

我們以爲，國民黨如仍不能自動整肅領導，仍不即時肅清黨內反動派的頑固行動，各在野民主黨派是必須也必將對參加政府一事採取保留態度。政治鬥爭如果竟不幸而被迫進了這死角，和平民主團結則全將成爲夢囈之談，這悲劇應由國民黨負其完全責任。試問：屆時，國民黨將何以自處？蔣先生又將何辭以對天下？這是忠黨還是毀黨？這是愛護蔣先生還是陷害蔣先生？

今天的政治逆流非國民黨難以挽回，也非蔣先生不足以挽回。我們愛護國民黨，也愛護蔣先生，更愛護國家。到今天，一切利害和是非均已判然，我們希望國民黨不要自毀前途，不要陷蔣先生於不信不義，更不要致國家於再分裂，此時必須懸崖勒馬，忠實地以各黨各派的模範姿態來領導全國人民登上和平民主團結建國的坦途。如竟再另生枝節，再事拖延，全國人民就要叫出「予及汝偕亡」的讖語的！

參政員們犯了罪

參政會無聲無息的開幕，又無聲無息的閉幕了。除了官方半官方的報紙照例吹捧一陣，此外這個會絲毫引不起老百姓的興趣。這因爲國民參政會早已不是甚麼代表民意的機構，它不過是國民黨僞裝民主的戲法而已。參政員的產生是由政府圈定的，職權是十分空洞的，發言與提案是大受限制的，決議案是從不實行的（這次大會中，還有一位參政員在埋怨政府，說「本會歷屆大會決議，多未見諸實行」云云）。這樣一個御用的機關，竟然美其名曰國民參政會，眞是荒天下之大唐！

正因爲國民參政會是這樣一個名不符實的機關，所以去年七月七日當該會四屆一次大會開幕的時候，昆明文化界知名人士一百四十餘人，就會聯名馳電全體參政員，籲請大家愛惜自已的名譽，不要出席這個僞裝民主的會議。昆明的教育界文化界一致認爲參政會不能代表民意，實無再度召開之必要。在該電文中曾列舉數點理由：「一就團結各黨派而言，因代表名額太不公平，各在野黨派之代表，已不足法定提案人數，因此參政會已不能發揮交換政黨意見，與增强黨派團結之效用。二，就實現民主而言，由於參政會之組織，職權，工作，乃至其一切表現，均與民主精神不相符合。參政員之產生，只由政府指定圈定，參政會之職權，又僅限於顧問咨詢，參政員之提案事先既經秘書處審核，事後實施與否，參政員亦無權過問。似此情形，參政會實已只是蒙蔽國際輿論，粉飾國內政治的工具，參政會變爲官意加民意之糖衣，爲黨治充民治之僞裝，實無存在之必要。……」

就是這個早就沒有存在必要的參政會，這次又在重慶掙扎着開了一次會。這次會中，中共全體參政員和中國民主同盟的重要參政員都沒有出席，使會場中的成分更加單純得多，討論也更順利得多。參政員們在小事情上批評政府，在大問題上則完全順從統治者的暗示和提調，就這樣順利通過了許多官樣文章的決議，充滿了反團結反民主的精神。最妙的是，這次參政會中也曾討論到自身應否繼續存在的問題，但當蔣主席宣稱參政會應該繼續長期的存在下去的時候，大多數不知羞耻的參政員，竟然喜極發狂，報以歡呼！——其實，僞民意的招牌一天不取消，眞民意的機構一天便不能出現：甘被御用的袞袞諸公，懂不懂得這個道理呢？

除了那些僞裝民主與官樣文章的議案而外，這次參政會的決議，較值得注意的是對政協報告的決議及對軍事報告的決議，前者妄圖修改政治協商的成果，後者替反共內戰埋下伏筆，這次大會的重大收獲，便是如此！而此僞民意機關的重要收獲，却恰好是與全國眞民意的期望完全相反的！從這里得到一個認識：國民參政會的袞袞諸公，又對全國人民犯了一次大罪了。

恐怖統治着北平

政治協商會議閉幕以來，反動派的無法無天的暴行越來越兇狠了。如果把重慶較塲口血案以後接連着在全國各地發生的反民主罪行開列一張清單，實在是駭人聽聞。僅就北平而論，就接二連三的發生了許多不幸事件。特務脅迫民衆干擾軍調執行部的事件算是過去了，接着便發生了許多威脅迫害文化界出版界印刷界及書報商人的事件，黨部人員警告書店報攤，不許售賣一切談民主的書刊，特務拿着槍到派報社搶走大批書報，以及毆打報販，拘捕印刷商人，辱打書店經理等暴行，層出不窮。最近軍警憲兵特務又以「檢查戶口」爲名，搜查解放報社及新華通訊社，並曾逮捕該社工作人員四十人之多。而本市堂堂學府如臨大文學院及臨大五分班學生宿舍，竟也發生被搜查和被逮捕之事。而近幾天特務份子還散佈十分可笑的謠言，說「共產黨將要暴動」，當局一面放縱這的謠言來擾亂治安，一方面便以此爲藉口，動輒於夜間戒嚴，動輒便搜查捕人，剛剛從日寇壓迫下解放出來的北平市民，爲今又陷於人人自危的境地。國民黨就用這樣的方法，把中國統治成個恐怖的中國，把北平統治成一個恐怖的北平市。

對於本市解放報社及新華通訊社錢俊瑞先生等四十位民主戰士的被捕，我們站在同業的立場，謹此深致敬佩和慰問之忱。對于臨大被非法逮捕的兩位同學，也謹表示我們的同情和慰問。我們認爲，北平市軍警憲兵特務的任意宣佈戒嚴，任意檢查戶口，任意逮捕無罪市民的行爲，乃是一種侵犯人民身體自由及居住遷徙自由的違法擾民的暴行。政治協商會議通過的和平建國綱領，明明規定着「確保人民享有身體，思想，宗教，信仰，言論，出版，集會，結社，居住，遷徙，通訊之自由」，此項規定，乃國民黨代表與各黨派無黨派代表共同起立表示通過了的。蔣主席在政治協商會議閉幕之日，也曾鄭重宣佈了保障人民基本自由的諾言。北平市當局及特務的反民主的暴行，無異撕毀了和平建國綱領，無異在蔣主席的嘴巴上重重的打了一巴掌，其違法亂紀與破壞治安，是十分顯然的。

在此我們要鄭重地指出：目前時局的危機，已經不是國民黨反動派企圖修改政協決議的問題，而是他們正在動起手來，切實推翻政協決議的問題。二中全會的決議案，國民參政會的決議案，較塲口血案以來的各地無數次的反民主的暴行，以及東北的大厮殺，都足以證明這一點。這種口是心非，陽奉陰違的表現，這種朝三暮四，出爾反爾的作風，還種放縱特務，造成恐怖的暴行，都說明了國民黨已經不成其爲一個有原則有信仰的政黨，都說明他早已不配統治中國人民。我們中國民主同盟是忠于中國人民的民主事業的，我們一定要聯合各民主黨派及全國人民，反對國民黨反動派的胡作胡爲。我們願鄭重表示自己的態度：在人民基本自由沒有得到完全保障以前，在政治協商會議決議案的實施沒有得到確切保證以前，我們決不隨隨便便的參加政府去贊同粉飾民主，決不參加那個意圖修改政協決議的國民大會去欺騙人民，雖然據說這個國民大會的漂亮房子已經修好了，而且據說就在五月五日開幕，不再展期。

保障學術自由

論和平建國綱領關於教育的一條

潘光旦

最近政治協商會議通過了一個和平建國綱領。綱領的第七章是關於教育及文化的，一起有七條。七條之中，二至七條都很妥善，比較有些問題的是第一條。

第一條的文字是這樣的：『保障學術自由，不以宗教信仰，政治思想干涉學校行政，』本文專就這一條說話。話分兩層來說，一就條文的文字立言，二是一般的討論，目的無非是要看前途的學術自由究屬能否得到眞正的保障。

條文的文字是頗有問題的。顯而易見的有兩點。一是『學校行政』和『教育』不是一回事，所以『不干涉學校行政』並不等於不干涉教育，學校行政前途雖可以有些自由的保障，而教育與學術則未必。照往年的情形，教育與其它當局干涉教育的地方很多，並且很細密，例如調査教師的思想言行，調査後倒也不一定有甚麼作爲，即不一定發生解聘一類的情事，這明明是干涉了教育，甚至於侵犯了若干個人的自由，卻與學校行政大不相干，至多是替下級的職員，因爲要塡寫表格，多添一些額外的工作罷了。又如，就中小兩級教育論，近年有所謂國定教科書的辦法，教科書中，特別是公民歷史一類的書，充滿着黨功體偉，領袖萬能、國家民族至上，而未必與事實完全符合的宣傳資料，這更明明是干涉了教育，卻和學校行政全不相干。又例如，最近各級學校都收到一份所謂本年度的中心標語，是宣傳部轉教育部頒發的，標語口號一類的東西是根本違反了教育的精神的，是干涉了教育的，至於學校行政除了油印張貼添些麻煩而外，倒也說不上受了甚麼干涉。更淸楚的例子是以前國民黨在學校裏辦黨部，如今黨部雖已取消，而三靑團的團部依然存在；今後局勢開展，一黨不再專設與明設黨部，而各黨分別暗設黨部或雖設黨部，而分別公開拉學生入黨以及宣傳主義的工作依然可以進行——這些，只要做得界限分明，技巧周到，可以根本和學校行政不生接觸，無論干涉。事實上，在不干涉學校行政的原則之下，豈不是明設黨部也沒有什麼不可以？不過這一條雖不干涉學校行政，卻大大的干涉了教育，大大違反了自由教育的精神（說詳歷年來我所草「宣傳不是教育」「學生入黨問題」等稿）。諸如此類的舉措，表面上雖不干涉學校行政、而實際上卻是干涉了教育的舉措，以後究竟還有沒有呢？我們至少就綱領條文的文字講，不能保證其沒有，條文僅僅保證了不干涉學校行政，並沒有保證不干涉教育。

第二點是，信仰思想的不干涉學校行政並不能保證其它力量的不干涉學校行政，所謂其他力量指的特別是政治的力量，倒不是政治思想的力量，而是政治行政的力量，或底子裏雖和政治思想有極密切的關係，甚至於專爲制控政治思想而發，而表面上卻祇是一種行政上的措施，一些新機構的設置、一些新章則的規定，一些新功令的頒行，等等。約言之，就是近年來教育當局對於學校行政的種種煩瑣而瀰徵不至的約束管制。即就教務行政一端而論，學生自應試入校以至於畢業，教師自受聘以至於升級休假，課程自必修以至於所謂總考，研究生考試，等等，那一樁，和每一樁的那一段落不要塡報，不經考核，以至於因爲不合程式，有違功令，而經三度的報核，才得過關呢？學校裏龐大的行政機構，好幾百的職員，至少有一半是用在塡表格，做報銷，寫呈文的文牘工作上的。試問把學校當作衙門，員生視同胥吏，教育事業比做錢穀稅收，事先不能不層層管制，事後不能不步步審査——之後，即使其間絲毫沒有控制政治思想的用意在內，學術的自由還剩得幾許？

國家聘用有品學的人辦理教育，要他辦得好，第一個條件應該是屬於態度方面，就是尊重他的人格，信任他的才識，也就是容許他有自由處理之權，而約束，管制，審査一類的作爲表示的態度恰好就是這態度的反面，就是不尊重，不信任，和不要其自由。主持教育與學術的人在行政上的不自由事實上等於在政策上，在用人上，以至於在學校上，教材上，不能有絲毫確驗與發見新途徑的機會，這不是等於教學術自由與教育自由窒息麼？我們也要問，這一類的約束管制實際上等於教學校行政人員當木偶戲裏的木偶的種種勾當以後究竟還有沒有呢？至少就條文的文字說，我們無法保證其沒有。條文僅僅保證了信仰思想一類的事物不干涉學校行政，而沒有保證統制與包辦多少已經習慣的教育行政不干涉到學校行政。此種干涉存在一日，學術自由與自由教育便是一日不可能。思想信仰的干涉所妨礙的是個體，這種干涉更進而妨礙到手腳，兩者同樣的妨礙了自由精神的發展。

如今再從條文推敲以進於思想信仰和教育的關係的一般討論。條文中說到不干涉行政的有兩種東西，一是宗教信仰，二是政治思想。其實沒有兩種，祇有一種。宗教信仰在中國教育學術上從來沒有發生過嚴重的問題，近年來更不成問題。有基督教背景的各級學校大都尊重自由，辦學的人不以一己的信仰強加諸人；其它宗教和教育的關係根本不多，可以不論。政治思想，如果眞是思想，單單是思想，單單是一種學說，也不成甚麼問題。從來沒有聽說過盧騷的民約論干涉過教育，干涉過學校行政，不但沒有，並且不能想像。成問題而確乎在干涉教育以至於學校行政的是和實際政權多少已經發生聯繫的一種政治理想，政治信仰，以至於政治教條。所以「宗教信仰，政治思想」八個字當併做「政治信仰」四個字，或再歸併爲「信仰」或「教條」兩個字，籠統些的叫信仰，具體些的叫教條，一切信仰教條，在精神上祇是一回事，初無分宗教的，還是政治的。而凡屬信仰教條應該是個人自由接受，自由體驗的東西，如果有人作有規模有組織的宣傳，作責成性強制的散播，甚至於還有政權在後面推動，更甚而和政權合而爲一，混而爲一，那就成爲自由的大字第一號的敵人，而最最受它的威脅與迫害的是學術的自由與自由的教育。英人貝瑞的一部「自由思想史」所叙述的就是西洋的學術，教育，思想如何從基督教的信仰教條層層禁錮中解放出來的一番艱苦的經過（此書羅家倫氏有譯本）。

政治協商會議特別考慮到教育及文化，而考慮之後特別提出這「不干涉」的一層，並且把它列爲這一部分綱領的開宗明義的第一條，儘管在文字上欠斟酌有些語病，不能不說是極有見地的一個舉動。把宗教信仰和政治思想相提並論，一樣的不許其干涉，表示與議的人，充分的承認，宗教的「意識形態」與政治的「意識形態」，或宗教教條與政治教條，實在是一邱之貉，對於教育與學術的自由發展是一樣的不利；這一點更是得未曾有。值得欽佩。不過還有進一步的一點，不知與議諸先生看到沒有，我說不知，因爲這在綱領的條文上是看不出來的。政治教條從今以後可望不干涉教育學術，不侵犯學校的園地，固屬再好沒有。但試問可能麼？學術與教育是民族生活的一個部門，一個方面，民族生活的總稱，就任何一個時代論，是在政治。學術和教育勢不能和政治絕緣。政治清明，學術教育也清明，政治混亂，學術教育也混亂；政治而民主，學術也就客觀，教育也就自由，政治而受一種或多種信仰與教條之支配，試問學術與教育能完全免於同樣勢力的支配麼？不能的，沙漠中有沙漠田的存在，固然不錯，但沙漠田能完全不受風沙的侵襲剝蝕麼？最後能不遭淪亡而成爲沙漠的一角麼？同樣的不能。然則，要政治信仰不干涉學術與教育豈不是同時必須此種信仰不干涉政治，要政治信仰與政治分離，好比歷史上所力爭的宗教信仰要與政治分離一樣？否則綱領的第七章第一條說了等於沒有說。以情理與邏輯言之，這一點是不能不想到的，但不知與議諸公果眞想到沒有。

這樣說來，即使綱領第七章第一條的文字沒有毛病，即使它明白規定政治信仰與政治教條不直接干涉教育，也不假手於學校行政而間接干涉教育，學術教育自由，依然得不到保障，除非——這是一個很大的除非——政治自身不受成套的信仰教條所支配。政治不受教條支配是學術與教育自由的一個先決條件。這一點做得到麼？就目前的形勢說，還是絕對的做不到的。就事理的需要說，却非做到不可。就綱領第七章第一條的精神以及全部綱領的一般精神說，前途又未始沒有一線做到的希望。唯其有做到的必要，與做到的一線希望，我們的討論便無妨再進一步。

我們先說一說宗教，政治，教育（包括文化學術言之）在歷史上的三角關係。其在西洋，自中古時代以至文藝復興宗教革命，三者之中宗教可能是最佔上風的，政治由它牢籠，教育由它辦理；當時所謂政教（宗教）合一，指的並不是眞正的合一，而是關係特別密切吧了，至於教育，則完在宗教手裏：政治與教育之間，說它們沒有關係也不爲過。自宗教革命以迄第一次世界大戰，這三角的三點似乎逐漸的取得了獨立性與均等性；宗教與政治是顯然的分開了，教育也脫離教會而獨立，政治也不大過問教育。第一次大戰結束以後，形勢一變，至少在一部分國家裏，特別是集體主義以至於極權主義的國家裏，這獨立與均勢的局面趨於解體，政治勃與爲大的權力，一面表面上排斥宗教，實際上則把宗教的武斷而責人信仰的精神收歸己有，成爲上文所稱的教條政治或主義政治，眞正坐實了歷史上所稱的「政教合一」。一面更進而以教條控制教育，統一思想，集中意志，於政治與宗教合一之上，，又增添了一個政治與教育的合一，依然適用「政教合一」的名稱；向之三位三體的東西如今竟成爲三位一體，眞也不能不說是歷史上的一件盛事！

中國百事糢糊鬆懈，政治宗教，教育三事與三事的關係當然不是例外。三事的本身，範圍就不大清楚，型式也不够具體；至於三事的關係，也往往是若接若離，半明半晦。不過如果我們把儒家認做宗教的話，在近代以前，我們也未嘗不粗具三位一體的規模，政治與教育，至少表面上都是服膺儒家的，兩者都不斷的在堯舜禹湯文武周公孔子的傳統裏打滾。不過這三位一體的機構是扣得一點也不緊的，所以教育又始終好像是私人與私家的事，政治所過問的是這教育的結果加以考選任用而已。無論這三事關係的鬆緊如何，一到民初國體改更，五四思潮轉變，這關係是解體了，而三事也就趨向於平衡獨立，有如西洋文藝復興以還的前例。這平衡獨立的趨勢，我們不能不認爲是一種進步，是一個解放，從此，政治可望日即於民主，而學術可望日即於自由。不幸的是，第一次大戰以後，世界的大局發生了劇烈的變動，蘇俄的革命成功，德義戰後復興，規模之大，速率之高，得未曾有，彷徨在中西新舊四岔路口的我們，看了豈有不目眩神迷，趨之若鶩之理？於是，提起了脚步的我們，原想踏上民主政治與自由教育的康莊的，卻轉進了主義政治與教條教育的岐途。

協商會議的成功，和平建國綱領的樹立，保障學術自由的條文的規則，表示我們對於這條岐路，已經因走不通而有些覺察。但此種覺察到現在至多只還是一半。協商的代表們雖已瞭解，必須政治信仰不加干涉，學術方得自由，卻還完全沒有理會，必須政治教條，如一切主義之類，退避三舍，儘可容私人選擇信仰，許客觀研究批評，而不能强制性的宣傳，政治方得民主。他們雖已明白教條與自由教育的不相容，卻還完全沒有認識主義政治與民主政治是截然兩事。要政治眞正民主，果然有待於此種認識，就是要學術眞正自由，也必有待於此種認識，就是要學術眞正自由，也必有待於此種認識，因爲惟有充類至盡的認識才能深切著明的見諸行事，否則仍是徒然。

瀋陽見聞　錢尤

——一個友人的來信——

抵瀋後，忙迫得很，實在沒有時間寫通訊之類，只能極簡略的報告一點所見所聞給北平的朋友們做一點參考：

（一）所謂「軍事解決」已陷僵局。四平街久攻不下，長春變成可望而不可及。撫順雖經佔領，每日仍有小接觸。攻本溪湖本以爲如探囊取物，曾一再阻止執行小組前往，想等打下之後再說，誰知五十二軍近攻不利，兩個師被包圍，激戰四晝夜，是該軍抗戰以來從未遭遇過的激烈戰鬥，戰死二千餘人，不得已於十日退兵三十里，在瀋陽郊外二十里安營紮寨，直到今天戰場上的屍首還來不及收。

（二）一般新聞記者對戰局非常悲觀，認爲就是用再大的兵力打下去，頂多也只是多佔幾個據點而已，「軍事解決」「武力統一」都毫無希望。軍隊都是現代裝備，但下面的鬥志不堅：首先這不是抗日而是內戰，犧牲了覺得寃。苦戰四平街的志願兵遇見到新聞記者總打聽到五月他們可能否如期退伍，據說從山海關還截回不少逃兵。同時這些機械化部隊也不慣打這樣苦的仗，現在的大米雖然還是從廣東運來的，但比緬甸美式給養做戰的滋味已大不相同，自難免有每況愈下之感。其次使新聞記者感覺遺憾的是軍民關係，他們到戰地裏實際跑過，認爲沒法子同人家比。

現在只有好戰份子還想在那裏硬挺，一般人都感覺無望。聽到馬歇爾回中國，大家又興奮一點。

（三）在反對特殊化的東北，其中最特殊的口號是「反對三人小組來東北調停」。這裏舉行過兩次兩千多人的遊行，他們高呼東北沒有共軍，只有土匪；不要調停，只要剿匪。外國記者問：你們怎樣能使人相信東北沒有共產黨呢？

（四）瀋陽已呈與世隔絕之象。山海關至瀋陽全路不通，長春鐵路往北只到昌圖，往南也許能到大石橋，往東不到本溪湖。所以國軍所在地區完全失掉了機械化部隊應有的機動性。相反的，國軍未到之處倒都暢通無阻，地利人和都佔優勢。

本來東北是有一個整個的電力網的。現在光明不在這裡，瀋陽除去兩家旅舘，幾個衙門和「公舘」之外，已成黑暗世界。沒有電，所以沒有燈，沒有水，也不能聽無線電，消息完全隔絕，只是閉着眼瞎幹。

（五）再補充一點關於工業設備的事。據此間人士談，大多數工業設備主要是落在兩種人手裏：一是工人，二是接收人員。談話的人曾經親自訪問過鐵西工業區的工人；關於工人方面，他並且提出一個反證，就是瀋陽四千家工廠完全沒有開工，但也沒有像上海工人那樣鬧罷工，原因就在於他們弄了點「外快」，目前還可以對付着過日子，至於接收人員方面，他也有着充分的事實根據。

四月十二日夜

起床以後

李公樸

二月十日到今天整整的十天了，今天算正式的離開床榻下來走走，心臟的跳動也還有些令人感到煩擾，但是我始終是清醒的，只感到時間過的是太慢了！十天的工夫，已使我有十個月的感覺！

記得二月十日九時前，我就到了較場口，主席台的左右已經站滿了人，我也不知道是誰請來的軍樂隊，這時劉野樵就來和我談大會的主席問題，原來劉野樵他們早就到了，經過介紹後我才認識牠們，我覺得這不是我個人所可決定的事情，就婉言對他講，等主席團到齊之後，大家共同商量。劉野樵好像是急不可耐的樣子，過了不久又跑來談這個問題，我告訴他：我一個人是無權決定大會事項的。不久，章乃器先生來了，許多主席團的朋友也來了，劉野樵因爲九號找過章乃器，就又跟章先生去談，談着談着，劉野樵身旁就鑽出來一個着長衫歪戴禮帽的傢伙，嘴里叫着：「你是什麽東西，那個說好的你當主席？」說着一拳就打了上去，幸虧當場許多朋友攔住，這一幕醜劇的序幕，算是暫告結束。

在大會主席團同人正與劉野樵商量的時候，他們所領導的暴徒，已包圍了主席台上下，於是馬上强佔了播音器，利用了我們絕不會跟他們打架的這個弱點，就聽見有一人高喊我們推代表百分之八十五農民的劉野樵先生當主席後，劉卽宣佈開會，舉行肅立、奏樂、唱黨歌等儀式，在儀式完畢後，這時正立在台口的施復亮先生，實在忍無可忍了，就大聲問台下觀衆喊出：「請大會總指揮李公樸先生講話」！我才走上前去，剛準備有所說明時，就被暴徒們攔住，遂卽包圍痛打，從台上一直打到台下，後來我爲青年們救出重圍，才知頭被打破，血流不止，於是乎進了市民醫院。

自九一八以來，我盡我所有的力量，從事抗戰與民主的教育工作；奔走於國內黨派團結工作，如今抗戰勝利了，可是在我們慶祝這一個成功開始的大會的時候，反動份子，竟然如此無恥蠻橫，光天化日之下，成心跟當權的國民黨，跟領導抗建的蔣主席這樣過不去，我懷疑到孫哲生先生所說：「和平革命」一辭中的「和平」兩個字眼了！

中國是四千多年來封建力量盤據蕃殖的大窩巢，我從來都在堅信中國革命是一個長期的艱苦的血肉鬥爭。其實一談到革命是沒有不流血的，要說有一個什麽和平革命，我想不是在這革命之前流了許多血，就是以後還有明明暗暗的依然要流不少血，我流的血不過幾百CC，只是血海中的幾滴而已，還算得了什麽呢？爲了民主的勝利，爲了中國的前途，只要能够團結起更多的人來爲民主中國而奮鬥，死又何足惜！

我想了又想，爲什麽這一次的慶祝大會被暴徒破壞，給全國人民心上壓上一塊重重的鉛石呢？爲什麽給蔣主席領導之下的國民政府，帶來國際的羞辱呢？這有許多地方該怨我們吧！怨我們估計的太不够了，我們也曾想過，民主的敵人們，頂多也不過像滄白堂那樣拋擲些石頭塊子吧，然而他們不但大打出手，而且迄今都還使着他們的「特」權，「特」勢，顚倒是非，混淆黑白，企圖一手掩盡天下人耳目。這裏面竟然還說我領導特務，讓育才學校和受傷最重的勞動協會會員給打了，最爲令人運用惱筋的，是這些消息，却又多是當今政府一手包辦的中央社的報導！

我是被打了，而且負傷流血了，但我與打手及指使的人們平日絕無恩怨可言，我只感到這些人以及他們的指使者，愚蠢無知與卑鄙的可憐相！我認爲這是暴徒及其主使者所加於民族的恥辱，這是政府業已允諾的民主考驗，可是一直到現在，政府像是還沒有交卷？我想不會鬧一個罷考吧，須知考試的人，是全國的民衆，是全世界進步的民主力量呵！

躺在床上這幾天，我撫摩着傷痕，看到想到過去爲民主而犧牲的一些朋友，一些學生，一些相識的青年血淋淋的影子，不斷的展開在眼前呵！還有那死於特務獄中的羊棗，還有那些除了廖承志而外的成千成萬在勞役酷刑中被磨折着的民族的優秀生命的政治犯！

讀了相識的和更多未見過面的朋友的慰勞信，電報，看到那還滴着淚水的慰勞品，看到或是聽到那些紛至沓來的國內的國外的各地各界的聲援，我感到了慚愧！除了今後益爲奮勉而外，還有什麽話好說呢？

我現在已離開床，能够在屋裏走來走去了。

反動勢力的垂死掙扎

歐陽倩

「此間近有抗戰軍人大同盟之組織，聞參加者多屬現役軍人。近對國事時局發表宣言，頗能引人注意。宣言中對內政主張由國民大會解決，反對黨派分贓式的政治協商，肅清貪官污史，黨棍子報痞子及一切反動份子。對東北主張，恢復雅片戰爭以前狀態，反對帝國主義出賣中國的雅爾達秘密協定。及從各方面判斷，該同盟所作主張，可能引起全國軍人之普遍響應」。（重慶公民報二月二十二日南京電）

「邇來各地組黨之風甚盛，上海聞人杜月笙近正在滬上積極籌組「社會黨」，以民權報爲機關報，徐恩曾正籌組「農工黨」，另有陳如等則籌組「共和同盟」。（雲南日報二月二十日重慶電。）

「重底近有大東亞黨激進青年會組織出現」。（新華日報二月廿四日訊）

法西斯的新花樣

我在兩年半以前曾看到有一種叫做「第二代」的十開中型刊物，這刊物是在重慶印刷的，市面上沒有公開發售，只是在私人之間傳閱，傳閱的範圍也只限於少壯軍官的圈子。這刊物的文字，從理論文字到文藝小說乃至於補白，都是統一於一個旨趣的。它分析中國表現於各方面的危機，攻擊一切財閥，學閥，黨棍子，官僚和奸商，其中特別强調人民的痛苦和下級軍官同士兵的悲慘遭遇，要求青年人和人民大衆自起求解放，解放了以後，應該投到那裏去呢？這刊物一値沒有說個明白。我記得最深刻的是他們所提出的兩個口號，第一是消滅共產主義，第二是服從於「全體主義」。第一個口號是最能使人理解的，成問題的是第二個，他們對所提出的「全體主義」，並沒有什麼具體解釋；不過，後者是與前者相提並論的，他們否定了前者，從而決定後者，這就最易使我們聯想起希特勒的粹主義理論了。我想這是中國法西斯運動尋找理論基礎的新花樣。這刊物我只看到過兩期，以後就從不再見了。事隔兩年半，但這理論體系的設計圖樣在我腦子裏留下的印象至爲深刻。

法西斯政權的共同點

法西斯政權的興起，無論在西方和東方，都有幾個共同點；第一是缺乏民主政治的傳統；或有民主政治的形式，而政權實際全操在少數財閥，地主，官僚集團等特權者的手裏；或者這個國家的政治形態仍停滯在封建專制的階段，有時是剛剛開始蛻變的時期；第二，財富的分配是趨向兩極發展，少數富有者特富，極大多數的人民輾轉於極度貧困的飢餓線上，中層階級的勢力陷於徬徨貧困的悲境，而且這階級在政治上經濟上的勢力時時都在式微中；第三，這個國家中軍人的勢力在政治上特別具有左右力，他們大多數是自成爲一個特殊階級，而與經濟上的特權是相勾結，把持政權宰割人民，在法西斯日本，這個特殊勢力與一批沒有固定經濟地位和社會地位的浪人勢力相結納。

這些現象，大體上是一般法西斯勢力興起的溫床，有些也有例外。它在政策上的表現，大致對外是以愛國主義，國家主義來號召人民，對內是要求人民視國家爲一目的，人民是實現這國家目的的工具，所謂「國家至上」的口號通常是不易在民主國家中發見的。在這標榜下，它漸在國民生活中形成一種「武力第一」的觀念，軍人的地位被尊爲至上。他們常用解除被剝削人民的痛苦爲口號來賺取人民的擁護，而集中一切力量通過層層組織利用各種方式來締造特殊地位，取得一切特權，擴大並鞏固這統治階層的特殊利益。

這勢力在初興起的時候，通常都是仇視自由主義和共產主義，抓住政治腐敗的要害攻擊一切官僚政客。對政黨政治施以暴風雨般的攻擊：把持勞工組織，有時利用軍隊領導的方法把他們組織起來做羣衆，恣意剝削。

上面是一般法西斯勢力興起時普通現象。

這個政權是始終自立於孤立危境的，爲了應付一切反對者，爲了鞏固他們的特權，通常都是剝削人民的一切自由權利，很嚴密地憑藉各種法令和組織統制人民思想，言論，敎育，通信，集會，結社，旅行，居住的自由，爲了完成這一目的，這些國家都必須設立組織龐大的特務機構。這個國家的人民生活是完全控制在軍隊，特務和一個專政的組織和黨員權威之下的。

中國法西斯的垂死掙扎

三十多年來的中國社會是部分地具備了這種一個政權的建立的條件：十多年來中國人民已經歷了這末一條的悲慘的道路，在這血腥的統治下，十多年來的一頁中國人民生活史盡是血漬斑斑。

中國法西斯的理論基礎是最貧乏的，它一半是强姦了孫中山先生的思想體系和遺教，一半是中國對建統治者的遺孽的借尸還魂，一半是向德日義法西斯體系剽竊而來（從理論到日常生活方式。）三種成分加起來褒成一個三不像的中國體系。實際上，它是一個一切特權實力者的大結合體，這個大結合體以軍權和國民黨中最反動的一派做領導，在中國建立起血腥的統治。

國民黨十九年的一黨專政，在客觀情勢上是給反動集團提供了走向主權上法西斯體系的一切條件，他們憑藉政權，財權，軍權，法統乃至道統很從容的鞏固了主觀上的基礎，再反射到客觀情勢上，他們領導的血腥統治，在經濟上，社會上乃至一般心理上已逐漸形成了法西斯體系建立的溫床。十多年來他們鎮服了國民黨內的一切反對力量，直到最近之前在國民黨內部，我們只聽到一些不滿意這個反動領導的感嘆，而沒有見到什麼有力的正面反對者；所以，十多年來，他們騎在人民的背上。為所欲為。但是，人民的反抗力量也慢慢隨着他們的為所欲為而成長起來，壯大起來了；這力量從散漫的地下運動而結成了一條堅強無比的反法西斯的民主聯合戰線；在這高潮中，他們在黨內部的反對者也逐漸形成了一個自覺的力量由不滿的感嘆進而為正面的反對力量。這個國民黨內的民主力量終於在人民以全世界民主巨流的壓力下，與領導人民鬥爭的各在野民主黨派協商國是，放棄一黨專政；就是就樣打開了政治協商會議成功的道路。

十九年的血腥統治，在法西斯理論體系的形成上的成績幾乎仍然是一張白紙，而在既得利益集團，紐帶型成上倒是作到了一個相當堅覇的程度，這在他們的承平時代不容易看出，到了人民的反抗力量增強時則非常顯然。

今天，他們就已臨到了這一個危運的時期。他們結已興起一切反動力量來肅清他們集團中的反對者，來向人民進攻，或改變姿態作「有利」的轉進。

這個反動集團奴役慣了人民，一向是非常鄙視人民的力量的。但這一次是出乎他們意料之外了，作為政局轉捩的政治協商會議居然在人民壓力和各黨各派協調之下獲得了一些成功。他們的黃金夢也難長。就在這新局面醞釀之前與出現以後，反動集團的安全感遭受到了空前的襲擊，昆明的「一二．一」慘案，重慶滄白紀念堂中的歷次呼嘯搗亂，較場口的血案，以及拿東北問題做幌子的所發動的所謂「愛國運動」都是他們向人民進攻，向他們自己集團中的反對者打擊的姿態；不過，這還只是一種盤馬彎弓的姿態而已。

反動者的垂死掙扎不會是僅此而已的。

上面所記的那一連串醜局和慘案。雖然是反動集團向人民所作出來的卑鄙示威，但在另一個意義上也個拿人民作靶子向國民黨中他們的反對者的一種示威。今天，全世界都知道這些醜行和暴行是大有損於政府和蔣主席的威信，是丟盡了我們的國格，但有誰敢出面來收拾這場面呢？

反動集團的目的似乎也就是在要使全世界都知道；一個要想領導民主革命的政府和蔣主席是不能在中國建立起領導威信來的。他們對現局還存有兩個想法；第一是將政權完全控制在他們手裏，第二是雙方妥協他們也假裝民主，在這外衣掩護下來實行他們拖延或使民主變質的陰謀。

反動陰謀今天所表現的姿態真是充滿了日本法西斯的東洋臭味，如同頭山滿為領袖而由無業流氓，金融巨頭，陸軍官佐，愛國政客，恐怖份子，體面閣員以及對外間諜而組成的黑龍會一樣，中國今天也有這類似以什麼『社會』『農工』為名的東西出現了；也如同松岡洋右組織『政黨廢除同盟』一樣，中國今天也有『抗戰軍人大同盟』的組織開始，對一個民主黨派發動了疾風暴雨似的攻擊；也正如日本一切法西斯組織以『愛國』做號召一樣，中國今天也正有組織地有計劃地利用國民情緒展開『愛國運動』；也正如日本一切法西斯活動對官僚政客的攻擊一樣，中國的『抗軍同盟』也對官僚政治展開了片面的攻擊姿態；表現軍人由干政進而結黨干政，這是我們的傳統，也是日本軍人的姿態；至如，『大東亞黨激進青年會』的組織，我們一聽到『大東亞』『激進』等字眼更會很自然地聯想到日本法西斯的派頭。

一面是死抱着十年前的死魂靈『國民大會』，反對各民主黨派參加『分贓』，裝着肅清貪污的姿態，另一方面就準備着退一步的辦法，分遣別動隊結集反動勢力大規模地組織結社，以便在無可奈何的民主巨流中，假裝民主，妄想使民主變質。（這正是反動集團所謂讓現在不讓將來的詭計。）

形勢比人還強，人民的民主力量已結成一條無可比擬堅強戰線，反動集團的垂死掙扎，儘管他們將如何憑藉十九年來所積蓄的資本，如何使盡一切東方和西方法西斯的陰謀詭計，以圖繼續其血腥統治，結果都是要必歸於失敗的。

今天，經過反動集團的歷次醜行和暴行之後，民主與反民主的陣容分際業已判然。這鬥爭仍是極為艱苦的，全國一切民主黨派和個人必須更加提高警覺，加強團結，堅毅地領導起全國人民為民主新中國的建設而奮鬥。

× × ×

祇有人民自己組織起來 才能保障人民的自由

：論人民自由保障委員會的組織

胡 劍

自從陪都各界發起組織人民自由保障委員會後，漢口，北平，上海，西安等各地，已紛紛籌備組織分會。在中國走向民主初步，民主與反民主勢力鬥爭更趨激烈的今天，人民自由保障委員會能適時在各地成立，這是一件值得慶幸的事。

人民自由保障委員會，是政治協商會議閉幕時，民主同盟與中共代表建議組織的。當時民盟建議組織人民自由保障委員會，并請政府立即頒佈「侵略人民自由治罪法」中共則建議組織「人權保障委員會」。這兩個建議名稱雖稍有不同，但它能表達出人民的意願，希望人民的自由今後能得到切實的保障這目的是一樣的。這兩建議提出後，當時就得到全體會員的贊同，并列名爲發起人，推舉沈鈞儒先生負責召集籌備。

政治協商會議的會員，是包括中國的各黨各派和社會賢達的。既然他們都一致贊成中國走向民主，贊成人民的自由應有充分保障，照道理說，人民的自由應該多少獲得點保障，蹂躪人權的事件不會一再發生的了。但事實告訴我們并不如此，他們中有一部分人口是心非，爲了維持他們的血腥統治而實逼處此的，他們對於保障人民自由沒有一點誠意。遠的不說，就以他們舉過手贊成設立自由保障委員會以後來說吧，二月十號，陪都各界召開慶祝政協成功大會，會場被搗亂，大會的主席因李公樸施復亮及到會人士被毆傷，甚至作爲政協會員的郭沫若先生，也被打破頭顱。繼之在上月二十三日，在反動派製造的一片反蘇高潮中，陪都的民主報和新華日報又被有組織的暴徒搗毀，工作人員多人被毆傷。從十五號起，重慶的民主報，新華日報及其他的民主期刊又被檢扣寄不到別處了。這些行爲究竟是保障人民自由，抑或在摧殘人民自由？政協會議不過閉幕了個多月，蔣主席的四項諾言言猶在耳，中國的反民主勢力的氣燄，匪特未見稍戢，抑且變本加厲，從此可以看見政府對於實行民主有沒有誠意，嘴巴說的「保障人民自由」究竟是怎麽一回事？民主自由決不會是統治者賞賜給人民，要民主，要自由，就必須不斷去爭取。人民自由必須人民組織起來，纔能得到眞實的保障。人民自由保障委員會的任務太重大了，它在這個時候趕快成立實在有其必要的。

因爲我們重視人民自由，對人民自由保障委員會的期望太殷切了，所以我們很留意各地人民自由保障委員會籌備和成立的情形。目前綫，漢，各地人民自由保障委員會，都在紛紛籌備成立了。如果由於它們的成立，而人民的自由能得到切實由保障，那末我們是應該額手稱慶的，但看看他們目前成立的動機和組織成份，却使我們對它的前途，不敢過分的樂觀。它們的組織成立，不是自發而是奉令

介紹幾本 宣揚民主的小冊子

南風

1 民主講話 曹伯韓著（已出版）
2 青年之路 曾昭掄，李公樸著（已出版）
3 論民主 羅隆基著（即出版）
4 英美蘇的民主 潘大逵等著（即出版）
（以上都是北門出版社出版的北門小叢書）

中國應該實行民主，必須實行民主，這已是無可爭論的眞理了。但是，關于宣揚民主的深入淺出的書籍，市面上還很少見。最近北門出版社北平分社編印的「北門小叢書」，就其已出和將出的幾種看來，倒是相當適應了目前民主運動的迫切要求。

北門小叢書的第一種，是曹伯韓先生所著的「民主講話」。這本書在昆明上海印行時，原名是「民主淺說」，平津刊物上，曾見有人介紹過。我曾細讀本書，認爲的確是一本深入淺出雅俗共賞的小冊子。曹先生完全本着三民主義的基本原則，來解釋民主之理論與實踐的各種問題，文字非常通俗，態度十分公正，的確是一本大衆化的民主讀本，無怪乎民主老戰士李公樸先生要鄭重地介紹本書，並且說：「除了極少數的人之外，我希望凡是能讀書的人，都應該看看；更應該隨時隨地，從城市到鄉村，講給一切讀不懂與不識字的同胞們聽聽」。我想，如果中等學校的公民教員，有胆量採用此書來代替那些枯燥無味而且不合時代的公民教本，來講給學生們聽，一定是功德無量的事。

小叢書的第二種，是曾昭掄，李公樸兩先生合著的「青年之路」。這本小冊子，包納了五篇很有意味的文章。第一篇是曾先生所寫的「中國青年的出

的。而發令者的存心，從過去的許多事實看來，也並不是具有誠意，它之所以發令各地籌備成立，對外不過在點綴視聽，對內不過壟斷包辦而已。至於它們的組織，是由各地的參議會，律師公會，記者，商會等所謂「人民團體」構成的。如果這些「人民團體」眞的能够代表人民，那末這個會的組織構成，是再適當也沒有了。但可惜的是，這些「人民團體」，並不能眞正代表人民，它的產生是並不合乎民主原則的，如所周知的，這些所謂「人民團體」，不過是國民黨一黨的御用工具，它們的書記或領導人物的產生，不是由團體中份子的推選，而是由國民黨一黨所指派。因此，它們不過是國民黨的傀儡組織而已，它們沒有自由的意志，國民黨要它東則東，要它西則西，從來不敢違犯主子的命令。有些人也許以爲這些話說得偏激點，那末讓我們進一步看看事實吧：去年日本投降後，國共的軍事衝突正日趨激烈，和平民主是當時全國人民的一致要求，但這些所謂人民團體，却一個又一個的連續發出要求國民政府「敉平內亂」的通電。請問這是代表人民的要求，抑或是代表國民黨反動派的利益？這是人民團體抑或是御用團體？再就最近的事實來看，昆明「一二，一」屠殺案和重慶「二，一〇」血案，都是蹂躪人權和違背人民要求的，爲什麼這些所謂「人民團體」不通電要求加以制止，反而做了國民黨反動派了幫兇（搗亂陪都慶祝政協成功大會的主兇劉野樵，就是所謂「重慶市農會主席」）。從這些有力的例子看來，這些在一黨把持控制下的「人民團體」不能代表人民、祇代表了反動派的要求是顯而易見的。要這些不能代表人民的所謂人民團體組織起來，保障人民自由，其作用頂多是對外朦閉國際視聽，對內欺騙人民而已。要它能負起保障人民自由的責任，那簡直是與虎謀皮了。

民國黨反動派，從消極的防止人民獲得自由，到積極的蹂躪人民自由，甚至用御用團體去包辦人民自由，使眞正代表人民的團體不能組織起來。這是統治術的一個進步，但這進步，對於廣大的中國人民甚至與整個國民黨的前途都是不利的。壟斷包辦決不能垂之於永久，欺騙壓迫，結果必加速自身的滅亡。爲中國人民的利益打算，也爲國民黨的前途打算，這種壟斷包辦壓迫人民自由的政策是必須立即放棄的。

我們要認清楚：目前人民自由的最大障礙，是國民黨的一黨獨裁和一黨獨裁下所產生的特務制度。如果國民黨有誠意的保障人民自由，請立即實踐政協會的五項協議和蔣主席的四項諾言，立即放棄一黨獨裁，改組政府，廢止特務制度，頒佈和切實執行「侵害人民自由治罪法」。除此以外，披着民主的外衣，玩弄反民主的把戲，一面說民主，一面却嗾使那豢養的特務去毆打人民，或者下令御用團體組織「保障人民自由委員會」企圖壟斷包辦人民自由這種把戲，是會結廣大的人民一眼看穿，而加以鄙棄，更加速自身淸算底日子的。

站在人民立場，我們完全反對由這些御用團體來組織的所謂「人民自由保障委員會」，我們必須堅持這個委員會是眞正能代表人民的團體和廣大的民主人士協同自發組織。

不要相信人民的自由是統治者的賞賜，祇有人民組織起來，纔能眞正保障人民的自由。一黨獨裁，特務制度，官僚政治是人民自由的最大障礙。我們要認淸楚鬥爭的目標。

路」，文中首先指出今日中國青年普遍的苦悶，並一一分析其苦悶的來源，勸告青年們應該把握着未來的光輝的目標，爲改造現實而努力。第二篇是李先生的「青年人怎樣鍛鍊自已」，詳論青年們思想鍛鍊的方法，及如何使思想與實踐統一諸問題，是一篇值得精讀的文章。他若李先生的「青年的新道路」一文，討論人民世紀的婦女問題，曾先生的「青年與未來中國政治」，討論青年應否參加政治活動的問題，及最後曾先生以科學家立場，「寫給學科學的青年們」一文，解釋科學與民主的關係，及科學青年對民主運動應取的態度，都是非常正確的指示，我們只是感覺，這本冊子的分量太少了。對許多問題未能暢快而詳盡地發揮，讀後好像不能使人十分滿足。

印行中的北門小叢書第三種，是羅隆基先生的「論民主」。包括羅先生所寫的六篇文章，前三篇談民主政治的理論，後三篇談民主政治的實踐，羅先生是中國民主同盟的發言人，又是我國著名的政治學者和政論家，從他這本小冊裏，應該可以看到中國民主同盟關于民主問題的系統見解。第四種小冊子，是潘大逵等所著的「英美蘇的民主」。書中包括國立雲南大學潘大逵教授所寫的「英國國會的過去和現在」；「美國總統與美國政治」，西南聯大費孝通教授所寫的「美國民主精神的展望」，及表西華，曹伯韓兩先生所寫的論蘇聯民主制度的兩篇文章。這幾篇文章，放在一起，互相映照出了英，美，蘇聯的民主制度與民主精神的特點與異點之所在，對于民主學徒們，是非常便利的參考讀物。

我們希望出版界中，能多多供應幾本宣揚民主的小冊子，如果能越通俗，越切實，則讀者一定越歡迎，它的教育意義是不可估計的。

如何調整五五憲草中之權與能？

——修憲問題討論之一

潘大逵

憲草裏只有民主的形式，而未見民主的實質。

民國二十五年五月五日國民政府所頒布的憲草，到了民國三十五年的今天，還要把牠拿來作制憲的藍本；這不僅是在時間上過于長久抑且是太悖情理了。在民國二十五年的時候是一黨專政的訓政時期，在抗戰八年後的今天是各黨共政的憲政時期；以一黨專制時代所制的憲草，而用以爲多黨共政時代制憲的根據，這未免太不合于民主的精神。從法理方面看來，我們就應該把五五憲草根本推翻；但是政治協商會議各黨派又都「遵奉三民主義爲建國之最高指導原則」；同時也承認在舊的憲草裏頭來修正。當然，要是各黨派不作如此讓步，當權的執政黨又豈肯干休？所以我們如果在憲草上有任何澈底的更改，結果難免白費心血，成爲空論；倒不如本中山先生的民主精神，以五五憲草爲根據，來作盡可能的改善罷。這是個人首先要聲明我修正憲草的態度，不是完全的理想而是或多或少的牽就事實。

好，那末我們就來扼要的談談五權憲法罷。中山先生五權憲法的精神是在將權與能劃開，要政府有能人民有權。政府的能爲治權，即行政，立法，司法，考試，監察五種。人民的權叫政權，即選舉，罷免，創制，複決四種。要是這些權與能都能適當的在各自的崗位上發揮運用，民權就會有保障，政府才會對人民負責。這就是民主與非民主的區分。其實這也不過是個大原則，嚴格的講，權與能又那能分得這樣乾脆呢？從理論上講，權與能都應屬于人民，所謂「主權在民」即是此意。不過人民又依法將治權給與政府以便使其有能，而自己保留政權以便監督控制。現在姑假定中山先生的權能說法是對的。我們細心研究一下五五憲草，也只見着政府的能，而未見着人民的權。換句話說，政府這樣也能，那樣也能，可是人民的權就只是些空洞的名詞，甚麼也控制不着。憲草中的國民大會與政府的關係便是如此。這就等于說，憲草裏只有民主的形式而未見民主的實質。衡之于中山先生的權與能說，也是講不過去的。

所謂人民權力機關的國民大會，其實並沒有權。

那末，我們如何調整這權與能，使之分配適當而又能各自發揮其作用呢？這就成爲修正五五憲草的關鍵了。

我們首先來檢討一下這個人民的權力機關國民大會罷。憲草裏的國民大會爲代替人民行使政權的最高機關，這就是與中山先生所主張的直接民權相反了。但事實上，在地大人多的中國直接行使民權也有困難，設國民大會來代替人民行使也未可厚非。不過值得吾人研討的，即國民大會又能否代替人民行使政權呢？試一研究下面幾個問題，就可以得着答案了。

（一）人數問題；國民大會代表人數根據憲草二十七條的規定每縣市至少一人，合計全國代表總數，當在二千人以上。代表制度本是一個重質而不重量的制度。如以人數過少而不能代表全民，則只有行使直接民權的一法；如欲行使代表制度則二千人與數百人也無多大差異。世界各國的議會多則六七百人，少則一二百人。如以數千人爲一議會，怎能得到一個心平氣靜，考慮週詳，而秩序不亂的結果呢？

（二）任期問題：據憲草三十條的規定，國民大會任期六年，也未免太長。歐美議會下院的任期多則四五年，少則一二年，爲的是能夠隨時代表民意。如任期過久則與選民的意見亦愈遠，這又怎能合于民主的原則呢？

（三）會期問題：國民大會的任期雖長，而其會期則既少且短。憲草第三十一條規定大會三年一次，每次一月，必要時得延長一月。以如此長的距離，如此短的會期，即要聽取政府三年來的施政報告，又要執行憲草所賦予的選舉，罷免，創制，複決及修改憲法之權。豈是做得到的事嗎？

（四）權限問題；國民大會的職權，根據憲章三十二條有選舉，罷免，創制，複決，修改憲法及其他。此種權限一方面施行起來大有問題，另一方面，此種權限尚不够代表行使政權的最高機關。國民大會的會期既爲三年一次，而所有已通過的法律，是否待諸三年以後再行複決，如已施行三年再來複決，還有何意義呢？至于創制，在二千餘人一個月之會期內，如非政府示意制定又那能有此閒暇呢？說到罷免，在所選舉的大員中，其任期多爲三年，等到國民大會對他們不滿意而開會罷免時，其任期已滿，除能罷免總統外，還能罷免誰呢？但是罷免總統又談何容易？再說修改憲法本爲一不易實現的事。也許數年或數十年不修改一回，何况修改的限制又那樣繁多呢？故憲草所列舉的五項權利，四項皆不易實行，而唯一易行的權限即選舉一項而已。姑退一步認爲憲草所列舉的國民大會權限盡屬可行，但仍嫌不足。試問代表人民的最高統治機關而不能議決預算，決算，宣戰，媾和，還算有甚麼大權呢？是遠不如普通的國會了。

（五）閉會期間負責問題：國民大會在六年任期當中，只有兩月行使職權，那就算牠有兩個月的權能。那末，在牠的閉會五年零十個月中，政府又對誰負責？若是對立法院負責，立法院委員既非直接民選，牠又怎能代表人民呢？又何况牠本身也是治權機關之一，牠又對誰負責呢？憲草上對此最重要問題竟有這樣大的遺漏，眞不知制憲者有何用心？

從以上的檢討，我們很顯然的看出所謂權的機關，其實並沒有權。這就證明憲草忽略了中山先生的眞精神，而只採取了一個民主的空形式。

政府萬能，總統萬能，違背了中山先生的民權主義。

其次，我們再來分析政府的能罷。這就與權的機關大不相同了。在權的方面限制重重，務使其無權而後止；在能的方面則盡量方便，務使其有發揮的功用，這又如何能使權與能得到「制衡」的作用呢？

憲草三十六條至九十七條爲中央政府。此章爲最長亦爲最要，所謂五權憲法的制度即在于此。其實也不過是一個總統制。最要的第一節爲總統。按近代共和的總統有虛位的與實權的兩種。只有虛名而無實權的如法國第三次共和憲法下的總統即是，故其名雖有總統而其實爲內閣制。有其名位而又有其實權的如美國的總統，是所謂眞正的總統制。中國國民政府組織法及訓政時期的約法的規定，傾向于元首虛位制，在五五憲草的總統，則頗似一個不完全的美國總統制，其權力只有過而無不及。

憲草中關于總統的主要規定有第三十七條「總統統率全國海陸空軍」；四十四條「國家遇有緊急事變或國家經濟上有重大變故須爲急速處分時，總統得經行政會議之議決，發布緊急命令爲必要之處置……」四十五條「總統得召集五院院長會商關于二院以上事項……」。又據五十六條，七十七條，八十四條總統有任命行政，司法，考試三院的正副院長，而第五十九條又明白規定「行政院長，副院長，政務委員，各部長及各委員各對總統負其責任」。又第一四三條的規定在全國完全地方自治的省區未達半數以上時，立法委員與監察委員的半數皆須由各該院長提出請總統任命。總觀以上各條可見總統是立于五權之上；因三院的正副院長及兩院委員的半數均爲總統所任命，故五院雖經會商，決無不受總統指揮的道理。如是，則第三十八條的規定「總統依法公佈法律，發佈命令並須經關係院長之副署」，顯然無甚意義可言。

又行政院長及政務委員由總統任免，且僅對總統而不對國民大會負責，則第四十四條之緊急命令須經行政會議議決實屬贅文。且行政院長既爲總統所任免而又僅對總統負責，是總統代表了行政權，則爲五權之一，又似不應有任命考試，司法兩院院長及立法，監察二院半數委員之權。總之，細讀憲草全文，實令人覺得在五權之上另有一權，而憲草所謂各院爲某權「最高機關」，簡直不是事實。國民大會的權既弱不足道，而五院又不能獨立平等，此是否合于五權憲法的精神，亦令人不能無疑。

中央政府所有的「能」既操縱在總統一人手裏，而總統又只在六年中間有兩個月對國民大會負責，事實上等于不對任何機關負責。這就只說明政府太有能，而人民太無權。如此而謂合于中山先生的民權主義，其誰信之呢？

要調整憲草中的權與能必須從以下三點着手。

以上幾段分析了憲草中權與能的內容是這樣的不能「制衡」。換言之，能的力是太大而權的力是太小。那末，我們如何來調整這權與能呢？第一，我們首先要修正這總統制度；第二，我們要調整立法院與國民大會的組織及權限；第三，我們要重新安排行政院與立法院的關係。以上三種如都處置得宜，則五五憲草的最大難題就算獲得相當的解決，其餘的問題也就不難迎刃而解了。

（一）總統制度必須加以修正：憲草中總統的權力既凌于五權之上，是其他各權或多或少的成爲了他的隸屬。這在理論上也不合。最近憲草審查會議，有人主張所謂近于美國的分權制度。我們要知道美國的分權制度，各權不能相當獨立平等而且還有種「制衡」的作用在裏面維持者他們的聯繫。（請參看拙著本刊第一卷二十六期美國總統與美國政治）何況美國是一個聯邦國家，政權多保留在各州手上；總統要想專制除立法司法可以監督外，各州也可以制裁。單以各州內亂而論，假使不妨害全國秩序，而該州又沒有請中央協助鎭壓，總統亦不得派兵去干涉。更何況美國本無專制的惡習，而又早有自治的經驗？所以總統制在中國施行則不合宜，因爲中國是一個離開君主專制不久的新共和國；人民一方面既習于政府的壓迫，而他方面有權力者又習于濫用權威，于是才有袁世凱稱帝的壞榜樣。憲草中的總統權力既高於一切，而又無「制衡」的運用，這就簡直是近了獨裁了。

因此我們必須把總統的權力相當的轉移到行政院手裏去，而使之對民意機關負責。我個人贊同張君勱先生的意見，就是要「在內閣制與總統制之間開闢出一條新的道路」，而使之成一類似內閣制度的政治，則牠可以得到下列的幾種利益：

（1）五權可以平等：治權不能完全獨立，也不能完全平等，這是我們必須承認的事實。但是在憲草中將五權淪爲總統的隸屬，也有悖于「權力分立」的原理，假使我們將憲草中總統的實權降低，行政院地位提高，使之成爲眞正的「行使政權的最高機關」，而不對總統負其責任。那嗎，一方面牠可以算是一個獨立的權，固然它必須對一個民意機關負責；而他方面其他四權既無總統壓迫之威勢，我們也可能提高他們的地位，使五權達到相當平等的程度，這也合乎五權憲法的精神。

（2）「制衡」可以運用：美國實行三權分立制度，而又輔以「制衡」學說，於是三權一方面各自獨立，一方面又彼此聯繫使之成爲一個整體。所謂「制衡」就是要互相牽制，以求彼此的均衡。譬如美國總統任命閣員，公使，批准和約，必須得參議院的同意，議會可以彈劾總統及閣員，總統又可以否決議會的議案，但議院又可以解釋憲法及宣佈法律爲違憲等等。中國如果實行五權憲法的制度則應盡量效法「制衡」的運用，務必使各權彼此都能牽制，然後才能得到均衡。減輕憲草中的總統權力，不使他高於五權之上，制衡的功用就可以實現，權與能就可以調和；總統就不致太有能，其他方面不致太無權了。

（3）政治可以安定：中國在最近的將來，一定是一個多黨的國家，而多黨的政府必須採用聯合的原則。那末，如果實行總統制，這個總統必隨時與其他各黨爲敵，因爲各黨派仇視大權在一個人手裏是一件非常自然的心境。但分權制度的總統既不對民意機關負責，可又不能解散牠，而民意機關又不能使總統去職，則總統與民意機關必成爲一個對立而不調協的形勢，全國政治可以因此弄成僵局。假使我們使行政院代替了總統的權力而成爲一類似內閣的制度；則行政院的本身必成爲各黨派的聯合，於是總統並不會成爲各黨仇視的目標，反而可以成爲政治安定的因素。因爲各黨聯合的行政院可能爲順應黨派或民情常常改組，然而總統制高高在上以代表統一，安定的象徵，這豈不是很好嗎？

以上三點，僅舉其大者而言；至於獨裁易於防止，內戰易於避免，皆爲顯而易見的事。

（二）立法院與國民大會的組織及權限必須調整：立法院地位在憲草裏又耐人尋味。牠一方面是治權機關之一，他方面又執行政權的任務，如憲草第六十四條的規定有議決法律案，預算案，戒嚴案，大赦案，宣戰案，媾和案，條約案等等之權。這些權限除了不具有監督，彈劾政府權力外，又有些像英美的國會了。但是實際上牠又得對國民大會負責；同時國民大會不惟能可以立法，而且牠可以複決立法院已通過的法律，這又是一國而有兩個立法機關了。實際上，國民大會如上文所說又只徒具虛名；那末，我們爲何不使立法院成爲一個眞正的民意立法機關呢？個人在大體上贊同這次政治協商會議對憲草修改的原則及張君勱先生對立法院的意見。就是要使立法議會的職權相當的等于民主國家的議會，使監察院等于上院；前者的人選爲人民直接選舉，後者的人選則『由各省級議會及各民族自治區議會選舉之』，其職權爲行使同意，彈劾及監察』。能如此，則立法機關不僅可以一元化，而且亦可以監督政府了。

憲草中的立法院，其委員的半數係國民大會所選舉，半數是總統所任命，這樣的產生法不僅是間接，而且還有一部份被任命的官吏在內，這當然不是民意機關了。然而牠又有民意機關的職權，這是最不合法理的事。但是假若牠不執行議決法律，預算，宣戰，媾和等權，則在國民大會的閉幕期間三年又十一個月這一個大漏洞中，誰又來執行這個權限呢？這種不得已的辦法想必是制憲草者的苦心了。我們現在一方面將立法委員的產生方法完全直接屬於人民，與構成國民大會者相同，那麼牠可以算是眞正的民意機關了。旣是眞正的民意機關，來執行民意機關的職權，這就名正言順了。另一方面立法院的治權與政權的混合現象也可以改正過來了。

那末國民大會的地位又將如何呢？個人認爲政治協商會議議決之原則大致不差，不過具體辦法還值得商討。協商會議決所謂『全國選民行使四權名之曰國民大會』，殊令人大費思想，這樣的國民大會是否尙開會，如不開會要牠做什麼？如需開會，又如何召集？張君勱先生主張暫時由各縣級，省級及中央級議會之總合五六萬人來代替現在的國大來推行選舉，也算不錯；不過這種辦法決不是直接民權，而且也無法開會。何不根本把國民大會取消？我以爲國民大會的處置有下面三個辦法可以考慮：

（1）使國民大會成爲一個名實相符的眞正民意機關：那末就將牠的人數酌量減少，任期減短，會期加多，議期加長，權限加大；使政府眞正對牠負責。另一方面將立法院的權限索性減小，其預算，法律，宣戰，媾和等權通通移交國民大會，使其本身完全成爲一個法制室。這或者與五權憲法的眞意比較符合。

（2）索性將國民大會取消而以民選的立法院來代行牠的職權：因爲他們橫豎都是代議機關而不是直接民權，國民大會旣能代表國民行使四權，立法院又何嘗不可以代表呢？

（3）如認以上兩種辦法爲太過時，則無妨採取第三種妥協辦法，即以間接選舉的監察院與直接選舉的立法院會組而爲國民大會。分之，則仍然一爲監察院，一爲立法院。這個國民大會的職權只限於選舉，罷免，及修憲，至於制憲則應進行專門的制憲會議。此一辦法的好處（一）立法院與國民大會的衝突可以避免。（二）國民大會的名義可以保留。（三）國民大會的召集簡便。（四）制法的機關劃一。

這種調整的方法，固然也許與五權憲法的意思有出入；但是憲草又何嘗盡合於中山先生的遺敎？只要合於中山先生的民主精神，其他合與不合，又有甚麼關係呢？

（三）行政院與立法院的關係必須重新安排，總統的實權旣然大部份委諸行政院，行政院又對誰負責呢？由上面兩種調整辦法看來，無疑的，這行政院必須建立對立法院負責的關係，如英內閣之於英國會一樣。行政院長由總統提交立法院同意後組院，其他部會長由院長與各黨協商分配後，再交總統任命。他們應該無一定任期，完全以立法院之擁護與否爲轉移；他們個別的，又集體的對立法院負責而不對總統負責。要是行政院不得立法院委任，他們照例必須辭職另行改組，特殊的時候他們可以解散立法院，但必須得監察院同意，而同時亦必須於解散後三月內召集新立法院。至於行政院部會長及不管部委員是否必須爲立法院委員又當另論。

總結

以上所論只限於總統，行政院，立法院及監察院間的關係與調整；至於司法，考試兩院則以盡量做到他們的獨立地位而使之少受政治的影響爲宜。

上面所討論的三個大問題，都不外是一原則，至於具體內容還有待原則成立後再行商討。不過我個人相信如果能將上面三個問題，總統制度的修正，國大與立法院的調整，及行政院與立法院的安排，處置得當，則可以收權能制衡的效力，而又可得彼此發揮的功用。那就是眞能做到政府有能而人民也有權了。這大概不致與中山先生的民主精神相違罷！

·開封通訊·

寂寞沙城奏

·翼　青·

金錢萬能

抗戰剛勝利，開封便成了河南全省一些漢奸們的「租界」！

外縣的小漢奸，一聽到日寇降服，除了一面派人留守從事「清理善後代僞接洽」外，一面打着「勝利」的旗幟攜款無數萬連忙跑到開封來，小洋房一住，也就「天下太平」了。如果你要向他詢問起來，他會現出一副「理所當然」相，滿有理由的說：「我來找掩護啊，吉人自有天相，儘管有人罵我是漢奸是走狗，反正我也是在抗戰，抗戰能算罪過嗎，再說罷，錢能動鬼神，別瞧法律利害，化上牠幾十萬，也就逢凶化吉了，怕什麼」。

這批小漢奸也眞聰明，化上一批錢，果不出其所料，不到幾天光景，不但所有罪狀一筆鈎消，而且還得到了意外收穫：有的被指定爲縣參議會長，或者副會長，有的呢，也許化錢多一些，於是就成了「候委縣長」此輩於交談之際，不謀而合的說：「畢竟還是「豫人治豫」的政策好，反正都是河南人，自家人當然好辦事，你看我們省府的要人有多寬大」。

還有宛西一個大漢奸聶國政，投敵不到四月，就賸了千把萬，因爲和省政某要人是老朋友，所以這位要人就把他請到開封來，乾脆住在自己的公舘裏，並且這位要人還給他安慰一頓；「怕什麼？住在我這兒，誰也不敢把你怎麼樣」。事後才知道，他倆第一次見面，就有三百萬法幣已經被裝到這位要人的腰包裏。

至於原來在開封的一些漢奸們，頂着名的如曾一度任過汪逆軍政部長的鮑文越，以後是僞河南省省長，這次雖然捕了，但自經押解某戰區長官部「法辦」後，到現在仍然是下文不明。比較不著名的二號漢奸們，大抵都已經取得了「合法地位」，或「閉戶潛修」，或「靜候時機」，比較辦法多一點的，不知怎的搖身一變，却又當起什麼會長和委員來了，仍然坐汽車，吃大菜，趾高氣揚，不可一世，看光景，似乎比從前還要闊氣。

接收接收

省府的官員和國軍的官佐們，一到開封來，第一個緊急要務，就是忙着「接收」；接收房舍，接收貨物，總其名曰：「接收敵僞財產」。

爲了便於接收以及「搶先接收」，省府的幾大要人中，就爭先恐後地派出得力人員担任調查工作，得到情報後，就又爭先恐後地實行閃電式的「霸佔」。財物要多多益善，如有即「收」。房舍儘可能要有跳舞廳和洗澡間的。如果有人故意討好甘願讓出，那當然是「無任歡迎」。至於在一些二號要人中，幾乎形成了一個「接收運動」。三三兩兩，交頭接耳，像煞有介事，忙個不了，並且還興高彩烈地說：「逃了八年難，沒帶到半文錢，要不趁這時候發一筆「洋財」，還能等待何時」。如果稍有良心者，當面質問他們：「這不是變相的搶刧嗎」？回答必是一個輕蔑的微笑，接着就故意把聲音放低說：「這時候，不趁火打刧，簡直是儍子！某委員以及什麼長都比我們更有勁咧。××街的那所西式住宅，不是只化了一萬五千元的實錢嗎。××路那個商行，不是一個錢也沒化嗎？老兄，別那末清高吧，撈幾個錢，自己化起來到底方便些」。

於是敵僞財產固然要接收，即便不是敵僞財產，只要具備了可以「接收」的條件，當然也不能放鬆。

於是一片接收忙，忙着把「接收」過來的東西，一律裝進自己的口袋裏。

還是他們兒

國軍第一次「重回開封」，使開封人的每一個血管裏，都沸騰着一陣巨大的喜悅和歡欣！

市民們不期然地，捐獻着肉類，菜蔬，以及日用品，來慰勞他們，並且最初那幾天，到處似乎，歌唱着，尤其是碰到日本兵的時候，每個人都現出一些驕傲和輕蔑，彷彿在說：『終有還家一天，讓你們瞧瞧我們的』。

解脫了一種極度重壓後，每個人都感到一陣輕鬆和快慰，我一腔仇恥的憤怒，也化成了一陣無比的欣悅。

然而，不過幾天光景，人們却又有些茫然了，在過度希望後，得到的却是一個無情的失望，像一股黑流在沖擊着人們的心。

事情很簡單、因為這些國軍都是一些「骨瘦如柴」的「戰士」，平日沒有受過嚴格訓練，自然根本就談不上「民主紀律」。尤其已經讓「勝利沖昏了頭腦」，一種中古的「武士作風」發洩出來，可就够人們難受了。

於是街道上的行人，均以莫明其妙地被橫加干涉，甚而至於挨打。買東西可以不必給錢，反而要說：「這東西不給我們，難道還想叫日本人硬搶嗎」？或者還可以用極低價格買到的東西，馬上就跑到另一個店裏，強逼着再以高價賣出去，如果有人稍微表示猶疑，他們便會氣勢兇兇地罵着：「想挨打嗎？放聰明點，不想要就是漢奸，你們可要小心」。漢奸，這名詞多可恥，誰還敢表示不要呢

這批國軍也最懂得「生財之道」，如果口袋裏沒裝錢，不要緊，大商店裏東西多着呢，反正還可以公開搶，無論到那一個店裏，只消說一聲，夥計們便會一堆一堆地擺出來，眼睜睜地，看着人家滿不在乎地拿走，說一聲：「回頭再給錢」，揚長而去了。夥計們有什麼辦法，反正這樣可以省却其他麻煩，又不至於「挨打」，怎敢說個「不」字。

再有就是，任何一個軍官，「精不分南北，官不分大小」都可以隨便跑到任何一個大商店裏，眼睛一橫：

「喂，老板從賬房暫借×萬元，月底發餉再還」。

也許商民們都被嚇壞了，照例是必恭必敬地如數取出來，並且還十分相信地回答着：「沒關係，官長早晚都可以」。

有人說，中國人最講信用，不過，這話也有落空的時候。這些「官長」們都太不給中國人爭面子，沒有一個人能按時送還，自經去後就「杳如黃鶴」了。商民們除了搖首三嘆以外，頂多自罵一聲「晦氣」而已。

「還是他們兇，有槍桿的人眞有辦法。」商民們這樣無可奈何的「羨慕」着。

當然囉，這二三十年來，不都是這些人的天下嗎？

一場小風波

寒假中，開封市的幾個省立學校如高中，初中，女中，高師，女師，都從陝西搬回來了。

抗戰中敵人在開封利用原來各校校址，也辦了這幾個學校，勝利後被省教育廳接收過來了，為了「救濟戰區青年」計，所以並沒有停辦，都在受着嚴格的德國式的軍事訓練。

自從後方幾個學校搬回開封以後，一部份聰明人為便於鑑別起見，就把一項「偽」帽子，加到敵人所辦的幾個學校頭上。

過了一個時候，省教育廳下了一道「火上澆油」的命令：「凡接收各校統限於×月×日以前解散，所有學生，一律須經重新甄別試驗後，再行編入班級，否則不予收容。」

於是戰區各校學生，就一致聯合起來實行罷課，發出通告，向社會人士「求救」，反對這種「不合理」的待遇和歧視，並且還打算「擴大進行」遊行示威。這時候，可就急壞了一般「特務」，一齊動員，日夜出動，明查暗訪，想法壓制，並且正像「良機不再」似的故意裝出不勝其麻煩說：「抗戰勝利了，還鬧他媽的什麼風潮！別看老子們抓那麼幾個辦了再說」。如果碰到別人問他們：

「忙什麼啊，老兄，這樣慌慌張張的」。

「不瞞你說，我要去考查學生思想，聽說這些學校都有異黨份子暗中活動，不過還沒有找到眞正線索，看情形那幾個主腦份子就成問題，我一定得弄個水落石出」。

不過，教育廳當局也眞有辦法，不知怎麼一來，幾天光景，這場小風波，就風平浪靜了一個各校負責的緊急會議，並且把所有學生代表都召集到一起，軟硬交加，「恩威並用」，大大地教訓一頓，於是乎「天下太平」。

於是……我們僅僅讀到了這樣幾句話：

「敵寇蹂躪下，我們熬煎了八年的苦難，像熬過一個漫長的黑夜似的，畢竟瞧見了東方的黎明。現在，我們可算回到祖國的懷抱中了，我們的靈魂，需要溫暖，我們的人性，需要自由，因為我們於解脫了一種不生不死無血無肉的枷鎖後，渴望着生命的新生……」。

還是青春的呼喚，還是生命的吶喊，這是一段巨大無比的聲浪啊！

（二月十九日寄）

西安通訊

青年人的災難

—新　國—

包括着陝甘寧青幾省的廣大區域，被人們稱爲『大西北』。在這廣大的區域里，抗戰八年來，竟沒有如昆明，重慶等地熱烈的學生運動。西安是西北最大的城市，然而西安的學生亦是最沉寂的。

這原因並不是學生甘於如此，而是政治的壓力，和當局嚴密統制造成的。

抗戰初期，西安學生亦曾活躍過一個時期，因爲當時國共合作，在『政治』上沒有所謂『磨擦』。青年學生不分黨派的參加各種團體如火如荼的做着救急工作。但後來隨政治的逆轉，而西北的學生竟遭逢到『抗戰有罪』的命運。首先是西安十三個救亡團體被解放，負責人被逮捕。而多少來自全國各地，要到陝北學習的青年，也被嚴密封鎖線阻留西安，就成流浪的失業者。以後隨着軍隊節節潰敗，淪陷區日見擴大，不願亡國的青年，都成團結隊伍的逃來西安，都希望能把自己的力量，供獻於抗戰。但到西安後都變成失業者了。無數的青年便不得不甘着危險，偷渡封鎖線向陝北逃跑。當局看到這是一種危機，於是設法來『爭取』青年，成立了幾個國立中學，把這個青年收容在學校裏，讓他們安心讀書，莫問國事。又把學校分散各地，使他們沒有集會的機會。原來在城里的學校，也借口避免敵機轟炸，疏散到外縣，西北最高學府西北聯大（後改爲西北大學）則遷設在離西安數百里外的城固。然而學生們仍然不能『莫問國事』，在國家生死存亡的關頭，他們不能安心地去讀那與抗戰無關的功課，他們仍然設法盡可能的做着對抗戰有利的工作，仍然不斷地從各個學校逃出，偷偷的跑向陝北。

當局制止這種『危機』，便效法希特勒設勞動營，從封鎖線上把多少青年都抓來拘禁在裏面。同時在各學校加緊『黨』『團』的活動，特務以各種各樣方式打入學校偵査每個學生言論行動，學生中有對現狀不滿的，誰看生活書店出版的任何書籍，或三五人聚在一處聊天的都被認爲『思想犯』，而抓入勞動營。這樣一來，每個學校都造成了恐怖世界，同學之間，師生之間，誰也不敢同誰接近，誰也不敢說一句話，每個人都人人自危，朝不保夕的在恐怖里生活着，學生們雖然這樣謹愼，而被抓的或失業的，仍然日有數起，日有增加。

勞動營在西北，不說被抓的人害怕，就是平常人一聽到『勞動營』三序，都會心驚肉跳，因爲這是可怕的牢獄，只一批一批的，一隊一隊的抓進去，就如石沉大海沒有下文了。人們每從西安西關外經過時，看見那高大的圍牆，上邊站滿了有槍的衛兵，幾十步就喝令你停止，不許走近，那戒備森嚴詭秘的情形，令人眞是毛骨悚然。

抗戰八年中，西北的青年以思想犯而抓入勞動營的不下數萬。西北的學生就在這樣可怖毫無保障的環境里變成一羣無聲無息的綿羊了。

勝利以後，勞動營名義取消了，但青年的恐怖並沒有解除，反而受到更慘酷的迫害。各學校失蹤的學生，更見加多，城壕里，防空洞里，或學校的附近，不時發現遍體鱗傷的青年屍骸。

當昆明慘案發生後，西安的學生除默默的關心而外，表面上不敢露一點憤怒的痕跡，就此做『黨』『團』工作的人們，還故意造謠說，學生醞釀罷課，而特務人員公然要求進駐學校，維持秩序。

西北當局除開用以上手段統制西北青年外，更收買一種無恥文人，大量製造色情的讀物，用來麻醉青年，而西北報談除秦風工商聯合報與黃河晚報兩家外，又淸一色來作殺害青年的幫兇，同時圍剿青年所歡迎的報紙。因爲工商報與黃河報是無黨無派，提倡民主反對內戰的，他們不但遭受當局的檢扣，警告，並禁止讀者定閱，而且受着御用報紙的圍攻，給他們造謠，說是拿着陝北的津貼，替共黨說話。而黃河晚報因聲援昆明慘案，竟遭西安軍官總隊的搗毀。

我們看了以上種種，就可以明白西安學生在沉默里蘊藏着多少血淚啊，西安不但沒有學生運動，而且民主運動也祇有在地下工作。民主同盟在西安跟共產黨一樣是被禁止活動的。西安是全中國最黑暗的一角。

張垣人物——漫步

仿成吾

華北聯合大學校長成仿吾這樣對人說道。

「新教育辦了三十年，失敗了，最多的莫過於是大學畢業的。我們在這八年中訓練了三萬多學生，可以說讓步的太多，而真好則見少見少」。

華北聯大有三個學院：法政，文藝，教育。法政的學生都是未來的地方幹部，一邊讀書，一邊學習政務。文藝學生則學習人民藝術形式來表現與創造，教育學院出來的，則是以新的宇宙觀，社會觀人生觀，來再教育下一代，對工人，對農民，各有其路。工業與醫學也正在利用日人的工具來訓練為人民服務的技術員及醫師。

成仿吾，矮小而堅實，他的聲音也很宏亮，他又說：

「教育的結果，是只會打槍，不知道怎麼打，用來打自己同胞嗎」？

于力

于力，原名董魯安，燕大國文系主任，十二月八日以後不見了，近來才發現他到了張家口，而且被推為晉察冀邊區參議會的副議長。

這是一位有浩然之氣的老頭兒，有黑色的落腮長鬚，當他在欣然笑語，更發現他微落了一枚牙齒。燕大的學生在這裏工作的有五六十人，很可以組織一個同學分會了，他們都非常恭敬這個老頭兒，都說，想不到一個學佛的老頭，大澈大悟後竟站在革命的最前線。

于力要我這樣來告慰各地掛念他的朋友們：

「我對於教育摸了二十年，到今天才算找到了能夠為民服務的地點，我也相信教育的意義應當就是這樣」。

二十年來的長期苦悶解脫了，這老人因有幾度蛻變，而重新成為青年，或者也許可以說：站在青年前面。

丁玲

和丁玲有整八年不見面了，見了面，看她仍然如八年前一樣只是那時的破軍服，今年已經成為輕外衣，還在風沙中養成了一副男人的爽朗手，年光似沒在她臉上有什麼留了。

有許多人叫她「冰之」她憶著起來了，北平郊外風光上海的朋友們，重慶出版了她的「我在霞村時候」，著名冰之而不能暢銷的事。最近寫一本鐵工廠的劇本，是她住在宣化時候寫的，我問她是否今後要由寫農民而工人由寫小戲而大戲了，她說，「恐怕是的。」

「在宣化，我因為注意已要寫的題材，見聞不多」。但她也很說了一些可供新聞的材料，知道龍煙鐵礦的範圍，勞動將在工業區發動，沒有開工的範圍礦工人，將在教育中穩定崗位。工人的生活的提高，他們的地位正在改變中。

丁玲不願意在聯大任課，因為那樣妨礙她的寫作生活，但卻在為張垣作社會教育性的公開講演，講題是「知識份子的任務」。

蕭三

蕭三是位詩人，是位理論家，是一位翻譯的好手，在張家口的文化人中以他的服裝為最整潔，那皮外衣還是外國貨，而頭髮也剪得如紳士。

他在譯書，也在寫作，偶然也會對同學講演毛澤東的故事，受到很大的歡迎，我問他為什麼不去教書，「我走自由主義」他說，「我為了寫作不能那麼耗費時間」。

他是一九三九年從蘇聯到延安的，途經新疆，盛世才沒有留難他，但是不准他和茅盾見面。「中文的國際文學，只編過兩期，就停刊了」。他又說「英德法俄四種文字的國際文學向延安寄，往往是德文的最易收到大約是想讀我文的太少吧」。而蕭三，便是一位俄文通。

到了張家口的人，不少都又想念延安，而留在延安的人，却又多半想出來。蕭三說本來想到北平，多看點書近來則想回到延安去多作一點事。

聶榮臻

四十七歲的留法勤工儉學生，經過了二十年的戎馬生活，便是今天的晉察冀軍區司令員聶榮臻。他的部隊在八月底打進張家口這個大城，不僅是邊區一六七縣中的大城也是所有解放區中的惟一大城「繳獲」了日本人最多的物品。

聶司令穿綠呢軍服，大馬靴，身材已是四川人中較高大的，而色江潤，但頭髮已灰白了。只在他這個區域內，就有正規軍三十萬。我問他游擊部隊轉化為正規軍的過程中是不是相當艱苦，他承認是事實但他跟着說：

「我們的弟兄多是農家子弟，好在快要縮編了，他們回各人家裏去種田，不成問題，我們自然要好好幫助他們」。

聶司令的司令部設在根本博的司令部內，有相當歐化的設備，日本式房屋滿是西式傢具，有人問他是否收容了日俘，日僑甚至敵偽的壞蛋，他堅決否認，他說：

「八年來他是殺我們的，這怎麼可能。至於日本解放同盟，則只是沒有槍的宣傳兵而已」。

賀龍

在宣傳戰中不知道死過幾次的賀龍，三月中旬方在北平度過他五十歲的生日，他的朋友們為他開了一個大慶祝會。

賀龍一看便是個典型的軍人，留着小鬍子，穿俘過來的日本大衣，嘴裏叨着一隻很有歷史性的煙斗。他說話簡短而有火氣，似乎隨時有風暴跟着到來似的。

一九三八年起大青山的游擊根據地便已創造起來，慢慢擴充到七百萬人，建立一個三百萬人口的晉綏邊區。那裏原是一個大糧庫，兵員中且會有蒙古人。八年來，一面打仗，一面生產直到日本投降。

賀龍忽然嘆息一聲道：「老偽軍搖身一變而為國軍了」，過去他的敵人李守信，王英之流仍然不斷與他接觸，每一次戰鬥中，無不摻雜着這個問題，仇人見面因而非外眼紅。「他們過去是幫着敵人殺我們的」！

蒙古區域的政治顧問，賀龍說，那是蒙古自治聯合會的事，主席名為雲澤。蒙軍司令姓姚名喜，臉上有一大刀口，像隻月牙在兒橫眼上。

蕭克

平綏一帶的人民震於八路軍的名子，就是由於蕭克和李運昌以及其部隊活動的結果。一九三九年，蕭克到了平西，組成挺進軍，開展了平北冀東的游擊戰。從重慶來的新聞記者陸詒站在妙峯上望北平風光。

蕭克是位瘦弱的廣西人，體強但貧血，穿着一身草黃色軍裝大馬靴。二萬五千里到延安，又轉向華北的北部入東北去，他建立了非常好的軍民關係，冀東人民有一次很大的勞軍運動，豐潤一縣募得子彈十九萬發，冀縣捐槍二百餘支，婦女及兒童幾乎每人都捐一件禮物給士兵。遂灤的冀熱察遼邊的抗日根據地從此建立起來。

這位瘦小的將軍說，在平北的每一個山的根據地上有幾年幾乎天天都有轟炸，日本的航空員在可能的航程內作擲彈演習，要把每個山都炸平，但是我們的人不都是仍然活到現在嗎？

宋文

在鄉村包圍城市中，次要城鎮仍然受主要城市的領導。在北平天津邊沿上的張垣，物價也在逐日高漲。

以糧價來推測牠，小米在產糧地是十五元邊幣一斤，早平就要二十四元了，張家口卻由二十八元在三個月來張到四十五元了。

邊區行政委員會宋主委長文承認共產黨過去以農民為對象今後則不得不在城市，以工人為對象了。

「談到工人問題，首先是改善他們的生活，用政治地位改善他們的精神痛苦，同時提高待遇以改善他們工資低或有錢也買不到東西的痛苦。過去每人只有偽蒙疆券四千至八千，今天則加法幣一萬至二萬五千元的實物，依糧食布匹和煤炭折價」。

物價高漲了工人的生活以實物計，不使他們受到影響。張家口十七萬人，有工人三萬，最多的是交通工人。邊區政府同時也沒有忘了農村，鄉下正在普遍進行減租減息運動。宋主任用山西口音說：「我們要學習——像小孩一樣地學習」。

楊春甫

軍區的政治委員兼張家口市長楊春甫給我很多說明，指出這個地點在蒙疆區域內的重要性，它是察北察南農牧商業活動的交插點。

楊春甫年紀青青的像一位大學生，穿在一身延安青呢制服，滿臉堆着笑容。他說蒙疆政府的一切統制今天都已取消，但是控制價格的機構，則仍然存在如糧食公司。

「張家口是一個每天有二萬石糧食交易的大市場，我們不允許商人自由操縱市場，這幾天平津的大商人已到，正進行購糧。

「皮毛貿易就要復興，我們在組織並協助商人到蒙古草地去，照當地習慣是春天去放貨物，為綢布茶及各種工業品，到秋天去收皮毛。自然，一切陋規要取消了，由於蒙古人民的知識逐漸在提高便可以減少不少非法的剝削」。

楊春甫對於當地情況非常熟悉我問他何以為此，他說，因為他在此地工作了很長一個時期。

熱心讀者同情本刊

願意替我們解決發行上的困難

民主週刊，民主青年，民主星期刊並轉各民主報刊的編輯先生們的公鑒：

我們讀了貴刊等為抗議摧殘出版發行自由緊急呼籲的公告以後，心中感到非常憤慨！貴刊等宣揚民主，立論正確，得到廣大人民的擁護，在此荒涼的文化古城中，不斷地替我們帶來希望和勇氣。先生們為民主而努力的功績，自然為反民主的法西斯份子所不喜，他們要設法摧殘貴刊等的出版與發行，乃時當然之事。何況這次國民黨二中全會開會前後，正是法西斯份子囂張之時，他們不顧信義，意圖偷天換日，一手推翻政治協商會議的偉大成就，或者用陽奉陰違的手段，以各種非法手段，來妨害人民自由及政協決議案之實現。貴刊等遭受壓迫與破壞，正是這大陰謀中的一部分。但是一切愛民主愛自由的廣大讀者們，都是熱烈地擁護着先生們所主持的各種民主報刊的，在正統派的報紙每天都充滿着歪曲的報導和無恥的謊言時候，我們尤其希望貴刊等能堅定的忍痛支持下去，如果國民黨政府公然出來破壞貴刊等的發行工作，我們願意發動我們廣大的同學，仿照昆明同學們的光榮模範，於課餘的時候，代替報販們到街上去叫賣，我們更願意聯合平津各學校愛民主的同學，來設法以各種方式幫助你們的發行工作，我們相信，反動份子的破壞，也會使貴刊等的銷路更廣大更增加的。（下略）

臨大補習班一羣愛民主的青年謹上。

三月二十日

民主周刊

"打手政治" 丁聪作

华北版·第八期

主编：民主周刊社　发行：民主出版社

中华民国三十五年六月八日出版

還是應該協商解決

時評

蔣主席於六月六日下令，東北各軍於六月七日正午起，停止追擊前進及攻擊，其期限爲十五日。自蘇軍於二月大舉撤退開始以後，東北局勢一天天險惡，長春一進一出，四平街血肉相拼，關內餘燼復燃，四處烽煙，仇恨越打越深，猜忌越打越烈，政協決議，一概不提，交通恢復一字不問，和平民主聲嘶力竭，而公開的，未公開的，轟動着一片殺伐之聲，似乎非打過你死我活不能罷休。在這樣情形之下，來一個十五天的停戰，無論如何，總是好的。

停戰附於十五天的時限，這十五天眞是機微極了，寶貴極了，這十五天是國內永久和平的開端，抑只是內戰的休息，就要看這十五天的進展如何，就要看這十五天中各方的努力如何，歸根結底，還要看誠意如何。如果是有誠意的話，如果眞是企求和平民主的話，如果眞是顧到吃草根樹皮的民食的話，十五天的時間就是短，也一定能够尋出和平民主的辦法來，時間一定不够，也還可以延長。如果沒有誠意的話，慢說十五天，就是一百五十天，多玩幾個花樣，不也就混過去了嗎？

據蔣主席宣佈下列各點：在此十五日之內獲得完滿之解決，（一）完全停止東北衝突之詳細辦法，（二）完全恢復國內交通之詳細辦法及進度，（三）獲得一確切之基礎，迅即實施本年二月二十五日有關全國軍隊復員整編統編之協定。

這些都是必須的，這些問題如果不能得到澈底的解決，和平不可得，即或有之，也不得穩固的。

但是這些問題，如何始能達成完滿之解決呢？假若漫無標準，則協議何從談起？公說公有理，婆說婆有理，和平的談判，只成了雙方的對罵，于和平何補？而且漫無標準，老百姓無從評判是非，督促進行。所以在談這些問題的時候，必須先立定標準，定下原則，併力以赴。

原則是什麼？早就有了。這就是政治協商會議的決議。政治協商會議的文件的精神，不外三點：一曰，關於國內問題，確認政治解決的原則，這就是說，國內問題不論屬於何種何項，都不能以武力尋求解決，必須以和平協商方式尋求解決。這一原則，見之于蔣主席屢次的文告，見之于國共歷次的會談，見之于和平建國綱領的第一條。但是東北問題一起，便有武力接收之說，一貫的沿着這條道路發展下來，才鬧到今天這個局面。而軍事解決顯然又不能解決問題，只是把問題越弄越僵。所以在這次談判之時，我們願意國共雙方重申政治解決原則，重申不用武力的原則。國共兩黨應該以最嚴肅的方式，向全國國民，應該向兩黨軍隊，宣布這一原則，俾全國人民能以監督。這就是和平原則。

二曰，民主原則。這裏面包括着，國民政府及行政院改組，依照和平建國綱領，處理地方政權，地方自治，人民自由權利，民選省長等等。並依照軍事問題，決議及整軍協定，實行裁軍，整編，統編，軍黨分立，軍民分治，還軍於國等等。在東北問題及國內各項問題上，實行民主的改革，我們相信，必須民主的解決，才是眞正的解決，必須民主的解決，才能合乎老百姓的要求。

和平原則，民主原則，是達成協議的基礎，我們老百姓當以此兩項原則來監督批評國共雙方，我們老百姓當以此兩項原則督促談判的進行。時機緊迫，千鈞一髮，凡我國人，亟應共起圖之。（承）

中國民主同盟北平市支部發言人

對北平市政府非法取締及查封七十七家報刊發表談話

【民盟新聞處華北分處訊】中國民主同盟北平市支部發言人，頃就北平市政府非法取締及查封北平商業日報，光華日報，解放報，學生報等七十七家報刊事件，對記者發表談話如左：

該發言人稱：北平市政府在蔣主席宣佈保障人民基本自由的諾言之後，在最高國防委員會決議修正廢止不合理的戰時出版法之後，竟然實施其箝制輿論的專橫行為，以至本市無辜被犧牲的報刊通訊社，達七十七家之多，實在是一件駭人聽聞的事。政府當局的這一荒謬措施，是在曾經許下了尊重諾言的蔣主席落平之前一日發生，實令人百思不解。而這一荒謬的措施·完全是法西斯作風的獨斷獨行，沒有任何法律根據，當局實無權強迫人民接受其如此違法悖理的措施，我們站在人民的立場，勸告當局立即收回其不合法不合理的成命，恢復商業日報，光華日報，學生報，解放報等七十七家報刊通訊社言論自由，并保障以後不得再有此種侵犯人民基本權利的荒唐行為。並望受害者一致力爭，因為自由不是一種恩賜；自由永遠是人民用鬥爭才能得到的果實。

管你「閉特」不「閉特」！

荒唐無聊的「警管區」制度，據說從六月一日起就要在上海試行了，以後逐漸普及全國，以補保甲制度之不足。保甲制度已經夠禍國殃民了，現在還嫌其不足，再來一個「警管區」制度，無怪全國人民首先是上海市民羣起反對了。如此內政部長張厲生會發表談話加以解釋，又是中央社記者「以外間對實施警管區制之意義不盡明瞭，特訪內政部長張厲生，承告警管區即英美警察之「閉特」制度……至「警管區」之名詞，是否適當，則為另一問題。張部長語至此笑云，英美警察沿用之「閉特」，在字義上恐較我國之「警管區」尤為費解』云云。（中央社南京四日電）

張厲生眞會裝蒜！他似乎以為老百姓所反對的「警管區」制度，僅只是反對這個「費解」的名詞！那麼，輕鬆地笑一笑，抱歉地解釋一下，徵引一下英美的「閉特」，似乎老百姓便可以心服了。

管你「閉特」不「閉特」！老實說，老百姓反對的，不是甚麼名詞適當不適當的問題，反對是你那個根本不通根本反動的所謂「警管區」制度。你們用這個方法，讓萬惡的特務，穿上警察的外衣，隨時侵入民房，任意侵犯人民的居住自由。你們的這個制度，毫無法律根據，甚至和你們自己一手包訂的「約法」相抵觸。你們所徵引的英美的「閉特」，也掩飾不了你們的犯罪行為，因為正是上海的英美僑民，反對這「警管區」制最厲害。算了，不要裝蒜了吧！管你「閉特」不「閉特」，老百姓所誓死反對的，是你們的那個由「以黨治國」到「以警治國」，由「以警治國」到「以特務治國」的反動制度的本身！

眞可以休矣！

近來物價的飛漲，已到了最嚴重的階段，大家都在嚷着活不下去了。於是法官罷審，教授罷教，航員罷飛，工人罷工，經濟系統的崩潰，已直接引起行政系統，教育系統，生產系統和整個社會系統的恐慌和崩解，大家都感到活不下去了。

因活不下去而自殺，這在目前也成了最普遍的現象。北平報紙的本埠新聞上，經常有自殺案件的記載，甚至一天會同時發現五六起。別處的情形也不會比北平好，僅就報紙上所刊載的，有抗屬懸樑自盡，還留下了絕命詩的，有裸體投河，把衣服留給家人買米度飢的，有全家服毒的，有集體自殺的……眞是花樣繁多，舉不勝舉。

你如果看看另一幅圖畫，你就會感到我們今天的國家，的確已經變成了人間地獄。據聯合國救濟總署的調查統計，目前的大飢饉大災荒，已普及於中國本部的十八省，嗷嗷待哺的災民，數達三千餘萬人。在受災最重的湖南，河南，廣東諸省，每天都有成千成百的人被餓死。善於造謠的中央社，也無法掩飾災情的嚴重，據該社本月二日長沙電，湖南零陵飢民十五萬人，四月份內餓斃者即達一千七百餘人，草根樹皮均已掘食將盡，該縣飢民偷食餓屍，竟演成流血慘劇……。你看看，這成了甚麼世界！這成了甚麼世界！

像這樣的情形，如果在帝制時代，即令最昏庸的君王，也會下詔罪己，救死不暇的，然而我們今天的統治者和好戰份子，却還在大徵軍糧，大開其軍事會議，飛去飛來，忙於佈置全面內戰的大進攻。嗚呼！錯誤的內戰政策，已經把經濟弄得總崩潰了，已經把國家統制成人間地獄了，已經把你自己聘用的公教人員餓得半死了，還有臉面來談甚麼「法統」，誇甚麼威信？還有甚麼天大本事，要在這災鴻遍野的國土上進行內戰？嗚呼！好戰份子眞可以休矣！

本期目錄：

我們的路線

張東蓀

自第二次世界大戰以後，有一個新現象爲大家不可不注意的：就是任何國家其內政上政治制度與外交上國際關係必須有相當的配合，在强國一方面好像不受這個原則的拘束，但實際上亦不盡然，如英國之允許印度自治，以及最近由埃及撤兵等等，在英人的本心上與在其傳統上的殖民政策上，我們可以說總不免是勉强的，這乃是由於各小民族本於平等自立的觀念而蹶起，逼得本來帝國主義者不能不撤回其帝國主義，我今說這一番話不在於責難舊日帝國主義者，乃只是表明即强國亦不能不因國際關係而致其影響於政治上，弱國更不必說了，弱國的政治制度必須與其國際關係的特殊狀態相配合，恐怕已成爲一個已定而不可移的原則了，雖則太平洋憲章上有各民族有自已抉擇其所好的政治制度之自由，但這個自由到了實際已早不是沒有限制的了，最顯著的是今天世界各國中已沒有一個國家有採取法西斯蒂政體之自由。

根據這個原則，我們對於中國今後的出路亦可看出其輪廓，這不是我們願意與否的問題，乃只是由於大勢所趨，不得不如此；不如此即無出路，著者在七年以前曾撰一文，主張中國在外交上應該居中盡極大的努力拉攏英美與蘇聯，使他們密切合作，共同以攻德日義；同時在內政上又必須使英美與蘇聯各祛其不放心的念頭，因爲必須在內政上使英美明白中國不致於赤化而放心了；同時又必須使蘇聯明白中國不致變爲資本主義的基地，用爲反對共產主義之先哨，蘇聯亦可以放心，英美與蘇聯各放心了，中國方能在外交上拉攏他們，不然，親英美則蘇聯便增加懷疑，親蘇聯則英美愈生顧慮。

爲了解決這個困難起見，中國在政治上必須先決定一條中間性的政策，我們說中間性就是說：採取英美式的民主主義而不要其資本主義；同時採取蘇聯式的社會主義而不要其無產專政。換言之，即於政治方面採取民主主義，以仿效英美者居多；於經濟方面採取計劃經濟，以仿效蘇聯爲多，這樣則既不是資本主義，便不會與共產主義爲敵，蘇聯不致於感到威脅；同時又既不是無產專政，當然不需要社會革命，便不與英美在華的利益相抵觸，英美亦必不會發生恐懼。

這乃是以內政問題而解決外交問題，一舉而兩得，莫大焉，至於執行這樣的中間性政策當然要把一黨性的政府改組爲多黨聯合性的政府。不過這個聯合政府卻不是各黨分配政權，乃只是根據一個有聯合性的共同政策會合執行而已。

我這一篇文章是在淪陷區寫的，好不容易託了人帶至重慶，乃重慶的國民黨檢查員竟將其扣去，以致在報章雜誌上都沒有登載出來，不過據友人後來告訴我說，當時確曾將其一份送呈蔣介石先生，但我相信蔣先生未必見到，恐怕早已爲其左右沒收了，因爲他們根本上厭聞這樣的調和主張，到了今天我回想起來雖然事隔七八年之久，而中國的出路卻仍只是這一條，沒有第二條可走。

所可喜者即看清這樣趨勢的人今天卻漸漸多起來了，民主同盟中的人們大部分是抱這樣態度的，雖然各人所見有程度的不同，這個思想的最初發端是我們所提出的所謂修正的民主主義，所謂修正的民主主義亦正是指那個與計劃經濟的社會主義相配合的而言，這樣思想的提出乃是在九一八事變的第二年，其後因爲抗戰有統一陣線的要求，共產黨的態度起了很大的變化。所以尤可喜者乃是中國共產黨雖則其下級幹部與地方情形都不免有幼稚病之譏，但其高級的中堅卻一致承認內政與外交有不可不配合之必然性，由國際關係決定了中國的政治經濟的性質，因此這個唯一的出路已漸漸爲國人所共認了，只有國民黨中一部份頑固派還在那裏希望美蘇戰爭，不恤挑撥兩國間的惡感，這是私人集團的利害與民族大衆的利害之衝突，必須加以清算的。

根據這條出路，在國際關係上我們對於英美與蘇聯都不能不有所忠告。我們對美國人說正猶對蘇聯人一樣，就是說：美國如果希望中國只爲美國的友人而以蘇聯國爲敵，這是中國所不能接受的；同樣，蘇聯如果希望中國只爲其友人而以美國爲敵，這亦是中國人所決不能接受的，因爲中國不願爲任何一國作工具。

至於這一條出路如果走得好，而能大成功，卻不僅是中國之福，並且足以爲世界前途建立一個新的好的榜樣，以後或則可以使資本主義與共產主義兩相對立的壁壘之尖銳化，因爲有了這樣的中間性制度而漸化爲淡薄，或最後致於消滅，亦未可知，這便有關於全人類的幸福了。

政協會後的國內政局

羅隆基

（「五四」在昆明學聯會的演講●胡鈞筆記）

諸位同學，我昨天剛從重慶回來，想不到今天有這樣好機會，與許多年青朋友見面。我離開昆明八個月了。當我去年八月間去重慶的時候，內戰正烈。我去重慶的目的，希望對於和平民主有所努力。在離昆的八個月中，國內的政局有許多變動，如主席所說（按指主持五四紀念大會的主席），中國的和平民主有了曙光，但現在這曙光又給黑暗淹沒了，我從重慶回來的看法，並不如主席那末樂觀。事實上目前的內戰比去年九月的規模還大，形勢還嚴重。以前在抗戰期間，全國人喊過一句口號：「抗戰建國」；在我去渝的八個月中，抗戰是結束了，但看到那一點建國的成績。如果勉強說有了建設，不過是在昆明西南聯大建設了反內戰四烈士的墳墓。如果局勢不改善，恐怕當局還要為人民建設許許多多的墳墓。他們自己也在掘自己的墳墓，而且也在替國家民族挖墳墓。

究竟是誰吃了虧？

政協會議的結果，大家都已經知道，不必細說。

政治協商會議結束，國民黨中少數分子以為吃了虧，因此國民黨的反動派就想推翻政協的協議，其實政治協商會議的決議是各方面妥協的結果，國民黨不滿意，參加的其他方面也不滿意。因一切宣傳工具握在一黨手裏，大家只知道國民黨所宣傳的讓步，不曉得各在野黨派的讓步，今天要談談各在野黨派的讓步。

大家都知道政協五項協議，施政綱領，政府組織，軍事問題，國民大會，憲法草案——各在野黨派讓步很大，國民黨以為自己讓步很大是錯誤的。

首先在和平建國綱領方面，承認國民黨領導，蔣先生領導，是在野黨派很大的讓步。過去蔣先生是國民黨一黨的領導人，經過政協的協議，大家承認他的領導，是加強了他的威信，抬高了他的地位。國民黨並沒有吃虧，這是在野黨派很大的讓步。

在政協會議，各在野黨派堅持要在和平建國綱領中取消特務組織，但政府堅持不承認有特務組織。其實這是公開的秘密。後來在野各黨派讓步了。

其次，黨費不得在國庫開支這一項，各在野黨派也是堅決主張列入和平建國綱領中的。一個一黨專政了二十年，養活了一批黨棍子的黨，如果黨費還繼續在國庫開支，各在野黨派是無法與之競爭的。但後來各黨派之讓步，沒有把它列入綱領中，這實在太不平等了，蔣主席四項諾言中各黨派地位一律平等這一項是空洞的，如果國民黨一黨的黨費，繼續在國庫開支，各在野黨派是無法與之競爭的。

在改組政府一項上，國民黨又認為吃了虧。其實國民政府委員四十席中，在野各黨派承認國民黨佔二十票，再加上蔣先生一票。已經佔了過半數，在野黨派聯合起來也無法佔半數，這又是一個大讓步。

在政協會議中，當時在野黨派是主張國府與行政院同時改組的，但到目前這問題仍未解決。在行政院中有十一個部，三個委員會，再加上擬設的不管部三到五個，約共十七到十九個，但各在野黨只能佔七八席，又佔不到三分之一，這又是一大讓步。

軍隊問題，各在野黨派，民盟，青年黨都沒有軍隊，在這點上，共產黨也作了大讓步。國民黨與共產黨軍第一期縮編為九十與十八之比，第二期縮編為五十與十之比。在東北方面，國民黨與共產黨縮編為五與一之比，在第二期縮編，國民黨不受影響，中共縮為一個師。目前東北實在沒有打內戰的理由，將來整軍時，東北軍隊五軍中，中共只佔一師。這又是在野黨共產黨的一個讓步。

國大問題，承認舊代表，這是民盟與其他在野黨派的最大讓步。不承認舊代表協商就要破裂，當時個人感到極大的刺激。與其分裂內戰，得不到和平，還不如讓一步承認舊代表，而爭取一個民主的憲法。也就是說，中國必須有一部民主憲法。這個讓步，也是為民主憲法而讓步。但國民黨反認為在野黨派不讓步。

憲草方面，在野黨讓步的地方很多，如承認中國為三民主義共和國，承認五權憲法等都是。這些讓步的原因，是要求和平民主。

五五憲草是權與能分開，很多地方不能實現，且與政治理論相違背，我們明知行不通而還要寨在憲草上，是感到很痛心的。大家都知道，政協協議是各方面讓步的結果。

　我在重慶參加張治中先生所召集的慶祝政協會成功大會，孫科院長說：「你們說我們吃虧了，我們只讓出二十個國府委員，獲得和平統一民主局面。這是我們最大成功，而不是吃虧。」

　目前很多老百姓連飯都沒有得吃，在野黨派也代表老百姓作了很大的讓步，但國民黨仍不以此爲滿足，不斷做反動宣傳。究竟國民黨反動份子爲什麼企圖阻撓政協協議實現，大約有幾個原因：

　第一因爲國民黨反動派有錯誤觀點：一個黨獨裁二十年，變成了特殊階級，政協決議如果能實現，勢將犧牲了特殊階級的地位和利益。故特殊階級認爲讓了太大的步。

　第二，在國民黨反動派看來是中國要永遠讓國民黨一黨統治下去的。目前由一黨而多黨，國民黨總有一天會失去政權。政權更迭，在民主國家中是很平常的事，但在他們想永世萬代獨裁下去的人看來，認爲很值得憂慮。

　第三，憲政實施後，法治代替獨裁。法治儘管一下子施行得不很好，但總勝於獨裁。但在二十年來一黨或一人獨裁者看來，會憂慮到將來一黨或一人的很多不方便。

　政協協議實現後，和平統一代替了武力專制。這於習慣武力、强權政治的人又覺不便。這些理由，都是使國民黨反動派不願意政協協議實施，而最重要的一點是，國民黨少數反動派，認爲阻撓政協協議實施是「生存鬥爭」。政協協議實現後，國民黨內少數反動派將失去他們的權位，這是他們要推翻政協協議的最主要理由。

　由於國民黨反動派的觀點，看法、心理的錯誤，認爲吃虧了，所以政協協議未能實施，其實國民黨是不算吃虧的。

從二月到現在阻撓政協協議實施的經過

　由於少數的人，認爲他們吃虧了，所以有較場口事件的發生，這是破壞政協的起首。你們在昆明只聽到較場口血案，我在重慶是親眼看到較場口血案。聽到是不如看到的。較場口的事件，說明了中國是沒有是非，沒有黑白，沒有眞假的。慶祝政協籌備者并非各黨派，而是社會團體，當時籌備得很周到，通知了各社會團體。國民黨控制的各工會，農會也通知了。這次的搗亂。是有計劃有組織的而最無恥的是軍警憲在場，看着暴徒打人，一個也不動手調解勸阻。

　這次會的籌備者，不是民盟，不是中共，而大多數爲文化人。文化人是不會打架的。當時我在台上，看到數十個暴徒毆打一個人，眞感到氣憤和難過。但後來打人者反而告被打者，說他們挨打。中央日報登載說，搗亂者被打，被打者搗亂。在國家首都，蔣先生所在地，居然發生這樣的事情，政府還有什麼威信，法律還有什麼尊嚴。

　在審判席上，我出庭做證人。原告打人，被告挨打，而兇手們在法庭上虛構事實，儼如講「水滸傳」「施公案」一般，說得有聲有色。說挨打的李公樸先生從後排椅子一躍而前，陶知行先生帽子一揮，育才學校的數十精壯打手，也就蜂擁而出。大家知道，育才學校都是年紀很青的學生，他們是打着旗幟參加慶祝的，但在劉野樵口上說來，却是一群精壯的打手。眞是無恥之尤。

　如果中央社，及一切對內對外的宣傳機構，都握在國民黨一黨手中，中國是不容易有民主的。因此我們在號召「軍隊國家化」之後，還要號召「中央社國家化」。特務要取消，警察，憲兵也要國家化。

　政協決議各黨派是不能修改的。每個黨派都有他的最高權力機構，如果各黨派的中全會都可以修改，那政協就失去了各派參加的意義了。

　國民黨二中全會根據其一黨的「訓政時期約法」，推翻政協決議，說各在野黨派參加政府人選，要經過國民黨中常會通過。約法是民國二十年通過的，國民黨從來沒有談過約法，目前爲了保持一黨專政的局面，又把它抬出來了，各黨派參加政府，是決不願意經過國民黨通過，以承認這種一黨專制的法統。

　二中全會關於推翻政協憲草協議有三點，一點是有形與無形的國大，第二點是總統制與內閣制。第三點是省憲。這三點要在這裏詳細解釋不够時間。

　國民大會行使四權，是孫中山先生的主張。但以目前國家的實際情況來說，國民實無法在中央政治上行使四權，政協會決議取消有形國大改爲無形國大，使人民先在地方政治上行使四權。協議以後，國民黨反動份子認爲違反了孫中山先生遺教。

　第二點第三點，孫中山先生是主張內閣制反對總統制，主張省得制定省憲，反對中央集權的。

　二中全會所提出的三點，主要的是二，三兩點，即不要內閣制；不要省憲。他們知道二，三兩點違背遺教，所以拿第一點來做帽子。

　二中全會的提出三點，是以第一點陪襯二，三點。第一點爲孫先生所主張，但在我們看來，實際是行不通。第二，三兩點的用意，是想要把憲法作爲一黨專政的工具，是一個人做一號子總統的心理在作祟，這不是遺教非遺教的問題，而是民主憲法與非民主憲法的問題。而且目前仍未獲得協議。

在政協會議中，各黨派承認了十年以前選出的舊代表九百名，我們只承認他們是國民黨的代表。爲要保證國大通過民主憲法。所以政協決議增加代表七百名，使各黨派及社會賢達都能參加國大。國大共有名額二千〇五十名。因爲通過憲法要四分之三，所以民盟及中共要求共佔總數四分之一强，以保証民主憲草之在國大通過，這在政協協議中已有了諒解的。但後來國民黨又一再提增加代表名額的問題，這問題是數月來的爭議，到今天還未能解決，因此使國大延期。其實國大延期，於國民黨有百利而無弊。因爲國大延期是黨治的延期是憲政的緩施。我們當然不願意，但國民黨硬說各黨派不願如期召開國大。

談到聯合政府，民主同盟與中共，要有三分之一否決權，以保衛民主與和平的局面。政協閉幕時，政府已承認民盟與中共有三分之一的否決權。但到後來青年黨代表說，假如中共有十票，則青年黨要有八票。民盟席位不能多於青年黨。因此民主同盟與中共無法取得十四席。我們在野黨派參加政府並不是爲的做官，是要對人民負責的，目前國府委員名額分配問題，仍未獲得解決，而政府故意一再催我們提名單，這不是有意做虛僞的宣傳是什麼？

歐洲各國聯合政府成立，要先說明何人處理外交，何人處理內政，行政院雖在國府之下，但行政院是更重要的。目前政府改組，祇先改組國府，而不改組行政院，這又有什麼意義？他們的目的只在用聯合政府的空招牌，向美國借款而已。

關於行政院的改組，在野黨派先要知道行政院院長是誰？政策爲何？各部會人選如何分配，一如歐洲各國的聯合政府成立時一樣。而政府一再拒絕談這些重要問題。

目前中國正面臨着財政，經濟的重大危機，在野黨派如果參加了政府而仍無法做事情，將來財政，經濟崩潰的時候，國民黨就可以拖人下水，說：「我沒有辦法，他們來了他們一樣沒有辦法」。大家坍台了。我們怎肯輕易欺騙老百姓。

在一二禮拜前民盟提出，在組織聯合政府之前，要停止內戰。中共提出「全盤解決」，國民黨却主張一件一件解決。民主同盟之所以提出先停止內戰，再談聯合政府，是有理由的，各黨派聚首一堂，共商國是，而國共的軍隊却在打仗，這成什麼話呢？據說毛澤東先生是要參加國府的，如果內戰不停止而東北中央軍在與共產軍打仗，中共代表坐在政府裏，那末等於說毛澤東命令中央軍打朱德了。這樣環境之下，聯合政府可能嗎？同盟主張停止內戰再談聯合政府，而國民黨却一再催提名單。這是聯合政府不能成立的原因。

國大宣佈延期，中央日報及其他國民黨控制的宣傳機關，將延期召集國大的責任，擱在在野黨派身上，造成一種錯覺。政協會議中承認舊代表，在在野黨派的理解中，是承認國民黨舊代表，而國民黨的了解，却以爲承認的是國民的代表。

目前國民黨內部名額分配不够，立法院監察院要參加，御用的參政會也要參加，因此國民黨又要求增加名額，最初要求增加一百五十名，次要三百五十名。在野黨派顧念國民黨的困難，加不加沒有關係，祇要開會的會場坐得下，在野黨派能保持否決權就成了。

國大延期召開原因之一，是如上所說當權黨名額無法分配，上月底報上登出的國大代表是十年前的舊代表。政府增加的新代表到今天還未公佈，怎能開會。蔣先生四月二十四日招待茶會的時候，國民黨代表，名單亦未完全提出。蔣先生說硬要如期召開，恐怕只是說官話而已。

國大延期之另一原因，是內戰沒有停止，政府沒有改組。其實慢一點召開，祇延長了國民黨一黨的統治，對國民黨有利，而對在野黨派沒有好處的。

國民黨一部分人士，曾企圖如期召開，單獨通過憲法，並發動十年前舊代表要求如期召開，這個陰謀實現，它所通過的憲法不會比曹錕的好多少，其結果祇做成一個分裂內戰的局面。這個陰謀已經因國大宣佈展期而打破了。

東北問題是一步一步錯下去的

東北問題造成今天這樣的局面，政府要負責。東北問題是一步一步錯下去的。

停戰以後，政府要運大軍到東北，美國幫忙運輸，這是錯誤，我不反對接收領土主權，但日本已經投降，關東軍已全部爲蘇聯繳械，還要運這麼多軍隊接收嗎？政府方面運大量軍隊到東北，要武力接收，老實說是對內而不是對外。美國方面帮忙運輸，或者是要使東北充實國防，其實以中國目前這種軍隊，處在科學戰爭的時代，怎能談得到國防呢！我一向反對這種做法。運軍隊到東北於國防無大補助，徒然增加中蘇邦交的懷疑，增加國內的糾紛，這絕對不是聰明的政策。

在一月十號停戰協定中「中央軍開赴東北，不受停戰協定限制。」當時我不明白這一條文有什麼意義。政治上有辦法解決，軍事自然不成問題。到後來中央軍開入東北了，不沿着鐵路線一個一個地方接收，却繞攻熱河，與中共爭地盤，因此中共軍隊轉入了東北，以造成今天的局面。

這又是一個錯誤。

在政治協商會議中，民盟曾多次提出在政協中討論東北問題，政府却拒絕討論，要交軍事三人小組處理。政府拒絕在政協討論東北問題，打軍事解決的主意，他不明瞭政治問題解決，軍事不會有問題，因爲在整軍方案中，中共將來在東北祇有一個師。

政府在東北設立行營也是錯誤的。一方面要談憲政，一方面又要保持這種「姜太公在此」的行營政治，這是矛盾，接收東北的要角是熊式輝，張公權，蔣經國三位先生，此中沒有一個是東北人，國民黨內對這辦法也不能一致擁護。以軍爲政的行營制度，憲法上根本沒有這個東西。如果開首時東北用地方聯合政府方式，由各黨各派和東北人士協同參加，則一切問題容易解決。東北今天不會有這個局面。二月間重慶及各地發生反蘇遊行，這亦是添加外交困難的一種妄動。我願當時在昆明領導「愛國遊行」的人在這裏聽聽事實和道理，纔知道他們的愛國是誤國呢！

蘇聯過去之不撤兵，是政府方面請求的。最初政府因來不及接收東北，請求蘇聯緩撤一個月，後來又再請求緩撤一個月，爲的是要蘇軍守住那些地方，使中共不能進佔。到第三個月中央軍到了東北於是就要蘇軍立刻撤退。國際外交上亦沒有這種做法。就是要老媽子看守房子也不能夠這樣的。這「愛國遊行」實際目的不在反蘇而在推翻政協協議。剛巧那時雅爾達密約宣佈，給他們造成藉口。我也不贊成雅爾達會議。雅爾達密約英美是賣主，蘇聯是買主。那的確損失中國的權利。但這事美英蘇都對不起中國，根據密約是由羅斯福通知蔣主席的，蔣主席眞不知道嗎？倘知道了當時爲什麼不提出抗議，中蘇條約是政府負責簽字的，大連，旅順是政府送的，民盟，中共都是在野者，負不了這責任。領導愛國運動者說「蘇聯侵略中國，等於強姦了我們的母親，如果說「母親被強姦了」，那祇有大哥知道，我們不知道。因爲政府負了簽條約的負責任。要抗議，中國對美，英，蘇，都應該抗議。爲什麼單單反蘇呢？借口外交來做內政鬥爭是危險的。中國利於中美蘇合作，而不利於分裂，發動反蘇，是一個大錯誤。因以造成今天東北的局面。

由於東北內戰的不斷擴大，三月二十七日國共又簽訂了「東北停止衝突協定」。如果根據這個協定，立即派執行小組前往調處，局勢也不會鬧下去。但四月一號蔣先生在參政會上的演說，又強調接收主權這議論。

他不承認東北民主聯軍，於是三月二十七日的協定又無形被推翻了。共實接收主權一定要武力接收嗎？蘇軍既然退了，東北問題當然可以用政治方式解決。政府計不出此，所以造成今天的局面。談政治總要面對現實。今天中共在東北有力量，這是現實，這問題不是「不承認」三個字可以解決的。既然有了三月二十七號的新協定，又來談「不承認」豈不是自造問題，自尋麻煩嗎？後來民盟看到內戰兵連禍結不是辦法。四月十五號蘇軍退出長春的日期快到了，中央軍一時又不能打到長春，於是民盟在四月十日邀請中央及中共代表進行調解。我們提出雙方停戰五天，中共軍讓出鐵路綫使中央軍進入長春，一切問題在五天內先用政治協商解決。政府不同意，覺得不打而讓進去不夠光榮，第二天（十一日）東北人士謁陳誠部長提出調解意見：一，停止衝突，二，維持現狀，當時陳部長口頭答應，後來蔣主席返渝，第二天陳誠部長飛到南京去了，這事情又耽擱起來。這是中央把解決問題的機會一誤再誤，目前長春在中共手中，國民黨方面一定要打進去。這內戰眞不知要拖到什麼時候了。

我離開重慶以前，總想見到長春問題解決再回來。但事實上不可能馬上解決，於是我就來昆明一行了。目前國民黨的看法，一定要用武力接收主權，中共的看法，蘇軍撤出東北，主權就沒有問題了，國民黨一定要打到長春再談，中共堅持無條件停戰。目前還未獲得良好方案。東北問題的不能解決，就牽涉到政府不能改組，國大不能如期召開。

目前時局的問題在如何停止東北內戰，內戰一天不停，愈拖下去愈壞。即使國民黨打下長春，可能失掉別處，問題還是不能解決的。打不下，談判就拖下來。雙方面軍事的勝敗，又影響到談判條件。大家不要小看東北問題，它可能發生很多變化和影響的。東北是國際關係很複雜的地方，它可以影響到中國和平以至世界和平的。

抗戰八年財政經濟一無辦法，再打內戰不要說打八年，再打幾個月，財政，經濟一定總崩潰，一定國家陷於萬劫不復。由於長期內戰結果，國共雙方在政協中已經存着恐怖心理，再打下去，恐怖心理加深，談判進行更加困難。

國民黨不可能消滅共產黨，共產黨也不能消滅國民黨，誰也不能消滅誰，打下去祇有證明外國人的嘲笑：「內戰內行，外戰外行」而已。東北內戰打下去，協商會議的協議會全盤被推翻。沒有和平，就沒有團結，更沒有民主。

現在又回到剛才的話了。八個月以前我去重慶的時候，毛澤東先生赴渝談判，那時刻我以爲和平的希望很大，但八月後內戰的危機比以前更大。

今天紀念「五四」。本人也是參加「五四」的一份子。人們解釋「五四」爲文化運動，民主運動，我以爲「五四」運動之起因，在於當時少數人把國事搞得一團糟，青年們大家起來以行動制止當權者誤國行爲而已。今天的青年還要保持這五四的精神。

今天紀念「五四」我們要站起來，不要讓國家給少數人搞得一團糟。今天在四烈士的遺像前舉行紀念「五四」是很有意義的，他們爲反內戰，爭民主犧牲了，他們的責任就落在我們大家身上不要讓他們的血白流，不要讓他們的生命白白的犧牲了。（完）

美國對華貸款

這是中國歷史上最大的外債，這筆借款，決不能用於打內戰，或用作對特權階級的輸血。

費孝通

民主同盟是共產黨的尾巴嗎？

孫寶毅

作者由渝抵滬後，時常有朋友問起民主同盟，固然很多贊成而對它的前途抱着極大希望的，但表示不十二分贊同的，亦何嘗沒有。其原因何在呢？我認爲，最主要的是由於他們對民主同盟是否是共產黨的尾巴這問題，有些疑問。

民主同盟是國共兩黨之間的一個政治團體，它可以左右中國政治的前途。所以關於這個問題，我認爲有解答的必要。

國民黨，誠如他們自己黨人所說的：『好話說盡，壞事做盡。』我們姑不研究這些壞事是否官僚借這塊招牌做出來的，但行政的無能，接收大員的無法無天，至少政府應負其責任，國民黨應負其責任。一般國民對國民黨政府的失望，其原因亦在於此，更何況加上他們對國民黨過去不可一世的令人氣憤的回憶。對於國民黨總裁蔣先生本人，大體說來，仍舊擁護到底，認爲是中國不可少的一個人；但對於他手下的達官要人和他所領導下的若干黨員，却不敢恭維。他們之中，何嘗沒有正直而且有良心，有操守，有風度，有真知，有遠見的人物，無奈他們好像『鶴立鷄羣』！因此一概被抹殺了！

共產黨，誠如他們自己黨人所說的：『還是個不成熟的鄉下孩子。』幾年來，他們苦鬥苦幹得來的成績，與國民黨比較起來確是好許多。我們可引馬敘倫先生所說的一段話：『我這些朋友沒有一個是共產黨，有的是銀行經理，有的是地主，有的是資本家，而且多數是大學畢業，或者是留學歐美過的。但是他們說給我聽的，無論在蘇北，浙東，華北，他們總是有獎無貶。至多不過說，共產黨得了大都市，不曉得怎樣辦。至於他們告訴我解放區的情形，可以說，和黃炎培先生延安五日記所說沒有兩樣。扼要的說，人民沒有一個閒空的，都有飯吃，都有衣穿。尤其有幾位鄉下朋友來說，好像住在太平村一樣，弄得我到起了「百聞不如一見的」心，還有點疑心這些朋友或者替共產黨來宣傳。』（見民主第廿六期「應該由人民來打開這個混亂的局面」一文）。老百姓所需要的只是安居樂業，有飯吃，有衣穿，有房子住，對於「三民主義」，「新三民主義」，「法統」，「非法統」等等，本來是摸不着頭腦。共產黨既然相當解決人民的需要，自然會得到人民的歡迎。但是，我們也不可否認，有許多人因爲思想背景，利益立場，過去歷史，以及智識教育等等的緣故，對共產黨尚不表示十分贊成，或感到莫測高深，或感到粗野過火。

在國共兩大黨的對持下，在不滿國共兩黨的情緒下，存在着許多中間性黨派，如國家社會黨等，青年黨，第三黨，救國會，職教派，鄉建派等等。這許多中間性黨派，或偏左，或偏右，或超然。這些黨派過去都是被認爲「非法」的，所以社會上一般人士，除非深切關心政治的人，都不大瞭解這些中間性黨派的主張和內容。

這些中間性黨派，在抗戰中，爲了保持全國的團結一致和增强抗戰力量起見，張君勱先生等曾提出軍隊國家化和政治民主化的口號，同時在國共兩黨不和的時候，盡了調解和斡旋的作用。在起初是組織「政團同盟」，後來爲了展開中國民主運動計，改組爲「民主同盟」。盟員不限於各中間性黨派，而以個人的資格加入，因此吸收了許多有正義感的無黨無派的熱心的民主主義者與自由主義者。民主同盟現在還不能說是一個黨，祇可以說是國共之間的民主主義者和自由主義者的政治團體。因爲來自各方面，所以更足以反映民意。中國民主運動的歷史相當長，這種組織存在的時間也可能相當長。青年黨爲了自己的黨的地位，認爲可以夠得上稱爲中國第三大黨，已經退出而單獨行動了。在爭取民主這一點上，他們或許仍舊是和民主同盟取一致的態度，此外，則他們有自己的見解和立場了。

國共兩黨在以前，在抗戰中，始終沒有和諧。在勝利後，兩黨亦仍舊在對立狀態之中。蔣先生和毛澤東先生雖然曾經把酒聯歡，兩黨代表雖然曾經屢次同坐一桌，共商國事，但軍事的衝突，迄今沒有停止。老實說一句話，老百姓身受其害，覺得有些討厭而不耐煩了。因之，大家的眼光遂望着民主同盟，希望他們或許能夠站在老百姓的立場上，替老百姓說幾句公道話，替老百姓謀安全，替老百姓謀福利，救救老百姓的命！民主同盟誠可謂「順天命，得人心！」

然而，民主同盟是否是共產黨的尾巴，這問題，時時在作梗，以致於一部分人，雖熱心於民主，但不便參加，而取暫時旁觀的態度。

作者是民主同盟的盟員之一，雖不足以代表全體，但不妨姑作解釋如下。

第一，我們要知道，今日我們所爭取的是民主。向誰爭呢？無疑的是向國民黨政府爭。國民黨過去是採取一黨專制，連陳立夫先生也承認，如果以民主的原則來批評過去國民黨，則是處處錯了。國民黨實行憲政還政於民的決心，我們似乎不應該完全不信，然而握過權力的，做慣主人的，現在要降到與其他政黨和所謂「阿斗」等等，處於平等的地位，實在是一件不容易的事。各中間黨派在爭取民主的時候，旁邊站着一個在野的大政黨，且擁有相當大的力量，也要向在朝的國民黨爭取民主，過去同受壓迫，今日目標相同，那末大家聯合起來，自是一件很自然的事。並且，因爲他的力量大，他說的話使人更爲注意和重視，以致於共產黨以外的呼聲和口號都被淹沒了。殊不知道，軍隊國家化，政治民主化和舉國一致的聯合政府，最先是由民主同盟提出的。在專政好像遺傳下來的中國，在國民黨統治幾十年的中國，如果不把爭取民主的力量集中起來和聯合起來，似乎不容易得到。因爲如此，民主同盟與共產黨就較爲接近了。共產黨的主張，有時爲民主同盟所支持，民主同盟的見解，有時爲共產黨所接受。但只有人說民主同盟是共產黨的尾巴，而沒有人說共產黨是民主同盟的尾巴！至於民主爭取到手之後，民主同盟與共產黨對民主的做法是否相同，並且某人是否要獨佔所爭取得到的東西，這些問題我認爲應該放在以後再說。也許說不定，那時會以現時爭取民主的方法和方式，轉而對付某一人。

第二，民主同盟今日尚不是一個黨，盟員有二黨四派，思想應該有些出入，意見也應該有些不同。而對國共兩黨的態度，自有親近疏遠之別。但在爭取民主的現階段，他們的主張和步調是一致的。我們決不可因若干盟員，較其他盟員更贊成共產黨或蘇聯，就說他是共產黨的尾巴！猶之乎，決不可因若干盟員更接近於國民黨，就說它是國民黨的尾巴！只見樹木，不見森林，不是正確的看法。

第三，民主同盟的思想背景，與共產黨確是有相當的距離。他們在政治上所主張的民主主義，並不就是如馬列主義所解釋的，至少不認爲必須經過無產階級專政。他們在經濟上所主張的社會主義，也決不就是共產主義，譬如說，民主同盟綱領經濟章第四條『確認人民私有財產，並確立公有及私有財產，全國經濟之生產與分配由國家制定統一經濟計劃，爲有系統之發展。』這就可以充分說明，在經濟方面也祇採取蘇聯經濟制度的優點而已。簡單說來，民主同盟的思想背景，對英美蘇的優點都有所採取，同時也兼顧到中國的國情，和今後國際間的處境。大體說來，在政治方面，採取英美的較多，在經濟方面，採取蘇聯的較多，在今後國際間，英美與蘇俄的思想制度互相競賽的局面下，想保持一種平衡。民主同盟的份子，都是民主主義的信仰者，因爲共產黨也主張民主，而就說他們是尾巴，我認爲是對他們的一種污辱。

第四，大家既然都向國民黨的手裏爭取民主，而國民黨又不爽爽快快拿出來，蔣主席的四項諾言，至今沒有兌現，國民黨過去的主人面目，不時擺出來，政治協商會議的決議案，不但不見諸實施，而且在節節支解，同時又發生了如昆明較場口，南通等大小慘案。要人家完全相信他們的「竭誠」實行民主，似乎是很難的。特務人員，貪官，污吏的橫暴苛賤的行爲，令人不敢證信，或是不忍說起。那一件事情是可以証明他們有十足的誠意實行民主？那一件事情是可以証明他們願意放棄過去的特殊權益，而與其他政黨站在平等地位？那一件事情，是可以使老百姓今後高枕安眠，生活無憂？關於共產黨呢？因爲封鎖，我們只能抱「百聞不如一見」的觀念！而從那裏出來的人，如馬叙倫先生所說的，總是有獎無貶。當然，我們只能就目睹的不滿意的現象，加以批評，盡我們國民關心國事，希望政府好和應有的言論自由的責任！我們雖欲批評共產黨而不可得！因爲如此，我們批評國民黨的地方多，而批評共產黨的地方少，這樣我們就很冤枉的戴上了尾巴的帽子。一個人要人家說好，只有自己爭氣，自己不爭氣，而討厭人家說閒話，這人可說是沒出息到根本無希望。我們固然應有我們自已的立場，但我們不可故意立異，而不支持人家的正確主張。國民黨不對的地方，我們要批評，共產黨不對的地方，我們也要批評。反之，國民黨對的地方，我們要採納，共產黨對的地方，我們也要採納。我們希望中國今後的是一個眞正自由民主的國家，任何人反其道而行之的，或阻塞這條大道的，我們都要指斥他們。眞正的民主政治，雖在中國尚未見諸實現，但鑒於歐美歷史，我們知道民主政治決不是從天上掉下來的。大憲章，人權宣言，人權法案，獨立宣言，是當權者頒給的麼？我們應該固守民主的原則，而勇敢地由我們做起，實現人民所應有的身體，行動，居住，遷徙，思想，言論，出版，通訊，集會，結社等等不折扣的基本自由。

民主同盟在目前爭取民主的階段，必須和共產黨站在一條陣綫上，但在立場和思想方面，保留對共產黨的批評自由。現在是如此，將來也是如此。正直而不偏不倚。對國民黨和對共產黨無所謂偏袒，對國民黨的腐敗，不可閉目不見，對共產黨的成績，不可充耳不聞。我們完全從國家前途着想，我們完全以人民的立場爲立場。

我們有了這種瞭解，就可以進而解釋最近的政局發展。共產黨不提出名單，民主同盟也不提出名單，以致改組政府無一着手。民主同盟跟着共產黨走嗎？不然。共產黨的理由是政府先要誠意實行協商決議，民主同盟的理由，則是先要停止內戰，兩種理由縱然是不相同的。又關於政府委員，民主同盟發言人贊成共產黨必需有十人，這是替共產黨賣力嗎？決不是的。爲的是民主，爲的是防止中國走上反民主的回頭路，爲的是今後反民主的措施和法令不致於提出通過，爲的是民主的憲法不致於被反民主份子偷牌換牌。我們既瞭解今日的主要問題，是如何向國民黨政府爭取民主，那末，就是民主同盟和共產黨的主張相同，步調一致，只能說是英雄所見略同，不可稱爲是尾巴。譬如說，馬叙倫先生很同情共產黨，我們能說他是共產黨的尾巴嗎？他又與民主同盟的主張相同，我們能說他是民主同盟的尾巴嗎？

再拆穿了講，民主同盟背後的中間黨派，也決不允許民主同盟成爲共產黨的尾巴，譬如張君勱先生就曾對新聞記者說過，他是民主同盟的發起人，他有他自已的政治的和經濟的主張和立場。

綜合上面所說，民主同盟不是共產黨的尾巴，以後亦決不會成爲共產黨的尾巴。某方因欲拆散民主運動的陣線，所以放出這種惡毒的中傷謠言，經過一番解釋，不知道問起民主同盟的朋友們，能够認爲滿意否？

中等教育亟應改革

宋全思

和平團結民主統一的中國，在政治協商會議成功後，已奠立基礎，今後的任務，是動員一切力量在全國範圍內執行建國工作，爲了建國，教育改革，就有着絕對的必要了。而教育的改革，尤應重視中等教育這一個主要的中心的環節，因爲牠是高等教育的基礎，也是將來普及教育和擴展社會教育的必要條件。

去年國民黨一中全會決定黨團退出學校，這是很好的，但我們要曉得，黨團退出學校（何况現在並未眞正退出），並不等於舊教育的改革和新的民主教育的實施，因爲教育也同其他部門如政治經濟文化一樣，在國民黨十八年的統治下，已有着深入而廣泛的惡劣影響，這種影響，現在很明顯地表現爲崩潰衰落和積重難返的病態，要改革這種教育，決非幾個黨團員溜走了，或幾個機關撤除了，就萬事大吉，而是要經過長期的艱苦的鬥爭過程，始克有成。

那麼，改革什麼？怎樣改革呢？筆者在教育界服務多年，茲就管見所及，提出下列問題並分別建議如次：

第一，人的問題。事是由人來主持來創造來推動的，沒有他就一切無從談起，但有了他，由於品質的優劣不同，對於事也就有好壞之分。說實在話，過去許多地方，要當一個校長就不易得，因爲他一，必須入黨，二，必須在主持學校行政之外，要負當地的特務工作，鎮壓學生，偵察校外的所謂異黨活動，作講演，寫報告，向上級請示，忙得一榻糊塗，頭昏眼花，那裏還有心機去領導學生學習，更何從談到學校教育的改進。至於用人方面，則不是「唯才是用」，而是「唯親」「唯擇」和「唯歷是用」，這樣一來，大壯和小壯，花臉配黑臉。就活生生地把學校教育的民主精神，摧毀無遺，這種現象，還能讓牠繼續存在嗎？所以今後教育改革，首先得注意人的問題。那些以教育爲職志，以培養青年爲事業的前進教育人士，應被重用，用人不限於他的宗教信仰；不限於出身；不限於遠親近族，而是以有學識，有才能，在思想和人格上足資青年學習，足爲青年導師爲標準。

第二，領導機構和學習組織的運用問題。從上而下的層層統治和手令制度，不僅在政治方面爲然，即在教育機關，亦因襲有年，校長令教務主任訓導主任，教務主任令教師，訓導主任令導師，可謂系統分明，誰曰不宜。然而，這結果會變成怎樣的情形呢？教師授課，對課本內容沒有取捨之權；對補充教材，沒有編寫選擇的自由；對該班的特殊情況，不能有特殊的教學方法；於是就祇有機械呆板地按照進度施教，懂不懂由你，教的東西有無益處可不管。縱或有些眞正爲學生學業着想的教師，雖用盡迂迴曲折的方法，稍作改進，但在強力的控制之下，也會感到窒息而無以施其技，教學效率，何能提高。導師的主要任務，在啓發學生思想，訓練其做人的態度和做事的技能，責任是繁重的，但他沒有獨立處理工作的自由，做什麼？怎樣做？他不但不能主動地提出主張，也無發表自己意見的機會，（例如訓導會議之類，多是徒有其名的）一切只好遵奉主任先生規定下來的工作項目，去强制學生實行，要是遇到困難，不是敷衍了事，就是諉過於人。

由於這種不民主的作法，所表現在人和人的關係上，是老板和夥計之間的僱傭關係，不是工作同仁在爲完成共同的教育任務，而精誠團結和諧相處，我給你錢，你得照我的規定去教課，照我的方法去管學生，稍有差池，就對不起，如此，焉能發揮工作者的工作精神，又焉能收到訓導的效果呢？

至於學生的學習組織，一般說來是從學生自治會而班會而股長，股員，學生；在軍事或童軍管理方面，是從中隊長而小隊長，隊員。這些學習組織，因爲在運用上，純是由上而下統治的結果，牠不能成爲學生學習活動的紐帶，而是管制學生的一種野蠻的方法。要做的事，老師交班代表，班代表推股長，股長推股員，股員做得怎樣，那就無人過問；發生的問題如盜竊，損毀公物或其他犯規事項，如果尋不到事實根據，抓不到犯規學生，則學校追究導師，導師追究中隊長，中隊長追究小隊長，小隊長追究不到觸犯的同學，就祇有倒霉。這樣層層追究，不但有如保甲制度之層層控制人民，而且也有如用連坐法把學生的脚跟連環地緊縛起來，於是學生自覺自治與自發性的學習精神被消殺了，這種做法不改變，民主教育將只有空談。因此，今後教育改革，必須一反已往作風，教育的領導機構和學生的學習組織，應該貫串着民主精神，讓領導者在不違背一定教育原則之下，根據實際需要和可能條件，自由地處理工作，推動工作，讓學生在民主的環境中去學去做，去創造，去發揮他們的學習能力。這即是說，學校應該成爲實踐民主生活的模範，校務會議，教務會議，訓導會議，應該成爲各級民主集中的領導機構，去展開各該部門的工作，學生自治會，班會和各種學術團體，應該成爲民主的學習組織，通過牠去發動同學進行各種活動，去提高同學學習的積極性。

第三，訓導問題。談到這個問題，我們認爲黨團退出學校，必須澈底執行，取消特務，不容或緩。現在有的學校，雖則沒有形式的黨團組織，然而黨義，反民主反科學的專制主義的思想教育，仍以各種各樣的方式出之，投課，演講，辯論會討論會和壁報……都必須以黨的主張爲主張，黨的結論爲結論，不容許有相反的意見存在。舉個例說吧，某校在日寇投降後，接收東北發生困難時，他們就配合校外少數反動派頑固分子的叫囂，大肆向學生宣傳：說什麼蘇軍駐兵東北是「九一八」事變的重演，是第三次世界大戰的火藥庫，蒙疆自治，是某些國家的野心，是某黨支解國家民族的企圖……等等；辯論原子彈應否保守秘密時，自己先有了結論再讓學生去辯，辯去辯來，他們是不可能有相反的結論的；至於壁報在校內也同樣變成造謠，誣蔑和挑撥團結的工具，報紙只許訂中央日報，和平日報，而新華日報及其他稍爲民主的報紙不能訂，即訂而不准公開給學生閱讀，這能說是黨團已退出學校了嗎？瞎子和聾子才相信。

特務在學校的活動，也同在別的地方一樣，鬼鬼祟祟，不務正業，專以搗亂破壞和壓迫別人爲能事，什麼糾察隊，風紀股……所負的就是這種任務，他們在特種人物的領導之下，控制一切學術團體，包辦一切活動，威脅和陷害那些純潔進步的同學，富於眞理，正視現實的讀物不准讀，這是戕賊個性，斲喪才能的一種可惡行徑。除此而外，所謂訓導，還能訓些什麼？導些什麼呢？最普遍流行的方法是：每週規定一個中心項目，強制學生實行，如什麼禮節週，靜肅週，自治週，勞動週，紀律週，整潔週……，這樣周而復始，高中如此初中也如此，高年級如此低年級也如此，今年如此明年也如此，眞是「以不變應萬變」「行之萬世而皆準」的東西。所有這些都暴露了訓導工作，在獨斷專制支配之下，表現了愚昧與無能。因此今後教育改革，訓導工作方面，應訓練學生使有科學的思想和民主精神，培養合乎社會需要的新的道德觀念，提高學生爲大衆服務的熱忱和責任心。這即是說，要在民主的指導下，解放個性束縛禁止無理壓抑，讓學生有閱讀，研究，討論和寫作的充分自由，鼓勵其追究眞理，爭取進步，使其正確瞭解羣已關係，辨眞僞，明是非，革除損人利已與一切個人主義的不良傾向，使其好勞惡逸，有迎接困難，爲大衆的利益而獻身的精神。同時，訓導工作尤應注意對象的特點，按其學識能力的差異，根據其已有的學習基礎，把握其特殊的才幹和擅長，有計劃地逐步引導，這樣，才能在發展中求進步。

第四，教學的內容問題。和平建國綱領草案中教育文化部分指出：根據民主與科學精神，改革各級教學內容。這是很中時弊的。那麼，現在中等學校採用的教材內容，有什麼毛病呢？很顯著的是：（1）歪曲眞理，顛倒黑白，也就是缺乏民主，與科學精神。例如歷史一種，對於每一歷史事變，社會改革運動，不管是經濟的政治的抑或文化的，能根據事實，用科學的觀點來分析說明的，簡直沒有，有的只是玄虛，光怪陸離，使學生讀後，除了相信歷史的演變，不過是「分久必合，合久必分」的把戲，迷信武力統治，與讚揚始皇一類的帝業而外，還能得到些什麼？關於學術和文化遺產的接受，不是從批判中求精華，而是一味復古，凡是有助於自已統治的東西，一概承受，這是非常有害的。（2）內容貧乏。課程教材應該包含兩部分，一是基本知識；一是根據客觀現實的發展演變而選取的新的教材，以增進學生新的知識。但中等學校所有現用的課本，多是一成不變，無怪乎學生感覺其枯燥無味，因爲內容與現實是全不相干的啊。（3）教材已失時效。例如公民一種，抗戰時期的「國民公約」，一些糊塗教師，還在浪費時間去解釋，其他各科亦有類此毛病。此外，內容深淺與學生學力發展的不協調，也是值得注意的問題。因此，教學內容的改革，已是急不容緩的事，政府應該及時獎勵有學問的專家和進步的教育學者，根據科學與民主精神，針對上述缺點，着手改編。至於因時因地因事因對象等特殊情況自行編選的教材，祇要不違背科學

把責任交給下一代　　張文元作

和民主原則，則不應該如已往那樣加以統制。

第五，教育方法問題。塡鴨式是一般學校最通用的教育方式之一。此種方式是根源於專制主義而來，並將學生完全處於被動地位，我講你聽，我叫你做，講得對不對，叫得該不該，你不能反駁，更不能反抗，就這樣一塡再塡，至於在接受上有無困難，能否消化，缺點何在，那是不聞不問的；其次，獎勵個人英雄，忽略對落後分子的教育，也是極不良的現象。當然我們不反對造就英雄，但英雄應該是從羣衆中產生而又爲羣衆模範，推動羣衆一同進步的。如果始終在訓練少數孤立的特殊分子，而置廣大落後羣衆於不顧，那就無從提高一般的知識水平；至於用壓，打，罵來使學生屈服，來使學生受教，是一種野蠻而落後的方法，不幸這種方法却到處皆用。因此，今後教育改革，在教育方法上，是激發學生的主動性，讓他們在一定的教育計劃之下自動研究，教師加以輔導，協助他們解決學習時的困難問題，虛心聽取他們的意見作爲教育改進的依據；是集體學習與個別教育相輔而行，發揚互教共學精神，去提高一般的知識水準；是教育者人格道德的感化，以及諄諄善誘，開導，說服，而不是強制就範。祇有如此，才能造成蓬勃的學習風氣，才可以收到教育上預期的效果。

中國在蛻變中，教育不能不變，而變的方向無疑的是科學與民主的方向，目前亟應遵循這個方向，作全盤的必要的改革。

論賴皮政治

徐均衡

馬歇爾將軍之所謂「頑固份子」，中央社之譯爲「不妥協份子」；其實「頑固」兩字，還是客氣，我們仔細玩味這兩個字的語意，多少還帶了一點戇直味。如今被指的人們，是戇直，還是故意撩弄槍花，玩陰謀，明眼人一看就懂，那里配得「頑固」兩字，馬歇爾將軍不過特予留幾分顏面吧了。至於那故意歪曲譯爲「不妥協」的，還誰也知道只是用胭脂白粉塗刷甕牆，硬來自己裝飾門面。據我看如果說是「頑固」，是「不妥協」，倒不如說是「賴皮」比較妥當的多了。

「賴皮」是存在於中國流氓社會中，大約茶館，酒店，賭場。總可以找到他們的行跡的。他們作事做人，任管千變萬化，不外乎撒賴，放刁，說話不認賬，背後打偷搥，發空頭支票，強霸碼頭，坐地欺人，再加上說謊造謠，顚倒是非，混淆黑白。另外一套：就是依附勢力，外強中乾，紙老虎架子背後，隱藏着的諂肩諂笑，偷看眼色，暗尋機會，鞭子一舉，連呼唯唯，鞭子一鬆，馬上又換一付面孔，這兩者表面看似乎有些不同，其實是「賴皮」們的一體兩面，因爲他們本身是碼頭，所以不能不看顏色，找機會；因爲他的社會屬性是由於流氓地痞，而時時刻刻又不忘本性，放賴，取巧，討便宜，就萬端不離本，成了他們的本位精神了。

以「賴皮」而把持一國政治，那末，國家的倒霉，人民的受災受難，是必然之理。而他們自已也必然會繼續不斷的玩弄他們那自命不凡的「賴皮手腕」，層出不窮的展覽着他那「儀態萬方」的醜劇的。以看「賴皮」的眼光去看他們，這一切演變，又何足爲奇呢？

事實告訴我們：最近中國政治局勢之左風右雨，忽明忽暗，他的關鍵，就在這上邊。國民黨的反動份子，便是始終沒有悔過決心，從來沒有果眞想建立一個民主和平團結的新中國，所以打出這些幌子來的緣故，就是爲了掩飾他那永遠一黨專政死背着政權不肯放鬆給人民的企圖，也就是用絲綢綾羅重重包裹着他那「法西斯」的骨頭的，前些時候，因爲國際情勢，和諸杜魯門總統的對華宣言，和馬歇爾將軍的來華，在這種種的鎭壓之下，他們就不能不俯首就範，於是政治協商會開了，軍事小組成立了，四項諾言發佈了，雖然在這中間，還不免偷雞摸狗，找點小便宜；但總算順流而下，使中國局面在陰霾中露出一線曙光。政協之後，枝枝節節，製造出多少各別事件，數不勝數，雖然無一而不玩弄着他們「賴皮伎倆」的，不過還不敢大張旗鼓全盤放賴。等待倫敦的濃霧屛里，邱吉爾的屍體，附上了張伯倫的幽魂，叫着嘶喉嚨，喊出了反蘇反民主的老調；并且鼓動着爬到了華盛頓去，這里的雙簧戲也大開鑼鼓的上場了。甚麼「東北問題」也出現了，僞裝的學生遊行也徧全國了，繼續中國民黨二中全會修改了政協決議，假造民意的猪仔參政會也開幕了，最後更圖窮見匕醜態全露，自己打着自己的嘴巴，根本取消了自己的諾言，再度的發動全國性的大規模的內戰，向人民力量進攻。至於到處以特務份子，成立冒牌人民團體，扮演雙包案的醜劇，各地大打出手，演着全武行，對蘇聯一會哀懇緩期撤兵，一會又要求撤兵，一會再哀求緩撤，對東北問題一會認爲外交問題，一會又說是國內問題，再一會又說是接收問題，自已在把東北特殊化反說別人使東北特殊化，……這些，都是翻雲覆雨，朝三暮四，無一而不表現其「賴皮」作風，更是一貫而不足奇的了。

不過，「賴皮」之能掌握政權，還不只是國家的不幸，同時，也是政治敗壞的現象。如果就「賴皮」本身而論，社會上「賴皮」們把放刁撒賴，做了處世做人的惟一手段，結果，也總有賴不過的一天，必然會爲人所鄙棄，而無法再賴皮下去。至於「賴皮」政治的末路，我想也不會跳出這原則吧。

目前國內局面，是已達到險惡萬端的地步，可是，邱吉爾已經贏得滿鼻子灰，怕然返國，杜魯門最近又重申貫徹羅斯福主張，馬歇爾將軍已經返華，可能，盟邦友人執策而臨之，也就俯首就範了；因爲今天中國政治風向，固然在格林威池天文台可以得到一些徵象，主要的賴皮們是要看華盛頓的眼色而使船的，這就由於那是軍火與經濟的依靠者，也就握住了他們的命脈了，今天華盛頓的氣象還不至那末凶惡，這我們也未必是幻想吧，然而，話還得說回來，鎭壓「賴皮」們，却不能全靠着盟邦友人，一天到晚舉着鞭子，怕還得人民的答策，才是有效的力量哩。

打手政治

·盧恭·

實行恐怖的自由

大西洋憲章所標揭的四大自由，爲全世界人民規劃出自由生活的遠景，中國的法西斯反動派却追求着第五種「自由」——這就是用無恥的技倆混淆一切是非曲直的「自由」，用石頭，鐵棍來宣達「民意」的「自由」，開槍擲彈的「自由」，逮捕，暗殺的「自由」——實行恐怖的自由。

遠者姑不具論，從政治協商會議開會，政府當局宣佈保障人民自由的四項諾言之後，從滄白堂的石塊，較場口的鐵尺，一直到北平中山公園的鷄蛋與石塊齊飛，社會名流被打傷，被毆辱的就有二十多起，還不到四月的時間裏，被特務搗毀的報館竟有民主，新華，秦風工商，解放，華商，民衆時報等六家，從藉故行兇，開槍殺人的檢查戶口，槍殺兵工廠工人到陰暗的搜捕，綁架，屠殺，活埋南通的記者，教員的暗殺。反動派們使用的武器已經從石塊，鐵尺「進步」到用「黃蜂」，「毒蛇」（特務們破壞華商報時使用的工具），挨打，被襲的不僅有愛好自由與和平的中國人民，而且有愛好自由的友邦人士，反動派的行徑不僅使全國人民憂心憤恨，而且是騰言友邦，這將使全中國愛自由民主的人民忍垢蒙羞，將使全世界愛自由的人類感到這是自由世界的恥辱。對這種暴虐的行爲，福斯特先生就感到「我在戰爭八年中還沒有遭遇到這種危險」。「似此奇怪現象，在美國實聞所未聞」。這就說明了戰爭雖然結束了，但如果法西斯根深蒂固的基礎沒有剷除，自由人類就一天不能免於恐怖的威脅，中國反動派的暴行是難於使一個享受了民主生活的美國人民想像得到，因爲牠不僅喪失了一切政治道德，而且喪失了人類最根本的良知與理性。

在這種人民的自由被摧殘，生命無保障，特務暴徒恣意橫行，逮捕暗殺層見疊出的時候，我們看到到處是法西斯的猖狂，到處是彌天的謊話，中國人民感到是生活在謊話政治，打手政治下面。

然而，一個政權的統治到了需要憑藉打手來維持的時候，統治者是已經公開的站在與全體人民爲敵的地位，統治者的政權已經站在人民憤怒的火山口上，「時日曷喪，予及汝偕亡」就表示出被迫害的人民對於橫逆之來忍耐的限度，和對於迫害者同歸於盡的決心。

打手特務是和專制政體分不開的，因爲一切專制的政體，始終是維護少數集團的特權利益，這種特權利益又是建築在對廣大人民的壓迫與剝削上面。既然是與全體人民爲敵，就不免要用各種方法來鎮壓人民，這些鎮壓的方法不僅是公開的律例，刑章，軍隊，法庭，而且包括秘密的偵伺，搜查，逮捕，處刑。這在中國的歷代專制統治下面，這種打手特務的組織是無代無之的，如像漢代的「詔獄」和「大誰何」，唐代的「麗景門」和「不良人」，宋代的「詔獄」和「內軍巡院」，明朝的「錦衣衛」和「東西廠」，袁世凱統治時代的「偵緝隊」。這種打手特務的統治，到了法西斯專制的時代可以說是到了登峯造極，如像希特勒的「格殺打撲」，墨索里尼的「黑衫黨」，中國的法西斯反動派不僅直接承受了德意法西斯的傳統衣鉢，而且加上了中國封建專制主義的打手特務傳統。他們是溶合了中西專制統治者奴役人民的方法，不僅有法西斯統治的嚴密，險狠，而且加上了中國封建專制主義的野蠻，橫暴。看看南通血案反動派的殘暴險狠就是最好的証明：記者孫平天爲了歡迎執行小組，爲着喊了幾句人民要求政治民主的口號，反動派們竟然施用陰狠的逮捕，暗殺，而且被割鼻，剜眼，南通省中教師錢素凡竟被活埋，已經證實被殺的還有南通文協會員孫日新，被綁架，被列入黑，黃名單的就有三四百人之多，對人民的怨毒到這樣深的程度，對人民要求民主的正當願望使用了這樣殘暴的手段，反動派的法西斯猙獰面目，和他們對於民主的仇恨不是昭然若揭嗎？

但一些善良的人常常容易產生一種錯誤的意見，以爲這只是某一些少數分子的行爲，而不是當政者的意願，總還希望當政者採用一些辦法來制止這些暴行。就在政府方面也有人作過這種辯解。「二一〇」的「較場口血案」後，政府方面的邵力子先生就曾說過，對於這件事，勸大家不要以政府爲對象。但是善良者的一切輕信在較場口血案後，各地方一連串的特務暴行下面是會淸醒的。就從各地方不斷發生的暴行，政府對待這些暴行的態度，不都證明今天特務打手的橫行，正是反動派政治生活不可分的一面，所憑藉的力量的最根本的一部份嗎？我們看到政府對歷次暴行的兇手，沒有任何的懲處而且是獎勵有加，昆明屠殺學生的劊子手李宗黃，關麟徵都陞了官；較場口血案的禍手吳人初陞了官，劉野樵竟然成了「國民」的代表，政府對於這些暴行製造者的優遇，正是充分說明政府的意願，「二一〇」血案及以後的歷次暴行，政府絲毫沒有採取防止和悔禍的措施，而且一切官方的宣傳中間都是彌天的謊話，無恥的狡賴。在「拖」和『賴』中間，他們還不斷的在使用栽贓誣陷，移屍滅跡的老法寶，這難道是偶然的事情，這難道是少數人的行爲而和整個的政府當局無關嗎？

在全國上下要求民主的大勢所趨，人心所向的巨流前，反動派還種役使特務打手實行『恐怖自由』，這是對人民，對民主力量的最後掙扎和反擊。今天，我們必須清醒的認識，這種打手特務的統治，正是反動派的憑藉，要終止一切摧殘人民自由的暴行，決不是幻想一個什麼『聖君』，『賢主』可以來制止，在這種光明與黑暗，法西斯與民主兩種力量鬥爭中，只有千萬倍的擴展光明，千萬倍的增強民主力量才能終止一切暴行，才能鎖壓住法西斯的力量。

『民不畏死』

敲鑽着石頭，一定會迸裂出火花，一下鞭子，自然有一次抽搐；法西斯反動派企圖用打手特務來進行恐怖的統治，然而暴行結果固然會使善良者嘆息，怯懦者猶疑，但更多的時候是使迷茫者辨清黑白，勇健者奮然前行。反動派企圖用毆打，死亡來恐嚇人民，然而『民不畏死』（自然史不怕打了），恐怖所帶來的常是和反動派意願相違的結果。

較場口的血案並沒有嚇退爭民主人士的奮鬥，相反地，是教會一切希望中國走到和平，民主道路的人民，不能夠輕易的盲目樂觀，認識了反動力量的盤根錯節，和爭取民主途程中的艱險，阻逆，鬥爭的道路還有許多迂迴曲拆，這一切又都是進一步的健強了民主力量，進一步的推進和擴展了民主運動，這都是和反動派的初意相違的。北平中山公園血案的被傷者陳瑾昆教授，就是素來持重的學者，然而在特務們拋擲磚頭鷄蛋的時候，他却不是被恐嚇來停止了講話，而是義正詞嚴的斥責那些打手特務們；『你們眞給國家丟臉』！而另一位北平血案的受傷者江紹原教授更道出了人民不可侮的意志：『這是什麼國家？祇說一句話，就要被打傷。我相信打人者只能得到與其意識相反的結果，我們將更堅決奮鬥到底』。南通慘案是反動派最兇殘，最險狠的傑作，然而，南通慘案所激發起的不是一切善良人民最大的憤怒，最熱切的聲援嗎？

特務打手的『硬來』，『硬幹』後而，反動派們還預備着一套『硬拖』，『硬賴』的本領的。雖然他們老用恐怖來恫嚇和鎮壓人民，但他們也自已知道這種反人民，反民主的行爲是不能見陽光的，因此，在一切暴行之後，反動派官方的報紙，御用的幫閒，就會使用一套移屍滅跡，栽贓嫁禍的伎倆，先是掩蔽暴行希望隻手掩盡天下人的耳目，南通慘案後，反動派就把『南通全城郵電全部封鎖，赴上海商人亦嚴加檢查。』使到南通省中的學生代表及文協代表，在晚間偷偷離開南通，步行三晝夜，繞道海門，到上海，而且上海的新聞界已經揭露這件事情後，反動派覺得掩蔽不了，就拿出他們造謠撒謊，硬拖硬賴的本領。南通的國民黨部，三青團（就是自承逮捕孫平天的），無恥的發出宣言，使出一套無賴的本領：說什麼學生歡迎執行小組的行列中，突然有二十幾人退出行列，自稱是「共產黨集團」，反動派們以爲既然是「共產黨集團」，於是一切暴行就可無罪一樣，而這種「退出」，「自稱」的造謠，又有那一個具有正常理性的人會相信呢？至於「較場口」，「中山公園血案」，反動派的造謠，其卑劣是亦同出一型的。在打手特務政治中，造謠撒謊，是與其不可分的一部分。

一連串的暴行教育了人民，要使得民主有保障，人民權利有保障，不是希望誰發善心，不是希望誰的恩惠，只有人民的力量才能制止一切暴行，只有人民的眼睛，才能洞燭一切『拖』『賴』的謊語。

殷鑑不遠

相傳勒納湖裏有一種蛇，在割去它的頭後，馬上會生出一個新的來；人民的力量就是勒納湖裏的蛇，是斫不盡也殺不完的。

一部人類的歷史可以證明，任何專制統治，任何强橫的法西斯政體，雖然他們有龐大的打手特務可供役使，可以用盡一切殘毒陰狠的手段來鎮壓人民，但他們的結局呢？柏林城裏希特勒的屍灰，米蘭街頭墨索里尼的屍體都是殷鑑不遠的。中國的一切專制統治者要想憑藉打手特務來進行統治，結果也不過是自速其死亡而已，以明朝的特務統治來說，可算是嚴密的了，從組織上講就有錦衣衛、東廠、西廠、內行廠、內[illegible]，人數之多『衛之人鮮衣怒馬仰度支者凡十五六萬人』。——自然比現在三十五萬仰國庫開支的特務還有點相形見拙！！。從他們的行動來看，他們弄得老百姓『常晏起早闔，毋敢偶語，旗校過門，如臨大敵』，而且是『所睚眦無不立碎』，這些行動不能說不恐怖吧！然而隨迫害而來的是怨毒深中於人心，老百姓都成了『人心憂危，衆目睚眦』，結果是老百姓用自已的力量來制止專制者所造成的恐怖。專制者愈到崩潰的邊緣，對打手特務的倚靠也愈殷，但其結果也一定像明思宗樣『至國亡乃已』。

但是反動派的打手特務統治是不會自動取消的，單看這次南通慘案反動派『寧冤殺九十九，不願錯放一個人』，就可以看出他們與人民作對的決心，與對待人民的殘暴陰狠：只有用人民的力量才能夠拆穿一切拖賴和謊話，才能夠制止一切特務打手的暴行。

一九四六、五、一、於横日村

本刊徵求漫畫：

本刊歡迎讀者投稿，並且特別歡迎漫畫來稿如刊載，每幅稿酬三千至五千元。

血和淚的控訴（幾個特務的自白）

（轉載昆明「中國週報」）

國民黨的特務組織，帶給國家以深重的苦難，在他們「寧可錯殺三千，不能放走一個的虐政下，多少無辜的良善者被迫害了。這是一個如何罪惡的組織，而這個罪惡的組織，今天還在變本加厲的幹着，通過國民黨政府的支持，他們正在有計劃的轉業，滲入到各部門中去，這問題的嚴重性，威脅着每個善良的中國人。昆明「中國週報」第十一期及第十五期刊載了兩篇幾個特務的自白。內容頗為豐富，茲特轉載於後，供國人作為一個參考。

——編者——

一

××同志：

今天紀念週毛秘書宣佈「老板」（註：特務對戴笠的稱呼。稱蔣主席叫大老板。）噩耗，並介紹新局長鄭介民和同志們見面，大家心中充滿着一種難以形容的感覺，並使我流了快樂的，但為苦楚的眼淚，剛巧在紀念週後又讀到你的來信，我這複雜的心情，更增加一些不安和矛盾。

在二十二號的晚上，局本部高級人員舉行秘密緊急會議，似乎有甚麼重大事情發生。第二天毛秘書飛南京。據說是老板失踪了。同志們有的感到憂鬱，有的却流露出愉快的微笑。

前天下午，鄭局長由平來渝，當即謁見領袖請示，晚上來局本部視事，第一個使他驚異的是本局同志竟達五十餘萬之多，其中別動軍人救國軍，忠義救國軍及收編偽軍有三十餘萬，邊台四萬人待命分發，一萬多在禁閉室，然而報台人員僅十四萬，別動軍約十萬。第二是本局虧空經費兩千萬萬以上。鄭局長認為難以接收，當即再謁領袖，蒙指示人員盡量在公開機關安插，虧空准予報銷。

局長宣布的施政綱領第一是繼承戴先生未盡事業，第二同志不准請假，安心工作，生活太苦當可設法改善，第三是工作方式須更秘密，更鬥智，勿使人民受刺激，儘量利用公開名義。

關於追悼戴先生，擬和「四一大會」（註：紀念軍統局成立和追悼「先烈」的集會在統局最為神聖。）一并舉行，不另擴大追悼，領袖或可親臨參加，預料中當有一番盛況，痛哭流涕的同志大概不少，而感覺愉快的恐怕還要多。

你畢業後就分發昆明，對局本部的情形無疑是很陌生的，你總以為非常神聖罷？其實大多數同志却進入怠工狀態，除羅家灣（註：「羅家灣」：軍統局本部）辦公廳外，簡直不成話，吃飯非常擁擠，辦工時却冷清清的，人呢？看電影，逛馬路去了。橫直不要錢衝進去就是，誰敢怎樣，公共汽車，渡船，一樣是為我們服務的。必要時找兩個稽查處的朋友，還可以揩一揩野鷄的油。

比較賣力氣的，是一部份外勤同志，他們憑着「拍司」（註：是特工證的譯音。）的威力，可以任所欲為，並以此為榮耀，所以對這個「鐵飯碗」（註：特務工作是終身職，）要好好把持，也就必須秉承領袖的意志為工作鞠躬盡瘁了。

抗戰勝利，只說可以大江東去回家了，誰知接收了一批偽特工，而對我們抗戰中堅苦支持的同志，反而放出淘汰的空氣，這眞使我們有點痛心。

你在昆明參加過解決龍雲，參加着鎮壓聯大反動，對本局工作應當很了解，怎麽來信中還帶些陰謀份子的口吻，我眞不解，這樣假使打你一個「小報告」（註：特務中間，互相監視，不光明的報告。）的話，至少要你讀幾年「大學」（註：犯過失輕的坐禁閉叫讀「小學」，重一點的叫讀「中學」，禁閉在貴州息烽的叫讀「大學」，那兒有各色人犯，連外國人都有，張學良現在還是「大學生」。），以後不論寫信說話還是當心一點，明白自己的身份和處境罷！

雖然我對本局工作，總多少有幾分懷疑，像滄白堂較場口，打報館一串的行為，似乎並不是領袖的意志，為什麼大搖大打，難道領袖對人民的諾言是騙騙老百姓和老美嗎？

世界潮流的確到了人民世紀，民主是對的，但這是奸黨提出來想不藉武力推翻本黨政府的口號，不幸一般人竟誤信了，如果這民主的口號由本黨提出，那才是正確的。

老板死後，我們可以多少自由一些，減少一些痛苦，但工作却受到很大的打擊。雖然鄭局長的手段要溫和些，却好在能利用他的關係調一些同志到北平處執行部，不能說沒有好處罷！

寫得太多了，要說的話還沒有說完，吹吃飯號了，下次再談罷！　×××上三月二十五日

這封信是由翠湖中路拾到的，信中不但表露出特務份子的矛盾心理。同時對他們的內幕，對許多他們竭力否認的事件，却一樣樣自供出來。

信中有些很費解的地方，經過幾個比較熟悉

的人特在中間加註。以便閱者。

錄自昆明中國週報第十三期

二

編者先生：

在貴刊十三期上，我看到「軍統局的內幕」一文，實在覺得痛苦難言，欲哭無淚，是恐懼又是興奮，簡直許久說不出話來。

在四月二日上午，我到警備總部去找朋友，大概在看魚那兒等人却被扒手光顧過，發覺後心裏非常難過，錢到無所謂，這封信萬一出了亂子，實在麻煩，不料竟在貴報發表了出來。

我是一個愛國兒女，個性本來就很剛强，「一二九」時代由表姐給我的鼓勵，對救亡工作非常熱心，也曾吃過宋哲元的水龍味兒，「七七」事變，我在南開念書，爲了祖國，爲了不願做亡國奴便離開了美麗的故鄉，由津浦到武漢，那時救亡情緒到了沸點，雖然流亡生活是辛勞，是艱苦，眼看半壁河山變色，民族危機容前嚴重，我和一些朋友，不顧任何困難和險阻，在保衛大武漢中，的確做了一些效忠民族的工作，但是當時政府對抗戰信念發生動搖，對人民的力量感到威脅，「民先」被戴上一頂「異黨份子」的紅帽兒，受到當局的解散，在愛國有罪的迫害下，我們忍痛「收起」民族解放的旗幟，不久，大武漢就在這種「革命政策」下淪陷了。

爲了不忍見民族的危亡，我們不因反動者的歧視而退縮，我和幾個朋友在長沙考進×戰區政工隊，憑自己的熱誠和虔心，得到士兵和民衆的同情和愛戴另方面却受到長官們的白眼和冷語。

一天，正在排演話劇，意外地接到調訓的命令，說是「加强認識」以後仍回隊服務，我們相信政府愛護青年，同時是服從「黨」的命令，就在第三天離開工作崗位，到貴州息峯去受訓。

到了息峯——人間鬼城，先到的同學正在伐木建營地，平操場，整日辛苦地工作着，訓練者想用過份的勞苦來麻木我們的頭腦，用血腥和恐怖來使我們屈服。糾正我們的錯誤思想。

訓練的東西除了主要的勞務服務和軍事教育外，什麼糾正思想的小組討論，歌頌獨裁者的領袖言行，狂言妄論的政治講話……一大堆法西斯毒素，向我們拚命注射，這使我感到恐怖，感到失望，感到「黨國」的行爲使民族前途非常可慮我偷偷地寄了一封信給表姐姐，要她替我設法逃出黑暗，不知怎的被「指導員」查着，受到一次嚴重的警告，從此我的一言一行都受到了監視。」

一個細雨的夜裏，有兩個同學「自行」失蹤，我并不懷疑門禁不够森嚴，因爲這兒的縣老爺都是特稱人物，周圍百餘里的人民都受着特種的統治，我祇摸摸自己的腦殼是否還在頸上。

在訓練者的口吻中，敵人不足畏，漢奸不可怕，「奸黨」是赤色漢奸，他們不惜出賣國家，領取盧布，所以本團體的工作對象，主要的是「剷除反動份子」。

其次是訪大納粹成功鼓吹國社黨的國家主義（那時正是巴黎陷落），在我們的領袖臉上配上一撮小鬍子了，并準備在「未來的革命戰爭」中，消滅全世界的共產主義，中華民族才能得到「復興」，所以他們說：青年們投入「我們的革命大家庭」，是最光榮的「出路」，因爲「我們是領袖的耳目」，在法西斯萬歲的時候，復興社便是人民的主宰，在中間流行的班歌是：「革命的青年……：握着現階段的動脈，站在大時代前頭……維護着我們領袖的安全，保衛着國家民族和主權」，全是那種納粹黑衫隊的調子，無怪乎要剷除一切「反動份子」，實行「一個領袖一個黨」了。

幾個月後，他們認爲訓練已經成熟，可以畢業了，在一套「繼承光榮歷史，發揚清白家風」和「秉承領袖意志」，「體念領袖苦心」的教訓，和我們的家長個別談話，并舉行莊嚴隆重的宣誓後，就成了一個不折不扣的「革命家庭的子弟」，訓服地效忠「黨國」，「爲領袖鞠躬盡瘁」了。

法西斯反動派最大的特務機關——藍衣社，以軍統局做大本營，凡是帖着一個「警」字「保」字「偵」字「查」字「調」字……的東西，都有它們的足跡，規模實在龐大複雜，號稱「十萬同志的大家庭」，連走狗利用着的走狗莫進去，却有三十餘萬之多。然而「我們的生命線」，主張用鐵血去「保衛」的大東北，竟可憐到無情可報，日本本土，祇做過幾次夢而已，就是華北一帶，也寥寥有數，所以不得不拜倒在德日兩國特務膝下，就是對他們一向仇視的「赤色扒手」也發出「向敵人學習」的嘆喫。

前幾天蔣主席報告國民黨在東北犧牲一十萬同志，除了向人民虛報一切，作爲「接收主權」的資本外。實在沒有別的意義。倒是在熊式輝，董彥平，杜聿明的尾巴上帶進一大批去，倒是事實。如果不是美艦運國軍「北上受降」和加封「自新」的僞方「黨國」幹部外，也實在找不到幾個國民黨「地下工作人員」，這一點就是放爆竹的當兒，局本部大員會議上，也承認：「政府在華北的勢力非常薄弱，東北可以說沒有，就是本局工作，也非常不够，而奸黨在這些地方，已經有相當基礎，勝利來得太突然了，使我們在這方

反對內戰呼籲和平告全國同胞書

全國同胞公鑒：政治協商會議閉幕，於今已四閱月矣。四項諾言，既未履行，五大協定，復被破壞，團結托諸空談，和平已成泡影，竟至東北發生空前殘酷激烈之內戰，殺人盈城，流血遍野，國家何罪？人民何辜？而遭此浩劫！

武力不能用以解決黨爭，政治問題必用政治方式解決，乃全國人民一致之呼籲，亦為蔣主席一再所聲明。今者中共軍隊既已於本月二十二日退出長春，國軍亦於次日進入，國共雙方自應就此時機，立刻停止軍事衝突，一切問題由政治協商會議綜合小組求取全盤澈底合理之解決。政府負責人曾屢次宣稱國軍進入長春後，即可重開談判，乃既進長春以後，又復揚言必武力接收哈爾濱，齊齊哈爾，安東等城，此實為一意孤行擴大延長內戰之明證。惟中華民族之生命，中國人民之生存，今日不能再遭受內戰之損害，此為舉世共同承認之事實，國家需要和平與民主，更為全國一致之要求，轉禍為福，端在今日，朝野黨派如再故違民意，甘冒不韙，視人民如草芥，則人民亦必視之如寇讎，本自救自存之旨，齊起制裁。

更有進者，目前政府將一切海陸空交通工具停止民運，盡以運輸川滇各處軍械軍火，以擴大加強內戰力量，使流離失所之人民，有鄉不能回，有家不能歸。又假運送救濟之名，行運輸軍火之實。對外戰爭早已結束，近又徵集高中畢業學生集中施以強迫軍事訓練，奴化青年，摧殘教育。凡此種種，均為積極進行內戰之措施，救貧濟災，救荒遺荒，宰割交通，助長物價，斷人民之生路，陷國家於絕境，[illegible]反對。

東北為東北人民之東北，為中國人民之東北，東北非一黨一派之地盤，亦非任何外國之殖民地，今者蘇軍既已完全撤出東北，其他友邦果真尊重中國之獨立自由，亦應知所自處。第一不要涉於中國內戰漩渦之內，立刻撤軍，立刻停止為單方面運軍運械。第二不以軍械軍火及借款供中國人自相殘殺之用，以助長中國之內戰。此亦我中國人民願掬誠相告者也。

又政府行將實施警員警管區制度，此制實日本、普魯士、帝俄等君主專制國家奴役人民之惡毒制度，亦為法西斯主義者壓迫統制人民之殘酷措施。視人民如奴隸，化特務為警員，不特完全剝奪人民之自由，抑且侮辱人民之人格。此而可忍，孰不可忍！

上舉各端，實全民共同之意志，願一致共起，誓死力爭，以恢復國家之和平，實現國家之民主，幸甚！幸甚！謹電。

羅隆基，史良，鮮英，鄧初民，周新民，吳晗，汪[illegible]，張[illegible]岩，吳藻溪，沈體蘭，沈起予，焦敏之，沙汀，蕭為英，艾蕪，王崑平，力揚，臧克家，臧雲遠，葉淑勛，柳倩，袁庶華，徐崇林，甘桐同，王卓然，向林冰，董每戡，丁易，蘇東，葉守翔，許師謙，王少燕，李與民，程謙謀，周時生，戴霖，蕭澄，江離，張榮，柳勁草，張明泛，辛德培，胡人詰，唐弘仁，黃昌，馬嘉，沈源，饒國模，王方綏，梁公任，黃明豪，敬樹誠，林仲易，李文宜，朱蘊山，郭剛沈，劉王立明，袁霖，王潔林，郭冠杰，[illegible]民，林陰青，觀公健，張志[illegible]，[illegible]，吳[illegible]，李[illegible]，胡靜之，潘[illegible]明，[illegible]周瑛，溫代興，馮[illegible]，唐莫學，劉大川，李燕十，王[illegible]，羅[illegible]，[illegible]明，歐陽[illegible]，王道[illegible]，王[illegible]，張[illegible]，石[illegible]，[illegible]，林[illegible]，[illegible]康，施[illegible]，林[illegible]，陸[illegible]年。

面的準備還來不及。戴先生由東南來，指示我們要加緊努力，支撐這困難局面，主要的是進行偽軍「自新」……否則就要失敗，如果工作順利，半個月當可取得優勢。祇要敵偽的力量不被「奸黨」利用，而歸向我方，則一切問題便迎刃而解，憑吾人優勢兵力和最新（美國的）裝備，三個月內當可把「奸黨」完全消滅」。

真的戴先生滿滿一皮包空白委任令，不到半月，就填光了。接着地下出現了大批「地下人員」，「先進軍」，「別動軍」，「忠義救國軍」，「保安團」……在大吹大擂地「接收主權」。尤其在上海，封房子，搶車子，數票子，全都是「軍統」人員，就是戴笠本人也憤憤的說：「勝利以前，這般人到什麼地方去了」？

說到團結和民主，他們認為和「奸黨」談團結，簡直是國民黨的恥辱，是出賣黨的行為，不把共黨消滅，根本無和平可言，民主簡直是要不得的東西，像中國這樣愚蠢的人民，根本就不配民主，還談得上實行民主？這樣赤裸裸地表現出他們心目中的「這是什麼世界」，「人民算什麼東西」！

這在去年十月，我才知道表姐也參加××訓班，而且和我前後差不多，在新華副刊發表了她的遭遇時，我就想把我的遭遇也拿去發表，但我沒有她那樣勇氣，直到現在我才堅定了勇氣，寫出一些內心的苦痛。

我畢業後就分發在昆明工作，對爭民主的浪潮，我總是同情和關心，也幾次想捲到這浪潮中去，無賴身份和友人的不信任，使我作了一個觀衆。尤其在解決龍雲這件事，使我對「接收主權」得到一個深刻的認識，「一二·一」慘案，更慈（？）了當局的面孔，比十年前更兇殘得多，因為那

呼籲停止內戰

現在在東北大規模的內戰仍舊未曾停止下來。和平是不可分的，戰火必然要延燒的，自二月十日停止衝突命令發佈以來經軍調部多少辛苦努力所獲致的關內初告安定的局面不而岌岌動搖，全國範圍的戰鬥也有爲東北的內戰餘燼未熄而隨時呈現一觸即發之勢，我們爲此焦慮，爲此憂懼，爲此痛心。我們披肝瀝胆，大聲疾呼立刻停止內戰，理由是簡單極了。眼前在砲火洗擊下的東北人民第一先受不了。論陷痛苦最深，內戰影響最切的東北人民亦受不了。戰火勢必蔓延，結果將使全國各地所有人民亦都受不了。戰事直接的損害已使千百萬人死傷流離，傾家破產，間接的影響則加重了人人精神上的苦悶，物質上的貧乏，生活上的艱窮，其痛苦深刻而普遍，還是當前的受不了。百孔千瘡的國家不能由安定而步入建設。反於破壞之餘，再加破壞，必使生機斷絕，陷於萬劫不復的境地，這是永久的受不了。現在湘粵各地已鬧着嚴重的糧荒，甚至大都市的居民餓死者日以千計，經濟總崩潰的危機業已迫在眉睫，全國人民都將陷在飢餓線裏，這是實實在在的受不了。老百姓是一百個受不了。而好戰份子却固執地要窮兵黷武以自娛，這使我們總繼，乃經八年抗戰備嘗艱苦的中華健兒，現在却被迫着去與另一部分曾在敵後捨死抗日的同胞相砍相殺，彼此做可恥的犧牲，這使我們悲憤，現在沒有外侮外患，當前不是外交問題，任何人或任何黨派沒有驅使人民自相殘殺的道理，人民有反對一切內戰的權利，這並且也是義務。

內戰應該而且必須無條件的停止。假設先要如何如何之後才能談停戰協商不過是爲了一城一地之得失，一黨一派的消長，說得堂皇些亦不過是爲了保全什麼威信。這些說法縱然算有理由，在國家興亡人民生死的大前提下亦不成爲理由。國家糟到如此地步，人民面臨生死關頭，其嚴重性已極迫切，決不容許講利害，談條件，應如救火，儘可於煙消火滅之後要求報關和不許在火場上從容講演。所以說內戰應該無條件地停止，在戰鬥進行中，談條件是難有結果的。一則因爲敵對的情緒不容許作平心靜氣的協商，自難得合理解決，二則因爲現在戰鬥便有此由彼人互見勝負的情勢，軒輊不分即條件難就。故主張有條件的停戰事實上即等於堅持以戰鬥決勝收，以勝敗爲所決。簡言之，亦即等於堅持不停戰。所以假如內戰應該停止。即必須無條件停止。無條件停止內戰只在當事者的一念之間，我們以國脈民命爲理由向好戰的人們呼籲，發大善心，運大智慧，放下屠刀，挽回浩劫：

往事不論，我們對於國共雙方均不願作何譴責。我們會看到政府中共美三方代表於三月二十七日在重慶所商獲的協定。明白規定選組執行小組派往東北，赴國軍及共軍之衝突地點或兩軍密接之處，使其停戰，並作緊要而公平之調處。此一執行停戰的原則既爲國共雙方所商定，又經美國代表之參加，我們現在就要求立刻實行，不容許假任何藉口來拖延。在我們覺得一城一地的得失與人民因戰爭而受的損害，兩相比較，自以後者爲重要，政府的威信與政府所造福於人民是成正比例的。政府決不能在使人民受害的基礎上建立威信。

我們願向全國同胞號召：國家是我們大家的生命是我們自己的，爲我們國家，爲我們自身，我們要團結起來，一致反對內戰制止內戰制裁那發動內戰而又拒絕停戰的人們，我們的口號是：

立刻停止全國各地的內戰！

東北的內戰不許再繼續下去！

和平萬歲！

民主萬歲！

簽名者：王之相，王石冷，王余杞，方楓，石小川，江紹原，光未然，沈家彝，周鯨文，周叔迦，周蔭人，胡海門，李思，胡宇，孟拱辰，林葆駱，金鼎忻，宥仲暉，逃退之，馬彥祥，徐諤軒，徐盈，陳瑾昆，陳北鷗，陳之驥，梁秋水，陸紘，符字數，孫中原，盛家倫，張東蓀，張中行，張申府，曾昭倫，萬仞千，彭子岡，樂心東，楊達軍，董秋水，熊炳琦，劉瑞林，劉武軍，劉清揚，盧迺旋，盧香亭，（以姓氏筆劃爲序）

中華民國三十五年五月二十八日

時還沒有用美國人的衛鋒槍和手榴彈衝進最高學府去，不過在街上玩玩消防演習罷已。「一二一」慘案中我還可以自慰的是，雖然在鐵的命令下，我也不過隨便撕了幾張標語，並沒有打過自己的同學，雖然因工作不利而受到警告，我反而有些感到良心的復活。

不明白內幕的人，總以爲幹特務的都是殺人不眨眼的勾當，這樣的人也不是沒有，但大多數人是在受騙以後，經過法西斯毒素注射以後，才盲從和誤解使他們失去了本來的面目，或者在威脅利誘下，失去了逃出黑暗的決心和勇氣。

雖然取消特務組織的呼聲已經唱了幾個月，雖然那個萬惡的傢伙已經墜機斃命，但還沒有解散的徵兆。因爲反動份子在人民世紀的當兒，眼見自己的末日已到，爲了要繼續保持既得的衣鉢，相反地更需要「加強」這種危害人民的組織。而那些既無知識，又無一技之長的傢伙，在受過幾天「主義的薰陶」後，派出來作「官」，他們憑着特務勢力，向老百姓施威作福，「爬」上幾步階級之後，當然要保衛他們的「鐵飯碗」，作垂死掙扎了。

老實說：在抗戰期間，我們這羣可憐蟲爲了「國家」和「革命」忍苦耐勞地幹着這種決不願幹的勾當，但是「國家」勝利了，我們還是一樣，去見不到爹娘，回不了家」，吃不飽，餓不死，苟延着，還要把褲帶再扎緊些，那些「黨國要人」們都個個吃胖了，不知爲了什麼，現在我再也不願糊混了，我要作人，要除去戴笠給我加上的尾巴，雖然這篇東西暴露了它的黑暗和萬惡，恐怖之神將要翾臨在我頭上，但是爲了悲慘的祖國，悲慘的同胞，我是準備犧牲的，並且我已經想到了逃出黑暗的方法，今後的去向遺憾的是我沒有力量使我和一樣身陷歧途的青年朋友，一同逃出黑暗。因爲多年的奴役和恐懼，使他們不敢面對着希望，像獨裁者掌握「中國之命運」一樣任憑主子掌握着，所以我在最後呼籲用全國人民的力量消滅法西斯！懺悔的特務上

民主周刊

槍炮連天震，談判聽不清。　丁聽作

華北版・第九期

主編：民主周刊社　　發行：民主出版社

中華民國三十五年六月二十二日出版

只許和平，不許內戰！

反對「邊談邊打　邊打邊談　打打談談　談談打打」的作風

時評

今年一月間政治協商會議召開的期間，全國老百姓看到當時分裂內戰的危機非常嚴重，一線希望寄託於政治協商的成功，如果協商會議失敗了，當時的局面便不可收拾。於是羣起呼籲，一致喊出了「只許成功，不許失敗」的口號，這口號代表四萬萬五千萬人的心聲，因此喊得非常響亮，非常雄壯，終於把反動派內戰的口號壓下去，政治協商會議便在全國人民的監督之下大功告成了。

在中國今天的局面之下，老百姓一刻也鬆懈不得！政治協商會議以後，老百姓稍微鬆了一口氣，反動派便又乘機猖獗起來，事到今天，政治協商的決議和三大協定已被反動派撕得粉碎，內戰分裂的危機比以往任何時期都更嚴重，好戰份子比以後任何時期都更囂張，全中國已臨到大毀滅的邊緣上了，幸虧有民主同盟代表的奔走調停和馬歇爾元帥勸解，才有了東北停戰十五天的臨時辦法和三人會議的重開。唉！十五天！這又是多麼重要的關頭！十五天的時限轉眼就到了，商談的結果會是怎樣的呢？

照最近兩天報紙上透露的消息看來，停戰的談商似乎有了進展，初步的協定已經簽字，永久和平的方案正在商擬中，恢復交通問題也可望解決，而且據說國民黨也有意放棄其一面停戰，一面「武力接收主權」的荒唐主張，並表示願與各黨派恢復停戰以後的政治協商了。這當然都是些好消息，值得我們欣慰的。但從另一方面看，自六月七日東北停戰令頒布以來，不論在東北或在關內各省，戰爭並沒有停止下來，蔣主席的停戰令並未發生效力。這樣看來，即令在此十五天內南京的談商能獲致若干協議，是否又像過去的三大協定一樣，不轉瞬間，又被反動份子所撕毀所玷污？就不能不使我們憂慮了。够了！這種「邊打邊談，邊談邊打，打打談談，談談打打」的惡劣作風，已經使我們厭惡透了！

老百姓一刻也鬆懈不得！要恢復今年一月間那種大聲疾呼的勇氣，要堅持昆明學生和重慶市民的那種反內戰的勇氣，今天我們的口號是「只許和平，不許內戰」！這仍然是四萬萬五千萬人的心聲，讓我們把這口號喊得更響亮，更雄壯，把好戰份子的囂張氣燄壓下去！堅決地反對「邊打邊談，邊談邊打，打打談談，談談打打」的惡劣作風，堅決擁護中國民主同盟的主張和建議：「變十五天的停戰為永久和平的政治談商！一切問題必須用政治協商的方式來解決，不許用內戰的方式來解決！被玷污被毀棄了的政協決議及三大協定，必須重新得到尊重！實踐諾言，改組政府，修憲及國大等等嚴重的問題，決不許反動派永久地擱置下去！一切反民主的措施必須趕快糾正，一切與人民為敵的行為必須馬上停止！……」這些就是當前的鬥爭任務，老百姓一刻也鬆懈不得！（月）

恐怖的濟南

千餘青年被逮捕！

這還成甚麼國家！這還成甚麼世界！到處都是內戰，到處都是恐怖！一面在談，一面在打，關外在打，關內也在打，在山東的濟南城內竟發生了逮捕青年千餘人的大案件！

據世界日報（六月十五日）說，濟南當局得到了共軍陳毅的「密令」，其中有一條是要「儘量派人潛入（濟南）工作，並預備內應」，「內**此濟市因嫌疑被捕者達千餘人，內中以學生及各界服務人員為多。」**

陳毅的「密令」是何時簽發的？何時被發現的？世界日報沒有說。濟南形勢的「萬分緊張」及「密令」的被說起，既然是最近的事，那麼陳毅「儘量派人潛入工作」的人員，當然也是新近「潛入」的，那麼，被捕的大量學生是否暑假前新近「插班」來的，被捕的大量「各界服務人員」是否皆新近聘用的，這就大有研究之餘地了。

事情是清楚的：內戰與反民主不可分，反民主與法西斯不可分，法西斯與「格殺打捕」不可分。！欲加之罪，何患無辭？於是有了所謂「密令」，於是有了「因嫌疑被捕者達千餘人」！

從濟南想起了北中，北平當局前些時不也會有過共軍「儘量派人潛入工作並預備內應」或「暴動」的說法嗎？跟着來的便是軍警憲特激夜檢查戶口，包圍學校，逮捕市民和查封報刊的「壯舉」。會不會也有一天，忽然像濟南一樣的發現了「密令」，於是「因嫌疑被捕者達千餘人」呢？……

出征圖　甘草作

跨白馬披胄甲威風凜凜。小嘍囉搖旌旗是我親信。
赫爾利邱吉爾擊鼓助陣。剿土匪殲赤軍是我專門。

中國民主同盟北平負責人

對時局發表談話

美對華政策應與調停工作符合
否則就會加重國際國內的糾紛

民主同盟華北總支部，新聞處訊：民主同盟北平負責人發言：十五天的停戰已將滿期，報紙所載，忽而稍有曙光，忽而陰霾又起，究竟如何，當然不能逆斷，但全國人民所要求的不是停止衝突，而是和平團結，不是暫時的而是永久的，不是限制談判，而是根本誠意，至於所商一面談，一面打，老百姓固然是受不了，然而一面談判，一面準備軍事，老百姓更是一樣的受不了，我們不要打仗，我們亦不要備戰的狀態，美國的調停是我們所感謝的，但我們以爲美國其他一切對華政策必須與其調停工作密切相應合，例如對華借款，軍事上的借貸法案，以及海軍代替中國運兵等等，若在中國未得協商的和平統一以前必致反使調停進行遲緩，或生波折若改在和平以後，即無問題，所以中國人不但不反對美國的援助，並且十分熱望，不過必須在適當的時候，否則稍一不慎便一方面加重國內的糾紛，他方面引起國際的猜疑，必定反把美國的好意辜負了，故希望美國朝野都能深切了解此意，必須辨明：在和平後美國來援助是中國人民全國所歡迎的，在未得和平以前想取得美國援助，則只是一部分自私心的中國人的心理，因爲中國和平協商順利與否的問題可以由美國的態度致很大的影響，亦望中國愛好和平的人們一致起來向美國說明我們衷心的希望，用以免除誤會。

巴黎外長會議復會

決定戰後世界命運的巴黎外長會議，於十五日又復會了。

上次外長會議陷於僵局以後，本來是要經過外交途徑試行打開這個僵局。所謂外交途徑是由四國外長的代表進行折衝，但這個企圖仍歸失敗，四外長的代表並沒有獲得任何協議，同時，在上次會議以後，美國務卿貝爾納斯回到國內發表演說，報告會議經過，引起了蘇外長莫洛托夫的答辯和抨擊，口舌間的交鋒加深了國際間的疑懼，眞使人感到戰後歐洲已經分成兩個對峙的集團，使英美與蘇聯間的距離更拉長了一些。四國間除同意在本月十五日續開會議外，上次會議似乎沒有其他的成就。

這次四國外長在舉世矚目之下，又重新在巴黎的盧森堡宮會晤。主要的議程還是賡續討論上次會議未能解決的問題：（一）對義，羅，匈，保，芬五國的和約；（二）德國問題；（三）奧國問題，此外，莫洛托夫提議把義大利的政治問題也列入議程，已得到其他各國的同意。

上次會議中爭執最烈，最感棘手的是處置義大利海港的里雅斯特和戰前義屬北非殖民地的託管問題，巴爾幹和德奧問題還在其次。在這次會議裏，主要的議題並沒有改變，英美和蘇聯間的基本態度也不會有什麼更改，但是有一點可以斷定：四國外長都明瞭這次會議是商談戰後歐洲問題的最後機會，是決定世界分裂或協調的末次會商，它的成敗不獨關係歐洲本身的命運，還牽連到整個的太平洋和遠東的局勢。紐約時報評論也說：「巴黎會議確定戰爭之結果是否爲一個世界或兩個世界。」

由此，我們相信英美和蘇聯在這次會議裏雖不能放棄各自的立場，但確將表現適度的妥協和讓步，用容忍和寬恕的決心試圖消弭既存的裂痕，因爲這次會議必須要有結果，勢不得不有結果，而英美蘇三國對於避免戰爭，締造世界和平的初衷原是一致的。

本着這個觀點，我們相信這次外長會議在某幾個問題上可以獲得協議，對於動盪的世界發生一些鎮定的作用，使那些窺隙國際間矛盾以遂私慾的法西斯份子知所警戒。誠如貝爾納斯所說，我們不能以某一國的成功或失敗來看外長會議。這也就是說，外長會議的成功是人類的成功，它的失敗也是人類的失敗。我們預料這次會議在下週內將達於最高潮，我們同時希望它的成功多於它的失敗。（寅）

本期目錄

評美國對華政策特輯

「殺鷄取蛋的美國對華政策」

張仲實

現在美國對華的政策，正如郭沫若先生所說的，是「殺鷄取蛋」。

美國當局口口聲聲說，要防止中國內戰，保持和平、民主、統一。美國總統杜魯門先生曾經一再這樣莊嚴的宣佈過，國務卿貝爾納斯先生也這樣莊嚴宣佈過多少次。去年十二月蘇美英三國外長莫斯科會議公報過關於中國問題，曾經這樣的寫着，實行民主，停止內爭，不干涉中國內政，撤退在中國的蘇美軍隊。美國代表在這個莊嚴的協定上也簽了字，担負了國際條約上的神聖義務。

可是事實怎樣呢？誰都看得清楚，在一方面擔任調解中國內戰的是美國，而在另一方面積極幫助國民黨進行大規模內戰的還是這同一個美國。在東北屠殺中國人民的三十餘萬國民黨軍隊，不是全部由美國所裝備的嗎？不是全部由美國海軍船艦載運去的嗎？他們用以兇惡地屠殺中國人民的飛機、坦克、火箭砲等，不是全部由美國供給的嗎？甚至這些飛機，坦克所用的汽油，都是美國供給的。只是扭動槍機的不是美國人，而是國民黨軍的士兵罷了。但是國民黨軍的這些士兵，也還是由美國軍官訓練的！

顯然，只要美國當局能忠實執行他們的諾言，能忠實執行美國所擔負的國際義務，停止運輸和供給國民黨軍，多災多難的中國人民就早已得到和平、民主、團結、統一了。沒有美國的撐腰，國民黨內的法西斯份子是沒有胆子那末狂妄的。

近一百年來，中國人民所受的災難實在太多了，經過了八年的抗日戰爭，流了無數的血，受了空前的痛苦，損失了不可計數的資產，雖然把日本帝國主義這個強盜趕走了，但是中國人民却還沒有取得民族的獨立，甚至還要繼續被外國武器所屠殺！蔣記的『中國』與美記的『中國』越來越分不清了。請看看蔣記『國家』的現狀吧：軍隊完全是由美國的『軍事顧問團』整編、訓練、裝備的，海軍是完全美國訓練和裝備的，國民黨殘殺人民的法西斯特務人員是由美國參加訓練『中美特工訓練班』的，工業交通是由美國的專家設計的，財政是由美國借款支持的，大都市和經濟中心是由美國的軍隊來駐守的，交通線是由美國的軍隊保護的。軍隊是由美國的軍艦載運的，空軍和海軍是由美國贈送的，……這能叫做獨立的國家嗎？這能叫做國家主權完整嗎？東北自蘇聯紅軍撤退後，國家主權倒是完完全全地掌握在中國人民的手裡，國民黨法西斯派喊叫「接收」云云，不過是想從人民手裏奪過來，建立反蘇、反共、反人民的根據地罷了；不過是使屬於人民的完整主權，重新變爲不完整罷了。自鴉片戰爭以來，帝國主義對中國內政之干涉，帝國主義對中國人民爭取民主自由運動之壓迫，其露骨，其規模之大，從沒有像今日這樣嚴重！

中美兩國人民，有着久遠的友誼，美國廣大的人民對中國人民爭取民族獨立和民主自由的運動，是表示深切同情的。許多美國進步人士，都曾經而且現在還在誠心誠意地幫助中國人民。美故總統羅斯福先生對於中國人民的民主運動，也曾經一再予以聲援。中國人民對於美國人民的這些好意，都是感謝不忘的。可是現在美國的少數的反動份子，却在破壞着中美兩國人民的這種友誼，破壞羅斯福政

美國反動派正在助長中國內戰

黃晉

根據華盛頓美新聞處十四日電，美國國務卿貝爾納斯以法案提交美參院，請求特准對華實施軍事訓練及技術上的援助，幷且在附函中明白指出「對華軍事援助之繼續不斷，極爲重要。」他說：「中國政府曾請求美方派遣軍事代表團至華，其性質將與美國遣往拉丁美洲之軍事代表團相同。此次准許對華實施軍事援助之法案，係由陸海兩部及國務院聯合擬定，本人堅信國家之利益（包括本國在重建與維護亞洲和平與安全之利益）需要美國援助中國，組織與維持相當數量之現代化軍力，俾中國對該方面之和平安全有所貢獻焉。」讀過這段新聞的中國老百姓，他們對於貝氏這種「實施軍事援助」的主張，是會感到異常不安的。因爲去年十一月左右赫爾利在中國實施的對華政策恐怖血腥的痕跡，還沒有從慘痛的回憶中洗去，中國人民雖然很感謝馬歇爾特使兩度來華促進中國和平民主，但是，半年多的事實敎訓着人民，從一月十日全國各地停戰命令頒發到三月二十七日東北停戰命令的頒佈，直至本月七日休戰十五天命令的下發等歷次命令，幷沒有收到多少成效，從頒佈停戰命令的第一天，中國的好戰份子就撕毁停戰令而堅持內戰的擴大。而好戰份子是依據甚麼本錢來擴大內戰呢？中國的老百姓看得很清楚，國民黨士兵從槍桿到皮鞋，都是美國帮助的，美海軍把國民黨的五個軍運往東北，因此，在東北立即就掀起空前激烈的內戰，而美國反動派正和國民黨反動派一樣，不單不理睬人民的反對，反而加强運輸，於是繼續自華南運送第六十軍與九十三軍到東北，接着美海軍又決定把國民黨的五十三軍和五十四軍運往東北和華北，於是，東北的砍殺之戰更加劇烈，很顯然中國老百姓看得淸淸楚楚，這是美國朋友帮忙的好結果。中國人民是堅決反對內戰的，對於內戰的基本根源——美國對反動派的軍事援助，更是深惡痛絕。所以今天中國人民不能不考慮美國此種軍事運輸與軍火供給的狂烈援助的現象究竟是何居心？是不是想把中國變成美國的保護國和殖民地？是不是要讓中國在長期內戰中毁滅淨盡？很顯然的，貝氏十四日的「加强軍事援助的主張」及將中國與拉丁美洲同視的論調，都露骨地說明美國反動份子是要把中國拉進水深火熱的內戰旋渦，然後把中國掌握在手上，變爲「東方的拉丁美洲。」是的，中國反動的好戰份子們是會很感謝美國反動派的意旨的，他們不惜將中國四萬萬五千萬人民的生命財產投入火炕，他們不惜向美國乞求大批貸欵，然後將這一大筆貸欵投入殘殺中國老百姓的內戰之中。

本月七日頒發的休戰十五天的命令到今天已經是十一天了，談得如何？老百姓雖然對於這種類似「休息十五分鐘」的休戰不大感興趣，然而仍然異常關心；但是天天在報上看見的，除了一些令人作嘔的宣傳戰而外，就是所謂「并非政府無力平亂」之類。充滿火藥血腥的浮誇，從可靠方面所透露的消息，我們知道，由美海軍運抵華北的五十四軍將參加山東和蘇北的內戰，幷且五十三軍亦將繼續北運，這種輸送軍隊打內戰的重要工作，亦是由美海軍全力承擔的。我們不要忘記，這是在休戰期間的舉動！這不能不讓我們聯想到貝氏所謂：「組織與維持相當現代化之軍力」這句話。不能不讓我們聯想到這是表明美軍武裝參與中國內戰的新姿態！這不能不讓我們聯想到即將到來的空前內戰的浩刦！這種新綏靖政策的美國反動派的對華政策是將中國人民拋入內戰火爐，然後將中國降爲殖民地或保護國的地位！中國人民早就表示，中國自己的事，是應該中國人民解决的！這種直接參與內戰的反動的對華政策，是與杜魯門總統的不以軍事干涉影響中國任何內爭的宣言及馬歇爾停止中國內戰的主張不相符合的，是直接違反莫斯科三外長會議的約束的！中國人民決不能容忍此種反動的對華政策的繼續實施，中國人民決不能容忍貝爾納斯把中國變爲「東方的拉丁美洲」的錯誤舉動。美國政府如果還願意繼續絆持中美兩國的傳統友誼，就應該趕快制止這種「殺鷄取蛋」的狂妄政策！

策和杜魯門聲明中要求中國和平民主，並保証不實行軍事干涉的原則，破壞莫斯科三國外長會議的決定。他們對中國實行帝國主義的政策，積極支持國民黨進行罪惡滔天的內戰，企圖消滅中國人民的民主運動，保持國民黨一黨專政的法西斯黑暗統治。

中國人民對美國的這種『殺鷄取蛋』的政策，實在容忍到最高點了。爲的什麽，爲的使美國反動份子能有所悔悟，能看到此路不通。原因是中國人民不比以前了，他們有了强大的，不可戰勝的力量，妄想要消滅這個力量，無異希望太陽從西邊出來。可是現在美國的少數反動份子，仍執迷不悟，還在繼續源源運輸國民黨軍隊到東北去，屠殺中國人民。

現在阻止國民黨法西斯好戰份子破壞停戰協定，進行大規模內戰的最有效辦法，就是中美兩國人民起來，要求美國當局改變其對中國的『殺鷄取蛋』的惡毒政策，撤退在華的美軍，收回租借物資，停止截運和接濟國民黨的軍隊。

（上接「殺鷄取蛋的美國對華政策」一文。）

美對華政策與中國前途

·李南山·

在這次十五天「休戰」的協議成立之前，自東北飄旋歸來的蔣主席曾宣布五點建議，其中特別使人驚異的一點是，「加強馬歇爾的最後裁決權」。

這所以令人驚異，只因爲「最後裁決權」這幾個字，很易使我們想起麥克阿瑟在東京的權力與地位。而東京，是在被擊敗佔領之後，才出現那麼一個權力象徵的麥克阿瑟的。

我們不知道蔣主席在毫不着力提出這一方案之際，是如何想法；也不知道國民黨諸公在讀到這一方案之後，作何感想；以我們看，這樣的方案就是戰敗國家的當局，怕也未必肯自動提出來，而竟出於「四强」「五强」之一的「獨立」國家的當局之口，實在已够令人毛骨悚然，豈僅感到驚異而已！

這是愈來愈明白了。無論這一次的「最後裁決權」的提議，是出於美國國務院的要求，還是出於國民黨政府的心甘情願，那是一樣地說明了：其一，所謂「居間調停」的美國特使，今天已公然放棄了原先還假裝着的「中立」的地位，而完全傾向於國民黨一方；或者說，國民黨政府爲了完成武裝一統的大夢，已不惜揭破其往昔的尊嚴，完全傾倒在美國懷中，而令中國居於從屬的地位；其次，基於上一事實，中國的政局今天已發展到一個空前未有的緊張階段內；在這一階段內，每一小時的變化，都足以決定中國及中國人民的未來，爲和爲戰，爲主爲奴，全國人民面臨着嚴重的現實，已到了非加慎重抉擇不可的時候了。

× × ×

從去年冬天，馬歇爾代替了赫爾利那一位挑戰份子，出任駐華特使之後，美國國務院的對華政策，被一班人批評爲「兩面政策」。所謂「兩面政策」，就是一面「調停」中國內戰，求致「和平」，另一面却不斷强化國民黨的武裝，並火上加油，把那些美械部隊運送到華北，東北的內戰前線去。從前者看，美國似乎眞有意協助中國終止內爭，求致和平；但後者的作爲，又明明在爲內戰延長並擴大製造其必然的條件。這看似矛盾，其實，在杜魯門，貝爾納斯這些帝國主義代表人算的盤上，還是一致的。

今年一二月間，被全國人民所歌頌的政協決議，到最近兩個月來，才有人發覺，在國民黨一方面，當時是一個騙局。如果這種揣想不錯，我們完全可以說，在馬歇爾一方面，也是參加了那騙局的演出的。而馬歇爾所以同意那樣做，衡之美國的政策，是一點也不希奇的事情。

無論在當時的美國與國民黨當局是否存心擺布一個騙局，誘使中國共產黨和中國人民上鈎，但三四個月來的事實指明，教我們無法不從那一方面去想。在戰事已經結束好久之後，美國還在不斷武裝國民黨的軍隊，並且已取得長期訓練中國陸海空軍的大權，這是一；其次，在日本投降之後將近十個月的今天，美軍還駐在中國不退，他們一方面爲國民黨進行內戰奮兇，一方面正預備把軍人眷屬也接來，打算長駐下去。

尤其看得清楚的，半月間的停戰，顯然是爲了三四月間的再打；關內的和，是爲了關外的打作準備，而關外的武裝接收，又是爲再一次的全面的內戰引火。目前就是大引火的前夜。顯然，國民黨今天已有了這個決心，而且也有了準備。而這些計劃，無疑是早已取得了馬歇爾及華府國務院的批准的。

今天誰也可以相信了，只過了一年工夫，故羅斯福總統開明的對華政策，乃至世界政策，早已完全走了樣，杜魯門的保守，及其爲若干孤立分子所包圍，使得今天美國的對外政策大大地改了向。這就是說，在主觀上，美國今天的願望是帝國主義的擴張；而在客觀上，英美同謀，他們正不惜製造一回第三次世界大戰。

根據去年九月以來，杜魯門，范宣德，貝爾納斯，乃至赫爾利，馬歇爾諸人所發表的言論，美國當前的對華政策，可以簡單地描出：是「鞏固並强化國民黨的統治權，俾得完成國民黨武裝統一的中國，並同時加强中國對美國的依存性」，而不論那些言詞是如何美麗動聽。

× × ×

這所謂「加强中國的對美依存性」，眼前的事實是，美軍協助國民黨內戰，如代爲防衛北寧路的交通，運送國民黨軍赴前線，供應軍火物資，並大舉貸款。而其結果，便是中國的軍隊被掌握在美國手裏，一切的裝備軍火非由美國繼續供應不可，也非由美國軍官來訓練不可；其次，更嚴重的是，幾萬萬美元的大借款，一筆接着一筆，美國貨物向中國市場傾銷，結果是，在經濟上，中國以後非長期依賴美國不可，否則便只有崩潰，這一因素的深化，使中國成爲事實上的殖民地國家。軍隊控制在美國手裏，經濟上處於對美從屬地位，以致在政治上，中國非跟着北美一步一趨不可，將沒有半點的獨立自由存在。

凡此所述，對於美國，中國今後除了主要的，將成爲美國的商品市場與原料供應地（自然要在農業復員以後），亦即是實際上的殖民地之外，在第三次世界大戰中，還有成爲美國（包括英國）反蘇前進基地的可能。

這一假定，當戰後美蘇關係日趨分離的今天，看得尤爲明顯。

遠在去年八月初旬，魏德邁揚言：「我在中國的使命是在壓制，牽製並殲滅日軍，並協助華人完成該項目標。……如果美軍有參加中國鬩牆之爭的趨勢，我必設法制止」。這之後，魏將軍又大呼：「美軍將不直接參加中的內戰」。（當然間接的參加是可以的了。）可是一到九月，他的口氣變了：「無疑的，這擁有世界人口之半的國家所發生的各種事件，將不可避免地影響吾國——經濟上的心理上的，尤其可能是軍事上的」。

所謂「軍事上」的影響何在？魏德邁這一句話，不是已把華府國務院的尾巴露出來了麼？近來美軍公然幫助國民黨政府進行東北內戰，乃至全面內戰，不是已爲美國這一貫的遠東政策作了說明麼？

× × × ×

當然，美國的帝國主義分子企圖假國民黨之手，全部控制中國，馬歇爾與國民黨好戰分子之勾結，在其相對的關係上，雖然有主有從，但利用還是相互的。這就是說，假如中國眞的民主化了，中國人民眞的已經自立自强，美帝國主義分子的對華奴役政策自然就成爲一場無法實現的美夢；可是在另一方面，國民黨當政者中自不乏高智之士，他們未必看不出美國的用心，未必看不出今天的對美依存，將來只落得一個被奴役的命運。這對國家，對人民，自無半點好處，就對於有着長久光榮歷史的革命政黨如國民黨者，也未必有什麼好處吧。可是爲什麼還要甘心被奴役爲美國的反動分子作工具呢？

解答這個，我們第一個自然應該明瞭今天既得利益集團的買辦性質，他們的生命，長久以來就是依存於國外帝國主義的對華侵略行進中，在「寧贈外人，不予家奴」的不變原則下，他們自不願見眞正民主政治的實現，無論這種民主是「東歐式」或「法蘭西式」。甚至就是英美資本主義式的民主，他們也不願實施，因爲他們沒有那份力量。這些道路都不願意走，其結果就必出於依存外國的力量，以武力繼續維持其一黨獨裁（其實何嘗是一黨，少數人而已）。

此着眼，我們就可証實，所謂政協決議等等，在國民黨一方面，其實是一個安排好的騙局，而堅持武力一統中國，消滅異巳，繼續獨裁，才是他們一貫的方針。而這一方針，正如上述，剛剛符合了美國帝國主義分子的利益。魏德邁之流自然樂於効力了。

北美樂於爲國民黨効勞，其實，在國民黨好戰分子一方面，也非借重美國以及其武力不可。大家想，部隊如此不行，飢荒這樣嚴重，經濟這樣恐慌，民心這樣厭戰，好戰分子縱使好戰如渴，對方並不弱，而且民心歸之，這個內戰如何打法？無已，一心求助於北美，於是，裝備軍火來了，物資也來了，錢也借到了。於是，要「加强馬歇爾的最後裁決權」，要以三對一以上的絕對優勢，壓迫中國人民「無條件投降」，否則，就「武力解決」。

× × × ×

在這種情勢之下，在大量屠殺的威脅下，中國人民會不會「無條件投降」呢？回答將是堅決的：「否」！

這是八年戰爭的成果的放棄與保持的抉擇點，展開在全中國人民眼前的，是主與奴，生與死的兩條路的激烈鬥爭，我們要正視現實，當機立斷，一點也含糊不得。在基本上，我們要求的是和平，而不是內戰，但和戰的取捨，是有條件的，有原則的。我們要求和平，要求團結統一。但和平是民主的一致，而不是人民向好戰分子投降，向一黨專政投降；團結統一不是既得利益集團的一統天下，排除異巳，屠殺人民。我們要號召全中國人民，以全力來保衞戰爭成果，反對內戰，以求三民主義的完全實施。

國民黨內的好戰分子的陰謀，愈來愈明顯了；北美帝國主義分子的用心，也愈來愈明顯了。可是我們一點也不怯於强暴，而且再也不會進入你們的圈套了。我們分得清眞民主與假民主，也分得淸朋友和敵人。歷史不負人，在正義的旗下，民主的大潮前，我們只能選擇那唯一的去路。

從美國的經濟政治看對華政策

·毅　夫·

二　美國需要着中國市場

美國對外經濟處的供應局，因爲專門做戰時供應的事情，對於國外的經濟特別注意，並且也相當熟悉。去年二月供應局發表了一個文件，題目是「中國工業化指南」一個戰後五年計劃的基本要素，去年五月又根據這個文件做了一個節略，文中除去指出中國需要工業化之急迫性，工業發展之規模，範圍與所需的資金與人力外，還指出這一工業無論對於中國或美國都是有很大的利益的。

對於中國的利益：

（一）完成工業化的基礎建設，以備將來在生產上作完美平衡的發展；

（二）農礦資源可以充分的利用；

（三）使人力轉到生產上，並使經營，技術及生產的各種技巧得以發展；

（四）因生活程度的提高以及國民收入的普遍增加，生產力可以增大；

（五）較好的衛生及醫藥的推廣，將提高人民健康的水準；

（六）到商品的生產增加後，既可以促進貿易，又可以償還貸款；

（七）防備侵略的國際工業可以發展；

（八）政府的收入增多，政府的政治和經濟的機構可以加强；

（九）中美的經濟聯繫將更爲緊密。

對於美國的利益：

（一）一個廣大而多樣性的美國商品的新市場可以發展；

（二）在戰爭剛剛停止時，美國已經擴大的資本及生產者的商品工業可以維持；

（三）機械，設備及原料的對華輸出的額外需求，將使美國工人的就業可以激發及穩定；

（四）在中國工業初期建設的中美兩國的合作，尤其是美國的標準，技術及經營方法的採用，將加强中美的長期經濟聯繫。

對於中國利益的九條中，除去第八條有商討的餘地外，其餘的幾條祇要我們不是處於殖民地或半殖民地的地位而能主動的把握中美兩國的經濟合作，對於我們是有益無損的。對於美國的利益的四條，使我們經過上面分析美國的經濟矛盾以後，很清晰的看出了美國對外經濟處的供應局這一計劃之眞意所在，使我們明白的瞭解這一計劃是爲了短期的替美國消化其戰時所生產的過剩物資，並長期的把中國做爲解決美國經濟矛盾的銷貨市場。不厭煩的說，如果這一計劃實現了，美國的剩餘物資可以售賣給中國，於是美國的生產過剩的恐怖可以暫時的消解了一部分，失業的問題也就暫時得到解決；舊規模的以及小規模的工廠也可以不至於擱置起來。依據這一計劃，中國單單發展工業就需要十八億七千萬美金，除去中國原有的機械及中國可以生產的物品以外，自然要需要鉅量的美國物資。一千億的美國過剩物資，假使眞想以一百億的價格出售，中國總可以購買其相當多的一部分。

中美經濟合作除去暫時的對於美國的利益之外，還有長時期的利益。根據一九三〇年的統計，投資於中國最多的國度是英國，其次是日本，更次是蘇聯，美國則列於第四位，其投資的數目不過是英國的百分之十六而弱，是日本的百分之十七點七，是蘇聯的百分之五十七而略强。

爲研究方便起見，將雷麻所做的一九三〇年各國在華投資金額表揭示如下：

各國在華投資狀態（單位·千美元）

	事業投資	政府借款	中國公司借貸	共計	比率
英國	九六三、四〇〇	二二五、八〇〇	—	一、一八九、二〇〇	三六·七
日本	八七四、一〇〇	二二四、一〇〇	三八、七〇〇	一、一三六、九〇〇	三五·一
蘇聯	二七三、二〇〇	—		二七三、二〇〇	八·四
美國	一五五、一〇〇	四一、七〇〇	—	一九六、八〇〇	六·一
法國	九五、〇〇〇	七九、四〇〇	—	一九二、四〇〇	五·九

比利時	四一、〇〇〇	四八、〇〇〇	—	八九、〇〇〇	二·八
德國	七五、〇〇〇	一二、〇〇〇	—	八七、〇〇〇	二·七
荷蘭	一〇、〇〇〇	一八、〇〇〇	—	二八、七〇〇	—
義大利	四、四〇〇	四二、〇〇〇	—	四六、四〇〇	—
斯干地納維亞三國	二、〇〇〇	八〇〇	—	二、八〇〇	—
計	二、五三一、九〇〇	七一〇、六〇〇	三八、七〇〇	三、二四二、五〇〇	一〇〇·〇

在這次戰爭中，德、意、日三國是垮台了。英、法兩國自顧不暇，蘇聯差不多要注全力於新的五年計劃，其他的國家的投資額本來就不多，所以無關重要，現在唯有美國可以有力量在中國投資，這千載難逢的機會，她自然不肯放過。

三 美國對華政策的矛盾原因

美國在中國投資的大前提必須中國有一個安定的政治局面，不然不但利息利潤拿不到，恐怕連本錢也有收不回的危險。中國政治的腐敗，美國政府未必不了然，尤其近幾年，美國開明人士把中國的社會、政治、經濟、文化等的實況介紹到他們本國去的很多，美國政府未必不加以注意。杜魯門總統的私人代表洛克去年十一月由華返美，曾有一個報告書給杜魯門，這個報告書並曾轉致國務部和陸軍部以備參考，在馬歇爾處也有一份（見本年一月十二日大公報）。他贊成美國軍隊留華一部分，認爲「此舉可以使得中國在大規模的內戰中，得到一個喘息的機會。」這種建議無疑是會得到與他的願望恰恰相反的結果，但是他也不能不指出中國政治腐敗的情形。

「貪污情形十分普遍，精神上的改革異常需要。有少數的政府要人不願意提拔幹（指改革政治而言——毅夫），因爲他們自己就度着貪污腐敗的生活，但是大多數的重要官吏却要改革，而且非常盼望改革。」

「有許多曾經和日本合作的僞官都受到寬容，這件事使中國人民的憤慨情緒日見增加。有若干日本的兵士與俘虜受到了意外的優待，也不爲中國人民所歡迎。」

洛克一方面希望中國有一個眞正民主的聯合政府成立，使各省市村鎮的地方可以享受民主自治，一方面又希望美軍留華以使中國「內戰後能獲得一個喘息的機會」，這種矛盾的認識與辦法代表了一部分美國資本家，政治家的對華政策之態度。杜魯門，貝爾納斯都是這一派的中心人物。可是無論如何總希望着中國民主憲政的政府可以實現的。貝爾納斯於去年十二月三十一日的晚上向美國人民作廣播演說時候，提到中國的事情，他說：

「一國因內訌分裂將不能在聯合國中佔有適當地位，以合法履行其國際責任。」

「（莫斯科會議）三國（指美、英、蘇、——毅夫）政府均承認中國應停止內爭，由各黨各派擴大參加國民政府。」

杜魯門總統去年十二月十五日發表對華政策，也認爲中國需要有一民主的聯合政府。

「美國深知現在中國國民政府是一黨的政府，美國相信如果這一政府的基礎加以擴大，包容全國其他政治分子在內，則和平、團結、與民主的改革可推行於全國。爲了這，美國極力主張應由國內所有主要政治分子推出代表舉行一全國性的會議，以便商議辦法，使他們在中國國民政府內都享有公平而有效的代表權。大家公認這一會議，必須將一黨訓政制度加以修改，一黨訓政不過是中華民國國父孫中山先生在其推行全國民主過程中的過渡辦法而已。」

可是杜魯門與貝爾納斯有二點無論如何也得堅持的，（一）現在的中華民國之國民政府是中國唯一的合法政府，（二）以解除日軍武裝，遣送日僑歸國爲藉口，實際則參加中國內政。

以上所舉的是美國對華政策矛盾的一個顯明的例子，我再舉一個更顯明的例子以說明這種奇怪的矛盾。

去年十月十一日杜魯門宣稱：中國的資源已因九年抗日戰爭而消耗，倘不獲有外國善後救濟供給品的援助，則無法進行其龐大的戰後復興工作。

上月十九日「行總」署長蔣廷黻從美國到上海，記者詢以「聯總」對我國糧食分配情形，蔣氏給了一個大失所望的回答：「聯總很知道中國戰後糧食缺乏，很願多做分配，但是目前英、美、加已經有世界糧食統制委員會的組織，凡世界各主要米麥產區的食糧，如緬甸、暹羅等受其控制」。

一方面杜魯門總統關心中國戰時的大量消耗而認爲中國需要外國善後救濟品的援助，一方面是英、美、加不顧中國糧荒對於食糧的需要。這個矛盾又從何而生呢？

原來，現在美國的政治力量有三個激流在衝盪着，一派是代表美國大資產階級的力量，一派是代表新舊孤立派、買辦、軍火商的力量，一派是人民與開明資產階級的力量。大資產階級的作風是一面實行「保險政策」，以武力威脅世界的民主力量，像原子彈保守秘密、對蘇採取强硬外交，對華以武力調停國共的衝突等，一面高呼和平，合作等口號。孤立派、買辦、軍火商等則希望世界大戰再度爆發，他們可以混水摸魚。民主派的力量（像華萊士、伊克斯都可以列入這一派）對於美國的國內及國外的政策具有最後決定作用，他們堅持國際合作的政策，反對以新武器威脅世界和平，呼籲美、蘇合作，主張美國軍隊撤離中國。

美國的對華政策，我們可以很清晰的看出隨着這三派力量的激盪而隨時在演變着，而且更應該注意的是杜魯門的騎牆作風。單說杜魯門處理勞工與資本家的矛盾，便表現了他的才能之遠遜於羅斯福總統。他要討好於大資產階級，想把增加工資的問題交由國會去解決，誰都知道美國國會是屬於資產階級的，國會解決下來不問可知是對於工人不利，這件事引起了工人與自由主義者大大的不滿。他認識了工人與自由主義者的雄厚的力量以後，爲了一九四六、一九四八的兩次選舉，反回來又向工人與自由主義者施秋波，對於國會大肆攻擊，承認工人有罷工權，在民主派的人看來，這完全是錦上添花的機會主義者，對於他的討好並不怎樣感覺興趣。杜魯門左顧右盼，茫然無所適從，所以現在對於各派力量都稍爲拉攏。

和平前後的對華外交，操在孤立派赫爾利的手裏，這是一道道地地的反民主派。赫爾利政策被清算以後，馬歇爾以軍人的資格到中國調停國共衝突，表現了很大的功績，可是因爲杜魯門的政治路線的不澈底，馬歇爾將軍還未能充分表現其外交的天才。美國大資產階級雖然對於現在的中國政府不太滿意，但又不願中共的力量抬頭，他們是有「社會主義恐怖病」的，「用以保衞資本主義，以抗全世界對社會主義的偏向」就是他們的理論之結晶。中國共產黨的政策是否和蘇聯的政策一樣，蘇聯又是否願意戰爭，美國大資產階級是無暇估計的，他們一方而充滿了先天的懷疑病，一方面想掠取更多的「勝利之果」。

本來中國的資產階級的力量，也實在是薄弱得可憐，因爲長時期半封建、半殖民地性質的困擾，及蘇聯社會主義革命的成功，中國的勞資兩大力量成了一個尖銳的對比，工農集團反而主動的替民族資本家撐腰，外國資本家看了自然要墜入五里霧中，莫辨東西了。

四．我們自己才是富强，和平，團結，民主的主體

去年歲末，馬歇爾將軍在重慶說：「中國的和平與團結完全是中國內部事，希望中國自了。」中國救災的事情，美國人也說過：「……現在中國民衆怎樣努力去救濟本國的飢饉呢？美國人民要知道：中國自已是怎樣的努力。」（大公報四月十七日楊剛專電）本月九日艾森豪華將軍在南京說：「……我們以中國爲友，愛之愈深，期望的愈切。吾們的理論是：吾們願助自助的人。……」

他們的話是不錯的，富强、和平、團結、民主的重責應該擺在我們自己的肩上，把自己的事情全部讓旁人去解決，自己像奴隸似的看着人家的眼色行事，是一種可恥的行爲。戰前中國在國際的地位怎樣，剛和平時是怎樣：現在又是怎樣？我們自已應該有所警惕。聯合國大會上，有人說我國代表唯人是□，美國會答應過借給我們大量的欵項，現在怎樣了（其實我們自己也不願借外欵去打內戰）？杜魯門總統爲我們戰後需要大量救濟品而呼籲，救濟總署分配給我們的糧食有多少呢？有誰這樣糊塗，看着我們自己的官吏刮地皮，强收軍糧，套買救濟總署的救濟糧食，而仍舊大量的把糧食送來呢！

政治協商會議成功的時候，那個今日一個態度，明日又是一個態度的「紐約時報」，也要說一句「中國人民把統一與和平，認做民族復興的主要基礎」，反動派的領子赫爾利也不得不說幾句頌辭，美國立刻宣佈即將借鉅欵與中國。分析了美國的經濟政治及美國對華政策以後，我的結語不是單純的「把握住美國對華態度」，更主要的是我們要認清了。

我們自己才是富强、和平、團結、民主的主體。

押韻詩

泥難嚥

君「傷腦筋」咱傷心！
「腦滿腸肥」何邊筋？
咱傷「奴」心乃奴化，
君傷「員」筋總有金！
天外飛來是龍種，
地下鑽出爲籠親：
龍會作雲籠發水，
淹咱奴化猪羊群。

×

邇來重慶風吹到，
在飽隔聲中常聞有「傷腦筋」之唉聲，
意義玄奥，不知作何講解？
是傷了腦子裏哪一條筋呢？

×

腦滿腸肥看起來那塊肉中好像「一竅不通」，
該不會有一條筋的。

×

明明是避難，倒自矜抗戰八年：
狗皮還沒有脫掉呢，却佯稱幹過地下工作。
嗚呼，苦的只剩下在地而爬了十四年的老百姓了！
（錄自藩陽日報）

美國的魔手與最後裁決權

蕭揚

現在，全世界都看得非常清楚：中國內戰之所以擴大，美國反動派是一個主要的禍首。干涉中國內政的黑色的魔手，是越來越顯露了。

羅斯福時代已成爲遙遠的歷史的過去了，我們不去說他。半年之前，美國務卿貝爾納斯曾在莫斯科三國外長會議的對華宣言上簽了字。這宣言，跟別的許多莊嚴神聖的宣言一樣，美國當局並沒有予以尊重和信守，宣言中雖然規定了應迅速停止中國內戰，促成眞正的民主政府，各國不得干涉中國內政和應及早撤回在華駐軍，可是只有蘇聯是唯一忠實執行協定者，美國在華的一切作爲，與宣言的精神完全相反。他不斷支持實際上仍是一黨獨裁的政府，幫助牠擴大內戰，而且一直拒絕撤回在華的美軍。

美國反動派的存意擴大中國內戰，已不是什麼了不起的秘密。本年一月初，國共與美國代表馬歇爾曾商定國民黨運至東北的軍隊不應超過五個軍。二月，在簽訂整軍方案時，又具體加以規定，吉倫將軍且曾親自參加這一聲明。可是事實與這完全相反，美軍在運輸國民黨五個軍到了東北之後，四月又從華南運送第六十軍與第九十三軍到東北。馬歇爾特使返任後，他又保証此後不再續運，可是到了五月下半月，美軍又載運兩個軍，即第五十三軍與第五十四軍到東北。另外一個第五軍也正在準備北運中。事實上、關於運輸軍隊的問題，正如外間所傳美國借欵的問題一樣，馬歇爾將軍是有決定權的。

除此之外，美國還不斷以軍火幫助中國國民黨。從杜魯門在日軍投降後宣佈，爲幫助中國『達成各地日軍投降之任務』，將繼續予以租借法案協助之後，大批軍火滾滾運來。日軍雖然早已投降，（中國軍事要人，如何應欽將軍等，曾一再稱讚日軍的『恭順有禮』，事實上日軍也從未有過拒降的舉動）但美國軍火的運華却有增無減。在日軍投降後，美政府已爲國民黨裝備了四十個美械師，現在這四十個師連同抗日期間所已裝備的二十個師，絕大多數都用在進行內戰。美軍剩餘物資的收購，也達到空前巨大的數量，單印緬戰區一處，去年九月即達五萬萬美元，其中包括不久之前飛出的飛機七百架。誰都知道，今天在東北進攻民主聯軍的，是紐海文製造的機槍，與通用汽車公司製造的半自動步槍，從上海放映的新聞片裏，我們可以看到，國民黨軍隊甚至穿的都是美軍的褲子與皮鞋，坦克，火箭砲之類更無論了。

除了運輸軍隊與供應軍火之外，美國對國民黨的一個有力的幫助，是把美軍留駐中國，爲國民黨看守鐵路交通。文匯報的記者曾報導，冀東北寧路沿線美國國旗飄飄。密勒士評論報記者則報導這些美國兵，正以中國的武裝農民與八路軍士兵爲『狩獵對象』。美國海陸軍不但負責守衛交通，而且爲國民黨訓練軍官，修理港口，鐵路與礦山。總之，不論從那一點着眼，美軍是國民黨進行內戰的同盟者。美國紐約郵報的記者會有坦白的判斷：他說『蔣委員長在滿洲的軍隊，如果得不到外國軍隊的幫助，將會失敗。』

自然，作爲一個決意以金元統治世界的經濟強國，美國也不會忘記在經濟上幫助國民黨。最近魏道明已聲明五萬萬美元的借欵已辦好最後手續，這消息在此刻傳來，顯然大大加強了國民黨在和平談判中的身價，差不多與魏道明的談話同時，吉倫將軍可在上海對三家報紙記者發表談話，謂美國軍隊撤退日期已無限推遲，美當局甚至已決定將美軍家屬運載來華，顯然，他們已決定長期駐紮在中國了。

就在美國反動派這種種背叛誓言的行爲慫恿之下：長江以北的內戰區在擴大，中國人民的自由全被剝奪。『警管區』『維持治安緊急辦法』已在嚴厲推行，單北平一地，一日之間，即有七十七家報紙雜誌被封閉。

我們不禁要問：美國的這種種作爲難道與杜魯門和貝爾納斯過去的宣言相符合？難道有利於中國的民主團結與和平？難道有利於馬歇爾將軍的和平使命？難道能使人相信美國確實是一個公正的調人？難道能使人相信美國今日的政策不是懷着一個毒惡的奴化中國的企圖？

民主同盟發言人羅隆基先生三十日對合衆社記者的談話，是值得徵引的，他說：

『如果美國不改變他們的政策（指運輸軍隊與供應軍火與武器等），中國決不會有和平。馬歇爾將軍企圖促進和平，而美國同時却運載軍隊去進行內戰，他們現在不是在同日本人作戰……

『我不知道美國爲什麼一直幫助國民黨，這個不給人民以任何自由的政黨，美國這樣實際上是在幫助中國的法西斯……難道美國需要中國的法西斯嗎？難道他們要把弗朗哥搬到中國來嗎？』

這談話許多上海的報紙都不肯登載，這是很自然的，因爲羅氏批評了他們的美國。在美聯社的這一電訊後面，有一段這樣寫，不過上下加了括弧：『此間美國方面表示，美國現正給予國民政府以有限的愼重而合邏輯的援助，這是根據前已成立而現又不便違背的協定的。』

我們不知道他們根據的是什麼協定。如果說這是『合邏輯的』，那我就想起來了美國參議員狄拉西等的話，他曾這樣說：

『如果美國繼續以她龐大的軍力來在華北協助建立反共根據地，無疑地她有她自己的邏輯。這種邏輯是美國需要無限制剝削亞洲的一種最反動的邏輯，這是金元帝國主義的邏輯，這是從太平洋各根據地，從軍閥尚未根除的日本，從華北反共根據地發動反蘇的新世界大戰的邏輯。』

我們應該掉一句說：『這也是維持中國的反動統治，將中國作爲美國殖民地的邏輯。』

這樣的調人會公平麼？我表示懷疑！

在最近南京的和平談判中，國共雙方爭執焦（下接十九頁）

誰阻撓世界的和平民主？

—評兩個國際會議的失敗並美國的新綏靖外交—

凡向

自三月二十五日開始在紐約召開的聯合國安全理事會，與自四月二十五日起在巴黎召開的美蘇英法四國會議，人們都曾寄與熱烈的希望，希望這兩個會議能夠順利成功，希望人類由此可以逐漸得到安定、和平、幸福的生活，然而，人們的熱望是渺茫地落空了；兩個國際會議在基本上可以說是失敗了，我們要問，這兩個會議失敗的原因是什麼呢？在舉世屬望世界和平民主來臨的今天，究竟是誰在阻撓和平民主呢？這些是我們應該研究的。

首先說聯合國安全理事會吧。召開數月的安理會實在可以說一點成績都沒有；相反的，關於伊朗問題和西班牙佛朗哥政權的處理，更爲今後世界政治開了極端可憎惡的先例與影響。關於伊朗問題，誰都知道是經過蘇伊兩國直接談判把一切問題都解決了的！但英美的代表們却始終在安理會上抓住伊朗問題不放，硬把已經沒有問題的伊朗問題當作「問題」；始則強迫伊朗代表一定要在安理會議程上提出伊朗的控訴，後來蘇伊兩國談判，確定了蘇駐軍的撤兵日期及解決了其他一切問題如「石油問題」後，蘇聯要求把伊朗問題從議程上撤銷。美英代表不准；伊朗代表自己要求撤回伊朗的控訴，美英代表也不准；硬要保留到五月六日。好了，到了五月六日蘇伊兩國都已正式通知蘇聯已從伊朗撤兵完畢，要求安理會撤回伊朗問題的議案，美英代表們還，是不准，一口咬定蘇聯干涉伊朗內政，要調查，要在安理會內保留伊朗問題的議案。這究竟誰在「干涉」伊朗內政還不明白嗎？美英的代表們橫蠻無理的舉動，不是最醜惡地開了大國強制威脅小國的先例是什麼？從安理會處理伊朗問題的過程中，究竟表現了是蘇聯實行「擴張主義」呢？還是美英實行無所不至地打擊蘇聯呢？是誰力謀各大國間國際間的和平合作？誰在竭力破壞各大國間，國際上的和平合作？

美英的漂亮的外交家們在處理西班牙佛朗哥政權的問題上，更加表現得卑鄙與無恥。已經是婦孺皆知標本式的法西斯佛朗哥政權，他們還死不肯與佛朗哥斷絕外交關係，還要派出調查委員會去「調查」佛朗哥政權的眞相，據「調查」回來的結果說，佛朗哥沒有現代的武裝與設備，不足以擾亂、威脅世界和平，所以佛朗哥法西斯政權就可以而應該「合法」地存在下去，聯合國可以「不干涉」它。爲了「避免西班牙內戰」，聯合國就「不要援助西班牙人民」「讓西班牙人民」或者手無寸鐵以和平（！）的手段去推翻佛朗哥，或者就讓佛朗哥法西斯暴政繼續合法地踐踏西班牙人民。」這就是美英「不干涉政策」的眞面目。他們的這個「不干涉政策」是直接違背羅斯福總統諄諄告誡「必須消滅世界任何一角落的任何形式的法西斯存在」的偉大遺訓！我們要嚴重指出：美英外交家這種對法西斯容忍縱容的「不干涉」政策，這種直接違背故羅斯福總統的外交政策，將帶給人類和平以無窮的禍害，他們眞正爲整個人類埋下毀滅全球的「原子彈」呵！而且，美英容忍佛朗哥政權存在的政策，更直接地鼓舞了歐洲、南美、亞洲各法西斯國家和一切法西斯份子的積極活動。「既然標本式的佛朗哥法西斯都可以「不干涉」，那我們擁有某些保護色的反民主戰士（！）還不應大肆活動嗎？」全世界各種各色的法西斯份子會這樣說。「既然純粹的法西斯佛朗哥政權都可以合法存在，無需干涉，那末我們中國的一黨專政的還不應該垂之千秋萬世嗎？爲維護一黨專政的內戰還不應該加緊進行和積極擴大嗎？」看呵，這就是美英對法西斯「不干涉政策」的直接的惡果和對全世界法西斯直接的有力的鼓勵。

貝爾納斯和貝文這兩位「出色」的外交家，在巴黎四強的會議席上，也處處表現了他們堅強，「勇敢」的姿態。貝爾納斯本來在赴巴黎的途中，就表示了要對蘇聯採取「強硬」「堅決」的政策的；和他同行的還有參院外交委員會主席康納利和以孤立派份子著名的范登堡參政員。兩位「貝」先生，眞是對蘇聯「堅決」得很，還提出了不少的要求與建議。他們要求東歐各國應實行「門戶開放」，以便美英的獨佔資本可以重新泛濫於新生的東歐各國；貝爾納斯建議爲確保德國永遠解除武裝，訂立四強對德二十五年强制執行條約，這條約的內容對懲處德國的問題上沒有什麼特別的地方；貝爾納斯的目的，不外是想藉此來取消美英蘇三強簽訂的雅爾達，波茨坦等等的協定；兩位「貝」先生又提議提早撤退盟國在奧大利的駐兵，其結果將助長奧大利法西斯份子的復活。這是一方面。另一方面蘇聯在四國會議中，却確實作了不少的讓步；在殖民地問題上蘇聯讓步了，蘇聯接受了法代表的建議，不要求託管意大利非洲殖民地的黎波里，而在聯合國機構上仍由義國單獨代管。在賠款問題上蘇聯讓步減低爲一萬萬美元（原要求二萬萬。）在義軍艦問題上蘇聯也讓了步。反之，我們美英的代表們却眞正一點都沒有讓步；蘇聯雖作了許多的讓步，美英對於南義邊界問題，對南斯拉夫要求的里雅斯特問題堅決的拒絕了。

四强會議休會後，貝爾納斯於二十日發表了一篇長篇的廣播演說。他除把美國在會議中的意見重述一遍並譴責蘇聯『追求安全而實行擴張』外，並且宣稱要『爲和平發動攻勢』。貝爾納斯的演說發表之後，范登堡在二十一日立刻在參院

東北停戰令下後的內戰危機

蕭眞元

我讀了蔣主席於六日正式宣佈的東北停戰令以後，這顆厭惡內戰，祈求和平的心，不但沒有得到應有的滿足和輕快，反而更加緊張，更加沉悶起來；因爲我直觀的覺到：它不是和平的曙光，它是像示內戰將要繼續，將要擴大的信號。

停戰令的開頭第一句話就說：『余刻已對我在東北各軍下令，自六月七日正午起停止追擊前進及攻擊』。這不是公開的承認了在『六月七日正午』以前，國民黨的軍隊是奉令對於東北民主聯軍施行其『追擊前進及攻擊』的嗎？在停戰令未正式宣佈以前，國民黨硬是不肯負發動東北內戰的責任，硬要將這一違反全國民意的內戰責任加在中共身上，但是，停戰令的開頭第一句話，已經正式宣佈了過去國民黨宣傳的虛偽和欺騙。從現在起，所謂誰在發動東北的內戰？東北內戰所加於全國人民，尤其東北人民的痛苦和災害，應該由誰負責？再也不會成爲問題。

今後成爲問題的，是要看國民黨當局，對於違反民意發動東北內戰的錯誤政策，究竟有無懸崖勒馬的覺悟和決心？不幸得很，停戰令已經明白告訴了全國人民：『此舉在使中共再獲得一機會，使共能確實履行其以前所簽定之協定』。這就說明了：國民黨當局對於自己以前在東北施行的發動內戰政策，毫無悔禍之心，他不承認自己有半點錯誤。但是，在國民黨不肯作半點退讓和修改的前提下面，果眞能實現永遠休戰的和平局面嗎？我很怕這次商談，是談的不對，動兵又打，而且是大打特打。

東北的問題，在實際上仍是政治問題，更明白的說：國民黨要以一黨專政的精神獨霸東北，共產黨堅持民主原則建立各黨派以及無黨派人士合作的東北民主聯合政權，專政與民主的對立，才是東北內戰所以爆發的眞因。心病還須心藥治，東北內戰既發生於政治，自然也只有從政治上才能求得根本的解決。但是，停戰令所提出的三項問題，如停止衝突，恢復交通，及實行整軍方案等，完全屬於軍事範圍，對於作爲東北問題核心的政治問題，則無一項涉及，而且似乎是有意把政治問題避而不談。不談政治問題，東北的內戰就無法根本剷除，這是常識上的眞理。

不論從內容看，從口氣看，停戰令似乎是國民黨軍隊『接收』了四平街和長春以後，要向全國人民對於所謂『打下長春再談』的諾言敷衍一下面子，也希望能在將來再打時候把內戰的責任轉嫁到中共身上。同時因爲中共軍繼四平街後公主嶺長春的撤退，政府軍幾天之內『接收』了不少的地方。這也是需要一個時間來休息佈置的。

國民黨當局，爲什麼敢於悍然不顧的作更大規模內戰的部署呢？這是因爲：（一）美國政府中的反動派，到目前爲止，還沒有停止助長中國內戰的反動政策，在美國的充分運輸、裝備、供給，及訓練之下，使國民黨當局相信還應繼續打下去；（二）全國人民反對內戰的力量，尚在分散的不完全自覺的階段上，還沒有能够很好的組織起來，這也使國民黨當局相信還沒有到非停戰不可的時候。但是，中國的內戰竟究是全國人民所反對的，是美國政府中的進步人士和全世界愛好和平、主張民主的人士所反對的；這種力量的不可抵抗，國民黨當局也很明白，因而就不能不掩飾一下，這就是爲甚麼要有十五天休戰的理由。總之，在停戰令中，我們沒有看出全國人民可以[illegible]此免於內戰的災害。人民爲了免除這一災害，只有迅速的全面的組織起來，爲反對內戰而鬥爭；幷以這一全國性的反對內戰的組織爲基體，向美國在朝在野的進步人士呼籲，向全世界愛好和平的政府和人民呼籲，要他們起來制止美國反動派助長中國內戰的反動政策，藉以保衛羅斯福總統所奠定的中美友誼傳統，以實現馬歇爾特使調處中國內政的初衷。其實我所提出的辦法，不但不是以美國爲敵而是以美國爲友，對於國民黨當局來說，也是合於愛人以德的金石良言，對於今天的政府當局，的確是到了懸崖勒馬的時候了。

六月八日於北陪

響應貝氏的聲明。范氏明白宣稱美國要堅持「原則」，不能犧牲原則與蘇聯妥協，他承認東歐的「共產主義」與西歐民主主義意見不同，他認爲美國的政策不單要與義、羅、保、匈、芬簽訂和約，還要求與奧大利簽訂和約。一般人承認，經貝爾納斯范登堡一唱一和的美國「和平攻勢」政策，無疑的將給國際上以重大的影響。其實，無可否認，美國的「攻勢外交」是幾個月來早就在執行着的。如在上面所分析的一樣，它在安理會和四强會議中，一面是容忍，姑息，「不干涉」法西斯勢力的存在（在日本維持、承認反民主勢力的政權），一面是極力打擊蘇聯限制蘇聯，在近東，在地中海，在中東歐問題上，美國都展開向蘇聯的「攻勢」。美國過去曾一手捏着原子炸彈作爲他綏靖外交的武器，恐嚇世界，恐嚇蘇聯；現在似乎又換了一件武器，一手拿着黃金、資金、對蘇聯、對各國說：「你聽從我的政策，就給你貸款。」我們很懷疑，美國這一新政策能否收到效果呢？雖然世界各國都很需要美國大量的貸欵作爲復興經濟之用，但正如在四國會議開幕之前，蘇聯消息報就會發表的論文，東歐各國亟需與各國自由貿易，但若想藉自由貿易來作政治干涉那是不可能的。顯然可見，美國的「黃金外交」一定會與「原子彈外交」一樣碰壁的。

我們不能不承認，美國的攻勢外交，美國的新綏靖外交實在帶給世界的安定和平民主之路以沉重的阻力。我們以爲美國當局應該恢復故羅斯福總統徹底消滅法西斯，切實鞏固美英蘇三强合作的外交政策。不然，一味要抄襲張伯倫綏靖外交的老調，結果也會如張伯倫一樣，「搬起石頭打自己的脚」的。

揭穿新花樣，摘下大帽子！

鄧初民

近來有一些新花樣，普遍的被人們玩弄着。這就是所謂「變包案」的花樣。譬如說：你高唱民主，我也高唱民主；你高唱愛國，我也高唱愛國；你高唱革命，我也高唱革命。這從某一方面說，是一種進步現象。因爲在不久以前，說什麼都是犯法的。「民主」更是當政者一個最犯忌諱的東西。現在反民主的人們也要拿民主作盾牌，反革命的人們也要拿革命作幌子，賣國的人們也要說愛國。這難道不是一種進步的現象嗎？

然而假借名義者，抑不是爲着進步，而是爲着倒退，爲着假借名義，混淆是非，顚倒黑白，以來欺騙，朦蔽大多數文化水準落後的老百姓，以支持，苟延其垂死的反動的統治，斯不可以不辨，民主在我們的實踐要求上，是結束一黨專政，是把政權交給大多數人民，交給民主的各階層各黨派構成的聯合政府。是眞正的老百姓有權可以說話，問事，干政。並享有基本人權及一切民主權利。而在假借名義的人，則把「民主」當作盾牌，來抗禦民主，堅持一黨專政；而且使特務打報館，打人，搗亂會場，策動示威遊行，來剝奪眞正老百姓的民主權利，來損害人民，國家的基本利益的種種行爲，也藉口於民主，而承認其爲應享有之民主權利，例如滄白堂特務每晚投擲石塊，有計劃有組織的破壞講演會，連我們的邵力子先生都說：「他們也是人民，也應該有這樣的民主權利」（見新華報，原文記不淸，大意如此）。北平國大代表選舉協進會四月二十一日在中山公園音樂堂開會，被大批特務任意搗亂，軍警在場並不彈壓。有一位官長也說：「現在是講民主的，打架當然在所難免，我們來此只負排解責任。」這顯然是把民主權利給予特務分子，而又縱容特務份子來摧殘民主權利，這不是無意的誤解民主，而是有意的混淆是非，顚倒黑白。殊不知民主的權利，只有人民才能享有，反民主的特務、決不能任其假民主之名行反民主之實，如果格，殺，打，撲，都成爲「講民主的，當然在所難免了」，那成什麼民主？那連假民主也不是。

愛國在我們的實踐要求上，是這一國家必需是眞正代表人民利益，眞正爲人民謀利益的國家，亦即人民自已的國家。而在假借名義的人，則把國家當做少數人或個人的私產，把軍事，政治，經濟，文化各種國家機關，當做爲少數人或個人謀私利的工具。這種少數人的國家，是大地主，大金融資本家，大買辦階級所應當愛的。人民抑只應當愛人民自已的國家。

革命在我們實踐要求上，決不是一個口上說的漂亮名詞。它的發生不是偶然的，它是一羣被壓迫的人民，爲解除某種社會關係的統治者所給予他們的痛苦，一致起來要求澈底變更其社會關係及其政權的運動。它在運動中也不免要使用暴力，但暴力不是無意識的破壞和殘殺，它只是要打倒那給予他們以痛苦的統治者或暴君，而革命運動在歷史的過程中，主要是爲推動歷史前進，改造或推進大多數被壓迫人民的生活和幸福，即是要使得社會與人類進入一個較高的階段。而在假借名義的人，則把革命當作口頭禪，當作其使用暴力壓迫人民的掩蓋物，甚至爲着爲其反動統治，把歷史拖向後退，假革命之名行反革命之實。

人們除了玩弄一些「變包案」的花樣以外，還有高高抗在肩上頂在頭上的一些大帽子，大招牌，譬如說什麼「軍令」「政令」，又如說什麼「法統」「統一」等等。「軍令」，「政令」一類，現在似乎較少見了。而「法統」，「統一」一類，抑仍然被人們高高頂在頭上抗在肩上。什麼叫「法統」呢？如果根據近代民主的根本精神，只有人民組成的機構，如國會之類纔享有最高立法權，或只有人民才享有直接創制法律之權。那麼，「法」是從人民產生的。用「法」才能定出「統」來，如果這個「統」是指的政治上的一種特權，或政治上的一種特殊地位，即這種特權或特殊地位，也只有由人民使用其立法權才能賦與，如果說「法統」就是這種政治上的特權，那麼，也就只有人民才能賦與。像過去一樣，只要馬上得天下，任何流氓地痞，如劉季奴之類，就可稱孤道寡起來，現在是不行了。質言之，「法統」是由人民使用其立法權所賦與之一種政治上的特權，這種「法統」，只有經過人民的立法手續所賦與的，才是貨眞價實的東西，否則一個人固不能冒用「法統」，一個黨也不能自造「法統」，這個「法統」也不是萬古長存的，人民可以隨時否定它。不然，孫中山先生對滿淸的革命就是叛逆了。所以「法統」這一頂大帽子，一塊大招牌，在今天是應該收起來了。

至於統一，當然是中國人民迫切需要的。不過要看如何才能統一和統一在什麼條件之下。從

法西斯的中國社會觀

·史剛·

目前的中國局勢，嚴重極了。法西斯反動派正在傾其全力，向中國人民進攻，關外的大砍大殺，一直沒有停止；華北和華中，也正在風聲鶴唳，殺氣騰騰。同時，特務分子的暴行，層出不窮，血案累累。反動派爲了遂行大規模屠殺人民的血腥政策，永遠維持黑暗的統治，不僅聯合了國內外的反動勢力，用人民血汗向外國主子討來了各種新式武器；也不僅承繼了歷代暴君獨夫的奴役人民宰割人民的方法與技巧，在全國各地佈起天羅地網：而且往中外的一切反動思想裏，從腐朽的理論體系裏，東摭西拾，湊成了法西斯的『歷史觀點』，與『社會學說。』曲解中國歷史的面貌與社會的特質。五月十八日昆明中央日報社論『中國社會的特質』一文，把法西斯派的這種反動的『歷史觀點』發揮得淋漓盡致，根據以往的經驗，中央日報的言論，是中國反動派緊急警行動的標準測驗器：它在這個時候發表這樣的社論，絕不是偶然的一回事：那是大規模內戰的一個警報，不容忽視的。

反動派「歷史觀點」的特徵之一是：運用形式邏輯，把中國自秦漢以來的歷史看成一成不變的東西以爲中國社會永遠在兜圈子，由治而亂，又由砍殺而統一，今天與昨天之間，『並無根本的分別。』說得客氣點，這是歷史常識的不够！當然，國中社會從秦漢到滿清，基本上是一個封建社會，但封建制度的經濟基礎和政治形態，是經過長期的變化和發展的絕不是『一經定型之後，永遠不再改變』。所以同是一個封建社會唐宋與秦漢有別，元明又與唐宋不同。而自鴉片戰爭以後，中國社會性質就起了根本的變革，階級關係以及政治文物都起了根本的變革，揚棄了若干舊的因素，又產生了若干新的因素。二十世紀五十年代的中國，從任何方面說，都與過去的中國不同，這不僅是中外史學家公認的事情，簡直是每一個有眼睛的人都看得見的事情。但反動派爲了適合法西斯的政治目的，硬說中國社會的一切，過去如此，現在如此，將來也一定如此。在他們害怕改變，因爲那樣一來，他們的統治地位就會動搖起來的。在他們看來，中國社會永遠是既不換湯，也不換藥；從秦漢到現在，湯只有一種，藥也只有一種，這就是絕對專制主義與武力統一主義，這就是血腥的屠殺政策。

反動派『歷史觀點』的另一特徵是：以爲數千年的中國歷史，完全是少數人活動的歷史，而不是大多數人民奮鬥的歷史。在他們看來。中國人民是天生的被統治的奴隸。他們是「完全消極的」，「對於任何事務都不感到興趣』的，所以少數暴君獨夫就可以爲所欲爲：他們是『沒有公衆利益的觀念，對於政治更不願顧問』的，所以野心家就可以把持一切，任意的生殺予奪。按照反動派的想法，人民是愚蠢的無能的，沒有能力來管理自己的事情，必須由少數『先知先覺者』來包辦。這樣，所謂的政治，就是少數人壓迫大多數人的工具，所謂的「政治家」，實際上就是奴隸總管。

只要稍有歷史知識與熟悉中國情形的人，都會承認：反動派的人民無能的觀點，是與事實不符合的。中國人民並不是『完全消極的』，他們在成千百次的社會鬥爭裏曾發揮了高度的積極性；並不是「沒有公衆利益的觀念」「不願顧問」政治的，他們爲了「公益利益」與爭取好政治制度，曾經流了

袁世凱以來，北洋軍閥就在高唱統一，但他們的企圖是以武力求統一，是以軍閥專政求統一，結果所得的不是統一而是分裂，而軍閥自己反從統治的舞台上，一一滾下來。北洋軍閥倒台後，又經過了十八九年的國民黨統治。在國民黨統治之下中國也一直未曾統一過，而國民黨也在天天高唱統一。動輒以統一這塊大招牌來壓制人民的政治要求及民主和平的統一運動，一貫的企圖以武力求統一，以一黨專政或個人獨裁求統一。如果循此不改，所得的結果如何，是可以預卜的。因爲我們充分的明白：眞正能够達到統一的方法和條件，是民主不是獨裁，是和平不是武力。因而站在個人的立場或一黨的立場，企圖來統一中國人民，統一中國其他黨派，是絕對不可能的，而動輒搬出統一的大招牌來壓倒一切，更是徒勞。

因爲日寇侵略，中國人民經過了八九年的抗戰，日寇投降後，又經過了八九個月的政局起伏，任何新花樣的玩弄與大招牌的搬出，中國人民已有充分的經驗與充分的政治警覺性來認識一切判定一切了。

（上接十七頁）

有權有勢集團反人民的本質，使他對于特權階級充滿了輕蔑，憎惡以至仇恨。他既然厭惡黑暗，所以就奔赴光明，他無法停滯在歧途上成爲一個旁觀者，他的眼睛是雪亮的，他會把理論上的是非黑白的尺度，持以衡量世間的現象，正義感使他認得清，看得明。「教育者」用盡了心機去威迫，去利誘，去哄騙，其結果就是更使他清醒，警覺。他們也許沉默，內心却充滿了憤怒，表面上也許看不出他們聲勢浩大的團結，可是彼此心照不宣，有了很深的默契。你以爲他不積極，沒力量，他們却互相感染，涓涓的衆流，總是要匯合的，只有這樣的學生，還能獨樹旗幟，孤軍奮鬥。在「耿耿星河欲曙天」的天上，這是東方一小塊的魚肚白！

不少的鮮血。正因爲這樣，歷代的皇帝及文武大臣們，才用盡種種方法來鎮壓人民，麻醉人民；而國民黨執政以後，不僅承襲了東代皇帝統治人民的衣鉢，還有了若干新的發明。所謂「訓政」，實質上就是要消滅人民的積極性與「公衆利益的觀念」，消滅他們顧問政治的要求與管理政治的能力，企圖把每一個都「訓」成軟骨頭，以便於統治。所以，倘說中國人民中間，還有「消極的」，「不願顧問」政治的人，那也是長期的愚民政策的結果，是國民黨「訓致」的結果。

從反人民的「歷史觀點」出發，反動派以爲中國歷史舞台上，從秦漢到現在，只有兩種角色，一種是士大夫，一種是帮閑：「而普通所謂治世，就是士大夫得勢的時代……所謂亂世，就是帮閑比較得勢的時代……」這樣一治一亂，循環不已！值得注意的是：反動派以爲現在的政府，「大體仍能代表求治的士大夫的努力」，又說道：「太平治世，皇帝是士大夫的領袖，軍政大權都操在皇帝一人之手，士大夫在這個最高威權之下爲官治國，維持一個大體安定的大一統局面，皇帝的治權可以穩固士大夫的社會地位與經濟利益可以保障。」既是這樣，那末，現在的「領袖」，也就等於過去的皇帝，而爲了要維持『大一統局面』，爲了堅固『皇帝的治權』與保障「士大夫的社會地位，與經濟利益」，必須「軍政大權都操在皇帝一人之手，士大夫在這個最高威權之下爲官治國。」（說得時髦一點；以黨治國！）可見有人會想導演古裝劇走袁世凱的道路，而許多馭用的學者文人，在忙着跪龍袞，不是沒有原因的。

另一方面，反動派把一切的民主黨派，都當成封建的帮閑，「亂世的角色」，把全國人民要求和平民主的運動，與「漢代的黃巾之亂，」『滿清的義和團之亂』等量齊觀。特別對於共產黨，極盡了誣蠛之能事：『惟一好似新奇的角色，就是共產黨，其實共產黨若剝去外來的一些名詞與口號，不過是一個半秘密半公開的，帶有宗教性的，以餓民爲基礎的割據勢力，它的惟一眞正要點，就是依附外力與否認國家民族，這也是它不能取得其他秘密團體的信賴與合作的基本原因。」這種論調，表面上『好似新奇』，實際上早就破產了，用不着我們替共產黨辯護。十八九年來的國民黨歷史，早就證明眞正「依附外力與否認國家民族』的，不是別的黨派，而是法西斯反動派。直到現在，爲了一黨一人的利益，還不惜出賣國家民族，「依附外力」來屠殺中國人民的，也不是別的黨派，而是法西斯反動派。

反動派的「歷史觀點」，還有一個最重要的特徵是；不從社會物質基礎裏，不從政治經濟的基礎裏，不從階級關係裏，去尋求中國社會治亂的根本原因，却粗糙地翻印了馬爾薩斯的人口論，以爲中國社會亂的根本原因，「不外兩種：一爲人口的過剩，一爲人才的過剩。」企圖這樣來替歷代的暴君獨夫洗刷罪惡，也替他們自己洗刷罪惡，給屠殺政策找出「合理」的社會根據。

馬爾薩斯的人口論，按其本質，是掩蓋資本主義的罪惡與危機，是替大資產階級辯護的一種社會學說。到了中國法西斯派的手裏，更帶有強烈的反動性質與血腥氣味。在他們看來，人口的過剩弄得中國社會「一波未平，一波又起，剿不勝剿，撫不勝撫，非到天下割據，相砍相殺幾十年以至百年不可。」而人才的過剩，又成了「亂事擴大」的因素，因爲「隨着人口的增加，讀書人也增加，有出身的人也增加，想作官的人也增加，求官而不得的人也當然增加。」由於這些人才的「失意」，「造反」，「謀劃」，「挑撥」，「摸魚」，「必定造成大亂」。而「大亂的結果必是人口的大批殺死，餓死與病死，等到人口減到相當的程度之後，減到財富分配即或不均也無飢寒危險的時候，天下就又太平了。」換句話說，爲了「天下太平」，必須用殘暴手段，把過剩的人口與過剩的人才，砍的砍，殺的殺，餓死的餓死，病死的病死！以免擋手礙脚，妨害「大一統局面」，影響「皇帝的治權」與「士大夫的社會地位與經濟利益。」足見反動派在解釋中國歷史與社會特質的時候，也充滿了獨裁主義的臭味與法西斯的恐怖色彩。

中央日報的社論作者進一步說：「由中國現有的條件講，我們社會中，求官而不得的人，實在是太多了。至於我們的人口，是由任何的標準看，都已經多到沒有辦法的程度。」所以，法西斯反動派，爲了剿滅「太多」的才與民主黨派（他們誣之爲『帮閑』或「求官而不得的人」。）爲了剷除「多到沒有辦法」的人口，一方面用帝國主義者的武器，進行大規模的內戰，一方面派出大批的劊子手虐殺青年學生，虐殺新聞記者，虐殺公正律師；另一方面讓災荒把成千萬的人民拉到死亡線上，而不肯設法拯救，這就是法西斯派的『國策』，這就是他們的『歷史觀點』在現階段中國的實行。反動派甚至狂妄地喊出；「今日我們若能把大門關起，仍不妨痛痛快快的砍殺一場，以求傳統形式的解決。」大有要進行『幾十年以至百年』的『混戰』，『砍殺』，不到血流成河，屍骨堆山就不肯罷手之勢。但有什麼東西使反動派不能『痛痛快快的砍殺一場』呢？據說因爲中國的大門已經關不起，「外力可以長驅直入」的原故。其實，在反動派方面，這種顧慮似乎是多餘的。正因爲中國的大門已經關不起，反動派才可以把國家民族當成禮品，東送一下，西送一下；也就可以依附外力，進行內戰。倘沒有外力，支持半封建半殖民地國家的皇帝和士大夫，怎麼能夠單獨地長期地進行反蘇反共反民主的勾當呢？

從反動派的這種論點推論上去，那末，九一八以後，日本軍閥砍大殺，是替反動派剿滅過剩的人口與過剩的人口，是使「天下太平」的必要手段，值得「感謝」的。無怪乎中國反動派始則奉行不抵抗主義，繼則奉行曲線救國主義，而在勝利以後，則又奉行聯合剿共主義，根本原因，原來在此！

綜而言之，中央日報這篇社論是反動派的政治陰謀與屠殺政策，獨裁方針與內戰方針的集中表現。

但是，可以斷言：照反動派的意志，把內戰擴大下去，結果就會引火自焚，給現在的皇帝和士大夫們掘墓墳而已。至於人民，是不會被殺絕的，民主黨派是不會被打倒的，這是用不着懷疑的真理。

黨化教育的「成就」與失敗

偉奇

黨化教育，是封建法西斯的教育，是反民主進步的教育，只適合於專制魔王的獨裁。根本反乎時代和人民的需要。這種教育，在其普遍而有計劃進行的十九年中，的確有它不容忽視的「成就」的。

茲就其體現在今日一個青年學生身上的「成就」，分列如下：

一，讀死書。由於「教育者」要復古倒退，不讓學生正視現實，於是一面過分强調書本知識的重要，一面特別把書本知識的課程加緊，使他伏案下帷，精疲力竭，無暇也無力去旁騖。固沒有人能够掩盡青年的耳目，青年人也會對現實不滿；可是「教育者」却安慰青年，說：「未來的社會總會好的，你將來有了「實學」自有辦法了！」於是青年只好埋頭讀書，「書中自有美妙的未來！」這般青年，一方面沉醉于未來的幻境，一方面却爲考試，升級，畢業，升學等等圈套束縛得透不過氣來。這，當然是標準的好學生了，因爲他們對于學校的生活，教育的作用，全不會發生疑問，走到社會也一定是安分守己，自局自了的份子。學校裏和社會上，滿是這樣的人，不就「統一」和「安定」了嗎？

二，養成勢利的心理。青年人往往會有出人頭地和羨慕權勢的虛榮心。「教育者」便利用他這一弱點，指引他和政治上社會上有權勢的力量相結合：參加了黨團便可以得到許多的方便和利益，結識了一些「活躍」的師友與領袖，將來自然不愁無攀附飛騰的日子。「求學云乎哉？」學的就是那一套勾結，把持，巧取，豪奪，鑽營，吹拍等等朋比爲奸的伎倆，這一批爲勢所動爲利所誘的學生，在學校裏經常是飛揚跋扈的「學生工」，對內壓迫有自由思想的教師和同學，對外隨時呼應一些什麼運動，儼然是一個成熟了的小嘍囉，新官僚了。

三，養成作壁上觀的心理。「教育者」頂怕的是青年人認淸了現實，而站到反專制，求光明的一方面去，所以對於那些不爲利誘的青年便設法使之成爲旁觀者。人都不免有高傲自足的缺點，加以政治上一貫打擊那些淸醒進步的青年，意志薄弱的人，就不免知難而退。于是，「教育者」一面不讓淸楚的人採取行動，一面利用青年的弱點，告訴青年說：「今天反政府反執政黨的人也是別有作用的，也都是騙人的壞蛋！」甚至利用通信社，日報和小報，造謠誣衊，在青年人的心中眼中，給光明蒙上厚厚的雲翳，于是青年就在心理上，形成了「都不對」的觀念。「政府固然不對，反對政府的人或集團，也並不高明」。你要是問他不高明之點安在，他不是把誣衊的謠言當作眞實，便是盲目武斷，也說不出一個所以然來。至於更進一步問他要怎樣才對，他就眞加瞠目結舌。總之，他或是上了造謠誣衊的當；或是爲高傲自是的心所驅使，看不見眞理，也不想去尋求眞理。

四，養成錯誤的看法。教育本身，以及其宣傳機關，訓練機關，斯言所窮，職滑書列，無非是顛倒是非，混淆黑白。浸潤旣久，有非成是，一個人是給它弄得胡里胡塗了。「教育者」的策略，一是把壞事說成好事，二是不好意思說成無法說成好事的，就根本不說，完全抵假，三是把反對者的好事說成壞事，四是毀僞推銷自己的理論和機關報，五是不許反對者說話，不讀反對者的報紙流通銷行。日積月累，衆口鑠金，于是造成了許多青年的成見偏見謬見，把眼光變成「色盲」，執迷不悟，成爲統制者最忠實最基本的支持者。這般人把誑言當成了眞實，根據一些錯誤的理論基礎，頗能言之成「理」。這樣的現象，難道說還不算最可怕最可哀的現象麼？

這些是黨化教育的「成就」。可是也有黨化教育無所施其技的學生，這類學生的「管教訓導」就常常成爲「教育者」最頭痛的事：因爲活生生血淋淋的現實，使他無法全心全力地讀死書，使他要求活的知識，要向現實學習，使他認淸了

（下接十五頁）

「叫瘦」及其子女

丁聰作

假如你是

假如你是公司或銀行的經理，在外面應酬忙碌了一整天；回到家裏，正想與妻子兒女們消磨一個恬靜的黃昏，忽然砰砰砰的闖進警察來向你問長問短，你會有怎樣的感覺？

假如你是賢明的主婦太太，丈夫深晚未回，你伴着寶貝兒子睡去了，這時候，老媽子慌張的陪了警察上來，一把將你從睡眼惺忪中拉起，一定要盤問你，連你也不明白爲什麼丈夫還不回家的理由，你會有怎樣的感覺？

假如你是新聞記者，熬了一夜工作的疲倦，剛剛甜蜜的睡去，家人躡手躡足的惟恐驚醒你，而警察却一大淸早來叩門了，你會有怎樣的感覺？

假如你是老媽子，主人主婦統統出門了，你忙着在家抹桌擦地板，警察一脚跨進門來，一定要細細問你主人到那裏去了？什麼時候出去？你實在不知道而他偏要問下去，你會有怎樣的感覺？

假如你是靠稿費過活的小說家，住了一個小亭子間，夜深人靜，正在抽煙喝茶，沉思苦慮的時候，警察突然降臨了，連三接四的問你爲什麼還不睡下你在寫什麼？爲什麼不到明天寫？你會有什麼樣的感覺？

假如你是普通的職員，生活固然壓得你好苦。但遇碰大批的親戚朋友來了，你也許跟太太商量又商量，終於請了一次客。就在這賓主酒酣耳熱，「歡然道故」的席間，黑衣的警察先生驀然出現在前面，和婉而有禮貌地問你請客的理由，並且把你客人的住址履歷一一抄了去。你會有怎樣的感覺？

假如你是學生，白天參加了什麼演講會，或是敬師運動委員會，晚上正埋頭在燈下演習解析幾何題目的時候，警察却跑來調查你白天的行動，甚至拿起你書桌上的一本「馬寅初文集」問那問這，你會有怎樣的感覺？

又假如你是……

總而言之一句話，無論你是誰，你決不能忍受警察這樣煩擾的訪問。人身的自由，不論貧富，都同樣視之爲至寶的。警管區制的實施，將剝奪了每一個人民最起碼的人身自由的權利，我們

誓死反對它！

錫山統治下的山西現狀

晉人

在華北各省情形最特別的要算山西，這是人人都知道的，山西一向為閻錫山所割據，抗戰勝利後，閻錫山靠着日本人和偽軍的保護，重返太原。回來以後，就積極準備內戰，改編偽軍，豢養日本人，包庇漢奸，並巧立名目，向老百姓要錢。逼得山西人民在外省不敢還鄉，已經回來的，又紛紛向外逃難，這裏將閻錫山返晉後的設施報告一二，讓全國人知道，閻錫山在山西的暴政。

一，非法組織，閻錫山雖然表面服從中央，但實際另有一套。一切組織并不遵照法令規定，他的政治系統下，分有什麼組織，行政，軍事，經濟等部門，每一部門下，有若干單位，每一單位下有一批幹部和一批羣衆，每一縣有二十多單位，每一村有六十個單位。如愛鄉團，保支隊，政衛營，解團統委會，幹導組，特派員，經濟組，實物準備庫，同志會，進步社，南糧北運辦事處，借糧還糧稽查處，驅團汾南領導組等名目，組織名目多到簡直數不清楚，沒有一個不是老百姓的對頭。

二，征派苛雜，田賦中央早已免過，閻錫山不單要征而且征得很重。正糧一畝征麥一石附加五斗，下級幹部四斗，馬料二斗，合計兩石一斗，還兩石一斗征過一部，乃變了花樣，對於應征田賦，明令免除，來了一個正一借一，這就是說，正銀一兩借麥一石，這一扭又收了一部份，又變了花樣，藉口中央軍將入晉省，為客軍每兩征購一擔，現在逼得老百姓典田賣地，跑上山里，正是為着此等事。不僅要糧，其他物品，無所不要。這裏有一妙聯：「油鹽醬醋辣子柴，食糧貨幣襪子鞋，」一額曰『全要』可謂形容盡致。

三，編組壯丁，征兵中央也會免過，閻錫山則藉口『兵農合一』凡男子年齡在在十七歲以上，四十八歲以下的，都須實行『編組』，『編組』這個名詞，不加解釋，恐怕山西以外的人士還不知道是怎麼一回事。他是征兵的變名。每六個役齡壯丁抽取一個，由另外五個壯丁幫給他十二擔麥子，一包棉花，五斤清油，也就是每六家養活一個兵。人民怕當兵的心理，在中國很普遍。尤其在抗戰勝利，中央免除兵役令頒佈以後，這個心理分外加强，事實上，當前既無外戰，更沒有征兵的必要。無端征兵一面增加人民負擔，一面加重人民的恐怖，所以山西青年，在光復以後，向外跑的比抗戰時期還要多。

四，役差繁重 去年光復後，山西各縣軍政人員，以及部隊眷屬，整整有兩個月都是向民間派飯，一日兩餐，都是由馬城週圍村莊的老少婦女提籃提罐送着吃，要是飯做得不好，除了踢罐投籃外，還要挨打，每家婦女，為了忙於做飯，什麼事都放棄了，男子呢，牽牛帶車趕到城裏。把日本人所存的糧食，沒命的往稷王山一帶運送，牛死，人病，車壞，其顛沛困苦的情況，真是不堪言喻。糧運完了，接着又是築碉堡，每村一個，十萬個磚椽瓦土灰石拆壞，拋基運料，做工一連又是一個多月，泥的水的拖累得老百姓無處訴苦，每閻差車一輛，都集中運城，半月一更換、來來去去，車馬絡繹於途，人畜疲於奔命，送柴，送麵，送草，送炭，送情報，各家老少，沒有一天不在差役之中。

五，偽造民意，省參議會縣參議會，乃是地方的民意機關。各級參議員，必須根據選舉法產生，為合法，閻錫山為了偽造民意，乃改換面目，設立村參政會，縣議政會，省諮政會，各級政會人選，都是由偽組過的壯丁內選舉出來的，選舉的時候，又由治村的主委加以指定，參議之議長，在省級由主席兼，在縣級由統委兼，在村級由主委兼，遇到討論事情，照例由議長宣佈，做一會通過的形式，便算是民意，這種民意，只有在專制時代才有，民主國家是找不出來的。而在山西當局，還標榜着『實行三政，還政於民，』以欺騙天下人。現在雖然在表面上換成參政會，而骨子裏仍是換湯不換藥，

六，包庇敵偽漢奸，太原的日本人，到冬天還有四萬多武裝部隊，沒有繳械，同時還成立了八個特務團，分駐於太原，榆次，汾陽，臨汾，寧武，大同等地，大量吸收日軍參加，軍調部太原小組，到了太原後，還可看到武裝日軍在街上自由往來，閻錫山的軍隊大部交日本人訓練，偽山西公署日籍顧問田中三郎，偽保安中隊日籍顧問官，誠野宏，閻錫山居然任命為山西合謀社的組長，山西的漢奸，到今天還沒逮捕過一個，大字第一號的漢奸蘇體人，還能優游自得於省府花園內，儼然待為上賓，第二號漢奸靳瑞宣，是『日閻合流』的有力牽綫人，閻錫山回太原後，論功行賞，首先向財部保荐靳逆為山西貨物局局長，沒有成功，而今又被推為選出山西席國大代表之一，日軍過去所委任的六十三個縣長就也全部被閻錫山重新加委，因此在山西流行這樣幾句話：『舊公務員不如新公務員；新公務員不如漢奸，漢奸不如日本人』。

七，豢養打手，在特務橫行各處，專門破壞民主政治的逆流裏，閻錫山也如法泡製，豢養大批打手，摧殘民主力量，摧毀民主報紙。西安國風日報是無黨無派反對內戰，爭取民主的進步報紙，在山西運城設有派銷處，閻錫山不便公然查封該派銷處，特於上月嗾使其牙爪，將該處搗毀，又迫令青年學生參加特務組織，派赴各地偵察『敵情』，作無謂的犧牲；鄉村婦女，亦被強迫組織婦女隊，開會時老少婦女都須參加，有農民王某之妻，因家務纏身，不能如期到會，便以違抗命令論罪，用紙糊尖頂帽子戴婦人頭上，遊行街上，致該婦羞憤自縊，類似事件，層出不窮。

以上種種事件，可以看出閻錫山的暴虐到如何程度，一千二百萬山西人民都陷於水深火熱的暴政裏面，山西旅渝陝各地同鄉，紛紛電請中央徹查閻氏暴行，取消山西一切非法組織，撤消割據稱雄的土皇帝，不容山西的局面一直特殊下去。

東北軍事現勢圖

·其仲繪·

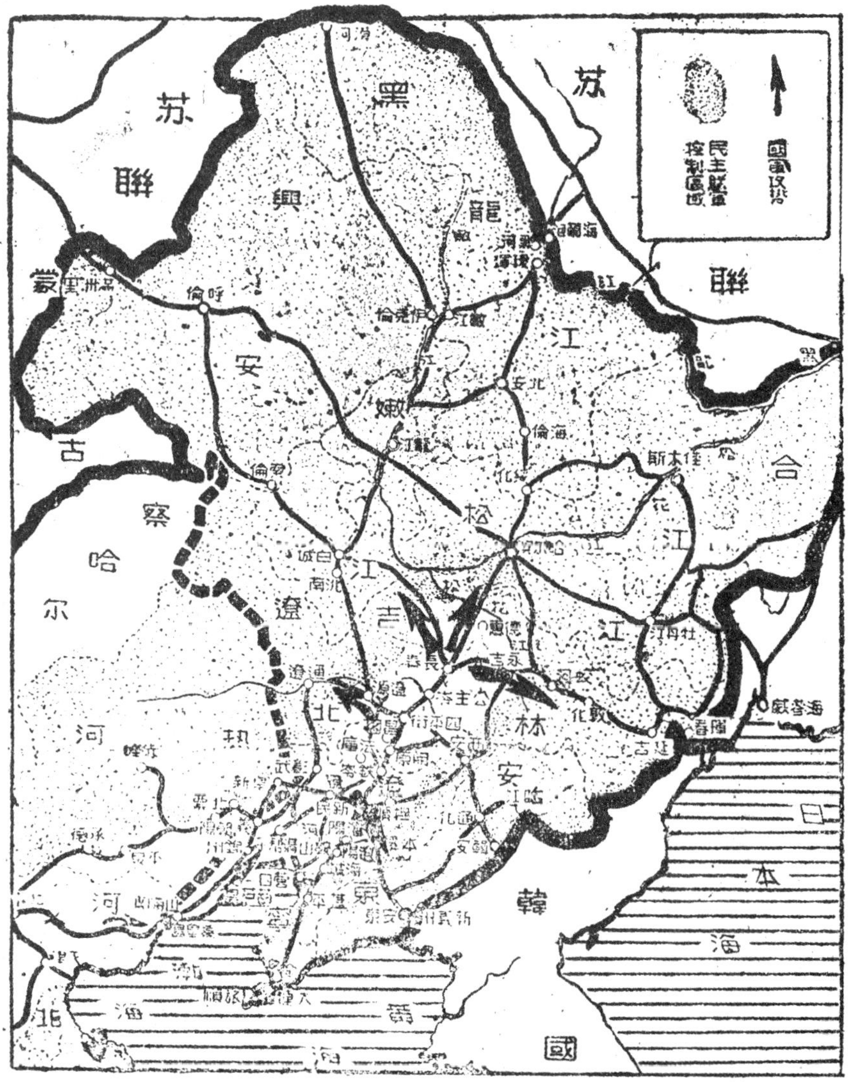

十五天的停戰已快滿了，然國共雙方的衝突並沒有停止，在東北雙方正加緊佈置，從這地圖上我們可以看出，東北戰事的擴大於雙方的立場看，都未見樂觀。

（接十一頁「美國魔手與最後裁決權」一文）

點之一，而且是主要焦點之一，是馬歇爾特使此後在談判中的地位，國民黨要求馬歇爾有最後的決定權，而共產黨方面拒絕同意。

爲什麼國民黨方面要求馬歇爾有最後的決定權呢！

爲什麼在敵人已不存在，而人民已接收了主權的地方，國民黨堅決要求「接收主權」，不惜爲此而向東北人民作戰，可是同時，又主張將本國內政問題的最後決定權，堅持交給一個第三國的特使，而沒有考慮到這是最嚴重的危害中國本身的主權呢？這豈不是「寧贈鄰邦，勿予家奴」麼？

讀者對這個問題的解答是不會有任何疑惑的。事情很明白：國民黨中一部份人，現在已決計投到美國的懷里，他用不着害怕美國會虐待他。他們這樣做，固然肯定了中國對美國的附屬地位，可是他們已可以更直接地更完全地把美國捲入中國內戰的旋渦，使美國更名符其實地作爲他們進行內戰而保持獨裁的同盟者。

從清末到現在，中國還沒有一個統治者胆敢將中國內政的最後決定權交給一個第三國，甚至是袁世凱對此也有所顧忌。然而現在居然有人這樣主張，甚至堅持，這一主張。我們不禁慨嘆中國國際地位竟已如此低落？不要忘記，主張把東北由聯合國共管的正是美國的反動人士，而中國現在竟把自已命運的決定權交給美國人，那些天天叫囂着「主權」的人那里去了？難道國際飯店上面那隻「禮義廉恥」的霓虹燈標語，眞是現實的嘲諷麼？

我們願意贊助馬歇爾特使的和平主張，我們呼籲美國當局能採取公正的調人的態度，但要作爲四强之一的獨立國，要維持國格於不隨，我們認爲，由第三國的調人來最後決定中國內政的問題，這對於中國全體人民，是一種公然的背叛與絕大的侮辱。如果中國人民能有民主的發言權利，他們一定堅決阻止這一悲劇與醜劇的上演。

只有中國的人民才保有對國事的最後決定權，任何人的竊奪都是犯罪的行爲！

美國爭取和平會議宣言

「美國爭取和平會議」是若干進步的團體和民主人士所組織的，四月五日曾在華府召開大會，該會的基本主張是國際民主團結合作，反對美國現行的外交政策，該會主席布拉德在大會開幕詞中曾說：「美國不應當贊成英國派兵到印度與印度尼西亞去，同時美國本身也不應派兵到中國去。」該機構贊助人中，並有潑貝爾，台拉西等二十三位國會議員，開大會時會到各民主團體的代表八百餘人，這裏所載的該會宣言，可以幫助讀者了解該組織的性質。——編者

為了贏得和平，為了達到這個目的而創造出一個行動的模範，我們組織了這個委員會，我們必須指出為我們一致同意的基本原則——必須清晰地安置我們行動的路標，來區劃出我們將要經過的道路。

羅斯福總統曾經充滿着瞻望將來的信心，看出未來的若干年代，世界可以脫離戰爭的災難和恐怖。他所締結成功的英美蘇三國聯盟曾經在戰場上打敗了法西斯勢力。不曾為他親見的和平已經降臨了。然而曾經飽嘗過戰爭憂患的這一代現在却又經受着第三次大戰的威脅，對於第三次大戰的準備又在千方百計地策劃着了。自由的樹枝，現在只需要和平的陽光以催開花朵，它已經為足够的血液所澆灌過了。

一般居心叵測的少數集團裏的人們進行着破壞世界和平與民族安全的鬼計，他們雖然滿口講說自由，但却不會為自由真正設想，他們想着帝國和獨霸世界的夢想。他們全是經濟上的貴族，是「和平的舊君」羅斯福總統曾經不止一次和他們鬥爭。

是他們在勝利的同盟國間散播着不和的種子。他們管理着原子彈，忘想把原子能作為自私的外交的武器，阻止原子能作用服務於人類之用。

他們的報章雜誌敲擊着反對蘇聯的戰爭的鑼鼓。他們在議場中坐得滿滿的國會議員們爭吵着，要美國否認雅爾達，波茨斯坦，莫斯科協議的約束。

這些經濟貴族有很高的影響。除了立刻受到壓制，他們是情願為了統治世界的慾望而犧牲美國的民主，引導美國到自殺戰爭的。

美國人民是國家的主宰者，他們為和平的意志是堅定的。故羅斯福總統領導美國贏得了反法西斯的戰爭，奠定了到正義與維護和平的道路。他的三強團結的政策也就是美國人民的政策。

這些也就是我們的原則，我們的原則就是這種政策的重述。我們的子女會為這種政策而戰鬥而死亡，我們全民族就是這個政策的保証，我們美國人民一定要贏得政府實踐這個政策的允許。

一個民主的美國外交政策才能停止第三次世界大戰。

所有聯合國家的友誼與團結是世界和平的保証。

三強的團結是重要的，必須在雅爾達，波茨坦，和莫斯科的協議，重新恢復起來，與蘇聯同英國間的友誼是與美國的利益極關重要，又是聯合國組織有效工作所不可缺少的。

凡是有法西斯殘餘存留的地方，那裏就有戰爭的威脅，法西斯力量的最後勢力必須摧毀。

在團結原則下所建立的安全理事會才是唯一的可信任的原子能和原子彈的監護者。

各殖民地國家的人，歐洲的新民主主義國家，應該給以完全自主自治的權利，不受到任何外來的干涉。

美國軍隊必須從聯合國及所有友邦的領土上撤回，這樣才可以使那些國家的人民完成民主團結。

三強團結的破壞者，贊同法西斯和權力狂的份子，這些人準備着第三次世界大戰，因而必須在公共生活中驅除出去。

追求這種民主的外交政策的美國，同時又能保証充分就業，尊敬勞工的權利，給予黑人平等的公民權，視反猶太主義和任何形式的種族歧視為犯罪行為，就不會覬覦的領土。就不會引起其他國家的仇恨。因此就不需要一枝龐大的常備軍。

這就是我們的原則。我們以有組織的行動來保証我們的目的能付諸實施。我們號召所有心向着和平的美國人，——工人和婦女們，第二次世界大戰的戰士，準備在和平的國家裏有為地生活的青年們，自已的愛情就是爭取和平的力量的母親和妻子們——為了共同的理想而結合起來我。們一齊阻止第三次世界大戰。

民主週刊

中國民國三十五年六月二十二日出版

每期定價二百五十元

主　編：民主週刊社

發　行：民主出版社

通訊處：北平五十八號信箱

特約總經售：北平西長安街 中外出版社

民主周刊

本期目錄

時評五篇

中國民主同盟對於當前時局意見

〔我們對於時局的看法〕

內戰便是毀滅……吳晗　馬彥祥　劉清揚　費青　靜遠　丕強

〔追憶聞一多先生〕

聞一多先生傳　吳晗

憶聞一多師　昭璪

我和聞一多先生最後一次見面　冠英

〔民主潮〕

為張瀾主席被擊傷四川省支部向川省當局提出備忘錄

華北總支部及北平文化界慰問信二件

梁漱溟同志報告聞案「懲兇」真象

關於聞案通訊三則

抗議美軍暴行二件

孫中原事件真象大白

重慶市人民和平促進會呼籲和平宣言

華北版　第十期

主編：民主周刊社

發行：民主出版社

中華民國三十五年九月二十日出版

時評

民盟主席張瀾被毆

民盟主席張瀾先生和四川省支部委員張松濤先生，在成都各界的李聞追悼會散會後，被有組織的法西斯暴徒所毆打，這暴行指出在今天的中國，人民不但被剝奪了要求士民主的自由，就連追悼爲民主殉身戰的自由，悲悼哭泣感慨懷念的自由，也全盤被剝奪了！

這次暴行正和較場口，和北平中山公園，和南京下關等地所被導演的諸暴行一樣，不許說話，不許指出我的錯處，事前用盡一切卑劣方法阻撓，破壞，實在壓不住，止不了，便拿出看家本領，打！

所不同的，更卑劣的是這次暴行更充分地證明了一些人的無恥、無信和不義。

在開會之前，通知過地方當局，而且地方當局居然答應參加。而且，地方當局還建議避免刺激性的文字和講演，意思是不照這樣做，便不能負治安之責。

同盟和各界人士照辦了。

結局如何呢？官方人士到場了，只有警察局長徐中齊不到，會序在悲壯嚴肅的空氣中進行，然而還是演一套全武行，毒打一位七十五歲高齡的民主領袖，中國民主同盟主席！而且，還是政協代表的張瀾先生，和負警備會場責任的張松濤先生。

在暴徒表演得最神采的時候，有維持治安責任的憲警在場。

事後是貓哭老鼠的慰問，言不由衷的道歉。

實在下不了台，便是再度的慰問，道歉。

還是下不了台，又炒回鍋肉，重申保障人身自由的法令。

幾年來的呼籲，抗議，今天明白了，是白費唇舌，白費紙筆。

我們只能把這暴行公佈於全國，於全世界，請求公道的判斷，是誰在破壞了四項諾言？是誰在撕毀政協五項協議？是誰在蹂躪人權？是誰在用武力，用武器來屠殺，毆打在野黨的民主人士？

我們還要指出一點，即使在封建的專制的君主時代，也只有過「腹誹之刑」的惡毒辦法，不許你說我錯處，連肚子裏說也不許，然而，死也還沒有像今天這樣，人被殺死了，連辦喪事的自由也被剝奪了，這樣的事情，外國沒有，中國歷史上也不曾有過。

聞案並未了結

政府拒絕了民盟和國內外公正人士的要求「不肯把聞案兇犯移京公審，自己一手包辦，草草了事，願視同演了一齣「揮淚斬馬謖」的醜劇，而況斬掉的馬謖還不是真馬謖！我們讀了梁漱溟先生在上海記者招待會上關于昆明兇案的調查報告，（見本刊本期），了然於那些殺人犯偷天換日的鬼計以後，誰能不痛心疾首？因此，聞案並未了結，相反的，正如梁漱溟先生所說：「這只是又一次地証明了政府的陰私」！

李聞案本是一件事，政府偏要分開來處理；兇手既然抓到了，又不肯一秉大公，移京審訊；昆明在審詢的時候？復與、兇犯扮演雙簧，恣意汚衊死者；宣佈「真相」的時候，還藉此警告民主人士，鼓勵兇犯們的「血性」，好讓他們繼續殺人；執行「死刑」的時候，又復「戒備森嚴」，不顧讓昆明市民們看到兇犯的真面目………○從這一連串的事實上，每一個公正人士都不禁要問：政府處理此案時，為甚麼這樣怕見光明，不避嫌疑？假使不為了掩蓋自己的「隱私」，又何必演這齣弄巧反拙的苦肉計？

李案兇犯早被釋放，開案又如此欺人自欺，殺人的「血性青年」們，在當局的同情和鼓勵之下，又繼續去幹他們「激于義憤」的老勾當了！但是老百姓一定會把這兩大血債永遠記在心頭，終究有那一天，當最後審判的日子來到，儘管兇犯們逃到天涯海角，也要把他們追回來抵清這項血債的！

我們不是戰敗國

中國不是戰敗國，美國的佔領軍應該撤退出去！

在共同對日作戰的時候，美軍為了戰略的需要而駐在中國，我們是同意的，我們是歡迎的，勝利之後，說是要替我們遣送日俘，一時還不能撤，雖然不成理由，我們也還隱忍，不說一句話。後來又說，蘇軍沒有撤退，我們也不能撤退；這就是藉口推諉了，現在呢，戰敗日本已過了一年，蘇軍撤走也過了四個月，遣送日俘的理由更不能成立了，而美軍不但遲遲不撤，反而把老婆孩子從美國接來，準備作長久佔領之計了。

這是不行的！我們不是戰敗國，美國的佔領軍應該馬上撤退出去！

要是美國軍隊規規矩矩地駐在中國，不幫助中國內戰，不欺騙中國人民，單單是無限期的佔領，已經使我們非常難堪了。現在不但佔領了我們的城市和鄉村，佔領了我們的領空和領海，而且火上添油，擴大了中國的內戰，用他們的飛機，大炮，火箭炮，無聲手槍……假手中國軍隊來屠殺中國老百姓！就在城市裏面，美軍也不肯約束自己士兵的紀律，他們任意欺壓婦女百姓，幹不出一件好事情來，這是為的甚麼呢？美國是不是要把中國老百姓都得罪盡了才算完事呢？

對不起，我們不是戰敗國，美國的佔領軍應該馬上撤退出去！

前幾天蘇聯代表葛羅米柯在和會上發言，要求調查列强駐在敵國以外的各國佔領軍的數目，英美代表人聽了竟感到「驚異」，而我們中國的某些報紙也跟着「驚異」起來了；這當然是一種奴性的表現。事實，既非敵國，英美有何理由長期佔領呢？何況凡被英美佔領的此等國家，莫不鬧得兵連禍結，十分悲慘，如希臘，英美軍在那兒，便幫助希臘打內戰，幫助反動派復辟；如耶路撒冷，英美軍駐在那兒，便引起猶大屠殺；美軍駐在中國，也就幹出同樣的勾當來。美軍之所以長期佔領這些國家，目前的唯一理由是為了反蘇反共。這個理由不但不正當，而且不真實，因為他也像過去希特勒一樣，假借反蘇反共的幌子來擴大自己帝國主義的私慾，並把全世界拉進戰爭屠殺中罷了。

但是，歸結根底，我們不是戰敗國，美國的佔領軍應該馬上從中國撤出去！

抗議美軍暴行

最近一週內連續發生了兩起美軍暴行事件：一件是九月二日，報載在我國的首都中山北路，有公務員張某之妻，晚上觀劇回家，被駕吉普車的兩美兵强拉到路旁草坪上强姦，達一小時之久，南京憲兵隊長張紹鄉見之，亦未敢干涉，僅於事畢護送回家云云。另一件是九月六日，發生在文化故都的北平。事情是輔仁大學附中學生曹桂明，因着美軍用褲，被美憲兵開槍射傷左脚。這件事情，北平的老百姓都知道得很清楚，本市益世報為此寫了社論，學生界也為此發了宣言，並致書馬帥和司徒大使表示抗議。

我們生活在「慘勝」的中國，生活在

被友邦軍隊長期佔領的中國，類似這樣的事件，平常聽慣見慣了，也許會認爲不足爲奇了。但是過細想一想，這裏面包含的意義實在非常重大。上面所說的，不過是美軍駐華以來所發生的千百件不幸事件中的一兩件，祇是因爲事情發生在南北二京的通衢大道上，才引起了國人的注意。即就平津來說，過去一月來美軍槍殺警士，撞死行人，碾斃小孩的暴行，僅就報上所記載的，也就數見不鮮了。據說在濟南和青島，因美軍用車闖禍的次數太多，甚至訂出了「官價」，每碾死一個中國人賠償美金五十五元！這是甚麼國家？這是甚麼世界啊？我們和盟軍比肩作戰的結果，竟落得這樣的慘局嗎？

為了美軍在華任意槍殺中國人民，強姦中國婦女，美軍車輛橫行霸道，藐中國人命如兒戲，我們要表示我們的憤怒和抗議！同時，美軍的暴行還不止於此，他們於勝利一年之後，還無理地繼續駐在中國構成長期佔領的形勢，不但侵害了中國的主權，還借刀殺人，用大批的殺人利器，資助中國的反民主份子，慫恿他們實行大規模的內戰，屠殺我國千百萬的和平人民。這種滔天大罪，已經不是用「暴行」二字所能形容的了。

我們願意誠懇地提醒美國政府和駐華美軍當局，你們必須認識清楚，我們是多年來比肩作戰的盟友，沒有中國人民死狠狠地拖住東方的惡魔，單只美國也不見得有時間來製造軍火贏得勝利。反法西斯戰爭的勝利不只是你們的飛機大砲得來的。正當你們美國政府還看不清楚日本法西斯的可怕，還在姑息養奸，幫助日本法西斯時，中國的人民就早已用血肉之軀在拚死奮鬥了。現在你們在中國橫行霸道，一定會引起中國人民普遍的憤怒！中美兩國人民一向有傳統的友誼，特別是勝利前的一年，當美國官兵出現在戰時後方的各大城市時，中國人民誰不報以熱烈的歡迎，那裏不充滿着小孩們的叫聲：「老美，頂好。」而現在呢？由于戰爭結束，中國人民不懂得你們爲甚麼還要駐在這里，再加上你們種種欺凌中國老百姓的暴行，層出不窮，中國人民已經由熱烈歡迎而厭棄而憎惡你們了。

為了珍視中美人民傳統的友誼，爲了兩國今後密切的合作，美國人民應該趕快起來約束自己的政府，改變其反動的對華政策，撤退其駐華佔領軍，澈底制止一切有形無形的暴行之重演；這是最後決定的時候了！

印度的獨立

印度獨立了，這應該說是第二次世界大戰以後的一件大事情。打仗，原是爲了消滅吃人惡魔的法西斯制度，現在印度能舉出「獨立」之旗，有了獨立的政府，經濟生產也計劃着完全爲了本國的需要和消費，豈不是一件大大的好事？

這些年來印度實在苦透了，英國需要什麼，印度便得生產什麼，不管印度人民本身的需要；英國需要農業的原料，印度便不能有工業。以致這擁有古代文化高度成就的民族，到現在竟變得這麼落後這麼齷齪，像許多遊歷者所看見的，印度，在英國統治下已變成奄奄待斃的了。

就作算印度是適於農業的國家吧，可是英國爲了征收地租的方便，不使印度人民自己將土地問題處理得適於生產，而只製造了許多寄生的地主，來當英國的奴才，實施惡性的統治和壓榨，於是一塊土地，自最高層的地主到最下層的耕種者，中間能有五十個以上中間階層的地主，這些中間階層以及這最上層的地主，都是農夫的寄生虫，使得印度的生產，永遠不能進步，印度的土地，耕種的越來越少。

（下文轉入第十五頁）

中國民主同盟對於當前時局意見

中國今天正遭受着一個歷史上空前大規摸的內戰，這儘管還在諱言其事，而國內人人心裏明白，國際上亦都看得清楚的，過去還是『邊談邊打』，談無誠意，打無決心。今天竟是打有決心，談却是掩飾與欺騙的烟幕了！

這個殘酷的內戰，不止毫無意義，而且絕對可以避免的。這就從一月三十一日政協會蔣主席愉快的閉幕詞，對於大問題都很滿意而充分證明；這又可以從二月二十五日整軍方案，共產黨亦願簽字而充分證明。所以假使在政協閉幕後，五項決議很快執行，政府亦立即把四項諾言兌現，而沒有一連串的反政協行動。國家便可以走上和平統一的途徑。試問那裏來的內戰？——這是第一次錯過機會

四月二十四日蔣主席在重慶召集政協綜合小組茶話，還敦促各代表從速到京協商，如其五月還都以後，真本着此意，邀事協商，則亦必無不可解決之事。不幸從四月二十四日到現在整整四個月了，雖經各黨派一再要求召開政協，政府却堅決拒絕。政府根本放棄了政治協商會議。黨爭既不肯用協商方法解決，那自然只有內戰的一條路。——這又是再一次錯過機會。

六月七日政府下令休戰十五天，其後繼續休戰八天，在那二十幾天中，由軍事三人委員會協商東北停戰，恢復交通，及整軍等三個問題。到了六月三十日，三個問題已有百分之九十以上得到了結論。實際上這又是和平統一的一機會。即在政府代表中也有人認爲可以簽字。所餘重要的困難點不過是蘇北等地中共撤兵後的地方制度問題。第三方面當時曾請一面簽字，一面由政協綜合小組商決之。無奈當局竟不肯簽字。——這又是再一次錯過機會。

七月一日以後，政府代表陳邵王三人奉命與中共代表磋商的幾個駐軍地點問題，到十二日無結果，蘇北大戰遂由此而作。其實整編與統編的時間不過一年。假使國共兩黨都有軍隊國家化的誠意，願把黨的武力都交出來，那末今天蘇北承德歸誰駐兵有什麼問題？以此爲這樣大規模的內戰理由，實在是說不過去的。我們要代全國人民堅決抗議這沒有理由的內戰

到了今天，政府亦口口聲聲說要實施政協決議。不過我們要嚴重聲明，實施政協決議的步驟，一面全國停戰，一面重開政協會議，或重開政協綜合小組會議。政協決議不是供政府參考或採擇施行的方案，還不能由一黨單獨來執行的，例如改組政府，倘一黨用邀請的方式非經過各黨派協商的手續，這就違背了政協精神，破壞了政協決議，又例如召開國民大會製訂憲法，倘不尊重政協通過的憲草爲唯一的草案，而用所謂會集各方意見提供參考的方式，這就違背了政協精神，破壞了政協決議。很坦白的說我們民主同盟是堅決擁護政協決議的，凡是依據政協決議而進行的事，即可以促進中國的和平團結，我們民盟必竭誠參加，全力擁護。倘假執行政協決議之名，而行破壞政協決議之實，這類行爲，適足以擴大中國的內戰，造成中國分裂，影響世界和平，我們民盟必堅決反對。這是我們民盟對當前國是的態度。

最後，我們民盟願向全國及全世界人士申訴：儘管政協開會時，有承認各黨派平等合法地位的話，我們民盟却是一直遭受無理壓迫，除過去政協代表被搜查，言論機關被封閉，各地盟員被壓迫爲衆所周知外，

（下文轉入第二十四頁）

我們對於當前時局的意見

我看時局

吳　晗先生說：

我看時局，不悲觀，也更不樂觀。

打固然是打開了，並且已經從偷偷摸摸衍變到明目張胆了，兩方面都在動用全力施展看家本領，爭取決定性的勝利。烽煙從蘇北蔓延到熱河到東北。

打的是國共兩黨。中國的兩個政黨，參加打的人是中國人民，戰場是在中國土上，

無論戰爭的結局如何，可以肯定的一點是再打下去，中國人民更受罪，中國更殘破，在國際上更失面子，中華民族復興的大業更要延滯多少年！

是中華民族的兒女誰能對這危局不悲觀？

但是，不必悲觀，悲觀解決不了問題代替悲觀的應該是覺醒。

人民已覺醒了，至少已開始覺醒了！

人民已經明白了這戰爭，毫無意義的內戰是不義的，不智的，開始退出內戰，開始對內戰怠工了。

人民離開戰爭，內戰是無法再打下去的。

樂觀，談不上。

樂觀的唯一事實根據是五人會議的召開。

談當然是好事情，可是一面在大打，一面在小談，却並不是好事情。

而且，參加的只是國共兩黨，照邏輯的說法：兩黨的打，絕對不能解決問題，那末，兩黨的談，也不會，也不可能解決問題。

有人說，不怕，還有第三者，美國大使或特使在場，有這位和事老，總不會搞僵。

可是這幾個月來，這位和事老似乎已經失去中立身份，一面倒的結果，已經收回了中國人民對他的信心了。

而且，過去已經談得够多了，也有了很多成績，把白紙上黑字照着做就是。舊的假如不算數，那末，即使有新的什麼協定之類，也只是替歷史博物館多添一種文件而已。

而且，這位調人還欠中國人民一筆債，莫斯科三外長會議的聲明是怎麼說的，照做了沒有？杜魯門總統的話算不算數，照做了沒有呢？

對這樣性質的會議，樂觀太天真了。

而且，據報載，這個會議只談共產黨如何參加政府的問題。

過去，只談軍事不談政治，現在呢？倒過來，暫且專談政治，不談軍事了（似是不談原則，只談技術問題了）。

那末朝三暮四，換成暮四朝三，還不是一樣！

看起來結局還是拖，談不攏，各人請示，調人打圓場；又不攏，又請示，如此而已。

反過來說，三人也吧，五人也吧，只是國共兩黨的談，解決不了今天的問題。

解決問題的唯一方案只有重開政協。

再進一步說：談也吧，打也吧，都不能解決問題，中國問題的眞正關鍵在美國

，只有美國政府改變過去作風，澈底實踐莫斯科三外長會議聲明和杜魯門總統宣言，才是導引中國走上和平團結民主進步的唯一道路。」

時局嚴重

劉清揚先生說

在慶祝抗戰勝利一週年的今日，照例官家舉行的盛典，是需要以人民大衆含淚的笑臉來捧場的。但人民大衆誰不感覺到，以去年今日的狂歡，竟換取了今年今日米珠薪桂的愁慮。

一年以來，單是貪汚的浩劫，已使經歷八年敵人摧殘的人民活不下去，又那堪這遍地戰火蔓延的苦難，更深深慘害了廣大無告的災黎。我國經過八年民族解放的戰爭，全國同胞以含辛茹苦的血汗，爭取到最後勝利，所以我們有權利要求建設一個『和平，民主，自由，獨立的新中國』。我們再也不能忍受這血腥的內戰，慘殺自己的兄弟。

在宋慶齡先生發表對時局主張一文中說：「這一災難必須從頭加以制止。每一具有人類感情的人必須說話了。」真的，凡是有人性的，凡是要求安定生活的人民，誰不想說話呢！但在言論自由被封鎖的現狀下，人們所要說的話，悶在口內，忍在心裏，默然隱忍着的憤怒之火，將醞釀成反對內戰要求和平雄厚的民力！實在如宋慶齡先生所說的：「這一災難必須從頭加以制止！」否則，如果任其長此打下去，對於國家民族，確是嚴重的危機！所以我們人民大衆須要鼓起勇氣！呼籲和平！團結努力！必以廣大人民力量的表現，才能促進和平，制止危機。

四十年來的袁，段，曹，吳，那一個有不據强大的武力？那一個沒有帝國主義的後台在撐腰呢？但至今只有反抗武力專斷的赤手空拳的人民依然在挺立！迷信武力的，終被武力所毀滅，這是過去與未來歷史的定律。武力既不能解決問題，及至打到一個階段，勢必仍由政治方式來收拾殘局，但生靈的塗炭，民力的凋敝，已是無可補償的損失，與其如此，又何不早日和平解決呢？

今日的問題，無論是改組政府，或整編軍隊，產生一部民主憲法，以及圓滿的開成國民大會，都必須澈底的實行政治協商會議的一切決議，必須成立由中央以及地方的民主聯合政府，然後一切政治，軍事，交通，經濟等問題，自不難迎刃而解，中央政府只要走上民主的軌道，通各黨各派以及無黨派廣大人民的擁護，是不成問題的，所以時局雖然嚴重，而其關鍵，實僅在一轉念間，只有循政治解決的方針，自會轉危爲安的。

中國人民，爲了要建立和平，民主，自由，獨立的新中國，自會不斷的奮鬥和努力！並對友邦馬歇爾將軍和司徒大使的熱心調停，也寄於無限的希望。但我們以中國人民的立場，甚望美國政府不以其武力援華的矛盾政策抵消了馬司兩先生的努力，而致損害了中國人民歷來對美國深厚的友誼。如使一個擁有廣大國土，衆多人民，富厚物產的中國不能得到安甯，也正是世界和平的威脅，尤其，加深了中國人民的災害，也並不是美國人民的福利，這當然是美國愛好和平民主的人士所應深切瞭解的。

「放下屠刀立地成佛」

靜遠先生說

我以爲，內戰還是要打下去的。擁有武力的人，仍相信武力是制勝的唯一辦法，他們的想法和十三四世紀的蒙古可汗將軍們完全一樣，決不承認，二十世紀的世界異於三世紀的世界，決不承認二十世紀的中國異於十三世紀的中國，製造和採辦銳利的武器是維持統治的不二法門，每家住一個蒙古兵（現在叫警管區了），可以使天下大定。國民黨一位高級官員說；「拖也是壞，打也是壞，然而仍舊想打一打，便似乎能「成則為王」了，

同時我也以為，內戰一定打不久，成則為王的思想早晚要碰釘子的，內戰的進行有兩個阻碍，一個是國際的干涉，一個是社會經濟的崩潰，這崩潰將以士兵的叛變和農民的暴動開始，最後是統治集團的分裂。這兩個阻碍現在已不無跡象可尋，或者可以說，崩潰已開了頭，國際干涉也不在遠了。

為了痛苦的同胞，我們還期望當局大澈大悟，還希望從事內戰的人勇於停止。「放下屠刀，立地成佛」，為了自己，為了國家，執迷不悟者該醒了。

中國要和平獨立

馬彥祥先生說

一年來在邊談邊打之局面下，內戰始終在繼續着，人民在每一次停戰協議被提出的時候，都焦切的盼望着有若干的結果，然而隨之而來的，却總是更嚴重的新的衝突，一年來的事實已經明白地告訴了我們！今日國內的危機已不是在誰勝誰敗的問題，而是在全國人民是不是應該得到安定生活的問題，這不可能從軍事力量或一城一市的爭讓中取得解決。今天必須顧到的應該是人民的利益，而不應該是任何一黨的利益。

美國人民和中國人民有悠久的傳統友誼，在抗戰期間，曾保持了密切的合作，這種友誼和合作，已經建立在兩國人民愛好自由民主的信念之上。然而這一信念，却因為在戰後美國不但並沒有能增進中國人民間的和平與秩序，反而為了軍隊駐華與片面的軍事援助等等的原因，使中國內戰在一天一天的擴大發展，而受到嚴重的挫折，這是至堪惋惜的。如果美國政府眞希望能看到中國成為一個眞正民主自由和平的國家，那他們就必須知道，目前所採取的政策，是完全錯誤的，中國人民在八年抗戰的劫餘生活之後，已經不能再經歷戰爭的痛苦了，同時，我們也希望美國能了解中國人民已經覺悟了。今後的中國必須是一個獨立自由和平民主的國家，一切決定必須屬於全中國的人民。

今天中國的內戰雖未經宣佈，事實上却是早已開始，而且在逐漸發展擴大，這一個災難，我們必須迅速把他撲滅，一方面我們得要求美國的人民，從速制止一切足以破壞中美兩國人民和平生活的行動與政策，一方面，我們要加强我們人民力量，來共同制止這正在蔓延的內戰烽火。

首先必須言論自由

費　青先生說

費青先生：前西南聯大教授，現長教北大，為國內知名的法律學者。記者以先生甫從昆明歸來，特往東齋，走訪時局意見，先生以半月以來均在旅途中渡過，對時局未作細心研究，惟可以北上的感慨告與記者，先生說：「我們從南邊來的人，都覺得這裏閉塞，沉悶。單以新聞報來講，我手邊沒有一份好報紙，所能看到的張張都是一樣，上面的消息又都是談「打！打！打！」我相信！談「和！和！和！」的人一定比講「打」的人多，但是和的聲音卻聽不見，這樣說來，我們不但沒有言論自由，甚至聽「自由言論」的自由都沒有了。」

言論自由是民主政治內基礎，沒有言論自由什麼民主都是假的；聽的自由又是言論自由的基礎，不能自由的聽，那裏能言?!」。

「我們要求華北的黨政軍當局，首先給我們言論自由，好讓大家明是非，辨眞偽，我認為只有這樣才足以表示政府有講民主的誠意。」

談至此，適有另一友人來訪，費先生含笑結束說，「好吧，大概如此」。

內戰便是毀滅！

丕強

一年以來，我們呼籲團結和平，從後方到收復區，從南方到北方，一次復一次，舌尖筆端，說來講去，說得遭人嫉視的挨打了挨殺了，寫得遭人忌視的挨封了被搗毀了。然而現在我們還要重複我們的言語，還要反對內戰，主張團結和平。我們不厭千萬遍地重複，因為真理是不怕重複的，唯有重複，才能使真理普遍深入人心，真理不是忌視者所能排擠所能消滅的，內戰於每一個中國人民，有百害而無一利；團結和平於每一個中國人民，有百利而無一害，這是清清楚楚的事實。我們相信，只要中國還有紙有筆，就必會有反對內戰的文字；只要中國人還沒有死光，就會有反對內戰的言論；我們也相信，反對內戰的語言文字正在傳播，一傳十，十傳百，先生告訴學生，父親告訴兒子，朋友在互相勉勵，引反內戰為己責，只有人還愛祖國，只要中國還不會亡，反內戰運動終必勝利，人民終必勝利。

內戰烽火今日又在蔓延。我們幾乎不忍再提這事實，我們幾乎不相信中國還有這些不成材的人在幹這種沒有出息的事。但是報紙大字登着內戰的消息，戰區來的同胞奔走相告，又在打了，又在自相殘殺了，又在大規模地破壞毀滅了。無邊的黑暗，無邊的痛苦又在壓向全國人民的頭上來了。

第一個戰場是在蘇北，理由是蘇北威脅首都，我們簡直不懂這一句是什麼話。說是共軍威脅國民黨吧，中共的軍隊遠較國民黨軍隊為少，而且中共已經答應撤退蘇北的軍隊了。說是政治威脅，那麼將來南京城裏和一切轄治的區域，還讓不讓別的黨派活動？是不是為了免除首都的威脅，首都附近的「京畿」或幾省就都不許別的黨派存在？那麼為了免除全國的威脅，只好消滅一切異己了。那還談什麼民主自由？乾脆，蘇北是第一步，山東河北第二步，察哈爾東北第三步，山西陝西第四步，全國大肅清是第五步。

七月下旬，就有人說，半個月中佔領蘇北。八月，又有人說過蘇北地主可以回家過中秋。半個月過去了又半個月過去了，又半個月了，犧牲士兵數十萬，毀滅城鎮村莊以百計以千計兩淮打下來沒有？交通線保持住沒有？首都的威脅解除了沒有？地主回家了沒有？中秋就要到了，佔領的城市是斷壁殘垣，出了據點幾里路就是共軍，如皋泰縣還在混戰，揚州還不安定，這樣別說半個月，再過半年一年也安定不下來。何況蘇北之後還有山東半島東部；山東半島之後，還有津浦平漢兩條路；還有河北東北；還有山西陝西？難道十年內戰慘痛教訓還不夠？難道幾十年內憂外患還嫌國家之氣損傷得太少？難道這八九年以千萬計的死傷，以千萬計的大流亡中的苦難，還不能使我們明瞭戰爭的痛苦，還不能使我們明瞭建設的重要？難道除了拼個你死我活，中國人和中國人之間就再無別法來解決問題？

戰爭若延續下去，戰區的人民不得了，非戰區的人民也不得了。鄉村都市斷絕，工業短少了原料，沒有了市場整個社會生產力低減，工商業負債日多，當然難以維持，恐怕今年中秋蘇北地主還沒有回去「安居樂業」，都市裏又因內戰增加了許多不能安居樂業的小市民。戰爭摧毀原料，摧毀市場，對於國內國外工商業一樣有害無利。至於最近進口貨的繁榮，那是政府從國庫裏拿了五億美元外滙基金去津貼中外進口洋行（以官僚資本及洋資本爲主），而基金有限買辦官僚和洋商的慾壑無限，基金很快要耗完，這個假繁榮除了可以更縮小民營生產事業的市場以外，也再沒有一點對國家社會的影響了。

十年內戰中，我們一再對日本退讓，東北丟了，熱河丟了還要左一個協定，右一個協定，爲的什麼？大家都記得，那時候的口號叫做「安內重於攘外」。如今又在打內戰了，於是要租外輸了於是要出讓航空權了，於是要請外國軍隊留駐中國，要不停的用外滙基金去塡洋人的腰包了，甚至於美國有一些人將要要求把青島葫蘆島借去做根據地。於是國益貧，民益困，利權拱手讓外人，軍事上引狼入室，國家前途，將要不堪設想！

保衛中國的利權，維持人民的生計，必須能發展生產，必須能在經濟上攘外。這兩件事的先決條件，就是和平統一，團結對外。換句話說，就是放棄暴力安內政策。和平了，才能大家有飯吃，才能不跳北海。和平了，農民才能安居樂業。和平了，憲法給大家以保障，只要工作就有飯吃。和平了，才能逐漸走向民主大道，再重徵財產稅，叫官僚資本家把大部份財產捐入國庫，作爲建設新中國的費用。和平了，我們才能抵制洋貨，提倡國貨，工商業才能發展。工人，商人，資本家，大家才有飯吃。我們爲什麼不要和平？我們爲什麼要內戰，爲什麼非置國家於崩潰不可？

戰爭已向華北蔓延。迎着內戰的痛苦，我們憤怒，我們抗議！人民是主人，你們爲什麼反抗主人的意旨？你們爲什麼偷偷摸摸，圖逞個人私欲，把苦痛加在主人的頭上？你們瘋吓！你們以爲人民懦弱無用，還是以爲人民是瘋癱不能行動的？你們錯了！你們沒有讀歷史，你們不明白今日的世界，不明白今日的中國。你們憑你們的幻覺在判斷，你們走上了毀滅之路了。中國決不會亡，中國仍有無數愛國者在，他們決不會盲從你們，他們必會改正你們的錯誤，憑着我們對正義的信心，憑着我們對人民的信心，我們正告你們：改正的時期就要到來了。

聞一多先生傳

吳晗

悼念

天眞，任性，誠懇，勇敢，無所恐懼，愛人民，甚於愛他自己，這些特徵，融合成爲民主奮鬥，爲民主獻身的名詩人，名學者，名教授，人民領袖的聞一多先生！

一多先生的一生永遠在追求眞理也永遠在否定自己，到晚年他找到了，大喝一聲，在這裏了，鍥而不舍，竟以身殉。眞理只有一個，民主。走到眞理之路只有一條，生活在人民中，爲人民服務。

一多先生的早年以新詩人著稱於世，特別研究新詩的格律，和一般朋友，辦詩刊，舉行讀詩會，參加新月月刊和詩刊，著有「死水」「紅燭」和長詩「奇蹟」，在文壇上被稱爲新月派。

中年以後絕筆不寫詩了，不但不寫，簡直不看。

晚年，在大喝一聲之後，不但更喜歡讀詩，而且特別喜歡艾青田間的詩，他推許田間是明天的詩人，是人民的鼓手。

他認爲只有歌詠出人民的苦痛，贊誦出人民的功績，描畫出人民的生活的詩，才是眞正的詩。

眞正的詩是嚴肅的，戰鬥的，是打擊不義消除黑暗，最有力的武器。

他是西南聯合大學新詩社的導師，詩朗誦會主持人，成天有一批年青的新詩人，新鼓手追隨着他擁這十幾年不寫詩的老詩人。

從田間他發見了蘇聯大衆詩人瑪雅可夫斯基，跳了起來，狂喜的說：「詩在這裏了！」

他完全否定了早年的自己，在說服朋友參加民主運動的時候，甚至不惜現身說法：「怕甚麼，我早年還是新月派呢，」

一多先生的一生是一首美麗的而又壯烈的詩。

中年一變而埋頭於古經典的研究，在雲南蒙自的一年，發憤得忘寢廢食。他研究易經，研究詩經，研究楚辭，旁及莊子，樂府，唐詩，更進研究古文字學，音韻學，古代神話，繪畫，古民俗學，對楚辭所費功力獨深，著有楚辭校補，周易義證類纂，詩經今譯，莊子內篇校記，樂府詩箋，杜甫年譜，唐詩雜論等耑著，和耑門論文若干篇。

晚年特別喜歡瞿秋白和魯迅，案頭經常放着海上述林和魯迅的著作。

他曾毫不掩飾地向朋友向學生說：「我錯了，魯迅是對的。」

他認爲今天只有兩種人，一種是奴隸，他種是奴隸主，後一種奴隸主又是外國主子的代理人。

今天該是奴隸翻身的時候了。

他要編一本新詩選，選錄現代歌詠奴隸翻身的新詩，之後，要用同樣的觀點寫一本中國文學史。

他喜歡屈原，推崇屈原，他指出屈原的身份是奴隸，但是是一個不肯屈服，始終在戰鬥，不忘記翻身的奴隸。

他將學術思想和現實聯系起來，他所研究，所探討的是有血有肉，活生生的學問。

一個純粹的詩人，頭等的學者，愛美，推崇浪漫派，中年雖然歸於平實，還是成天在故紙堆中摸索，自得其樂的人，突然，又一變而走上追求民主的道路，戰鬥生活。

說突然，其實並不突然。

正當五四運動的時候，一多先生在北京清華學校讀書，因爲文筆好，被推選爲學生會書記，盡了他一分力量。

民國十年到美國留學，回國後歷任中央大學武漢大學青島大學清華大學藝術專科學校西南聯合大學教授，把全部的時間貢獻給學術研究，正如他自己所說，被關入象牙之塔了。

八年抗戰，抗得每一天有一頓沒一頓，兒女啼飢號寒，住的從有衛生設備的洋房獨院到荒村茅舍，吃的從八餔六餔降爲一大鍋清水白菜，生活的窮困，被放逐出象牙之塔，一攆攆到十字街頭。

窮困折磨不了他，正如暗殺威嚇不了他一樣。

使他徹頭徹腦轉變，重新走上革命戰鬥的道路的，是這幾年來他生活在人民中，他成爲人民的一員，明白並且體會了人民的苦痛和需要。

正如一頭發怒的獅子，他大吼了，他喊出人民的痛苦，他指出解救的方法。

他用嘴，用筆，說出了流民圖，畫出了石壕吏。

我們今天第一要停止內戰，第二還是停止內戰，一直要喊到內戰澈底的全面的停止才不喊。

我們今天第一要民主，第二還是要民主，第三還是要民主，非民主不足以救中國，救中國也是救自己，

一個人喊不中用，領導了學生來喊。老是學生喊不中用，領導了青年來喊。老是幾個人喊不中用，他加入了中國民主同盟，

於是學生，社會青年，教授文化學術界，工人，萬口一聲在昆明喊出了要和平要團結要民主的呼聲。

跟着是宣言，通電，大規模以時事晚會，演講會，以及美術展覽會，新詩朗誦會，文藝座談會，營火會，以至幾千人幾萬人的大遊行，一而再，再而三，轟轟烈烈，大地在撼動了，全國在響應了，法西斯在發抖了！

飄拂的長髯，炯炯的眼珠，破舊的長袍，帶着一根白籐手杖，出現在每一集會中，每一次遊行中，激昂的情調，生動緊湊的講詞，使每一個聽講人，增加了信心，增加了勇氣。

他提倡新詩，提倡的是爲人民的新詩。

他也鼓勵做學問，鼓勵的是爲人民的學問。

可是他自己呢？一個真正的鼓手，沒有時間做詩了，更沒有時間做學問。

他在喊，前進！前進！前進！

七月十五這一天，在雲南大學李公樸先生的追悼會講演以後，下午五時三十分被法西斯暴徒狙殺在他所住宿舍的門前，死在他的崗位上。

兩年前，有人要暗害他，他照常工作。

幾天前，傳說他是第二號，他說他早已準備這一天！

一多先生死了！爲民主而死！

紀念一多先生最好的方法，是用他追悼李公樸先生的話：「反動派！你看見一個個倒下了，可也看得見千百個繼起的！」

一多先生行一，名家驊，進清華時更名多，又加一爲一多。湖北浠水人，享年僅四十八歲。

八月一日

憶聞一多師

昭琛

聞先生是一個詩人，但更確切地說，聞先生生活的本身即是一首莊嚴的詩，說他底生活是詩的，並不等於說他底生活是感情的，雖則他底生命裏充滿了熱情，但一種追求眞理和酷愛正義的魄力，卻更給他底熱情指示了一個固定的方向。聞先生一生的事蹟，都是基於這種要求的發展，所以一點也不誇張地說，他底一生就是一首詩——一首莊嚴美麗的史詩，

這種精神可以從他生平的許多事件中都得到了說明：他的思想，他的行爲，甚至他治學的方向，都可以說經過轉變；但這種追求眞理和酷愛正義的偉大精神，都是從來如此的，它領導着聞先生的一生，它使他底生平成爲一首莊嚴的詩。

作者自一九三四年清華求學起，直到今日，在聞先生的指導下研究學問，有十二年之久，對於聞先生的做人和治學，知之最稔，在他遭遇不幸以後，回憶起這十餘年來的每一件事情，都宛在目前，都可從其中領略到聞先生這種精神的表溢。

聞先生在外國是學藝術的，對於西洋文學造詣極深。回國後曾創作過不少的新

詩，著名的詩集『死水』，在新文學的歷史上，自有它不可磨滅的地位，後來又致力於中國詩的研究，說研究，那是的確的；他從來沒有做過一首舊詩，而且非常反對這類事情，老舍先生到昆明時，曾與羅莘田諸先生互有唱和，聯大同學開歡迎會時，聞先生便即席表示了對此不贊成的意思。在中國詩中，杜甫是聞先生最喜愛的詩人；他底『少陵先生年譜會箋』，是他最早期的一篇學術論著，他講詩經，講漢樂府，都認爲那是民間的作品，是最原始，但也最健康的東西。『詩經中女人的愛是赤裸裸的，絕不像後代那樣扭扭揑揑，』這是他常說的話。講唐詩，他喜歡陳子昂，杜甫，不講六朝的靡靡之音，不喜歡晚唐的詩體，詞曲更是不講的，主要就是因爲那不夠眞率，不夠健康。研究古代神話，他想給中國找尋出已經失傳了的史詩的原素；講楚辭，他給屈原估計了一個新的地位；講周易，他用文字訓詁來從這部書裏找出了一些新的社會史料。這些工作，都是有成績的，有收獲的。他雖是個詩人，但他治學的態度和方法，却是非常客觀和謹嚴的。而且用力極勤，稿本皆親用小楷寫就，毫不苟且，一天的工作時間常常會繼續到十小時以上，夜裏常要到十二時才就寢。因此在各方面都有材極有價值的創獲和成就，所以即使在治學的路徑上，也可以看出他這種愛好眞理和追慕健康地面對人生的基本精神來。

聞先生是一個詩人，一位學者，他堅守着自己的工作和研究，創作，教學，抗戰前在北平的時候，從來不對時局發表意見，但即使在那時，他底面對現實的態度還是很顯然的；不過他那時對我們的政府還沒有完全失望，因而也就只致力於本身的學術工作罷了。民國廿五年暑假，聞先生至河南安陽調查發掘甲骨情形，那時北平學生情緒極高，正是一二九運動的後年，他回北平後對學生說：『當然，中國只有抗日才有出路，同學們的運動是無可責備的。但我這次路經洛陽時，才覺得在那裏政府是有一點準備，和在北平所見的不同，因此我們不能對政府完全失望。』到七七事變後，聞先生隨校南遷，生活環境越苦，但聞先生的治學之功益勤，他把國事的責任是寄託在我們政府的領導上了。學校由湘遷滇，聞先生捨去了乘車坐船的機會，隨同學步行，沿途娓娓爲同學解說古蹟民情及國家社會諸問題，歷時三月，毫無倦態。從那時起，他就自然地留下很長的鬍鬚，抗戰期間，皆未剃除。平日對淹留北平及附逆之教授文人，深惡痛絕，聯大同學徵調充任譯員等事，聞先生也皆深加鼓勵。可知他對國事底有所主張，在他實在是一件不得已的事情，他雖然一向都面對現實，但他卻一貫認爲學術文化是他的本位工作，如果不對現實完全失望，他是不會那麼熱烈地參與的。

去年八月十日，日人無條件投降，那時聞先生正住在昆明近郊司家營的清華文科研究所裏，昆明城中羣情沸騰，各報競出號外，到夜裏自然地形成了羣衆游行，爆竹之聲不絕；但司家營卻要到次日下午三點鐘，才能看到報紙，次晨我帶了報紙下鄉，到時才十二點鐘，他聽說便喜歡得跳起來了，那種熱情的樣子，實在像一個十幾歲的青年，便馬上到鎮上的小理髮館，把八年來留着的長鬍剃除了。過了幾天，北平研究院院長徐旭生先生等到所裏，大家同慶勝利，說起建國的前途來，有人深憂有內戰發生，聞先生很肯定地說：『不會的，絕不會的！大家都知道打不得了，說還再打呢！』對國事前途，寄與了最誠摯懇切的希望和信心。聯大復員，圖書運輸不易，大家都恐怕到了北平沒有必要

我和聞一多先生最後的一次見面

冠英

我和一多先生最後一次見面是在七月六日上午。我到他家裏時，他正在伏案寫字

「你正在寫文章？」我問。

「是的，沒有關係，坐下談談，我正在要休息。」他說着拿起一枝烟遞給我，我點着了烟，坐近他對面的籐椅，道：

「我的行期排在本月九號，你怎麼樣？」

「我也就要走了，試試看買得着飛機票不？」他說完笑了起來。前幾天有人預言他不會買得着飛機票，因為有強有力者不放他離昆明，他自己却不信。關於他的「飛語」一向很多，有些是誣蔑，中傷，有些是幸災樂禍。

現在我避免和他談這些，便將話頭引到將楚辭九歌搬上舞台的問題。他剛完成將九歌編成歌舞的工作，有許多新證，前兩天已見到他的稿子。從九歌又談到漢代的詩歌，扯出好幾個問題。談了約莫有四五十分鐘，有別人進屋來，話便扯到一些閒事上去。等到重新剩下我們兩人時，他忽然很興奮地談起民主同盟招待昆明各界的一次茶會。他重述了幾段在會場的談話。他向來說話算不得流利，但常有警句，充滿力量，這一點不在他的文章之下。他告我；那天招待會中曾有人問他內戰會不會打起來？他答道；「一不會打！因為「我」不許打！「我」是老百姓。老百姓誰也不願打內仗？每個老百姓都會喊出「我不許打」。誰還敢打！」他說話的調子常常是這樣，顯然，他自己也欣賞這樣的調子。

話漸漸轉到鐫印的事，我說他這門藝術進步很大。他忽然像記起一件久忘的事似的，說「我給你刻的那塊章太壞，我重刻一塊送你。」我笑道；「那自然好，我還想饒一付對子。」他道；「可以，都等到北平辦罷。」這時我瞥見那幾只汽油箱疊成的書架上堆着十幾塊待刻的象牙章和石章，想起他的時間已被我費掉不少了，便起身告辭。他還留我再坐坐。我說：「動身前還要來。」他送我到門口時說；「你如先到清華園，請到新南院看看我栽的那些竹子長得怎樣了，還有那塊草地。」我道：「我得回揚州一躺，怕不會比你先到北平。」這時我又想起那些關係他的安全的謠言，又找補了一句；「你還是早些走罷，越早越好！」他含笑點點頭。

初八日我到一多先生處辭行。他不在家。我不曾等到他回來就走了，只和聞太太說了到北平清華園再見的話。

現在我是到北平來了，一多先生却長眠在雲南（這個，我到現在還不肯相信，又不容不信）。他關心他手栽的竹子，現在一竿都不見了，草地上只見一片蓬蒿，正如他關心的其他許多物事，大都使他失望。也許他已不再關心了罷？

（以下接第四頁）

在政治上，自然更運用了許多惡毒的手段，使得許多政黨不能團結和平以服務於人民的利益，反自相火拚，使英人更易行其統治。行政方面，先放上了個太上皇的總督，於是，整個印度，都成其子民！

經過了甘地多少年艱苦的鬥爭，經過了多少人民羣衆憤怒的流血，現在總算有一個立憲會議的政府，實行所謂「獨立」了。關於這「被任為」內閣總理兼外長的尼赫魯，怎樣繼承了他的老師甘地之「不合作運動」而成為了「[illegible]作」運動的，經過且不說，先看這立憲的方案吧。第一，英國只宣佈了「予」印度以獨立，但並沒宣佈英國的軍隊何時自印度——這個「獨立」的國土上撤退。一個獨立國可以由外國隨意駐軍隊，這已經破壞了一個獨立國家最基本的權利……，獨立云乎哉？於是乎法國新聞社新德里三十一日電裏就有這樣的「新聞」了。

「印度總督魏菲爾頃與國民大會黨閣員舉行會議，決定臨時政府各部長之人選，除尼赫魯將任內閣總理兼外長外，其餘人選名單已定，惟此項名單，明日呈請魏菲爾總督批准，臨時有所變更亦未可知。」

這樣的所謂「獨立」，想來不是印度人民的目標吧？印度人民還需要更堅強的奮鬥。

的參考書，聞先生說：「我們對現實認識得太少了，一時沒有古書，念念現代書也是好的。」他在[illegible]所著成的「楚辭校補」引言中說：「我夢想那天我能用寫這篇引言的文體來重寫全書，而不至犯着詞費的毛病，」他只是以最新的方法來研究古書和文化，而絕不主張模仿古人去創作，對於語體文和近代文化，他向來是熱烈擁護和培植的。從這些地方，我們都可以看出聞先生是一個多麼追求眞理和酷愛正義的人，他永遠在那裏進步，所以也永遠是那麼年青，

聞先生個人生活最困苦的時候，是民國二十九年和三十年，但那時聞先生正居於昆明鄉下，孜孜於周易和韓詩外傳的研究。一家八口，終日開水白菜，絕未言苦，他熱烈地對時局發表意見之時，因了兼課和治印等收入，個人的生活已略有改善，所以說他的發表意見是因爲他個人熬不住窮苦的人，對聞先生實在是一個極大的誣蔑。他平日精神極佳，從不以個人的生活享受爲意；正因爲這樣，所以一些想用利祿來使他不講話的人，也弄得束手無用了。

聞先生在聯大，是同學中間最歡迎的教授，因爲聞先生平日對同學的講解和指導，是太親切周詳了，而且聞先生永遠懷着一顆少壯的心，他懂得青年人的苦悶，也懂得青年人的要求，他每次講演，總是聽衆極多而掌聲雷動的。去年昆明慘案，聞先生是最能替同學說出要求的教授；他請傅斯年常委效法蔡孑民先生的精神，他爲四烈士作墓誌都使同學們非常感動，但正因爲他這樣地酷愛正義，所以在我們這種不要正義的社會裏，就不能繼續生存。

至於聞先生的死，那悲憤的倒是這羣活着的人和他的家屬；至於聞先生他自己，他是早就把死置於度外的，很多愛護他的人都早就勸他躲避一下，甚至暫時沉寂一下，他都不答應，美國一個著名大學今年聘他去講學，待遇極優，他也以國內問題的嚴重而謝絕了，他相信昆明四烈士的死，可以換來了政協會議的召開，他要用生命來喚醒國人，制止內戰，他最後用他底血來寫了一首光明與卑鄙對照的史詩。

聞先生平常不大喜歡看電影，今年四月底，在昆明曉東街碰着聞先生從南屏電影院看戲出來，他一見面就說：「這部片子非常好，你可以看看，我已看經過三次了，」我當時有點奇怪，後來看了之後，才知道那片子是叙述一位波蘭音樂家的故事，那位音樂家一生顛沛流離，歷盡艱難困苦，但對工作的熱忱和努力，絕未少懈，後來曲成演奏，受到人們的熱烈歡迎，竟以奏曲時精力過於集中致命亡琴前，像這種鞠躬盡瘁地爲工作努力的精神，正是聞先生生平的精神，他創作新詩，埋頭研究古書，以及後來爲國事奔波，那一種不憚勞苦，全力以赴的精神，始終都是這一典型的。從他這種傾生命爲眞理和正義努力的精神說，聞先生也的確是一個詩人，他使他底一生成了「詩的」——那樣莊嚴，那樣美麗。

像聞先生這樣一個詩人，一個以研究和教學爲業的著名學者，一個不大願意過問政治的教授，而現實逼着他非講話不可，現實逼着他不能再死守住書本，不能再從事學術研究，這是誰的過錯？他講話了，這說明他對現實已完全失望，但現實又不容許他講話，而且不容許他存在，這就是今日的中國魯迅先生所說的無聲的中國，但不讓他講是沒有關係的，如果他講的只是個人的私事；但不幸他講的正是全國人民共同的要求，奈何！

聞先生還不到五十歲，使這樣一位學者不能繼續下去他的學術工作，這不但是我們的損失，而且也是我們的恥辱。

民主潮

中國民主同盟四川省支部為特務擊傷張瀾主席事件

川康綏靖公署
四川省政府　之備忘錄

敬啓者：八月十八日李聞兩先生追悼會散會時，本同盟主席張表方先生，在追悼會（蓉光電影院）門前，被特務襲擊，頭部受傷，同盟全體盟員，以及社會各界人士，對此均極表憤慨，認為蔣主席既有四項諾言，李聞慘案發生之後，又曾通令保護黨派人士，即最近發布之文告，亦强調保護和平合法之政黨，言猶在耳，墨漬未乾，此間特務，乃竟公然於稠人廣衆之中，為此有計劃有佈置之行動，對本同盟主席張先生施以襲擊，不特使蔣主席之諾言，命令，公告，均成廢紙，即對省當局維持地方秩序，保護人民安全之尊嚴責任，亦為特務等所蹂躪無餘，橫行無忌如此，國法紀綱，殆已蕩然無存，尚復成何事體，故此事之發生，不但本同盟全體盟員，不能忍受，即全社會人士，亦表最深之關切，連日以來各方人士，紛來問詢，絡繹不絕，羣情忿激，幾難遏止。同盟負責人及支分部全體盟員。已將此事真實情形，向同盟總部報告；由於此事所引起之後果，責任自有所歸，茲有左列重要各點，敬向貴署府提出備忘錄，請煩存照：

一，八月十八日之追悼會係各界所發起，四川省政府主席張岳軍先生，川康綏靖主任鄧晉康先生及省市參議會議長，川籍各參政員，暨若干教授及文化界學術界職業界人士，與若干團體，均列名發起，在各報登有啓事，向政府亦經正式報告有案。乃在會前，若干發起人無論個人或團體，即有特務分散流言，施以恐怖，意圖阻其到會。

二，會前特務散佈謠言，謂民主同盟，將在追悼會中暴動，且曾以此報告治安最高當局，亦以之問詢同盟負責人，即經同盟負責人加以解說此乃荒唐濫言，絕不可信。在開會之前一日，治安最高當局又獲情報，謂同盟對孫中原事，將在追悼大會中有激烈表示，亦經同盟負責人加以負責聲明，不令有此事發生。

三，追悼會借用順城街蓉光電影院，會前該院即有特務警告謂『如借與追悼會使用，把影院打爛了，不負責任。』

四，十八日晨追悼會未開會時，即有特務在鄰近街道，及提督街之國民電影院等處，貼有白紙紅字之標語，『追悼李聞兩先生，要打擊特務』，『不惜流血來追悼李聞兩先生』等等，故意造成恐怖情勢。（以上為會前情形，種種迹象，皆足證明特務蓄意破壞，共在會場搗亂打人乃事先即已有計劃有步驟的行動。）

五、追悼會開會時，即有特務多人分佈會場，散會時，影院樓上忽有人呼『打倒民主同盟』，『打倒共產黨尾巴」，『打倒張瀾』等口號，同時樓下最後左右兩端，亦有人應聲，當時樓上只有着便衣者三四人與警士十餘人雜坐，而此項口號聲音，確係從樓上發出，樓下呼口號之人，亦坐在警察身傍。

六、散會時本同盟主席張表方先生步出影院門口，甫下臺階，即有人向之擲去一小包裹，（擊此小包之人，即在警士身傍，警士並未理。此一小包擊在張先生後頸，乃係雜有玻璃碎渣之豆豉一包）甫上車，又擊一包，打在張先生左臂，同時一着黃色短褲之青年，手執貯滿紅色藥水之玻璃瓶，從稠人中向張先生迎面奔來，將瓶向張先生頭部猛力擲擊，幸為車棚所擋，玻璃瓶并未直接打中頭部，即已破碎，碎片將張先生頭部三處擊傷，登開血流如注，面部鬚髯及上半身，均為血跡敷滿，流經大街，人衆共睹，一時街上秩序大亂，現在凡紅水着膚之處，均已發炎，是何藥物，正請人研究中，當出事時地點在影院門口，羣衆蔴集，警憲密布，此行兇之人，係從稠人中經警憲身旁，從容向北走去，周圍數十警憲，當時若加捕拿，不難立刻捕獲，但均熟視無睹，只撥弄槍柄，虛作聲勢而已。

七、大會職員同盟盟員張松濤，在散會後，收拾輓聯花圈等件，分乘包車（前一車滿載輓聯等件，張坐在後一車上）從督院街回慈惠堂街追悼會籌備處，行經太平街，突有特務六七人，手執木棍趕來，先審查前一車所載之輓聯，知確係追悼會之聯，始將張從後一車上抓下，以木棍痛打，張逃避入一玻璃舖內，尚追蹤猛擊，致頭部手部，均負重傷，查太平街距追悼會場已遠，距警察總局則甚近，且已在散會後一小時許，其地又是大街，并非偏僻，足知特務們之打人，是有佈置有計劃之行動而且肆無忌憚，并非臨時發生之偶然事件。

以上為會後情形。由「打倒張瀾」之口號證之，特務是預先計劃的要打擊張先生，是日開會，承四川省政府祕書長李伯申先生，代表張岳軍先生臨場主席，綏署鄧主任，亦遣代表蒞臨，警備司令嚴嘯虎，雖在開會時早去，但亦曾經臨場。獨負治安責任之警察局長徐中齊，則未到會（大會事先均有函通知），且是日開會，地方最高軍政當局事先曾向同盟負責人提說請勿為激刺語言，即有同盟負責人解說『本同盟中委李聞兩先生之遭暗殺，承各界開會追悼，同盟同人，只表示感謝，故大會節目，除由張主席表方先生代表同盟及李聞家屬致答謝詞外，同盟同人不惟不準備說話，即會場一切佈置亦將極力避免刺激性，此在同盟同人，認為普通社交禮節，應爾，故盡力壓抑悲慨情緒，使會場不致發生枝節，是日本有多數人擬向大會主席團問詢孫中原事件要求報告經過情形，同盟負責人亦深恐因此發生問題，當極力向擬議者勸阻，并要求大會，將預先擬定之節目「提案」一項取消，是日大會既無宣言，亦未呼口號，更無人作激之烈講演，此為人衆盡知之事實，是同盟同人對於軍政當局所顧慮之事，亦已盡到最大之努力，至於輓聯，乃來賓所送，其中難免有措語憤慨者，但亦經同盟負責人事先向政府負責人聲明，此為弔者情緒之表現，同盟無法勸止，即已深荷政府負責人諒解，謂為「言者無罪」，此與報上所傳暗殺聞一多先生兇手推為因聽到聞先生在李公樸追悼會上演說而臨時激起忿念遂圖謀暗殺之事相比，亦援比不上，因是日并無人作激烈演說也）而不料呼喊口號破壞秩序擾亂會場有計劃的襲擊本同盟張主席，及大會職員張松濤之事皆出於政府管轄之特務，熟視無睹有若默契而縱容之者乃又係政府管轄之警憲，此則不能不深表遺憾，張主席表方先生被擊之後承省府張主席，遺派代表引咎道歉，及綏署鄧主任省府李秘書長先後駕臨慰問，表示歉忱，同盟同人深加感佩，惟此不辛之事，其責任既不在同盟同人，而其性質之嚴重，可能引起之一切後果，自有應負責任之人，此則不能不向貴署（府）事先聲明者也，敬此奉達，尚希查照，此致

四川省政府
川康綏靖主任公署

中華民主同盟四川省支部

梁漱溟同志在上海民盟記者招待會上

報告昆明兇案調查經過

（本刊上海航訊）在本月二十五日上海民盟記者招待會上，梁漱溟同志曾報告昆明兇案調查經過。梁氏稱：「我們八月六日抵昆，二十二日離開，本來要求政府共同調查，審訊，政府未允，故單獨進行，抵昆後，政府並未給予調查上之方便，且處在特種份子密佈的監視下進行，又由於幾月來政府在昆明造成恐怖氣氛，使各方面的人都不敢與我們相見；但，我們一到昆明，立刻具體地會到李聞案的內幕，因爲昆明的任何一個人都可以根據幾日來的事實及體驗告訴你這兇案的原委，同時，有不少的人祕密的，自動的寫信供給我們材料，這些人裏除民盟同志外，包括廣大青年，及警備部工作人員及特種份子，尤其值得一提的是美國領事館，他們供給我們不少的材料，因爲美國大使曾專爲此事派員到昆澈查，淸理，至今卷宗猶存，所以，我們對此案的調查可說是人證都有，尤其是物證，舉凡暴徒的傳單，標語，佈告之類，我們都搜得有，人證也有的是，只是現在不能說出他們的名字，否則他們有生命的危險，對這些人證物證上，我們可以指出政府承辦此案的若干破綻，但現在我們不便逐條指出，恐怕會根據我們的指駁而修改口供，彌補破綻，不久的將來我們有全盤的書面報告，」

關於此案的現況，梁氏稱：「我可以用呑呑吐吐個四字來說明此案的現況，所謂呑呑吐吐是下列諸端足資證明：一，兩件暗殺，只拿出一件，李案「呑」而聞案「吐」；二，殺聞兇手先說是中共，繼又推地方，東推西諉實在不能自圓其說，最後不得已承認是昆明警備司令部的兩個中下級軍官幹的，這是「吐」，但他們暗殺聞一多的理由只說出於一時氣憤，兩個兇犯在公堂上大大演說一番，說聞一多是賣國賊，他們二人氣憤不過，故予殺之，與他人無關，是則「呑」去了暗殺原因及暗殺主謀者。三，八月十五日的所謂公審，只許指定的中央社的兩位記者參加，這是個「吐」，而拒絕大公報記者，中央日報社長及其他任何一個記者旁聽，這又是「呑」。四，審判登記錄在十五日「公審」後當衆宣讀，兇手亦畫押認可，好像審判完結，這是「吐」；同時，我（梁氏自稱）向顧總司令要一件口供，他拒絕了，我問他還要審否，回答不出，這是「呑」。所以，我說此案現況是呑呑吐吐，至於政府爲什麼不給一份口供給我，是不是我保有了口供，而逐點指出漏洞？現在我不敢指出漏洞，就是怕他們修改，這裏我可以作三個預言：一，李案政府一定不了了之，因爲聞案推不脫，才說是警備部軍官幹的，但是出於「一時氣憤」李案再也不好說是自己人「一時氣憤」而幹的了，二，聞案不會再審了，也不會正式宣判，三，兩個兇手在執行死刑時，一定有另外的兩個替死鬼，這點我敢百分之百的肯定，因爲他們已經在此佈置，裏面的人已經透露了這個消息，」

編者按：據八月二十八日重慶大公報昆明專電載稱：聞案兇手湯時亮李文山，

已於二十六日由陸軍總部布告槍決，事前警備總部部署，頗爲週密，約於正午十二時，將二犯由警備總部提出，押往憲兵十三團團部，由憲兵押往刑場，起解之時，沿途所經各處，戒備森嚴，禁止行人，均不准通行，閱二小時，又中央日報晚刊載，警備總部將聞案兇犯及行劫匪徒仇榮昌與劉明法兩名，同時槍決，

最後，梁氏說明民盟對此案的態度：「我們承認政府在法律上的地位，也承認政府的司法警察，因此，我們希望政府也承認我們在政治上的地位，這一次的政治暗殺，被殺者是在野的民盟人士，故在朝的國民黨已經有了嫌疑，我們希望國民黨[illegible]自，公正，邀請民盟共同調查，共同審判，共同宣佈，才是這在朝的政黨的態度及作風，倘使推推諉諉，這無異加重自己的嫌疑，所以，我們一貫主張，要求把這案件移南京組織特別法庭審理，因爲我們知道；凡屬政治性的案件，交給法院是無法宣判的，戰前七君子案，最近的較場口案，都是如此，故李聞案一定要組織特別法庭處理，我們是這樣指出，這些要求，覺得政府應該如此，如果政府不採納我們的意見，我們也用不着强求，因爲這只是又一次的證明了政府的隱私！」

聞案懲兇是一大騙局

槍決匪徒代替兇犯

（本刊昆明航訊）雲南人民爭取和平民主協會，以當局對聞案的處理完全是一個有計劃的大陰謀，大騙局，故特於八月二十九日發表文告，呼籲全國民主人士堅持抗爭，不達眞正懲兇誓不停止，原文如下：

李聞慘案，震驚全球，由於中外輿論主張正義，與民主陣營堅持抗爭，一切嫁禍既告失敗，所有陰謀又未得逞，暗殺機關——雲南省警備司令部不得出而自招，秘密準備數週，預演若干次之審詢於八月十五日演出，兇犯湯時亮李文山係警備司令部特務營之連長與排長，審詢時，除顧總司令指定人士及中央社記者外，其他新聞記者在威脅之下，均不得觀審，兇犯供詞亦拒絕民盟代表梁漱溟周新民抄錄，當時梁周二先生即謂供詞疑竇甚多，旬日之後，梁周二先生已離昆，顧總司令於二十六日突然公佈處置辦法，兇犯供詞中與偵詢記錄（此供詞係準備數週，及審十日之修改而成者，洋洋大觀，數千餘頁）將湯李二犯槍決，此間二十七日報載槍決湯李二兇犯時，又槍決航委會特務旅解送警備部搶匪仇榮昌劉明法二人，昆市三十萬市民，無不知曉當日僅一次槍決，並無兩次槍決四人之事實，雖婦孺亦知以仇劉二搶匪代替湯李二兇之死刑，且此次騙人之審詢懲犯，亦僅屬聞案，對李案則擱置不理，李案眞兇犯確係李成業，乃衆所週知，而治安當局及顧總司令對李成業兇犯則諱莫如深，謂他僅嫌疑犯，不予審訊，治安當局不敢將李成業解庭公審，惟恐李犯不得已時說出眞正秘密蓋李成業係「民主自由大同盟」盟員之一工人，服從性不如軍人，且其執行暗殺李公樸先生係被利誘及脅迫，而獎金五十萬，從未完全到手故也。總之，顧總司令奉令來昆全權處理此案，歷廿餘日，其結果不過藉聞案掩飾李案，對聞案造成一大騙局，蒙蔽世人，抑止公憤，而後束飛。吾人對此陰謀，不勝悲憤，特予以揭穿，並盼民盟與全國民主人士，堅持抗爭，不達眞正懲兇誓不停止！否則尚不知有成千成萬民主人士將步李公樸聞一多兩先生之後塵。兇犯於不得已時，亦有士匪替劑，而暗殺集團，不得損其毫毛，則國家民族，前途何堪設想！因此，吾人提出下列辦法，敬候民盟及全國民主人士之採納，作爲鬥爭目標：

（一）由政施五方面代表組織偵查兇犯機關，偵審李聞案主使及兇手。

（二）將李聞主使人霍揆彰兇犯李治業等移京公審，歡迎各黨派代表友邦使節及中外新聞記者，觀審，依懲兇犯。

（三）同時公審孫中原案，及張瀾張松濤被毆辱案，出事地方治安當局，及兇犯。

（四）由政府負担李公樸聞一多醫喪費，聞立鶴終身贍養費，及李聞遺族教育生活費五萬萬圓。

（五）由政協代表監督政府，切實取消特務殺人機關，絕對保障各黨派人士生命安全。

雲南人民爭取和平民主協會 八月二十九日

孫中原被綁案眞象大白

（民盟新聞處北平分處訊）轟動遐邇的孫中原被綁架案現已眞象大白，與前中央社所發表各項消息迥異，孫氏現已於本月六日由北平押解到成都，生命安全至爲堪慮。據民盟成都市支部訊：北平民盟中委孫中原于七月十八日下午四時在北平東安門大街被一〇二八一號汽車綁架而去，隨即失去自由，備受苦刑，並加以威脅，迫其退出民盟，惟他至死不接受，繼經北平華北總支部負責人張東蓀氏一再向政府交涉，並致書 蔣主席，在輿論責難之下，綁架者遂一面宣傳，一面於本月二日將他由北平押解到成都，當日由北平綁抵重慶，住中×路大興旅館，在渝候機四日，禁閉旅館內不能自由，甚至不能讀任何報紙，六日由渝飛蓉，現禁閉於成都忠烈祠東街四十八號（孫中原自己的住宅）。曾受電刑，四肢痲痺，臥倒病榻，住宅附近監視至爲周密，解押孫氏來蓉的兩名特務亦仍在其室內監視。在蓉民盟方面人士及其好友均前往探視，竟遭拒絕，並近聞有將孫氏押解他處之說，孫氏之生命安全至爲可慮。

民盟主席張瀾對此事至爲關切，除派代表慰問外，並致函重慶行營主任兼川省主席張羣暨川康綏靖主任鄧錫侯氏說明孫氏近況，請注意保護，使其恢復自由，以免發生不幸事件，而引起重大後果。茲將原函全文披露如下：

岳軍 晉康仁兄大鑒：民主同盟北平市委孫中原在平被綁案，引起全國注意，民盟總部已向政府提出嚴重抗議，張東蓀先生並有函電逕達 蔣主席，刻孫中原已由北平專機運蓉，抵家數日仍被特務控制，不特行動毫無自由，且生命安全至爲可慮，務希吾兄特予注意保護，使其速復自由，以免發生不幸事件，引起重大後果，專此並頌勛祺！

（又訊）據成都八月九日訊：在北平被特務綁架的民盟北平市委孫中原，已於本月一日被以飛機送到重慶。六日轉蓉，其住所附近滿佈特務，蓉民主人士及文化界人士聞訊，曾於今日（九）上午特集體前往孫氏寓所訪問，惟據其家人在大門外說：「孫先生已入醫院」。因此訪問者並未與孫氏晤面，半小時後，記者又往詢訪，據其家人談；訪問者來時，屋子裏正有「護送」孫先生返蓉的趙先生夫婦在坐，並經趙先生吩咐，要對訪問的人說：「孫先生已入醫院」，又說：「趙說：民盟前夜十一人開會，說要暗殺孫先生，因此希望孫先生承認：第一我們待他很好：第二孫先生卅一日離北平後，中央社公佈的信函是自己寫的，因爲必須如此昆明的事情才可以了。」又說：「趙夫妻曾來過，並強留三百萬元作孫先生的醫藥費，我們堅決拒絕了。當時趙曾說：孫先生如果不同我們合作，把昆明的事了結，我們便不能保障孫先生和你們一家的安全。」

不久後，記者與孫先生見面了，孫先生正伏案寫作，所寫作者爲一控告的文件。孫先生估計：因民盟現已決定將孫氏返蓉及他被捕經過公開，因此特務可能在今夜下手暗殺他，然後，嫁禍民盟。孫先生積極起稿即在於此。據孫氏表示；他在北平被捕後，所住地點是原來日寇設的集中營，那裏可容納三四千人，目下已有四五百人光景，我在集中營內，先後經過電刑三次，也就死過三次。在途中，或到一個地點時，先後要被刺兩針，一是被刺入昏迷狀態，一爲被刺後即從昏迷中醒來。孫將左臂伸出，上面仍現針痕，後記者又問：「中央社所發出信件，你是否知道？」他說：「我完全不知，」末後孫先生表示：「我希望我如果死，那我一定要把我的經過控諸人類，並此證明昆明事件確是國民黨特務所爲。我結果不死，我很希望能夠到南京。」記者辭出時覺得孫氏全家均正陷於恐怖中。因爲他們不曉得是否在一二分鐘之內，特務光顧其家，甚至結束其生命。

聯大抵平同學會 燕大學生自治會 爲美愚兵無理槍擊 中國學生嚴重抗議書

提交馬歇爾特使，司徒雷登大使，柯克上將，杜魯門總統。

九月五日美憲兵槍擊北平輔仁大學附中學生曹桂明事件，據傷者及證人的報告，經過情形平下：當日下午五時，有北平輔仁大學附中高三學生曹桂明，在南池子看下棋，着咔嘰褲，平民衣服。適有美憲兵駛吉普車經過，中有一美憲兵下車，向曹桂明猛踢一脚，曹君回頭見爲美軍，驚惶而逃，美憲兵尾追其後，發槍射擊，第一槍彈中左脛部，發第二槍未射中，傷者爲免生命危險，即跑入一小胡同鄰家中，由鄰人送入東華醫院治療。

此事件發生以後，我們下列署名的學生，在這裏表示最沉重的哀痛和最深切的關注。我們以爲：

第一：中國公民在中國的領土上絕不能受美軍法律的約束。第二：無論何地，都沒有任意開槍射擊無辜人民的法律。這種暴行出於自稱爲盟邦軍人之手，尤其使我們震驚。美軍此類暴行，已經發生不止一次，如本地報紙所載：三日前一美國軍人，曾在火車站隨意開槍射死一個中國鐵路工人。

這類的射擊，不是偶然的事件，而是關係美軍在華軍紀，以及美軍對中國人民生命毫無尊重，而且完全侵犯中華民國主權和違反人道的事實。

爲此，我們提出最嚴重的抗議，並要求：

一，美政府對此不幸事件，應立即公開道歉，並保證以後絕無同樣事件發生。

二，所有在華美軍，在任何情形之下，不得干涉中國人民的人身自由和侵犯中國人民的安全。

三，美政府應負擔傷者治療費以及因傷而引起之一切損失。

我們作爲中國學生和公民，切盼這種不幸的射擊事件，永不再發生。

國立西南聯合大學復員抵平同學會
燕京大學學生自治會

聞此項抗議書。已於今日發出，該會昨晨並派代表二人，携帶食品與花籃，親往東華醫院慰問，並附信一封，表示慰問。

北平文化界 致張表方先生的慰問信

敬愛的表方先生：

報載先生因在蓉主持李聞追悼會，遭反動份子嫉恨，他們派特務搗亂會場，又公然侮辱和毆打先生，我們聞悉之餘，一致切齒痛恨。其實反動份子之嫉恨先生，不僅是因先生主持追悼李聞，使他們的顏面太難堪，而且是因先生一向不屈不撓領導中國民主運動，年高德劭，衆望所歸，先生的光輝越高，宵小的嫉恨便愈切。因此他們在動手毆辱之前，便利用其造謠通訊社，製造出「民盟內訌」的謠言，以圖減低先生的威信。經先生嚴厲駁斥，計未得逞，便不惜再度冒舉世之衆怒，而公然動手毆辱。毆辱之後，尚嫌不足，更製造出先生脫離民盟另「組新黨」的無恥謠言，眞是白晝見鬼！但反動份子的手段越卑劣，反映先生的精神愈崇高，造謠中傷，毆辱暗害，何損乎日月之光輝？不過蚍蜉撼大樹多見其不自量耳。臨風依依，諸希珍攝，俾傷愈後繼續領導全國人民爲民主自由之最後勝利而奮鬥！

吳晗　江紹原　許鑑　光未然
沈浮　馬彥祥　韓濤　沈一帆
陳北鷗　孫承佩　白楊　侯瑩

九月六日北平益世報社論

抗議美軍暴行

隨着勝利的進行曲，我們的盟友——美軍，踏上了中國幾個淪陷過的大都市，多數的中國人，確會以感激的眼光，興奮的情緒，誠摯的熱情，向他們招手歡迎，報以友好的笑顏。表現中美兩國在比肩作戰後帶來了友誼親切的禮物，這是中美交誼上，曠古未有的大場面，因爲中國人相信美國朋友是良善的，和平的，尤其是禮貌的，文明的，獲有這樣的良友，眞是有說不出的愉快與信任，並且相信從他們那裏會得到無限的鼓勵與幫助，使中美兩大國家的友誼，日趨繁榮的發展起來。

從一年來駐華美軍的個人行爲的表現來看便不得不使中國人認爲是遺憾而可慮的事。例如本報昨日刊載輔仁附中學生曹桂明因着美軍用黃色褲，被美軍兵開槍射傷左脚一事，頗引起社會一般人士的注意。大家都在懷疑，對穿了一條美軍褲子的學生，有沒有如捕死囚那樣必要開槍射擊？而且，美軍的咔嘰布褲，怎樣便會大量的流到市面，穿到中國人身上呢？有人說也許是不道德的小工從美軍營房裏偸出的，但是，也有人說是爭錢化的美兵的出手貨。我們道知兵營的守衛檢查是非常嚴密的。出入的工人們，決不會從解衣捫腰的情形下，逃避了守衛的視線，而把既大且厚的衣褲夾帶出來。即使不論衣服的來源如何，一個中國人穿上美軍褲，沒有符號證章，決不能冒充美軍，即使冒充，黑眼珠子也變不得藍眼珠子，未悉白帽藍眼的美國憲兵怎麼會發動人類的惡性，把打敵人的子彈輕易的射到他們友人的身上？

如果我們不健忘，我們還可以記得前數日東車站美軍擊斃掛鈎伕，在八月二日，美軍卡車撞死十一戰區政治部上校科長張及先兩事，便聯想到每日街上車禍之多，其中佔相當比例的數字，係由盟友美軍的瀟洒駕車法造成的。如果我們再縱覽各地報紙「關」美兵鬧事及對中國無禮貌的新聞，又佔了報紙相當的地位，順手拈來吧！天津因捕美逃兵，美憲彈中市政公用局門前警察邱蔭生，並傷一市民，天津海大道値崗警警吳傑無故受辱被毆傷，還有乘車不給足够的車資，購物不給足够的代價，踢車夫至

民盟華北總支部慰問張瀾主席函

張主席表方先生垂鑒：李聞二烈士之血跡未乾，孫中原同志之自由未恢復，而我公又以追悼李聞，營救孫氏，被特務暴徒聚衆毆傷。消息傳來，全體盟員，莫不悲憤塡膺！反動派悍然發動內戰，魚肉百姓，而在其黑暗統治區內，復集中全力，打擊民盟，此足見反動派之至死不悟，亦証明我同盟在我公英明領導之下，忠於國家，忠於人民，始爲彼人民公敵欲斬盡殺絕之而後快。但我全體盟員，已因李聞之殉國及我公之蒙難，而憤然自勵，團結彌堅，同盟之聲譽，已因其領導者之犧牲與受難如日行中天，永垂不朽矣。悲憤之餘，謹此馳函致敬並矢志在我公領導下，繼續苦鬥：獨裁一日不倒台，內戰一日不停止，民主一日不實現，特務一日不根絕，吾人必一日不甘休。

中國民主同盟華北總支部執行委員會
中國民主同盟北平市支部執行委員會
中國民主同盟天津總支部執行委員會

李聞慘案後援會

發表宣言提出六項要求

陪都各界人士成立

（重慶航訊）此間各界聯合發起組織之陪都李聞慘案後援會，已于上月九日正式成立。成立大會上主席××良號召把人民的力量動員起來，組織起來堅決要求政

爭死，打小販至流血，已成司空見慣，還有任情調戲婦女，在上海尤甚，公然在大街上攤行路婦女亂摸強吻，最小的玩笑是與指揮警察過意不去，明是指東竟轉車向西，多少人吃了虧不願聲張的，便是火砲，紙團，酒瓶，向行人，尤其是婦女，亂投亂打，然後縱情開笑以使他們帶有驕傲與滿足的狂笑。再不然白帽的mP駕着吉普車橫街直撞，看上一家倒霉的商店或攤販，來個大搜查，硬指貨品為禁賣的美貨……種種不一而足的事實，有目共睹，就是美軍也要在此事實面前不庸掩飾諱言。

中國相信由中美併肩作戰而獲得的勝利也會因美國人的友善給予中國人幸福，中國人尊重美國人的自由與人格，而中國人尤需要美國給予同樣的尊重，中國人是含蓄的，美人不要誤以中國人是慣於緘默，甘於受辱的國民性，更不要以殖民地的眼光來看中國，把中國人的性命當兒戲，對中國人隨便開槍越出範圍的玩笑，美軍駐華有其一面聲明的必要當然是賓客的地位，我們絕對以『上賓』待之的態度來接待他們，然我們的盟友是不是因為有此優渥的禮待，而受寵若驚呢？在若驚的狀態下帶來意識不正常的結果呢？站在美國國民性的立場上，我們可以原諒兵比較輕浮活潑的行為，但是站在中國國民性的立場上，我們可不能完全接受這種近於輕蔑戲謔的行為

我們願意用最誠懇且坦白的態度來向美軍當局進一言，建立中美兩無隔膜的感情需要從小處着眼，尤其不要把侵略者日本國對中國的行為翻版，使少數軍紀不良的兵士，公然的胡幹起來，掩蓋了美國的優長與美點，以致失去中國人固有的「良善的美國人」的觀念。我們促醒美國人的注意，中美兩大國家，能在重洋相隔的東西兩岸真實携起手來，為人類正義而奮鬥，自必賦有其不可分的宿因，這個因果，是人類博愛與和平的天性所成，上帝既給了中美國民這樣良好的知能，應該要珍惜受護。那麼約束「優越感」，是培植友誼一良方，也是一種禮貌上的美德。我們希望從這點最低的要求，來加强中美的友好，消弭不應有的誤會。

美國是文明國家，我們不願因美海外駐華少數兵士的不良為行而改變對美國的認識，可是，我們也不願美國忽略了他是文明國，在文明古國之中竟內有違背美國精神的事實發生。

府澈查慘案眞相，切實保障人民的言論自由與生命安全。川大教授李相符講演中指出：「我們必須展開一個普遍的反內戰與反特務運動，並在每一個角落成立李聞慘案後援會。才能把內戰消滅，把特務取消。」鄧初民悲憤的說：「我們現在要堅決呼籲無條件停止內戰，重開政協，以民主的方式改組政府，整編軍隊，先有如此政府才能使中共民盟及全國人民相信，而上面說的一切都是必須用反內戰，爭民主的廣大運動來爭取的」。大會除選舉理事外，並通過章程宣言及籌募李聞家屬生活費，教育費和紀念李聞基金等提案，該後援會發起人包括渝市各界名流鮮特生，沈起予，黃次咸，吳玉章，等八十餘人及重慶人民和平促進會，民主建國會，三民主義同志聯合會，全國文藝協會等五十餘團體。

（又訊）培都李聞慘案後援會，發表宣言提出六項要求：（一）政府立即拿出誠意限期緝拿兇手，公佈主使者姓名，組織特別法庭公審，由人民代表參加陪審，使眞相大白於天下，並處兇手及主使者以極刑。（二）政府立即撤換雲南治安當局，並予以嚴重處分（三）政府撫䘏李聞兩氏家屬並負責其子女教育費，並下令全國公祭。（四）保障今後全國人民及民主人士的自由與安全，政府應重申四項諾言，並保證其切實施行。（五），政府立即明令取消中統，軍統以及一切變相的特務組織。（六）澈查政協會議以後各地所發生的血案暴行，公佈，並嚴懲禍首。

重慶市人民和平促進會

發表呼籲和平宣言

日本投降已經整滿了；在戰勝國和戰敗國都已進入和平建設的時候，我們國內的戰爭反從局部向全面擴大了。參加前線的軍隊超過四百萬人，戰火擴大十餘省區，所有海陸空新式武器，都已用在殘滅城市鄉村和屠殺同胞中來了。作戰規模之大，戰鬥之慘烈，超過對日戰爭。在這個慘痛的時刻；我們的內心充滿着旁惶和恐懼，不得不繼續陳述他們的忠告，並向全國世界愛好和平的人們呼籲！

實在說，爲了呼籲和平，我們的血淚已枯竭，我們要說的話早已說完了。一年以來忽陰忽晴的政治，打打談談的局面，全國人民物質與精神的生活都在忍受着不能忍受的煎熬。我們始終不明白，當事雙方的國共兩黨、都在信誓旦旦的一再表示要避免戰爭，用政治方式解決問題，而今天內戰終於不免全面爆發，我們要問問究竟誰在騙人，甘爲戰事的禍首？

答是有的，我們並不會眞的連是非都不能辨別那樣的愚昧。事實很清楚，誰在以國家爲就產？誰在以一黨的利益高於國家人民的利益！乃至以這樣自私的企圖而出賣家國人民的利益，誰便是內戰的禍首！誰便是殘忍的強盜騙使國家人民同陷入毀滅的深淵的罪人！

爲了這可恥的內戰，一年以來，國家的地位不知被踐踏到什程度麼了，戰敗國的日本與暹羅，可以任意屠殺我們的僑民，可以給予我們以不堪入耳的訓嘲。本來是揚威異域的比日本的佔領軍，一到越南卻成爲「俘虜」。荷印華僑被人當作土匪一樣的屠戮國內的丈夫都得爲「盟友」供獻妻女的貞操，這難怪我們的外交部長在巴黎和會中要像有了家醜的懦夫，躲躲閃閃的。想避開人的耳目！……我們要再問：是誰把國家的地位作賤到這個程度！

再談爲了這「可恥內戰」人民所受的苦難又已到了什麼程度？三千萬的居民，遍及十三省的災荒，外貨湧入，工商破產，農田荒蕪，餓莩載道，失業紛呈，還鄉無路，久盼之征夫不歸，徵糧征丁之「摧命符」又迎頭而至。特務橫行，視人民如草芥，汚吏貪贓，慮一毫之末盡拔，濫發紙幣，須以文字計數！斷送主權，倂天地海河而歸之！如飲毒酒，如中鬼魔，軍事高於一切……我們再問，是誰使人民遭受這無窮的痛苦？可恥的內戰，可恥的戰內！一切都是爲了有這「可恥的內戰」！內戰不停止，全國將爲一片血！化海內戰不停止，全國經濟總崩潰即將到來！內戰不停，革命先烈百年來流血犧牲所爭取的民族解放與國家獨立將化爲烏有！

我們呼籲全國人民起來制止徵兵徵實！滅撲戰火！

我們呼籲各國正義人士，各國人民，迅速制止帝國主義份子介入中國內戰

我們呼籲！任何盟邦的軍隊應即刻撤離中國！

我們呼籲！全國人民提高警覺，誓不承認幫助中國內戰的借款與太平洋美作戰物資的讓售，及因此兩訂定的斷送中國主權的條約，我們呼籲、國共兩黨立刻無條件停戰，實現和平，恢復政治協商會議，以政治方式解決一切問題！

（以下接第五頁）

最近一月來更是變本加厲。從昆明李公樸，聞一多兩先生的暗殺案以後，有北平孫中原先生的綁案，有成都暴徒毆辱張瀾主席案。這一連串的暴行，我們認定是對民盟有計劃的普遍打擊，綁架孫中原先生的汽車是北平警備司令部所有牌號。殺聞一多先生的兇手是昆明警備司令部的現役軍官。這就說明了一切。這些事件的責任。應該由什麼人來負擔，用不着我們來解釋，民盟是個用和平合法的方式爭取民主的政團，絕對沒有武力。以我們而遭受壓迫，這正說明我們在今天的中國，和平民主的政治團體得不到合法的保障，沒有生存的機會。

現在當權負責的國民黨，一再向全國全世界聲言，要實行民主，要保障人民的自由權利，要保障各黨派人士的安全與自由。我們不知道對他此事實，將何以自解？政府有沒有走上民主憲政的決心與誠意，這不是言詞辯論的問題，這必定要政府用事實來向全國全世界證明了。

（八月廿五日）

民主周刊

華北版 第十一期

中華民國三十五年十月八日出版

美軍駐華「任務」　　泗蒂

主編 民主周刊社　發行 民主出版社

時評

美國軍隊，滾蛋！

正義的浪頭是壓不住的！

華萊士的外交演說，在美國是一個巨大的號名，他本人雖因此而被迫辭職，但跟着來的，是全美人民如火如荼的「退出中國」運動。這個運動是「美國政治行動委員會」「遠東民主政策委員會」等極有權威的團體所發起，過去由於他們的力量，使羅斯福總統四次當選，使赫爾利撤職。這次他們又繼華萊士演說之後，自九月二十二日至二十八日的一週間，在美國三十五個大城市中，發動廣大的民衆，同時舉行「美軍退出中國週」。這對於美國反動的對華政策，當然是一個有力的打擊。

美國的和平人民怒吼了，教授、作家、新聞記者和勞工團體，都出來主持公道了，羣衆集會，演說、廣播、宣言、通電……，使白宮的官員們為之瞠目乍舌，正義已形成巨大的浪潮，而她的浪頭是壓不住的。

中國人民也狂熱地響應這一個運動。雖然中國的官員們把這一運動誣為「反美」，誣為「共產黨所主使」，想來壓制這一運動，但正義的浪頭是壓不住的，上海的十大人民團體，重慶的二十四個人民團體，都起來響應「美軍退出中國週」。文化界的先進、工商界的領袖、國際友人、各界青年都紛紛起來響應這一運動，在民盟協助推動之下，一個國際範圍的「世界和平促進會」將在上海首先成立起來。將要把美軍在華的罪行向國際控訴，將要聯合中美人民共同努力，為打擊美國反動政策和恢復羅斯福路線而奮鬥！

華萊士首先說出這句名言：「現在是人民的世紀」。在人民的世紀，最後決定一個國家的政策和命運的，不是那些昏庸腐敗的政府官員，而是廣大的人民羣衆，中美人民的必勝信念，便建立在這個基礎上。

為了這個，我們對於太平洋彼岸的「美軍退出中國」運動應該十分重視，熱烈響應。我們要用同情回答同情，用行動支持行動。上海和重慶的各界人民已經首先響應起來，我們華北的民衆也應該繼起呼籲。這是用不着任何宣傳的，美軍在華的無數罪行，本身就是最好的宣傳。老百姓從深刻的憤怒中，已經了解到：祇有美軍赶快滾蛋，中國內戰的災禍纔能停止，祇有早日停止內戰，實現和平民主，老百姓纔能有一條活路。美軍長期佔領中國，助長中國的反動和內戰，事實上他就變成了和平民主的大障碍。這塊石頭必須赶快搬走，中國纔能太平。所以這個運動，決不是對我們無關痛癢的事情。

當老百姓群起呼籲，當中美和平人民密切携手的時候，中美反動派的命運便要壽終正寢了。

讓我們齊聲高呼：

——不要你們多管閒事！美國駐華佔領軍，滾蛋！——撤回你們罪惡的黑手！美國反動的對華政策，滾蛋！

到何處去？　泗帶

反對強拉壯丁充當內戰砲灰

民盟北平市支部發言人談話

謂此舉一定引起老百姓普遍反抗

【民盟新聞處北平分處訊】本市軍警近日在市內强行徵兵，平均每四家須出丁一名，各商店夥計徒弟紛紛逃避，鬧市中店舖紛紛歇業，眞乃「徵兵命令到，鷄飛狗跳牆」，記者特以此事徵詢民盟北平市支部發言人意見，據該發言人談：北平市民自受八年淪陷期間的痛苦，國軍收復以後，人民痛苦不但未能減輕，反而「刼收」於前，「拉兵」於後，這簡直是逼老百姓走向死路。北平市民之所以紛紛逃避兵役，並非表示他們的「愛國心」不够，乃是老百姓反對內戰的一種具體表示。老百姓在層層痛苦中覺醒了，他們不願為少數黷武者充當砲灰，屠殺自己的同胞，因而這種逃避兵役的行為，客觀上反倒是一種愛國行為。國民黨把過去抗戰時期在大後方强拉壯丁的錯誤辦法搬過來，强行於收復區，一定是行不通的，一定會惹起老百姓普遍的反抗。同時，强拉壯丁的結果，一定會伴隨着種種黑暗的弊端，給兵役人員以魚肉人民的機會，這樣將使老百姓更進一步了解到獨裁和內戰的禍害，而刺激人民的覺醒，國民黨如果還不覺悟，繼續用這種可恥的手段來進行所謂「軍事決賽」，則最後崩潰之期必在不遠。

既欽佩且感激

最近美國人民為了反對杜魯門政府的對華政策，在美國三十幾個大城市裏，同時發動「退出中國週」。這個運動已經變成如火如荼的羣衆運動，儘管杜魯門政府怎樣頑固，也不得不注意這一羣衆的呼聲。

在太平洋的這一邊，上海的各人民團體，包括青年界、文化界、工人界、實業界、銀行界的各界人民，也正在響應着這個「退出中國」的運動，我運動在上海也變成了如火如荼的羣衆運動，儘管這們的國民黨政府怎樣裝聾做啞也不得不感到稍稍的惶亂了。

惶亂之餘，政府也就不得不擡出一些自己豢養的官員黨員們，冒充所謂「人民代表」或「各界名流」，在御用報紙上發表談話，談話的內容，無非是美軍駐華如何正當合理啦，如何不威脅遠東和平啦，美軍這時候千萬撤退不得啦……。勉強把黑的說成白的，當然是一件苦事；尤其明知其為黑，却非說成白不可，遮蓋與妙辯的結果，無非暴露自己的拙劣和無恥，官員們的國家觀念和人格觀念竟墮落到這樣悲慘的地步，實在使老百姓為之驚愕！

遮蓋得尤其拙劣的，莫過於國民黨中央黨部秘書長吳鐵城的談話。美國合衆社記者去訪問他，問他美軍駐華是否有損中國主權，他的回答眞是妙絕天地！他說：「美軍犧牲他們的物質幸福，來到中國，繼續來完成一個同盟國家的重要任務，為中國人民所欽仰。中國人民對於美軍在華的任務，無不表示感激。如果任意在路上找一個中國人問他，「你願不願意美軍現在留在中國？」他的回答，必然是肯定的，或者說一聲「頂好」！」

唉呀，「頂好」「頂好」！眞是太好了！「美軍犧牲他們的物質幸福，遠涉重洋，來幫助國民黨打內戰，幫助國民黨屠殺中國人民，原來這就是「同盟國家的重要任務」！任務既然這樣重大，可以保全國民黨官員黨員們的「物質幸福」，無怪吳鐵城之流，要代表「中國人民」表示「欽仰」和「感激」了。但「如果任意在路上找一個中國人問他」，那就不必，甚而是太危險了。因為如果萬一「找」到「問」到的不是「中國人民」，萬一是在南京中山馬路上被美軍强姦過的張太太，或者萬一是前幾天在北平大街上被美軍開槍擊傷的曹桂明，或者是前幾天在北平三座門被美軍汽車碾斃的三輪車夫高齊第的家屬，或者是在其他中國城鎮曾經被美軍打傷、碾死、强姦過、欺壓過的老百姓，或者是內戰中被美製的槍彈炸彈射殺過的中國人，我想他們一定不會像吳秘書長那樣旣「欽佩」且「感激」的。

「明禮義」「知廉耻」！—這是哪一些人的口頭禪啊？要到哪年哪月，他們才會「明」之「知」之呢？我看，那是沒有希望了。我們老百姓必須拿出力量來，强迫他少做些寡廉鮮耻的事才好。

中美政府的交易

九月二十二日上海報載，最近一期的美國雜誌「世界報導」World Report 載：中國為了獲得購買八億餘元美軍剩餘物資的權利，已允許美軍艦在三十年內可在中國沿海船塢中修理。

不管這個話說來是多麼婉轉也不能遮蓋事實，事實就是三十年以內，中國所有的海港，美軍可以自由進出，說得好一點是中美合用，說得壞一點在美國優勢的武力下，中國一切海港就是美國的了。

上海的報紙要求當局否認這個消息，截到今天我們還沒有聽見當局的否認的聲明。假使當局竟不能否認的話，我們覺到有說不出的哀痛。

我們哀痛於百餘年來先烈們熱血頭顱，換來的是這樣的局面，我們哀痛於繼承中國革命光榮傳統的國民黨，墮落到這步田地；我們哀痛於那些在南京談着講着的人們，何以對中國人這樣勇於進逼，對外國人那樣勇於讓步的雅量，有這種與外國人精誠合作的精神，怎會不用來對中國人，怎會不用到中國老百姓頭上來。

信仰宗教的，學着宗教招牌的帝國主義和他們的走狗啊！你們又一次汚辱了基督精神了。

學生的程度

這一次北大清華南開聯合招生發表前後，對考生程度的低落充滿了惋惜嘅嘆，尤以傅斯年先生的「教授泣涕」說為頂點。抗戰八年，所有的研究學問的人都不能安心讀書，按照「不進則退」的說法，大家都是退步了的。一方面惋惜別人，一方面更要緊的是責備自己，鞭策自己，今天的世界，不努力是不成的啊！

然而傅先生的談話中，有一點却是我們所未盡明瞭的。他說：昆明學生從事政治活動，所以程度最低，所謂「政治活動」，大概是指罷課而言，罷課遊行的事，並不只昆明一地，昆明又不限於這一年，何以昆明今年學生程度，特別受其影響呢？凡是在昆明暑注意過當地情形的都知道，昆明學生程度之低，在罷課之後並不比罷課之前有什麼變化；同時，別的地方「政治活動」甚少的如四川大學，學生程度也不見得比昆明大學生更好些。

最近欣然在報上讀到傅先生對自己生活的談話，說當年五四時代寫的文章，「有熱血，有勇氣」，「如今却沒這心情了」。今天學生的「有熱血，有勇氣」者，程度就減低了，是否是隨着傅先生的功成業就，大家就都應當「沒這心情了」，這纔能提高程度呢？學生注意政治太甚，不是幸事，學生沒有了熱血勇氣，看着國家亡掉，更大非幸事。而且我們以為有一些在傅先生眼中看了足以減低程度的「政治活動」，未必減低得了程度，倒是今天流行的另一些政治風氣，如結黨成羣打架呀，投機取巧敷衍苟且呀，才是減低程度的一個大原因呢！

我們十人一致疾呼
美軍應趕快退出中國！

執筆者：
張東蓀
羅隆基
鄧初民
費　青
馬叙倫
翦伯贊
馬彥祥
郭沫若
茅　盾

為美國利害着想
美軍應該及早撤退

東蓀

美軍應該及早自中國撤退！這不但是中國人民的呼聲，也是美國人民的呼聲，美軍之所以遲遲不肯撤退，其重要的藉口，是要幫助中國遣送敵俘；但是此項遣俘工作，美軍早於七月間宣布完成，如今即使有少數的敵俘尚未遣盡，中國政府也可自己負責遣送，無須美軍代勞。因此美軍之繼續駐華，早已失去其主要根據和理由了。

為了美軍之長期駐華，美政府已飽受中美人民及蘇波等國的譴責。美政府不自反省，反說美軍之駐華，是出於中國政府的意思，殊不知中國目前的國民黨政府，雖然得到國際的承認，但因為它是一黨專政的政府，是拒絕實行民主的政府，它只能代表國民黨的一部分人的統治權，却不能代表全國人民的民意，中國現政府是不民主的政府，沒有像美國那樣的國會沒有任何民意機關足以監督政府喪權辱國的行為，美國僅得到這樣一個空頭政府的同意，有甚麼用處呢？如果易地而處，中國軍隊長期駐在美國，即令美政府同意了，美國國會也一定不會批准的，可見美政府如以此為藉口而長期駐兵，不但理由不充分，且徒然喪失了中國人民的友誼。

我們不願和美國政府來爭辯理由，我們對於美國政府強詞奪理的爭辯，也絲毫不感興趣。我願意站在中美友誼的立場，為美國本身設想，感覺他們確乎應該及早撤兵。

首先，我覺得美軍駐在中國太久了，這違背了士兵及早還鄉的願望，因而影響士兵情緒一天比一天壞，軍紀一天比一天糟。他們每天隨意酗酒、賭錢、狎妓、隨意走私、盜賣、強購、搶劫、隨意打人、殺人、用汽車撞人、隨意侮辱和強姦中國婦女……，這樣久而久之，使駐華美軍，個個都變成無賴漢，變成流氓土匪。這樣一大批流氓、土匪、無賴漢，為非作歹，胡做胡為，已經變成習慣了，將來回到美國去，美國政府將怎樣處置他們？與其將來自食其惡果，還不如趕快把他們撤回去，早些整理教育，設法補救。

其次，美國政府官員們，都一再強調中美人民傳統的友誼，可見美國政府還願意和中國人民交朋友。但是美國駐在中國的這一批胡作胡為的無賴漢，却天天在破壞中美人民的友誼。他們酗酒、賭錢、走私、搶劫、打人、殺人和強姦婦女的無數暴行的結果，已經直接引起中國人民普遍的反感。這樣下去，怎麼能和中國人民交朋友？怎麼能維持中美傳統的友誼？美國政府如果還願意維持這不絕如縷的友誼，如果不願把中國老百姓都得罪淨盡，便應該趕快把這一批破壞中美友誼的傢伙撤回去！

歸根結底，美國政府如果利用目前中國政府喪權辱國的自私心理，由此找出種種藉口，強行長期駐兵於中國，以換取眼前的私利，最後一定會得到適如其反的惡

果，既害死了中國，也害死了自己，尤其會把中美友誼一手破壞乾盡的。美國政府懸崖勒馬，這是最後的關頭了。（L記）

美國不改變現行政策 中國就不會和平

羅隆基

美國政策已使中國問題更趨複雜，目下之問題乃如何使中國問題趨於簡單，成爲一純粹之中國問題，今日政策實與十年前日本之政策相彷彿，美國協助中國之反動勢力阻碍中國之進步，美國一日不改變其政策，中國即難有民主之政府，中國共產黨領袖深知美國支持國民黨至最後一刻，故在談判中，不肯作一絲一毫之讓步，因此，除非美國立即撤回一切援助，中國之和平將永不可能，造成中國分裂局面者，將爲美國。

戰前太陽旗戰後星條旗 中國、中國你是殖民地

鄧初民

抗戰勝利了一年多，究竟與勝利前有何不同呢？只是外國旗幟不同罷了！勝利前是太陽旗，勝利後是星條旗。一百餘年來，中國是半殖民地半封建的國家，對外反對帝國主義，對內反對專制獨裁，現實告訴我們，外在有比日本更兇的帝國主義，內在有最新的法西斯獨裁。

英國退出印度，是印度人民自己喊的，美軍退出中國是美國人喊的，印度是亡了國的殖民地，美國統治中國還比英國統治印度更厲害，中國的政治、軍事、經濟、外交、內政、一切都控制在美國的手裏。

今天不僅是喊美軍退出中國，要喊美國統治權退出中國。馬歇爾威信地位日益低落，去九次牯嶺一點沒有結果，調停我們是歡迎的，但是幫兇我們是要反對的。美國統治中國，帝國主義就是侵略，法西斯就是戰爭。還企圖把中國作反蘇基地。

我們也不忽畧內在的因素，專制獨裁反動力量與外力勾結，所以反帝反封建是相連的，今天假使沒有外在的反動力量，內戰根本不能打，今天說停戰，先要反對外力，制止外力，這并不是說不注意內在的反動力量，還係釜底抽薪的辦法，目前主要問題係在停戰，不停戰，開政協、國大、整軍都沒有辦法，假使馬歇爾眞正促進中國和平，應該促使停戰從速實現

答民主周刊記者問

費青

一，美軍長駐中國有何法理根據？爲什麼我國政府容許他長期駐兵？

若問美軍在中國有何法理根據，必須先問什麼是法理。法理的基本是憲法，憲法的根據是民意，在中國憲法還沒有完成，國家大事必須根據民意來決定，歸根到底人民是國家之本。由此說來少數人的意思是不能代替法理的，法統更不代替法理了。國民黨常常講法統，他自己認爲是統，別人却不能認爲是統。現在的政府是一黨的政府，少數人的政府，美軍是他們請進來的，就很難說有什麼法理的根據。

國民黨沒有放棄一黨專政，他要美軍駐在這裏幫他打仗，這是很淸楚的。

二，美軍繼續駐華，對中國影響如何？對美國影響如何？

我個人對美國的印象是很好的，我認爲美國是一個很有道義的國家，不過從美國最近在中國的所作所爲看起來，我對他的印象漸漸壞起來了。我認爲美國政府完全是從自己的利益來測度中國，她不知道中國人民的立場。我又認爲美國少數人正以疑懼蘇聯的心理干與中國的事。結果使中國許多主持公正的人士都對他不滿。不成問題，美國政府的作法是妨碍了中美人民的友誼的。

三，美軍駐華否是危及世界和平？

美國官方口口聲聲否認美軍駐華影響世界和平，其實他們忘記了世界和平原是一體的，美軍駐華已經助長了中國內戰，中國已經沒有和平了。中國沒有和平，那裏還能說世界有和平！美國官方的這套談話都是些虛僞的外交詞令。

四，我們應該怎樣努力促使美軍早日撤退？

要廓淸今天的局面，責任還是在我們自己，我們應該讓自己的人民深切認識這些不合理的事實，人民多認識一點便多增加一分力量。其次我們要喚起美國公正人士的注意，因爲我們始終相信美國是一個民主國，我們相信美國人民的力量最後可以決定一切。最近華萊士的幾次演講就是美國民意的表現，華萊士之去職不是失敗，而是成功，因爲他揭露了美國政策的眞面。美國議院不久就要選舉了，美國的公正人士應該發揮力量了。

美軍是政府請來的 應該再請他們回去

馬叙倫

政府說：美軍是政府請的，是政府留下來的。我們要問政府爲什麼請美國軍隊來？爲了打日本嗎？眞正在打日本的時候，他們爲什麼不像現在這樣的去華北？華中？現在日本投降一年了，還留在中國是何道理？是否日本倒了又有新的敵人？是誰？是蘇聯嗎？是中共嗎？請他們明白宣佈！爲什麼蘇聯和中共是敵人？中國人民是不是也把蘇聯和中共當作敵人？這些問題如果不能光明正大的答出來，我們要政府請美國軍隊回去！因爲美國軍隊是政府請來的。

憎恨

翦伯贊

記得我們的抗戰是為了解除我們半殖民地的枷鎖，想不到抗戰勝利後我們却成了全殖民地，讓外國軍隊隨意駐紮到處橫行，說是美國要反蘇吧？要反你可到蘇聯去反，不要拉我們也反，尤其不准在我們的國土上反！倘使繼續駐在中國，我們認為這是侵害主權。我們可以抵抗强要奴役我們的日本，我們也可以抵抗用欺騙的方法奴役我們的美國，中國人民所憎恨的自然是公開的法西斯帝，尤其憎恨偷偷摸摸的法西斯假面具的法西斯。

泥淖

馬彥祥

「美軍退出中國」，最近美國和中國都有這種呼聲，上海各界且正在舉行「美軍退出中國週」。

這是一個美國整個外交政策上的問題。不久前，華萊士就為了這個政策之爭而被迫辭職，可見杜魯門已決心支持貝爾納斯，繼續準備防蘇壁壘，這樣看來，美軍退出中國怕是很難的。

據美國政府表示：美軍駐華決以最大的努力保持中立，並强調美軍不負責運輸中國政府的軍隊，供給軍糧及作戰物資。但是事實却很明白的擺在我們眼前，幾個月來，中國內戰的日趨擴大，加上美國防蘇政策的更加積極，已經使在華的美軍陷入了泥淖。目前的情形是，中國有一部分人想拖美軍下水，美國有一部分人也覺得有欲罷不能之勢。如果這樣繼續發展下去，這情形就不堪想像。

我們不反對美國以傳統的友誼的精神來替我們做和事老，但是我們却堅決的反對把中國作為反蘇的犧牲品。在中山先生的三民主義的民族主義裏，從來沒有允許過任何帝國主義到中國來。我們八年的抗戰，目的是為了不做殖民地，要使三民主義眞正的保持「三民」，不要成「二民」。所以美國如果眞是願意對中國保持中立，如果眞是無所企圖於中國的話，我想美軍立即退出中國，實在是最明智的表示。

美國打錯了主意

如果美國想領導世界，想領導人類，我們決不反對，羅斯福時代我們就是服從了美國的領導的，那是因為他的領導方針是和平的民主的，而目前美國的政策則與羅斯福的背道而馳，他們弄錯了目標，分不清敵友，把在本質上便是和平建設的社會主義的蘇聯當作敵人，反而把德日法西斯扶植起來，當作友人，美國目前的政策，必定會自食惡果，在這裏我可以談談日本，我在日本先後住了二十年，我知道日本最能屈辱，且報復性最大，我敢於警告麥克阿瑟，日本復興後第一個報復的對象一定是美國。當美國把日本訓練會丟原子彈了，日本人可能把原子彈丟到華盛頓或紐約去。

現在美國的執政者是忘了美國的富强，得力於安定，在安定中，他們才能從事建設，像目前這樣的動盪不安，美國的富强必然葬送在現在這些不成才的敗家子手上！

關於英美之間，以美國的現行政策看，英國在內心上一定不以美國為眞正的朋友，我們拿三十七萬萬美元的大借欵說，英國便是以經濟國防去換取的，就是說：英國借得了這筆欵項，條約上規定，凡是有英貨和英鎊的任何英國殖民地，美貨和美元都可自由自在的去！英國紳士會受得了這樣的苛待嗎？

美國的這一類政策，他們都打起反蘇反共的幌子，事實上反蘇反共是假的，他們那裏敢眞正的反蘇反共？他們的目的不過是奴役中國和奴役世界而已，這不完全是德日法西斯的老戲法嗎？然而偏偏有人上當！我們一定要揭穿這花頭。

反過來說我們自己，我們政府的最大錯誤也是敵友分不清，誤把蘇聯當作侵畧者，其實，蘇聯如果眞想侵畧我們，我們幾乎沒有絲毫辦法，因為中蘇國界是那麽廣闊，而且都是不設防的。

或者有人以為「我們是在利用美國」，這不過是做夢而已，倘使我們眞利用了美國去發動反蘇戰爭，反蘇戰爭也眞的爆發了，中國的前途可能有兩個，一是做美國的殖民地，另一個更可悲，那就是做日本的殖民地，因為現在美國正在有計劃的培植日本，反蘇戰爭中日本一定比中國吃香！

怎樣做？

茅盾

這可以分做三方面：一，對本國人民，我們要多多解釋美國對華政策的反動性，比方美國一再說他們是幫助建立一個獨立統一的中國，其實就是要和我們向菲律賓看齊，做菲律賓第二。二，對我們的政府，我們要像馬叙倫先生所說的，盡量提出問題請政府解答。三，對美國方面，我們要揭穿美國政策的欺騙與陰謀性，使美國人民明白中國在美國政策下的犧牲，例如物資的大量傾銷，在美國人或者以為解決了中國的饑饉與貧困，實際上適得其反！

我們的工作非但是長期性的，而且是多方面的，我們要以農民及小市民為對象，動員所有的作家、漫畫家、音樂家、戲劇家、用各種各樣的方式去達到上述的任務！

羅斯福先生逝世已經要近一年半了，這一年半以來，他在國內和國際上的開明政治，已經將要爲一些無能和頑固的執政者掃除殆盡了。最近柯溫在北平也這樣說起過。他說僅剩的一個華萊士，他的政治生命還不知能維持多久。美國的政策，這一年半以來由自由主義的政策而逐漸轉爲法西斯政策：對內則對大資本家一再退讓，對羅斯福的開明設施逐漸取消；外則由成見的軍人（尤其是海軍）與一些資本家支配下的政客策動，欺壓弱小民族，支持法西斯餘孽，嫉視蘇聯和東歐的國家。

美國政治上的新激盪

◁讀華萊士講詞▷　◁靜遠▷

一年半以來，全世界人民和美國人民對於羅斯福的懷念與時俱增。在苦痛之中，才感覺到這位民主保姆的去世是一個怎樣巨大的損失。尤其是看到以前一些自命爲自由的人們，在反動者所宣播的意識下所表現的怯懦，例如美國輿論論調的低沉，是很使我們爲之覺到可恥的。偏見和成見竟這樣容易朦蔽心竅，成功竟這樣容易使人覺到驕傲自滿以致於盲目嗎？

不，儘管美國反動派把握了大部份的宣傳機構，儘管資本主義的體制有利於有錢的人，然而一年半以來，我們仍舊時時可見衝突和激盪，人類的向上心是不可遏制的，人類的理性是不會泯滅的。人類是永生的，前進的，所以人民終必勝利，法西斯餘孽終必被剷除。這些時來，在美國國內對政府譴責的聲音並沒有間斷過，就是政府中，也是政潮起伏，不斷有以去就力爭的人士，雖然這些人暫時失敗了，然而力量是在的，人民的意見是在的。

最近美國的法西斯化已到了高潮，在遠東，由於軍部對中國內部莫名其妙的片面支持，內戰擴大了，千萬中國人民瀕於死亡，美國也漸漸喪失了這個市場；在日本，由防守巴丹半島出名的麥克阿瑟居然揚言反對蘇聯了。看看東京的通訊，好像只有美國軍人才是勝利的，別國軍民的犧牲都是白搭的，只有擁有原子彈者才是「天賦的」勝利者。在歐洲，美國反動者和英國的保守份子勾搭着演出雙簧戲。希臘的萬歲爺回國復辟了，巴爾幹半島的其他國家因爲組織了聯台政府，都遭到嫉視，有的國家要被解除武裝了，有的國家領空一再被侵犯，迫而出諸自衛，馬上美兵壓境，提出最後通牒。全世界的人心都惶惶不安；這時候美國的能工又在開始，九月三日起，美國海員因反對減低待遇而大罷工了。於是美國政治上又發生了一個激盪。華萊士九月十二日在紐約對左翼選民一萬八千人發表了演說。接着在九月十七日發表了他本年七月下旬給杜魯門的信，表示他對美國外交政策的意見。他的演說及書信已見於報章，這事馬上就引起美國人民「熱狂」的「讚嘆」。他們也許並不一定全贊成華萊士全部的意見，然而他們爲華萊士而共鳴，因爲華萊士主要的主張，是根據了羅斯福的開明主張，儘管出發點未必盡同，然而人民在這裏重新憶起了那巨大的聲音。那潛伏着的人民意志，是要藉此作一次表示的。

我們中國人民，歡迎華萊士的意見，正像美國人民一樣。上一次世界大戰之後帝國主義曾經開了軍隊去干涉蘇聯的革命，蘇聯的革命對不對，是否太嫌過激是另一件事，帝國主義者將軍隊去干涉別人的改革卻是極可恥的。這一次，美國又挾其優勢武力，從事干涉了。這一次的干涉，是對全世界人民的，當全世界人民從戰爭中苦煉出來，要求改良自己的生活，要求廢除腐敗貪污和剝削的時候，當人民要求他們血汗代價的時候，美國軍人和政客卻強要做違反人民意志的行爲，中國人民身受其苦，而且東國人民看着在美國導演下中國和日本的歧異，（這種歧異全是根據美國的利益而形成，像鼓勵中國內戰，爲美國爭奪戰界據點等），而覺到不平。這一種干涉，是使美國勞民傷財，而決不能阻止中國的改革，徒然使美國喪失了友邦，喪失了好的市場。這是對中美人民都只有害處沒有好處的。華萊士顯然也看到這一點，他在演說中強調對中國統一和平的期望。

就美國來說，美蘇也決沒有到矛盾得必須戰爭，而且英美之間也正像美蘇之間有矛盾。從美國人的觀點看，對英安　，而又對蘇壓迫，是沒有理由的。厭惡戰爭的人民，認爲各國之間都可以協商解決一切問題；否則毋寧閉關自守來得更安寧些。明白了美國人民這種想法，更容易瞭解華萊士的演講。華萊士也提到他所認爲的蘇聯的缺點，像「缺乏基本自由」等等，無論如何，這是大部份美國人的看法，美國有美國的傳統，美國人有他們自己的意見，也許他們是對的。然而顯然蘇聯所缺乏的「基本自由」，不是美國原子彈所製造得出來的。只有安定，只有和睦，才能使人類更向自由繁榮之路發展。戰爭來時美國人的「基本自由」也要喪失。

有人說：華萊士像美國的孫科，所以他的話不會對大局有什麼影響。華萊士是不是像孫科我們不知道，不過美國的民主黨並不像中國的國民黨。美國民主黨員是沒有人黨證的，也不用宣誓服從杜魯門。而華萊士這篇演講和發表的書信也不是「奏摺」或「陳情表」式的。他在向選民說話，他在呼籲人民的支持。所以一切並不決定在華萊士自己而決定在美國人民。在最近當然未必就有什麼大變動，而經過這一次復一次的衝突和激盪，人民的意志終必逐漸實現，這是我們所堅信的，無論對於中國，或對於美國，或對於世界，我們都有這個信心。

九月二十二日報載，華萊士已經辭職。杜魯門政府爲他那反動的「智囊團」把持，而不得不放棄開明的選民了。這會影響到今年十一月美國一部份衆議員的改選，也會影響到一九四八年總統大選，反動份子將以事實逐漸表示他們自絕於人民，而人民將更趨團結，美國政局也將有更激烈的爭鬥，這是可以斷言的。

平津報紙對於

華萊士演說的反映

一波

過去一週裏，聳動世界聽聞的事件，可以說是華萊士的演說。他說：美國的外交政策，不應該受英國帝國主義政策的利益所左右，而對於蘇聯，應該採取諒解和協調的政策。在美蘇的衝突，日益激烈，國內的戰事，日益擴大的世界政局下，這一演說的意義，是每一個人所能領會的。

平津報紙對於這一事件的評論，可以從三方面來說：第一是對於美國政策可能改變的預測，第二是對於美蘇關係的評論，第三是關於中國在美蘇關係中的地位。

主觀的願望

代表國民黨政府意見的報紙，不待說，是不歡迎美國的外交政策有所改變的。例如北平新生報，斷定華萊士的「輕率」言論，絕不至影響美國的外交政策。它的理由是：一、華萊士以商務部長地位，作有逾職司的言論，只能視為一個公民的意見。二、國際關係必定要有劇烈的變化發生，那麼外交政策才能聽命於商務關係。三、美國是民主國家，和戰大計決非一政黨或一部份人士所能左右，而且華萊士的言論已經由杜魯門總統撤回讚許。很明顯的，新生報的這種看法，完全是表面的就事論事。它把華萊士完全看成一個孤立的個人，來符合它自己的主觀願望。

最妙的是世界日報，它說輿論反映的結果，已經使華萊士不再發表演說。事實是華萊士和杜魯門會議的結果，杜魯門不能禁止華萊士繼續作公開演說，而只是板起上司的面孔，要求華萊士在和會結束以前，勿作反政府的外交演說。以後事實的發展使杜魯門不能不要求華萊士辭職，而華萊士却表示將繼續為和平而奮鬥。

我們雖然現在還不能斷言，美國的外交政策，是否會有所改變；但改變與否，決不會依照某些人的自私的主觀願望而決定，那是我們敢於斷定的。就是世界日報也不得不承認：美國的外交政策，正面臨着嚴重的測驗。它說：「美國面臨此舉世惶惑第三次大戰行將爆發的前夕，國內兩種意見，確已一如過去兩次大戰當時的情況，互相對立。毅然破裂抑尋求妥協，這已是每一美國公民所正嚴重考慮的問題。」事實上華萊士雖然已經辭職，可是由他的演說所掀起的波浪，正方興未艾。只有，慣于把官方的意旨來製造輿論的世界日報，才能把杜魯門總統的一紙命令當做輿論，而向美國當局建議：「今後的外交政策，似乎更可較前放手發展了！」

然而主觀的願望，是不能解決問題的。美國的外交政策是否可能改變（更重要地是：是否應該改變），還要從美蘇的關係來加以檢討。經世日報說：「華萊士的演詞。可說是針對現行美國外交政策的一種批評。由此反映出美國官員中，對於外交政策有兩種不同的看法。一種想憑藉集團的力量，來抑止另一個集團的擴充，在彼此力量不能平衡中去求得和平，這是現行美國外交政策的內容。另一種是認為不能憑藉力量來取得和平，而應用妥協方法，彼此消滅成見，可說是從滿足現實方面去謀求和平的建立。可於華萊士的演說中見之。」目下美國的外交政策，無疑地主要地是對蘇政策。經世日報上面關於美國外交政策中兩種看法的分析，可以說是正確的。

大公報說：「細讀華萊士演說要旨，實在都是極平實切近的看法。以今日國際大局言，華氏這些話，其實是很平凡的常識。然而美國要大有貢獻於世界和平，却有待於使這種健全的常識，深入人心而獲得眞正的勝利。華氏强調決不能讓恐怖在美國內外的反蘇份子，指導或影響美國對蘇政策，因為美國急切需要對蘇和平。」大公報並且說：「華萊士的演說，其針砭時弊的力量，確不可輕視。」

挑撥的技倆

華萊士所指出的那種很平凡的常識，其實不僅美國人需要知道，對於中國的那些戰爭挑撥者和反蘇份子，也應該是一種當頭棒喝。這些挑撥者甚至在華萊士發表演說以後，還用一些似是而非的論調，來施行他們挑撥技倆。例如天津民國日報說：「兩種不相容的經濟制度對立的存在，要想消除彼此間的衝突那是根本不可能的。以華氏所說的方法去換得蘇聯的合作，那只是理想而已。」兩種制度不同的國家，既然在作戰當中能合作，為什麼和平時謀求合作，反倒只能是理想呢？在另一篇社論裏，民國日報說得很明白：美國對蘇聯引起疑慮，「是因為美國擔心着自已力量的衰退，他們覺得在這次大戰結束時，美國是世界上最强大的國家，現在卻也政治經濟方面的進步，較之蘇聯相形見絀起來，、可見美蘇關係的癥結，主要地是因爲美國的「恐蘇病」。如果美國能放棄恐蘇病，在我們看來，美蘇的合作，是很可能的。

美蘇在歐洲的衝突，我們也許因爲地理上的距離太遠，難明眞象。但美蘇在亞洲的衝突，是我們所耳聞目睹的。首先說日本，現在完全在美國統治之下，中國和蘇聯，幾乎沒有發言權。在中國，是美國在各方面援助國民黨政府參加國共的調處工作。蘇聯軍隊已經撤離中國半年之久了，除了造謠以外，反蘇份子唯一的藉口，就是說蘇聯不應該搬走東北的物資。關於這件事的是非眞象以及內幕如何，我們現在還難作肯定的評斷。不過我們知道東北的物資，多半是軍需工業或與軍需有關的工業設備。在世界局勢還未澄清，戰爭氣氛十分濃厚，而中國法西斯反民主份子十分囂張的情形下，摧毀或搬走這些物資，不僅對於蘇聯的安全，就是對於世界和平的保障，也是極爲需要的。

關於美蘇關係的評論，我們認爲大公報的意見是相當正確的。它說：「華萊士主張美國與蘇聯積極和偕，反對走上新的戰爭，其實還是羅斯福的一貫政策。今天華萊士的主張與政府相忤而發生波瀾，由羅斯福的傳統政策來看，華萊士實未曾變，而是美國政府變了。美國是聯合國的首席，國最富，力最强，舉足輕重，影響最大。今天世界情勢如此不安，前途展望如此黯淡，美國政策是有極大關係的。美國政府當前的作法，是在國際大會上與蘇聯爭，在世界任何角落上向蘇聯防，甚至還有人在呼號備戰。美國政府或以爲這是出於不得已，但我們總以爲美國政府不必如此消極，還應該積極向莫斯科伸手，坦白的探求和平。」

矛盾的觀点

中國與美蘇的關係，主要地決定於中國對於美蘇的認識，在這一方面，經世日報的一些見解是自相矛盾的。例如它部分地承認美國的「門戶開放，利益均霑」政策，是種和平的侵畧方式，並且指出美國在戰後協助中國復員，整軍與調處，自有它的主觀着眼點，但又承認美國對華政策一向是比較開明的。另一方面它雖然指摘蘇聯取得中長鐵路與大連旅順根據地的權益，但同時又指出「蘇聯畢竟是社會主義國家，與帝國主義有天淵之別。」經世日報所以這樣自我矛盾，主要地是因爲自己沒有明顯的立場。它的不應反蘇，也不應反美的論調，是非常空洞的。中國目前主要的要求，是停止內戰，實現民族的政治和經濟獨立。誰在客觀上促成並支持中國的內戰，並企圖使中國成爲金融資本的附庸，防碍中國民族工業的發展，我們就應該反對誰，這是我們選擇國際間的敵友的最具體的標準。

最後，華萊士演說的影響如何？我們認爲由於華萊士的辭職，貝爾納斯政策的暫時勝利，美蘇的關係可能更加惡化起來。但美蘇之間，是否採取戰爭的形勢呢？在這一點上，我們同意北平益世報的意見。它說：「當前的美蘇衝突，還不足以引起戰爭，所爭取者尙在各地之勢力範圍，而此等勢力範圍並非生命線。所爭之地區，在於中東歐、近東、遠東，此等地區，對於蘇聯及英國之意義，遠甚於對於美國。且大戰之後，民心厭戰，即有基本衝突，製造人民戰爭情緒，亦須數年。故以爲美蘇大戰即將爆發，爲時尙早。」這種分析，可以供國內一些希望用美蘇的戰爭，來解決國內的戰爭的人們作攷參。

民主圈外

△漢口市財政局長王理源在市參議會上報告財政、最後說：「目前的財政情形不但參議先生不滿意，我也不滿意，我們都是一家人，望各位『那個』一點。」

△青年黨脫離民盟之後，領了政府十五萬萬的津貼，該黨大小人馬都分了肥，某次一個出獄的政治犯到重慶該黨辦事處要求救濟，主持人某公對他說：「我們青年黨沒有政治犯（！）你上別處去請求好了。」

△民盟張東蓀先生到滬後，曾琦老臉厚皮立刻跑去拜訪，東蓀先生見他進來就聲嚴厲色的說：「慕韓，到現在你還想來說什麼？你的路只有兩條，第一，你走你的，第二，改邪歸正。」曾琦聽後悻悻而去。

△去年「九三」，南京有數十萬人參加勝利紀念會，今年的「九三」只有幾百人參加，但汽車卻黑鴉鴉的一片，台上的人，比台下多，台上人看不過意，叫台下人「站稀些，越稀越好。」結果人在場中，好像準備練「復興操」一樣。

關於國際婦女會議的意見

——提供給鄧穎超女士——

劉清揚

鄧穎超女士因應邀赴美參加國際婦女會議，爲重視國內婦女同胞的意見，提出六項問題，希望大家就着中國實際情況發表意見。但就今日國際國內的大局而論，眞是千頭萬緒，一言難盡。總之，像這種世界紛亂、戰火漫延、人民塗炭的國際局面，絕不是英勇參加反法西斯戰爭的人民大衆所料到的。在反法西斯戰爭之中，世界被壓迫人民大衆所努力的，是爲要創造「人民世紀」，「建設世界和平」，以謀人類生活的幸福與安寧。誰能否認，在戰爭結束一年後的今日，依然又把渴望和平的人民大衆，拋入到恐怖的災禍之中。尤其我們中國人民，首先站在對法西斯日冦抗戰的前鋒，流了八年的血汗，以爭取民族解放與民主和平。但在今日，我們反因國際情勢的逆轉，助成國內戰火的滋蔓，更把我們人民大衆陷入水深火熱之中，渡着艱難困苦的歲月。因此我們不能不急切希望求得國際關係的和諧，共同走向光明和平的道路。所以我們很感謝美故總統羅斯福夫人所發起的國際婦女會議。我們相信這個會議，一定本着婦女愛好和平的天性，更能繼承羅斯福總統生前努力推進世界和平的精神，絕不容許殘餘的法西斯好戰之徒，再使世界走向戰爭，而重演違反人道的慘劇。我們很慶幸中國婦女領袖宋慶齡夫人和鄧穎超女士被邀出席，能以把我們的意見提供出去，爰畧抒個人所見，聊供參攷。我個相信這個會議，對於世界的光明前途，定有裨益，大會一定是成功的。

關於六項問題的意見列舉如後：

（一）第二次世界大戰的爆發，誰都知道，它的性質是與第一次世界大戰不同的。第一次的戰爭，原是帝國主義侵畧的分割戰，第二次的戰爭，乃是四大盟國以民主的力量，摧毀法西斯暴力之戰。尤其在美故總統羅斯福賢明的國際合作政策之下，促進了民主的高潮，所以能獲得世界廣大人民的擁護，都能萬衆一心給法西斯以嚴重的打擊。被壓迫人民，以樂觀的心理，希望民主國家的勝利。因爲他們相信，法西斯一被消滅帝國主義的發展應被制止，則世界上落後的國家，必能獲得解放而走向前進，可能提高文化改革政治而實行民主。在民主制度之中，自會防止帝國主義侵畧，及官僚資本或金融資本家的剝削，代替以民主的經濟政策，使人民能得到福利。但在戰勝之後，對於希望國際政治經濟改革的理想，竟成幻夢。政治既仍操在不民主或反民主的資本帝國主義或官僚軍閥的手裡，則爲了鞏固統治階級的權利遂不惜以敵爲友到處在保留法西斯殘餘的力量，以鎭壓人民，而求延長其專制獨裁的命運。經濟也自然不能改善，故對國際依然是帝國主義的侵畧，對人民同樣是金融官僚資本的壓搾與剝削。所以今天我們所生活的世界，實與戰前並無差異。尤其在我們所生存的中國，更爲了延長專制獨裁的內戰把全國人民都陷入痛苦的深淵裡。這是我們中國人民，以八年爭取民族解放戰爭的血汗，換得的黑暗慘酷的結局。但誰使我們中國又重陷於自已人殺自已人的慘劇？我們深切希望國際婦女會議，對此問題多加以考慮，並主持正義。我們中國婦女，更要求美國賢明的婦女們，對於美國政府以大量武器援華並長期駐軍政策，加以反對。否則，以如此廣大國土，衆多人民的中國，不能扶植它的政治經濟組織走上民主光明的軌道，而專以武器來製造紛亂，阻碍我們的前進。我們雖脫離了日本的統制，而又代之以美國的壓迫。這不但使我們中國人民受災難，而且也不是美國人民的福利，同樣也是世界人類的災害。

（二）世界各國，在政治經濟組織上，有着各種不同的差異，原是必然的。但在進行反法西斯戰爭之際，因爲無論任何不同制度的國家，都受到法西斯暴力的威脅，因此利害相關，才能同心協力，爲了消滅强權暴力侵畧的共同目標，團結合作，原希望勝利之後，國際更能互助諒解以防止帝國主義發展而永絕侵畧之患。所以不但要促進各國的前進，澈底實行民主政治，更擬聯合國際創造和平民主的世界。然後可在互不侵犯的協調中，尋求共同的利益，以保障世界永久的安全。所以才有「聯合國」製憲會議的要求，俾能確定維持世界和平的百年大計。在舊金山會議中所完成的偉大任務，是人所共知的。這原是美故總統羅斯福爲維持國際合作，而走向世界和平的賢明主張，共策人類安全的偉大貢獻。但不幸，羅斯福總統逝世，繼任的杜魯門，顯然失去了正確的南針，不能繼承故羅斯福總統的政策和精神，竟使戰後的世界，形成了資本主義與社會主義的對立，於是英美統治者又激發反蘇的高潮，以致阻碍了聯合國憲章的實施。因此不但又造成第三次世界大戰的危機而且更影響到我們中國全面的內戰，而防碍我們走上團結合作共同建國的前途，加深了我們人民的苦難。我們承認，社會主義政治經濟的組織與資本主義政治經濟的組織是不盡相同的。但如人們肯正視現實，就應該瞭解，今日社會主義的蘇聯並未澈底實行共產主義。而且屬於資本主義的英美，又何嘗不感覺到，在資本主義政治制度下的經濟政策，有改革的必要。所以國際間政治經濟制度雖有所不同，但並沒有絕對不能合作的距離。如羅斯福生前對幾次邀請三巨頭談商的努力，便是他取其大同去其小異，誠意合作的表示。如各國肯繼以誠懇的協商，求得共同合作的路線，則克服相異之處，也並不甚難。只要彼此能夠信守，如要維護自已國家的利益，就絕不能忽畧了國際共同的利益，因為必須求得世界人類普遍繁榮的發展，才能達到世界永久和平的目標。因此，我們必須鞏固「聯合國」的組織，確保「聯合國憲章」的威信，如此便可確定國際合作共同的基礎。但要保持「聯合國」的威信，則必須以公正無私的遠大政策，推動人類團結和諧的向前進，絕不應利用落後無知多數的小國，以侵犯前進國家的權益。否則，世界和平的希望，是難以達到的。

（三）在民主高潮之中，帝國主義者仍想保持其特殊權利，法西斯殘餘也想掙扎其生存，勢所必然要信賴武力而造成戰爭。但迷信武力者，終必被武力所毀滅，實是歷史的規律，希特勒和莫索里尼，便是其實例。如華萊士最近致杜魯門長函最後一段所說：「在一個擁有原子武裝之世界中，即吾人本身之安全也不能以武力保障之。」此語誠為名言。但今日所以阻礙國際合作者，確為原子萬能論。擁有原子武器者，只知可以之消滅別國，而絕未想到本國也可受其害。所以在這樣野蠻兇殘倒退的社會裏，每一個國家的人民，都應有所警惕！為了一國或一黨內少數統治階級之私慾鼓勵人民大衆好勇狠鬥，結果竟落得使多數人民陷於自相慘殺毀滅的苦難。因此我們不但應該擁護華萊士反對戰爭的主張，我更希望華萊士領導美國人民大衆，督促美國政府恢復羅斯福總統的政治路線。而且我們更要贊助愛因斯坦博士最近以美國原子科學家緊急委員會主席資格要求美國社會支持一種「新的思想方式」的運動（見九月十二三日天津大公報）。愛因斯坦博士說：「……今天我們必須放棄競爭，確保合作。這一點，在我們一切國際事情的考慮中，必須成為中心的事實；不然，我們就面對着相當的災難。過去的思想方法並沒有防止戰爭，未來的思想必須要防止戰爭。」並說：「如果人類要圖生存，要圖達到更高水準，那末一種新的思想方式是必須的。」因此我們中國的人民，不但要加强自身的團結，共同努力反抗壓迫人民的舊制，並應與世界廣大被壓迫人民取得密切聯繫，互相協助，我們要從改變思想和反對戰爭作起，並以全世界人民大衆力量的結合，共同消滅危害人類的帝國主義和法西斯殘餘，以民主的力量，促進政治走上光明的軌道，則隨之而產生的思想文化當然不會有很大的差異。廣大人民思想意志的接近，既不會造成國內的分歧，也不會阻礙國際的合作，而且更能達到「四海一家，」永久安定和平的目的。

（四）人民在其本國內，必須享受民主政治的基本權利與自由，得有安定生活的條件，才有提高文化，健全思想，深造學術，重視科學的可能。人能在不斷的進步中，自然就能發揮其能力。使人人都有加强生產，努力創造的智能，自然就可提高人民的生活水準。但如長處在反民主的現狀之下，防碍着人民的進步，束縛人民的自由，一任貪官污吏的剝削，必致我們人民的生活都過不下去。為了挽救我們國家經濟的崩潰，急切的須要改善農民生活，調整土地關係，加强工業生產，發展民族資本。但為了帝國主義者以剩餘的軍火，造成我國全面內戰，更以賤價物資破壞了我國民族工業，使我們陷於極度窮困與不安的現象中，又那有提高生活的可能？所以在我們要求提高生活水平以前，必須要首先停止內戰。但停止內戰的先決條件，則必須美國停運助長內戰的軍火，並早日撤退駐軍，方能挽救我們國家的危機。對此問題尤望國際婦女會議與以注意。

（五）我們希望人類生存的社會，是和諧而愉快的。所以我們願意世界人類，種族雖有不同，但其生活，都應該是美滿而豐富的。要使人人得到學習的機會，並能充分發揮其知識能力，而走向共同的目標，為造福於人類而努力。要使各國人民，都享有衣、食、住、行、和獲得工作職業的自由和權利。而能作到如美故總統羅斯福四大自由的主張，使人人都有：「言論與表示的自由，」「人人依照自已方式拜神的自由」，「免於匱乏的自由」，「免於恐懼的自由」。總之，一切政治經濟設施，都應為了人民，並給與人民以應有的權利。必如此，社會的秩序才能持久而永續。要保證人民應有的基本權利，並使之生活不虞匱乏，當然政治的民主化，實是首要的條件。但要政治民主化，必須消滅各國國內的法西斯殘餘。如羅斯福總統所說：「如在世界上任何角落裏還保留着法西斯殘餘，二次世界戰爭雖結束，也並不算勝利。」以今日的世界情勢而論，此言實爲不虛。所以我們要爲爭取「人民世紀」、獲得「四大自由」的社會秩序而奮鬥，必須政治民主化，方能保證人民的基本權利。我們要達到此目的，所應採取的步驟，首先則須依照人民的意志選擇其所願意支持的民主政府，其次則澈底肅清法西斯殘餘，方能達到國際的誠懇合作，自然就能建設安定和平的社會秩序。以中國的大局而論，必須促進實現各黨各派的聯合政府，實施政協決議，才能得到國內的安定與和平。

（六）今天我們仍然生活在帝國主義和法西斯殘餘苟延殘喘的世界中，因此，政治經濟的組織，依然操縱在少數僞民主的統治者掌握裏。所以社會精神道德的表現，當然還是根據着强暴與私有的政治經濟制度而產生的，自然也就不易發揮人與人間公正無私的社會美德。於是便養成自私自利、侵略搶奪、一切利已的行爲不以爲恥。以今日我們中國社會的精神道德來說，凡各地接收大員所作的貪污舞弊的現象，當可證實，在不民主的政治勢力之下，這種貪污無恥，並不爲奇。因爲人民在專制高壓之下，不能揭發其隱，即或揭發了，但凡以身作則的貪污首犯，便以官官相護的便利，掩蔽了一切。因爲現代封建的專制餘威，也只有仰賴這些無恥官僚的支持。所以凡自私自利者嘴裏雖然喊着仁義道德，實則寡廉鮮恥，背信忘義。因此我們所需要的精神道德的標準，必是從廢除自私的政治制度中所養成的產物。如在人類不自私，自由平等博愛和諧，政治民主的社會制度中所表現的精神道德，必然不會違反廣大人民的利益。我們希望促成人類之間的合作，是出於團結互助的誠意；我們希望人與人的相處，是彼此交換服務與學習；國際間的共同合作，乃是維持世界的安全與和平，而絕不需要依賴武器。那一個人，能作到爲人民大衆的公僕，那一個國家能作到依據眞理正義的精神道德，爲世界的安全而獻身，都必能得到廣大人民的擁護和愛戴，絕不是以强暴專橫，或以原子彈的威力，所能換取的。這是社會道德的眞理，也就是我們所應奮鬥的標的。

凡是我們正在爭取獨立、民主、和平、統一、安全的中國人民，必不能忽略當前的危機，還應爲了建設新的社會秩序和精神道德標準而努力！並且更希望國際賢明的婦女們爲了挽救世界人類的浩刼而共同奮鬥，並能長期合作下去！

國際婦女會議萬歲！

世界永久和平萬歲！

一九四六，九，二十。

訪張奚若先生

裴仁

他說：剿共的結果不過是造共；反動派的沒落命運絕對無法挽回。

聯大教授張奚若先生於九月十六日由上海到北平，第二天我們去訪問他，不巧他已外出。次日晨再去，才見到張先生。

張先生近年來對國民黨的政治的看法一直很悲觀。在政治協商會議圓滿閉幕的時候，大部份國人都有着很樂觀的期待，張先生却獨有很懷疑的看法。半年以來，張先生的看法逐漸得到證實。在延安解放日報也承認「過去對國民黨當局的誠意有着過高的估計」的現在，我又向張先生問起他對時局的看法。

張先生想了一想，「不大好說吶」，他說。

「簡單言之，抗戰八年，已經民窮財盡，今天應當讓人民休養生息，應當圖安定，圖恢復常態。然而政府的興趣似乎不在這些地方。」他頓了一頓，重複說：「世界萬國歷史上，戰爭之後總應該安定，現在中國一般人民都活不下去，尤其應該安定下來，力求恢復常態。然而半年來的事實明確地表示政府對此並沒有興趣。政府興趣最大的事是打共產黨。多半年來一切復員工作遲滯停頓，都是為此。前面衝突地區的交通固然不能恢復，後方的交通也何嘗眞能恢復呢？

「我的意見，共產黨是無法消滅的，也無法壓倒的，如今的辦法反而是在製造共產黨。政府應該用全副精神，力圖恢復安定，對共產黨應當名符其實地用政治方法解決——蔣介石先生總說他向來主張用政治方法解決中共問題。這話若是假的，不用說了；若是眞的，那麼那些打仗的兵是誰派的呢？——必須要心口如一，名符其實地用政治方法，才能解決中共問題。然而政府並無此種誠意，實際上只迷信武力——這武力還是美國人的——只靠打。照道理講，政協決議應當好好實施，那是今日唯一的出路，但是現在早被推翻。如今不但政協不會再開，連其他次要的會也不預備開了；若開也不過是敷衍，也不過是拖的一種手法。

「在今日政治極端腐敗的情形下打共產黨，結果是一面剿共，一面造共，在我們第三者的立場看來，是最笨的方法。過去江西剿共的困難經過已經有很明顯的事實為證，現在又更不如那時，就是有美國軍械的援助，到頭也一樣地無濟於大事。即使退一萬步說，共產黨眞能够打下去（事實上不可能的），中國也不會弄好。中國那時即使「統一」了，也是統一腐化，統一貪污，統一無能，統一封建，統一專制。我們對於這種「統一」，為中國前途着想是應該反對的，這種「統一」是要騙國家民族上死路的。我們今日反對國民黨「統一」同當年反對袁世凱「統一」是一樣的理由。拿這幾年國民黨的政績來看，今後也不會不貪污，不會有能的。國民黨是貪污而且無能，貪污而能辦一些事還可以說，這些人是既貪污又無成績。這種「統一」是不應當贊成的——況且這種「統一」還是絕對做不到的。」

我問：「張先生是不是以為國民黨已完全為無知的軍人政客操縱，沒有挽回的希望呢？

「我以為沒有挽回的希望。」

「要和日本一樣嗎？」我又問。

「法西斯獨裁制度的演變本來如此，總是這樣一階段又一階段地進展着的。無論日本、義大利、德國都是一樣。這些人的最大毛病是沒有現代知識，他們是五十年以前的陳死人還了魂，打死他也弄不好的。結果，只是徒然犧牲中國這一段命運，糟蹋中國這一段歷史。這些無知之徒，什麼也不懂，除了專權弄錢外，只會拿着大刀和槍桿向老百姓耀武揚威。」

我問到華萊士的紐約演講。

「很好。」張先生說：「華萊士的演講很好，雖然南京有些人不喜歡聽。——也許正因為南京有些人不喜歡聽，所以間接證明華萊士的演講很好。杜魯門否認他的同意那簡直是個笑話。——已經同意華萊士的意見，又撤回同意，說『僅僅同意華萊士有演講的權利』，那不是笑話是甚麼？據我看，杜魯門不像個大政治家，大政治家不應該採取這樣作風的。」這裏，我想起了羅斯福逝世時張先生在昆明演講中對羅斯福的贊揚。

「最近國軍收復區域，張先生以為可能推行土地改革嗎？」

「我以為不可能。因為第一，國民黨對人民的生活甚至人民的生存這類問題，向不發生興趣，那些平均地權節制資本的一套話早已成了八股文章。他們是一個封建集團，只對升官發財黨同或維持地位發生興趣，一切人民云云不過是毫無意義的口頭禪而已。其次，他們即使有興趣，也沒有辦法。國民黨從來連像樣的紙上談兵式的節制資本平均地權的辦法都沒有。第三，就是有了辦法，這些逢迎敷衍愛錢怕丟官的人也行不通。所以我以為，」張先生着重地說，「國民黨決對不會把中國弄好的，過去如此，現在如此，將來還是如此。」

張先生初到北平，客人很多。我遂此辭了出來。

對於張先生的意見，有些人或者會覺到不免悲觀，有些人或者會覺到太嫌偏激的。然而一個學者，他所見於過去未來的也許比我們更多更遠一些；他所見於今日的也許比我們更深一些。否則的話，張先生半年前對政協決議實施的悲觀看法，怎麼竟不幸而言中了呢？不贊成的人不妨像半年以前一樣保留自己的判斷，以待來日印證如何？

九月十九日在北平

聞一多先生之死

·聞家駟·

我們平時最愛說：血淋淋的現實；這回聞一多先生之死，便是血淋淋的現實，這回聞一多先生之死，使我們更能了解什麼是血淋淋的現實。

血淋淋的現實是不受時間的影響的，儘管聞一多先生之死已經是五十幾天以前的事情，但它仍然是血淋淋的現實；那怕在一年以後，十年以後，百年千年，億萬年以後，聞一多先生之死，仍舊是血淋淋的現實。

時間的侵蝕不會使血淋淋的現實褪色，反動派的陰謀更休想使血淋淋的現實變質。儘管緝兇破案，公審處刑，一切法律上的形式都已具備齊全，可是聞一多先生是被誰殺死的，這個曾經激動全國人民的良心甚至連行政院都要用「實爲我政府莫大的恥辱」這種話來表示態度和決心的問題，終於沒有得到公平合理的解決；而國內外輿論界的憤怒，憎恨和輕蔑，五十多天以來，不但沒有平息，反而因爲陰謀家這一套造謠誣蠛，抵賴拖延的手法而更加激動——而聞一多先生之死，仍然是血淋淋的現實。

法律沒有嚴正明確地指出聞一多先生是誰殺死的，但全中國乃至全世界的人，誰都知道，而反動派尤其知道，聞一多先生是爲了什麼而死的，既然知道聞一多先生是爲了什麼而死的，那麼聞一多先生是誰殺死的，也就不言而喻了。

聞一多先生是爲了爭取民主，爭取自由而死的。

聞一多先生是爲了反對獨裁，反對內戰而死的。

聞一多先生是爲了替老百姓宣洩了幾千年以來積壓在統治階級之下的苦情和怨恨而死的。

聞一多先生是爲了歌頌「時代的鼓手」，打破士大夫階級的「可怕的冷靜」而死的。

聞一多先生是爲了「不許勝利變質」而死的。

聞一多先生是爲了把「儒，道，土匪」相提並論而死的。

聞一多先生是爲了鑒於民族的衰頹，政治的腐敗，不甘心只是做詩人學者而要同時履行一個正直的公民的職責，於是走出書齋，仗義執言，痛罵了貪官污吏，指斥了特務流氓而死的。

聞一多先生是爲了在昆明一二一慘案替四個死難的學生主持正義，維護人道而死的。

聞一多先生是爲了在李公樸先生的追悼會上拿出了一個具有五千年歷史的民族所能有的大無畏的精神來斥責反動派無恥的陰謀，同時又用了「李先生在昆明被暗殺，是李先生的光榮，也是昆明人的光榮」這種沉痛的句子來紀念李先生而死的。

爲了這一切，本來一個人是不會死的；然而千眞萬確聞一多先生就是爲了這一切而死的—死在光天化日之下，死在青天白日的旗幟在空中飄動的昆明。

既然知道聞一多先生是爲了什麼而死的，那麼也就知道聞一多先生是被誰殺死的，而那些不願意知道這件事的人知道得尤其清楚。因此，儘管破案公審，宣判處刑，可是誰也不敢斷定執行槍決的兩名罪犯毫無疑問就是拘押到案供稱殺人的那兩個兇手，而拘押到案供稱殺人的那兩個兇手毫無疑問就是七月十五在昆明開槍行刺的暴徒，尤其沒有人敢斷定，七月十五在昆明開槍行刺的暴徒就是殺死聞一多先生的眞正的兇手。可是同時有一點，卻又是全國乃至全世界的公正人士所敢於斷定，敢於相信的，就是所謂依法懲兇，是要澈底查究此一政治暗殺的正兇和主犯，而不是用全權處理，一手包辦的方式槍決了兩個莫明其妙的罪犯就可以完事的。

大問題決不能化爲小事件，有計劃的行動決不能說是「出於一時的氣憤」。必須做到澈查主犯，嚴懲正兇，才算是水落石出，才算是案情大白，才算湔滌了行政院通令所說的「莫大的恥辱」，否則恥辱將永遠是恥辱，血淋淋的現實將永遠是血淋淋的現實。

按「時代的鼓手」，「可怕的冷靜」，「不許勝利變質」，「儒，道，土匪」是聞一多先生寫的論文。

中國民主同盟的歷史、主張、理想及其與國共兩黨的關係（程進譯自美國七月號Current History）

曾昭掄

中國民主同盟的成立及其發展

爲戰爭所破壞的中國，在其生活的許多方面，現在正經歷重要的甚至是劃時代的變革，而政治結構的變革，最爲重要。

中國民主同盟，在中國大黨之間是最年輕的。目前它才勉勉強強五年——與國民黨及中國共產黨相比，是很短的一段歷史，這兩黨各成立於一八九四年與一九二一年。在一九四一年初，當國民黨部隊企圖包圍與消滅共產黨新四軍的時候，從來就沒有太好過的國共關係，又一次爆發成大規模的武裝衝突。那時，新四軍是正在敵後與日軍作戰（很諷刺性的，現在新四軍是空前強大了），證明共產黨軍隊較國民黨人所預料的是強得多多，而公開的內戰，立刻引起內地中國人民的不滿，引起我們友人的反對批評，尤其是美國人士。

繼後重慶國民參政會開會期間，少數共產黨參政員拒絕參加。政府多少被這種局面所困惱，請求各小黨參政員在國民黨與共產黨之間擔任調解，好使自由中國在其反抗日本的鬥爭中，至少保持表面上的團結。經過彼此之間並與參政會內無黨無派重要領袖商酌以後，各小黨領袖便通知政府，他們簡直是太樂意來調解，但同時他們想組織一個「民主黨派大同盟」，來作國民黨與共產黨之間的緩衝者，並且在中國政治上構成一個眞正的第三黨力量。

當這個建議提交給蔣委員長的時候，他當即批駁，完全拒絕批准這樣的一個組織。無疑地，他感覺到這樣一個步驟的含義。不過，一個球一旦開始滾動，就自已不能停止，因此，「中國民主政黨政團大同盟」乃於一九四一年在重慶成立。

從這個組織的名稱上看來，很明顯，它的組成單位是民主的政黨與團體。具體說來，這個組織包括當時存在着的三個主要小黨（中國青年黨、中國國家社會主義黨與第三黨），以及三個政治團體（救國會派、鄉村建設派及中華職業教育派）。不過，從一開頭，無黨無派的人民（那就是，既不屬於任何上述六個黨派，亦不屬於任何其他政治組織的人民），就參加了大同盟。例如中國民主同盟現在的主席張瀾先生，從開始起，一直就是一個很熱情的盟員，而他在組織裏面，是一個無黨無派的人。而且也不是上述各黨派所有的份子，都成爲大同盟的盟員，後來大同盟改組爲中國民主同盟，他們也不是全都加盟，雖然這些黨派領袖，除有少數例外，確實是參加了大同盟的組織，而且是組織的最積極的份子。

在一九四一年與一九四四年之間，自由中國的政治壓迫達到一個新峯頂，大同盟很不可能做許多事情。大同盟確乎辦成一種本身的報紙，於一九四一年九月在香港出版，但不幸三個月後，珍珠港事變爆發，香港失給日寇，因而報紙不得不停辦。惟至一九四四年夏，事情開始變化。中國軍隊在進展的日寇手下所遭受的一連串失敗，國民黨政府的根本一無效能，以及政府官吏窮兇極惡的腐敗——這些因素加在一起，最後迫使中國人民得到結論，他們必須結束一黨統治。

爲應付這種新局勢，中國民主政黨政團大同盟在重慶召集了一次會議，並在那次會議中決定改名爲「中國民主同盟」。從那時起，同盟的個別盟員成爲這一組織的單位，而非以原來組成的黨派爲單位。但同時對於這些黨派，則一向總是表示適當的尊重與考慮，俾鞏固結合中國的一切民主力量。

一九四四年九月以後的一年，是中國民主同盟迅速擴展的一年，盟員的發展還不及活動的開展大。許多例子能够引證出來，少數的同盟盟員，實際上揮動一個整個城市的輿論。一九四五年十月一日，從全國各地來的同盟代表的第一次全國代表大會，在重慶開幕。在二星期的會議中，同盟的組織是進一步加強了，某些內部的分歧是解決了。一個確定的政綱，亦經通過，而戰後中國的一切重要問題，均經澈底討論。

青年黨退出，更加強了民盟陣營

不過，同盟創立份子之一的中國青年黨，很明顯想脫離同盟，而在它自已的完全獨立的旗幟下出現於政治舞台。在一九四六年一月各黨各派政治協商會議以後，青年黨之從同盟分離，已成了一個必要的和必然的步驟。經互相同意，此一分離自一九四六年三月生效。但是，現在毫無跡象，表示同盟裏面任何其他黨派將退出同盟，那當然是非常幸運的事。據大部份中國政治觀察家的意見，中國青年黨從民主同盟分離出去，眞正是加強了同盟，而非加以削弱。在政治信仰和政治態度上如此大相逕庭的兩個政治團體，其不相謀合是不獨表面可見，而且更其實在。或許在早期階段的分離，對兩方面都更好。在爭取民主中國的共同鬭爭中，同盟還是願意在任何時間與中國青年黨合作，雖然我們在某些問題上的觀點，是對角似地相反。

民盟對當前中國政治的貢獻

民主同盟對當今中國政治的最大貢獻，就是召開各黨各派會議，以解決政治糾紛，而不用舊的軍閥式的動武的觀念。早在一九四一年，當中國民主政團大同盟在香港出版報紙的時候，我們就作這樣的建議。由於當時很少人注意此一建議，這個觀念沉睡了三年，直到一九四四年，中國共產黨，以及國民黨比較進步的份子，不久都贊成這個提議。我們共同為這觀念奮鬥了一整年，直到一九四六年一月最後事實化。

毫無疑問，一九四六年一月在重慶所召開的各黨各派政治協商會議，將不僅是中國歷史上的一個里程碑，而且也是世界史上的一個里程碑。這次會議的含義的充分重要性，從今十年後將形顯然。現在大部份人還太近視，不承認這樣一個會議的成功，在將來的歲月中，中國政治的塑形上，具有基本的重要性。當然，同盟並不、也不能以促成此次會議的召開，全居已功，但它在這方面的領導作用，是不能否認的。

民盟與中國共產黨

這些時候，有共產黨朋友，在中國是夠平常的，雖然一個人還不能完全不虞「格斯塔普」（按指秘密警察特務份子，格斯塔普即從前希脫勒的秘密警察組織——譯者）所加來的危險。在二三年前，情形是很不同的。在那個時候，和任何共產黨員交朋友，就必死無疑，而且是殘酷的死。中國民主同盟（當時還稱中國民主政團大同盟）是唯一的政治團體，在爭取中國的自由與民主的共同奮鬥中，有勇氣與遠見，和中國共產黨諮商與合作。這種合作，開始於三年之前，已證明為一有希望的反對集團，反抗中國政治上的半法西斯國民黨右翼。這些法西斯主義者，總罵同盟是共產黨的附庸。正如一句中國老話所說：「欲加之罪，何患無辭。」

人們愛說什麼，可以說什麼。言論自由是同盟所爭取的一端。不過，事實總是事實。在「格斯塔普」組織和法西斯份子以外的任何中國人，凡是自由表示他或他自己誠實的意見，都否認這樣的責備，即使他或她可能在政治見解上與同盟不表讚同。中國民主同盟，現在不信仰、將來也不信仰馬克斯主義。它很少用或不用極端的措置，作為一種促成中國政治改革的方法。它就是擁護盎格魯撒克遜世界（按指英美——譯者）所擁護的東西——四大自由，寬容、普選、個人權利，自由競爭。但是，有人可能要問，那末同盟為什麼和共產黨合作呢？那我要反問一句：美國為什麼和蘇聯合作呢？共產主義，即使加以一切可以堆在它身上的可能的批評，它至少總比法西斯主義要好得非常之多。它在質上是基本不同的。沒有蘇聯的合作，同盟國家或者還沒有能打敗納粹德國。由於同樣的理由，沒有中國共產黨的合作，就不可能把中國人民從「格斯塔普」的束縛下解放出來，而給他們為建立一個民主國家如此重要的最低限度的自由。

我們為什麼不畏懼中國共產黨的另一個理由，就是他們雖然相信共產主義作為世界秩序的最終結果，但是他們並沒有要在現階段，也沒有要在將來一世代，把共產主義——不，甚至不是蘇聯式的社會主義——引用到中國來的意圖。而且，在任何有兩個以上政黨的國家，各反對黨常常會站在一起，反對執政黨的統治與政策，那祇是一件自然的事。現代民主國家當中最老的英國，就一直是這種情形。假定中國共產黨是執政黨，而非國民黨，中國民主同盟對這兩黨的關係，可能不同，但是照現在的情形，為什麼一個人要奇怪同盟與共產黨之間的密切合作呢？

同盟和共產黨，常常在危機發生時發表相同的政治意見，那祇是因為雙方在採取一個最後立場以前，尋常總有充分機會在一起討論問題，這樣，在他們表示意見之前，大多分歧均能解決。這樣一種程序，已顯示對有關的雙方，都有有利的影響，而中國民主同盟的出現，確乎在中國政治上有全國範圍的自由主義化的影響。

根據與共產黨所成立的一個君子協定，任何人均不能是同盟盟員同時又是共產黨員，雖然兩黨人員可以在任何時候改變其信仰，祇要事先通知正當的當局，以避免可能的誤會。由於兩黨都遭受着國民黨格斯塔普的厲害壓迫，同盟和共產黨之間，至今一直沒有發生過嚴重的衝突或爭論，但是雙方已經訂定了辦法，以解決任何這樣的分歧，假如一旦發生的話。兩黨之間的友誼與合作，可作為中國政治上合作與敎養技巧的模範。

民盟與國民黨

雖然民盟與共產黨的關係，是完全令人滿意，但民盟與國民黨的關係，卻不是這樣。這也不是民盟的過錯，從一開始，國民黨或者更確當地說那批支配國民黨的右派份子，就用仇恨和猜疑的眼光看民盟，一直到去年年底以前，他們不但不承認民盟是一個政黨或團體，而且實際上根本不承認民盟之存在。在這種情形下，民盟最初多少是反國民黨的，這殊不足為怪。從一九四四年底以後，這種態度已經修改。其時國民黨早已開始分化為半法西斯的右派與民主進步的左派。當人們知道更多國民黨的內幕的時候，他們覺得沒有理由要與整個那一黨敵對。事實上，國民黨內的民主份子，受右派壓迫，較之屬於其他黨派者尤甚。在去年，民盟已正確地懂得與國民黨民主份子合作，有如和共產黨合作一樣。這種合作，無疑將最後引使國民黨返老還童，並且促成整個中國政治的改善。

那也是一個安慰，從去年十月以後，蔣介石委員長，以及在過去數月曾起很重要作用的國民黨內的政學派，已對民盟表示一種比較和好的態度。民盟雖然仍受着格斯塔普的壓迫，但是國民黨政府現在至少是正式承認中國民主同盟在中國政治舞台上的存在與重要性。當時間向前進展，我們希望民盟與國民黨關係，將能改進到這樣的一種地步，以致可以解決民盟與共產黨之間的一切問題。目前就有若干民盟盟員，同時也是國民黨黨員。其中有少數人甚至已成爲民盟內的重要領袖。不過，這決不妨碍民盟的獨立性，因爲這些人是百分之百地爲民盟利益而工作。

再接再勵，根絕中國法西斯

中國民主同盟在中國政治上的興起，的確是奇蹟似的。不過我們對於責任，更比地位感覺重要。當然，任何政治組織，都有在國家政治上起積極的甚至領導作用的野心，但是比這更要緊的，是要使它所擁護的事情見諸實行的願望。民盟曾在阻止中國內戰恢復世界和平上盡了一份力量，但是它的歷史任務，決不是到此爲止。目前最艱苦的工作是根除中國的法西斯主義。

對於從來沒有在自己領土內遭受法西斯恐怖的惡運的美國人，法西斯主義在中國之實際存在，可能看來是根本誇張其辭。不過，任何在中國住得够久的人，就不這樣想。集中營、勞動營、以及其他典型的希脫勒式組織，分佈全國。在某種意義上說：比它從前的德國同類更加殘酷的「格斯塔普」組織，是國民黨中國的眞正統治者。把法西斯主義逐出中國，那的確要經過一個長期而艱苦的鬥爭。

再者，中國四萬五千萬人民的大多數人，必須爲民主而加以敎育。中國之成爲眞正的民主國家的大障碍，在於文盲百分數高者，還不如普遍缺乏對一個眞正民主政府的價値的認識者爲大。雖然中國久已常有某種社會民主的措施，而中國人種天性在傾向上是民主的，但是在這個國家裏面，從來未曾有過任何西方意義的民主。好多世紀以來，人民一直滿足於仁慈的專制政治，祇要他們能够得到民有民治民享的政府對於中國人是新的東西，那就部份地解釋了，爲什麼中國已是三十五年的民國，而僅僅徒具虛名。使民主的價値深入人心，眞正需要早年基督敎徒的堅持精神。

民盟的理想一定要勝利

雖然民盟一直擁護各黨各派會議，作爲解決中國政治迷亂的方法，不過並不信賴這種方法在將來的過份用處。時間向前進，許多新的立意好的政黨，一定要起來，時常舉行各黨各派的會商，形將極端困難。任何眞正民主國家的最終目的，是舉行普選和秘密投票，不受任何方面所來的恐懼的阻撓。那確確就是民盟所信仰的。

中國民主同盟是否能在將來的中國政府中擔任一種重要的角色，那是次要的問題，頭等重要的是民盟所擁護的理想，要在中國勝利。

致蔣主席電

民盟政協代表爲國大召開事

南京國民政府蔣主席鈞鑒：接讀國民大會代表選舉總事務所張厲生主任九月二十三日函，催將民主同盟參加國民大會代表名單，於本月底以前送交政府。查國民大會代表增加之人數及其分配，尚未經政協會最後決定，今催各黨派開送名單，究以何項名額爲依據，此實令人大惑不解。然此其小焉者也。竊以召開國民大會之唯一目的，乃在制定憲法，實施憲政，以奠定中華民國民主統一之基礎。然此種大業，必於全國人民全國黨派精誠團結之環境中，始克完成。今者國共兩黨正在進行中國歷史上空前激烈之內戰。一地之爭、殺人盈野；一城之爭，殺人盈城，烽火遍天地，膏血塗原野，雖歷年內戰，無此規模，更無此殘酷。在此兵連禍結之情況下，猶謂國共雙方代表能平心靜氣，共聚一堂，以討論國家基本大法，寧非幻想。若謂國民大會之舉行，不求全國各黨派之全數參加與合作，而以當權在位之國民黨單位爲之，一黨專政之局不改，全國統一之局不成，則憲法之尊嚴何在，憲政之效能何在？且事變推演所及，萬一黨派各召會議、各制憲法、各建政府、各成國家，使此十一月十二日之國民大會，陷國家於長期分裂，永久內戰之境地，國本民命，萬劫不復，此爲同人慄慄危懼寧死不願見者，又豈我公領導建國之初衷耶？中華民國之產生，已三十餘年於茲矣，內戰相循，民無寧息。其主要原因即過去當政負責者始終未能用政治解決之商談途徑。因此過去亦曾一再舉行所謂制憲會議或國民大會，亦曾一再公布憲法，然此又何補於過去分裂內戰之局？憲法之效力，憲政之推行，須有人民一致之擁護。此則在領導者之誠信，不在武力也。自今年一月政治協商會議舉行以後，國家實已得到空前未有之和平統一機會。不幸，協議各端，未能立即實施，此實全國人民痛心之事也。今者國不堪再亂、民不堪再苦。同人以爲時至今日，國家必須立即終止內戰，立即恢復和平，而後舉行全國擁護之國民大會，制定眞正民主之憲法，以實現國家之和平統一民主。東隅已逝，桑榆非晚。倘各黨派能及此推誠相與，則十一月十二日之國民大會，猶可轉禍爲福之樞紐。凡足以促進國家和平統一民主者同人當全力追隨，共襄大業。反之，凡陷國家於長期戰亂，貽禍於子孫，同人不祗不敢冒昧從事，且將呼籲國人共起反對而制止之。直率陳詞，幸垂察焉。張瀾、沈鈞儒、黃炎培、張君勱，張東蓀，張申府、章伯鈞、梁漱溟、羅隆基同叩。

信了邪教的錢昌照先生

丕强

在歷史上這幾年也許可以叫做原子彈逆流時期，這一年中人們爲原子彈衝昏了頭腦所表現的健忘和無知是可笑得很的。昨天還在罵着希特勒的，今天在一而再地重覆希特勒的言語了，昨天還在分析日本的必敗性的，今天也在投向必敗之路邁進。中國的統治者出色地摹倣着六十年來被日俄、中日等戰役衝昏了頭的日本統治者的行爲。中國軍人對美國原子彈的崇拜既不弱於日本軍人對德國的崇拜，而我們的政治經濟做了那些「少壯派」以及流氓政客的尾巴的情形，也較日本有靑出於藍的樣子，投機取巧的僥倖心隨着「押寶」（在他們看起來正是押寶，一押而押到一隻原子彈，妙哉！）的勝利油然而生，八〃年來日本是怎麼樣自陷絕路，中國是怎樣遭人欺凌，怎樣苦熬苦戰，彷彿沒有知道，或者一夜之間忘掉了。

在東北的同胞或許有更敏銳的感覺。十五年前經過一個九一八事變，日本的「社會主義者」和技術人材打着「開發滿洲」「建設滿洲」的牌子來了，帶來了日本的「國家資本」，而且說滿洲是屬於天皇的，滿洲資源要歸帝國臣民和滿洲人共享，要「禁止財閥資本侵入滿洲」。然而一兩年之後，幻想家的空想破滅了，帝國的體系現了原形，財閥資本源源而來，日本的「國家資本」所開發的資源也就漸漸都入了戰費預算。假繁榮的時期很快地過去，「滿洲是東亞的樂園」到底是一個漫天大謊，近幾年東北人民的苦況，是每一個東北人可以滔滔地敘述給人聽的。

光復以後，救世主到了東北。軍隊繼續開來保護東北人民，於是元首也來了，說：「東北將是三民主義的實驗區」。隨之到東北「實驗」的人源源而來，官僚資本也來了，封呀，搶呀，進口貨呀、紗布呀、軍糧和商業化了的「軍糧」呀，最後姍姍來遲的是「國家資本」負責人，錢昌照先生。官僚財閥資本前進的速度，雖是日本腐化程度已很深的進侵南洋的時候，也還遠不如的。在東北人眼上看來，新統治者又不同於舊統治者。

我們的「國家資本」負責人和當初日本「國家資本」的論客也有不同，我們是自認爲三民主義的國家他們是那時自認爲社會主義的人物。大概因爲「三民主義是最和緩的社會主義」吧，我們的說法比他們還要低調得多。老百姓們決聽不到一點「禁止官僚資本進入東北」的呼聲，自從成爲「實驗區」之後，比「東亞樂園」更要兼容並蓄，更要與財閥官僚「共存共榮」了。

錢昌照先生在東北的談話是沒有一點社會主義者的煙火氣，更決不像共產黨那樣「製造仇恨」的。他說：我們要以宗教家的精神，建設東北的工礦。這是今日最偉大的精神——「盡其在我」精神的另一面表現。爲了明瞭這位宗教家所信奉的宗教，最好是參看上海觀察週刊第二期上徐盈先生對他的一篇特寫，這裏面引了錢先生許多話，「將國家資本叫做官僚資本，是一種最大的誣蔑」。「我們這些人都是決定要做一輩子的」。「翁文灝先生和我如要有一點私心，有一點貪污，便無法見諒於同人」。大概信的是「國家」教，教條是沒有「私心」，不貪污，「做一輩子」，信這個教的是「同人」，就是與錢先生一樣，生活在他那「技術」「管理」兩個小圈子中的人物。似乎只要大家忠於教條，精誠所至，一切便建設得好，國家也就可以復興了。

當十五年前那些日本人材到滿洲來的時候，他們何嘗不是抱着一腔熱誠來的？他們的勇氣雄心恐怕還在錢先生之上。他們的敢於不與官僚以及財閥敷衍，他們的不貪污，沒有「私心」，和苦幹精神，我們不應該因爲他們是奴才是幫兇而加以否認，十五年前假如對他們說「你們的國家資本也是一種財閥資本，你們開發了滿洲資源無非供給愚蠢的軍人去殺人放火，」恐怕他們也要認爲是「最大的誣蔑」，或者比錢先生還要氣憤。而十五年來的事實如何呢？所謂「國家資本」所做的惡，所造成的中國和日本人民的貧困，和對日本軍閥的暴行的支持，難道在任何一個日本財閥之下嗎？

錢先生說到與民爭利的問題。我們並不必看了「與民爭利」四個字就覺到大逆不道。如果一些「與民爭利」的國營工商業，是爲了保護生產者或農民的利益，如果中蠶中紡果然對中國蠶農或棉農來得更有益處，我們一定贊成，民營工商業者爲國家前途着想，爲人民大體着想，也應忍痛贊成。但事實又如何呢？我們所看見的買辦財政經濟政策，是吸盡民脂民膏，以塡野心家無底的慾壑啊！政府的出發點就不是國計民生，而是獨佔利潤。於是那些敵僞產業，有利潤的，一把抓，有的包而不辦，有的事倍功半；無利潤時，標賣吧，發還吧。上海的天章造紙廠原是政府接管的，等到洋紙來多了，賠本了，現在要發還了。北平的工廠房屋售價都比市價還高。一方面對民間工業家商人盡狹窄的攻擊之能事，一方面對人民大衆毫無裨益。出發點便錯了，兩年三年之後的空頭支票不都是騙騙人的門面話嗎？

是的，錢先生說，資源委員會所轄工礦，是賠本的，是民間工業家不肯幹的事。我們得承認資源委員會幹着一些賠錢的事（但決不是所有的資源委員會的工礦業全在賠錢），然而這有什麼好處呢？得不償失時，賠的是老百姓的賦稅血汗；賺錢的話，「我們所有的贏利都交到國庫」，好一個「國庫」啊！估預算第一第二位的軍費特務費全是從這裏面拿的！今年，明年，四五年後，情形還不是一樣？這些錢，就用來阻止土地改革，用來加速財富集中，用來減低整個社會生產力。我們的精力，何必用來塡這種「眞空」？

每一個人在今天，都應該擴展自己的視野，整個中國是血肉相連的。我們和苦痛的人民是不可分的。這時而還妄想劃一個小圈子做爲自己的天地來建設，妄想做什麼「宗教家」，必是信奉了像「天皇教」一派的邪教，這種幻覺的精神生活，終必爲事實所否定，在內外夾擊之下趨於幻滅的。

悲憤錄

——一個淪陷區兼收復區大學生的控訴——

東方未明

只有在淪陷區住過，並經歷過那些堆滿沉重的苦難的日子的人才會感到，他們這些年的生活是多麼艱苦，所行過的道路是多麼崎嶇。

在紅樓住過的同學，也不例外，有的時候，因為沾了智識份子又是青年的光，所遭受的壓迫更沉重。

這裏充滿各地來的青年。廣東來的、山西來的、外縣來的、東北來的。也有着老北大時的教授、燕大的教授、輔大的教授，有博士、有學者。

然而，紅樓是沒有聲音的。

沒有集會、沒有社團，沒有青年人應該有的熱情的呼喊和歌唱。

在講堂上，有人敢說出一句「關於日本怎樣怎樣」的話嗎？

——這裏有日本人在上課，他們的中國話甚至比我們說的都好。地下室的墻壁上還有着塗不去的血跡，操場還殘存着日本憲兵盤據紅樓時候修築的水牢和焚屍爐。

在宿舍裏、在飯廳裏、有人敢哼「松花江上」或「五月的鮮花」一類的歌曲嗎？

——特務混在學生羣裏，像影子一樣地追逐着每一個人，永遠用猙獰的眼睛在尋覓着。

這種情形下，有的人便鑽在書堆裏，有的人便讓不為人注意的瑣事佔了身心。「莫談國事」成了每個人的座右銘。

沉默，除了那只永遠不停止的鐘。

灰樓宿舍，任何人都會羨慕的，「好舒服的房間，好舒服的房間！」然而，這房間並不舒服的。像狹的籠子，像沒有鐵欄的牢獄，我甚至聽到一位被稱為神經病患者的同學的話，他說：這裏很像病院的太平間。

靠近女生宿舍那一面是日本兵營，因為怕聽那可怖的殺呀殺呀似的練劈刺的聲音，也不願意看日本兵的可憎惡的面孔，即使在炎熱的白天，也閉緊窗放下厚重的窗簾。住在北樓的男生的後窗正對着兵營的後牆，那上面密密地排着預備機關鎗射擊用的孔道，有的同學時常深夜睡不着覺，有的甚至變得神經衰弱，常想如果有一天日本鬼子從那兒開了火，我該怎麼樣由床上滾到地下，再怎樣匍匐着推開門跑到院子裏去……。

在屋裡不敢有甚麼書籍，這兒時常有人來搜查。睡到深夜，你得提防有人來敲你的門。對種種事情，我們加着萬分的戒心，我們輕輕走路，輕聲說話，除了上課之外，我們沒有任何活動。即使是這樣，我們的同學有的受逮捕，有的在特務機關拘禁半年多才放回來。一直到現在，還有兩位被捉進憲兵隊的教授，沒有信息。

我們怎樣地在生活着呢？

正像那首囚徒歌中所說的「太陽出來又落山啦，監獄永遠是黑暗」，生活就是這樣。

世界上沒有人壓迫人的道理，奴隸們終會伸出反抗的拳頭，我們這一夥，雖然帶着枷鎖卻也給了那拿鞭子的人一頓教訓。去年春天，我們曾經打了一個日本教授，理由是：他不應該打中國人。

事實是這樣；在一次所謂增產運動時，全校師生都得在學校種些大麻、穀子等等東西點綴點綴。我們對付的方法就是怠工。這位不識相的先生不知為甚麼就給了一位不工作而去玩球的女同學兩個耳光。他沒有想到這是大學，旁邊站的都是中國人，他很自然地這樣做了，完全和平時在街上打拉車的，商店裏打小夥計一樣。於是引起全體同學的公憤，平日悶在心裏的憤怒全發洩出來了，還敬了這位日本先生一頓結結實實的拳頭。

事情鬧大了，打日本人，這還了得。憲兵隊來問，「你們學生要暴動嗎？」。特務機關來問；「你們學生裏有不良份子。」結果！兩位同學開除，四位同學記過。

這回事，卻給了全校同學、全北平市同學一個極大的衝動，點着了每個年青人心中的火種。

再過幾個月，預想不到的勝利來了。

聽到了日本投降的消息，我們沒有歡呼，沒有唱歌，甚至發不出一聲哭泣。我們沒有話來解釋那時候的感情，也許繩子綁得太緊了，突然鬆開，覺得有些麻木。

總之，我們心裏是非常歡喜。

一年之後的現在，我們心裡是非常悲憤，和一年前正是一個鮮明的對比。

同樣地，我也沒有更多的話來形容我現在的感情，我覺得較之日本統治時期，我們身受束縛，絲毫沒有減輕。我們對祖國的期待的熱情很快地便冷卻。

我們賣出剛購買的社會科學書籍，因為怕再有人來查戶口看見不方便。代表我們的微弱的聲音的壁報被撕毀。走到街上，我們隨時防備被暴徒挾上汽車因而失蹤的可能。我們說幾句批評政府的話，因而名字列入黑單，被視為危險人物：……。

我不想再多寫，較之一年前，我們的失望是夠大的。我們悲憤，我們悲憤天還不黎明，我們悲憤我們失去的是鐵鍊，而得到的卻是另一副新的鐐銬。

然而，與其說生活是苦難，不如說是一種重大的試鍊，對於我們這羣由艱苦的日子活過來的人，讓我們再回顧一下我們的道路吧，我們是走過來的，那麼，即使前面有更重大的阻碍，也得走過去。

為響應「美軍退出中國」運動
致美國爭取和平大會政治行動會委員會書

來件

你們發動的「退出中國」運動，不僅對混沌的中國局面是有利的，即對動盪的國際局勢也有澄清的作用。

中國自從對日戰爭結束，就陷入內戰，國民黨和共產黨都是擁有武力的，他們在全國各地摩擦，衝突，以致交通阻塞、工廠倒閉、土地荒蕪、人民仍然死亡流離、被徵為壯丁、担負着過重的軍費。這些災禍，我們已經不能再忍受了，因為這已經不是對日的反侵略戰爭，而是無止的自相殘殺，自相毀滅。

美國政府曾稱，希望有一個和平、民主、統一的中國。但一年來美國對國共紛爭「調解」，不僅無助於上述目的的實現，反而使兩黨的衝突日漸難解難分。因為目前中國政府不是代表各方面意志的政府，單獨對政府的援助，如軍火的接濟，武裝的配備，軍隊的運輸，以及最近八億五千萬圓的剩餘物資的轉讓，適足以增强政府的內戰意志，而與和平談判日益背道而馳。

本來，今年一月，國共兩黨及民主同盟和社會賢達人士有過一次政治協商會議，按照那次協商的決議，祗要聯合政府成立了，一個代表各方面利益的政府是可以消弭戰禍的，不幸美國的偏袒政策帶來了錯誤和惡果。

美軍駐華的目的，本來是為協助中國政府遣送日俘，現在遣俘任務已經完成，就應該退去，但我們却看見有許多美軍眷屬到了中國，這是否表示美軍將長駐中國？更何況美軍曾屢次有槍殺中國人民，强姦婦女和搶刼財物的粗暴行為，這些都是侵犯中國主權的，不是聯合國間的平等友誼行為。如此下去，一定會破壞了中美人民間一向友善的傳統。更有甚者，美軍因在華所引起的各次傷亡事件，均使中國國內和平談判更加混亂和困難，並且駐華美軍有逐漸牽入中國內戰的趨勢。這都證明美軍駐華對中國的和平無利而實有害。

我們中國人民希望美軍退出中國，並且希望美國政府對加深內戰危機的現行對華政策予以修正。在渴望和平的人民力量督促之下，中國可能怯除內戰，走上和平建設的大路。在建設世界和平及安定秩序的途程中擔任一目的任務。

我們應該響應你們，並且感謝你們的正義行動。此致敬禮

國立西南聯合大學復員學生抵平同學會
北平臨時大學補習班第二分班自治會
燕京大學星火社　燕京大學自由論壇社
燕京大學燕京生活社　燕京大學燕京文摘社

目錄

民主周刊 華北版 第十一期
主編 民主周刊社
發行 民主出版社 北平郵箱五十八號
經售 全國各大書店
民國三十五年十月八日出版

民主周刊

華北版 第十二期

中華民國三十五年十月十六日出版

收復張家口

主編 民主周刊社　　發行 民主出版社

時評

可怕！可怕！全面大破裂！

和平的機會失之交臂，一轉瞬間，四萬萬五千萬和平人民，已被黷武着推進萬刧不復的深淵！時局的嚴重，已非「嚴重」二字所能形容。可怕啊，長期內戰和全面大破裂，看來已是不可避免的了！凡是稍有良心、稍有理智的中國人，莫不爲此恐懼、悲痛、和憤怒塡膺！

中國人民都知道，進攻張家口和獨斷獨行的國民大會，是全面破裂的兩大契機。現在張家口已於十一日下午二時被政府軍攻佔，次日國民政府便頒發了國大召集令。時局危機至此已無法挽回，要來的事情終於來到了。

政府以九軍之衆，三路進攻張家口，限於十二日以前拿下來，以便於十二日頒發國大召集令，因爲十二日這天，是決定召開那個不祥的國大之最後時限。現在政府的目的是達到了，但單就國民黨政府本身利害着想，這究竟是一件喜訊還是噩耗，還値得平心靜氣地研究。就張家口來說，中共雖然早就有疏散撤退的準備，但對於此一重鎭之進退，總然是十分重視的。週前中共代表團曾向蔣主席提出嚴重抗議，並對馬歇爾提出同樣內容的備忘錄，說明「如政府不立即停止對張家口及其週圍的一切的進攻，中共不能不認爲政府業已最後破壞和平談商，公然宣告全面破裂，其因此所造成一切嚴重之後果，全部責任皆應由國民黨一黨政府負之。」果然，在張家口被攻佔的次日，也即是政府頒布國大召集令的當天，延安的解放日報社論，便以「爭取全面抵抗的勝利」爲題，號召解放區軍民實行全面的持久的抵抗了。他們斷言「今後解放區人民解除了和平的幻想，解除了像保衛張家口這類城市的負擔以後，其軍事力量必更見愈戰愈强，其兵力使用必更見自由機動；」斷言「戰爭必然是長期性的、對於這一點，我們要作充分的準備，」斷言「全面戰爭的發展，一定使戰綫越來越廣。」從這幾句富於暗示性的話看來，今後的趨向是非常明顯的了。國民黨一念之差，白白錯失了領導全國和平建國的良機，而寧願重演過去十年內戰手忙脚亂的窘態，以走向崩潰毀滅的絕路，這誠然是二十世紀的大悲劇。然而種瓜的得瓜，種豆的得豆，種下仇恨的自已嘗殃，本是無可如何的事；可悲的倒是，長此以往，兵連禍結，形見殺人盈城，積屍盈野，老百姓如何得了！如果想到內戰繼續下去，難免點起第三次世界大戰之火，而我們的大好河山將首先變成第三次大戰的屠場，變成原子彈及其他一切新式殺人武器的實驗區，我們中國老百姓將永無噍類了。

我們中國民主同盟一向堅持和平、堅持團結、堅持以和平團結求民主，一向反對內戰、反對分裂、反對因內戰分裂而滅亡；過去如此，現在如此，今後不管局勢發展到如何惡劣的地步，我們也是堅持自已的主張和立場。我們在和平絕望之前的最後一分鐘，還聯合政協第三方面留滬的代表，力圖最後的挽救。只是當我們第三方面諸代表晉京的前夕，當政府軍攻佔張家口和國大召集令頒發的消息傳到上海的時候，我們才感到自已的努力已成徒勞。展望今後大局分裂之勢，恐屬無可挽救，一個國家之內可能出現兩個政府，而彼此砍殺誅鬥，將無已時，我們憂慟至極，眞是欲哭無淚！但是我們在最悲痛的時候，也仍然保持自已的信念；堅信中華民族的未來命運，最後必掌握廣大的中國人民之手，今後我們在團結和平的工作上，也許遭遇阻礙，但是在擴大團結和平的人民運動上，仍願排除萬難繼續努力。我們相信第三方面力量繼續擴大到一定的時期，最後必成爲獲致國內和平團結的强有力的保證。

談到這裏，我們也願順便勸告一下我們的美國友人。在對日作戰的時候，美國給我們的若干援助，是我們感謝不忘的，但這一年來美國所給我們的「援助」，實在把我們的國家害慘了！一位熟悉中國內情的美國女作家史沫特萊說得對：「倘使沒有美國的干涉，中國早已走上民主的坦途了。」你們的片面援助，你們的不公正的調處，把中國的戰火越擴越大了。這戰火形將變成世界的火災，遲早會燒到你們自已的眉毛的，由於美國反動派在中國所採取的借刀殺人政策，中國人民將要血流成河，屍骨堆成山了。這個傀儡戲不是好耍的，中國人民將永遠記得你們美國好戰份子的血海深仇！倘使美國還願意在未來的若干世代維持中美之間正常友誼，那麼，美國人民便要趕快起來，拿出力量來，把美國的反動政策鎭壓下去，督促你們的政府從速改變你們的悪貫滿盈的對華政策！

從蘇聯態度說起

最近各方面有東北蘇僑陸續撤退的傳說。我們很容易因此立即想到中國的前途。蘇聯的政治家雖然有時深懷疑忌，但卻比美國政治舞台上的人物更具較遠的眼光。一年以來我們的宣傳機構造了許多蘇聯的謠言，說蘇聯援助中共，說蘇聯把東北交給中共，這些只要問一問到過東北的人，就知道全是無中生有。蘇聯始終想把東北各地移交給我們政府，只是我們倒怕中了「空城計」，庸人自擾不敢去接收。到現在以我們所知，蘇聯對中國雙方內戰始終守着中立，而在法理上仍舊承認中國國民政府。這是蘇聯長遠的打算，因爲中國的事由中國來管，本是最合理的，而中國國民政府若能擴大爲獲致中國和平安定的政府，正是全世界的好處，蘇聯也可以得到一個開明的友邦，這友邦無疑地更有利於蘇聯的建設。

不幸而事實否定了蘇聯的想法，中國內戰連綿，分裂之勢將成。中國國民政府一再對美退讓，在經濟上軍事上已在逐漸喪失獨立。我們很怕早晚會有一天，蘇聯要另選一條路來走。若到美蘇各支持一面來作戰，那麼中國這兩代以內就無翻身之望了

速停內戰！速圖團結！亡國之禍已迫在眉睫！

民盟華北總支部發言人答記者問

嚴斥中央社無恥造謠

【民盟新聞處華北分處本市訊】近日中央社發出了許多稿件，製造出民盟內部分裂及誣衊民盟領導人的謠言，記者特爲此走訪民盟華北總支部發言人，以下是問答的記錄。

記者問：中央社不斷地宣傳民盟內部分裂，究竟有何根據？

答：完全是胡說白道，沒有絲毫根據。中央社是國民黨的造謠機構，一向無事生非，沒有絲毫新聞道德。自昆明一二一運動及北平中山公園事件發生以來，該社早就贏得了「造謠社」的美稱，人民對於中央社的鄙棄，由此可見。至於製造出民盟內部分裂的謠言，那當然反映了國民黨的希望與幻想。遠在六年前，當民盟前身中國民主政團同盟宣布成立時候，中央社就開始發消息，說民盟是「烏合之衆」，說民盟就要「分裂」了。中央社就這樣喊了六年。民盟反在這樣的謠言攻勢中日益強大了。事實上，自從李公樸聞一多兩同志被陰謀暗殺以後，民盟內部比從前更鞏固更團結了，這是陰謀家所萬萬想像不到的。

問：中央社的謠言攻勢，爲甚麼特別集中到張瀾、羅隆基、章伯鈞諸同志的身上？

答：問題很簡單。張瀾同志是民盟的主席，所以陰謀家恨之最切。中央社曾製造出「張瀾退出民盟」的謠言，經張主席嚴重駁斥後，陰謀家慌亂之餘，便索性動手打傷這位民主老人了。最近張主席正在飛渝轉滬途中，想在和平運動上作最後的努力，中央社恰于此時製造出最無恥最下流的誣衊謠言，其意何在，路人皆知。羅隆基同志是民盟中央宣傳部長和發言人，章伯鈞同志是組織部長，陰謀家當然恨之入骨。陰謀家過去造謠說李公樸聞一多兩同志是共產黨，繼之便加以暗害，現在又說羅章兩同志及其他某某同志「是共產黨」或「傾向共產黨」，其欲得之而甘心的猙獰面目，便由此暴露出來了。

問：中央社再三宣傳，說民盟與中共洽定，由中共在京滬登記民盟失業人員，派往中共區工作，曾有到此消息否？

答：荒謬絕倫，不值一駁。

評蔣主席雙十文告

今年的雙十節，恰是和戰最後關頭，時局萬分嚴重，全國老百姓在十分沉重的心情下，研讀蔣主席的雙十文告，當然希望從其中窺到一點和平的氣息。不幸，失望得很！

在蔣主席的雙十文告中，充滿着循環不已的矛盾，幾乎要把我們的頭腦弄昏了。他的前提仍是非常漂亮的：「建國的基本條件，是國家的統一與社會的安定。社會秩序如果不能安定，則人民生命財產不能獲得保障，農工生產自然無由發達，而人民生活水準更無從提高，同時國家統一如果不能鞏固，則內亂必致頻仍，民主基礎自然無法建立，而建國事業亦無從着手。」從這裏引伸出結論來：「所以政府當前對時局的方針，是以保障國家的統一爲第一。」怎樣保障國家的統一呢？蔣主席的回答是「決循和平的途徑以求統一」。這好像是說，應該先和平而後統一，以和平求統一了。不幸，蔣主席的邏輯卻是與此相反的，他認爲「今日中國沒有統一就沒有和平，而統一乃是和平的唯一條件。」從這個倒裝的邏輯出發，便輕易地歸結到「政府對於分裂叛變，自不能熟視無睹，而全國同胞，對於危害國脈斲喪民命的禍亂，更不能袖手旁觀」的正題來。我們不是傻瓜，我們懂得這幾句話的意思。政府對於「叛變」或「禍亂」，既然不能「熟視無睹」，當然就應該討伐；老百姓既然不能「袖手旁觀」，當然應該去當壯丁，討叛亂。但請問這樣一來，便算是「循和平途徑以求統一」嗎？大規模長時期的內戰爆發以後，社會秩序便能「安定」、人民生命財產便能「獲得保障」、農工生產便能「發達」、人民生活水準便能「提高」了嗎？

其次，蔣主席還宣稱「政府對於今日國內的政治問題，仍是堅持以政治方法求得解決的方針。」用政治方法而不用軍事方法求解決，這當然是動聽的。但說來說去，所謂政治方法，原來就是要大家參加其一黨包辦的國民大會，及其裝點門面的國民政府，要大家「如期提出國府委員及國民大會代表的名單」，這就越說越遠了。因爲，很明顯的，本年十一月十二日的國民大會，是全國大分裂的朕兆。政府如循此道路以求解決國是，就顯然不是和平團結的道路，而是內戰分裂的道路，不是什麼政治方法的解決，而是乾乾脆脆的軍事解決了。

蔣主席的雙十文告，就是這樣，充滿了循環不已的矛盾。揭開這些矛盾性的言詞，蔣主席的眞正意向究竟何在呢？十月十一日以來時局的重大變動，已經是很好的說明，國人心裏都明白，我想用不着在這裏多說了。

雙十即景　南宮燕

民主周刊
華北版第十二期
主編　民主周刊社
發行　民主出版社　北平郵箱第五十八號
經售　全國各大書店
民國三十五年十月十六日出版

中國民主同盟對目前時局之嚴正態度

一、反對違背政協指派府委

二、反對美軍駐華助長內戰

三、反對各種反民主的手段

一、「和平或者戰爭，統一或者分裂」的問題　自從中共要求政府軍停止進攻張家口的抗議書與備忘錄及政府宣傳部長彭學沛的聲明先後發表後，這問題已發展到最嚴重的關頭，民盟從來主張提前實施憲政，決不反對召開國大，尤不反對參加國大，但必須有益於和平統一。反之，如果因爲召開國大而引起長期的痛苦亦即分裂，民盟非但不參加，還要挺身出來反對。

彭部長的文件還提到國府委員的名額及軍隊駐地的問題，這應該由中共答覆，但其中府委名額牽涉到民盟，民盟不能不有所說明，這問題，民盟在政協會當時即稱：「決不因府委名額，而使國家分裂。」當時政府堅決十二名，中共堅持十四名，以保證運用否決權。政府不同意中共要求，雙方爭執不下，民盟爲了求得和平，願意幫助解決這一問題，就是說中共要求的十四名內，可以有四名是民盟的，即等於中共放棄四名，以使僵局轉化。後來政府果然同意，但，現在政府變了態度，說是願意分一名給中共指定的無黨派人士，一共湊成十三名，這種指派性質，完全違背政協精神，民盟反對！關於駐軍問題，實際上，如果澈底實行和平建國綱領，便沒有這問題存在。因爲綱領中，明白規定「黨政分治，軍政分治」，當軍隊已經國家化了，軍隊不干涉政治了，有如今日英美的軍隊，那裡還有軍隊駐區的問題呢？現在把駐地當成地盤，所以發生了問題，而且永遠談不好，永遠不統一。

二、「民盟對美國的態度」　民盟決不反美，亦不反蘇；更不拉美反蘇，亦不拉蘇反美，而且希望美蘇合作。在中國建國的過程中，還希望美蘇都能協助我國。但，民盟之同意美國人民發起而由中國人民響應的「美軍撤退中國」運動，民盟堅決反對美軍駐華，因爲世界沒有任何一個獨立自主的國家駐有外國軍隊，尤其是在內戰中的中國。美軍的駐華顯然助長了中國的內戰。然而美「軍」退出中國，並不就是美「國」退出中國，我們歡迎美國物資協助中國建國，只要不干涉內政，不助長內戰，民盟一體歡迎。美軍如不撤退，民盟敢於對美國說：「中國的內戰，美國要負責任！」

三、「民盟對於李聞案的看法」及「整個民主運動」的問題　民盟不滿意聞案的結束，尤其不滿意李案至今尚未了結，民盟至今仍在督請政府負起責任，火速懲兇！

關於整個的民主運動，在內戰中遭受了不小的打擊與挫折，例如最近上海市的大量沒收書刊，完全是反民主的舉措，沒收的刊物中，有不少是同民盟有關係的，即使同民盟沒有關係，例如「再生」，也不應該沒收，民盟堅決反對此種反民主的手段！

總之，無論時局如何惡劣，民盟仍然堅決反對內戰，反對分裂，而主張民主。

對于今天時局的認識

執筆者：張東蓀　張申府　劉清揚

談否決權

否決權問題，本來是個不成問題的問題，現在卻成了團結與分裂的重要關鍵之一。關於這個問題，外間頗有許多誤解，我願就理論和事實兩方面加以說明。

先談理論。近代民主表決的方式有四種：一是多數表決；二是少數否決權；三是協商；四是全體通過。多數表決法，並不能算是真民主，因為那是以多數抹殺少數的意見，以多數壓迫少數來服從。假定政治上的多數非由民選而得，其多數並不能代表人民的意見，則以其多數來壓迫他人服從，尤屬危險。否決權是為了限制多數，限制他不得抹殺少數一意孤行，在重大問題上必須和少數協商，最後獲得共同意見全體通過。故否決權是為了協商，協商是為了全體通過，因而是最民主的表決方式。沒有否決權就沒有協商，拒絕否決權就是拒絕協商，拒絕協商就是拒絕與少數黨派合作，就是沒有合作的誠意。其理至顯毋庸深辯。以今年一月間的政治協商會議為例，顧名思義，是採取合作協商的方式，故各種議案，都是全體起立，一致通過，為中國政治史上開了良好的先例。國際上的三巨頭會議，也是採取協商解決的方式。今天中國的情形，究竟是該走合作協商的道路？還是該走多數包辦一切的道路？這道理也是非常明顯的了。

就事實來說。今年一月政協綜合小組開會時，談到國府委員名額問題，當時共產黨的意見，是任何多數，祇能佔全部府委名額的三分之一。孫科先生跳起來，說這樣一來，國民黨將永遠是少數了，各黨派合起來，豈不變成多數壓迫少數的局面？所以國民黨非佔半數不可。當時中共如堅持多數祇佔三分之一的見解，則政協的全部的成就必會瓦解。周恩來先生便和民盟代表商量，提出新建議，主張重要議案必須三分之二以上通過，餘者三分之一以上通過，並提議中共與民盟共同構成否決，這樣便可答應國民黨佔二分之一的多數。我當時首先贊成這個意見，因為在野黨派的聯合行動，在西歐民主國家本是常有的事。當時局面既然那樣僵，倘沒有這個變通辦法，全部協議都將變成泡影。民盟所以這樣做，正是為了顧全大局，正表現了民盟維護團結民主的苦心。我當時明明知道會被人歪曲誣解的。果然為了否決權的關係，有人竟說民盟變成中共的尾巴了。但我們為了顧全大局寧願背此黑鍋。我認為否決權的構成正是政協費盡心力的重要收獲，現在如果有人違背前約，反對否決權那可證明是存心破壞政協。最近梁漱溟先生也說反對否決權便是存心破壞大局，的確是一針見血之論。（L記）

目前局面

張

目前國家局面確已到了極嚴重、極緊張、而且也極微妙的階段。

當前顯然擺着兩條道路。一條是團結統一、和平民主、獨立為國，不受外議、循着民主和平的軌道慢慢向前發展，作到國泰民安、和樂相處。另一條卻是分崩離析，兵連禍結，生民塗炭，國命不保，重蹈清末以來的覆轍，淪為一國或兩國的殖民地或半殖民地，一時絕不能翻身。

這兩條分歧的道路，何去何從，今天就正是決定的日子。

但是國家局面不論怎樣嚴重，也絕不是沒有轉好的希望。就好像老年父母的病，不論怎樣沉重，作兒女的也絕不相信沒有治好的可能。

也許越是局面非常嚴重，所以凡是真心關心國家前途人民福利的人，不但應當挺身而出，不管利鈍，絕不自怠其努力，也才肯挺身而出，不計利鈍，定不自怠其努力。

但要努力，先要認清問題，尤其要認清問題的根本。

一、問題根本　一言揭出，今日問題所在，在于政治，今日問題的根本即在政治的民主不民主。表面的戰爭看似打得火熱，牽動一切，其實是次要的。

假使今日各方面尤其是有武力的各方面，都真以國家人民為重，對于國際國內局面確有真知灼見，就令所見不同，卻都本着一種正大的哲學方法，認為一切都有商量的餘地，相重、相敬、相容相信、相讓、實踐恕道、絕不鬧意氣、動感情、絕不唯我獨尊，也絕不覺着唯我獨真，去掉一切優越感、獨裁慾、特權心、以及獨佔真理的習慣——假使今日各方面都有這樣民主的精神，再遵循民主的辦法，當真這樣子，國家絕沒有什麼解決不了的問題。

二，解決原則　今日問題既然在政治，而且根本在于民主不民主，自應以和平方式作政治解決，也只有以和平方式作政治解決，才能獲得解決。

因此，自應舍軍事而事政治，也應後軍事而先政治，除了停戰問題以外。

假使今日各有武力的方面真以國家人民為重，真肯想想民生的艱苦，確有些仁意，想想國家是八年抗戰又加一年混亂之後，不論有什麼大不了，總應該緩一緩，先讓人民喘一口氣再說。總希望大家不要玩火，不要以火自娛為是。

又假使今日各有武力的方面真能見到（其實應該見到）誰也沒有撲滅誰的力量，而仍舊非打不可，那恐怕不是由於缺少理性而胡鬧，就是由於缺少理性而中於幻想。凡是真心反對內戰的人一定都會有此感想而不會作何怨辭。大家切不可以為在戰爭中可以增長力量，消滅對方。這不過是軍國主義者玩火者的想頭。對日抗戰時期「越戰越強」的口號，無論如何，不應該適用于內戰的今日。其實人非全知，誰能對將來有絕對的把握！那麼，又何其弄得全局糜爛，兩敗俱傷，而且徒苦吾民，作過當的劇烈的犧牲，而授帝國主義者以便於侵佔之機呢？

今日問題當然最好一了百了。但如不幸，不能立即全盤解決，先解決一部分似也未始不佳。但這自應從改革政治入手。

三，改組政府　改組政府原是民主運動者幾年來的呼求，無論到何時也沒有放棄這個的道理。今日解決問題固不妨有先後，有步驟。但民主原則必須保持，民主的規模必須確立。否則非徒無益，必適得之。假使冒民主之名，而養反民主之實，或且藉此迎入帝國主義的外力，那就必致為國家人民種下百年的禍根。

今日政府改組就要真改組。要各黨派參加各黨派就應作有效的參加。參加進去有作用，然後才有意義。這就是所謂否決權的所以必要，同時，決政機關與行政機關當然應該同時並改。事實上，也只有行政機關改組，才算得上政府改組。

四，所謂否決權　所謂否決權實在是從立法上使可以為惡的人不得為惡。

「獨唱」大會　丁　丙

今日的民主不但要服從多數，而且並要尊重少數，尤其在不同黨派之間。由此乃可保持平衡。這就是今日所謂否決權的一個真義。

假使誤認為少數派的否決權可以妨礙政務的進行，這則一由于過分對人不放心，不合民主大義；二也要看妨礙的是什麼政務，如果是失當的，加以妨礙，正是要得。（對人不放心是可以的，但不可以過分。人本可以為惡，所以要立法以防止之，正是與人為善之一義。）

因此，不談改組政府則已，如要改組政府，一種為保障和平建國綱領的否決權，確有保持的必要。

也許有人會感到，你要保障和平建國綱領，我何嘗不要保障和平建國綱領，又用着什麼否決權的設立？其實，當真如此，對於從法律上保障彼此同要保障的否決權，自應更無疑義。

五，國大問題　十一月十二日的國民大會召集令，竟爾頒布了。這不過在枝節上別生枝節，徒然增加問題解決的困難。但其實也并不值得過分重視。

這對於正在努力奔走的各黨派，也許是一個棒喝。但這在國家，乃像父母的病一樣，並不能逼得孝子賢孫悲觀絕望。

同時，凡是赤誠擁護統一反對分裂痛恨內戰的黨派人士，絕不會背棄自己的原則，參加到分裂或助長分裂的國民大會裏去。

六，停戰　內戰應即停止，原是天經地義。要想和，便不能以戰求之。要想談，便不宜同時打。戰爭好比賭博，賭博有輸贏。戰爭有勝敗。今日事實上，國共兩軍，差不多勢均力敵互有出入。誰敗了也不服氣，誰勝了也會要趁勢。這種情形之下，怎樣會打出一個結果來？更怎樣會打出和平來？在打之中談，縱然不妨，勢必不易談出眉目。

戰亂既然在原則上應停，當然在理不應附有期限。假使不幸談不攏，再打就是了，事實上又有誰能許你或不許你？也沒有規定停戰期限的必要。

七，國際調處　國家事當然最好由國人自了，應儘可能不需要外人置喙。

假使不幸，這次各中間黨派的奔走努力，仍然無任何顯明的效果，而美方友人的熱誠調解，又已幾次在事實上宣告失敗，那就為世界大局與中國人民起見，不如趁早請與遠東局面有密切關係的英蘇兩友邦同來參與調解，以求一了百了。

今日中國問題其實就是遠東問題。而今日遠東和平正是世界和平的一個中心環節。因此，為世界和平與確保避免第三次世界大戰計，也應不容坐視遠東中心點的戰火無限蔓延。

中國人素以天下為心，今日實更應有此自覺了。

中國前途絕非無望。目前戰亂沒有理由不可以停止。今年正月政協首次會的成功，已為國家前途立下了一個極好的初基。假使今日能夠恢復那個，假使今日在空氣上能夠恢復團結協商合作的精神與作風，最好能即舉行政協第二次會，根據過去決議，解決一切懸案，並謀各種決議的切實實施，或者再加上各方有力者都能更看得遠一點，也更仁一點兒，更發揮不忍人之心，那麼不論目前局面怎麼嚴重緊張微妙，轉好其實正自易易。

從國民會議談到國民大會

劉清揚

談到國大，使我聯想到中山先生民國十四年北上要求召開國民會議的舊事。中山先生當時主張召開的國民會議，便是國民大會。孫先生企圖通過當時的國大，把當時北洋軍閥把持的民國，改建為真正的民主國。中山先生為此抱病奮鬥終于在十四年春在北平召開了國民會議促成會。這次促成會開會的時候，各地代表踴躍參加，所有各界民眾團體、職業團體、婦女團體代表二百餘人，並選出推進日常會務的機構，我當時也被選為常委會駐會委員之一。可惜中山先生積勞成疾，因而逝世，促成會雖然開成了，國民會議卻未開成，只能把這項志願寫在遺囑上。但當時的熱烈情況，卻表現了真正的民意，人民是擁護國民會議的。

民國二十五年召集國民大會時，人民仍是滿心擁護，仍對國大寄予殷切的希望；不幸事實卻讓人民失望了。以北平婦女界的選舉來說，便大大違背了中山先生男女平等的原則。當時北平婦女界為了響應國大、支持國大，曾在貝滿女中召開大會，到各界婦女數千人，極一時之盛，當場選出了北平婦女界國大代表十人，記得有王子文夫人、劉廷芳夫人、雷潔瓊教授、歐陽陳錦女士、王毅儀女士、馬荃女士……等，我也是其中之一。可是名單提到南京去，竟被否決了。原來他們只要賄選與圈定的代表不要人民選舉的代表。

經過了八年抗戰，人民忍受了無數的苦難，人民對國大仍然寄予希望，希望召開一個能代表人民意見團結全國的國大。國大是應該召開的，但必須在團結民主協商的基礎上召開，纔能解決問題，纔能保證產生出一部民主的憲法。如果在某一方面包辦把持之下，製造出一套不民主與反民主的憲法，那是絕對不可以的。在目前說，如果不全面停止內戰，而在大規模自相殘殺的局面下來召開國大便是毫無意義、毫無作用，且將把全民族帶到萬劫不復之境。我們民盟對於國大問題的態度是：一，必須在全面停戰與團結和平的基礎上召開；二，必須根據政協的決議來召開，我們纔能參加。今年十一月十二日由國民黨片面召集的國大，適與上述原則相反，而成為全國大破裂的象徵。我們為了不負中山先生的囑託，不負全國人民的囑託，不作幫兇的蠢事，不落後世的罵名，當然不能參加這個一黨的包辦的非法的國大；豈僅是不贊成、不參加而已，還要聯合全國的人民堅決反對它！（M記）

致梁漱溟書

·張申府·

漱溟吾兄：別來遂逾兩週，因中途飛機生障，二十四乃到津，到平後，心身均不甚安，不能事事。事實上，平津更如世外（就一義說），對大局更難有直接盡力處。于中樞情況幾乎完全隔閡。目前真情內況，究竟如何，實不無念念也。各地物價仍在長進之中。交通恢復，物資流通，終無可望。人民雖還在忍着，實已甚不聊生。兩方究作何打算，到如何地步才甘心？豈真非滅此朝食不可耶？一部分社會人士似乎對吾儕仍頗有所期望（大公報上有此電訊）吾儕則將何以對人？何以自處？孤居獨思，仍覺吾儕應該更積極，而不可更消極。仍覺吾儕應挺身而出，而且應該發心舍身以從事。具體入手辦法，仍覺只有先共同商出一個對于目前確認為最適當的辦法，然後設法覲晤兩方最高當局痛切言之，（滬上同人最近招待記者表示，自無不是處。但弟所謂辦法，則意指更深一層，更屬積極的。）人世固有不少可變之事，但人生究竟不過百年，早晚總有離去之一日，似乎多活幾年，也沒有了不得的差別。如果吾儕看破此層，決心為現局拚此幾條老命，如此亦許竟會有補。弟幼年曾極心儀楊繼盛，今查其行狀，死時不過四十耳！吾儕真慚愧多矣。此次歸，此意尤濃。但四周時苦之聲，不幸猶不能充耳無聞。以上所陳愚戇之見，是否可行，仍望兄就近與滬上諸君子一商。當然也許大家不能同意，也許為時已遲，但百足之虫死而不殭，中國事，也難以時計也。總之，有一分耕種，似總有一分收穫。（下略）

（十月七日午前）

解決時局的關鍵

吳晗

一、紙片和彈片

這一旬是聲明旬，先之以中共周恩來先生的函蔣主席聲明，繼之以政府正式的宣告解決時局的兩項意見，接着是馬歇爾特使和司徒雷登大使的第二次聯合聲明，據今天報載，明天，這個一年一度的雙十節，國民政府主席國民黨總裁蔣中正先生也要廣播他的主張，十天內一連有四個針對時局發表肯定性的主張的正式聲明，眞可說是聲明旬了，內戰中的對手，共產黨和國民黨的領袖都提出他們的主張宣告全國全世界，作爲調人的兩位和事老人，也湊熱鬧，宣佈調處的經過。

配合着報紙上的熱鬧，在蘇北、在魯南、在平漢路、在東北、在河北、在綏遠、在察哈爾，一片喊殺聲。全國各地一片徵兵聲。在北平的人民，更別有一般滋味，成天成夜在頭頂上飛過的一片轟炸機聲，還有，米漲了價、麵漲了價、百貨都漲了價、一片的漲價聲！

談是不談了，在文字的聲明上來爭取輿論。打可是毫不含糊的眞打了，似乎要在十一月十二日片面的一黨的所謂國民大會召開之前，用重炮和飛機造成一個既成局面，作爲無條件停戰的法理的基礎。

二、越說越遠

十天內三個聲明的內容，照時間排列，最早的是本月一日中共代表團致蔣主席函，要點是政府如不停止對張家口及其週圍一切軍事行動，則不能不認爲宣告全面破裂，並已最後放棄政治解決的方針。同時另有內容相同一的備忘錄送致馬帥。

第二個是本月二日下午四時三刻政府所公佈之對時局主張要點：（一）改組政府：政府之同意國民政府委員名額內爲中共八名、民盟四名、共十二名。中共則要求中共十名、民盟四名共十四名。茲政府折衷讓步，中共八名，民盟四名，無黨派中名額一名，由中共推薦，政府同意共十三名，同時中共應即提出共府委及國大代表名單，由五人小組協定後，須得政協綜合小組協議。（二）實施整軍：先行迅速規定中共十八個師之駐地，並遵照規定期限，進入駐地，此項決議應由三人會議正式協定後，交由軍調處執行部監督施行。發表的方式也是雙管齊下，一面對記者發表全文，一面把主張要旨函告馬司兩使。

這兩個針對而又恰不針對的聲明，結語却都相同，就是說如不能照辦，則因此所造成的一切嚴重後果應由對方負責。

所謂針對，第二個聲明是第一個的答覆，而第一個聲明又是這一旬前政府方面提議召開五人和三人小組會議的答覆。所謂不針對，中共要求政府停攻張家口，而政府聲明則并未提及此點，經記者發問後，中宣部長彭學沛答覆，只要中共實行政府聲明中之兩點，可全面停戰當然包括張家口及其週圍地區在內。

兩個聲明，文字語氣都相當嚴重，紙上之戰已到了最後關頭，非僵不可了，於是出現了第三個聲明。也就是作爲調人的馬司兩使對於雙方的總答覆。

馬司聲明的主要內容，第一部份節述雙方的聲明要旨。第二部份敘述馬司於接到雙方文告後，與委員長連續舉行數次討論，結果委員長同意，由渠下令中止向張家口推進，爲期十天，在此十天內，五人小組與三人小組將舉行會議，以便考慮十月二日委員長所提出之二項建議。

第三部份爲中共之答覆，內容爲（一）休戰應無期限，政府表現誠意，應將軍隊撤至原來陣地。（二）同意召開三人及五人會議，但討論範圍不應僅限于備忘錄之兩項。

在馬司聲明中可以看出：第一，經過馬司奔走政府已經同意再下十天的停戰令，範圍限於張家口。答覆了中共一日聲明的要求。第二，政府貫澈二日聲明的主題：以五人會解決府委和國大代表問題，也就是所謂政治解決。這兩個以三人會片面解決中共軍整編和駐軍問題，也就是所謂軍隊國家化。這兩個會的期限限於對張家口停戰的十天。相對的中共方面不同意有時間性的停戰，而且要求政府撤軍到原駐地。並且主張兩個會的討論主題不應有所限制。

綜合三個聲明的主題來看，眞是越說越遠。不過，總算三方面都把牌攤在桌子上了。

三、關鍵在這裏

雙方爭執的關鍵，就第三者的我們來看，關鍵還是在政治，政治一解決，軍事也就解決了。

過去一年談判的經驗是病急亂報醫，越急越亂，越亂越急，先是從政治入手，再談軍事，談不攏，再來一套，先談軍事，再談政治，又不攏，於是再試試看，同時談，非正式的談政治，正式的談軍事，還是不攏。

這次雙方聲明中都同意由五人會談政治是合理的，不對的是，第一、既然談，什麼又是非正式？第二、既然談國內政治，爲什麼要由一個外國大使來當主席！第三、既然談，便得什麼都談，爲什麼要有限制？第四、既然談，爲什麼限於國共兩方，爲什麼不讓其他方面參加？而且，有現成的政協綜合小組在那裏，又爲什麼要另起爐灶，搞什麼非正式五人小組呢？

假如能够重開政協，以政協綜合小組來解決所提出的一切問題，研究如何切實執行政協的協議，我們相信這是解決時局的第一步的唯一辦法。

其次，目前雙方的癥結，說穿了就是否決權問題。所謂否決權也就是國府委員名額問題。府委名額據我們的記憶和瞭解在政協開會期間，政府是曾經同意中共和民盟共同保有十四名府委名額的，因爲在四十名府委中，國民黨以第一大黨的地位保有二十名，是半數，三分之一的名額即十四名恰够構成否決權的名額，即中共十名民盟四名，恰恰少一名不得，一名無用，這十四名假如得不到大多數的支持，絕對不能提議通過什麼議案，反之，只要這十四名完全一致，却可以否決任何反政協的議案可以保證政協協議的切實執行。假如這一點不能辦到，中共和民盟的參加政府便全無意義，旣不能違背自己的主張隨聲應手附和，也不能堅持自己的立場，發生反對的否決作用，無異成爲伴食，成爲淸客篾片了。而且，更可能造成滑稽的局面，在大數通過的法令之下，會演自己下令討伐自己，自己下令解散自己政黨的活劇。

在二日的政府聲明中，和我們的記憶相反，政府所同意之中共民盟府委名額爲十二名，即中共八名，民盟四名，十二名在四十名中遠低於三分之一，無論如何不能構成否決權，這辦法就中共說，就民盟說都已表示絕對不能同意。

就政府的折衷讓步而論，政府同意由中共就無黨派名額推薦一名，共爲十三名，也恰巧低於四十名的三分之一，中共和民盟也是絕對不會同意的。關鍵在這裏了！

最合理的辦法是政府履行諾言，尊重政協規定，由共和民盟的府委名額至少爲十四名。其次政府已經說出讓步這字眼，即使算讓步吧？何不再讓半步，由民盟再就無黨派中推薦一人，和中共共爲十四名呢？當然，照政協規定，無黨派府委應由三方面同意，假如照這辦法，無黨派府委由中共民盟各自推薦一名，則無黨派府委自應增加兩名，以符原數。而且這全部無黨派府委應由三方面同意推選。或者，這樣也行，辦法是在府委總數中減去兩名，共爲三十八名，在三十八名中中共民盟佔有十三名，不是也够構成否決權了嗎？

一名之爭，決定了中國今日的命運，我們想一個有五十年歷史有二十年當政地位的第一大黨的國民黨，應該有這胸襟，有這魄力，有這度量，來挽救危局，奠定國是。

否決權解決了，少數黨在聯合政府中有了發言權，有了負擔國事決定國策的地位，有了切實執行政協協議的保証，在這舉國一致的政府之下，裁軍也能，大家都裁，公平的裁，整軍也能，大家來整，公平的整，共同負責，共同監督執行，還會有什麼防區問題！還會有什麼地方政權問題！還會有什麼內戰！

我們認爲這一點是扭轉時局的關鍵。

解決時局的方案再簡單也沒有了。第一是全面的永遠的停戰。第二是重開政協，改組政府，依據政協開會時的同意，賦予中共和民盟以構成否決權的十四名府委名額。

政府能够這樣做我們敢相信比之任何美式配備都更能贏取全國人民的信心和支持。比之任何救濟物資，都更能贏取全國人民的感戴和懷念。

（十月九日）

「美國兵」及其他

△「美國兵」，「老美」等名詞，有碍邦交，北平警局已通知市民，不得自用。

「美國兵」就是「美國兵」，不會是「中國兵」或「日本兵」，「老美」是民間的稱呼，兩語都極自然，爲什麼不准沿用？推其原因，不外兩點：一，美國正帮我們打仗，「中美應爲一體」，在一體之中當然不能有彼此之分，「美國兵」一詞，顯然打破了一體的觀念，這是非常要不得的。二，我們不僅希望「中美一體」，並且希望「中國爲美國的一部份」，彼爲主我爲附，若以「老美」稱呼做主的，這更要不得了。

究竟要稱什麼呢？警局却未週知，我想最好還是把「中日共榮」時代的稱呼翻出來。當時「日本兵」要我們稱他爲「皇軍」，現在，爲了表示更高的敬尊起見，最好稱美國兵爲「太上皇軍」，若覺此詞不太順口，直截了當稱「美國爺爺」好了。

△湖北省政府爲了崇敬主席功勳，擬爲建主席湖北行館，湖北省參議會以內戰未息，民生貧困，實無餘力作此偉大建築，特建議省府暫緩動工。

主席將度六十壽慶，在全國献校聲中，献「館」也還不錯。但區區之意竟未如願，湖北省府的行政效率實在太差了！

△青年黨頭目之一左舜生說：「有人指摘美軍駐華對中國社會秩序頗有影響，對於此點，吾人認爲，少數美軍因風俗習慣乃至軍人普通習氣之不同，個人行爲發生小毛病，亦屬難免之事，若藉此挑撥友邦情感，實乃小題大做，爲智者所不取。」云。

等因，奉此，美國兵在中國的一切暴行，想不到原來也有「×統根據」，打人、殺人、强姦等等，不過是他們特有的「風俗」，縱不，也無非是些「小毛病」，難怪像左舜生之類的「智者」要跟他「敦睦」一下子的了，因爲他們現在沒有、大槪將來也不會被打、被殺、或被×。

唉！中國人，你們被打、被殺、被姦、也就算了，何必大驚小怪，惹得「政治掮客」們呲牙瞪眼，眞是罪該萬死！

評內戰中僞裝的中立

一波

隨着戰爭的擴大，政府對於人民言論自由的壓迫，愈來愈大了。在最近一個月裏，在重慶廣州上海等地被封閉的雜誌報紙，共達百餘種。北平的報紙和出版界，因爲早已清一色了，所以最近還沒有被封閉勒令停刊一類事件的發生，但警察對於書店報攤的訪問巡査，不但沒有鬆懈，反倒更加緊了。實際上，現代的戰爭，不僅國與國之間是全面的，就是國內的戰爭，也是全面的。人民的政治認識，較以前提高了。新聞出版界，構成了戰爭的另一面，這是目前的內戰和以前的軍閥內戰的區別點。

今年一月的停戰和政治協商以來的和平烟幕，現在已經完全揭開了。國共雙方在這種烟幕之下所進行的軍事準備，已經完畢。秋高馬肥，正好拚個你死我活。這是目前國內局勢的特徵。在這種局勢之下由政府所統制的報紙的一般的論調，是誇張國共兩黨之間的所謂基本矛盾，在巧妙的掩飾之下來鼓吹戰爭。

在「反對『打』更反對『拖』」的社論標題之下，世界日報說：「全面內戰，眼看已無法挽救。……老百姓儘管反對，但正如俗語所說：『天要下雨，娘要嫁人，』都是無法阻止的。現在唯一祈望的，你們如果一定非打不可，那麼，就請你們狠狠的趕快打！」

誰都知道世界日報是國民黨CC派的喉舌，而CC派是國民黨最毒辣最巧妙的宣傳的指揮部。在上面所引證的推論裏，世界日報一定強要把人民拖在一起。其實，「全國內戰，眼看已無法挽救」，只不過是世界日報的看法，而「請你們狠狠的趕快打」，也只是好戰者的啦啦隊的呼喊罷了。

好像接到了同樣的宣傳指示似的，北平行營背景的經世日報，也發表了一篇「我們不願『打』更不願『拖』」的社論。它說：「目前既無背下水而排難解紛的老人，只好讓他們拚一拚，拚下去一個不是就完了麼？如果儘管『拖』，『拖』，『拖』，拖到何時爲止呢？打雖不好，而拖却是絕症。」不待說，無論何人都是反對拖的。國共談判的拖，也的確把人們拖煩了。不過如果不對拖的責任加以清算，那只有鼓勵拖；而因反對拖而主張打，而把人民驅上火線送死，那更是捨本求末了。

現在已經證明：一月十日的停戰命令，以及以後的政協會議，只爲現在的內戰爭取了準備的時間。在這九十個月裏，大批的政府軍隊運到了華北和東三省。究竟誰在拖，恐怕要等幾個談判經過的公佈，才能知道清楚；但就幾樁大事件來判斷，大體已經很明顯了。政府報紙指責長春之戰是內戰爆發的開端。但在一月停戰令簽訂的當時，共產黨堅持範圍應包括東北，而國民黨堅持不肯包括東北。在這一點上，究竟誰澈底主張停戰，和誰不澈底，已經就很明顯了。後來共軍進入長春，據說城裏只是政府改編的僞軍。是非的曲直，也許有値得討論的地方，但在共軍退出長春以後，六日第二次停戰令的簽訂，似乎應該可以和平了。但接着是政府軍的圍攻中原共軍根據地，和共軍的突圍。以後又是政府要求共軍退出蘇北，熱河，張家口，內戰因而越來越加擴大了。從上面這幾件大事看來，究竟誰在爭取時間，誰在得寸進尺，已經很明顯了。

照上面說來，一月和六月的停戰，旣然是爲了拖；那麼現在的不願拖，以及反對拖，一定是因爲打有了把握了。世界日報不已經把中國分成中華官國和中華匪國，而主張大張討伐了嗎？然而不幸得很，政府的戰爭準備雖然完成了，但勝利的把握，却還大成問題。這也就是爲什麼在高呼反對拖的時候，還仍然用得着反對打這塊幌子。假如「共匪」可以一下子殲滅的話，我們相信世界日報一定不是用「請你們狠狠地趕快打」來號召，而會用「趕快殲滅共匪罷」來號召的。

戰爭的發動者，總是陷於自相矛盾的地位的。就是經世日報也得承認：「仗打得兇，物價也漲得厲害。不僅人民活不了，政府財政也萬分困難。鐵路交通永無恢復的一天，貨無法暢其流。若干新收復區，政府不僅無糧可徵，還要增加負擔。生產日益萎縮，鈔票却日益增多，物價將只有無止境上漲。……像目前從哈爾濱到海南島這樣綿長的戰綫，我們敢斷言，決不是「兩年」的短期所能結束。……中國目前經濟情況，支持不住長期內戰。雖難免多少受了可以獲得外援的鼓勵，但在這種考慮下進行內戰，只有把中國問題投入國際糾紛漩渦，而不可自拔，並陷中國人民於萬刼不復之數。」

內戰不能打，可以說是鐵一般的無情的事實，甚至使喪心病狂的人們都不敢公然號召戰爭。在這種情形下，政府所統制的報紙，一方面避免檢討究竟要用如何的方式來實現停戰，一方面却誇張國共雙方之間的所謂基本矛盾。例如世界日報不只一次地引用國共二十年來的衝突，來證明國共的矛盾，只有訴之於戰爭的唯一辦法。共產黨 月以來所一貫主張的無條件全面永久的停戰，除了輕輕地用無誠意三字來武斷地批評外，從來沒有加以仔細的檢討過。結果「不能打」縱然不是有意的烟幕，也只成了非常微弱的呼聲；而對於如何來實現停戰，可以說沒有任何具體的建議。

世界日報高呼人民要行使主人的職權，不能採取中立。它首先武斷地肯定作爲中國主人翁的人民，是沒有實力的；然後它說：「我們最低限度，也應該判定誰最兇狡，違抗主人的命令？」但是究竟誰違抗了主人的命令呢？內戰已經打了約近一年，世界日報還沒敢於公然地指出。這主要地是因爲世界日報要主人行使職權是假的，而世界日報在國共衝突中所採取的這種中立態度不過只是一塊招牌而已。在政府所統治的區域裏，眞正的中立者常常會要被帶上紅帽子。國共以外的第三大黨的民主同盟，因爲不能和政府一個鼻子出氣，所以它被稱爲共產黨的尾巴，它在重慶的機關報居然被封了。世界日報外表的中立態度，不過只因爲如果完全站在不得民心的中華官國的立場，是不能假借人民的意志罷了。

但在這人民世紀的中國人民，是眞沒有實力嗎？在這裏我們不能不指出世界日報宣傳的雙重的毒素的。第一、它企圖在精神方面解除人民的武裝。在竭力地誇張中國人民沒有實力來制裁國共的衝突的當中，世界日報偷偷地向人民灌輸一些悲觀和失望的思想。第二、它企圖混淆人民的明確的立場。無疑地，世界日報的那種在國共兩黨之間中立，只是一種非牛非馬的中立，對於問題的解決，是不會有什麼幫助的。

中國的人民是有力量的。而且正是因爲人民力量的日益增大，所以政府才日益加緊地實行法西斯的統治，增强束縛人民的保甲制度，推行所謂警管制。摧毀人民的言論出版，而在另一方面，極力扶植各種各樣的宣傳麻醉機關，來企圖解除人民的力量。但有了對於國民黨多年的統治，和八年的對日戰爭的經驗，人民已經知道：要求政治的解放，經濟生活的改善，首先應該有人民自已的武力。假如沒有人民的武力，不僅三民主義的民生主義的實行沒有保障，就是民族主義的貫徹，也是談不到的。

今日中國主人人民的命令，是政治民主化，軍隊國家化。但世界日報很巧妙地把它改成：「要國民黨還政於民，要共產黨還軍於國」。本文已經提到，這次內戰和以前軍閥內戰的區別，在於人民的政治認識較以前提高了。世界日報這種移花接木的手段，並不能欺哄人民，只能證明它是國民黨的喉舌而已。人民知道現在的政府軍隊，只是國民黨的軍隊。這枝軍隊不僅在數量上，現在超過共產黨軍隊好幾倍，而且在眞正依照整軍方案實行整編以後，仍然會超過共產黨軍隊好幾倍的。所以軍隊國家化主要的項目，應該是國民黨還軍於國。但現在的國是國民黨的國，所以在還軍於國以前，先要這個國實行政治民主化，而政治的民主化，決不能由國民黨一手包辦的國民大會所能澈底辦到的。

在國共衝突中，美國扮演着調處者的脚色。調處者自然應該是中立的。政府報紙對於美國馬歇爾特使和司徒雷登的調處，口口聲聲地代表人民感激到五體投地。究竟人民是否感激，人民的讀者自已知道。本文因爲限於篇幅，不便詳細論斷，謹將大津大公報十月七日的社論，懷疑美國的對日政策、摘錄介紹於下，來供讀者的參攷。須要指出的，大公報對於美國的對華政策，也和其他報紙一樣，感激到五體投地，不過在美國對華政策下，它指出了兩點值得我們警醒的地方。即：一、美國的世界政策，是培養反動勢力，二、美國的對日政策，對中國不利。

「誠然，打敗日本，美國出力最多，但是戰爭的目的，並非依據戰功而變黑白。日本是戰爭的禍首，它戰敗了，美國管制日本，是受聯合國之託，以實現聯合國的共同目的：管制日本，消滅其侵畧性，使其成爲和平民主的國家。但在日本正式投降一週年對麥帥所作的演說，謂『日本將成爲戰爭的跳板』，並强調『公開而未宣的戰爭』之存在，顯然是把管制日本這一任務，帶入另一個新的世界鬥爭了。

「美國爲她的一種世界政策，不惜培養日本的反動勢力。日本國體原封不動。麥帥反阻止日本人民反對天皇的進步運動。我們實在想不到，管制日本竟是教日本財閥重整旗鼓，由美國供給棉花，發展其紡織業，拒不將日繭運華，反伸手向我東北要煤鐵。美國並慷慨施捨，贈送麵粉及其他物資。美國對於日本統制階級，溫存體貼無微不至，而對盟國，尤其中國的利益，不加考慮。」

大公報認爲美國的對日政策與對華政策，互相矛盾。但在我們看來，美國的對日政策和對華政策，都是它的整個世界政策的一部，決無矛盾可言。換句話說，美國顯然地只爲它自已的利益而打算，而未顧及到中日兩國人民的利益和世界的和平的。這也就是說，在調處中國國共的衝突的時候，它沒有採取中立。很明顯的如果在對日政策上，美國是培養反動勢力，又如果它一定不會扶助進步的勢力，又如果它的對日政策對中國不利，那麼它的對華政策，也同樣不會對中國有利益的。

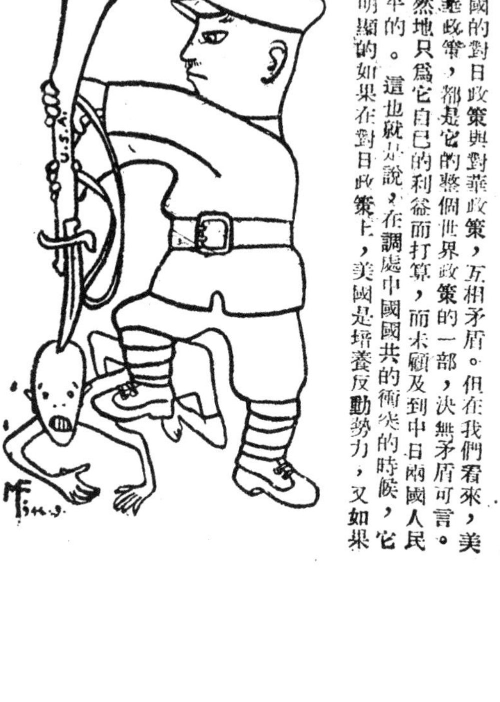

運用美式配備建設中國「民主」　牧夫

論民主政治

（十月四日在燕京大學講）

吳晗

民主的時間性、空間性、和階級性

民主政治這一名詞據說有很多種定義，列舉各種定義和說明它們的長短，是專家學者的事情。今天所要說的是這名詞有時間性，有空間性，前一時代和後一時代，這一區域和另一區域，儘管名詞一樣，內容卻儘可以不同。前一時代所需要所標榜或者另一區域所實行所標榜的，不一定適合於我們這時代這區域。甚至同一地區同一時代同一個人種所喊的民主，內容也可以完全相反，特別是在今天的中國，這情形特別顯著，也可以說這內容相反的同一名詞的對立，是今日中國禍害——內戰的根源。

舉例說，羅斯福總統所提倡的四大自由，就比之林肯時代，華盛頓傑非遜時代的說法，意義上，內容上，更豐富更重要，比之法國大革命時代所提倡，所喊出平等博愛自由也更向前邁進了一大段，比之英國舊大憲章時代是進步得太多了。

就空間而論，舉例說，歐美一些國家人民所已經享受的正是我們今天所爭取的，如思想言論身體出版旅行等自由，如選舉權，如議會政治。都是今天中國人民所用全力爭取的。當然，歐美等國家所實行的民主政治，也還有許多不夠好的地方，歐美等國家的歷史發展，社會衍進和我們的並不完全一致，他們所已有的是我們所要爭取的，他們所欠缺的卻不一定是我們也得依樣畫葫蘆，非欠缺不可。

而且，這名詞不但有時間性，有空間性，還有階級性，在過去歷史上，大家都知道，在貴族專政時代，小市民興起，起來要求政權，就小市民和貴族政權的鬥爭說，是爭取民主。可是這種爭取到的民主只是工商資本家的民主，勞工和廣大的農民並不能享受民主生活，到近代，工農抬頭了，又向資本家爭取政權，要求民主，這發展在有的地方已經成功了，但是絕大部份的世界卻還在繼續爭取中。

就今天的中國而說，我們所要實行的民主，第一要適合於這個時代，不是歷史上或十八〃世紀的，也不是什麼未來派的，二十一二世紀的，而是二十世紀，所謂人民世紀的民主政治，主要的根據是羅斯福的四大自由，俗言也就是政治的經濟的民主。第二是要適合於這個區域，這是一個以農業為主要生產手段，工業剛在萌芽的國度。第三要適合於全體人民，不論它的種族，智識程度，和家產多少以及性別之類。絕對不是為了少數特殊集團，或少數官僚，買辦資本家。

以下我準備以一個研究歷史的人的立場，談談中國歷史上的民主，其實這個說法根本有問題，中國歷史上從來沒有過民主，假如像有些人那樣一定說有，而且很多，很時髦，那也屬於我上面所說的時間性，過去那一些完全和今天我們所需要的不合。這些人所以要這樣說，我卽使客氣一點，不說它們別有用心，至少也是糊塗，不忠實於歷史。

其次要以人民的立場，具體指出我們所需要的民主政治的內容。

中國老早就有了民主嗎？

從歷史說：

第一，有人以為孟子時代所說的「民為貴，君為輕，社稷次之」是民本主義，或什麼主義，就是說中國很早，比外國還早，已經有了民主思想，於此，我們得認清時代，得認清階級性，看孟子所說的「民」是什麼？

據我們的了解，似乎孟子所說的民並沒有包括人民大衆，像今天所說的「人民」，相反的所指的是一個特定的階級，即工商貴族，戰國時代工商業興起了，這一批新興的資本家不滿於舊的封建貴族的剝削和專政，利用土地吞併和經濟壟斷的力量來要求政權，然而在本質上，這些人並不比舊封建貴族高明或開明多少，不過是新剝削者代替了舊剝削者而已。在這潮流中，孟子適應時代，成為這批新貴新富的代言人。假如能說這是民主，那末，也就難怪今天還有人在替一批官僚資本家歌功頌德了。

同樣的所謂「平章百姓」的百姓，也和今天所說「百姓」「老百姓」的內容完全不同。古代的百姓指的是有特權的貴族，而今天呢，一個大兵走進老百姓家，可以為所欲為，是在大兵底下的一個最廣大的勞苦階層。

「平章百姓」的意思是讓這些貴族也得到點好處，免得和寡頭貴族爲難。

第二，有人以為歷史上有「議」的制度，清朝的五大臣會議，明朝內閣六部九卿會議，上推到兩漢的集議，不但是丞相御史大夫，連博士儒生郎中待詔都可以參加，著例如漢宣帝的棄朱崖，以及鹽鐵之議，在集議時容許有反對的意見發表，而且有很多次數，政府當局還不能不放棄他們自己的主張來遵從下級小官的公正有理的建議。於是，有些人以為我們的議會制度也比外國早，比外國好，雖然形式上不固定，可是確實有民主精神，我們眞是老牌的民主國家。

於此，我們得問問，議員是代表他的選民，為選民爭取福利的。至少不應該站在政府的立場，為政府說話。質言之，議員是代表人民的。那末，在中國歷史上，無論那一時代的集議，有那一個人是代表人民的？從丞相御史大夫到儒生博士，從五大臣到九卿科道，全是官，全是道道地地靠政府養活的官僚，充其量也只能說是官僚會議，為官僚本身利益而舉行的會議，縱然講鹽鐵不能不提到人民，講戰爭不能不提到人民，可是主要的立足點還是為了政府的，為了官僚的利益。拿今天的話說，是道道地地御用的什麼什麼會議，這又和民主政治那有一絲一毫相干呢？

第三，有人以為過去中國有三省制度，中書出令，門下封駁，尚書奉行，君主的詔令容許中書舍人和門下省駁回，而且君主的命令必須經由門下省發出才算合法，否則，便是墨敕斜封，是手諭手令，是違法的，是非法的。就拿這比附之於現代內閣制度，議會制度。君主或總統下令由內閣總理副署一樣，以爲這是民主政治。

其實，三省制度只是一個鬆弛的官僚行政機構，其目的是防止君主的過失，維持君主的永久治權，和民主政治一絲一毫也搭不上。

有人說，這時代政府大官大部分是平民出身的，是平民政治啊，也就是民主政治啊，這就更胡說了。唐宋以來誠然有很多大官是平民出身的，可以舉出幾百幾千個例子，可是，要明白，原來的平民，一做了官，就成爲官僚了，成爲君主私人的奴僕了，他們所關心的是君主和他自身的利益，所做的是替君主搜括，剝削，和鎮壓人民，以及研究如何使人民能够長期忍受剝削而無法起來反抗，如此而已，如此而已。

把官僚政治曲解爲平民政治是對歷史的不忠實。假如一定說是的話，今天政府中的大官，並無貴族，大概也都是平民出身的，至多也不過是到外國鍍過金，喝過洋風氣的博士碩士之流，你也能說這是平民政治，民主政治嗎？

例子太多，不能列舉，總之，就我們的看法，中國歷史上，現實上，從來也不會有過民主政治，甚至民主政治的影子。

現階段民主政治的基本內容

民主政治不是靠歷史遺傳的，更不是靠恩賜得來的，而是要人民拿自己的力量來爭取。

我們今天所要爭取的民主政治，它的內容，就個人說是生活態度方式，也就是生存的一切，沒有它活不了，至少活不好。就政府說，我們要一條鍊子來拴住它，要它前就前，要它後就後，就國家說，我們要自己來管理國家的事情，不勞少數人操心，簡言之，我們要作國家的主人。——

分解的說，第一是政治的民主，我們要有完全無缺的一切自由，從思想言論出版集會旅行居住演劇通訊以及最基本的人身自由。

我們要有選舉權，被選舉權，沒有這權，不納稅，不當兵。而且選舉權被選舉權不應有財產種族文化水準及性別的限制。而且不但有選舉權，還得有罷免權、創制權、複決權。罷免權和選舉權是相對的，我們選出了這個人，這個政府，這個人這個政府搞得不好，隨時可以撤回，可以用合法的程序罷免他，推翻它。這就是我上面所說的鍊子，沒有這條鍊子是不行的，瘋狗無鍊會到處咬人，咬主人。

「簡言之，人民自己來組織政府，也隨時可以掉換，推翻這個政府。政府之能繼續與否，取決于它的政績，爲人民服務的政績，而絕對不能取決于鎗桿，以及美式配備。」

第二是經濟的民主，沒有經濟的民主，政治的民主是會落空的，這兩樣東西正如自行車的兩個輪胎，互相保證，缺一不可。

經濟的民主，簡言之，耕者有其田，工者有其器，普及的教育和每一公民最合理生活的保證。

消極方面是澈底消除官僚資本，買辦資本。建立以人民爲主體的經濟體系，取之于民的條件是用之于民。這也就是國家資本和官僚資本的區別。

具體的說人民自己沒有公共會場，就無法開會。沒有印刷機構就無法傳達出人民的呼聲，工廠不屬於人民，工人就永遠被剝削，土地不屬於人民，人民就只好子子孫孫永遠受田主的氣。

經濟上不民主，政治的民主就完全落空了。

除此以外，我們還要有——

「第三教育的民主，學校裏假如還是黨團控制一切，還是訓導長掌握學生的命運，教科書還是由某些人一手包辦，教員的聘任，學生的取錄和不取錄，還是要用思想的大帽子，這種教育是反常的，倒退的，不應該存在的。

第四是軍隊的民主，有人說只有軍隊裏不能講民主，鬧民主軍隊就得垮，這話是不對的。反之，只有民主的軍隊，每一軍人，每一軍官都明白他的責任，對人民的責任，自然會有好紀律。像一般的打罵制度、體罰制度、拉夫制度、吃空額讓士兵凍餓的制度，都是反民主的。

第五是法律的民主，這一點很重要，過去的法律是反民主的，例如明清律中有八議，議親議賓議功之類（尤其是議賓，即外國使臣）法律只適用于平民，不適用于特權階級。更不適用於外國人。今天，我們有許多種法典，可是也只是爲的對付平民百姓，親貴功賓還是例外。這是不應該的。反之，只有把全體中華民國人民不管有槍無槍有錢無錢有官無官都放在同一的而且唯一的爲人民所批准的法律之下，這才是民主國家，才是民主政治。

第六是外交的民主，過去我們是弱國，弱國無外交，我們的外交人員上不了台盤，即使上了，也說不得話。今天呢？我們也居然出席各種國際會議，有時候居然被賞臉作起主席來了。可是依然無外交，原因大家明白得很，不必多說。

不但如此，一個獨立自主的國家，而有另一個國家的正規軍隊在駐紮，在第一種第二種任務完成以後，還有第三種任務，說是維持中國的和平，試想一國的和平要靠另一國家的軍隊來維持，這叫做什麼國家，什麼外交！

而且，這過去爲我們打擊敵人的軍隊，在今天到處殺人、搶劫、强姦婦女、種種惡行不能不想起九年以前另一種軍隊，另一個國家的情形。

第七是民族的民主，中國國內存在有很多小宗族，如苗族羅族蒙古人之類，從過去到今天始終都在大漢族主義控制之下，因之造成許多不幸糾紛和衝突，這也是反民主的。今天，應該尊重各小民族的自治地位，從各方面去幫助他們，使眞能達到自主自治的地步，這才符合于孫先生的民族主義才符合于這世紀的民主政治。

「第八是黨派的民主，按照民主原則，任何黨派不能享有其他黨派所不能享有之特權。各黨派在人民之前一律平等，根據原則，今天應該做到的是各黨派交軍于人民，各黨派退出國庫、自籌黨費、退出軍隊、退出學校，退出各公立機構，如鐵路局工廠之類。

（下接第十六頁）

觸目驚心的比較

駱逢化

進步？由次殖民地到殖民地！

國民黨的創始者中山先生生前目覩中國貧弱的慘象，於周遊列國之後，不禁慨然稱道：中國的國際地位連殖民地的印度、安南都比不上，因爲他們雖然被人壓迫，還祗是做某一個國家的奴隸，但多少還要受到一些「照護」。而名義上獨立的中國却處處受人欺侮，而且是無限制地受許多國家的欺侮；即使在任何苦難的情況之下，也得不到壓迫者的「照護」。把這兩種情形對比起來，顯然地中國比不上殖民地，所以孫中山先生沉痛地說：中國是個次殖民地的國家。

當然，中山先生說出這種話時的心境是值得我們同情的。這種話的意義是值得我們警惕的，但是，今天好了，中山先生的一忠實信徒—國民黨員們，在他死後十多年的今天，算是爲他出了這口氣——經過長期「艱苦奮鬥」之後，把中國的國際地位提高了，由次殖民地提高到殖民地的地位了，這就是說中國已經從被許多國家壓迫的情況下，「進步」到隸屬於一個國家了；從一個一向無人「照護」的國家，「進步」到被人很親切的「照護」了。

我們用這種筆調來描述中國的現狀，態度不免有欠嚴肅，但我們的心情則是沉痛的，因爲這一年來國民黨的執政當局公開的和秘密的斷送掉與出賣掉國家的主權眞是不可計算，僅僅爲了要維持一個貪污腐敗的集團的政權，國民黨執政者整個地投入美國的懷抱；不惜用一切國家的礦山、航權、原料和實際的主權，還有民族的自尊去換取一些禍國殃民的武器物資以及美國的駐軍，進行大規模的內戰。這樣就實際的使中國淪爲美國的殖民地，而不以爲恥，反以爲榮。並且居然在上海南京各地會發表歡迎美軍駐華的談話與文告，而絲毫不考慮到人民的意見。

政府，你感到羞恥不？

自從美國兵改變了駐華的任務之後，早已改變了盟友的態度而成爲中國內戰實際上的帮兇，并且宛然以征服者的姿態，對中國極盡其輕蔑侮辱之能事，翻一翻這一年來的記載吧；你會觸目驚心，有美國駐軍的地方，就有毆打，强姦……的醜事發生；有美國駐軍的地方，就有槍擊、拳殺……的慘案發生；你更應該留心，有美國的駐軍的地方，物價會跳躍得更快更高。總之，有美國的駐軍，加上中國貪污腐敗的集團，結果人民一定是生命沒有安全的保障，生活隨時要遭受騷擾和不安。

苦難的中國人民，多少年來受盡了國內惡勢力的剝削壓搾，於今還要承擔外國軍隊的侮辱與欺凌，而中國人民是善良的；他們始終都在希望，希望那些高高在上的主子們會恢復一些「人性」，來看看許多被壓迫被蹂躪的人民究竟是在過着怎樣的生活？如是，他們期待着。當南京的一位弱女子被美兵強姦了，他們期待着；當北平的一位學生被美兵槍擊了，他們期待着；當北平天津上海青島發生了一連串的美兵暴行後，他們還是期待着，期待着自己的政府，會爲自己的人民想一點辦法。但是，他們失望了，這個政府不是屬於自己的。

終於上海又發生了打死車夫的事件，人民以爲這還不夠向美國清算嗎？人民清楚的記得，不久以前美國兵橫行在中國的領土上遭受了一點打擊，幾乎弄得驚天動地，差一點沒有向中國的人民宣戰，原因是美國人很重視人命，很講人道，可是現在呢？他們又打死中國人了，該怎麼辦呢？人民憤怒了，而我們的政府一依然沒有聲音，還要說人民的憤怒會妨害的邦交。

普通國際間對於這類事件的處理情形我們姑且不說，過去不久的中國歷史似乎應該够人警惕，清朝晚年，好幾次的對外戰爭，常常是爲了人民妨害了一兩個負有特殊任務的傳教士引起來的，中國因此而失去的主權不知多少。誰能想到若干年後的今天，情形竟轉變得如此荒謬，駐在中國的外國軍隊居然可以任意毆擊殺害中國的人民，以至侮辱中國的公務員，而中國的政府會若無其事，好像還有包庇袒護的意思，這眞是荒謬，極大的荒謬！

政府，我們要問你，你感到羞恥不？自己的人民給打死了，你不敢出聲，人民的憤怒和抗議，你禁止不了，便裝聾不理，成什麼體統？政府！我們要求你迅速省悟，因爲一個不關心人民安全不理會人民的政府算什麼政府？退一步說吧！就算爲了民族的自尊（這是你所早不重視的），你也該拿出一點勇氣，一點誠意，接受人民的意見，爲美軍連串的暴行向美國政府正式提出抗議，能這樣，雖然人民對於你和美國的關係還有許多需要清算的地方，但最少可以暫時舒一舒不平之氣吧。

還是印度比我們强！

用三分法來分劃等第，孫中山先生把世界上的國家分成獨立國，殖民地和次殖民地三等，印度是屬於第二等的，中國是屬於第三等的，這個等第原已說明印度比我們高一等。如上所述，當中國由次殖民地晉升到殖民地的時候，我們不免有些受寵若驚，眞的和印度變成了兄弟之邦。

可是，也在相同的時候，印度也被提升了一級，成爲了所謂的獨立國家，這自然又超出了我們，便免不了有些忌羨，這矛盾終於爲印度獨立的實際的情況而打開，印度的獨立并不是眞的如理想那樣，而且印度自己內部又多糾紛，問題正多，流血衝突之事時有所聞。如是印度獨立的評價，并不能如我們所假想之高。

然而，印度畢竟不是中國，多年習慣於奴隸生活的印度人，在可能得到自由的時候，他們還是需要自由，因此，當臨時政府正在受人批評的時候，尼赫魯驚人地發表了請英軍退出印度的聲明，此外更竭力打開印回之間的僵局，就在幾日之間，使局面頓現澄清之象。

想一想呵！一個剛從牢獄裏出來的領袖，原是被英國人利用的政府首腦，在英印的那種關係中，他爲了印度的光榮，依然表現了他所應該表現的。

再回頭看看我們，我怎能不說印度比我們强！

從召開國大看危急的時局

丕强

今天的國民政府，彷彿一反近二十年來的作風，要迫不及待地「還政於民」了。最近已不顧其他黨派的反對，決定在十一月十二日召開國民大會。

開國民大會，實施憲政，本來是最好的事，是二十年、尤其近二年以來，人民所期待的事。因爲人民在國民政府治下，覺到這一個政府中雖不是沒有人材，可是貪污一天天多起來了，事情越辦越糟了，人民越來越苦了。人民只是在政治的圈子以外看着，國民黨不歡迎人民來過問政治，沾手政治，監督政治，所以人民覺到不滿，人民不願自己的事情、國家的前途、讓一部份人莫明其妙地包辦了去，人民不願意在一些「秘密外交」「秘密財政」的外面，讓別人來用「秘密政治」決定人民的命運和幸福。所以人民要求參政，要求少數人還政於全國人民，要求國民黨不再包辦。

然而國民黨編出了一大套理由，說什麼程度不够呀，說什麼情形特殊呀，等等。其實這些都是國民黨爲了維持自己統治而想出來的理由。中國人也許是教育程度低一些，這是所有未建立工業國家共有的情形，然而國民黨執政這些年以來，請問文盲的百分比減少了多少呢？請問今天的大中學生，程度提高了多少呢？請問憑這種摧殘文化事業唯恐後人的作風，憑這種大量消耗國帑殺自己人的辦法，中國人到哪年哪月，才能提高教育程度呢？大人先生們把民主說得花樣百出，什麼「有分寸的民生」，什麼「不搗亂的民主」，什麼「不聽從蠱惑的民主」，其實民主就是大家選大家認爲好的人，幹大家的事。這不是最簡單，最容易的事？人民一次一次地選舉，一次一次的實驗，自會逐漸地得到最適當的分寸，最良好的辦法。人民的要求如此，然而卻也有人正利用了人民的教育程度低，想要欺騙人民。他們嘴上雖說人民程度太低，卻又唯恐人民眞懂得事、眞要實行民主。所以只要有懂事的人說一句懂事的話、就有各種帽子壓上來了，就非要打之殺之不可了。

這次國民大會就是有一部份人想利用來騙人民的。國民大會的代表還是十二年前「選舉」出來的，用各種希奇古怪的方式變出來的；過了七年了，有的當了漢奸，有的老病得顚三倒四了，卻說他們「更能代表民意」，非要叫他們來代表民意不可。把政權還給這些「民意代表」，還等於在國民黨手裡，還等於一黨專政，只是外邊可以騙騙外國傻瓜，裏面可以多一個藉口來對老百姓推託，如此而已。

這樣的國民大會，除了可以爲政府多加一點「民主」的裝飾以外，我們看不到任何意義，這樣的國民大會，我們根本反對召開。

我們反對召開國民大會，是因爲今天國民黨只爲他們自己打算，像唱戲一樣胡鬧，一點不爲國家着想，一點不爲人民着想。這一次召開國大，也無非是胡鬧事件之一。國民黨半年以來，處處破壞政協決議，待任何人都沒有一點誠意，只想利用別人來使自己滿足。半年以來，簡直不愛自己的國家，不愛自己的同胞，甚至犧牲了國家同胞的利益來完成自己。我這不是過份的責備，內戰中犧牲了的父老兄弟是證明，對美國人無理由的退讓也是證明。我們不想仇視國民黨，我們只覺到愧惜，我們只覺到自己痛苦。我們不知道國民黨內頭腦淸楚的人如何想法，一個有良心的國民黨員，今天應該受他自己的良心責備，應該痛不欲生。哀莫大於心死，我實在看不出國民黨今天的作法，還有什麼理想、還有什麼目標。沒有理想，沒有目標，就是「心死」，也就是絕路的第一步。

召開國大，儘管還在說邀請中共和別的黨派，實際上一面在戰爭一面邀請，也明知別人不會參加，這樣裝裝樣子，同時他是開開頑笑，這種悲劇性的頑笑！召開國大就是國民黨在造成中國速亂速弱速亡的一個大步驟，一個造成中國悲劇的決定性的步驟。這是大亂的象徵，是另一個二十年內戰的開始，是國民黨自絕於國人的一個宣佈。

我們寫文章的知識份子在國家大亂的前夕，在陰影籠罩了全國，在殺戮至上的今天，實在痛感到自己的無力。假如說我們過去曾代表了人民的一點意見，那麼我們認爲輿論實在毫不受到重視，我們所說的意見，沒有受到一點注意，我們所呼籲所呼喊的，都被「別有用心」一句話勾消了。然而正因爲我們自己還有一點良心、我們在這裏向全國的父老，向全國的兄弟姊妹乞援。

我們活着，我們願意活下去是因爲我們相信人類還有前途，還有理智，人類會和平相處、相親相愛，以圖繁榮，我們相信乖戾是一時的，戰爭是爲了更高的理想忍受較小的犧牲。我們爲了有理想有希望，所以才活着。那麼我們今天的理想在哪裏？我們今天受苦，犧牲，爲了什麼？我們爲什麼不能與自己人和平相處？我們爲什麼不走向繁榮，而走向毀滅？

我們向內戰雙方的士兵們，軍官們乞援我們請你們在開鎗開砲的時候，在揮動你們刺刀的時候想一想，爲什麼要殺自己的同胞，殺了別人自已才好過嗎？我和他，哪一點就勢不兩立？他不善良嗎？

國軍進攻張家口

明生

十月二日政府對當前時局的聲明發表以後，和平的希望已一掃而空，人們的心情更加沉重了。日前蔣主席經由馬司轉達中共，表示「願意停攻張垣十天」，以待中共能接受政府於十月二日所提出之兩條件；但中共仍堅主無期限休戰。顯然地，雙方的爭執愈形尖銳，而且有即行破裂之勢了。

政府軍進攻張垣之消息，始由北平行轅發言人予以否認，復由蔣主席「願意停攻張垣十日」的表示予以證實。當然，如果沒有進攻，又何所謂「停攻」呢？

時局如此嚴重，但司徒大使和馬歇爾將軍仍表示「調解仍有希望」。對盟邦調人如此熱心於中國的內爭和不避失敗週旋到底的精神，我們深感敬佩。但張家口的戰爭，已在「調解幷未失敗」中空前劇烈進行着。也許馬司的「調解幷未失敗」的希望是寄放在張家口的一戰上，以爲攻下張家口之後，中共即可就範，「調解」也就有「希望」了。以政府軍挾有美國裝備之優勢，具一攻必下的信心，攻下張家口當爲意中事。但張家口被攻之後，和局眞的就可能實現嗎？決不會的。

隨着張家口的佔領，內戰將更加擴大，更加劇烈，而且還有就此公然分裂、由半明半暗的打一變而爲公開戰爭的可能。原因很明白，在政府一方面，如黃炎培先生所說：「當張家口打下了，一定想打延安，打下了延安，更想佔有全國而消滅中共，中共當然決不服輸，這樣便了無止境。」而在中共一方面，已一再表示政府若不放棄對張家口的進攻，「中共將被迫自衛，假定政府已公開宣佈全面破裂，……一切嚴重之責任，應完全由政府方面負擔之。」事情擺在眼前，打下張家口，和平可能絕望，中國將公開分裂，一個國家有兩個敵對的政府。你召開一個全國代表大會，他也召開一個全國代表大會，你攻一城，他佔一地，國家建設更從那裡談起呢？如果時局不幸而眞的演變到這個地步，則交通阻絕，盜賊蠭起，工商破產，經濟崩潰。國家人民將遭受空前的浩刼，災難之巨，痛苦之深，將較抗戰期間愈爲慘烈。萬一就此燃着了世界大戰的導火線，國家的命運就更加不堪想像了。而到了這個時候，美國調人又將何以自處呢？

連日機聲隆隆，不絕於耳，一大隊一大隊的飛機，飛到甚麼地方？幹些甚麼事情？大家心裡都全明白。難道炸彈落下的地方就不是中國的土地？在轟炸中受傷和死亡的就不是中國的人民？飛機和炸彈，日本造的或美國造的被殘殺的人同樣是我們的同胞。難道眞要把人民殺絕，把國家的命脈斷送得一乾二淨才甘心嗎？戰爭的玩弄者啊！請回頭想想吧！

（編者按）本文發稿時，本市各報已競刊國軍攻入張家口的消息，詳情如何，此刻尙不得而知。但不論情況如何發展，本文所論列的各點，仍適用於目前及今後的局勢．故仍刊載於此。十二日記。

他迫害了我嗎？我殺他，不犯罪嗎？痛自懺悔吧——自己犯了罪了，殺了自己的弟兄了，殺了和自己同樣孤苦無依的同胞了！放下武器，相抱痛哭吧，我們幹了世界上最卑鄙可恥的事了！

我們向小市民乞援，向商店學徒，工廠工人，公務員等，乞援，憑着你們善良的本性，憑着你們純眞的認識，我們要求你們大膽地站起來說話，我們和你們是在一起的，大家一起看着這些搗鬼的把戲，看着這些鬼把戲禍國殃民地幹着的。我們大家一樣地憤怒，一樣地悲痛，一樣地絕望，也一樣地不甘心永遠如此絕望下去！我們向你們伸出友誼的手，讓大家互相溫暖大家，讓我們一起站起來，扭轉這最緊危的局面！

我們尤其要向知識份子，特別是教的人和學的人乞援。新中國的大擔子在我們肩上，最艱難的時期就是目前。沒有一點時間讓我們猶豫，多盡一分力便縮短這「陣痛」的時間。我們還太把自己孤立，還太嬾退縮。去吧！勇敢地去爲新理想而工作。你把自己放到各種人之中去，去搖醒睡着的人民。你不愛他們嗎？他們全與你是同一條根上生長的啊！去吧！去打鐘，這是催天亮的鐘聲啊！

我們向全國同胞乞援，因爲要把這鐘在全國敲響起來！

（上接第十三頁）

第九是社會的民主，過去在官僚封建專制之下，有多少職業卑微的人是不能享受公民權的，例如抬轎的，理髮的，江浙的船戶，山西的樂戶等等，在今天，各地方還有這種情形，這也是不應有的現象。

第十是家庭的民主，民主是生活方式，準此而說，反民主的生活方式也是不應該存在的，例如雲南廣東一帶的丫頭制度，人身買賣，廣東有些地方的姨太太制度，都是時代的渣滓。還有家長對子弟的體罰制度也非澈底廢止不可。

現階段民主政治的內容就是如此。

民主周刊

華北版　第十三期

中華民國三十五年十一月一日出版

談判小景　　丁丙莉

主編　民主周刊社　　發行　民主出版社

時評

死馬當做活馬醫

我們早就說過，政府攻佔張家口和頒佈國大召集令，是全面破裂的兩大契機。事實上，從十月十二日起，時局已走上絕路，和平之門已閉，而且被貼上兩張大封條了。然而由於第三方面人士的努力，南京的和談重開，又好像給創深憂鉅的中國人民，帶來了一線的希望。這次第三方面人士的責任太重大了，他們的艱辛努力，是不是在今天能收到起死回生的效果呢？

鑒于以往的經驗和今天的險惡形勢，對這次的南京和談，誰也不敢作過分樂觀的估計。因爲今天中國的情形，已經發展到這樣的奇特，不是政治決定軍事，而是政治服從軍事，而軍事政治又一同服從于外交（即盟邦的對華政策）。在那些最有決定權力的軍事與外交的條件沒有重大改變以前，單從政治上來企圖挽救，本是最大困難的事。何況僵局已成，險象環生，新的凶兆有增未已，眞有使名醫束手的形勢。所以大公報記者在訪問了許多第三方面人士以後，認爲第三方面的精神和熱情雖極可佩，然而這次的入京調停，卻是抱着「死馬當做活馬醫」的心情；換句話說「盡人事」而已。大公報記者的揣度雖不一定完全正確，卻是頗有根據的。

我們不要忘記，這次第三方面人士的出馬，是政府特派大員到上海情商的結果，而中共代表團的入京，又是第三方面人士受託敦勸而去的。這樣看來，這次的和談，本是出於政府的發動。政府攻佔了張家口，頒發了國大召集令，一手造成了當前的僵局之後，居然肯繫鈴解鈴，挽出第三方面來鬆弛一下緊張的局面，其用心之苦，本是值得我們欽佩的。遺憾的是，第三方面和中共的佳賓貴客好容易應邀到京的一天，站在主人地位的蔣主席，卻匆匆飛到台灣去游覽日月潭去了，證之以往廬山避暑的故事，這情形不啻是對誠摯的第三方面調人擘頭澆了一瓢冷水！何況一方面南京佈置和談一方面北平卻將星雲集，大開其軍事會議；一方面張家口之戰尚未完全了結，一方面烟台之戰又迫在眉睫了。政府的用心雖然很苦，而調人的地位卻更難處了。無怪乎南京的和談，至今仍是蝸牛似地進展着，絲毫沒有撥雲見日的迹象。這情形自然很容易給老百姓一種印象，認爲政府這次的發動和平談商，其用心無非僅在鬆弛一下緊張的局面而已；至於是否眞地能鬆弛下來，當然更成問題。至于如果有人要問，這是不是政府方面欲緊故鬆欲張故弛的姿態，我們更難代作否定的答覆了。

由此可見，用「死馬當做活馬醫」這句成語來概括第三方面此時此刻的心情，大致是不錯的。

科學地說來，倘使既已肯定了或「馬已死了」的大前提，則專憑主觀的願望，硬要把牠「當做活馬醫」，即令是獸醫專家吧，怕也只能望望然而去之的。焉得有起死回生的妙手？焉得有轉死爲生的奇蹟？然則第三方面人士——包括我們民盟的代表們，既明知其不可，卻還要「知其不可而爲之」，其用心果又何在乎？我們認爲，至少就民盟方面說來，我們始終堅持人民的立場，不忍看到今後全面大破裂的變亂局面，我們不但不放鬆每一次和談的機會，而且當此國運生死存亡的關頭，每一國民每一黨派團體都有拚死挽救的責任。我們不僅願做調人，而且要主動地參加這個千鈞一髮時期的救亡工作，我們是抱着不許內戰、不許分裂，不許馬死的嚴正態度來參加工作的。我們不以爲自身具有起死回生的妙方，但希望我們的精誠所至，能感召千千萬萬愛好和平的人民，共同來參加和平救亡的大運動，只有人民的力量是偉大的，不朽的；當全國人民浪潮一般站起來，一同高呼不許內戰、不許分裂，不許馬死的時候，雖死馬也會變活，而和平的奇蹟便昂然出現了。

不成功便成仁

第三方面代表離滬飛京的時候（十月二十一日上午九時），記者群集機場，詢問此行感想，各代表均拒絕發表談話，惟民盟羅隆基先生曾在機門前笑語記者，謂「此行不成功便成仁」。中共陳家康先生補充說：「羅先生的話很寶貴，希望大家記住。」

是的，羅先生的話是值得記住的，說這話時的心情是十分沉痛的，我們可以想像到他的笑語聲中的眼淚！

民盟的代表們，剛在上海參加了李聞的追悼會（十月四日）。李公樸聞一多兩先生，是中國民主運動中最光輝的兩位戰士，也是政協決議最忠誠的擁護者，他們現在都殺身成仁了。李先生爲了慶祝政協的成功，曾經在重慶較場口被反政協的流氓們打得頭破血流，這證明政協的成功是不可靠的；政協「不成功」，或政協決議不能成功地實現，擁護政協的人便不得不「成仁」了。所以聞一多先生在李公樸追悼會上大聲疾呼：「李公樸先生的犧牲，一定要換得第二次政協的召開！」那知說這話的當天，聞先生也被反政協份子亂槍擊斃了。悲慘的是，李聞的骨灰未寒，他們的死並未換得第二次政協的召開，相反地，換來的卻是片面國大的召開和全面的大內戰：我們的導師是死不瞑目的啊！

民主戰士是殺不完的。一個一個地倒下來，又一批一批地擁上去。這次滯留上海的大批勇敢的戰士，又以決死的心情，奔赴首都去作挽救危亡的和平談商了。他們公開表明自己的立協，是堅持無條件停戰和堅持實行政協決議，這當然會使好戰份子與反政協份子大傷其腦筋的。而這次的情形卻不比從前，一切已走向絕路，走向懸崖，萬一挽救不成，一聲談判破裂，不但國共雙方無路可退，連被邀調解的第三方面人士也沒有退路了。國共雙方的你死我活，還能各有好想，而第三方面中之不甘降服的一群，赤手空拳，今後在大破裂的局面下，困居危城，究將何以自處？李聞的血跡斑斑，怎能不使他的朋友們凜然自厲！

所以說，「不成功便成仁」，這話正道出了今天第三方面中間最堅強的一群人的共同的悲憤。但是，假如談判破裂了，全中國幾萬萬人將同時被捲入內戰的苦海，「成仁」的當不只是少數人。第三方面的公正人士，今天及今後，倘能以必死的決心，號召人民作必捲的戰鬥，則挽回大局，貫澈主張，仍然有很大的希望。否則殺身成仁，捨身取義，生為民主戰士，死為民主英烈，李聞的道路昭示着我們，「成仁」又何足惜哉！

良好的開始

經過一再擱延的聯合國大會，終於二十三日在紐約揭幕了。一年來國際關係上錯綜複雜的糾紛，當然給這次大會帶來無數難題。幸虧在延會期間，由於美蘇的互相讓步，歐洲和會算是強差人意地告一段落，這使前此的緊張空氣因之和緩不少。加之大會以前，有史達林的談話，否認戰爭威脅的存在；大會揭幕時，有杜魯門的演講，重申對和平的渴望，都為這次危機重重的聯合國大會，減少了若干陰霾。

果然，尋求諒解的精神，在大會的最初幾天內便稍稍表現出來了。聯合國秘書長賴伊首先發表聲明，譴責佛朝哥的法西斯政權，要求大會予以制裁。這件事雖不免引起英美若干反動份子的驚訝，但賴伊的聲請實不僅代表他個人的意見，預料關于西班牙問題的控訴，聯合國將不致再像過去那樣地置若罔聞。這件事情，未始不可以稍稍使蘇聯感到欣慰。而蘇聯方面，也就在本來可以造成決裂的否決權問題上，作了重大的讓步，這就使會場的空氣更見和緩了。否決權的成立，本是羅斯福時代顧及國際團結的苦心，美國本身固然需要用否決權來維持他的優越地位，而蘇聯處身於資本主義的包圍中，倘使失掉了否決權的保證，則他將永遠陷于少數被壓迫的孤立之境，他將缺少任何勇氣和信心來參加國際合作的。由此看來，這次英美集團處心積慮地佈置一場舌戰，形成一種包圍，意欲由此剝奪蘇聯的否決權，以此迫之退出國際合作的機構，那實在是太不顧全大局了。蘇聯代表團本來堅拒在大會中討論否決權問題，但等到形勢僵化，險局已成的時候，蘇聯卻為了維護團結，自動撤回了拒議否決權的要求；他只是向大會提出警告，認為更動否決權規定的企圖，實已使聯合國走上危險之途，希望大家審慎將事。蘇聯的誠摯與坦白，終于感動了若干存心不正的政治家，而使因否決權引起的危機大為減低了。

聯合國大會還在繼續進行，今後還可能遭遇更多的麻煩和困難，殖民地託管問題便是最大糾紛之一。但倘能循此良好的開始，以互讓互諒的態度尋求和平解決之道，我們就不致為國際合作的前途悲觀了。

祝聯大校慶

經過戰爭中九年融洽無間的合作，經過攸長艱苦的縱貫中國的旅程，國立西南聯合大學復員回到平津，在北大清華南開三大學分別獨立以後，西南聯合大學的師生還在這學校成立的一天，十一月一日，假北大四院舉行校慶紀念，這是一件極有意義的事，極可慶賀的事。

說有意義，我們要指出第一西南聯大以民主堡壘著聲於全國，甚至全世界。在過去九年中，不但在學術上有重大貢獻，在促進團結，爭取和平，教育群衆的工作上，一句話，在血寫的民主運動史上有其光輝的成就。

第二，西南聯大的歷史，也就是一部抗戰史，它象徵了中國人民在戰爭中的苦鬥，象徵了中國人民在苦難中的團結。更象徵了中國人民的和平合作精神。三校已分別獨立了，今天還能在此時此地舉行盛大的校慶典禮，就是一個現實的例子。

第三，尤其重要的是這大學的成功史，具體地指出中國人民要度過這可怕的難關，有其必然的道路，幾年來人民所要求成立，各政黨所同意組織的民主聯合政府，不正是西南聯合大學的放大嗎？有這輝煌的典例在，我們衷誠地發出號召，政治家們，公僕們，各政黨的領袖們，學習西南聯大！全國祈求民主，愛好民主的人民，學習西南聯大！

放下鎗桿吧，鎗桿不能摧毀西南聯大，鎗桿更不可能創造西南聯大。

西南聯大的路是民主，自由，獨立，和平，建設，進步的路，也就是中國人民所應走的路。

我們慶賀西南聯大校慶，因為它象徵了中國人民的精神，指出中國人民該走的路。

我們慶賀聯大校慶，因為它代表了這時代，人民世紀的精神，喊出人民的願望。

我們慶賀聯大校慶，因為聯大精神不但由分立的三校，更有力更廣大地繼承下來，而且，由于聯大成員之廣泛地服務於各社會工作部門，聯大精神彌漫于全國。

我們要指出，慶賀聯大校慶的最好方法，是學習聯大！

論解決時局的

一

政協第三方面代表伴同中共代表團首席代表周恩來先生居然飛回南京了。在戰局政局僵持到硬化的情況中不能不說是一個讓人民鬆一口氣的好消息。

據報紙所發表的，第三方面斡旋的基礎方案，其內容約分四次，（一）無條件停戰。（二）應就地停戰。（三）由政協各方代表合組軍事視察團，監督停戰之執行。（四）改組政府商決後，各黨派無黨派應一致參加，政府決定召開國大後，各黨派無黨派應一致參加國大。至於政府中共所提八項及兩項辦法，第三方面人士認爲都是片面要求，難作談判基礎。

同時，周恩來先生也表示。「只要根據政協決議，一切可以遵守。」

在第二第三方面代表到達南京的同一天，蔣主席突飛台灣巡視，宣布此後商談由孫科主持。

截至執筆時爲止的消息，大體如上所述。

看情形政局戰局又要回到今年一月間的情況了，政協可能重開，白紙上的黑字可能寫得更多，協定協議之類將繼續公布，歡宴洽談之類的文字也將成爲報紙上的大字標題，頭條新聞了。

想想今年正月間的情形看看此時此刻的情形，我們有說不出的感喟有說不完的痛心，九個月的時間白白糟塌了，這九個月太珍貴了，做得好做得塌實儘够讓浴血忍餓了九年的人民伸一伸腰，補一補元氣，東糊西補，這一個破爛門庭總可搞得像一點樣。然而，今天是怎樣的一個局面啊！不必說刺激的話，祇一個人民本身所領受的已經够刺激了！是誰秉國成？是誰在破壞政協協議？使至於此！

我們要提醒各位各方爲人民所屬目的代表們，你們在舉杯互祝的時候，請想想那不是什麼醇酒醲液，而是人民的鮮血，你們在朶頤大嚼的時候，那不是什麼山珍海味，而是人民的骨肉，人民厭惡戰爭，痛恨戰爭，人民渴望和平，熱愛和平，在和平與戰爭的契機中，該如何不放鬆這機會，儘可能抓住這機會，扭轉局面，化干戈爲玉帛，登生靈於衽席！

我們尤其要提醒戰爭的主角，武力不能決定政治，決定政治的是人民的公意。歷史和現實的教訓，都指明了武力統一者的結局。今天的中國確是到了人心厭亂的時候了，內戰一日不停，人民的苦痛就一天不能解除，豈但不能解除而已，簡直是日深日重！今天的人民是飢者易爲食，渴者易爲飲，誰能保證全面的和平，誰就被選擇被愛護，反之，其果是不堪設想的，爲了珍惜自己黨的歷史，今天應該回頭是岸了吧！

二

我們同意第三方面基礎方案，這方案的主題是合於停戰第一，和平第一的原則的。

細談這方案，可以看出確實站在第三者的立場，不偏不倚，折衷第一和第二方面的要求要點，畫龍點睛，融會貫通而草擬的。

何以見得？試就蔣主席所提的八點而論，項目雖多，主要的是最後的第八點，就是要共產黨在下停止衝突令之同時，應宣布參加國民大會，並提出名單。也就是以前的七點是下停止軍事衝突令之前提。中共提出其代表之名單參加國民大會則爲停戰令的代價。就政府的觀點而論，還政於民已經減了十多年，國民大會的召集也已經要了快十次，這一次好容易會場不成問題了，好容易十年前非法圈出的舊代表勉強算數了，而且更重要的是總統的選舉，這會如開不成，一黨捧出的總統總不够光采，在歷史上也不會比袁世凱曹錕香多少。因之，這會非開不可，而且非各黨各派都來參加不可。當然，依政協協議這次大會的職權限於制憲而非行憲，選舉總統還得再等六個月，不過，行憲的前提還是制憲，沒有一致通過的憲法，總統又根據什麼産生呢？這會能如意開成，完成了還政於民的諾言，制定了總統的選舉法和職權，當然是劃時代的一件大事，政府的堅持是有他的苦心的。

於此，第三方面的基礎方案第四項把這一點包括進去了，不止共產黨，連各黨派和無黨派的參加都包括進去了。

其次是改組國府，就蔣主席的八點說：「由司徒博士爲中心之非正式五人會議應即召開，以協議改組國府。」這一點我們認爲已有政協綜合小組，儘可由綜合小組協議，不必另起爐灶，摘什麼非正式五人小組，因此，在方案第四次只提改組政府商決後，各黨派應一致參加。而不提由非正式五人小組協議的話。意思很明白，非正式五人小組限於美國共三方，而改組後的國府却絕不是美國共三方，而是國共各黨派無黨派四方面的。以有關四方面的政治問題單由四方面中之兩方面協議，還摒進一個友邦和事老，天下不倫不類之事孰過於此！而且，放着現成合法的包括四方面的綜合小組，不用閒而要先由非正式五人小組談好，再交綜合小組協議開着爐灶而餓肚子等新爐灶，末後還是新舊兩灶合燒一鍋飯，重床疊屋，自我麻煩，天下莫明其妙的事孰過於此！

方案第四項包括改組政府，在各方面共同商決後，保證各方面參加，一

基礎方案

吳晗

方面顧到政府的要求，一方面也可以做得順理成章不致失體統，開笑話，恰乎是經過深思長慮的。

於是政府所最着重的兩點有了眉目了。以外的三條是停戰問題。

共產黨歷次要求的重心是停戰和遵守政協議本月十七日中共中央委員會所發表的時局聲明，斬釘截鐵地聲明他們沒有旁的要求，只要求承認停戰政協而協定的神聖效力。

如上所述，改組政府和召開國大應遵循政協議，由召開政協綜合小組協議後執行。這一點是符合於共產黨所提的原則的。

方案的第一二三項則爲停戰令的內容和技術問題。

第一次無條件停戰，這一項原來是中共所歷次提出的，也是各黨派代表人民所歷次提出的。到了政府軍攻下淮陰承德張家口以後，政府方面有了既成事實，也提出無條件停戰來了。而中共方面則要求根據一月十三日國共美三方所共同簽署的停戰令，即承認恢復一月十三日國共雙方軍事位置爲一切軍事商談的準則。這中間顯然有極大的距離，所謂無條件停戰的內容則底是根據一日十三日的莊嚴停戰令呢？還是遷就新現實而「無條件」呢？同一無條件停戰而國共雙方的解釋不同，內容不同，馬歇爾將軍的困難在此，今後第三方面的困難，恐亦在此。

事實上，內戰非停不可的，這一點不但人民在堅持，代表人民的第三方面在堅持，即國共雙方的高瞻遠矚的政治家，亦必共同有此認識。然而，在法理上，在事實上又隔有極大的距離，如何折衷調停，使雙方都過得去，這在表面上是軍事問題，實質上則是政治問題，換言之，軍事上吃虧的政治上應該有所補足，反之軍事上佔便宜的政治上便應該有所讓步。光就軍事而談軍事，是不會談出結論來的。

我們還是願獻一得之見，立刻停戰，永遠停戰，當然這停戰是全面停戰。而且是無條件停戰。無條件停戰的意義應該是切實的完全的執行政協協議，無絲毫的保留，也不能有絲毫的曲解。只要能保證做到這一點，軍事區域軍隊數量以及一城一地的爭執都不應該存在了。這是雙方都可以走的路。走自己簽過字和起立贊成的路。

因之，停戰和政協是有其必然的聯系性的，停戰是保證政協的重開和協議的執行，政協的重開和協議的執行即實現民主，又是保證停戰的最有效方案，二者缺一不可。

再重言之，必實現民主才能永絕戰源，而實現民主又非立刻停戰不可。

方案第二次「應就地停戰」。就地停戰的解釋應該是全面停戰，凡是有軍事衝突的地方，不管是關內關外，塞北江南，大規模或小接觸，都該立刻停止，雙方軍隊陳駐原駐地，不能前進一步。這一項的提出顯然是針對過去幾次的失着，關內停關外不停，關外停而關內又不停而起發的。和平固然不可分割，戰爭又何能有此地打別地不打之怪劇。譬如醫生治梅毒，說是只治這一方寸，別地方不管讓他腐爛，世界上怕沒有這樣的醫生，也不會有這樣能夠容忍的病人？

第三項組織軍事視察團。這一點在一月間政協開會時，我們也曾提出過，由人民代表來監督停戰，如今是舊話重提了。原因當然是因爲由馬歇爾元帥所主持的軍事調處執行部的失敗。這意見的提出就任何方面說都不能有反對的理由，成問題的是爲什麼調處部的使命會失敗？假如調處的第三方面，眞能不偏不倚，超然于兩黨利益之外，不採取片面支持的政策，調處的成就，我們相信會和今天不同。同樣假定國共雙方能夠完全尊重第三方面的意見，不以兵爭而以政爭，在民主的工作上來競賽；我們相信，其結局也會和今天大有不同。

在這問題上，應該注意的，應該談個周密計劃的有以下幾點。

第一，既然有了政協的軍事視察團，則原來的軍事調處執行部的工作似乎又重複了。美國政府和馬歇爾元帥應該宣佈使命失敗，把全部美軍撤離中國，中國的事情由中國人民自己來解決。今後如有片面支持或援助情事，中國人民應視爲干涉中國內政，負破壞中美邦交的責任。

第二，過去已經有過最嚴的停戰令，有過友邦參加的調處執行小組，然而戰爭不但沒有停止，反而擴大了，延長了。調處成幫腔，執行無結，全在只做表面文章，頭痛醫頭，腳痛醫腳，只在軍事上求皮毛的凍結，而不在政治求根本的解決。此其一。內戰的對手雖然只是國共雙方，可是土地資源人力財力卻是全體人民的，兩黨打仗，兩黨一相情願自己談，而完全漠視人民，有關人民本身生死存亡的大事而不容許人民作主，甚至過問，此其二。

第三、調處部的失敗，是三方面，都不能一致，各有各的立場，而且這機構也缺乏執行的權力，甚至連道德上法律上的判別都談不上。政協的軍事視察團，如何組織固是問題，主要的還在這個機構不止應享道德上法律上的判決權，而且應該有充分無缺的執行權。經過這機構的裁決任何方面不能違反，否則，也不過又一次勞民傷財而已，又一次在軍事糾紛地點的各種宴會而已。

因之，視察團應以全民爲後盾，應以國共雙方以外的人士爲主體，國共雙方代表只有陳述報告及約束自方之權，至於裁決執行，則應屬於國共以外的第三方面：其次在視察團組織的同時，應先改組國防部，除以非軍人非國共雙方的人士充任部長以外，其餘各職司都應按民主原則由四方面人士合理的分任。前方視察的結果由後方民主的國防部執行，只有這樣，才能保證視察團的任務完成。

時不我與，民不堪戰，願各方面的代表謹愼地勇敢地負責地完成任務，勿負人民的期望。

十月二十三日

不要重蹈歷史的覆轍

沈茂坊

本月十二日報紙上公布了國軍攻佔張家口的消息之後，無異在稍有轉機的時局中，又來一次突然的變化。早幾天前，中共方面的聲明：如果政府繼續進攻張家口，結果一定要使得國共發生全面破裂，而內戰也要日益擴大。這一次政府斷然的進攻張家口，而且在預定期間之內一舉而攻克之，可以看出政府方面對於以軍事行動來解決國共問題是有決心的。在張家口攻佔的消息傳來北平不久，有一位軍事負責人就會聲言：政府在明年六月以前，一定可以將全部的共產黨消滅不論這位軍事負責人所說的話是他個人的願望還是代表了政府的意志但是由於張家口攻佔的「成功」，這種說話的確很能報合一部份人的幻想。我們固然不相信在政府方面有眞正所謂好戰份子，但是却也不得不承認，由於工業的關係戰爭的意義在軍人們的心目裏，或者與我們所想的不盡相同。我們可以想像在那位軍事負責人說出上面那一句話來的時候正同一個汽車修理匠回答他的主顧，保證能在四個鐘頭內修好一輛汽車一樣的誠實，而一點也沒有想到由於軍事行動所引來的不幸的後果。

在今天的報紙上（十月十七日），我們又讀到了蔣主席對時局的新建議，提出八項建議，要中共接受，而重新恢復商談。我們相信蔣主席希望採取和平商談的途徑以解決國是的誠意，這次的新建議，當非如中共所宣傳的是一種政治姿態，但是我們覺得在這個時候，正是政府方面自以爲勝利在握之時，提出建議，多少不免帶一點威脅的意味，難免不使中共感到難堪，有些人指出，中共在經過四平街一役以後，已有放棄點線作戰的趨勢，而將在他們所控制的廣大地區從事游擊戰術。如果這種看法有相當的正確性，那麼政府攻克一個承德，占領一個張家口，並不能說是怎樣了不得，至多也僅是戰術上的勝利，在中共方面也不能算是遭到了嚴重的挫敗，所以雖然一部份人希望能在張家口攻克上尋着一場好夢，然而因爲正好碰在這個心理的阻礙上，主觀的願望祇有始終跟在客觀現實的後面跑，在有人想以戰爭來結束戰爭時，戰爭却將以更大的規模出現。

我們反對以戰爭爲政爭的手段，更反對以戰爭爲「協商」的資本，不但因爲它違反了人民需要生息的要求，同時因爲由於信賴武力的緣故，很容易使得當政者養成一種後患無窮的心理，如果在當政者覺得他能够以武力來解決一切問題而達到目的的時候，他就會漸漸地濫用這一種權力，當他在覺得武力一途較之用其他別種方法更直截了當，更輕而易擧時，他就將不再顧到人民的意願如何而漸漸地傾向於軍事獨裁的方法，這一次的世界大戰的目的是爲了消滅法西斯，納粹主義同軍國主義的思想，但在德日兩國被打敗以後的今日，已有很多跡象表示，那些在表面上被消滅了的思想已經漸漸爲勝利者自己所接受了，有些人已經確信德國同日本之所以失敗並不是納粹主義力量與民主主義力量的消長，而是因爲德日兩國失去了本國領空的制空權，更重要的是因爲沒有及早發明原子彈的緣故，他們既然相信武力是一切力量中最主要的力量，因此也很可能產生一種新的心智，使得他們要求用這種力量來控制世界一個慣於因控制機械力量而獲得加於人類世界之權力的人，對於共人民的理想眼界，我們可以推測，必然同專門依賴勸導方式以取得權力者之眼界不同。現在我們聽到有人說：祇要軍事有辦法，一切建設都有辦法，所謂一路通，路路通。這種把軍事當做萬應藥的人，我們怎能希望他對於民主政治發生興趣呢？

目前的時局正是混亂到了極點，翻開報紙，幾乎充滿了飢餓、失業、貪汚、匪亂、交通破壞同經濟恐慌的新聞。人民需要生息，受到的是征兵徵糧的催迫，國家需要建設，受到的是破壞同貪汚的摧殘，政府罵共產黨是流寇，是資軍，張獻忠，但是我們試問，現在的時局同唐朝末年及南明，又有什麼兩樣，如果流寇是該責備的，那麼造成流寇的腐敗政治，就更該受到咒詛同唾棄，沙陀同滿清的「盟軍」並沒有挽救了唐朝同明朝的一統江山，歷史是最無情的，不幸我們現在却正有意地在重蹈歷史的覆轍悲慘的一頁。

這次和平攻勢的原因在那裏？

胡岡

當政府軍隊攻下張家口，緊跟着頒佈了國大召集令，第三方面人士取消了連袂進京斡旋的原議，每個留心時局的人的心臟，好像突然停止了跳躍。可是，一轉瞬間，政府雖一方面不懈地繼續宣傳上的攻擊，更在各地召開軍事會議，策劃進一步的軍事行動，而在另一方面，却又遣派大員，熱烈地挽請第三方面人士繼續斡旋，更由第三方面人士的努力終於强拖了中共方面人士，一同晉京，造成了時局又一次突兀的轉變。對於我們小民經了上次致命的「一收」之後，這轉變不啻是返魂的「一放」。一收一放，既已不祗這一次，我們也就不敢立即對此「一放」歡呼歌舞。我們願意冷靜地對於造成政府這「一放」的原因詳加推究，用以推測這「一放」是否會引出「再放」「三放」，而値得我們的歡呼歌舞，或僅是「一收」後的例行姿態，而應該準備忍受更厲害的「一收」。

若是國民黨政府確已覺悟：軍事上的勝利解決不了政治僵局，因而纔有這次和平攻勢，那麼我們認爲，他就絕不會在攻下張家口後便頒佈國大召集令。這命令的頒佈，實顯示政府在自信已取得軍事上把握之後，已抱有不顧一切政治後果的決心。並且，即就已經進行和平攻勢以後政府的其他行動上，我們也看不出他們確已有了大澈大悟。正在第三方面人士硬拖了中共代表聯袂入京，全世界公認這是中國國運以至整個世運，最重要的轉捩點的一天，蔣先生却很湊巧地爲了更重要的公務而飛去台灣水深火熱中的小民，眞不敢測度大政治家的襟懷！

再就一般的客觀環境講，這幾天的國際形勢，也沒有巨大的變化，足令政府不得不改變上述決心。美蘇的對立依然，美國政府忍心犧牲中國的民、主，以準備他的反蘇戰爭，除了外交辭令上的掩飾外，也沒有什麼變更。蘇聯更沒有立即出來干涉我國內戰的跡象。中國的人民更依舊可憐得連半個「不是」都不敢哼。

說它是政府的又一次裝腔作態罷，我們也覺得不很像。要作姿態的話，何不在攻下張家口後，未下召集國大令前，來一個故示寬大的演出？那將何等大方磊落？既已下了召集令，路已走盡走絕，却回頭又來這肉麻矛盾的一套，我們想國民黨政府也不應愚蠢到這個地步。所以，這次和國大召集令正相矛盾的和平攻勢，我們認爲一定有一個外來的因素，迫令政府不得不然，雖明知是肉麻矛盾。

這個外來的因素，據我們私自揣度，或者會是美國政府派來的兩位調人——尤其司徒大使——的個人的道義之感。這兩位調人，無論他們在職務上不得不遵依美國政府的訓令，以調解掩飾帮兇，但是以他們在調處中的所見所聞，究竟無法完全埋沒了個人的良心，良心使他們憤慨，職務又使他們受盡冤屈，他們處境的痛苦矛盾，眞是無從想像。在司徒大使雙十節所發表的短短文字中，雖驟視爲兩可之辭，實蘊藏着無限的悲憤感觸。當國大召集令頒下，司徒大使乃忍無可忍，不得不破格聲明，這召集令的頒下，他事先並未有所聞，並且以人格來擔保。若從美國政府官方政策的立場來講，這國大召集令的頒下，正是反蘇反共的神聖使命中的又一勝利，可是從人間最基本的道義標準，這個步驟，實完全暴露了好戰者的驕橫狡詐，更明示了內戰的責任究應誰負。司徒大使個人的道義之感終於戰勝了公職上帮兇的責任。他終於不願讓人像要猴子般地要弄，來替人擔任一切罪惡。

中國現在的問題，已經不祗是一個政治，或是內戰問題，它已是人類生存的最基本條件——道義——的是否尙能存在的問題，好戰者是否眞能利用美國政府一時的反蘇政策，而用驕橫狡詐的手段來掩盡天下人的良心？昆明特務白晝槍殺徒手赤誠的聞一多先生，我們相信司徒大使曾經對比我們中國人更多的眞實情報，但是他的職位不許他說出半句同情的憤慨。可是由於這次的國大召集令，被殺的將不祗是一二個人而是整個中國的人民，於是不容司徒大使再緘默了。道義已燃起了任何公正人士的憤怒，國民黨人纔覺得有些不妙，對美人到底還有些顧忌，這纔造成了這次突如其來的和平攻勢。道義的力量，纔是迫使政府不得不採用這次矛盾的和平攻勢的眞正原因。也唯有道義的力量、纔不分國界、不論職位，能使公正人士站在一起。我們手無寸鐵的中國人民，深切盼望美國的調人，爲了道義，能和我們站在一起，使這次和平商談能獲得成功。

決戰前的和平談判？

一 波

自從蔣主席於本月十六日發表了關於處理目前時局的八項實施辦法，中國共產黨於本月十七日發表時局聲明列舉對於政府前後所做的八次讓步以來，中國的政局可說已經走入了另一新的階段。如果說在前一階段裡，「不願意打，更不願意拖」，是掩護戰爭的進行的口號，那麼由於國軍的佔領張家口國大召集令的頒佈，而在中國運命將要由國共雙方武力的消長來決定，和平談判需要第三方面來促進的現階段裡，國共雙方現在的立場，和過去談判的是非曲直，可以說比以前更爲明顯了。

在政府公佈八項辦法以後，華北日報的社論馬上說，這是給「中共的最後最佳的機會」。經世日報也說：「這次蔣主席的聲明，確爲政協會議案擱淺以來最明白一次宣示了。」但八項辦法裡面的第一項，就是立即恢復交通。第二項就是當國共雙方發生爭執的時候，給美國所謂最後仲裁權的辦法。假如我們不善忘的話，我們可以記得正是因爲國共雙方對於這個問題不能取得協議，所以三個月以來，戰事一天比一天擴大了。現在國軍驅逐了中原的李先念部隊，收復了蘇北一些重要城池，最近又佔領了承德和張家口。在這種情形下，政府又提出了同樣的問題。所以單就這兩項來談，中共也要認爲是城下之盟了。

但這種所謂「最後最佳的機會」，中共是否能接受呢？單就軍事的觀點來說，假如最近國軍的「勝利」，的確對中共形成了一種城下之盟的形勢，那麼我們有理由相信中共是可能接受條件的。可是根據報紙上的報道，中原李先念部隊並沒有受到了不得的損失。蘇北的戰事還在進行中。承德和張家口的收復，並沒有經過很大的戰事而是由中共撤退出來的。在上面的戰役中，儘管國軍的損失，不如中共所宣傳那樣大，但受到了相當的損失，也是不能否認的。戰爭的勝利，不在城池的佔領，而在對壘雙方力量的消長。在這樣情形下，中共是否會因爲幾座城池的喪失，而接受和平條件：是很成問題的。

華北日報認爲所謂解決時局的八項辦法，「完全是溫習舊課，並沒有提出新問題。」它並且像欺哄三歲兒童一樣地說：「所建議各點，都是過去中共曾經同意或竟由中共所提出者。」假如這裡所謂的問題，只是些抽象沒有內容的東西，那麼我們可以說國共之間，根本沒有什麼可以衝突，因爲雙方不都是主張和平和恢復交通嗎？但口號的玩弄，只能欺騙玩弄口號者的自身，對於問題的實際解決，是絲毫沒有幫助的。實際上新提出來的八點，不僅推翻了一月間的政協決議，而且是在新形勢下的新條件。自然，站在政府的立場，三個月來的全面戰爭，是不能夠毫無所獲的。

蔣主席聲明的第四項，規定華北華中的國共軍，暫駐現地。這不僅和一月十三日以前的情形，大有差別，就是和蘇北和熱察戰爭爆發前情形，也相差很遠。地方政權由改組後的國府委員會解決，違背了政協會議由聯合政府根據新憲法解決的規定。第八項規定下停戰令的同時，共產黨應宣佈參加國大，並提出代表名單，更是種城下之盟的條件。

假如在軍事上眞正取得了決定的勝利，那麼給敵人一種城下之盟的條件，壓迫他投降接受，也並不是可以非議的事。但問題是這次國軍雖然有了進展，但並沒有取得決定的勝利。我們所以始終反對軍事解決國內，因爲我們知道，在今天國共對壘的局勢下，任何一方面的軍力決不能消滅對方。兵連禍結，只有增加老百姓的痛苦，而不能解決問題。政府在最近的軍事進展之後，不提出讓步的條件，而採取威脅城下之盟的形勢，只證明它始終迷給武力，而毫無謀取和平的誠意。

蔣主席的八項辦法，可以說完全是側重軍事方面的。在這裡，我們覺得中共聲明所謂對於政府的八項讓步，多側重政治方面。例如第一次讓步，是以江南軍事的撤退，換取國共初步的協議。第二次讓步，是以同意國軍運五個師到東北換取一月十三日後的全面停戰。第三次則是同意不合法的十年前的國民黨舊代表，換取政治協商會議五項決議的通過。第四五六次也都是在軍事方面讓步，來爭取國內的和平。第七次又允許在保證停戰條件下，參加政府所提的違反政協決議的非正式的五人會議。第八次更爲委曲求全，在蔣主席苛刻的最後通諜之下，僅要求取消進攻張家口，中共即允許參加三人軍事會議與五人政治會議。很明顯地，爲了爭取國內和平和民主，中共是願意在軍事方面讓步的。

由第三方面人士在滬所決定而由政府所接受的恢復商談的方式，是依照「談停談」的程序進行。也就是談：先談如何停戰，然後下令停戰，然後再談其他。大公報說得好：「希望儘管是希望，卻不究輕易的樂觀。爲什麼呢？因爲打已很久，談早停頓。現在雖然要再談，而基本的形勢未變，僵持之點也並未鬆動。」大公報又說：「眞是湊巧，經過千呼百喚，周恩來與第三方面人士剛剛到了南京，蔣主席就飛到台北去了。儘管在京談判有人，而在蔣主席回京以前，要下停戰令，總是較少可能了。」周恩來也表示過：他原認爲政府沒有誠意，談判並沒有成功希望，只是不好拂第三方面人士的好意而已。據大公報的觀察，「第三方面人士的心情是怨哀的，卽所謂拿死馬當活馬醫，盡心力而爲之。」明眼人看來，現在的談判是不會有結果的。這主要地是因爲政府的城下之盟，不能爲實力沒有受損失的中共所接受。

國事既然到了現在的地步，儘管明禮談判成功的希望很少，但仍然沒有人不希望談判能有所收獲而且中國的局勢實際說來，也只有政治解決。因此關於談判的方式仍然是値得我們研究的。新生報說：「關於商談問題的標準，應當依據本月十六日蔣主席聲明的八項辦法。」它又說「在討論之際，對於是以惹起糾紛的問題，最好暫時避而不談。」很明顯地，新生報的這種態度，是有欠公允的因爲用一方面的條件，而且成類似城下之盟的條件，來做談判基礎，同時又拒絕能引起糾紛的問題的討論，那只等於强迫另一方面接受條件罷了。經世日報在讚揚了蔣主席的八項辦法，用「和戰繫於中共一念之間」的口號，企圖把和平破裂的責任加在中共的身上以後，又用「蘄望於第三者的」的口號，要求第三者「絕不替人幫腔，否則變成推波逐浪，做了別人的一條尾巴。」它並且指出：「在第一次商談中，顯然有此跡象。」這就是暗示並譴責第三方面人士不要附和中共的意見。很明顯地，除了做政府的傳話筒以外，新生報和經世日報，並沒有提出關於談判的獨立的意見。

値得指出的是在國軍進佔張家口後，軍事引動並沒有就此告一段落最近北平召開了將領會議，決定在最短期間內打通平漢線。山東方面國軍正在海陸配合進攻烟台。參謀長陳誠並且發表談話，認爲如果政府丢棄政治解決，採用軍事解決的話，所用的時間也不過只三個月到五個月。從政府所統制的報紙的論調，和國軍將領所發表的談話，以及國軍的調動，和任命軍人擔任察魯省主席和平津市長看來，南京所重開的談判，不免有用和平攻勢掩護新的軍事進攻的嫌疑。我們雖然不能完全同意中共所提恢復今年一月十三日雙方軍事位置，作爲軍事商談準則的要求，但中共這種理直氣壯的要求的重申，顯然表示他們準備抵抗國軍進攻的決心。

同時我們不得不指出中共所提出的「承認實行政協一切決議，爲一切政治商談的準則」，確實是最正當最公允最誠懇的要求。解決中國的問題，只有政治協商這一條路。北平益世報關於這點有極精恰的評論。它說：「中國和平的基礎，建築在一月十日起所召開的政治協商會議上。第一次的停戰令就是由於政治協商會議的召開而頒發。從第一次停戰令以後所引起的內戰，也是由於對政治協商會議決議的執行的爭執而起。內戰之起由於對政協決議執行之爭，內戰之終結也只有重回到政協之路去。現在所需要的並不是什麼新的協議，新的協定，而是如何執行政治協商會議的決議的問題。更明顯地說，中國的和平也就是如何向着政協的大路邁步前進的問題。」很明顯地，儘管蔣主席口頭上迭次的重申實行政協決議，主張政治解決，他所實際的都是軍事解決的路線。

讀者也許要問，中共武力既然不能堅守大城鐵路線，不能和國軍正面對壘，爲何不早日交出武力，早作讓步求得國內和平呢？住在城市的人的發這樣的疑問的恐怕不在少數。關於這一點我們應該指出：除非我們不分皂白對共產黨亂加汚蔑以外，我們必需承認共產黨的確代表一種政治主張和一部分人（而且也許是絕大多數的一部分人）的利益。假如中國是個民主的國家，他們的政治主張，也許不要武力的支持，而能和其他的政黨在政治舞台上作機會場等的鬥爭。但中國在國民黨獨裁之下經有了二十多年的歷史。並且它現在正在雷厲風行地推行各種類似法西斯的鎭壓民主運動的政策。所以在國民黨沒有認眞還政於民以前，中共這樣武力的存在，也可以說是中國民主的一種保障。例如政協的民主決議所以能夠成立，正是因爲有中共的武力做後盾。中國政局發展到了現階段，已經證明了政府現在所追求的是武力統一和中國民主運動的投降和消滅。假如國民黨不改變它的這種政策，那麼，將來中國政局的變化，恐怕只好決定於民主的武力和獨裁的武力今後的消長了。如果到了那種地步，那眞是中華民族的大不幸。（十月二五日）

如是我聞

・良・

靑島德人所建碼頭，上月突然塌陷。因爲軍方聽到謠言，說這個碼頭下面日本人藏有寶貝三箱，遂僱用人伕，日夜挖掘，每日挖出煤灰數噸，下面挖空了，碼頭就塌下去。

懷來之役，國共兩軍對壘時間很久，直到張家口「收復」，懷來還確然未動。據說共方憑以前日人所築堅固工事作戰，國軍損失很重。孫連仲親去督師，殺了一個副師長和三個團長，而戰事毫無進展。

爲了美軍闖禍的事，中美官方紛紛發表意見，最初是一位官員說這種事「不能只怪一方面」，其後美陸戰隊就說撞死的律師王振華是他自己來撞汽車的，十月二十二日華北日報社論並要求北平人學習「現代化」的行路方法。

官方人士又說法幣發行不增加的話了。自從法幣停止增加發行以來，北平糧食漲了五成，布匹漲了七成，燃料漲了二倍。在七月一個月法幣「不增發」時期，東北流通券增發了三十億元。

一年來駐華美軍暴行錄

『人是生而平等的，造物主賦予他們以生命、自由追求幸福的不能割讓的權利』。——美國獨立宣言

『我決不願做奴隸，也不願做奴隸主』。——林肯

懷着不可告人的帝國主義的目的，美軍駐華自日寇投降後算起，爲時已經一年多，除了幫助中國的賣國政府進行內戰以鞏固其獨裁統治外，在中國人民用生命與鮮血保衛過的土地上，正演出着無數的暴行。凡是駐華美軍足跡所到的地方，無論是上海、青島、北平、天津、漢口、重慶，都是橫行無忌，肆意槍殺中國人民，刼掠財物，姦淫婦女，武裝走私，儼然以戰勝者的姿態，把中國作爲被征服者看待，這種暴行已經使得每一個有民族自尊心的中國人民，感到難以抑制的憤怒。這裏，我們輯錄一些由少數民間報紙上零碎記載的駐華美軍的暴行，讓全中國人民看看，駐華美軍是怎樣在侮辱我們民族的尊嚴和迫害中國人民，也讓美國人民看看，這些幫助中國獨裁政府的美軍，是如何的背棄了美國的民主自由傳統，和怎樣的傷損了中美人民的傳統友誼。

一、闖禍傷人事件

去年十二月八日　上海美軍用二噸半巨型卡車，沿亞爾培路狂駛，撞毀中國汽車一輛，死三人重傷一人，該車闖禍後加速逃走，又撞毀三輪車一輛，車夫被撞死，乘客重傷。而該車仍不停止，疾向巨籟達路口駛去，復又撞傷兩個行人，毀人力車數輛，並輾死一人，撞倒樹木數棵，電線桿數根，該車共肇禍四處，前後輾死五人重傷三人。

一月六日　美軍用卡車（牌照滬國四一〇一三）在上海南京路由東向西疾馳，至泰康公司門前，撞上電車月台，撞傷候車乘客任惠貞（托兒所看護）王寶風，王沈氏及警士一人，該車駕駛員，見已肇禍加快速度希圖逃跑。

一月十六日　上海文滙報載自一月一日至十六日僅半月中，美軍車輛肇禍事件，即達一百二十三件，傷害中國人民一百零五人。

三月四日　適爾西愛路巨籟達路口，有一女孩金弟，年甫八歲，正在該處路旁玩耍，其時有一〇一九五號吉普卡一輛，適由北向南疾馳而來，駕車者係一盟軍，傍坐吉普女郎一名，兩人正肆意戲謔不顧路旁小孩，當即被撞倒，頭破血流不省人事。

三月十六日　我國著名劇作家夏衍及譯作家戈寶權也被美軍吉普撞傷。

四月七日　十五歲的女孩賁菊芳被疾馳之吉普一輛撞倒，腦漿破裂，胸腿血流如注。

同日　五十九歲老婦被吉普從背後撞倒，頭被裂開，慘不忍睹。

五月十一日　美海軍中校克力司丁生，駕巨型吉普車疾馳上海南京路，突於山西路口將電車月台衝毀，月台上巨型水門汀柱被撞倒，當時有候乘電車之男女五人遭衛傷，該美軍官於肇禍後，棄車逃走。後經調查，受傷最重之徐阿生，左臂左脚骨均已折斷，於十二日晨斃命，其餘邵德璜、吳都妹、周樹鏡、趙振基等亦受重傷。

五月十五日夜　國滬字第四〇六九號美軍卡車一輛駛至吳淞路三角小菜場附近，將讓路靠邊走之三輪車撞翻，乘客兩人，車夫一人均受傷。此時恰有文滙報汽車適過該處，遂趕前攔截，未被脫走，旋適警察趕到處理，當時車上美軍官二人竟欲打文滙報汽車的司機。

五月十六日　上海復旦學生邊坤朗，乘人力車赴校上課，行經四川路，突爲美軍吉普車，自後猛撞，邊君及人力車夫周苗成受重傷。

六月廿九日　一中年女子乘一路電車往成都路時，手臂出窗外，爲飛馳之吉普車折斷，頓時鮮血淋漓。

七月八日　國營招商局經理徐學禹，在上海國際飯店門口，被美軍吉普車輾傷左脚。

八月七日　上海北京路一三輪車正在兜攬生意，突爲一〇二號美國吉普車所撞，車夫陳金生被輾傷右腿，血流如注，三輪車亦被撞毀殆盡。

八月十六日　上海虹口里虹橋堍，美軍吉普車疾馳過橋，飛快地向斐倫洛路轉灣，車頭已衝入鶴昇茶樓，站在人行道上的一個六歲的孩子被輾斃，該車即圖逃走，恰恰有一青年氣憤不過，當即跳上該車責令停駛，不料美軍不但不停，反將那個青年一棒從車上打下來。

八月二十日　上海市立小學校長張詠春女士，自書局購配教科書後返校，偕其二子張平蓀（十七歲），行經畢勛路五十一號門首時，突有美軍醫院之滬國四一一九號軍醫車，行駛太速，竟衝上人行

道上，張平蓀當即撞死，張女士被撞出丈許外，受重傷（第二日不治身死）。該車肇禍後企圖逃脫，又撞於路旁樹上，阻住去路，被警察知悉，將該美兵帶局詢問，始悉在此次撞禍前，曾在徐家匯路橫衝直撞，將人行道旁之一六〇號石牆撞毀。

八月廿五日　上海中美醫院第四二一九號美國卡車，疾馳於南京西路，輾傷行人張孝傑。

這些事情不過是幾百事件中的十幾件，不信的話，讓我們來看看國民黨官方發表的一個統計材料。這個材料告訴我們，在去年九月十二日起至本年一月十日止的一百二十六天中，曾經發生吉普車撞傷撞死的事件有四百九十五起之多，平均每天就有四件慘案輾傷（包括重傷和將成殘廢）。無辜被撞的二百三十六人內輾死者十八人，平均每天死傷兩人（實際不止此數）。（見一月十二日前綫日報）。另據六個報紙所載吉普慘案的不完全統計：自去年十二月起至本年七月二十八日止的七十八件吉普慘案中，即有一百十五人受傷，內三十四人傷重死亡。又據文匯報載，僅僅廣慈醫院一處，在八月份因被吉普車撞傷而送入醫院者達三十五起之多，其中重傷二十人，因傷而死者五人。如果以官方統計每天平均死傷二人，至今一年，已有七百二十餘同胞冤死在吉普車輪下。

不僅陸地上的吉普車逞兇，連停泊在黃浦江中的美艦，也是時常撞壞民船與小工。如二月十六日駁船一隻爲美登陸艇撞沉，死一人，傷二人。五月二十二日帆船一隻爲美運輸船撞沉，水手翁阿品撞死。據六月二十六日聯合晚報計，每天總有兩個小工掛彩，即是說十一個月來，已有小工百餘人成了美艦的犧牲者。

八月卅日　根據報紙的不完全材料，八月份美軍汽車在平肇事八起，撞死七人，傷一人。計八月二日撞死十一戰區政治部上校科長張及先，五日撞傷市民李長普，九日撞死幼女常運靜、張英昭二人，十二日撞死楊魏氏，廿二日撞死溫氏，廿三日撞死警察三分局局員李耀昌九十二軍廿一師政治部勤務兵夏雨昇二人。美軍汽車不斷肇事而從來未懲辦，被撞死者由其家人埋葬即告了事。國民黨政府對此更熟視無睹，甚至連張及先死都未敢發表消息。

九月天津美軍六二八六二號汽車，撞傷騎自行車之楊夢春，將其腿骨軋斷。

九月六日　上海美軍吉普車一輛撞傷賣掃帚小販徐利林。

同日　美商衛利號公司巨輪Srenablen號，在吳淞口外撞翻復興拖駁運輸公司小火輪載罐頭食品的木船三只。除全部貨物都沉入海底外，同時有船員十四人都被傾覆海中，事後僅四人得救生還。

九月九日上午　上海市府衛生局七十二號工役陳求福（年五十二歲），行經霞飛路嵩山路時，被滿載美軍之四SC十輪大卡車一輛，撞傷倒地，當經崗警截獲後，令車夫將傷者送院救治，然該車中之美軍官員不允，謂須將車中之美軍送達目的後始能運送傷者，警士力阻無效，乃任車駛往邁爾西愛路十三層樓，俟美軍全下車後，始將傷者送往廣慈醫院，惟因時間耽擱過久，傷者內部出血過多，不及救治身死。

九月十二日　天津美吉普車撞倒一輛三輪車，乘客任秀建及車夫，頭破血流，受傷極重。

九月十三日　北平美吉普車撞壞金城汽車公司汽車一輛。

九月十九日　北平美軍大卡車撞死十六軍輜重第二連連長楊齊春，撞傷商人張慶豐。

九月二十一日　天津美三三〇四五號吉普車撞傷印度人麥達遜。

同日　天津美卡車六二六九八號在清和大街撞傷行人周全芳，肇事後竟開快速度逃走。

九月二十三日　天津美軍第一〇八三〇六號吉普車，行經第二區，建國道公慶成貨棧門前，將一三輪車撞倒，三輪車夫張永福被撞傷。

九月二十四日　天津美軍用吉普車在羅斯福路將一三輪車撞倒，坐車的六十七歲老翁任香健及車夫頭部均被撞重傷。

九月二十六日　北平美軍大卡車在東三座門撞倒一部三輪車，車夫高齊第頓時腦漿迸裂而死。乘客亦受重傷。

九月二十六日　天津美卡車九〇三九號撞傷行人阮金林。同日又有美軍卡車六五七〇一號在大沽路將一行人頭部撞傷。

據文匯報九月三十日載　平津美軍連日行兇，二十八日在三座門撞斃三輪車夫之美國汽車，已於昨日午後爲美憲兵在南沿衣獲，該乘車者爲一美軍官，據彼稱：當日撞倒三輪車時，事先曾按喇叭，三輪車未讓，以至肇事，說來滿覺有理。美憲兵聽信竟向之敬禮。於是此殺人軍官，仍穩坐車中，徜徉而去。

十月一日　晚七時許上海美海軍士兵阿斯·毛塞斯（Arth Mousas）及另一美水兵架十輪大卡車至靜安別墅旅社內找女人，八時許該二美兵擬駛車返回，隨在該旅社門前調頭，二美水兵竟不顧一切，猛速後退，致將旅社前門大牆及鐵門撞塌，一時秩序大亂，該二美水兵見巳肇禍，乃更加速向靜安寺路大弄口駛去，其時兜攬生意之三輪車，麕集弄口頗多，該二美兵依然不顧，仍以高速率橫衝直撞向東疾駛，致與停在弄口之三輪車猛撞，車夫當時重傷，血流如注。

十月三日　上海文匯報天津一日專電：津市民衆頃投函市當局，要求注意美軍車輛闖禍，以保居民安全，蓋津市美軍車輛闖禍無日無之，有時一日竟達四起以上，一般市民防不勝防。

二、毒打槍殺事件

一月十二日　美水兵三人在滬市濟橋弄口，用石塊毆傷常州中學學生四人。

一月二十二日　上海兩萬失業工人游行請願，經過北京路外灘，一群美兵竟在某大廈高層用啤酒瓶猛擲工人，擊傷工人五名，內兩人重傷。

三月三十日　美水兵兩名乘三輪車不給車資，車夫向其索取，該兩兵即聯合水兵一群，將車夫呂貴打得頭破血流，肋骨折斷。

五月十日　幫助國民黨守護北寧鐵路的美海軍第七陸戰隊，乘北寧快車，車上的美兵時時放槍游戲，致與二十一號橋美守軍誤會，以機槍還擊，當時美兵二名受傷，並擊斃中國旅客趙希望、蕭李氏、趙陳氏，擊傷吳景芳、繆延祈、楊占林、王德田及一鄉下人。

五月二十日　文匯報讀者名張家餘先生，投函該報：當地夜晚十時光景，路過愛文義路哈同路口有一個三輪車夫模樣的人，檔住去路，不遠的馬路上停放一三輪車，車旁立有二個高大的美國空軍，在細雨濛濛暗淡的燈光下，這位車夫戰戰兢兢向他說：「先生……謝謝你帮帮忙，外國人打我，你可給我說幾句美語好嗎？」此時，車夫已被打傷。他亦不會講美語，在與車夫談話時，兩位「盟友」走來向他講話，因他不懂，沒有答話，其中一個美國水兵，就握緊拳頭在他臉上猛地打了一拳，帽子也被打落，臉嘴舌牙均被打傷，滿口流血。當此夜深人靜時，又有誰來管呢？

五月二十三日中午　在外灘碼頭，有名戚厚天者，年已五旬，不知因何故一美國水兵，將戚之頭額擊傷，而該美水兵竟揚長而去，事後經人召車將傷者送至醫院。

五月二十二日　上海廣元路一守門警察王永根，因與美軍稍口角，該美軍竟以木棒板將王擊倒，拳脚交加，頓時鮮血淋漓，臥地不起。當時有行人以此事電告美憲兵部，侍美憲兵派車輛駛至時，該美軍即告美憲兵說：「我是美國兵」，美憲兵隨遨其上車逃走，此時突遇山隣近趕來之巡警阻攔，該美軍又復行兇打此巡警，後揚長疾駛而去，群衆見狀均極憤恨。

五月二十五日　有美軍五人，其中一人向亞爾培路（林森路北）二五三弄口劉松山所設之水果攤上，搶走桔子兩只，劉松山追上索錢，行至電車站旁，美軍即揮拳痛毆，打傷右眼及鼻嘴，摔倒地上四次，滿口鮮血，另一人亦被打傷，而該軍竟駕車而逃。

五月二十六日　上海聯合晚報載：二十五日夜九時，圓明園路一黑弄內，兩美國水兵毆傷三輪車夫後逃跑，附近居民，群起追捕，但未追獲，受傷之三輪車夫受傷極重臥於黑弄內，已入半昏迷狀態。據當時目睹之老嫗說：三輪車拖兩美兵至黑弄內尋找「姑娘」，到達目的地當向美兵索取車資，遂致挨打，該二美國兵將車夫打昏後，即攜帶「姑娘」逃走。

六月三日　上海一年老寡婦周龔杏梅向社會申訴：她的兒子周孝元，於四月二十九日，在外灘天文台碼頭提與輪上值夜看守貨物，當正值夜深戒嚴之際，忽然有三個美國水兵到碼頭上來叫舢舨擺渡，久無人應，後瞥見周孝元在守貨，乃强召周下輪，出其不意將周擊倒，當周將爬起來的時候，又猛踢一脚，將周踢入黃浦江，周在江中掙扎浮出水面時，頭上又被一美軍猛踏一脚，周遭數度毆擊身體不支，沉沒江底。

七月八日　上海美兵一人乘三輪車經成都路時，在車上開槍，射擊行人。

七月三十日　上海美兵一人，在上海虹口附近僱洋車，車夫因不懂美國話，稍微遲疑，美兵即大怒，拔刀砍殺車夫，幸車夫躲避得快，未遭性命的危險，但車夫的五指已被砍掉，血流如注。

八月四日　駐天津美軍於夜半十二時在三民路將中國偵勤警察擊斃。

八月七日　在上海成都路新成捕房的門首，一輛三輪車載了二位美國大兵飛馳，也許大兵不覺得熱能，還是閒散無聊着，右面的一個，即將正在並行緩進的一部黃包車的後蓬，猛地一拉，基於車夫因天熱無力，當時黃包車側轉翻身，車中坐客猛地由車中翻落於地下，黃包車又壓在該客身上。車子蓬梗擊中了他的頭部，鮮血流水樣的流出來，美國大兵手舞足蹈的笑了。乘客爬起身來追上去，然則三輪車夫已載了美國大兵逃之夭夭不知所蹤了，乘客還是流着血，最後才送醫院。

八月十一日　天津美國兵雇乘三輪車至舊法租界八號路口怡和洋行，美兵下車未付車費即入內，車夫久候美兵不出，遂入內討付車資，不料美兵竟開槍，擊中車夫腹部，不治畢命。

八月二十三日　上海美水兵三人，在南京路某酒吧間喝得酩酊大醉，後離酒吧間僱乘三輪車，沿途叫囂不休，並令車夫快跑，車夫累得滿頭大汗，精疲力竭。當車子經過威海衛路一〇九號門前時，三水兵突從車上跳下，對車夫「突擊」，打得車夫趙培甫頭破血流，三美兵反嬉哈狂笑，並仍繼續追擊車夫。

同日　晚間九時，上海江海關對面一號碼頭，美水兵多人拿着警棍，毒打行人。據說美國兵打人是因為中國人走進了美國人在中國土地上劃定的界區之內的原故。

八月二十日　上海美軍拳擊時事新報報丁。

八月二十六日　南京美軍用汽車在珠江急馳，撞壞華人小汽車，美車司機並把中國司機打得臉鼻青腫。

同日　南京中山東路「盟軍」俱樂部門前，一個吃得爛醉了的美國兵，抱着一個華籍舞女，當街拉拉扯扯的，行人見狀皆極不滿，適一警員過路，前往勸阻，不料反遭美兵拳脚交加，被打得口吐鮮血。當時一個過路的老嫗及其孫兒，也被打倒在地上。

八月六日晚十一時半　在重慶，國泰大戲院門口，又有美兵與俄僑互毆格鬥事件發生。緣有美兵三人，酩酊大醉，致與俄僑相撞初尚爭吵，繼則動武，附近俄僑聞聲趕至，出陣助戰，美軍亦愈聚愈衆，加入混戰，所幸尚未施用武器。僅拳打脚踢，徒手互毆耳。格鬥歷時凡半小時之久，其後美巡邏憲兵聞訊趕到，將酗醉美兵三名連同受傷之白俄二人，一併押登吉普車而去。事後另一俄僑，在路旁大聲疾呼：『此係中國之土地，美國憲兵，吾人不服。中國憲兵前來，則吾人自無異言。』且再三高呼：『還地方是中國人的』。

八月二十九日　文匯報刻字工人黃鑫元，自家去報社工作，行至北京路外灘，突被四個美國海軍拔拳猛擊，黃君不及防備被擊暈倒，口鼻流血如注，當時中國崗警雖已看見，亦不聞不問，任四美兵於打人後譁笑而去。

九月一日　上海霞飛路，兩個吃醉了的美國兵，，沿路毆打行人，有些老實的中國人，挨了打不敢聲響走開了，但居然也有一個中國人因受氣不過而還敬了幾下，於是兩個美國兵就跑到臨近的一家酒吧間里，叫了七八個美國水兵來，一齊動手把這個中國人打得口腔身上鮮血直流。

九月五日　上海一美兵闖進陝西南路一家商店裏，硬說該商店偷了他的皮包和一套衣服，並蠻不講理的亂打該商店店員，打毀店內營業器具。

九月二十二日　深夜十二時左右，漢口路（即天主堂街）華都舞廳門首又發生美國水兵以拳擊死人力車夫慘劇，出事之後，圍觀者人山人海，轟傳遐邇，未幾有美軍巡邏隊車輛經過，竟將該兇犯帶走，出事經過如下：

人力車夫臧大二子，又名志誠，現年四十八歲，鹽城人，住居茄勒路三〇〇弄三號，昨晚十二時拉得照會第一一七一五號人力車，在外營業，其時臧在某處拉西班牙人『賴令納』前往天主堂街華都舞廳，不料該西班牙人不付車資，即昂然入內，臧遂在該舞廳門首守候，移時，該西班牙人忽與一美國水兵出外，臧乃趨前向賴索取車資，不料竟爲此緣故，引起該美兵之不滿，不問情由，飽以老拳，藏大二子遂遭毆傷，倒地呻吟，一時觀者齊集，在群情憤恨之下有人圖以石片擲打肇事美兵，斯時有附近街警五九一二號聞訊趕往，加以制止，一面調查出事原因，正擾攘間適美憲兵吉普卡巡邏經過，彼等即下車向該肇事美兵盤詰一通，立將其帶上汽車，疾馳而去，受傷之人力車夫，即經警方送至醫院，終以傷重，延至次晨五時斃命。

九月六日　天津東局子街農民何萬順，在美兵營附近收割田禾，被美軍崗兵開槍射殺。

九月七日　在北平，一個美國憲兵開槍擊傷輔仁大學附中學生曹桂明。原因是他穿着美軍卡其軍褲。當曹桂明正在看人下棋的時候，那個美國憲兵就從吉普車中跳下，用脚從背後猛踢曹桂明，曹桂明被迫跑開，美憲兵就在後面追趕，並連開四槍，一彈打中他的腿部。曹桂明受傷後已送醫院，他穿着的卡其軍褲則被該美憲兵脫去。

同日　在塘沽，說是有一『小偷』，『踰牆』想偷美軍營的東西，結果，被美軍一槍擊斃。

九月十九日　在北平，一個中國農民任義莊，行經北平西郊飛行場附近，被美軍守衞擊斃。

九月十八日　當天大公報上載讀者劉邕投書說：『美軍對我初期友誼，到今天可說是蕩然無存了。我曾幾次親自見到美軍調笑中國婦女，還有乘着吉普車兜風，而一面用鞭抽打經過的中國人取樂，還有美軍乘着吉普車向人叢中以追嚇行人爲樂，四個騎車婦女竟因此而跌傷。』

九月二十三日晨二時　蘇聯僑民馬爾德諾夫（三十歲）駕駛自備汽車一二〇七三號，由蒲石路折聖母院路返家，車停路左，突有吉普車一輛，係一酒醉美兵駕駛，靠左開來，撞擊前述汽車，因撞擊過猛，被撞之汽車竟再撞擊車前之三輪車。該美兵闖禍後，即擬逃逸，蘇僑與之理論，美兵反口出不遜，此時適有美海軍巡邏吉普駛過，蘇僑請加干涉，海軍以闖事者爲陸軍，不願過問，允轉請憲兵前來，不數分鐘，果有憲兵吉普五輛開來，但二十名憲兵下車後不問情由即舉棍將馬爾德諾夫及另一蘇僑朱淑（二十六歲）痛毆，此時附近弄堂內之中俄居民群相出視，憲警舉槍將彼等趕走，續將蘇僑二人毒打半小時之久，蘇僑被毆倒畢後美憲警又將之亂踐亂踢，口中並高叫『打紅黨』等語，旋又將血泊中之受傷蘇僑擲於吉普車內，駛送黃浦警局，沿路又在車中拳脚交加。兩人在警局拘至晨六時，始由值日警，電召傷者父母車送醫院。經查明馬爾德諾夫左手折斷，右脚骨擊碎，全身毆傷，朱淑左眼重傷，恐將失明，內臟亦受重傷。

九月二十三日　天津美軍將在街頭流浪之十一歲女丐童胡小妹，抱起來投入河中淹斃。一行人下水拯救該女孩，美軍還在岸上旁觀取樂，引起一車夫的不平，當將其扭送警局。

九月二十六日晚　北平美駐軍一人，竟闖入北京飯店二二九號中共駐平代表團女工作人員宿舍內，經嚴斥始逃逸。

九月二十七日　天津兩美兵行經牆子河時，一個女乞丐向他們行乞，兩美兵竟把她推到河裏去，當即淹斃。

九月三十日　上海美水兵僱乘三輪車，自靜安寺路至聖母院路馬尼拉夜總會，該美兵下車後分文不給，使車夫黃金根在夜總會門口久候達三小時，後有美憲兵巡邏車行經該處時，黃金根即向車上美憲兵綜述始末，請其代爲交涉，該美水兵才付美金五角並法幣一百元，黃因苦候三小時，僅得如許代價，不免口有怨言，不料竟觸怒了美憲兵，當即將黃拖入夜總會內，在許多美兵之前毒打黃金根一頓，黃金根受傷受辱，有冤無處伸，後在金都大戲院門口號啕痛哭，厥狀至慘。行人聞知均悲憤無已。

十月五日　上海美軍兩個喝醉酒的水兵，乘三輪車經過五馬路時，突然拔出手槍連開三響，三輪車夫鄭裕光，嚇得胆戰心悸。

三、刼奪騷擾事件

去年十二月二十二日　上海南京路外灘一帶，美軍四人乘吉普車公然搶刼小販所售香烟。

一月十二日　上海報載，美水兵一人入鞋商店，搶去皮鞋一雙，店主追出，遭其擊倒於地。

同日　美軍十餘人在上海最熱鬧的南京路大新公司附近，結夥搶去行人的大衣手錶等物。

三月十日　路透社中文編輯王家驊在上海漢口路附近，被美兵四五人刼去四千元，並遭毆傷。

三月二十二日　上海南京路美沙利咖啡館，有美水兵三人進食後，無錢付款，其中一人將手錶一枚出質，討價四十美金，由咖啡茶房王仲連買下。但王交款後，美水兵忽又將手錶索回，其中一美兵竟持啤酒瓶向王仲連頭上猛擊，當即血流如注。

三月二十四日　下午，上海美兵Dasd，到霞飛路五六八號大首飾店購買鑽石，當由該店夥友吳號之招待，拿出價值法幣四十五萬元的三枚鑽戒交美兵選看，不料該美軍竟不付值，攜戒逃逸，店夥吳號之在後追趕，並大呼捕盜，該美兵自南成都路折至蒲石路，旋逃入人和合坊內；因該弄爲一死弄，故又出弄狂奔，此時警笛狂鳴，路人亦幫同追緝、同時有巡邏警長八十三號，率同警士第四九五〇號，亦開聲追拿，該美兵至此突反身連開二槍拒捕，一彈擊中八十三號警長之右手，倘幸傷勢輕微，四九五〇號警士遂亦連開三槍回擊，一時槍聲大作，子彈橫飛，該美兵再往南重慶路折至蒲石路巨籟達路，旋又奔至九星大戲院後面弄內，而追隨其後之警士與路人，越聚越多，該美兵奔入弄內後，不特精疲力倦，抑且自知無法逃避，情急之下，竟萌自戕之念，亟出槍對右太陽穴開放一槍，于槍貫穿左額，頓時鮮血迸流，倒在血泊中，旋由警局電告美方憲兵部，受傷者送海格路四〇〇號陸軍醫院救治。

七月十四日　上海外灘麥加利銀行門前，一個美國水兵，因乘三輪車不給車資，幸有美巡邏憲兵經過，遂爲調解，未演慘劇，但調解的結果車夫仍未能得到分文的車資。

八月二十四日　上海報載：美軍官在台灣侵吞十五萬美元之金條，該軍官現在美國仍逍遙法外。

九月四日　上海秋雪先生投文匯報說：

編者先生：

我奇怪一個居住在自己國度裏的國民，外國軍人竟以手槍對路人實行威脅檢查，實令人感到不解。

事實是這樣的，本月二十三日晚，我和一位同學，從靜安寺下電車後準備回華山路的宿舍，時約十一時左右，行經廸化路時，有美軍四名迎面而來，待走近時，四人突形包圍，阻止去路，並講英語數句。我因事起突然，未能聽清，故說簡單英語詢問，「why？」其時已有兩人對我那位同學實行檢查，繼而又同樣來檢查我，我知道這行爲在他們是犯治的。對我呢？更是一種汚辱，我反抗的說：「NO！」。可是事態對我變得更嚴重了，一個較變的美軍說：NO？NO？」同時則從腰間取出手槍，對着我的胸前「NO？NO？」猙獰而諷刺的說。終於我是在他們包圍和手槍的威脅下被檢查了！最後，「GO！」一個命令，我和那位同學帶着滿腔的憤慨回到宿舍。我將這事告訴同宿舍的一百多個青年朋友們聽，誰都不能找出理由來解答這事。

一個讀者卜秋雪謹啓八月二十五日

九月十四日　天津大公報讀者投書欄載：

編輯先生：我不是來刺激中美間的感情，我是報告一段事實藉以促起兩國當局的注意。若任這種事繼續的演變下去，會損傷兩國間的友誼。最近在秦皇島時有美國憲兵搜查中國民宅的事。搜查時並未會同中國官憲，也沒有通知主管機關。這是否侵犯了中國的主權呢？（因爲中美是平等互惠國家，一切不平等條約與治外法權早經兩國宣佈取消。）聽人傳說的不可置信，我把眼見的事實寫在下面：

九月八日有武裝美憲兵三人各持手槍闖進某機關職員宿舍，一言不發，遍搜舍內各室，翻箱倒篋，其勢洶洶。該宿舍某君問其來意，彼等亦不回答。但言至認識其某某長官時，彼等始作耳語倉促離去。事情發生後，除將始末立即呈報，並提出口頭抗議。但美軍不過允許不再有同樣事情發生，並道歉了事。

按此事頗有耐人尋味之處。或謂駐防該島之美軍，待月餉有限而揮霍無度，沒有錢便利用其地位，藉搜查軍用物品爲名，到中國民宅搜刼美製物品，再暗自轉售中國人民，做無本生意。這件事在我們這兵荒馬亂天災人禍的中國倒算不了一件大事，自然也不必大驚小怪。但若細想下去，眞不是一個單純而又簡單的問題。美國如果承認中國是一個獨立國那樣的話。像這種私入民宅的舉動是美軍當局授意呢？抑是美軍私是違法呢？局外人自然不得而知，不過我願以中國公民的立場來忠告美軍當局，最好能及早制止這種舉動。報紙上倘若時有類似的消息則你們幫助中國的美意會因爲這些小節使中國老百姓誤解的。我更願喚起中國當局隨時注意諸如此類的事情，切實關照美軍當局注意。雖然這是人家侵犯了我們的主權，但我們也不要自己放棄才好。希望每個中國人能咀嚼一下，我們偉大的中國，當老百姓的處處受人欺壓的主要原因倒是在那裏？

于不平　九月十日

九月三十日　北平美兵數名於黃昏時在和平城頭，以手槍高射電線爲戲，將北平電燈公司縮電之高壓綫擊斷，一時聲如雷鳴，半壁城市頓陷於黑暗世界中。

駐華美軍搶刼中國人民財物的事件僅據官方統計自去年十月至今年一月一百天中，共發生三十一起，幾乎每天平均一起。

四、調戲姦淫事件

一月十二日　上海王振猶先生投函文匯報說：他居住在霞飛路金神父路附近，每日公畢歸家，常見美軍醉酒滋事。一日有一水兵，入一商店挾店主之女於掖下，頻問要多少錢。某一夜又見美水兵強挾一女子至弄堂，該女子狂呼救命，幸經他的幫助，始得免於侮辱。

三月十五日　夜上海新昌路鄧姓女子由外歸家，竟被四個美兵跟縱闖入強行姦淫。

四月十日　上海辛報載，某女中學生放學經過『美國軍人俱樂部』所在地斜橋弄，兩個美國水兵從三輪車上跳出，『老鷹抓小鷄般的抓住一個女學生，拖回車上，兩個水兵狂摟着她』。

六月二十八日　重慶美兵四名，竟公然闖入會仙大廈旅社女浴室，對正在沐浴的婦女百般侮辱，復糾集美兵二十餘人將旅社大肆搗毀。

八月十三日　上海報載，駐天津美軍常常擲擊行人道上的中國女學生和中國婦女以取樂，津市人民感受此種壓迫比殘暴日寇有過無不及。

同日　上海報載美軍在天津娛樂場所，任意侮辱中國婦女，搶奪攤販的糖菓不給錢，鳴槍作戲，胡作非爲，無所不至。

八月十九日　上海北四川路的女接線生投函文匯報，申述美軍對她們的侮辱，並徵求『對付辦法』，且看這些善良的中國婦女的申訴：

『編輯先生：

我們是在北四川路九號上海招待所服務的女接線員，招待所電話接線室對窗戶就是美軍住的前新亞飯店。近來天氣炎熱，就把窗戶打開乘涼，被那些美軍看見，時常對我們高聲叫罵，不知道講什麼鬼話，我們就不回答一聲，那些美軍自知無趣，就下辣手了，昨天把啤酒瓶三只擲進接線室，瓶內裝的不知是何種臭藥水，顏色是棕色的；幸巧尚未傷人。而那些壞東西鬼心未死，今天晚上九時二十分又擲進無線電上接粗線的玻璃棒重約一斤半，幸巧只有接線生一人在室沒有擲到，只被擲碎玻璃二塊，若是擲到頭上，死了豈不冤枉。

王君謹懇 八月十二日晚』

八月二十六日 文匯報讀者蔣漢民敘述目睹美軍侮辱中國婦女的事實說：

『昨夜我同一個友人在南京西路散步，當行至距國際飯店東約六七家門面的地方，見有三個美國水兵瘋狂地向東走路，大約是喝醉了酒，抑或故裝瘋態，走起路來忽而闖向左，忽而往右偏，跌跌衝衝，委實好笑，所以我的視線便老是注意着他們——三個「醉水手」。

那時候，東面走來一個年約二十五歲左右的女郎，手中提着東西，一本正經地趕路，甫經行近美兵身旁之時，其中一個美兵不顧羞恥地將該女子胸前亂摸。那時候我看到這女子可真尷尬極了，便用盡全身之力掙扎，終算被她掙離了魔掌。而看這個不要臉的東西，却很得意地發出了瘋狂的笑聲！

八月二十五日』

九月一日 南京中山北路服務某機關公務員張某之妻妹二人，晚間觀劇歸來，爲鴉吉普車二「友邦」軍人跟蹤追上，其妹經掙扎逃脫，其妻則曾被拉至某草坪上强姦達一小時之久，衣褲盡被撕破，乳胸重傷。當行姦時，有挹江門憲兵隊長張紹卿目見，竟未敢干涉，僅以專車護送回家，該二「友邦」軍人則已揚長馳去。

九月三日 九月三日戰爭勝利週年紀念，南京人民的臉上喪失了歡笑。許多民營報紙上爲勝利招魂。一位婦女寫給一個報館的信中說：我在家鄉淪陷的時候，遭六個鬼子侮辱，千辛萬苦逃出來，不幸又被高鼻子盟軍施以非禮。勝利了還鄉，路遭匪刼。父母被內戰砲火打死，房屋也被毀了。

九月十三日 上海文匯報載：常熟少婦陳招弟，住虹口大連路福壽坊二號過街樓上，昨晨另時半因天氣炎熱，室內無法入睡，遂持蓆外出露宿，距至零時半許，陳正赤臂露腿，酣然熟睡之際，突有醉酒美兵二名，道經該處，瞥見陳婦席地而臥，竟至情不自禁，將其由夢中喚醒，强行非禮，陳見狀大駭，當予堅拒，致觸怒該二美兵，竟以皮鞋向伊頭胸各部猛踏亂踢，陳婦當受重傷，門牙四枚且已脫落，血流滿面，遍體鱗傷，爲狀至慘。侍該管崗警聞訊，肇禍美兵早經逃匿無蹤，當由崗警將傷者車送醫院急救，聞傷勢嚴重，恐有生命之虞。

我歡迎你們來！ 丙丁

九月十七日 上海新聞報載：前晚將近午夜十二時，跑馬廳草坪上，經美軍巡邏哨兵查見有一少女暈倒碧草如茵之曠場上，滿面血漬，衣服不整，當即急救使醒，訊得少女名周根弟，年華雙十，在南京中路仙樂斯舞廳伴舞，當晚有嵇客菲藉美兵，舞罷擁周入跑馬廳散步，行至暗陬，欲强行非禮，周女力拒，被菲人揮拳擊倒，面部受傷出血，即不省人事。其所攜皮篋內貯法幣二萬元，美金票五元，又新製舞衣一件已失去。當由美軍送周根弟往醫院，一面通知美憲兵查緝該菲人法辦。

九月卅日 上海文匯報載：作晚十時許，有美海軍水手一名，在圓明園路一六九號大厦門首巨型石柱旁，與一鳩形鵠面之婦人，從事穢褻之性行爲，雖其他行人衆多，猶復恬不知恥，視若無睹，其後行人駐足而觀，愈聚愈衆，且有呼喊「MP」前來驅逐者，但該無恥水兵，匪特無所恐懼，且益腦羞成怒，於「事」畢之後，竟拔拳亂打行人，當時有好幾個行人被打傷或被撕破衣裳，打碎眼鏡。按外國人在中國的通衢大道上，當衆宣淫，公開侮辱中國之行爲，當屬初次聽觀見，儼然中華民國之尊嚴，已損毀殆盡了！

美國的人民運動

中國的殖民地化日益加深，遠在太平洋彼岸的美國政情的變動，對我們有着休戚與共的關係。

看來在杜魯門任期未滿之前，其反動的外交政策，尤其反動的對華政策，是不會有基本改變的。這就說明中國要達到眞正的團結和平和民主，還需要經過一段堅强的阻撓；而全世界範圍的團結與和平，也還要經過一段艱苦的奮鬥。美帝國主義，現在已變成全中國人民和全世界人民咒詛的對象了。

但是在美帝國主義的母體內，一種强大的人民運動，却在孕育着，發展着，成爲打擊反動勢力的一個重要因素。上月在美國三十五個大城市同時發動的「退出中國週」運動，已經表現了人民的意旨；華萊士的外交演說，也反映在美國民主派的呼聲；上月底在芝加哥召開的美國各自由進步團體的政治會議，決定在爲恢復羅斯福路線而奮鬥的重要綱領，喊出「反對干涉中國」的正義的聲音，更足使我們欣慰；而最近出現的包括十七個强有力的團體所組織的「美國進步份子聯繫委員會」，已經是百川歸海，形成了美國進步的人民力量的總匯，她將要變成美國反動勢力的勁敵，將要在一九四八年的大選中起偉大的作用，也已經是公認無疑的了。

從中國人民的觀點來看，中美兩國傳統的友誼，現在已被美國政府及其駐華美軍的野蠻行爲一手破壞淨盡，只有中美兩國人民運動的擴大發展及互相配合，纔能挽救兩國歷史性的悲劇。我們對于其美國進步力量的成長，實寄予無窮的厚望。

張瀾主席發表談話

堅決拒絕參加一黨國大

決爲爭取和平民主奮鬥到底

張瀾主席對記者就目前時局發表談論，大要如次：

「國民黨佔了張家口，下國大召集令，依我看來，不會有什麼效果的。」

「政協決議，是要停止內戰，改組政府，完成憲草，才能召開國大。開國大的意義，是通過憲草，現在內戰沒有停下來，國民黨的所謂擴大政府機構，基礎，也只是請客，不是聯合政府；政協決議要的憲法，是民主憲法，不是五五憲草。國民黨以一個「戰勝者」的姿態來召開國大，是威脅？是利誘？我們民盟不能放棄自己的意見和立場，不怕一切威脅利誘，絕不參加。不僅我們，中共當然不參

政府打下張家口和頒佈國大召集令以後，時局突然轉緊，分裂之勢已成，一線希望，唯繫於第三方面人士的努力。第三方面站在公正的立場，正設法促進停戰協商之實現。今天問題的中心是，商談的原則，必須根據政協決議，倘能如此，一切必可迎刃而解。自然，今天國共雙方，都沒有公開反對政協決議案及和平建國綱領，而問題在於是否真心誠意地實行它。舉例說，雙十節那天，曾在北平東安門大街看到一條大標語，上面寫着「要紀念雙十節必須消滅禍國殃民的共產黨」，這便違背了載在和平建國綱領總綱中的承認各黨派合法地位的大原則。共產黨方面，談話寫文章中間，也犯不着意氣用事，免與和平建國綱領總綱中之記載相抵觸。這樣說來，第三方面建議停止宣傳戰，是必要的，一面罵、一面打、一面談，還能談出個甚麼結果呢？

數月以來，政協決議失效，局面越鬧越糟。今天如欲恢復政協決議的拘束性，最好再召集政協一次，把過去決定的議案再使之具體化。否則最少也應恢復政協綜合小組，過去的決議，如有因失掉時間性而需要修正的地方，也必須根據協商的原則，協商是政協的優良精神和傳統，萬萬不可違反。

這次南京的和談，算是和談的最後機會，希望大家無論如何必須和衷共濟，以協商求解決。一方面在談，一方面大開其軍事會議，這就使第三方面大感苦惱；而各派代表到京之日，蔣主席匆匆離去，似乎也有違第三方面人士的苦心。美國的調處如果是公正的，我們當然歡迎，但現在顯然是失敗了，中國問題，現在一切應該由自己了。萬一自已不能了，也無妨歡迎美英蘇三國共同來了。反正鬧到將來，總難免有三國共同干涉的一天。中國人向來以天下爲心，況且外國干涉內政，目前已成事實，實無隱飾之必要。我看率性與遠東有關的三國共同來調處，這是爲中國爲世界的和平，我們甚至可以自動請他們來。

民盟一向是獨立的組織，一切誣蔑都非事實，且對中國沒有好處，今天中國如僅有一黨或兩黨，絕對是搞不好的。民盟之與中共比較靠近，是因處境有三點相同，第一，都是在野黨；第二，都是主張民主的；第三，都是被壓迫的。國民黨如易地而處當亦如此、造謠打擊、都不應該，誤解應速消除。實行民主的先決條件，是互相承認、互相尊重、互相容忍，否則便是封建法西斯的觀念，與民主精神絕對不相容的。（K記）

時局感言

張申府

加，即青年黨亦不至參加，國民黨如一定要一黨召開，讓他開去；中國憲法已通過兩次了。人民不同意，還得再來。民盟沒有考慮的餘地。」

「民盟不願內戰發展下去，要全面停戰！我們一貫主張：和平、民主、達到統一。和平不能打；民主統一，即是要打破一黨獨裁，實現聯合政府：不和平，不民主，就不能統一。國民黨如不能與共產黨合作，也就不能與其他的人合作。我們爲人民，爲國家，也是爲正義，爲公道，要促進國共兩黨合作，實現和平，民主，達到統一。」

「國民黨佔了張家口，馬上下國大召集令，顯然不顧一切了，好像張家口一拿下，全國就沒有事了。其實，是錯了的，這個仗是打不澈底的！國共雙方現在誰也不能打倒誰。中共武裝雖不及國民黨，但有一定數量的軍隊，還有廣大的民兵，其力量不可侮。武力不能解決問題，還得須走政治協商的道路。和平民主戰線上的同志和朋友，還要本着和平，民主，達到統一的一貫主張，堅持鬥爭。我們不悲觀，但我們也看出不是短期所能達到目的的。」

「據我們的經驗，國民黨目前雖氣燄萬丈，但或將臨岸回頭的。這樣的事已不只一次了。」

「如果國民黨硬要一意孤行下去，他的政治、經濟、財政、教育、……一切都根本不能改良，人民的痛苦便一天天加深，這對他是不利的。我一直在勸國民黨改良，不是要革命。」

「但我們是要不折不扣堅持我們的一貫主張的！」

婦女們應該怎樣應付今後的危局

劉清揚

近來北平新民報上，時常關懷到婦女職業和社會服務的問題，有的讀者建議，最好學習戰時後方婦女服務的精神，多替前方將士徵募棉衣，爲難民徵募棉衣，或爲此發動廣泛的募捐運動。這種精神是很值得讚美的；但是今天我們必須了解，純慈善性質的服務，並不能解決社會的根本問題；內戰和全民抗戰的性質不同，我們也不忍鼓勵士兵們去爲內戰犧牲；說到流離失所的難民，當然值得我們同情，但我們似乎還應該更進一步，追究今天大批苦難的同胞，究竟是由何而來。離開這些必要的了解，純粹由婦女的慈悲心出發來談救濟和服務的問題，乃是與事無補的。

抗戰中婦女服務的精神是艱苦的，可敬的。她們自我犧牲的目的，在於戰後能建立一個安定和平的新中國。這個目的，今天是不能兌現了。目前人民生活艱苦，更超過戰時。內戰使大多數人個個變成了難民，願意徵募棉衣的人，自已未見得穿得上棉衣。即令自己忍苦受凍爲難民服務吧，但難民太多了，救濟了少數也無濟于事；某些難民幸而得到了救濟，一轉眼間，從內戰的火線上，又趕來了大批的難民，數目太大了，而且不斷的產生，想救也無從救起。這樣看來，單是消極的救濟是無濟于事的，我們應該積極地根除難民的來源。難民的來源是內戰，因此只有趕快停戰，趕快實現和平民主，纔能根絕難民的來源。

內戰一天天擴大，一天天衍變爲長期性，熱心社會服務的婦女們，應該怎樣應付今後的危局呢？我以爲，第一，我們婦女們不忍眼見自己的同胞互相厮殺，應該就近向自己的丈夫，兒子，親戚，朋友勸說，不讓他們參加內戰；萬一不自覺地參加了，也要勸他們趕快設法脫離內戰。第二，婦女們天性是愛好和平的，沒有和平就沒有好日子過，也是顯而易見的道理，因此婦女們要積極地參加呼籲和平的運動，希望由我們的努力，使內戰早日停止，早日產生一個人民的政府，一個願意爲人民爲婦女謀出路的政府；這就必須是一個清廉的民主的聯合政府，我們要爲此而奮鬥。

我們必須十分小心，現在是內戰時期，不是抗戰時期。我們必須認清現實，提防着我們的服務不要落空，不要收到相反的效果。我們服務的目的爲了和平，不是爲了幫兇。失之毫釐，差之千里，我們不能不注意到這一點。（M記）

一位美國記者的赤區縱橫談

鐘行 記

這是一位美國某名記者（遵囑暫不將名字發表）最近自東北北部訪游歸來的記述。

這位記者是跡遍中國，而年事雖高，白髮都霜，精神卻依舊矍爍，觀察更是深刻銳利。記者因此願將其此次觀感記述介紹出來，供大家認識。

本刊特稿

一、延安、張家口與哈爾濱

在我（美記者自稱以下例此）的旅程中，曾經先後訪問過中共的三大城市——延安，張家口，與哈爾濱。雖然這三處同是中共治下的軍事和政治重鎮，但是由於經濟型態的不同，地理條件的互異以及文化傳統的差別，牠們呈現在我面前的是三個不同型態，不同性質的城市。

我在美國的時候曾經讀到許多介紹中國解放區的讀物。由於牠們描繪的生動，我想像他們的判斷一定也是正確而具有普遍性的。但是當我歷經上面這三處城市之後，我便不得不認爲過去有許多美國書藉所介紹的中國解放區情形只是依據延安一地而成的。牠們對中國解放區政治經濟以及各方面的成就或缺點的估價是未免過于燥急了。

延安代表的是質樸，張家口是活潑，而哈爾濱和齊齊哈爾是力量。

延安的質樸是被決定于陝北先天的貧瘠。張家口的活潑一方面由于地理上交通上的關係，另方面也因爲僞蒙疆政府替中共留下了一份可以活用的資產。至于哈爾濱和齊齊哈爾的力量，那麼請放眼看去，人民的性格是那樣粗壯，土地是那樣的肥泛，工礦的寶藏是那樣的豐富，森林是那樣的幽密，水流又是那樣的湍急！一句話，東北的北部是一個人，土與水的力量的總滙！我的第一個對東北的印象就是這裏充滿了力量，冷峭的，雄壯的，堅毅的，配合着東北酷寒的天氣。

從三地中共當局對我私人的餽贈裏也可鮮明的反應出來這三個城市不同的特徵。中共對于美國和各地來觀光訪問的記者們向例是各有紀念性的餽贈的。這是他們一番招待的盛意。不過構成餽贈的內容往往只都是選擇一些本地風光的土產。這些土產品他們覺得比一些招待宴會似乎更能代表友誼——而在我也是這麼想。

我在延安的時候毛澤東先生送給我一本書，裏面都是當地農民住舍所用的窗飾的圖案畫。朱德將軍送給我一方地毯，那是用土線織成的，也是當地農民手工業的成績。這兩樣禮品的本質已經是質樸無華的；而配合着那簡素的圖案，單純的線條和簡單而灰暗的設色，就更顯其樸實了。

在張家口我收到的禮物是二百五十多本書籍。裝成滿滿一箱幾乎無法運回。這些書都是在張家口印刷與裝訂的。內容據說包括了政治理論、經濟設施、農村改革、民間文學、市政推進、戲劇音樂各方面。由于我不能讀中文的緣故，我無從由文字的內容裏去印證我想像中張家口的活潑的生命力：但是即就外觀而言，裝訂的整齊，出版量的巨大與迅速，印刷的清楚與紙質的不同，舉凡以上種種也無不說明了張家口與延安有着顯明的差別。延安像一家自食其力勤儉勞苦的貧戶；張家口像是一個經商的小康之家。它有一些活用的資本，但卻沒有很堅厚的基礎。特別是處在一群破落戶的中間，爲防範他們的覬覦，經常的需要戒備，因此也無暇顧及開發它週邊的資源以鞏固它的根基了。

要不是因爲需要顧及軍事方面的情形，張家口是很可能作爲一個很好的文化中心，和輕工業的重鎮的。它在地理上的位置就說明了它是最適宜于作一切交流工作的重心。堅實，雄厚的印象不是在張家口，也不在延安，而是在哈爾濱與齊齊哈爾。

我在齊齊哈爾所收到的禮品便可以替這個觀念做註脚。我收到貴重的皮貨，特產的絨毯，還吃到許多森林中動物的肉和水產。那裏的蘊藏是豐厚的，是探掘不盡的。從哈爾濱到齊齊哈爾，一路從車上望去，田野裏金黃色的禾稼盡是大豆和高粱，沿站堆集的是煤山，而每個黝黑的山坳裏也盡多是煤，錢的寶庫。面對着這一幅景色，你不會發生半點輕佻纖巧之感。雄渾的山水，肥沃的田地，粗壯的人民，堅毅的形勝，這一切使你相信力量是屬于這裏的。三百年前這力量曾使這裏崛起了一個統治中國的異族帝國；在今天這力量可能是推動中國人民真正走上進步的大路。

我嘗想，天氣是人們心理上的一個最好的晴雨表。延安的天空是灰黯而沉重的一片；張家口常常晴朗，但風向却是搖曳不定。在哈爾濱和齊齊哈爾的天氣則是肅殺，冷峭，凝聚，永遠像冬天一樣的莊嚴。

二、中共與蘇聯

我這次旅行所最希望發掘的便是究竟中共和蘇聯有什麽聯繫。我曾用我最大的能力和技巧來觀察它們之們的關係。而我的結論是：中共和蘇聯除了都奉馬克思主義爲圭臬外，其他方面是整個的不發生任何關係的。而且如果進一步的探討他們兩者所講的馬克思主義，他們之間也是儘多出入。依我的觀察用「思想一致」的帽子扣在他們的頭上，都是不正確的。在我這次旅行歸來後，我深深地驚訝這多年來中美兩國內所流佈最廣，也是使人中毒最深的宣傳攻勢竟連一分事實的根據都不存在漫天撒謊與血口噴人只不過更暴露了統治階級的黑暗，無恥，與其摧殘中國人民的自主運動的苦思而已。

舉一兩個例子便可以說明在東北中共與蘇聯的關係了。哈爾濱的蘇聯領事館是全城區裡的另一世界。這個小世界裡一切都是自足的，它與哈爾濱的市民不發生任何商業上的往來關係。蘇聯這種自閉于一個小圈子裡的作風顯然也是對她領館裡的人不方便的；但他們寧願不方便一些，却不肯建立一切和中共行政當局有牽扯的商業關係。我曾問過哈爾濱的蘇領事，何以在這種普通貿易方面還要劃分得如此清楚。他的答復是：「我們不願意引起任何可能的猜疑以爲我們對中共有過什麽物質的或其他的援助。我們願意看中國人民用他們自已的力量解放自己；因爲我們既尊重我們不干涉中國內戰的諾言也相信中國人民的力量是終究不可抗拒的。」

又一個例子是：在哈爾濱和齊齊哈爾兩地，鐵路上的日本技術人員都被蘇聯帶回西伯利亞去了。中共初到該地的時候，他們得到了十九輛煤車，十二列客貨混合列車，四列客車和三十個完整的火車頭。另外還有一些須待修理的機車和零件。爲了使這些車列能行駛起見，他們需要鐵路上的技術人才和開機車用的機器油。日本技術人員的離去和他們自己不能製造機器油的現實使他們遭遇了大的困難。他們在當時有兩條路可選擇：一是向蘇聯借用技術人員，並用東北的大豆和農產品去和蘇聯交換她的機器油。另一條路是自力更生，自已發明代用品來代替。前者顯然是較便利，也是對中共與蘇聯互惠的。因爲蘇聯的亞洲部分今年正以歉收，用東北過剩的食粮向她掉換機器油是極適于雙方的需要的。但是中共竟沒有那樣做。這一段鐵路的管理員高先生曾經跟我說：「我們在當初根本就不考慮向蘇聯辦這個交涉。因爲辦交涉結果也是碰釘子，倒不如不辦的爲妙。我們缺少技術人員，于是我們就獎勵鐵路工人成績競賽；我們沒有機器油，于是我們想盡方法來發明代用品。這幾個月來的努力已經使我們的耕耘得到收穫：我們現在擁有三百六十個鐵路勞動英雄；我們用提淨的豆油來代替機器油。並且靠這些勞動英雄的發明，我們可使用的機車已經從二十輛增至六十七輛了。」

雙十節的那一天，我在齊齊哈爾的車站上參觀了一個勞動英雄的慶祝集會。他們每八天要集會一次的，爲的是交換各自的發明，使它們流傳更廣。這一天恰逢雙十節，規模自然更大一些。他們陳列着各種自己發明的工具，傾訴着各人奮鬥的經驗。望着車站上排列的機車和來往的列車，他們是很滿意的笑了。他們知道鐵路是他們的生命線。

列車走得很慢，而且每逢站必停。這倒不是他們忽畧了效率，乃因爲用豆油做的機器油不能讓車子開得太快，恐怕摩擦生熱，轉生障碍。每站必停的緣故就爲的是車手和火夫可以下來檢查一下機器。安詳地，沉重的，緩慢的，列車在這條鐵路上終于行駛了。是他們自力更生的成就——沒有得到蘇聯任何的帮助。

三、中國的前途

我在哈爾濱曾經和一位塔斯社記者談起中國的前途問題來。據他說：「蘇聯每個人都相信中國人民的力量是會戰勝的；從她現在的桎梏裡解放出來，不需要任何外力的帮助。並且即使有外力的壓迫，對于人民的鬥爭也不是構成爲不可克服的困難。厄運也許在中國還有相當期間的逗留，但是愈是經艱苦奮鬥而得來的解放與自由將愈爲人民所珍惜。人民的力量是萬壯偉大的。」

這種看法也是我所深信不疑的。特別是在我游歷了許多中國的城市鄉村之後。今天中國各地人民的鬥爭似乎表現得程度不齊，但這決不是中國人民對于他們自身的解放有所猶豫。地理，風俗，政治經濟以及社會的傳統暫時影響到他們的行動。在將來終究有一天中國人民會團結起來，共同攜手踏上反帝國主義反法西斯統治與要求民主自由解放的燦爛的征途。

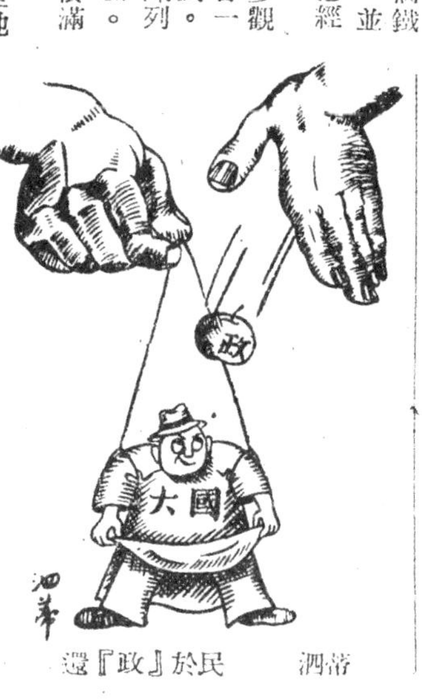

還『政』於民　雷泗

「命令是第二生命」還是「第二死命」？
「服從爲負責之本」還是「卸責之本」？

命令、法律與民主

只有政治民主化纔能解答這問題

平　新

嘗於成渝公路上看見白粉牆上，寫着很大的藍色標語，謂：「命令是第二生命」。當時非常詫異，覺得命令與生命兩個觀念，是衝突的，如何能聯在一起呢？法人嘗以自由爲第二生命，故法諺云：「不自由，毋寧死，」爲日後各國人民爭取平等自由之格言，未聞世界文明國家，有以命令爲第二生命的。以老百姓立場論之，無人命令他們，反得到：「日出而作，日入而息」的自由，天賦的快樂，如有人命令他們，則自由即剝奪，身體反無保障，翻開歷史看看，馬上知道自古到今多少人民的生命犧牲在命令之下，是以與其說命令是第二生命，毋寧說命令是第二死命！

這樣說來，命令是要不得的了，爲何現代世界各國未聞有廢止命令的呢？這是因爲社會進化，尚未臻完善境界，命令於附有條件之下，尚有牠的用處。

所以現在法治國家命令，與奴隸時期，封建時期的命令，迴然不同，奴隸時期，主人對於奴隸，可以任意以命令處置之，生之使之如馬牛服勞役，殺之用之如猪羊供祭祀，封建時期，首領對於人民，亦是：「金口玉牙，說什麼算什麼」，子女玉帛殊求無厭。及英國立憲，美國獨立，法國革命，同時天賦人權之說興，將「朕即國家」之專制魔王路易十六送上斷頭台後，歐美統治者之命令，逐漸變了質，即命令之有效，須以不違法爲條件，

大體言之，現代之法治國家首長命令，不能與憲法或法律抵觸，命令與憲法或抵觸者無效，換言之此種與憲法或法律抵觸之命令，上級機關，無服從之義務，如服從違法命令，則應與命令者同負違法責任，文職人員不說了，即武職人員，依法亦無絕對服從之義務，如命令違法，可以拒絕執行，譬如上級軍官命令下級部屬降敵，或命令殘殺人民，下級部屬可以不服從，故命令爲第二生命之說，乃奴性的、階級的、封建的、專制的社會的遺毒，在此發現人性的文明社會裏，實不應尚有這種口號存在！

以同樣理由，我們對於：「服從爲負責之本」的語句，亦覺得有研究了之必要，因爲據一般機關之首長，於紀念週內的解釋，均認爲「服從爲負責之本」一句話，即指服從官長命令而言，依法論之，服從長官命令應以命令不違法爲條件，前已言之，如不問職守，專講服從，不獨有時違法，且服從適爲卸責之本。何則？誠以每個公務人員均有自己的崗位即均有一定的職責，對於職責內應作的事，應對法律負責，計劃推動，方克有濟，如只對長官負責，不對事務負責，事弄壞了，則以高頭命令爲推卸，勢必作誤機宜，一事無成，或違法濫爲害人害事，近十數年來內政之不見起色大半造因於此，故「命令」「服從」二句話，不知害了多少青年，犧牲了多少百姓，貽誤了多少時機，耽擱了多少無業，自今以後，我希望運用這二句話的人們，勿違法濫用！

這樣說來，命令根據法律，方可服從，則法律爲行動的根本指南，可以絕對服從了，曰也不盡然，因爲法律的適用，是有空間性及時間性的，牠是社會一種上層建築物，牠是跟着風俗習慣政治經濟跑的，在封建的，官僚資本的，經濟組織的社會裏，在專制的獨裁的政治制度的國家裏，法律只爲上層寄生階級服務，寄生蟲們借合法的保護色剝削群衆膏脂，加害前進青年，窒息自由平等的人性氣氛，增加驕奢淫慾的獸性活躍，此時的法，多半爲統治者站在小我的立場，任意制定，用爲保護本身既得權益抑壓敵黨武器，換言之即成爲魔鬼的屏障進步的阻力，是要不得的，如要絕對服從牠，恐社會永無光明的日子，故常爲革命的對象，不應服從，

人群相處，在未達到大同境界以前，強凌弱，衆暴寡，勢所難免，在客觀事實上，應有一共同遵守的法律，以爲解決的標準，但法律這種東西又常爲反動者所利用，如之何是好呢？曰經濟民主化，政治民主化，法律亦隨之民主化，依法律替平民服務，變成推進社會進步之工具，應時勢而革新，爲平民而制定，依平民服從法律，無異實行自己的主張，接受命令，無異自己的志願，則「命令」「法律」二句話雖與民主之名詞不同，而實則變成民主之工具了。

民主周刊
華北版　第三十期
主編　民主周刊社
發行　民主出版社
北平郵箱第五十八號
經售　全國各大書店
民國三十五年十一月一日出版

民主周刊

華北版 第十四期
中華民國三十五年十一月二十七日出版

一手包辦 丙丁

主編 民主周刊社 發行 民主出版社

認清危局

「國民大會」召開了，談判絕望了，和平也死掉了。

一年來，國民黨反動派的軍事攻擊與政治欺騙是同時並進的，在軍事的調處之中，美國政府仍以大量物資援助國民黨從事內戰，美國政府的面孔已經暴露無餘，在政治上，歷次談判的失敗，把國民黨反動派的陰謀也統統揭穿了，國民黨反動派不顧民衆的反對，毅然召開了國大。美國政府，公然背棄了諾言援助國民黨一黨專政局面的完成。中國的形勢早已暗淡無光，雖然如此，但是第三方面的人士，對於大局還懷抱着一種希望認爲局勢大概可以好轉，所以抱着「死馬當做活馬醫」的態度來最後的努力，但醫治了半月，還是毫無成果。

一年來的經驗，對於中國人民是一個很大的教育，我們人民已經發現在頑固份子決心硬幹下去的時候，我們無法要他們放下屠刀的，我們人民，只有在這些教訓之中，去認識自己，認識大局。一黨國大的政府形成之後，一切不自由和災難，將百倍於眼前，我們要求人民認清時局的危機，我們要求人民拿出自己的力量來。

法國人民勝利

戰後一年來法國政局，經過好幾次波瀾曲折，三次選舉兩次複決，以及最近第一屆國民議會選舉。結果，法國人民終於獲得最後勝利了。

在這次法國選舉中，法國內部的反動派及國際上反動勢力，曾迭次打擊法國共產黨及進步的力量，企圖阻撓法國民主運動的發展，甚至美帝國主義用取消對法貸款來威脅法國人民，不要左傾，但是法國人民並沒有被嚇倒。相反地，給法國內部反動派及國際上反動勢力一個有力的打擊。

這次法國人民的勝利，又一次表現世界在進步、這不僅對於今後五年中，法國的民主建設與經濟復興大有裨益，也是世界民主運動的新的捷音。

共和黨優勝之後

美國國會大選已經結束，共和黨以較小的優勢壓倒了民主黨。本來，自從羅斯福總統死去之後，民主黨的反動份子，就拖着民主黨向右轉了。共和黨獲勝已後，反動的局面更加穩定，也益形明朗了。

在戰爭期間，羅斯福總統所倡導的新政，曾經獲得良好的成果，它使美國在戰爭期間，免去了經濟的恐慌，和緩了勞資間的對立。「新政」的主要內容是：限制二某托斯的壟斷操縱，給與中小生產者以發展的機會，同時，用國家的權力向富人徵收累進重稅，以濟貧民，在戰爭期間，還實施了物價管制政策，和生產政策。羅斯福的「新政」澈底說來，是資本主義的改良主義，在戰爭期間原已遭受獨佔資本家的反對，戰爭之後，獨佔資本的積蓄益形膨脹，戰爭又爲他們開拓了廣大的國外市場，獨佔資本家實在不安於「新政」之下的那個局促的局面，他們要衝破「新政」的鐵圍，要拖着白宮向自己的方向走。

新政雖然遭受攻擊，但是民主黨內依然有人爲着這個政策奮鬥不懈的，這些人物就是喊出「人民世紀」的華萊士和民主黨的進步份子台拉西。獨佔資本家和杜魯門的反動政府對於這批「新政」的人物打擊不遺餘力，華萊士爲了發表一篇强調國際和平的演講，反動份子認爲與「國策」抵觸，被杜魯門驅出國務院。

華萊士走出國務院，實質上，說明民主黨已經開始分裂，在這次大選之中，共和黨可以乘虛而入，這是民主黨失敗的原因，與其說民主黨因分裂而失敗，不如說因爲它背叛自己的主張而失敗。

從美國的政治史上看，美國的獨佔資本家對於現存的兩大政黨原沒有好惡之感的，誰跟他們走，他們就選擇誰，民主黨雖然跟着他們走，但是民主黨分裂的局面，依然使他們感到，懷疑和恐懼，杜魯門的軟弱無力更使他們感到不夠味，他們乾脆選擇共和黨了。

共和黨對資本家說：「我爲你們解除一切禁令」對老百姓說「禁令解除後，我給你們一切必須的用品」，結果，共和黨獲勝之後，禁令解除了，物價暴漲了，資本家笑了，廣大民衆失望了。

共和黨獲勝之後，反動份子更强了對政治的控制，最近期內的國際局面，將走向一個更艱苦的階段。

新不平等條約

中美商約，已在南京簽訂，定期五年，於華盛頓時間四日晨三時，南京時間下午四時，同時公佈商約全文。

這個商約談判，差不多有半年的磋商，今年春天，某記者曾叩詢外交部長王世杰氏，在中美商約簽訂之前，是否應當徵詢工商界及全國人民的意見，王部長表示亦有同感，某報記者又詢問將採取何種方式徵求意見，王部長回答未定，一直到現在，我們沒有見到政府徵詢，而今突然將條約內容公佈了。我們問，政府對這樣重大的條約，爲什麼掩蔽人民的耳目，而秘密談判？是何居心呢？

就這次商約全文看來，正如馬敘倫先生所說：「文字的形式倒是很好看，與過去帝國主義强迫中國簽訂的條約相較，自然平等很多，但是，以中國這樣情形，這種商約的實施，對於中國，其結果，實際上走上殖民地的地位。」

總之，我們的政府又一次把全中國人民投入不可自拔殖民地的命運裏了。

官逼民反

內戰不停地在打下去，無疑地，吃虧最大的是老百姓，政府爲了支持這全面內戰的損失，不能不在農村中徵收更多的糧食，勒索更多的錢財，抓更多的壯丁，抗戰時間，向老百姓要捐徵丁，說是爲了打日本，還欺騙得過去，現在，抗戰勝利了，爲了打內戰，再叫大家夥忍飢挨餓，充當炮灰，大家夥當然要起來反抗了。這怪誰呢？這是「官逼民反」。

現在，這一抗派，抗徵，抗捐，反抓丁的運動，正迅速地發展着，據報紙披露的不完全材料統計，近幾月來，老百姓不堪壓迫而揭竿反抗的計有蘇、浙、皖、湘、閩、粵、川、康、滇等九個省份，變民活動地區至少有一百多縣，人鎗在二十萬以上，民變武裝擁有火箭砲、重砲、輕重機關槍、步槍等裝備，並有海船一百多艘。

這一蓬勃發展的農民運動，不是說得很明白嗎？「內戰不能再打下去了。」內戰的結果，使得廣大農民生活的痛苦更加普遍和更加嚴重化，到了逼得忍無可忍的地步，只有堅決反抗，找他們自已的出路了。

這空前嚴重的民變，發展到今天，政府仍不願停止內戰，從根本上解決這人造的災難。反動員了美械十四軍（在四川），湯恩伯將軍部隊（在江蘇）以及其他正規軍和地方團隊共數十萬人，實行「團剿」，眞是殘忍到了頂點。

人民的力量是無敵的，「團剿」的結果，不但沒有削弱了農民的武裝，相反地，愈「剿」愈多，很多地方保安隊甚至正規軍部隊，紛紛「譁變」，如「商縣保安隊奉命於八月五日開赴白玉鄉「進剿」，當行至谷龍廟寺，班長賀嘉賓商同士兵，將隊長殺死，率隊向華山逸去」。如果政府還這樣「剿」下去，我敢說：這星星之火，將要燒到燎原的程度。

這怪誰呢？這是「官逼民反」的。

黃浦江飄來太陽旗

誰都知道一個戰敗國家在未締約以前，決但不能駛船入其他國家的海口，不幸的，今天居然會有掛着日本旗的船隻由美國軍艦領航，大搖大擺地駛進黃浦江，據海關副稅務司李長哲先生表示：「是麥帥總部派來的運輸輪與中國交換貨物的。」我們姑且不談這批船隻是不是應該掛日本旗，就這批船隻來中國的手續上來研究，是不是合法？按航政法中的規定，這種不是屬於國與國之間的貿易船隻，還是應該首先通知行政院，在通知中更得將船的名字，船的標幟，載的甚麼貨物，那天到達等都得詳細說清楚，今天美艦帶來的這批船隻，據某航政專家說：「行政院既未得到通知，中央信託局亦未得到通知，也只是說有船來而已」。

這種公然地的侵犯我國主權的舉動，正當各方追究責任的時候，這批船隻却悄悄地於十一月七日跳跑了，這一跑就完事了嗎？

我們要追究責任，中國的海口，不是讓他們自由走來走去的。

目錄

民主周刊　華北版第十四期
主編　民主周刊社
發行　民主出版社　北平郵箱第五十八號
經售　全國各大書店
民國三十五年十一月二十七日出版

如此「互惠」的中美商約

劉清揚

所謂中美互惠商約，就如同一個叫花子高攀上一個富豪，硬要同他並比平等的身分，所以很覺得驕傲且得意。因此在這一年多負責商談的中國當局，以神祕的精神努力，遂使「功在國家」的後果，確定了「功在人家」的條文。但在事實上，如一旦叫花子想與富豪並肩同進入一個幸福享樂的場所，則富豪可大搖大擺的闊步而入，叫花子呢？竟被擯拒於門外，乾瞪着眼，看人家的盡量享受而已。

中山先生以畢生的努力，爲了民族獨立，民權自由，民生幸福而奮鬥。爲要達到此目的，故於瀰留之際，更在遺囑末段切囑：「最近主張開國民會議，及廢除不平等條約，尤須於最短期間，促其實現」的方策。經過二十一年不算太短的期間，幸由人民大衆反對帝國侵略，及反法西斯戰爭的努力，並藉着盟邦的協助，總算獲得勝利。正在這人民刼後餘生，希望復興建國之際，不但竟又擴大內戰增加人民的痛苦，致陷於民窮財盡，經濟頻於崩潰的危機，尤其更在不和諧的空氣之中，毅然召開一黨包辦的國民大會，以便產生不民主的憲法，而造成合法化的獨裁。對於不平等條約，本來幸已取消。中山先生如在天有靈，將對這些忠實的後代之所爲，作何感想呢？但反更進一步，甘心自願的，又簽訂了合法化的帝國經濟侵畧商約。中山先生如在天有靈，將對這些忠實的後代之所爲，作何感想呢？

站在人民大衆的立場，自然不會以國際法專家的見地，來批評此商約。但如大家不會忘掉自已還是所謂民國的主人，則對國家的領土主權，實不應放棄過問的責任。何況在商約條文的每一行一句之中，都關係着國家的命脈和民族的生存。我們如仔細的研究到這商約的條文，與其說是中美平等互惠，勿寧說是片面對美的最惠。請看那一點兒不是爲便於美人侵入盡美盡善，詳細週密的計劃呢？恐怕將來在執行的時候，可能給自已國人以種種限制和障碍的地方，美國人倒可以格外的優待，順利進行，本來已養成的殖民地心理，誰敢得罪外國人呢？再就條文來說，如同「爲達到經營商務、製造、加工、金融、科學、教育宗教及慈善事業之目的，而取得保有建造或租賃，及占用適當之房屋。」像這樣優越的待遇，由中國給與美國，縱然它們可以把富厚的資本，大量投入，作絕無限制的任所欲爲。不但以大量的美貨（等於美禍）充斥中國市場，更可便於製造，可隨地創設工廠，既利用賤價勞工，更可免出入口稅，尤其爲保有適當之房屋，不但可以租賃，而居然還可以建造和占用。如此而在窮困的中國，以大量的金錢來經營，怎能不把中國一切的利潤，可完全落於美國人手裏。試問以中國落後的農村經濟，還有其發展的可能嗎？以中國的民族工商業，還有其存在的餘地嗎？以中國久受侵畧被壓迫而養成的殖民地根性，對於蠻不講理的美國人隨便傷害生命，都不敢言語，何況由外國人可以占用房地？又誰敢駁回反抗呢？如以互惠的意義說：中國人自然也可以照樣到美國去享受這些權利。但恐怕連五歲的小孩子也懂得，這顯然是幻夢。以現在中國人民貧困到活不下去，而且工商業都將近倒閉的現象，又誰能向美國去投資經商，而享受這一切的優惠呢？頂多也不過是最少數的貪官汚吏，爲了發他個人的財，而去幹些買辦生意，作作互惠的點綴罷了。其實在無此商約之前，當抗戰期中，不已早有些達官貴人，在美國置買了些田園房地以準備戰敗之時，好去作寓公嗎？這又與互惠商約有什麼關係？於人民經濟的發展有何稗益呢？

再就是對礦山的可以相 互開掘；以及 航海方面、一切口岸、地 方、公海、領水等隨便互用的航行權。請問？以我們中國自已所有的礦山，尚無力盡量發展開掘，是不是還有餘力，會到美國開礦去？至於航行互惠，試問中國可有幾隻航船，可以到美國的海口、地方、和領水等處呢？凡此一切，即或是簽訂了眞正的互惠之約，自已既然無法享受，豈不是自白把自已的所有，竟拱手讓人了嗎？諸如此類書不勝書的，名爲平等互惠，實則喪權辱國的條約，恐怕還史無前例。這就好像一個不爭氣的家子，站在自已的門前，眼看着把自已的祖產，任人侵占或搶走，然後無可奈何的忍令自已的家人啼飢嚎寒，坐以待斃而塡入溝壑而已。這是多麼可恥可辱的條約呢？今後如果再有第二第三的帝國主義者援例要挾，要簽訂同樣的互惠商約，則必然會把國計民生斷送待盡。可嘆以數十年來，由愛國青年和全國同胞，不惜血汗的犧牲，所努力反抗帝國主義的奮鬥，竟被一筆勾消，而把遠比二十一條內容還深入的美國侵畧政策，以和諧巧妙的外交姿態所掩蔽，於是我國當局，也情甘意願的，把美國經濟侵畧政策合法化。這不但國防最高委員會通過，而且立法院的諸公，居然連一次也未曾駁回，就服服貼貼的同意通過了。不知當政諸公將何以面目來見全國的人民？

如此五惠商約，既未曾經過眞正代表人民議會的機構所通過，當然全國的人民大衆不能承認。而且對此國運民命利害交關的問題，我們人民大衆，絕不能緘默無言，而遺其後患於下一代的子孫。所以我們必須衆志成城團結努力，以促進實現民主，才能洗刷這些恥辱；更要求成立民主的聯合政府，才能使國權不會喪失。

我們所應該注意的，即在全部條文之上，曾有許多地方，都書明規定：「應遵照依法組成之官廳，現在或將來所施行之法律規章」的限制。如依此而論，可以說：我國今日的官廳，僅是由因襲制度的習慣法而主政的。因爲我們雖改建民國已三十五年，但至今還沒有產生一部爲人民所公信擁護的憲法，所以我們的官廳還可以說：並不是依法組成的。所以對他們所執行不利於人民的外交政策，我們既可不負責更可不承認。依此根據，則我們要想改善此商約的有利實行，就必須集中人民大衆的公意，促使政治的改進。爲此，所以我們更需要有眞正代表人民的國民大會，而產生眞正民主的憲法，才能保障國家的主權不會喪失。如果由一黨包辦所召開的國民大會，而通過不民主的憲法，當然還是不合法而無效的。

一九四六·十一·十·

我又會見了司徒先生

——司徒雷登與學生運動——

作爲司徒先生的一個學生，與他會面不算什麼稀奇。但是做校務長的時候，他就那樣的忙，出任大使後，就更是難有機會接近的一位政治人物了。國大揭幕他返回北平，僅二三天的逗留中，多少新聞記者包圍他，得到的是「我這次來北平不願多談政治。」以師生關係的特惠，我竟得到與司徒先生二十分鐘的面談，值得重視的，是我從此弄清楚了一個問題。那就是

「司徒先生與五四運動之提倡。」

我願意把它告訴全中國關心學生運動的朋友們

一年來自司徒先生走出集中營到現在，我與司徒先生共有過四次對面談話，去年從北平飛到成都在接見學生團體代表時，他就以五四精神鼓勵他的學生，給我留下了一個十分深刻的印象，啊！「五四」這個近代中國學生開始爭獨立與民主的鮮明標幟在我們自已的國內竟有不少人想設法撕毀它，侮衊它，不承認「五四」爲中國青年節，如今一位外國朋友竟以「五四」來鼓勵中國青年，那該是多麼難能可貴呀！

第一次馬司聯合聲明後司徒先生回到北平，我第三次會見了他，在與同學的團敘中他又提到了學生運動，勸勉學生關心政治，不過這次司徒先生在說五四運動時却強調的加上了以前所未提過的頭銜那就是「在蔣主席領導下的新五四運動」那幾天西南聯大的同學正巧趕來訪問，他對聯大同學的談話是「我希望中國能有一個新的革命運動產生，由蔣主席來領導這個運動，把舊有的革命精神恢復起來，以熱血與愛國革命來改革中國」

與此有關的是同時他又在燕大團契禮拜時說「國民黨需要一個革新運動去掉一切貪污腐化，如此中共問題就很容易解决）

前些日子司徒大使去杭州掃墓對浙大學生又重複了這些論調。

因此它在我腦子裏引起一個對司徒先生所倡導的「新五四運動」很有興緻的具體瞭解的要求，特別是勝利後一年各地反內戰爭取和平之學生運動與司徒先生所提倡之「在蔣主席領導下的新五四運動」其精神是否一致？

司徒先生於十一月十六日又回北平了，我得以第四次與司徒先生面談的我向「近來司徒先生常對中國學生談起從事一個在蔣主席領導下的新五四運動，但不知一年來昆蓉滬杭等各地學生之反內戰爭取和平運動與司徒先生所倡導之新五四運動在精神上是否一致？蔣主席是否贊成。」

司徒先生沈思了一下，先是輕輕的說「這些運動與我提倡者有關係，我想蔣主席也可能贊成這類運動」，接着司徒先生的聲調顯然來得更有力了他說「不過，我認爲目前學生應當少做反對性的，破壞性的，批評性的運動，因爲這是容易做的，我很希望燕大的同學多做一些建設性的運動。」

司徒先生這一個答覆相當的廓清了我腦際的疑團，顯然的出現在這兩個時代的運動——五四運動與反內戰運動，在精神上司徒先生只承認其有關係，却不是肯定其爲一致，對蔣主席之於反內戰運動一問，司徒先生沒有肯定說明「贊成」，更省略了蔣主席是否會來領導反內戰爭取和平運動。

中美商約
：各方意見的集納

俞寰澄：在沒有詳細研究條文之前，我還不能作有系統的具體報導。不過有三點，我必得指出：（一）政府這次簽訂中美商約，對我們工商業的前途很有關係，政府爲什麼事先不請幾個工商業人士去共同研究。同時又沒有經過立法院通過，參政會的同意，在手續上似乎不大合理，據說這商約考慮了一年多，但在一年多來，諱莫如深，我們工商界簡直無法獲得消息，更無從發表意見。（二）這次商約，雖然標榜着平等，可是這個平等好像成年與小孩，同樣重的擔子，事實上如何可說平等。我國目前正在經過着一個困苦的過渡時期，美國如眞的把我國看成同盟國家，應該眞誠地幫助我們。」（三）說到「海關」與「移民」，海關雖云平等，但我們去的是農產原料，他們來的是工業生產品，如何能夠平等。移民問題，照條約規定，「雙方均有制定移民律之權，本約之規定，對於雙方現行或將來頒行之移民法規，並無影響。」可見美國之居心叵測。條文是平等了，可是字面很活絡。不知用起來怎麼樣。

黃延芳：我現在不談別的，只談我們自已工商農各業的悲觀情形。如果我們內部弄不好，決定不會有平等的待遇可得。我在六月二十八日曾向蔣主席預言：「西風一起、工廠關門、工人失業、商店倒閉、農村破產。」現在我們如果沒有通盤計劃，明年這個時候，恐怕馬路上屍首堆積如山了。老實說，到現在爲止，誰都是罪孽深重！

章乃器：我對條約之意見，可分兩點：（一）條文上之不平等，並不是事實上之公平。譬如說一個大人與一個小孩賽跑，起點和終點雖相同，你決不能認爲這是平等的吧。（二）我們還得回頭來看看我們簽訂條約的政權，究竟怎麼樣了，能不能簽出一個眞正平等的條約。總之我國與美國，國力相差太大，要我們到美國去開礦。要我們的飛機船隻到美國去，簡直是笑話。

孫曉村：中美商約的簽訂，從性質上說來，是勝利以來經濟設施上第一件大事，他不但決定中美間以及中國與其他國間的關係，而且這個決定將影響五年時間，而這五年，無論就中國建設上，無論就世界大勢上而言，卻是萬分寶貴的。這五年一蹉跎，以後便步步落人之後了。中美兩國經過這次共同作戰，在經濟上應當有一種互利的結合。這種互利互惠的結合，必須根據兩國的經濟實況，即國民經濟發展的不同的程度的基礎，加以合理的配合，方能眞正做到。好在中國在經濟建設過程中一切機器成品，極需要美國的幫助，而這種需要在美國方面看來，中國便是廣大的一個市場。中國的經濟建設在其初期，不能不需要保護，市場的開放，可以隨着國內生產力的增長而逐漸放寬。現在中美商約，表面上看來，非常平等，但因兩國經濟發展不同，結果變成非常不平等，這對於中國經濟建設不能發生保護作用，其結果是美資可以大量進來，中國的幼稚工商業恐怕無法經得起五年的煎熬的！

吳清友：剛剛簽訂的中美友好航海通商條約，應當看作對中國前途有重大後果的政治文獻來考察。首先值得我們注意的，是產生這個商約的具體環境。這個商約是在「請來的」美軍還在繼續駐紮，「無私的」援助還在繼續進行，以及自殺的內戰還在繼續擴大的當兒產生的。

同時美國以勝利者姿態結束了第二次世界大戰之後，積極推行擴張政策，拉丁美洲的聯防，德、日舊勢力的扶育，全球海、空基地之佈置，剩餘軍用品之拋售，大批美元的貸出，如潮美貨之傾銷造成空前的優勢，在此種龐大的金元帝國壓力之下，經濟落後而政權又欠獨立的國家，幾乎莫不俯首就範，有的甚自甘墮落，我們是不願也把中國放在這類國家之列的。

但由於政治、經濟、軍事力量的根本懸殊，商約文字不管表面上規定得如何冠冕堂皇，如何平等互惠，實質上因爲本身沒有具備享受這些權利的條件，結果平等成爲不平等，而互惠也變爲獨惠了。例如商約中規定締約此方之國民，在締約彼方領土全境內，應許其不受干涉，從事並經營商務、製造、加工、開礦、投資以及科學，教育宗教和慈善事業等等並取得保有建造或租賃及占有房屋，土地之權」。我們就拿所已看到的一部份條文中的這幾點來說，美國在這「門戶開放，利益均霑」的標榜下說，在「不平等條約時代」的中國，大體上均已享受，如今更有擴大罷了；而中國對這些權利，過去固不用說，就是現在又何曾有福消受？如果我們把這個商約與不久以前由中國政府所頒佈的在本國營業之外國公司得在華設立分支公司的新公司法合併來看，眞是「相得益彰」了。

而今而後，我們中國人不僅在物質上有美式的配備，甚至於精神上也將由美國武裝了。如果以這個商約爲藍本，與他國作同樣的締結，則「五強之一」的中華民族，豈不滿歟盛哉！

馬寅初： 中美商約的談判經過，我們不知道，除了外交部之外，其他機關很少知道，這種秘密談判，是不應該的，這條約與人民生活有極大關係爲什麼秘密談？美國與我們談判，一定先徵求工商界的意見作爲根據，但是我們的商人如何？政府問也不問。

條約中出現了「最惠國」的名詞：此例一開，以後各國都可要求，且中國給予任何第三國的利益，美國就可根據條約作同樣要求，現在的條文內容太空泛。以後必需續密訂定詳細條文，才可避免利權喪失，過去歐洲某國出口乳牛，曾將乳牛之高度，脊樑寬度，皮包，角的形狀等詳細規定，此種乳牛只適合某特定國家之需要，其他享受最惠國待遇之國家，雖亦需要乳牛，但此種乳牛或並不需要，因此並不提出同等待遇之要求，此種辦法，甚值得我們效法。

這次的條約只是表面上平等，實際是不平等條約，兩國情形不同，不能互惠。例如美人可自由來華，但美國限制華人入境之法令是否會取消？中國現在不但歡迎美國技術人員，甚至把美軍也留在國內，據說美軍是被邀請駐華，沒有危險，但是滿清滅明，清兵就是吳三桂請進來的。

馬叙倫： 中美商約全文還未全部發表，它的內容究竟如何，現在還難論斷，而且對這類東西，平素很少研究，不便多講。不過，從報上已經發表的商約要點看來，文字的形式倒是很好看，與過去帝國主義強迫中國簽訂的條約相較，自然平等很多，但是，以中國這樣情形，這種商約的實施，對於中國，其結果，實際上走上殖民地的地位。

官方認爲這個商約的簽訂，純是經濟的，並無政治意義，在我看來美國倒可以此爲根據，挾其雄厚的資本，先進的科學技術，排山倒海的來中國。由此可說，這個商約是美國大規模經濟侵略的先聲，而且有了合法的地位。

孟憲章： 中美友好通商航海條約，僅就文字的形式看，締約此方，可以說是中國，也可以說是美國；反之，締約彼方，可以說是美國，也可以說是中國；故雙方所負的約束，與所享受的權利，是相互的，是平等互惠的。但一接觸到現實的本質，便立即感覺到，受片面約束的是中國，而享片面權利的是美國。因爲美國是世界上最先進的資本主義國家，我們却是個經濟落後的國家。如關於締約此方所提供於締約彼方，在本國航行，開礦，商務，製造，加工等權利；對於美國確有實惠，但對於中國，却只是一個好看的裝飾。且美國人在中國境內，可以與中國人享同等的待遇，創設法人及團體，則一旦我國和平實現後，美國人勢將紛紛來華設廠；以其雄厚之資本，嶄新之技術，豐富之經驗，就近利用中國之廉價勞力與原料，以及廣大市場，既可減輕運費，復可逃避關稅，中國的民族工業，是無法與之競爭的。故對於我國，不僅無實惠，且有實害。這彷彿一部冠冕堂皇的憲法，對於一切人民之權利自由，與機會均等，何嘗規定得不好，但實際却是有錢有勢者，享有剝削壓搾他人的自由，而無錢無勢者，却只剩有被剝削壓榨的自由罷了。總之，我國如不迅速停戰，力謀團結，對外爭取獨立自主，則半殖民地性的經濟地位，（儘管在表面上我們是五強之一）只有愈陷愈深，一切形似互惠平等的國際文書，都不過是我們的一種諷刺而已。

朱紹文： 當國內工商危機，日深一日，農村經濟極度平疲的今天，中美商約究竟有多大意義，不難推想；在戰後世界經濟，以美國爲軸心的秩序之下，國內民族產業資本家，大聲疾呼外貨傾銷的現狀下，中美商約的簽訂究有多少意義想不難判斷。所謂「最惠國條款」，以一個工業落後，農業生產幼稚的國家，與世界資本主義發達到最高度的國家相締結，其所得到的「最惠」諒亦可想而知。

中美友好商約自有其簽訂的必然性，不過、它所發生出來的影響，恐並非是「友好」的結果，而是給美國資本家有一個發展和開拓的權利證，給中國民族資本家，一個致命的全面打擊。

、據美官員稱：「中美兩國必須簽訂此約，有治外法權之最後痕跡，美國因有治外法權，曾在中國獲得某種法律上特權，在美國境內之中國及其他外國僑民則均無此特權，至一九四三年一月十一日，華盛頓簽訂條約，美國即放棄在中國之治外法權。此次新約旨在以明白而合法之方式，規定兩國互相經營商業之原則。新約准許一國公民之公司與協會，得在另一國各地「居住，旅行及經商」，又可從事另一個法律所不禁之「商業，製造，科學，教育，宗教與慈善活動」。更可「取得，佔有，建造或租用拍賣屋宇」及租地，以進行上述各項活動。美國人可在中國會同中國人組織與加入公司，中國在美國亦然。

從商約的內容上看，美人在華的一切活動一若其在本國一樣，同時還以平等待我享受同等待遇。不過，請問美國的移民法中禁止華工入境有沒有修改呢？

我們很歡迎美國來華投資，協助我們生產建設，以增加我勸勞同胞就業的機會，以提高我國人民生活的水準。但是希望限於不與我民族產業有利害衝突的部門才好。

今天美國的輸出，是仍然受管制的，美國不能出口的東西，恐怕雖有此友好商約不會破例輸出中國；中國所不願接受的消費品和奢侈品，恐也不會因有了這商約，而美國爲友好而不輸出。所以這商約的意義，充其量，不過是在「消除所謂治外法權之最後痕跡」，而換上一個新的裝璜吧了。好讓美國人在我國各地居住，旅行及經商，從事「商業，製造，科學，教育，宗教與慈善活動」，而可有「取得，佔有，建造或和用拍賣屋宇及租地」等權利。唯有不爭氣的我們，對那富強的新大陸望洋興嘆。

所謂「最惠」「友好」，在事實上不過是片面的最惠，滿足美國「門戶開放」的要求，而將來讓其他各國如英蘇法甚至戰敗國日本也來一個「機會均等」的先例。

姜慶湘：關於這次中美商約的簽訂，我以爲至少有下列三點値得我們注意：第一，這個商約原是我國在不平等條約取消之後，對外國簽訂的第一個通商條約，其意義非常重大，關係未來的國運，尤屬至深且鉅。按照民主國家的常例，談判當局必須隨時公開宣佈談判的進程，按應多多博採週諮，以免掉以輕心授人以柄。但同顧十個月來的談判經過情形，雙方對於談判的進程，始終諱莫如深，守口如瓶。同時，我們當局也從未曾徵求民間的意見。對於政府這種措置，我們實在不大了解，而且更不能認爲滿意。第二，就商約的內容來說，明文上規定中美兩國相互間享有同等權利，如美國在我國獲有某項權利，我們亦應在美獲有同等權利，反之亦然。在表面上看來，好像眞正平等互惠的精神爲基礎似的，但一究其實際，則又決不是這麼一回事。因爲這里的所謂平等互惠，在目前雙方處境的懸殊之下，根本是不可能實現的。這好像一個三歲孩子和■個年强力壯的大力士作角力決賽一樣，即使條約上定得如何平等好看，事實上亦又一次對于政府的措施感到失望。以今天中美關係的密切，中美商約會影響到每一個人的生活。何以這樣重要的一件經濟措施，政府事前從未徵詢一下各團體各專家的意見，而一定要秘密從事。這實在使人民對于政府這種不民主的作風，感到無限的悵惜。第二，商約顧名思義，是商業往來的一種信約，而商業往來的最重要的原則，是「以已所有易已所無，」假若一個商約違背這個原則，就不成其爲商約了。不幸的是，檢討這次中美商約，恰恰缺少了這種精神。中國目前所需要的，不是到別人家國內去開辦工廠、開礦產，更不是把船開到別人家港口去裝運貨物，中國目前需要工業化，因此需要的是人家的技術機器和若干成品，而更需要的是一個「保護的政策」。我個人認爲我們不妨讓美國在中國有若干如開礦等權利，而要求美國給予我們若干的交換，這交換是對於「保護政策」的同意與維護。只有這樣，中國的經濟建設才能開展，也只有這樣，美國才能在東方永遠保有中國這個廣大的市場。現在我們在中美商約中所見到的，是中美平等，驟視之，好像很光榮，而其實是打腫了臉充胖子。以中美兩國國民經濟發展程度的不同，所謂平等其實就是不平等，美國可以根據商約做到百分之百，而我們只有接受，無法還手，其結果是美國的資本商品以及商品生產之組織源源而來，中國的經濟建設恐怕連最低限度的發展都不可能，這五年是最可珍貴的時機，時機一過，我們要急起直追，恐也望塵莫及了。

祝百英：中美友好通商航海條約，原則上與戰前我國任何對外條約完全相反，前者容忍不平等待遇，後者基於主權獨立及平等互惠原則，過去我國所患的不平等待遇，乃在我國讓與他國的種種特權，而他國反對我國作種種限制。這一次中美商約，美國放棄特權並撤銷對我國的限制。兩國從此享有一般主權獨立國可在他國應享的權益，而同時開放若干種優惠待遇及普通待遇，美國有力充分享受，我國亦決無對之作何障礙可言，而美國撤銷對我國之限制，其態度的誠摯毫無疑義，惟在執行時，傳統上的優越感能否改除，至少尙有時間問題。美國所予我國的普通待遇，及優越待遇，我國是否有充分力量享受亦頗有問題，居住、商務、製造、加工、職業、科學、教育、宗教慈善及喪葬上的主權國待遇，以及特殊優待，是否有實踐價値，全持我國工商經濟能否充分强健，去享受。爲此，我們希望政府能採取一切可能獎勵扶掖經濟的制度與政策，以迅速促成工商金融經濟的充分發展。並且希望工商界金融界經濟界深知自愛，祇向正當利益的足以提高我國工商經濟當局的方向發展，勿失國際地位與信用。中美商約的實踐意義，是否眞正平等互惠，何時實現，平等、互惠，實現至如何程度，全恃我國對經濟自强的態度程度與速度。

閔剛侯：中美商約是否合乎互惠平等，現在還不便加以批評。從條文上也很難分清楚平等與不平等，儘管條文上寫得平等，中國本身做不到，祇有美國能依條實施，其結果是否平等呢？比如法律上親族篇規定女嫁後用男姓，贅婿用女姓，形式上不是很平等嗎？事實又何嘗是最重要還是在事實，和有無附件。

還有値得注意的是「移民律」，將來現行均不受此約影響，這種文字，解釋頗値得研究。其次，法人，團體與個人都可在彼國從事商務，製造，加工，金融，科學，教育，宗教及慈善等事業。中國現在居於劣勢，無異給美國人大開方便之門。至採礦權一點，過去已訂的開採權，不在此限，以後必須受最惠國待遇的制限，這樣，豈不成爲利益均沾的殖民地了嗎？中國就失了與美國以外的國家訂約的自由了。

從法律上講如果有損害主權的事實，在聯合政府成立後，人民有權要求修改之。

張煥章：進出口貿易同業公會理事長張煥章對昨日簽訂之中美商約評論謂此種互惠條約原則上大家沒有差別，但此種互惠必須看雙方條件如何，中國經濟條件不够，美國商品大量流入我國，自然我國商品亦可同樣流入美國，試問我國有無大量商品可以流入美國，其實中美商約簽訂與否，都是一樣，不簽訂商約，美國貨還不是一樣大量流入我國。

周經爲：進出口貿易同業公會秘書長周經爲：中美商約可謂對美國大有利，對中國利益頗少，根據商約美國公司，廠商均可在中國設廠製造，美國資本可以流入中國，此爲小有利之處，但壞處，美國資本在中國設廠製造，發賣，美國在中國所需之各種出口貨可自己經辦，甚至窮鄉僻野都能設莊收購，不必經過任何中國行商，最多僱用幾個中國買辦，故對中國進出口貿易影響頗大。此種可稱爲「經濟侵畧」，殺人不見血，厲害得很！

欽本立：中美友好通商通航條約，於四日午後四時分別在南京華盛頓同時宣佈，並且美國國務院爲此鄭重向聯合社記者聲明：「美政府於此時與中國政府簽訂此約，並非欲加强蔣主席所領導之國民政府，以對付共產黨，總之，此項商約絕無政治意義」。

美國國務院的這一鄭重聲明，使我們很容易想起「此地無銀三百兩」的故事。然而，任何一種違反大多數人民利益的事件，總逃不過人民的眼睛，任何漂亮的言辭總掩藏不了醜惡的事實的。因此，我們也要鄭重的指出，在內容上具有比「二十一條」還兇的中美商約，在此時宣佈，恰恰和美國官員聲明絕無政治意義相反，具有極大的政治意義。

就新約的特點來看，無疑地這是中國人民的賣身契約，是陷中國於殖民地苦海中的標誌，是加在中國人民身上的枷鎖。例如新約中規定，准許一國公民得在另一國各地居住，旅行及經商，又可從事彼國法律所不禁止之商務，製造，加工，科學，教育，宗教及慈善等事業，並與彼國國民享受同樣待遇。至於法人與團體，得在彼國從事商務，製造，加工，金融，科學，教育，宗教及慈善等事業，並與彼國法人與團體享受同樣待遇。而且美國人可在中國會同中國人組織與加入公司，中國在美國亦然，並且還規定了取得與處分動產及不動產的待遇，僅就這些特點來看：足够說明一個事實，這次新約損害中國人民利益範圍的廣泛，與程度的深刻，較以往任何一次不平等條約更厲害，更毒辣。這祗有一個結果：美國可以用排山倒海雄厚無比的資金力量，與卓越的企業經驗，再加上他們在殖民地人民面前的優越，他們可以在中國爲所欲爲，暢行無阻了。從此以後，美國人可以和中國人一樣，在中國國內享有各種權利（實際上中國人民却享受不到的！）而和中國人民不同，可以不擔麼在中國人民身上的各種義務。於是，中國將不是中國人的中國而是美國人的中國了。所以，這次新約就是如此具體地，合法地保障了美國今後在中國的利益，而使中國人民重又背上殖民地奴隸枷鎖。

所以，這次新約是損害國家的利益，人民的利益，而在美國，是得到了利益，而且得到了明文規定的保障。這樣的新約在今天簽訂，正是充滿了極大的政治意義。我們還記得喪權辱國的對日「二十一條約」是在怎樣的情況下，袁世凱同意簽訂了的。在中國近代史上是不乏這樣的先例；就是想得到國外對於自已私利的支持的時候，就不得不慷慨地贈送無可計算的利益與別人，而帝國主義的國家，也就看準了這一點，乘機攫取更多的利益。

因此，此次宣佈新約，爲什麼是在違反政協決議，片面頒佈國大召集令之後，而在國大開幕之前呢？這就有深長的用意。僅就這一點，我們就不會被美國官員聲稱絕無政治意義所迷惑了。

人民的眼睛是雪亮的，由此我們更可看出；帝國主義的面目如何的可怕，與國內官僚買辦獨裁集團的如何的自私自利。所以這次中美友好通商通航條約的宣佈，我們認爲是有極大的政治意義。

對於「國大」問題之談話

民主同盟北平市支部發言人

政府單方面召開的「國民大會」已於本月十五日揭幕。關於民主同盟是否參加「國大」的問題，外界時加揣測，謠諑紛紜。按在十一月一日本盟張瀾主席對記者談話有云：「政協決議，是要停止內戰，改組政府，完成憲草，才能召開國大。召開國大的意義，是通過憲草，現在內戰沒有停下來，國民黨的所謂擴大政府機構、基礎，也只是請客，不是聯合政府；政協決議要的憲法，是民主憲法，不是五五憲草。國民黨以一個「戰勝者」的姿態來召開國大，是威脅？是利誘？我們民盟不能放棄自已的意見和立場，不怕一切威脅利誘，絕不參加」十一月十二日張主席又强調說：「我們同盟必須在政協決議程序全部完成後，才能參加國大，否則即失去了同盟的政治立場，希望大家要萬分愼重，決不可稍有變動。」我們北平市支部特此鄭重聲明，我們完全擁護並服從張主席之談話，決不參加「國大」。這是我們爲了爭取和平民主團結統一所應採取的態度，絕對不容有所置疑，也絕對不會變更的。

歡迎克利浦斯夫人

劉清揚

英國援華會會長克利浦斯夫人來華，乃是國際婦女第一位被欵待爲中國的國賓。由於克夫人以四年多同情於我國，努力捐募救濟災黎的偉大貢獻，與以這樣優越的招待，實是理之當然的。而且除了政府的周密招待而外，凡是曾經受惠的人民大衆的感戴之情，是尤足珍貴的，但這些民間的盛情，抑被擯拒於大門之外，竟無從表達其願望和謝意。

由於夫人們的陣容，迅速而敏捷所成立的所謂平津婦女聯誼會，總算以官方的盛大招待，盡了一部分婦女的美意。至於關懷於克夫人來華的民間婦女，僅只在報紙上得到一些有關於克夫人到平的消息。如見本月三日新民報所寫：「機門啓處，白髮蕭蕭的國賓，含笑欵步而下」。又在五日大公報所載，在四日的招待會上，「克夫人戴上老花眼鏡念她的答詞」的描述，似乎都使人覺着，以如此老邁的克夫人，竟不辭勞苦旣熱心努力募捐，更不畏拔涉長途來訪問中國，實足使人欽敬！但同時又不免使人疑悶，以如此高年尊嚴的克夫人，會不會傲然而拒人於千里之外，不肯與人接近呢？

不加修飾的白髮，襯着單純無華的棗紅色的便衣，以冷靜，自然，而親切的神情，招待着拜訪的來賓。一望便使人生敬意。顯然表露一位關心人民大衆的災難，而熱心切實服務者的精神，絕無高傲、虛驕、或造作的習氣。頭髮雖白，但並非由於衰老所致，望之尙儼如四十許人，可見被隔絕的理想，是不合實情的。尤其在克夫人的談吐之間，乃知其來華，並非爲表揚其個人努力援華的功蹟，也不是專心來倡導消極的救濟事業，實則其衷心所致力的，乃在於積極推動世界和平運動。還在她對婦女招待會上的答詞之中，是顯然可見的。她說：「此次到中國——願以種種方法告知中國婦女，如何運用自己的力量，促進世界和平。」但世界的和平，與中國的和平是不可分的，如我們中國久處在紛亂之中，則世界的和平將成幻夢，如果我們僅致其歡迎與招待之意，是否能無負於克夫人勉勵中國婦女，應努力於促進世界和平的期望，是值得我們深長思之的。若我們還在致力於內戰的幫兇任務，則世界的和平，是實難期望的。

克夫人更以深沈明智的態度，同[illegible]數前進的教授，文化人，和民主人士在探討中國問題。她很關心於中國的和平民主運動，並願知道第三方面，尤其是民主同盟所持的主張和態度。並且盛讚她在延安所見到的一切，很表滿意。她認爲他們是在實行民主，但不知其他解放區，是否也與延安是一樣的。對於馬歇爾和司徒大使的努力於中國的和平商談，她相信他們是頗據誠意的，雖然她對美國片面的軍事援華政策，也不能不有所疑慮。最後她聲明，英國援華會的捐款來源，是由極左到極右的都有，所他們對於中國的救濟工作，是絕無黨派的分別，因此她所以同樣的要訪問延安，以明眞像。本來克夫人所主持的援華會的救濟原則，實是光明而公正的，但事實上，則捐款來到中國，在經過統治者的分配之後，是否能不違反他們的原意，其事實如何？當是衆所周知的。

在反法西斯戰爭的初起，我們中國首當其衝，遭受到人力財力的損失，於是重傷我國的原氣，以致陷於民窮財盡，所以我們對於國際友邦的盛情援助，是永誌不忘的感激。但在敵人投降，結束戰爭之後，我們的希望，乃是求其早日復員而從事於自立更生的建國，並不願專賴救濟，以苟延生存。中國有句俗語：「救急救不了窮」。當在抗日戰爭之際，我們因受到重大的損失，爲了救急，而接受外人的援助，實是出於不得已。如在結束對日戰爭之後，人民的生活，已陷於普遍的窮困，是須要以發展生產與和平建國之道，來解決此嚴重問題的。如果還要仰賴於友邦的救濟，那不但是救不了的窮，而且也會養成了沒出息的民族依賴心理。我們都知道：歐美人民的精神道德，是重在自强獨立，在我們中國，則重在廉潔自守的氣節，所以凡是自愛自重的人士，他寧願忍甘苦，而不願隨便接受人的幫助，尤其以我們中國地大物博人多的優越條件，如能在和平的世界之中求發展，便不會有長期貧困的憂慮。因此，所以我們對克夫人不專重於消極的救濟事業，而從事於高瞻遠矚的促進世界和平運動，是使我們格外欽敬的。

在今日，我們中國人民的要求自由，民主，與和平的願望，比希望物質的援助更爲迫切。因爲在無自由，不民主的現狀之下，安定和平的生活是無望的。如沒有安定和平的條件，以求加强生產，而從根本解決民生問題，事賴杯水車薪的救濟物資實在有限，是解決不了人民大衆的苦痛的。尤其如緣美國對於我國的所謂援助，竟以大量剩餘軍火，助長了我們全面的內戰，更以賤價的物資，漫無計劃的充塞各地，於是就完全破壞了我們的民族工業。如像這樣以帝國主義侵略的政策，不斷的在製造災難，然後再施以救濟，恐怕再有十位像克夫人這樣熱心努力的人士，對於解除中國人民的痛苦，仍是無濟於事的。所以我們對於國際友邦的援助願意領受，但必須是對於我們的生產與建設上有益。既不防害我們的發展前進，更不助長我們的動亂和毀滅。這是我們希望於友邦熱心援華人士所諒解的。

話又說回來，我們雖然願意自力更生，但現在還不可能完全謝絕友邦的協助，因爲我們中國人民，還在遭受貪官汚吏的剝削；還在忍受內戰物價高漲的壓迫；更在艱苦努力的爭取民主與和平的過程中，不能步入發展生產與和平建國的正軌。所以我們的苦難，還在日益增進，而不易減輕的。因此我們仍須要友邦人士的同情援助，但並不僅限於物質，更須要的是精神的支持與鼓勵。我們希望在精神上的協助，能幫助我們獲得民主與和平，因爲中國的和平，實是促進世界和平的一環。至於在物質的救濟上，一則我們希望在分配的技術上，克夫人特別與以注意，而免使經手控制者的阻碍，失之公允，再則於救濟的原則上，最好多注重於積極的生產事業，以工代賑，而不單是消極的依人爲活。必如此，則救濟的效果，方能長久延續，以至達到自立更生的目的。

克夫人既是博愛大衆，仁慈爲懷的婦女領袖，又是擁有遠大眼光促進世界和平的婦女先導，因而我們更願站在婦女的立場，有所要求：在今日於世界各國之中，還不能否認，婦女們所處的地位，仍因大多數的學術文化水準的不够，所以致使政治經濟的地位，依然落後，而不能普遍提高與男性並駕齊驅。尤其要像克夫人和羅斯福夫人之能站在號召領導的地位，而起典型作用的，更是鳳毛麟角極其少數。所以我們希望克夫人的救濟工作，多注重到扶植受雙層壓迫有志於向上的民間婦女。以我們中國而論，當然在不民主無自由，受束縛的環境中，更少有努力發展的可能。因此，我們要求對於提高婦女知識水準的文化事業；加强婦女教育的設施；減輕婦女家累負擔的托兒所；以及使婦女經濟獨立的工業合作社等，都望與以有力的協助。必須有健全的人才，然後才有自立更生努力前進的能力。能够達到長期安定生活的救濟任務，才是根本而有效的。

我們和信，克利浦斯夫人已用同情互助的精神，換取了中國廣大人民的信仰和友誼，所以我們必能並肩携手，共同爲了促進世界和平而努力！我們中國人民，旣忍受了八年日本法西斯摧殘蹂躪之苦，今又遭受着美國帝國主義助長我國內戰的憂慮，因而在我們的憤怒與失望之際，是極其希望有同情於我國人民的國際友邦人士，與以援手和鼓勵的！甚願克夫人能把我們的感謝和希望的誠意，帶給英國熱心捐輸與愛好和平的人士們，更願今後能相互瞭解而取得密切聯繫。我們之須要安定與和平，實與世界上廣大被壓迫者無異，所以我們願與世界上愛好和平的人士携手共進！我們願爲世界的民主大家庭奮鬥到底！

一九四六、十一、十日。

雜感集

小魚

周逆佛海判處死刑，這巨頭漢奸伏法，使人心大快。在宣判死刑後，據高院長語中央社記者說：「周逆於珍珠港事變後傾向中央，不無微功。」言下不勝「死有餘哀」之慮。

可惜日本投降得太快了，沒有讓周逆的頭腦轉個彎，不然，當日本投降之日，在南京城裏，撕毀太陽旗，高呼「××萬歲」，不也是一位「地下工作者」而「將功抵罪」了嗎？

可惜！可惜！

× × ×

蔣主席誕辰，各地展開了「獻校祝壽」運動。據重慶民主報載：「武漢一家香和錢莊，因出語不恭，將「主席」說成「老蔣」，罰獻現欵一百五十萬元」

這位老板，也太「民主」了。

不曉得今天中國，還沒有達到這步嗎？

× × ×

衆所周知，美國政府今天武裝干涉中國的政策，已使中國內戰空前擴大，使世界和平感受嚴重的威脅，而中國出席聯大代表却發表聲明稱：「昨日白俄羅斯代表在大會所稱美海陸戰隊駐在中國領土。違反聯合國憲章，中國並不以爲然，全世界知道美國軍隊到中國去是得到中國同意的，因爲與特殊事件有關，如解除日軍在華武裝，遣送日僑俘回國。」(見十月三十一日天津大公報)

這除了令人噁心地想起關於秦檜、石敬塘、吳三桂醜惡的回憶之外，還有什麼呢？

綜合報導

人民的怒火

抗派·抗徵·抗捐·反抓丁

資料室

……是眞實的種子萌動的聲音，
是勇壯的囚徒向青天突進的聲音，
是生命底火焰在地下燃燒的聲音。……

汕尾民衆反對搶糧

【廣東汕尾訊】汕尾是廣東東端南海港口之一，擁有二十萬人口，自去秋日本投降後，政府官員帶回來的是更兇的苛徵與壓搾，他們任用僞匪勾結土劣。爲了支撑全面內戰，抓丁攤糧又開始了。人民被迫離鄉背井，很多人走了南洋，因而田園荒棄，秋收只五·六成。國軍雖星夜急逼軍糧，但大半月過去了，尙不及定額之半。於是被政府收編的僞匪頭子鍾紹武，奉命帶了大軍進城實行搶購。由於給價過低，猛然使糧價由每擔三萬躍至五萬元以上，加上官吏囤積，一直弄到有市無糧。形成嚴重的飢荒，許多大商店兩三天無米下鍋。

政府當局一手造成的大饑饉，一天天發展，八月中旬，全城人民騷亂起來。經過三天的醞釀，汕尾東西兩大街坊會社的耆紳、碼頭工人、家庭婦女、知識青年、店員，市民齊集城內中心區廣場開會。一位鬚髮皓白的老先生登台演說：「幾十年來我們是守本分的，今天是迫不得已啊！過去日本人搶糧，誰知道抗戰勝利了國民黨又來搶糧！眼看要餓死了呀！」他堅決的說「大家把宗旨把定，爲了怕餓死不怕打死！」會議中大家決定先從合法手續向當局提出抗議，要求馬上停止搶購軍糧出境，並一致決議：第一，所有汕尾人民一律拒絕輸送軍糧及供給任何運輸工具；第二，如當局僱用外來伕役船隻，居民應齊集將糧米搶散；第三，各街道互相呼應，有事以鳴砲爲號；第四，有不幸大家承擔，步調絕對取得一致。在散會前，一位碼頭工人向大家高呼：「如果政府不接受我們的要求，決定以非法手段對付。這些事定在弄得我們人民誰也活不了啊！」

全城沸騰了，群衆迅速的組織起來，壯年人拿着粗重木器，輪流的把守齊各個街道要口，不讓走漏一粒糧。老弱婦孺就帮着監視和偵探。知識份子在積極的進行宣傳，牆頭上貼着各色各樣的標語：「我們不能坐以待斃，我們沉痛的希望當局悔悟」、「運走一粒糧，我們就跟他們拚一條命。」老年人有經驗的就負起來往辦交涉的事。

反抗運動堅持到八月底，影響波及附近鄉間，各鄉也派代表來參加了。政府却想在夜晚偷偷摸摸的用船隻由水路把糧裝運出去，但沒等裝好，糧食就在二馬路給群衆搶散了。入夜人民警戒極嚴，第二天大清早人們就又成群結隊到搶購站附近集合遊行示威；搶購站只得把大門緊緊的關着。

這一大規模的反抗運動在發展中，汕尾人民的齊勇抗爭，震動了全廣東。

京滬杭三地民變武裝起

【滬新聞報透露】：京滬杭三角地帶之民變武裝，在十月中「清鄉」鬬爭中迭創國軍。常州民變武裝莊志民部百餘人，十日夜進襲常州第二區厚餘欽和徐石，鎮鳳等鄉「聯防隊」駐地厚餘南街傅家祠，乘其不備，擊斃該隊隊附殷某及隊員數人，繳軍用品甚多，事後該隊督練員朱聞琦被「解縣法辦」，縣長孫丹忱被處分，駐吳、太、崑、喜諸縣邊境之民變武裝李德孚之一部，上月初在楊湖嶽馬橋一帶，與崑山縣長沈某率領之部隊一度激戰，同時其另一部在尙明甸，亂澤等處與國軍自衞隊曾交戰二小時之久，十一日李部駐湖東鄉部隊，復與國軍自衞大隊激戰達四小時後，安然轉移。十三日國軍「進剿」陳南鄉白家濱時，李部事前聞悉，早已轉移嘉善境蔣田村，使國軍完全撲空。十四日民變武裝某部，在園墅附近之丁字橋（崑山屬）伏擊沙崑汽輪獲勝，南京附近之長江輪船亦時遭襲擊，民變武裝某部數十人，二十八日於鑠梁山附近，曾突擊「捷興」輪獲勝，當場擊斃國軍整編第四師中校軍需主任葉某及士兵班長古某等二人，繳所有槍支彈藥而去。湖州之民變武裝數人，着黃綠色軍服，月初亦在謝家村地方伏擊「大同」輪船。

渝訊：川黔湘鄂邊境民變武裝二千餘人，槍支齊全，且有機槍卅餘挺，九月下旬與「清剿」國軍數度激戰，繳獲國軍武器甚多，湘西各地民變武裝聞風响應。民軍控制地區日益擴大，該區行政專員張中寧向其上司連電告急。

農民抗徵抗糧
被逼走上梁山

【上海訊】目前政府正窮兇極惡的向農民火急勒徵內戰軍糧，造成農村重大的不安，在燎原中的民變怒火上加油，今日飢民已達一萬萬以上，各地又普遍歉收，而中國主要食糧稻米一款的收獲量較常年減產二億六千萬擔，全荒地据孟憲章先生的估計共達五萬萬畝，使人民陷於嚴重的糧荒中。但政府的徵糧額即達一億一千二百萬公擔，僅這一項已使農村壯年男子每一人的負擔達一石半的距數，而隨時隨地的軍糧尙數倍於此。至於苛捐雜稅則僅紹興一地，名目即在二百七八十種以上，軍糧的搾取還在膨脹當中，政府最近的徵兵（第一期即達卅萬人）更擴大了軍需的需要，對農民搾取的糧食，並沒有使士兵得到飽食，但是其所收入的糧食是被官僚軍閥們裝入私囊，而農民卻被軍糧苛政驅到死亡線上，無數農民被「逼上梁山」挺而走險，浙江杭嘉湖一帶數百數千的農民，自動進行反抗貪官汚吏的鬪爭，迄今已達數十起，寧波的民變在喊出「剷除貪官汚吏」口號，已擁有海船百餘艘，西安報紙亦透露商雒的民變喊出了「抗糧抗欵」的口號，這個口號，現已成爲遍及十三省廣大人民鬥爭目標之一。

陝西人民站起來了

【西安訊】陝西，這災難深重的省份，在天災人禍的重大壓迫下，人民被逼武裝起來了。

渭水兩岸繼夏季旱災之後，入秋水災又來了，神木、平民、咸陽、留壩、渭南、寧陝、商縣、雒南、郃縣、隴海、高陵、臨潼、華陰、府谷等十四縣，災情非常嚴重。神木縣靠近山洪暴發，窟野河水位高出三丈，河水倒灌入城。沿岸樹木田禾沖洗一空；咸陽臨潼水位也高達四十餘尺，死傷數萬；非園一帶則一片汪洋。府谷夏旱以後，七月以來，又遭霪雨，並遭冰雹，田禾積雹有一尺多；商縣、華陰，秋收大受打擊，神木、府谷禾苗俱毁，郃縣秋收已無希望；渭南、高陵的棉田也遭重大秋災，各地哀聲震野，人民成群結隊赴縣城乞食報災，但是政府當局的苛政，反而日益加重，田賦徵實和徵兵於八月份開始了，苛捐雜稅比戰前增加六十倍。明令二百五十萬石的徵糧，由糧丁部隊下鄉逼繳，抽丁名額已傳滿各鄉，風聲鶴唳，人民在憤怒下紛紛站起來了，和面臨的死亡、搏鬥。渭河西岸和秦嶺一帶的人民武裝日漸擴大，達六千人以上。其活動地區達二十餘縣，其中陝南人民武裝聲勢最大，以龍得旁，王烈爲正副司令，已在山陽縣中村鎭、成立了「商雒游擊司令部」。據統計該部約四千七百餘人，活躍於山陽、商縣、渭南、褒城、鳳縣、略陽、鎭安、雒田等八縣的廣大村鎭，並在山陽、商縣等地建立了根據地，其中蔣興運部，日已在商縣蔡家川，成立了民選縣政府，該縣紛皮溝一帶，近來各村人民參加該部者極爲踴躍，每保參加者竟至三五十人之多。他們擁有長短步鎗及機鎗，曾與國民黨正規軍及地方團隊作過百餘次大小戰鬥。七月二十九日柞水人民武裝曾一度攻入鎭安縣城，以致縣長趙文斌被革職查辦了。現在官方亦不得不承認「非地方團隊所能剿滅」並大感「疲於進剿。」

在關中方面，迄今華陰西至寶鷄，沿隴海路一線之渭南、華縣、澗陽、岐山、扶風、麟遊、隴縣、武功、鳳翔、寶雞等十縣之鄉鎭中，亦有千餘人民武裝，在王子威、王子平、王振傑等領導下，時與國軍作戰，每支多者百餘人，少者數十人，武器多爲短鎗及衝鋒機鎗，「出沒無常」，使國軍「應接不暇。」

在洛川、白水、蒲城、宜川、同官、宜君等六縣，亦有數支人民武裝，人數約二百餘，領袖爲王志傑、董醒民等，曾多次與國軍作戰。八月十七日王志傑部四十餘人，在宜君扁橋鎭，截擊國民黨陝西第三區特務專員傅雲，傳抱頭鼠竄。八月中並將下鄉作惡的特務王玉海拖到山裏殺掉。

政府當局對陝西人民武裝舉行進攻——「兜剿」清鄉，但遭人民武裝奮勇抗擊，進剿之軍隊並迭次發生兵變；如商縣保警第二分隊奉命於八月五日開赴白玉鄉「進剿」，當行至谷龍廟時，班長賀嘉賓商同士兵蔣本正，將隊長殺死，當即起義，率部向華子山逸去。又白玉鄉自衛隊三十餘人，由隊長率領，於八月七日衝至鄉公所，高呼「收鎗」，將鄉長嚇跑，繳鎗而去。

陝西人民在嚴重的災難下，在徵糧徵兵的威脅下，被迫武裝了。這一個武裝現正在日益擴大中；無家可歸，無糧可收的貧民們全部捲入這個怒潮，正向四處漫延，像野火一樣愈燒愈大。

四川民變
遍及全省

【据渝各報透露】：四川民變已遍及全省，人槍共達十餘萬，其裝備除有各式長短槍及機槍外，尙有小型鋼砲迫擊砲甚至重砲等武器，在不斷擊敗國軍之「圍剿」中，獲得鍛鍊與發展。

川東民變武裝約有人槍八千到一萬，馳騁於巫溪、奉節、雲陽、萬縣、達縣、渠縣、廣安、岳池、鄰水、合川、墊江、大竹等十餘縣，其中鄰水、岳池、廣安等地的農民武裝二三千人，以華鎣山（即東岳山脈）爲根據地，聲勢甚盛。政府曾派美械裝備的第十四軍八十三師駐墊江、第十師駐鄰水，與保安隊一團進行「清剿」，七月間曾殺該地區鄉長及居民數百人，但該軍因其他縣份民變緊急，于八月初調走後，民衆武裝又活躍起來。

川南民變隊，共有人槍五千餘，活動于川、滇、黔、湘邊境以迄長江上游南北地區之古藺、古宋、敘永、均連、珙縣、長寧、興文、宜賓、南溪、江安、峨嵋、樂山、內江、榮昌、隆昌、江津、秀宿，以至滇境之威信、鎭雄，湘境之永順、桑植等二十餘縣，其首領有陳殿澤、陳忠文、殷駒子、曾仲文、曾文明、張占標、彭春榮等，擁有迫擊砲機槍衝鋒槍等武器。活躍于川湘邊的有彭春榮部千餘人，南溪柳仰場一帶之武裝組織名「青年社」，富順等縣之公務員亦紛紛加入。古藺之陳班祥部，以鮮明的大小旗幟及燈籠大書：「川滇黔游擊大隊」字樣。珙縣、興文間一部則打着「濟貧團」旗幟，榮昌、隆昌的起義武裝，常來往於軍警林立的成渝道上。

川北人槍在二萬以上，起義者多爲農民與退伍軍人，遍及南江、旺蒼、廣元、通江、巴中、郎中、蒼溪、昭化、劍閣、江油等縣，其主要部隊以南江、旺蒼、廣元爲根據地，據有廣闊數百里的森林區，四境廣築戰壕。農民武裝隊伍曾一度圍攻通江，政府下令川陝鄂大軍「會剿」，自八月起分四路進攻，在南江、旺蒼一帶展開激戰。據渝商務日報八月二十五日載：——五區派去的偵緝大隊已被全部繳械。

川中之安岳、樂至有人槍三四百，擁有小砲、機槍、快慢機及中正式步槍等，曾一度攻入安岳城中。

川西之民變武裝現已發現者共有四五千人，散佈于崇慶、大邑、灌縣、彭縣、綿竹、什邡、新繁、新都邛峽、眉山、金堂、溫江、羅江、華陽、仁壽、茂縣、安縣、汶川、名山及西康邊境之天全、滎經、蘆山、雅安等二十餘縣。變民領袖爲陳樞安、蕭華嵩、李松雲、戴永章、陳青雲、王茂、楊茂廷、范成章、范成固及西康之李元亨、朱士龍、陳紫等，所據地勢如崇慶、大邑、灌縣等縣之懷遠鎮、安仁鎮、萬家坪及茂縣、安縣之千低山、大梁山等地，山巒峻峭，形勢險要；陳樞安、蕭華嵩等所率部隊除長短槍外，機關槍達數十挺之多；且有標語宣傳。六月十一日該部曾在娘娘廟與進攻之保安隊六千餘人激戰，保安隊一排即加入該部。大邑一個特務連由連長劉福田率領加入雅安變民部隊。

成都人民反抓丁
表面鬆來裏面緊

【成都訊】從十月十日國防部發佈徵兵令後，四川的征兵總機構——師管區便立刻成立了。接着就是全川十五個團管區的劃定，各區司令也迅速的由國防部核准了。

本月二日參議會駐委會曾一致通過一項議案：川籍士兵十餘萬人被編遣流落京滬，中央不聞不問，決由參議會分電有關機關設法資遣還鄉，本年在川征兵五六萬之數額請免徵，改在流落京滬之川兵中招補。有位參議員曾慷慨昂的發表過主張，他說：「一面讓川兵流落飢餓，一面又要征兵，請問當局是何道理？」這些決議和主張還沒有過兩個星期，但是又像反對征實一樣，在「既定國策，不容更改」的令牌下，參議員先生的嘴張不開了，徵兵的暴政硬是要實行了，而且——，據師管區某負責人說，首期一定要征六萬名，過去政府宣佈停徵一年，雖然仍在徵兵，但那是臨時的，非「正式」的性質，今後就不同了，今後是「正式」「合法」的征，人人有當兵之義務，誰也反對不了！

川西復員兵站收容了二千九百人。有人主張把他們送去代替，不再徵，可是當局比一切人都聰明，早在上月左右就計劃好，把這二千多人先送上內戰前線當砲灰，然後再從容徵調。上月二十七日一位叫李嘉富的被遣散軍官，因職業困難在沙河堡投河自殺，不兩天一位叫朱旭東的退伍青年軍也因「經濟困難，前途無望」服毒死了。這兩件事的發生，使當局大爲着慌，於是上月三十日一道命令，企圖撥航空特務旅，送到內戰前線去「服務」，誰知復員士兵們並不那麼馴服，堅決反對，並且於本月三日竟在「沙利文」招待新聞界，把全部事實公開來，他們要復員還鄉，反對強迫調上前線打內戰。

這件事使得成都市區反徵兵的空氣突增濃厚，因此當局最近又不得不要起手腕來，從這幾天報上透透露的事實，徵兵的消息是表面鬆，裡面緊，瀘縣、萬縣、宜賓、成都附近各縣都在暗地裡加緊拉丁，而成都市區却似乎未見動靜，這說明當局所採用的手腕是加緊拉，但是絕不要造成一種普遍的恐怖空氣。最近省當局訂了一個「四川各縣局警察訓練辦法」，令警察訓練重點應放在軍事教育及「剿匪」技能上；同時又積極調訓六十餘縣戶籍主任，這顯示當局在加強統治，以防止人民的反對「拉丁」，因此拉丁的慘劇將在「合法」的名義下，更層出不窮，老百姓的苦難將更加重了。

長沙屠商罷市
津市商民請願

【長沙訊】「勝利」一年來，長沙在表面上確實已經「繁榮」了，從中山路到伯陵路，從中正路到黃興路，以及八角亭一帶，聳立着金號、綢緞莊、銀行的高大洋房，日夜配着樂隊在吹吹打打。官商合辦的國際、樂陶、星沙等幾家大廈，深更半夜，還洋溢着悠游的歌聲，一股股的迷魂蕩魄的香氣從窗口流漾出來，這種紙醉金迷的氣息，把長沙裝點得妖冶了，誰能看出它是災荒已達狂虐程度的湖南省的省會呢？如果我們不是瞎子，我們每天都可以看到許多餓殍倒在街上，別的事實我們不舉，們就以拚命掩蓋災荒事實的官方報紙「中央日報」、「國民日報」自已所載的消息爲例吧。八月四日，「中央日報」有這樣一則新聞：「本報門首左側，昨夜倒斃一名災民，年僅卄餘歲，身着青布衣褲，赤足，髮長寸餘，身體羸瘦，似飢病交迫而死者，本報覩狀後，報由崗警及法院驗屍，然後由第九保保長陳德貴備棺掩埋。」標題是：「鬧市有餓殍，一災民倒斃本報門前」；又同日「國民日報」載稱：「昨日下午七時許，東長路東牌樓口，有一鄉下婦人，將其一歲許已死之小孩，攤置路旁，毫無掩蔽，向路人求乞，其傍另有一六歲許之小孩及一篾籮，婦人一面痛哭，一面向路人乞討，路過者均環行遠避；另一小孩則雙目轆轆，面如菜色，至晚僅得數百元。此外中正路、中山路、黃興路各熱鬧市區，奄奄待斃之小孩，觸目留是•八角亭一帶商店，每日上門乞討者，數以千計，各米廠則規定每逢舊歷初一十五爲施賑期，上門者每人給糙米一羹匙，如是每月亦需米二三斗，此等自生自滅，沿門求討之災民，希望政府能有安置辦法，救濟機關，不能漠然不理。」

儘管如此，而最近長沙市政府當局却還在大肆粉飾，市長汪某還在大聲叫嚷：建設新長沙市，將長沙市建設成一現代化的都市，他擬了一張「新長沙市區建設圖」，打算：（一）趕修沿河馬路，自北大馬路至靈官渡，（二）自小吳門接中山大馬路向西，新築大馬路一條，直到瀏陽碼頭；（三）自瀏陽門向西，經荣根香，換中正路，出臬後街朝陽巷，過福勝街，福臨街，小西門河街出河；（四）移火車站至分路口東北；（五）築飛機場於分路口東北；（六）闢便河通湘江，連瀏陽河，並闢爲公園；（七）劃協操坪四十九和五十標爲省級機關建築地，劃中山西路原督軍署及現在各廳處辦公處，爲市級機關建築地；（八）劃府後街以北，東抵伯陵路，西至先鋒厂爲社會文化教育機關建築地；（九）建築湘江輪渡兩處，一在中山西路，一在靈官渡，溝通東西。

這一計劃如果着手實行，有好幾萬災民的房屋要被拆毀，少數地區如八角亭、藩署坪、沿河一帶居民，正聯合向當局請願，但是限期搬遷令，業已發佈出來了，看樣子絕不會有什麼結果，數萬災民在「衣」「食」的脅迫之外，又要加上一重「住」的脅迫，他們只有死路一條了。

「羊毛出在羊身上」，爲了完成這項大計劃，全長沙人民的負擔更加重了，九月三日，本市各報刊載消息：長沙市稅捐征收處八月份各項稅捐收入達到一萬萬元以上，打破該處歷年稅收新紀錄。計：屠宰稅五千三百四十六萬八千五百元；房捐三百四十九萬三千八百四十元；營業版照稅一千九百四十九萬五千五百元，筵席捐一〇〇三十萬六千六百五十元；屠場使用費五百一十三萬六千六百元；其他收入四萬元；總計一億〇二十七萬另一百五十二元。長沙商民因受不起這樣的重壓，曾作過嚴重的反抗，屠宰商並且還罷過市。關於筵席捐一項，以瀟湘、玉樓東等大酒家爲中心的酒席業，現在還在和稅捐處進行訴訟，其他如澧縣所屬津市等地商民，也於八月三十一日推選該市商會負責人及省商人代表朱叔鈞等先後分赴省政府、財政廳及湖南區直接稅局當局請願。可是這種反對不但沒有結果，相反，九月份的捐稅却更加重了，除原有各項稅自增加之外，並漆上了一項所謂「土地稅」。九月份除苛雜加重之外，長沙市當局更雷厲風行的加緊「抽丁」，「徵糧」。湖南全省第一期緊急征額爲二千五百名，但是，當國防部的命令到省後，便完全改動了，決定就長沙市等三十三縣市臨時征配兵三千五百名。計：長沙市五十名；長沙縣一百六十名；湘潭一百五十五名；瀏陽一百四十四名；平江八十名；臨湘六十名；湘陰一百十五名；湘鄉一百八十名；寧鄉一百二十五名；安化一百二十五名；常德一百五十名；益陽一百二十名；漢壽五十名；沅江五十名；耒陽一百二十名；常寧八十名；醴陵一百〇五名；攸縣八十名，衡山一百另五名；華容五十名；南縣五十名；安安五十名；邵陽二百五十名；新化一百五十名；桃源一百名；澧縣一百二五名；臨澧一百二十五名；武岡一百五十名；郴縣五十名；桂陽八十名；統限于九月底以前征集完畢。

徵糧方面，照規定全湖南除配徵實谷八千萬石，徵借一百萬石，共五百萬石外，省府另加省縣公糧三成，又加征因流抵八十五萬石，又恐怕征收不能足額另二成五計算，再加上其他名目合計共達九百萬石之多，其中長沙市民衆負擔的至少在三十萬担以上，戰時，湖南人民吃苦最大，受害最深，計全省死亡九十二萬另八十五人（其實還不止此數），受害地區，共五十四縣市（全省共六十五縣市），吃草根樹皮，爲飢病交迫而死的人，即以衡陽南一地而言，每日就有千多人，政府毫不加以體郵，還在爲內戰、獨裁而肆無忌憚的刮削徵收，強迫人民出糧出兵，驅使和他們和自已同胞相殘殺，顯然，這是違背人意志的行動，想把湖南三十萬人民也投入內戰的火坑，做一黨獨裁的資本！

復員二萬里（待續）

由山國的小城出發

抗戰勝利了，流亡異鄉的人們，這時正渴望着重歸故里，未出省門一步的我，卻要背起行囊，離開了家鄉，隨着學校復員，開始遠行了。

我的家鄉是滇西的一個小城，從這裡到滇緬路上的下關，約有一百二十個華里。如果我步行是要走兩天的，坐滑杆則祗要一天就到了。同學來電說，學校限期在六月二十三日截止登記車位，而今天已是六月十四日了。為着能够早一天趕到下關，我破例地坐一次滑杆。說來眞是慚愧，當別人坐着飛機飛來飛去的時代，我還要坐在滑杆上，讓抬伕肩着我，爬着一隻一隻的山，渡過一條一條的水；何況抬伕和我，又都同是四強之一泱泱大國的國民呢！

一條平整的大路向北方伸長出去，路旁是一片田野。插秧的少女正唱着迷人的情歌，這是山國的人民的樸實的音樂喲。抬扶的壯健的腿如飛地跑過六十多里的平路，便開始爬山了。

爬着山，壓在滑杆下面的抬伕，脚步漸漸地慢下來了。像吞噬着一把刀子似的，口中發出一種痛苦的聲音，哎喲哎喲地叫着。汗珠順着耳根流下來，汪在被滑杆壓得發紅而畧形扁平的後頸上。衣服也給汗水全浸濕了。我不願意再坐上在面了，跳下滑杆來自已走路。山路非常險惡，一邊高山，一邊是深弃。半年來常有土匪搶人的事發生，我心裡有些恐懼。

山谷中傳來一串鈴聲，那是吊在馬脖上的銅鈴發出的聲音，有一隊馬幫從山脚走上來了。我們便故意放慢脚步，等着他們趕上來時一夥兒走。人多些，胆子也就大一點。

這條路上的土匪是抗戰勝利後才有的，原因是駐在滇西的國軍奉令整編，一部份官兵在整編中被遣散了，這些官兵曾參加過保衛滇緬路的戰役、幸運沒有死在敵人的槍彈之下，但現在被遣散了，領到的遣散費祇夠維持半月或一月的生活，他們都是從別的省份隨軍來到雲南的，沒有辦法回家，又沒有辦法維持生活，因而被逼迫着走上了梁山。

我們正走到一個形勢險惡的山嘴子上，「前個街天我就是在這裡被搶的！」一個趕馬的黑漢子忽然說。大家都像吃了一驚似的四面看看，見沒有甚麼動靜，才又回過頭來，張大着眼睛，看着說話的黑漢子。

「他們，」黑漢子隨即解釋道：「就是那些棒老二。一來先喊一聲：「站着！」我還以為是軍隊來檢查馱子哩。接着走過四個來，其餘的便守在山頭上。人數並不多，不上十個人，個個身上一套黃，走過來的拿着小槍和刀子，站在山頭上的拿着大槍。但祗是樣子兒，嘴上倒客氣，拿了錢還說甚麼「對不起！借幾文旅費•」他媽的，搶人還說漂亮話。」

「他們不幹掉你就算好了。」另一個趕馬的說。

「就是這點好，他們祗要錢，不要牲口，也不傷人。」

「路上這樣不清吉，你們去去來來的不害怕嗎？」我好奇地問。

「怕？怎麼不怕！家裡的婆娘等不到天黑就來村子口探信，生怕我又遇了歹人。但不走這條路，馬關着要吃草，人關着要吃飯，一家老小拿甚麼來養活呢？沒有辦法還是只得在老佛祖面前多磕幾個頭，大着胆子走。」黑漢子低下頭去，神情有點懊喪。

「家裡過得還好嗎？」我問。

「好甚麼！我們命苦，比不上城裡人。一年到頭跟在馬屁股後面跑，風吹日晒，雖然苦得幾文，票子又不值錢，人口馬糧，顧得吃就顧不得穿。我二兄弟又在前年徵去當了兵，現在听說不打仗了，也不見放他回來，老婆兒女還不是要我替他養活着。」說着說着他很生氣的樣子，猛地在馬背上打了一鞭，口中喃喃地駡着：「前世不修，這世才來做馬牛。」

太陽已經爬到天心了，路上的塵沙和石子被晒得像要發火的樣子。我們內衣已濕透了。汗水滲着塵沙粘在臉上，使人怪難受的。大家在一條小溪旁邊坐下來，兩個抬扶和許多趕馬的，成群地擠到水邊去，兩手按着地，俯下身來，伸長脖子，大口地喝着水，嘓嘓的響聲，使我的喉嚨裏也生了些凉意。坐在地上望着這一群樸實的受難者，我心裏有無比的難過。為了生活趕馬的冒着土匪搶劫的危險走路，抬滑杆的忍着肩上的皮肉磨破的傷痛把別人抬在肩上，而監獄和刑法並不能阻止沒有飯吃的人不去當土匪，是人，誰不想活下去呢？

前面叫做瓦房哨的山頭上有一片草房，裏面駐着專員公署的護路隊。說是保護商旅的安全，而其實是專管征收「保費」和查拿禁貨的。當我們走到那裏時，幾個彪形的士兵馬上從哨房裏跳出來，一面檢查，一面收保費。我帶着專員公署的護照，拿出來給他們看過，便把我放在一邊不管了。抬滑杆的伕子每人要納二百元的保費，趕馬人則每一個馱子要納五百元。但最使趕馬人頭痛的卻是檢查。他們要把所有的馬馱子全打開來看，這一來要一個多鐘頭才弄得清楚。這些趕馬人休想趕到下關了，我心裏為他們着急。結果是趕馬的陪着笑說了許多好話，又給每一個士兵送上支香煙，才如逢大赦似地被放行過去。

趕馬的一邊走一邊駡道：「檢查！檢查他媽的毬！專員運洋煙過下關，幾十馱幾十馱的一串串地走，怎麼又不檢查呢？成天躲在哨房裏，祗認得要錢，聽說土匪來了，頭縮在褲襠裏，連氣都不敢出。」

但轉過山去，當頭便見一面白旗，旗上寫着五個大字：下關護路隊。前進着的人又停下脚來聚集在旗下了。

民主周刊

論新基礎 劉恢之

繼承「五四」和「一二九」的精神 劉清揚

民盟的態度（書面談話）

國民黨出賣中國主權 霞玲

憲法與憲政 胡岡

華北版 第十五期

中華民國三十五年十二月十八日出版

主編 民主周刊社 發行 民主出版社

民盟的態度

擁護政協，反對內戰

中國民主同盟的目的是實現中國民主。但團結，統一，和平是國家實現民主的先決條件。因此，民盟從成立的時候起，就決定站在第三者的立場，努力調解國共的武力衝突。一個分裂的國家，一個繼續不斷從事內戰的國家，是不會有民主的。我們在過去是這樣的看法，在今天還是這樣的看法。

本年一月舉行的政治協商會議，的確爲解決國是開闢了一個明確而且光明的途徑。倘當權負責的政黨眞能依據政協決定的程序及早實行了五項決議，我們絕對相信中國局面必早有了進步，不幸過去十個月中許多次的團結，統一，和平的機會都錯過了。

從本年二月起直到今天，民盟始終堅守兩個原則：第一，民盟擁護政協。因爲民盟是政協的參加者，所以我們有遵守政協決議的義務，同時我們有督促各方實行政協決議的責任。政協決議是參加會議各黨派的一種契約，這亦可說是中國求得和平與民主的一種大憲章。國民大會要依據協議的步驟而召集，憲法要依據協議的草案而制定。這可說明政協決議的重要與尊嚴了。倘這種契約參加的任何一方可以任意撕毀，那末今後中國就談不到法治，更談不到憲政與民主。第二，民盟反對內戰。民盟是個沒有武力的政黨，民盟絕對相信無論當權或在野的政黨擁有武力，國家不會有和平，更永遠不能走上民主的正軌。並且今天中國全老百姓一致反對內戰。因此，十個月來，民盟始終是超然獨立的第三者，努力調解國共兩黨間的武力衝突。這兩件事是相互關連的。因爲要有和平纔能實行政協五項決議；要忠誠實施政協五項決議，纔能保障中國的永久和平。這說明十個月來民盟一切工作的途徑及其苦心。

十月二十一日民盟政協代表接受政府代表的邀約，與其他黨派政協代表及社會賢達共同來京，我們一切努力始終未離開上面兩個原則。我們一面爭取依據政協決議程序實行五項決議；一面呼籲和平謀取停止武力的黨爭。直到十一月十四日的夜間，國大開幕的前夕，所謂的第三方面，竭盡心力，終未能挽救時局，同時其他黨派及社會賢達，亦各就其立場最後決定了他們自己的行動，我們民盟代表才迫不得已暫時停止了我們的調解工作。智所不逮，力竭而止，這是我們願求諒國人的一點。

民盟拒絕參加十一月十五日舉行的國民大會，理由很簡單：這次召集的國大違背了政協決議的整個精神，破壞了政協決議的程序，并且這次國大不是全國團結統一的制憲會議，這是舉世共同承認的事實。民盟既已屢次宣言擁護政協，並屢次宣言絕對不參加任何方面可以增强分裂的行動，民盟今天自應謹守諾以取信國人。民主憲政的基礎，是全國人共同立法，全國人一致守法，必先有共同立法的實質。而後才能得到一致守法的實效。制憲是國家的一件重大事業。憲法內容固然重要。而產生憲法機構的法律根據更爲重要。基本大法來源的合法與非法問題，當常引起國家長期的紛爭與分裂。世界歷史上往例固多，中華民國歷史上的實例亦多。我們明知民盟即令參加當前的國大，除自身陷於自毀政協決議的錯誤而外，無補於將來的憲政，更無補於當前國家的團結，統一與和平；因此我們只有毅然置身事外的途徑，以求良心之所安。

民盟這種態度，絕對不是消極。今天中國現實政治，必先求得國共兩黨停止武力衝突，而後有和平。必先有了和平，而後才能有憲政與民主。從老百姓的立場來說，人民必先有生存的機會，而後才能談到憲法。必先停止這殘酷不仁的內戰，而後人民才有生存的機會。中國當前有無數的問題待解決，但最迫切最緊要的問題是停止國共兩黨的武力戰爭。我們民盟認淸楚了這個重大關鍵，因此我們願保持在內戰環境中超然獨立的第三者地位，在調解武力黨爭上繼續盡其最大的努力，以爭取國家的眞和平，促成國家的眞統一、建立中國的眞憲政，實現中國的眞民主。

論新基礎

劉恢之

一 考驗以後

十一月這個月是冶鍊爐，把幾年來甚至幾十年來的政治黨派和社會領袖人物，放在鎔爐中，來一個實實在在的考驗。

思想的動搖，金錢的利誘，名位的勾引，親友門生的包圍，加上恫嚇、威脅、分化、中傷、造謠，甚至要更多的花樣，特殊權益的分得一杯羹，和要不然，就給製造無窮盡的麻煩，老王麻子和眞正陸稿薦之類，以及，和有過表演實例的綁架，無聲手槍，闖入學校扔手榴彈，汽車「誤」撞之類之類故事的翻板，熊熊的火焰把一些時代的渣滓給銷溶了。

青年黨民社黨和所謂社會「賢達」以至「名流」「學者」一股腦兒從爐口被傾出，放在垃圾堆中，還以本來面目了。

社會的裁判是公正的，是無情的。

所謂「國民」大會假如有一絲一毫的意義，這一絲一毫的意義就在於揭穿這一堆渣滓，照出這一群魑魅魍魎的嘴臉。就在於分明地指出只有那一些堅貞的爲人民服務的人們，才經受得起這難堪的考驗。

考驗以後，人民認識了騙子和棍子的面目，翻開他們過去的歷史一看，哦，原來如此，幹了多少年，喊了多少年，正爲這一天！

考驗以後，也證明了舊時代的描寫，貧賤不能移，威武不能屈，富貴不能淫的大丈夫，實實在在有其事，有其人，不但有，而且很多，而且還在繼續經受考驗證明他們受得起任何考驗。

二 舊基礎的沖刷

這一殘酷的考驗，不但淘汰了舊時代的渣滓，也迅速地把僅僅有一年生命的政治協商會議的基礎給沖刷掉了。

這基礎原來是不健全的，主要的致命弱點第一是這會議不是人民所要求的國是會議，而是經過改頭換面的政治協商會議，前者具有決定性的解決國是的權力，而後者只是「協商」，而且協商的結論還得由反對舉行國是會議的這一現政府去執行。這叫做與虎謀皮，要能有成就才眞是奇蹟！第二、這會議的代表不是由人民選舉產生的，也就是本質上並不代表人民的。而且不是由下而上的，是由上而下的。代表的產生由于各黨派的協商，大部份代表們所代表的是一黨派的利益，而非全民的利益。第三，而且這會議根本沒有眞正甚至名義上的人民代表參加。所謂社會賢達，既不賢，更不達，表面上無黨無派，骨子裏却把黨派的利益看作高於一切，至少是高於人民利益。而且，一個部長甚至一個國大代表的名義就可以把這些人收買，其賢其達也頗爲有限。次之，所謂社會賢達是在人民之上，不是在人民之中，更不是在人民之下的東西，他們嘴裏儘管掛着人民招牌，背後却並無半個人民支持，這樣一種東西，根本要不得。第四，政協的解決對象因爲組織成分的限制，着重在黨派衝突的淸除，質言之，是國民黨和共產黨二大串問題的解決，而不是人民本身問題的解決。把今天中國的嚴重局面單純地看作只是兩黨之爭是錯誤的，不正確的，反之，今天的主要的首先要解決的是人民不能忍受反民主政權壓迫剝削的問題，是民主和反民主政權的選擇問題，是人民自己要來行使主權的問題，質言之，人民對于黨爭無興趣，對以兵力解決黨爭則誓死反對，相反的，人民要建立一個爲人民自己服務的民主政府，來解除痛苦，提高生活。由於重點的錯誤安排，造成了政協調解黨爭第一解除人民痛苦第二的議程，於是爲了遷就當政者不惜承認十年前一黨自造的舊代表，爲了敷衍當政者又不惜修改政協的憲草原則，把無形的國大還原爲有形的國大，以及諸如此類的例子，一讓再讓，讓得連自己的立足點都讓掉了，於是就自然而然造成今天的局面。

如上所述，這一不健全的基礎，上不着天，下不着地，經過國民黨一中

憲法與憲政

胡岡

憲法不就等於憲政，而祗是憲政的一個非必要的工具。世上不乏沒有一部憲法而實現憲政的國家，我們雖爲說明便利起見，稱之爲不成文憲法，實則此處所謂憲法，指的就是憲政。從而可見憲法本身原是無關宏旨，有關宏旨的乃在憲政的是否實現。

憲法既是一個工具，於是它就和任何其他工具一般，既能益人，也能害人。我國從清末到現在，屢次爲了制憲、毀憲、護憲的循環反覆，不知已斷送了多少人民的生命，斲傷了國家多少原氣。可憐搞到如今，又在重新開始這套舊悲劇。

愈是缺乏憲政的國家，愈是會把憲法當作萬應靈葯。好像祗須把一部憲法制成，立刻便解決了國家一切問題。我們若用最大的善意來測度國民黨當局，也不得不認爲他們這次急急於憲法的制成，實在犯了這個錯誤。這錯誤更不是憲法的內容如何所能補救。若是祗講內容的話，則曹錕那部憲法，平心而論，也不能稱有大毛病。

從各國制憲的歷史看來與其說先有憲法後有憲政，毋寧說先須有憲政基礎，然後纔能建立一部長治久安的憲法。這裏所謂憲政基礎，其最少限度，乃指統治權力確有遵守約束的誠意。這誠意雖多造成於被迫，如英皇約翰之簽字於大憲章然，但一旦接受了約束，至少須有令人相信其有遵守的誠意，纔能使國家逐漸走上憲政的大道，或是進一步來詳細規定約束的細則——這便是制定憲法。若是沒有了這點初步誠意，或是憲政基礎，則任何憲政或憲法都就談不到。統制權力和被統治者將始終立於互相猜忌，互不信任的地位；無論那一方面制成了一部內容完美的憲法，也不過是一部紙上的憲法，和憲政的實現將絕無關係。曹錕憲法是這樣，現在這部憲法至多也就如此，若是國民黨當局不更另有險惡用意的話。

統治權力的所以表示其憲政誠意，絕不是在制定一部紙上憲法，而是在用事實來證明自己願意遵守對於人民所已作的諾言。國民黨當局未曾兌現的諾言太多了，對於這次諾言大集成的憲法，又怎能怪人民不敢妄存兌現的奢望呢？

全會和御用參政會的兩陣狂風，再加上連年的全面的內戰，把政協五項協議颳到九霄雲外，把停戰令打得粉碎，連「自動」宣佈的四項諾言也被放到腦後了。到「國民」大會一召開，參加政協的代表青年黨民社黨在賜宴之後連關報到，社會賢達們也半遮黑臉溜進會場，政協的基礎是連根被剷除掉了。

三　新基礎的建立

解決今天的危機，奠定未來的民主進步的中國需要一個新基礎。

新基礎的建立應該有如下的內容。

第一，要建立一個以召集國是會議爲中心的人民推動力量。這力量的主力應該是上一個月經受過考驗的個人的團體的大丈夫，和各階層各職業部門的個人和團體的代表。由這力量和各個經過考驗的民主黨派共同致力於國是會議的召集。

第二，國是會議的議程應以積極的建立民主政權爲主，依據政協原則制定全民憲法，建立民主聯合政府。

第三，國是會議的議員黨派的佔少數，由人民直接選舉的議員應佔大多數。黨派議員的總和應少於人民議員總和。

第四，國是會議具有決實性的解決國是的權力，其議決案交由聯合政府執行。

這四點是原則性的，在步驟上其實只是兩個，第一步驟是新基礎的準備、第二步驟是新基礎的建立。第一點屬於第一步驟，後三點則是第二步驟。

第一步驟是力量的形成，第二步驟是力量的表現。

人民的力量是潛在的，一個代表人民力量總和的組織，超出黨派利益，代表廣大的中間群人民利益的組織在今天是必需的，應該使其立刻現實存在的。這力量中間將再沒有動搖的政黨份子，將不許可有冒充的社會「賢達」，也不容許有花瓶式清客式的名流學者，而是堅强的前進的勇敢的經過考驗的民主黨派，團體和無黨數的卓越的民主鬥士的共同戰鬥體。

這一力量的出現，它的使命不再是中間式的調人，而是完全站在人民立場的中國前途的引導者。對於黨派的爭執，祗有是非的標準，民主和反民主的標準，人民所喜愛或憎惡的標準，沒有遷就沒有敷衍，如是的民主的人民所喜愛的一切和相對的一切鬥爭。

於此，這力量的本身就是天平秤，決定一切，執行一切，而不是像過去那樣，自身作爲法馬，作爲一個相對的平衡的力量。

中國的人口假定有四萬萬五千萬，中間階層佔百分之九十以上，百分之九十的人民能夠參加這新基礎，堅强這新基礎，任何問題是可以解決的，任何困難的是可以征服的。

拿破侖的名言：「人民是不能被戰勝的！」

不可戰勝的人民大家來建立新基礎，向民主前途進軍！

羅隆基教授評憲草

羅隆基教授本月七號在金陵大學禮堂演講，對目前「國大」討論的所謂「政協憲草」予於批評。渠首先聲明三點。第一，這是個人學術演講，並非代表民盟意見。第二，政府提交國大的所謂「政協憲草」，實際在法律上，事實上都不是政協憲草，因爲這個憲草根本沒有經過憲草審議會及一切政協的手續，而且在政協時還有許多地方沒有得到協議。第三，所謂參加國大是爲爭取民主的憲法一說根本不能自圓。憲草是否民主，需視條文決定，而不是自已黨派參加了國大，就認爲憲草已經民主。

其次，他對憲草提出三點批評。

第一，國民大會：政協所以妥協承認憲草規定有國大，而結果又把有形的國大變爲無形的國大，實際上就是爲了敷衍國民黨。一般人認爲憲法上沒有國大是違反五權憲法，實在是沒有深刻了解孫中山先生遺教。國大與五權憲法是兩個問題，國大是直接民權問題，而不是五權憲法問題，用國大行使四權實在還是間接民權。現在把立法包括在「能」內，其實是欠妥的。人民僅有四權而沒有一切預算，決算，宣戰，媾和等實權，民主政治是落空的，結果變成政府萬能，人民無權，最後一定是痛痛快快的取消了國大。

第二，行政院與立法院關係：在五五憲草中，行政院不對立法院負責，而對總統負責，總統再向國大負責，但國大要六年召開一次，結果五權是落空的。政協決定的原則第六項中第一條規定行政院向立法院負責，第三條規定行政院可以解散立法院，立法院可以改組行政院。但國民黨二中全會堅決反對，因此後來協議取消了第二條，但民盟及中共則無論如何堅持第一條應加入憲草。爭論很激烈，始終沒有結果，現在政府所提的第五十八條是當時政府的意見，根本未得大家協議。在現在的第五十八條中，行政院要依各種規定和限制向立法院負責的，中國將來一定是多黨政治，行政院一定是多數黨負責，這樣層層限制下，說行政院向立法院負責，只是好像有那麼一回事而已，所以我主張老老實實的回到內閣制，內閣制並不違反孫先生的遺教。

第三，中央與地方政權問題：這是爭辯最激烈的問題。民主政治的基礎一定要建築在地方自治上。當初國民黨反對制定省憲，說有了省憲就是聯邦國。其實聯邦國並不壞，英美蘇都是聯邦國。此外還有一個錯誤，就是把集權與統一弄不清，以爲不集權就不統一，難道英美蘇不統一嗎？建國大綱上說的清清楚楚要制定省憲，我不懂爲什麼有時遺教像是聖經，一字不能更改，有時遺教又可以不講了。現在憲法上是均權，實在是中央權大於地方。地方政權是國共爭執最大的問題，實在應該推行地方自治，使國共能夠互相競賽。所以第十章，十一章應該修改，而使民主政治基礎放在地方自治上。

最後羅先生說，在一個沒有和平，只有內戰，老百姓連生存機會都沒有的國家裏，即使有了憲法，也是畫餅充飢。如果今天的國大要眞造福人民，最好是拒絕通過一百五十一條憲法，而通過一條憲法，那就是「中華民國永遠停止內戰」！

目錄

民主周刊　華北版　第十五期
主編　民主周刊社
發行　民主出版社　北平郵箱第五十八號
經售　全國各大書店
民國三十五年十二月十八日出版

繼承「五四」和「一二九」的精神

劉清揚

二十七年零七個月以前，中國正是封建殘餘的經濟制度在沒落，民族工業在抬頭，開始向資本主義的經濟制度發展之際，但一面遭受統制者的保守傳統在阻碍；另一面又深受帝國主義的侵入，而防害了民族資本的發展與前進。於是在新舊經濟制度交替，進步與保守的矛盾之中，致使要求社會進步革新的青年，不滿現狀而煩悶！因之醞釀而形成了內反封建殘餘，外抗帝國侵略，而爭取獨立，自由，民主的「五四」壯舉！當時的青年，是爲了要求民族獨立，民主自由而怒吼！是爲了促進光明進步而奮鬥！他們精神的主宰，是爲追求眞理與正義，是爲創造世界的公平與合理，而消滅人類間，强凌弱，衆暴寡，不平等的侵略行爲。

是誰來領導這個運動的呢？不可否認的是，一代大師蔡孑民先生，曾給與青年們以靈魂，智慧，和能力的教育，並給與他們運用和發展能力的機會。所以才能培養出民族氣節，而發揚了剛毅果敢的精神。這顯然與司徒雷登先生所鼓勵青年們應倡導的新五四運動，不可同日而語。然而不論其所謂新五四運動的內容如何，但能承一位友幫的司徒校長，讚揚「五四」精神的可貴，也至足使人欽佩！可是我們要問：在受着壓迫，摧殘，和毒化教育的青年，又怎能發揮其「五四」運動的精神呢？

回憶十一年前的今日，青年學生，曾自發的繼承了「五四」的傳統，掀起了「一二九」的狂潮，給與日冠所指使的華北人民要求獨立自治以反證。並給了甘心爲虎作倀的冀察政委會以嚴勵的抗議！更由全國人民响應的呼聲，一致熱烈要求抗日民族統一戰線，以解救國家滅亡的危機。經過十年艱苦的奮鬥，數百萬生靈和血汗以及無邊財富的損失，卒換得日寇放下武器而投降。足見「一二九」青年的精神，正是民族解放戰爭的先驅！誰想在奮鬥勝利後一年的今日，我把竟看不見熱烈狂歡的紀念，而僅僅在悽涼黯淡之中過去，執筆追憶當年，實不能不使人萬感交集！

我國人民，何其不幸！災難重重，永無寧息。百年前的鴉片戰爭，被英帝國主義者，揭穿紙虎，洞開門戶。五十年前的甲午戰敗，更使强隣日寇侵界日急，國運日危。自此而後，遂使全國人民，深陷於水深火熱之中，煎熬於顚連困苦之內。有志之士，不忍坐視危亡，急起挽救，希望能革故鼎新，改建民國，要求獲得民主自由，發揚民力。所以辛亥革命，烈士不惜拋頭顱；五四運動，青年不惜撒血汗；北伐革命，戰士不畏大流血。在此三個重大革命階段裏，不知拚掉多少國家精英和青年俊傑。然卒不能免除國內封建殘餘；軍閥混戰之災，也未能却除新興統治者。高壓專橫之禍。所以既不能使國家進步復興，亦不能强固國防而固國本。徒使箕豆相煎十年，損耗自己國力，而招致了日寇侵入，國破家亡的橫禍。

「九一八」東北事變起，備以忍辱負重，應付那非常的危局。緊接着唐沽協訂，何梅協訂，一再的忍讓，致使國軍退出故都，黨部遠離華北。任使在日寇支配之下，成立傀儡冀察政委會。更收買販夫走卒，成群結隊，搖旗示威，要求華北自治。民族恥辱，莫此爲甚！致使我華北人民，忍無可忍，血性青年，振臂而起。「一二九」的聲威，震醒了國魂，以徒手之衆，敢抗强隣。於是要求民族解放的呼聲，激動全國同胞的勇氣，促成民族解放的戰爭，創造民族光榮的史頁。所以「一二九」北平青年奮鬥的精神，實是國家民族存亡轉捩的樞鈕。但在這樣一個有歷史意義的紀念日，竟至聲息渺然，似已忘記了過去的一切。這被窒息而萎縮了的青年勇氣，有如停滯了國家民族命脈的活力，怎能不使人爲國家民族的前途而憂慮！

十一年前的青年，在沈着的商討，機密的聯繫，敏捷的集合，學校的鐵門，封鎖不了青年的毅力。突然暴發了大中學生的狂流，怒吼着「打倒日本帝國主義」！使傀儡組織統治之下的警憲，都措手不及。於是不顧一切的，以刺力、槍架，水龍，紛紛對着愛國的青年群衆來打擊！反抗的青年男女，爬城墻，蹭城門，暴力抵擋不住英勇的民氣！甚至再接再厲，「一二，一六的陣容，更加强了「一二九」的行列。廾里外的清華，燕京，以强壯的隊伍，清晨出發，夜半方歸。在寒風慄烈之中，數十里往返奔馳，雖汗流夾背，精神依然百倍，怒吼與狂呼，歌唱着民族解放進行曲。當時筆者置身事外，目睹此情此景，實已不能再忍，而回思到「五四」的遠景，故又毅然投身於此狂流，追隨着青年群衆，作爲戰友之一。

戰鬥在發展，怒潮仍持續，於是延至二十五年春，統治者便以無情的高壓，犮警察廳的拘留所，變爲文化監獄。大學教授，青年學生和婦女，一視同仁的，被囚禁在鹹菜湯窩窩頭的生活之下，磨鍊着每個人堅强的意志。他們認爲情節嚴重的領導者，秘密轉移到陸軍監獄，準備暗自槍斃。但激怒了全國同胞的義憤，紛電救援，乃得免於臨刑。但鐵窗間隔，脚鐐沈重，瑯鐺之聲，震人心脾！然而，凡此一切，都不足以使戰鬥者，有所氣餒。人們被堅持要求民族解放，努力復興救國的志願所鼓勵，一切鎮壓都不足懼。在被囚禁而失掉自由的環境裏，沒有你隨便說話或表達意願的權利，但在堅忍不拔的節操支持之下，却可衝破一切障碍，仍可爲所欲爲。雖沒有充分的紙筆，竟可能慎密機警的，組織起「三日刊」手報的編輯。每個人都可發抒已見，集合些短稿，密寫成册，在鐵窗的夾縫，暗自傳閱。「三一八」和「五四」的紀念日，還依然都能興奮熱烈的發揮其意義。三月二十九日，是青年們給被毆傷病死拘留所的郭清出殯的群衆示威遊行。到了夜半，竟在打鐵釘鐐的聲中，又擁進陸軍監獄大批的青年男女中年紀太輕的，都在哭哭啼啼，其慘無比。因是突如其來，監獄中設備不及，正當北方春寒之時，竟使這些青年團坐於空獄室的濕泥土地。先進的囚禁者，實有所不忍，遂都揭起自身的被蓋，分給後進者，而共渡此患難的寒夜。這一切雖都成爲十一年前的過去，但那種互助團結共患難的堅忍精神，和民族正氣，實在不容磨滅。

被拘禁到一月、兩月，三月至五六月的囚人，都逐漸因愛國無罪而開釋。這些曾受磨鍊的青年，多成爲轉年「七七」事變後抗戰的主力。前線以及大後方，艱苦卓絕，奮勵直前的青年們，無不以「五四」和「一二九」傳統的精神在努力！他們以生命血汗相拚，警惕了國人的奮起。八年的苦鬥，忍辱負重，以「切犧牲，爭取民族解放的勝利！屢望之殷，渴盼之切，完全希望於戰勝日寇之後，以甦民困，然後再繼續努力於建國的偉業。

由「五四」以至「一二九」的愛國運動，無不是在普遍廣泛人民大衆的憂鬱苦悶之中，首先由青年的號召而喚起大衆的聲援。從歷次經驗教訓進步了的人民，誰都知道，要解除中國的災難，只有反對內戰，力爭民主才能達到民族解放的目的。沒有民主，則封建殘餘不能清滅，封建殘餘爲了保障它垂死的政權，就不能不阻碍進步，反對民主，而更要倚重帝國主義的支持消滅異已。可惜中國青年，經過數十年的努力，雖已打倒日本，而還未能獲得實現民主。所以在戰勝日本之後，仍會有較比日本侵畧尤甚的美國，遂又代之而起。我們以八年忍苦抗戰，所爭取到民族解放戰爭的勝利，不幸竟成爲前門逐虎，後門入狼的結局。今天的美國，一反其羅斯福總統時代進步的新政，而滿懷獨覇世界各國的野心。它不但違反聯合國憲章的精神，而强賴着駐軍中國，並助長我們內戰，防害我們的進步以迫使我國成爲它的殖民地，並且更加緊扶植日本，雖然一面是爲了作它反蘇的基地，但一面確是威脅了中國今後永久的安全。致使我們更要時刻嚴防日本捲土重來的危機！因此，中國青年愛國運動的任務，至今尚未完成。所以今日的青年，還需要繼承「五四」和「一二九」的傳統精神、更應加緊努力！

勝利一年後的中國，不但因貪汚禍國，致使民不聊生，更因全面內戰，軍費浩大的負擔，實使人民已都活不下去！面有菜色的人民，缺乏營養的青年，由於衣不暖，食不飽的憂慮，對於在戰時所憧憬勝利後的一切美景，均已失望到底。如果內戰還不能撤底停止，和平必然無望，沒有和平，則人民大衆所切盼的民主，尤難實現！當此艱苦倍嗜！危急嚴重的關頭，我們却不能不更要在堅忍鬥爭的生活中，苦撐下去。尤其在美國共和黨上台之後，將把原來的反動政策更要加强，勢必以美國爲首，而截然劃分世界人類成爲民主與反民主的兩大壁壘。我們中國青年，數十年不屈不撓，爲了爭取民族獨立，民主自由而奮鬥的精神，在此嚴重的時局考驗之下，當然不會投降相反的一面。所以今日雖在緘默無聲之中，渡過了還有歷史價值的一日，但我相信，凡是有志的青年，必都在他們忍含着不肯流出的眼淚，和內心蘊藏的怒火中，已醞釀了鬥爭的實力！他們必以反對內戰爭取和平，促進實現民主以反抗帝國主義，而救中國。絕不使過去的「五四」和「一二九」的奮鬥，功虧一簣，定能繼承當年的精神，負起未了的責任。

一九四六，十二，九。

時評

預祝民盟二中全會

如果從抗戰建國同志會算起，民盟已經有六年的歷史；如果從正式成立「中國民主同盟」算起，民盟也已經有兩年多的歷史了。在這幾年中，民盟在任何艱難的環境裏都一直爲國家的和平民主而奮鬥，因此得到了差不多的中間階級的擁護，發展成爲一個極大的中間性的組織。

可是由於中國歷史的多變性，民盟在所走的道路中一直是坎坷不平，經過了追求，幻滅與新生的步伐。

在這一次國民黨召開的「國大」後，證明了大多數民盟份子都非常堅決；同時經過了這一次考驗，也覺得應該加强組織，重新決定對新形勢所應採取的態度。及對未能和平民主工作的繼續爭取。就在這種客觀與主觀的要求下民盟二中全會即將在上海舉行。

關於此次大會的中心議題，外間已略有傳述，但是究竟是一些甚麼，還得待民盟中常會的決議。現在我們可以說的，就是在這一次會議中，民盟將針對目前的新形勢，重新爲第三面作一次新生，與一切進步的爭取民主的國內外團體緊密地聯結，繼續從事中國和平與民主的鬥爭。

有了這種一個進步的要求，我們預祝二中全會的圓滿成功，同時也預祝和平民主的新中國早現。（子）

吉田內閣將倒台

日本臨時議會進行中，發生了以社會民主黨爲首的勞工界倒閣運動。先是社會民主黨向議會提出不信任政府案，之後人民代表十八人齊赴衆院要求各黨予以聲援，並決定本月十七日召開「以獲得生活權，打倒吉田內閣」的國民大會。這一運動目前還在方興未艾，消息傳來，吉田內閣已有改組的可能，這是盟國勝利以後，日本國內的一件大事，値得我們特別注意。

如所週知，吉田內閣的倒行逆施，使得戰後日本一直在民主的道路上掙紮。前陸軍及參謀部的人員仍還身居要津，日本的實權依舊操諸反動的財閥手上，而廣大的勞工人民在生活上陷入最可慘的境地，在政治上被剝奪得一無權利。因此這一次勞工界的倒閣運動實在是積蓄已久後的爆發。

可是話又說回來，今天吉田內閣的倒行逆施，實在是以麥克阿瑟的管制政策爲依靠的，麥帥的政策支持了他也支配了他，他祗不過是一個小奴才而已。因此日本廣大人民今後鬥爭的任務是堅苦的，而這一次勞工界的大團結，將是日本新生的第一聲，此後持久的團結與韌性的鬥爭，日本人民才會得到自由與民主。（葦）

心勞日絀的把戲

前幾天忽然空穴來風，說馬司已擬就新建議以謀恢復國共和談，一時報章喧騰，樂觀者因此生出否極泰來的心理，奔走相告。這一個幻影後來雖因周恩來的一電而告澄淸，但是政府方面却煞有介事的借以作爲最後一著的政治攻勢，首先透露出即將派大員飛延重啓商談的消息，之後接近三陳的某報又披露出所謂商談的「基礎」，大意是國軍可停止「因中共之挑釁而引起之自衞性行動」，但需中共做到相當條件；政府改組可以將行政院中重要部份畀予中共；解散國大「難予考慮」，但中共可增加修改政府所提憲草，經政府考慮後交國大公決。

我們對於大員飛延的消息雖信其眞但不信能成；而對於所謂和談「基礎」，祗有感到啼笑皆非！

事實昭然，目前政府沒有決心解散正在熱鬧的「國大」，而且軍事上也正在向中共的老根據地陝甘寧邊區進兵，在這樣兩重魔影下，中共已經累累聲明「不存幻想」了；因此如這種情勢不變，大員飛延必將無濟於事。

至於「基礎」那祗不過是騙三歲小孩的糖果。今日一切政治的準繩是政協決議，中共也曾累次强調過這一點。如果不依政協決議做事，甚麼改組政府，重修憲草等都是心勞日絀的把戲。（于）

故意的混淆

上月某次國民黨中宣部中外記者招待會中，彭部長學沛曾經被問國大代表之黨派分析，他說：「今春政協開會時，有所謂五方面，卽國民黨、靑年黨、民主同盟及社會賢達，其中民盟以其發起與主要構成團體靑年黨旣離於先，民社黨分手於後，已無庸諱言地經了嚴重的分裂，故所謂五方面中，現在沒有參加國大的，只中共與『一部份民盟』。這樣的話出自國民黨宣傳部長之口，的確發人深思；尤其「分裂」同「一部份民盟」兩個詞兒，値得我們研究。

照這個談話的口氣推測起來，彭部長强調的是民盟的分裂而且認爲靑年黨與民社黨參加國大後，民盟已經變成了「一部份」了。那麼我們請問：「那另外一部份」是誰呢？再從前後文看來，彭部長顯然是指靑年黨民社黨了，也就是說靑年黨與民社黨是代表了民盟參加國大。

這種故意的混淆居心是叵測的，妙處在於旣「分裂」了民盟，又洗刷了一黨召開的國大，技術確爲上乘，但也終究露了馬脚。

關於靑年黨那是舊話，可以不用重提；至於民社黨參加國大後與民盟的關係，早有民盟負責人予以說明，我們在此再重覆一遍，民社黨參加國大是以其本身黨派的資格，而其四十名名額也非由民盟一百五十名額內撥出，諸君務請認明商標，庶免購得膺貨。（于）

可紀念的日子

十二月是一年的最後一個月份，也是中國近代史上極爲重要的一頁。「一二・九」，「一二・一」，「一二・一二」，都是一些劃時代的日子。前兩者是青年運動的開展，後者則是十年內戰後國共第一次的團結，並從而開始實行統一戰線的策略。時至今日，我們來回憶這三個可紀念的日子，眞是百感交集，低徊無言！歷史的確走的太慢也太迂迴了。

從青年運動說，「一二・九」吹起了民族解放的第一聲號角，但是「一二・一」却使青年流血犧牲去爭取另外一種「解放」。再從國共團結說，曇花一現的團結，與十年依舊的談判，終還是現在的一片嘶殺，將來的人讀史至此，一定會掩卷三嘆的！

但是這並不是說中國的歷史沒有走甚至開倒車，這祇是說明反動派的可惡、與爭取自由民主的艱鉅，從而教訓了我們長期的韌性鬥爭。今天回憶這三個日子，我們所應該憬然深思的就是這一個簡單的眞理。（方）

火山要爆發了

翻讀這幾天的報紙，眞叫人怵目驚心。內戰砲火下的中國社會，已經面臨火山爆發的前夜了。

上月尾上海數千攤販爲了生活而發生所謂的「暴動」，先後擾攘了三五日，使得官方如臨大敵，把看家的法寶都搬了出來。而且事後中外輿論一致指責官方的昏庸無能，使得國際觀瞻所繫的上海官方丢盡了臉皮。

這一事件的本身證明了中國經濟社會組織已經瀕於崩潰。在國民黨反動派同美國帝國主義的夾攻了，不論任何階層，目下都陷入了絕境。攤販事件已如上述，其他如平津大學院校教授的請增待遇，平津兩地先後發生了青年男女的自殺，在在都說明了這座火山將要爆發了，反動派還不自斂，遲早總會變成熔岩的渣滓。（匡）

「國大」召開後　泗帝

「立孔教為國教」

正在南京國大「熱烈討論憲草」之際，平津一些聖人之徒的耆老們（文友社）却想起了這樣一個事關「國粹」的重大問題。他們致蔣主席的電文說：「欲正人心，舍尊孔教，其道末由。茲當制定憲法之期，仰乞主席明令提案，以孔子之教爲中國立國之大本，規定明文於憲法之中，教化流行，風俗不變，唐虞三代之隆，何難復見於今日！」一片保存「國粹」，衛護「聖道」的苦心，情見乎詞。但既請「明令」又說「提案」，在這充滿民主氣氛的國大場中不知主席究將如何處理。不過這倒令人想到物以類聚，方以群分。這樣的國大，那樣的憲草，再加上這樣一個古氣盎然上追唐虞三代的提案，（或「明令」）眞可謂「民主」與「聖道」齊飛，洋貨共古董一色，猗歟盛哉！（蟹）

憲草的悲喜劇

在這一次「國大」開始討論憲草時，以孔庚爲首的所謂「反對派」就一直叫囂着要「自由制憲，兼帶行憲」。後來經過國民黨總裁苦口婆心的勸說，希望他們給政府「面子」，免共黨有所藉口，儘速通過那部所謂的「政協憲草」，這個「自由制憲」的風向算是稍微煞住了一些。

可是頑固派終是頑梗不化的，慢慢的那部憲草又被改得一塌胡塗了。例爲第三章加上了「國民大會爲中華民國國民行使政權的最高機關」，並且在提付表決的時候，孔庚同陳溍溪等還舉出了「三支手」。

我們對於這種「國大」，這種「憲草」本來毫無興趣，而且看到那一群吹影吹聲的嘴巴後，就早已知道是長不出象牙來的。可見時至今日依然感到無限的婉惜，婉惜者即是民社黨現在才知道走錯路了！

在張君勱先生與國民黨蔣總裁的交換函件中曾經具明：「政協憲草審議會所修改之憲草在國大內，各方應負責使其通過」。同時蔣總裁的覆函也說：「政協憲草，既經協議，各方應負責設法使其通過」。可是事至今日，是耶非耶？民社黨參加國大諸公是應該靜下心來想想，然後決斷的一脚跨出門來，中國的老百姓們至今還對你們沒有全部失了希望。（佼）

國民黨出賣中國主權

霞玲

從過去到現在

十八年來，國民黨這個寡頭獨裁政治，造成了中國民族長期的空前災難，是極可悲也是極可恥的。中國人民的民主覺悟越高，他就越要向外國主人求救，「寧贈友邦，勿予家奴」這是中國大買辦大地主的傳統政策。國民黨是這個政策的最大繼承者。國民黨的本領，也就是在於他能夠以一中國人的「政府」的資格，不惜支出中國的主權，去交換一軍火「物資」來進行內戰和獨裁的資本。「九一八」事變後，斷送了東北，簽訂了淞滬協定，「塘沽協定」和「何梅協定」；而在抗戰初期也仍然宣稱他要求的是恢復蘆溝橋事變以前的狀態。現在當中國人民憑自己的血肉把日寇打敗之後，當全中國人民繼續挺身起來要求掌握自己國家命運的時候，國民黨政府就又澈頭澈尾地發揮了這個政策。

從陸上到海上

美軍在國民黨的同意下，於去年日寇投降一個月以後，九月三十日美海軍陸戰隊第一師一八〇〇〇人，在塘沽登陸，十月一日第三師一八〇〇〇人在中國區秦皇島登陸，十月十一、十二兩日第六師在青島登陸，海軍航空三個大隊、也隨着進駐青島與北平，並佔領各大沿海海港，飛機場和鐵路綫。美國現在駐紮的海軍陸戰隊和艦隊，據美第七艦隊司令柯克六月二十日在青島招待記者稱，美艦此後平均有四千艘常泊青島，駐華美艦共一三六艘，海軍一萬五千名，海軍陸戰隊三萬五千名，以及爲數四五千的軍事顧問團。（現已改爲中國地面常駐部隊）。接着美軍官員家屬大批運華，大有準備在中國常駐的意思。據大公報消息、國民黨政府並擬將青島讓給美海軍建爲永久基地。

從經濟到政治

隨着美國對華的軍事侵佔，美國對華經濟掠奪，同時加緊起來。國民黨政府自太平洋戰爭爆發後，即投入美之「[illegible]團，「法幣」完全靠美國貨款支持，國民黨貨幣已完全爲美元控制，那是毫無疑問的。美國在華銀行，不但經營銀行通常事務，並且經營外國貨幣。上海、北平等地美鈔，可在市面公開流通。這樣一來，更使美國控制了中國外匯，並侵奪了中國的貨幣和財政主權。去年十月國民黨政府在美國壓力下，廢除入口限制，美貨如潮水一般地湧進中國，民族工業大批破產。國民黨政府放棄了保護關稅政策，繼續維持一九三五年的日本壓力下所簽訂的關稅原則，以便於美貨傾銷。使中國人民每月須負擔美金六千萬元以上的國庫損失，而且收稅權也交給美國。今年四月間新公司法正式頒佈實行，給外國公司法以特權，讓外國獨佔資本入主中國、完全控制了中國公司。

中國重要工礦交通事業，亦被國民政府不斷出賣，截止現在，據我們所知道的，已有山東台灣和東北等地輕金屬資源，中國北部油田，重要的軍火原料、滇湘、贛等省鎢、錫礦產、中國電力等事業，分別出賣給美國。沿海漁權，中國高等工業用煤出賣給克阿瑟控制下的日本政府。此外湘中邵陽和粵北韶關礦產區，及台灣之工礦交通事業亦將由美國直接經營。

農業方面：「中美農業技術合作團」、今年六月下旬，已正式成立，該團團長赫契生宣佈：將特別注意研究美國所需要的中國農產之改良和增產。美國在「國防貿易建議書」中會公開規定中國在市場關係下，作爲「原始商品」的輸出國。其計劃包括建立農民銀行，以控制全國農業金融。在中國農林部下設置「農業管制總局」及設立「化學肥料工廠」等項。這實際就是「工業日本，農業中國」的再版，照此擬議實施結果，將是美帝國主義完全控制了中國農村。

在美國這樣經濟下，中國內政亦逐漸爲美帝國主義所控制。

美海軍情報組與戴笠合辦之「中美合工所」，自一九四三年春成立以來，即完全統治了國民黨的警察和特務。該所領導下之「中美特工訓練班」，遍設西安、婺源、寧夏、蘭州、華安、建陽、建甌等地。最近北平更實行「中美警憲聯絡室」於十月八日晚，由平市警察局長湯永咸與美海軍陸戰隊憲兵隊長瑞池在平正式簽字議定。雙方各派專人負責聯絡，且裝設專綫電話，有巡查組、檢查組，任何一方發現事故時，彼此均需通知該聯絡室辦理。另據平市警局外事科長語文匯報記者稱，以後美軍肇事依「議定書」規定：「須由美警憲處理，當局僅有旁聽權」。國民黨政府又允許美方各種人員，收集各種資料——特別是軍事方面的，並密令准美空軍在中國內地各省及內蒙東北，台灣，從事空中攝影。此外又簽訂了關於「美軍事人員刑事案件條例」的協定，規定美軍事人員在華犯刑事案件，由美軍單獨裁判。另又組織「中美商務仲裁委員會」（或譯爲中美商務公斷委員會）其任務爲調解中美商人間的糾紛。某司法界人士稱，此爲變相的「領事裁判權」，唯以調解商人爭執名義出現而已。

從天上到地下

在美國軍事經濟侵畧下，中國領空權，海港權和內河航行權、早已非我國所有，近更以條約形式出之。國民黨當局爲獲得賄賂八億餘萬元剩餘物資，久在三十年內美艦自由佔用沿海港口和開放內河航行權。台灣基隆、高雄、同時被出賣，領空權亦被當作這次交易的抵押品。中美航空公司協定及陳納德空軍運輸公司，即其全部結果。

本月四日國民黨政府與美國簽訂的「中美友好通商航海條約」，更把上述一切國民黨對中國主權的出賣，用「合法」的形式鞏固起來。

從現在到將來

事實很明白，國民黨政府現在所實行的拍賣政策如果貫澈下去，我們全中國人民將繼續做外國的奴隸，就將沒有獨立，沒有和平，沒有民主，更不會有什麼富強。這是一定的。這是極嚴重的鬥爭，中國人民必須有極高度的警覺，以避免這種奴隸的命運，中國人民必須再接再勵起來，要求國民黨反動派認清人民的力量，停止賣國的一切罪惡行爲，宣佈中美之間的密約，結束內戰與獨裁，必須要如道如果是與人民爲敵而出賣祖國的人，儘管他一時如何驕做，最後都必無例外地要被人民打倒下去。如果不信、請看袁世凱及汪精衛的例子。

趙匡胤和他的奴才

秋章

司馬光涑水紀聞卷一：

『建隆元年正月辛丑朔，鎭定奏契丹與北漢合勢入寇，太祖時爲歸德軍節度使殿前都檢點；受周漢帝詔將宿衛諸軍禦之。癸卯，發師宿陳橋，將士陰相與謀曰，主上幼弱，未能親政，今我輩出死力爲國家破賊，誰則知之，不若先立點檢爲天子然後北征未晚也。甲辰將士皆擐甲執兵仗集于驛門，讙譟突入驛中，太祖尚未起，太宗時爲內殿祗候供奉官都知入白太祖，太祖驚起，出視之，諸將露刄羅立于庭曰：「諸軍無主，願奉太尉爲天子」，太祖未及答，或以黃袍加太祖之身，衆皆拜于庭下，大呼稱萬歲，聲聞數里，太祖固拒之，衆不聽，扶太祖上馬，擁逼南行，太祖度不能免乃繫轡駐馬謂將士曰：「汝輩自貪富貴，强立我爲天子，能從我命則可，不然我不能爲若主也」衆皆下馬聽命』

這就是所謂趙匡胤的『陳橋兵變，黃袍加身』一段故事的經過，陳橋兵變一事，在宋史和王禹偁的東都事畧裏雖也都有記載，但不如光記的繪影繪聲，如太祖說的『汝輩自貪富貴』一段話，便爲宋史和事畧所無，但這段話非常重要，不啻畫出太祖的作主子手段和本領，因爲，他先把作皇帝的動機扣在一群奴才身上，是因爲你們『自貪富貴』才逼得我做皇帝，我的做皇帝也是不得已，蓋卽『余自幼卽對政治不感興趣』之意，後來他見到周的舊臣范質、王溥、魏仁浦等，『嗚咽流涕曰：吾受世宗厚恩，今爲六軍所逼，一旦至此，慚負天地，將若之何！』這尤其表現得假猩猩，較之今世的你如選我做總統，是卽『陷我于不義』，豈非異曲同工乎！

又有一次：『太祖嘗罷朝坐便殿不樂者久之，內侍行首、王繼恩請其故，上曰：「爾謂天子爲容易耶，早來吾乘快指揮一事而誤，故不樂耳」，孔子稱如知爲君之難也，不幾乎一言而興邦乎？太祖有焉』。

這在告訴奴才說：『你們不要以爲做皇帝舒服，你們千萬別想做這勞什子』，此亦使人對政治不感覺興趣之故，記得周逆佛海曾說過，『做了財政部長和中央儲備銀行的總裁，連看看電影的自由都沒有了』，所以身負天下大任實在不是一件容易的事，難怪他們終於要有『余之身體亦不允許再負此重任』之感了。

趙匡胤做了皇帝，當然要有一班得力的奴才，爲之策畫供其驅使，不過給趙匡胤做一個奴才，也頗不易，光紀有云：『周慕帝之世，有右拾遺直史館鄭起上宰相范質書，言太祖得衆心，不宜使典禁兵，質不聽，及太祖入城諸將奉登明德門，太祖命將士皆釋甲還營，太祖亦歸公署，釋黃袍，俄而將士擁質及宰相王溥、魏仁浦皆等至……質頗譴讓太祖，且不肯拜，王溥先拜質不得已從之，且稱萬歲……及太祖卽位，先命溥致仕蓋薄其爲人也，嘗稱質之賢曰：「惜也，但欠世宗一死耳！」』

王溥先拜，反被他看得起，范質表現得畧有骨氣，但他還爲他『欠世宗一死』而惋惜，其實他已自言『慚負天地』卽無異自承不義矣，那麼卽使爲『六軍所迫』吧，也應當一死以謝世宗呀！這卽是儘管他自己怎樣做，可不受任何拘束，但你們大家則在一切事情上要對他負責，比如手則上說的『甚麼爲甚麼之本』那一套，卽是爲建立你們大家對我一個人的威信而發的。

另外還有一位最無耻的奴才陶穀，光記云：

『太禪將受禪，未有禪文，翰林學士承旨陶穀在旁，出諸懷中進之，而曰：「已成矣」，太祖由是薄其爲人。』

這位陶先生不會那一套『以不變應萬變』，未免太坦白了，所以爲主子所不喜，在趙氏手下最得意的一位奴才就是初封爲眞定郡王後改封爲韓王，諡曰忠獻的趙普。

東都事畧曾記『太祖欲使符彥卿管軍，普屢諫，以爲彥卿名位已盛，不可復委以兵柄，……太祖曰：「卿苦疑彥卿何也？朕待彥卿厚，彥卿豈負朕者耶？」普曰：「陛下何以能負周世宗」太祖默然，事遂中止』這裏記趙普反問趙匡胤的一句頗爲厲害，然也居然能令其心服，他們之間的關係，眞非泛泛可比，宋初把兵權都集中政府，便於統制，卽是趙普之策，且主之甚力，由此可見，所謂『杯酒釋兵權事』，其經過情形據光紀云：

『太祖既得天下，誅李筠李重進，召普問曰：「天下自唐季以來，數十年間，帝王凡易十姓，兵革不息，蒼生塗地，其故何也？吾欲息天下之兵，爲國家建一長久之計，其道何如？」普曰：「陛下之言及此，天地神人之福也，唐李以來戰鬥不息，國家不安者，其故非他，節鎭太重，君弱臣强而已矣，今所以治之，無他奇巧也，惟稍奪其權，制其錢穀，收其精兵，天下自安矣……」語未畢，上曰：「卿勿復言，吾已喩矣」，頃之，上因晚朝，與故人石守信王審琦等飲酒，酒酣，上屏左右，謂曰：「我非爾曹之力，不得至此，念爾之德，無有窮已，然爲天子亦大艱難，殊不若爲節度使之樂，吾今終夕未嘗敢安寢而臥也，」守信等皆曰：「何故」？上曰：「是不難知，居此位者誰不欲爲之」？守信等皆頓首曰：「陛下何爲出此言？今天命已定，誰敢復有異心」？上曰：「不然，汝曹無心，其如汝麾下之人欲富貴者何？一旦以黃袍加汝之身，汝雖欲不爲，不可得也」皆頓首涕泣曰：「臣等愚不及此，惟陛下哀憐指示以可生之途」上曰，人主如白駒之過隙，所以好富貴者，不過多積金銀，厚自娛樂，使子孫無貧乏耳，汝曹何不釋去兵權擇

人民的眼睛是雪亮的

——國內時局談——

近來的國內時局，頗令人有無從說起之感。

在政治上，第一件大事，就是南京所召開的「國民大會」，這次大會的召開，撤頭澈尾地說明了國民黨已完全破壞了政協決議。企圖達到兩個目的：第一矇混國內外的輿論，第二使「一黨專政」合法化。而實際發展的結果，恰得其反，不僅沒有矇混了輿論界，反而引起國內外輿論一致指責。大公報對這國民黨一手包辦的「國大」，來通過獨裁「憲法」。加以評論說：「中國專制政體自秦始皇爲始，有以下的特點：就是集權力於一人，集思想於一個腦袋，立法院所發出的「信任」專制的呼聲，就未走出秦始皇的巢臼。這種思想專制，在主觀上是無比兇暴，在客觀上，迫使國家分裂，天下大亂。」（見天津大公報二十一日社論）紐約先驅論壇報十九日社論也指出「蔣氏堅持一黨專政，不予中國人民以民主，而使國家陷於內戰之混亂中」。並稱「蔣氏雖口稱「還政於民」，但他的聽衆，都是反動份子……大多數的中國人預料到「國大」不能產出民主的憲法。」紐約時報十七日稱「國大在陰暗而尖銳之氣氛中開會，蓋國大僅爲一僞裝團結也。」基督教科學箴言十五日畧謂：「國大召開，任何人不作如是想，而認爲中國新時代業已展開」聖路易斯郵報十八日畧謂：「國大企圖爲持續舊統治粉飾，懷有此項故弄玄虛企圖之人，都相信——或至少希望他國是容易欺騙的。此項騙局亦極明顯」。

在這樣中外報紙紛紛評責包辦「國大」的輿論下，國民黨還是厚顏無恥地串演下去。甚至越演越神氣，近幾天，一家人的會裏，居然唱出「不合拍的雙簧」來，一方面，國民黨當局自己表示「五五憲草已不適用」，他方面，一部份人却嚷着要擁護「五五憲草」，一方面，國民黨當局自己表示這次「國大」上應「制憲」，他方面，一部份人却嚷着要使這次「國大」「行憲」，而不限於「制憲」表面上看來國民黨似乎很開明的，爲着自身前途在着想。如果真有人如此想法，那就受騙了，據我們所知道，國民黨當局曾對這批叫嚷人說：「我們可以在六個月後「普選」的國大再把這部憲法改成五五憲草那樣的憲法」，此話如屬確實，這不是說得很明白嗎？國民黨當局在今天已在計劃把持普選，並且計劃把這部憲法變成反動憲法。到那時候，他要做獨裁總統就可以做獨裁總統，他要恢復「五五憲草」，就可以恢復「五五憲草」，誰能阻礙他呢？總而言之，政府所以要這樣費事地兜大圈子，還是爲了以政治來遮蓋軍事，以「民主」來掩飾五個月剿共計劃。在國民黨的想法中，只要消滅共產黨的武力，一切到那時再說，到那時好在天下業已一統，大可爲所欲爲了。豈不快哉！那麼，在今後的五六月裏，眞能如國民黨的心願嗎！我們的回答：是不可能的，不信試看會場以外的情形吧？首先要說的是軍事上的情形，國民黨雖然在十月中進展迅

便好田宅市之，爲子孫立永久之業，多置歌兒舞女，日飲酒相歡以終其天年，君臣之間兩無猜嫌，上下相安，不亦善手？」皆再報謝曰：「陛下念臣等及此，所謂生死而骨肉也」明日皆稱疾請解軍權，上許之。」

這『軍令統一』之功，是在遏亂萌，收節鎭之兵權，既可免『擁兵稱亂』，又可以『保存國家民族的生機』，其功至大，而宋太祖這種『戡內亂』的工作，竟於杯酒之間，而奏膚功，今人比古人，眞有媿色矣！『卿勿復言，吾已喻矣』二句宋史及事畧均無，但有此二句，又得繪影繪聲之妙，彷彿我們親眼看見他在『含笑頻頻點頭』了，據王闢之，澠水燕談錄卷一所載當時情形云：

『上乃曲燕守信等，道舊甚歡，從容曰：「朕與卿等義均手足，豈有他耶，而言者累及之，卿等各自擇善地，出就藩鎭，租賦之入，奉養甚厚，優游卒歲，不亦樂乎？朕有數女，與卿結親庶無間耳」皆感稱謝，於是諸帥歸鎭或有至二十餘年者，常富貴榮極于一時，前代之保全功臣，無以過也。』

這裏所寫當時的情景，先是『道故舊甚歡』，且『從容』不迫，並且不惜以女妻之，總之祗要規規矩矩過日子，包管你一生榮華享受不盡，趙匡胤說：『居此位者誰不欲爲之』，正好給我們王芸生先生的新中國歷史觀下一法脚，自秦皇漢武，唐宗宋祖以迄現在的所謂革命云云不過是爲富貴，比如，至少也要做一個部長之類。抑有進者，所謂富貴，『不過多積金銀，厚自娛樂，使子孫無貧乏耳』，至於『各擇善地出就藩鎭』，則不如現在的派他到美國考察水利，或索性令其在桂林一山中垂釣來得爽快，實在『前代之保全功臣無以過也』，東都事畧卷二十六晉傳：

速，但在十月底及十一月初却在蘇北（漣水以南），魯西（荷澤以北），冀中（保定附近），安東（寬間附近）膠東（掖縣附近）連受了幾次挫折，並且損失很大，正因爲如此，所以才有十一月八日的「停戰令」企圖補充一下部隊的實力，再作第二次進攻。到十一月下旬，顧祝同指揮了孫震率領的四川部隊，由荷澤再往東明濮陽北上，預定的計劃是直取大名，再攻邢台，包圍在邯鄲附近的劉伯承部隊（共軍主力之一部份），可是在濮陽滑縣附近又吃了一次敗仗，旅長副旅長被俘，投降的又達七千人。事後當地的軍事指揮者雖在憤怒之下以飛機坦克佔領了濮陽，但原來的計劃顯然已受了挫折。

可是在國民黨方面，他們仍相信過去已消滅共軍力量的一半或三分之二。因此還忙忙地計劃着新攻勢。這新攻勢，就是調兵遣將，進攻延安。消滅共軍主力爲目的。但据中共的解放日報「戰局在開始變動中」一文上所說，國民黨軍隊因爲過度的擴展和處處之需要防守力量，已在全局上由主動轉爲被動。認爲今後國民黨軍雖然仍可能在某些區域主動進攻，但在全局上已不可能。而且，這種區域性的主動，也要逐漸由其他區域的牽制而低減或消失。這種論斷，是否正確？我們無從證明，不過，如今國軍的五十個金領將官在解放區「休息」，應當是事實。而根據國方報導，我們却看不到什麼「嚇嚇的」戰果。

國軍所以打得這樣困難，在基本上因爲這是離開了人民的征服軍，也又加上制度不良，待遇太壞，以致士氣衰落。軍官和士兵，由於傳統教育，固然對「共產」有很深的敵視，可是對現實也深有不滿，而且隨着戰事的長期化，這種不滿當然要增加。我們試打開報紙就可以看到一片士兵訴苦的不平聲，這正是軍兵厭戰的表現。無疑的，戰爭繼續下去士兵愈是不願打下去了。

剿共既不能如好戰份子所想地很快結束，我們再來看在內戰中的中國老百姓情形呢。農村破產，工廠倒閉，農民從農村中流亡出來。將要和城市中貧無立錐之地的市民，形成流浪的集團。人民何嘗願意「抗捐抗派」而到無可如何實在付不出捐派的時候，只好流亡在家鄉以外。在飢寒交迫之下，也就不能不刼一下貪官汚吏和奸商士豪，以求於凍餒了。

戰爭中鍛鍊出來的人民，不可侮了。這決不是一句空話。試看上海這次騷動中，焚燬商店時群衆大家相戒不取商店中的一點東西。這樣的群衆意志是有着正義性的，是必會堅强地團結起來的。這樣的人民一定會勝利的。

另一方面，這半月來金融市場的波動，却更顯出了統治者的渙散無能。上海金價已從二十二三萬漲到二十九萬元（每兩），美鈔已漲到五千元（每元）以上，在宋子文的財政政策中，黃金是他掌握得最足，而且一貫以之來抑平市場風波的，如今年關尙遠，已失去對市場的控制力，這就表示國民黨政府由於從敵僞方面接收到的和從美國借到的大量物資和黃金所增加到的力量，又在內戰中逐漸消耗下去，而當統治者完全在游資集團前屈服的時候，將更形成中產階級和無產階級更大量地趨於貧困，財富更集中到少數人手中，將更迅速地促使社會危機頻於不可收拾。

這一種經濟上的大危機，對於中國人民說來，是有切身的痛苦，這痛苦將要加速人民的覺悟，認識到今天的「政府」是怎樣的一個「政府」。今天的「國大」是怎樣的一個「國大」不積極停止內戰，還喊什麼　還政於民」的空話呢？因此，儘管一黨包辦的「國大」開得是如何熱烈，儘管好戰份子的夢做得如何甜蜜：但是「人民的眼睛是雪亮的」，這一切倒行逆施將會給反動派自己帶來不幸，這日子就眼前。（Y）

『兩浙錢俶遣使入貢，遺普書及物十甕，太祖幸其第，適見而問之，普以實對，太祖曰：「此必海味也」，卽令啓之，皆滿貯瓜子金也，普謝曰：「臣未發書實不知也」，太祖笑曰：「但收之，無害也，彼謂國家事皆由汝書生耳。」』

則趙普雖然爲開國之勛，奴才中之翹楚，但趙匡胤也太厲害，並不稍假以權柄，不知當時趙普，聽見『皆由汝書生』的話作何感想？蓋祇要是身爲奴才，其命運，並無不同，不過其悲哀恐怕要較右守信等一群功狗要加重吧！

涑水紀聞卷一又記二事云：

『太祖初卽位，亟出微行，或諫曰：陛下得天下，人心未安，今數輕出，萬一有不虞之變，其可悔乎？」上笑曰：「帝王之興自有天命，求之亦不能得，拒之亦不能止，爲一有不虞之變，其可免乎？周世宗見諸將方面大耳者，皆殺之，然我終日侍側，不能害我，若應爲天下主，誰能圖之，不應爲天下主，雖閉戶深居何益也」由是微行愈數曰：「有天命者任自爲之，我不汝禁也」，于是衆心俱服，中外大安，詩稱武王之德曰：「上帝臨汝，無貳爾心」。又曰：「無貳無虞，上帝臨汝」漢高祖罵醫曰：「命乃在天，雖扁鵲何益」？乃知聰明之主，生知之性爲合符矣。』

『太祖將親征，軍校有獻手撾者，上曰：『此何以異乎常撾而獻之？」軍校密言曰：陛下試引撾首視之，撾首卽劍柄也，有刃韜乎中，平居可以爲杖，緩急以備不虞，上笑投之于地曰：「使我親用此物事，將何如，當是時，此物固足恃乎？」』

以上兩事，既足以見奴才事主的忠心耿耿，又見趙匡胤其人的陰騭明銳，實在不好侍候，我在這裏更有所感的卽是，趙匡胤此種見解，比起汪逆時慣，王逆克敏的避彈汽車，以及甚麼『軍統』『中統』之類的組織，實在有異曲同工之妙。

風平浪大烽火急

—國際關係的「倒囗令」—

回家歡渡聖誕

第四屆外長會議，十二日在紐約圓滿閉幕，並決定來春三月十日在莫斯科再行召開。這一次會議完成了三次外長會議及巴黎和會所未完成的五國和約，可以說是盟國勝利後歷次會議中最成功的一次。

和約的簽訂，原先預計在聖誕節前舉行，後經四國外長同意，改於下次外長會議時再爲舉行，屆時和會廿二國均將參加。

五國和約大體完成後，四國外長對德國和約開始初步討論，但進行數日後，因小國對德國問題陳述意見之未獲協議，經四外長同意，將對德和約移付下屆討論，據電訊所傳，已經同意六點議程如下：（一）考慮盟國管制委員會之報告，（二）德國臨時政治組織之形勢與範圍。（三）草擬對德和約，包括外長特別代表之報告，以及邊界魯爾區及萊因區等問題。（四）美國草擬解除德國武裝之四十年條約，一如國務卿貝爾納斯在巴黎所建議者，並包括將來對德國政治與軍事管制之措施。（五）考慮以前所提出關於德國煤斤生產與分配之報告。（六）對奧條約，關於此點，國務卿貝爾納斯提出德國在奧之資產問題，而且一般同意在莫斯科會議之前，由各國外長代表對此問題加以討論。

這樣，四國外長會議就圓滿結束，各自返家觀渡聖誕節去了。

由這一次會議的成功，我們可以看出美蘇關係的緩和，已經不像過去數月來的劍拔弩張，令人胆寒。再從這一次會議的情形看來，我們覺得以美蘇爲首的兩大集團，已經未在來的關係上建立了一塊新基礎了。

成功湖上兩風波

與外長會議先後舉行，而現在還在續會的是聯合國大會。如一般論者所說的，這一次聯合國大會在成功湖上掀起了兩大波浪。一個是駐軍與裁軍問題，一個是否決權問題。

駐軍問題的提出是在裁軍問題之後。十一月二十日莫洛托夫向聯大政治委會提出公佈調查各强國國外駐軍的建議，他同時攻擊英美軍隊留駐中國，希臘及其他非敵性國的領土內。這一記對英美反動好戰集團的捧喝，使得他們震驚之後群起亂噬反攻。貝文隨即向政治委會建議與裁爭合併討論，其用意顯然是想借裁軍這一個複雜廣泛的問題，去拖延規避國外駐軍問題的討論與執行。後來莫洛扎夫堅決反對這個提議，並直截了當的戳穿英美的陰謀。他說：「兩個問題均屬主要，但合併爲一結果將延擱而使國外駐軍問題處於次要地位」。這個問題後來終於被英美佔了上峯，政治委會通過同時討論。於是蘇聯乃提一補充提案堅持調查軍隊應該同時調查軍備，並包括最危險的原子彈在內。這一點據傳英國也已經在「原則上」同意了，可是美國則一直拒絕披露原子彈的存量，反而振振有詞的要求蘇聯公佈軍隊數量。截至執筆時止，裁軍問題八國起草委員會已經起草報告書，大致已獲協議的有九點，其餘尚在討論爭執之中。至於駐軍問題，美代表康納利一直尚在反對，無法獲得協議。這件事情就足於說明，英美的確是想借裁軍與駐軍的同時討論，混淆、抵賴、拖延，以遮掩他駐軍國外的帝國主義的野心。

我們平心而論，蘇聯提出國外駐軍的問題，實在是高瞻遠矚之舉，今天事實昭然，凡是英美軍隊駐軍的國家就有內戰，就陷入紛擾，因此身陷內戰砲火之下的中國人民，對於這個提議是舉雙手贊成的，可是英美帝國主義却陰謀的破壞了它。再看今天的情形，這一個問題還得經過一番周折。

在蘇聯補充提案中提到管理和禁用原子彈，作賊心虛的英美代表便立即高喊否決權不能使用於原子彈，可是蘇聯也堅決表示，對裁軍的任何決策都保留否決權，於是相持之下大會又回過去討論起否決權問題。一開始蘇聯代表維辛斯基主張不將該案列入議程，美代表與斯汀馬上領導反對蘇聯要求，提議將否決問題立即交付大會討論。可是蘇聯代表突然聲明撤銷原案，跟着美國代美也撤回提議。否決權問題就由大會主席斯巴克裁決列入議程，由大會提交政治委會討論。

在討論的過程中，還延了半個多月，並迭有澳洲、英國、中國、古巴、秘魯、丹麥、菲律賓及阿根廷各國的建議案和修正案的提出，但不唯沒有絲毫具體結果，並且根本不能使問題解決進展一步。

所謂「否決權」就是「一致的原則」，是蘇聯為了防止過去國際聯盟中列強隨時操縱小國從事反蘇而提出的。它可以確保五強的合作，防止陰謀的破壞。在目前國際合作敵人集成一線情形下，蘇聯決不會放棄這個武器的。

我們試看成功湖上這兩大波浪，雖然對於聯合國大會不禁發生杞憂，可是今天形勢注定，國際合作是一條生路，反之祇有死路一條，外長會議既能「圓滿」結束，加上英美在會中或多或少的矛盾（英代表「原則上」已贊成蘇聯的提案，調查軍隊與軍備併為一案，未始不是英美的小小矛盾），所以對於聯大還能存有相當樂觀的希望。

法西斯的「孤哀子」

在同會中還有一個較小的波浪，就是西班牙問題。

十二月二日大會軍行討論西班牙問題時，蘇聯、法國、波蘭、白俄羅斯、危地馬拉、委內瑞拉和烏拉圭等拉丁美洲國家都一致主張與西班牙絕交，強迫弗朗哥放棄政權。可是美國代表卻將強迫變為「要求」，天真的希望弗朗哥自動下野。這所謂的與虎謀皮，三歲小孩都知道美國的真正意向如何。

後來幾經辯論，結果決定各國撤回駐西大使，由代辦行使職權，這一個自欺欺人的辦法，真使人有啼笑皆非之感。

英美為甚麼要這樣彎彎轉轉，隱然大有苦衷呢？一句話，就是對於這個法西斯的「孤哀子」還存有希望，以便將來替他們去做攻蘇的急先鋒。

內戰之火紅遍天

國際的反動逆流，在聯合國大會外泛濫着，內戰之火，到處燃起。

中國是不孤獨的。在一黨「國大」召開，內戰加緊進行的時候，世界上還有三個國家都爆發了內戰。這些國家（包括中國在內）裏所進行的內戰，其性質是一致的，就是，法西斯統治階級勾結了國外帝國主義勢力，鎮壓，和殘殺國內要求民主、和平、自由的廣大人民。

由於英（美）帝國主義的扶持而復辟的希臘政府，在十一月二十七大規模地發動內戰，掃蕩和猛攻邊境的武裝人民。法國新聞處雅典一日電：貝文函復希總理查爾達里斯，提供諾言，英國決在各方面全力支持希臘。據合衆社十二月二日電傳，英國已在原則上同意供給希政府新軍十六軍的裝備。英國參謀總長蒙哥馬利，當內戰益形擴大聲中，於一日抵達雅典，當與駐希英軍克勞福德商，二日晨又訪希臘陸長德拉葛米斯有所商談。在無能的政府軍隊被武裝人民節節擊敗的情勢下，蒙氏訪希的任務是不言可喻的。

但是希臘政府卻在十一月二十一日向聯合國大會提出控訴，聲稱希臘進行着的內戰，在暴動的人民方面，是受「外力干涉」的。跟着希臘總理查達里斯又在安全理事會中，力請英美赴希作「實地」調查。在他抵達紐約之後，並與貝爾納斯及貝文密談。於是理會在十二日聽取他的控訴。反動統治者的無恥醜態，在這裏表露無遺。

在伊朗，總理沙丹納十一月廿四日宣稱：已指令政府軍隊開入亞塞然拜然省，以監督十二月七日（後改十一日）的選舉。而事實上，伊朗政府軍隊，早於二十三日攻佔了亞省門戶的正延城，並構築進攻陣地。政府方面更於十二月二日宣佈：亞省與政府間的一切協議失效，並警告軍隊開入亞省後，發生一切事件均須由亞省負責。亞省人民已經堅決表明：如政府隊開入，立即宣佈亞省脫離政府獨立。但是政府軍依然節節進逼，截至執筆的已經深入亞省三十哩，並佔領了一城。

然而反動的統治者就要垮台的。誠如路透電社報導所指的，伊朗國內目前重要傾向，似為不斷增長着地方自治的要求，伊朗各地人民已經覺悟，並且各地都表示堅決支援亞省。（本文付排時亞省已告投降，但是境內依然騷動不安。）

在遠東還有一個受難於內戰的國家，就是被美帝國主義偽裝了獨立的菲律賓。菲島現任總理羅哈斯，是在戰時偽菲政府的要員，他與日本人勾結而鎮壓毒害人民。戰後由於麥克阿瑟的獨力支持，通過了偽「選舉」，這菲奸終於做了菲島的「獨立」總理。但是戰時的優良抗日軍隊，卻不被法西斯政府承認，並聯合美軍進行剿伐，這樣引起了全國人民的憤怒，結成強大的民抗軍，要堅決推翻羅哈斯政權。十二月二日民抗軍在距離馬尼剌二十五公里的地方，與政府軍隊激戰了三小時，這以後戰火就蔓延起來。菲政府憑藉了美駐軍要澈底地剿清遍佈各的人民軍隊，可是人民力量是不可抗拒的。跟任何國家的內戰結局一樣，最後的勝利是屬於人民的。

復員二萬里

冷鉄

別矣！昆明

廣場上聚集着人群，五張大卡車一字兒地排列着，行李箱籠橫七豎八地擲在地上。人頭流動着，歡呼，掌聲，爽朗的歌聲，年青的笑，到處跳躍着。有人在人叢中放一個爆竹，噹的一聲，人叢中馬上散開一個圈子。「頂好！」「再來一個」！喝彩的掌聲又響起來。

聚在廣場上的人，除了有一百五十個是馬上要坐着汽車離開昆明的，有大部份是來送行的。送行的人中，有些是聯大同學，他們也要離開昆明，但今天還不走；有些却是中學生。聯大同學很多在中學任教，多年來，師生之間結下最深的情感，一旦臨到分別，總有些依依不捨。許多中學生給他們的老師送這送那，又一遍兩遍地叮嚀着：「老師一定要常常寫信來呀！」「不要忘記我們呀！」

本來，昆明許多中學的學生和聯大同學，是像弟兄一般地親熱的。一九四五年的五四大遊行，震驚全國的「一二・一」反內戰爭民主運動，聯大成了昆明學生運動的大本營，全市的學生，不問你是那一校，不問你是中學生或大學生，像百川匯海似地匯集到聯大，又由聯大流散到街頭，到民間。大家愛着一個共同的理想，恨着一個相同的東西，生活在一起，戰鬥在一起，學習在一起。如今，聯大要走了，像茫茫的黑夜中失去一隻巨大的火把，他們怎能不感到悲愴呢？更不要說中學生，就是昆明的老百姓，全雲南的老百姓，提起聯大來，那一個不從心底裏升起深深的敬愛？而聽到聯大要走了時，也還禁不住有些惋惜。

行李搬上車了，嘟！嘟！汽車發出出發的信號，人們慌着上車，送行的中學生有些竟哭起來了。廣場上籠罩着一種說不出的叫人難受的情緒，笑聲沒有了，唱歌的聲音低沉了。

我就在這樣的情景中離開了昆明。當汽車開出車場，送行的人們揮着手，我們沒有再說甚麼，祇在心裏默默地告訴他們：朋友，珍重！

車子駛過聯大校門口時，大家都高舉着手，喊出一聲：「聯大精神萬歲！」像離家時送我的母親，聯大正以期許的眼光，寄放在我的兒女身上。

車尾上揚起一陣塵煙，昆明，漸漸地看不見了。

貴陽—標語化了的城市

初到貴陽，最惹人注意的是無處不見的標語。就連坐以代步的馬車，也寫滿了粉白的大字，早起早睡啦！清潔衛生啦！甚麼甚麼啦！其中最惹目的是「禁止穿長袍，人人穿短衣」。據說楊主席爲推行穿短衣的新政，曾經命令全市的警察，手執剪刀，守在街口，遇有身着長衫者，就拉着把後面的一片剪去。鬧得全市沸騰，行人却步。這却苦了一般小公務員和教師。因爲舊的長衫已被剪去一片，而新的短裝還一時無錢去做，但到機關辦公或學校教書，又不能不打從拿着剪刀的警士面前經過，沒有辦法，便祇有仍穿着被剪去一片的長衫，露着屁股在街上走。

穿短裝精神，便當，這倒是眞的。但做一件長衫却比做一套中山服省錢。而且穿長衫還有一種好處，牠可以包蔽破襤得不能見人的褲子。故對於一般窮人，穿長衫却又比穿短服合宜。而偏偏在中國，不着重民生經濟的建設，徒然攪這些新花樣。其實，「早睡早起，清潔衛生」等口號，實在全無意義。「衣食足而禮義興。」耕田種地的莊稼漢，他每天起床的時間就比提倡早起的大人先生們還早，而日與牛馬爲伍的農夫，體無衣，口無糧，「身無三錢銀」的窮人，謀衣食之不暇，那有甚麼功夫去講求清潔，講求整齊呢？

過地災荒的湖南

七月五日我們從貴陽出發，第二天便進入湖南境了。雖然抗戰勝利已快滿一年了，戰爭的遺跡還依然殘存，沿路經過的一些村莊市鎮仍多是一片廢墟，殘缺的牆壁上還留着「滅共即聖戰」的標語。也有幾間新建的房屋，却是簡陋得很，孤零零地站在瓦礫場中，像大風一來就要吹倒的樣子。頹垣斷壁，被大火燒焦了的屋椽的殘骨，正以淒涼的面孔向人訴說着一個殘酷的戰爭是如何地在牠的眼前經歷過，在這裏，流過侵略者的血，也埋葬着民族戰士的骨骸，有多少可歌可泣的故事，有多少驚心動魄的史詩。

湖南是一片豐饒的土地，山青水碧，四望是綠油油的田野。然而在這塊豐饒的土地上却有着奄奄一息的餓殍和倒斃路旁的僵屍，招來成群的老鴉和野狗。刼後餘生的湖南人民，又陷在饑荒的災難裏。在戰爭中，多少人死在日軍的砲火之下，多少婦女被輪姦後棄屍田野，然而在戰爭得到勝利的今天，却又有多少人死於饑餓和瘟疫。

成群成隊的災民、有中年的男子，有年輕的姑娘，有婦人和小孩，也有老太婆和瞎子，離開了自己的家鄉和田園，帶着行乞的雙手，匍伏在公路的兩旁。蓬亂的頭髮，蒼白的臉，在骯髒襤褸的衣服的破洞下面着微帶綠色的皮膚。中年男子枯瘦得像一片乾柴，年輕姑娘消失了少女的嬌嫩和紅暈，老太婆微喘着，乾癟的軀殼恰像冬天的壁虱。孩子的肚子向前高凸，大得像鼓、硬得像石頭。他們圍着走下汽車的人，跪着，喊着，手伸得像亂麻。我困在他們的中間走不出來，在最接近我的身邊的幾隻手中放上幾張鈔票。我沒有大量的錢財，祇有空洞的同情，和無助的憐憫。我滴下了悲憫的淚珠，但淚珠並不能救活瀕於餓死的人。

這襤褸的人群晚上便蜷伏在街頭，用破草席包着自己的孩子。無助的面臨忍受着夜風的戲弄和雨露的欺凌，行路人的輕蔑以反一切人間的侮辱。我會懷着沉痛的心情走進邵陽城，訪問這一群被上帝和天特權的人們遺向死亡的無辜者。他們是世界上最能够忍受痛苦的人，在死的前夕也從不說出句怨天尤人的話。然而他們的眼中却燃着仇恨的火，雖然這火光因爲缺乏血的燃料而非常黯弱，但當這些眼睛仰看着我時，却使我害怕得顫慄，好像我就是奪去他們的生命的敵人，他們要從我身上索取血債一般。我想問他們甚麼話，但終於沒有問出他們的眼睛，他們的臉色，他們的奄奄一息的呻吟，已經把我所要問他們的都完全答覆我了。

跋

在《民盟历史文献》丛书付梓之际，掩卷回首，民盟先贤们的音容笑貌挥之不去，不绝如缕，久久难忘。在编辑此丛书的过程中，我们每每被他们为信仰、为理想奋斗的坚定精神所感召和感动。

人不能没有理想和信仰，一个民族也不能没有自己的理想和信仰。我们的先辈们，正是怀揣民族富强、人民福祉的赤诚之心，身先士卒、鞠躬尽瘁；凭借自身高尚的人文品格和社会良知，与中国共产党团结合作，为中国社会的前途和命运探索了一条新的宪政之路；和平、民主是人类社会的两大主题，也是中国共产党人和各民主党派所共同追求的理想。

如今，面对着他们的拳拳之心和丰功伟绩，我们感叹！赞叹！怀念！更要继承！

《民盟历史文献》在整个创作和出版过程中，得到了来自社会各界人士的关注和厚爱。我们要特别感谢为此丛书孜孜不倦地考证、核实、梳理、完善的各位专家、学者，是他们的认真严谨，才使此丛书能够客观地展现历史的真貌；更要特别感谢中共中央统战部与民盟中央给予我们的鼎力支持和重视，没有他们的指导和帮助，我们不可能完成如此厚重的出版工作任务；还要感谢各省、市、地区的民盟组织，为搜集、挖掘、抢救民盟的历史文献资料做出的不懈努力和贡献；感谢每一本书的作者，是他们的辛勤笔耕和一点一滴的忠实记录，才集成了民盟历史的全貌；感谢为此丛书付出辛劳的编辑以及所有工作人员，感谢你们辛勤的劳动和无私的奉献。

谨以此丛书献给所有伟大的民主革命先驱者；献给为共和国诞生抛洒了智慧和热血的先贤们；献给那一段筚路蓝缕、以启山林的峥嵘岁月。

《民盟历史文献》编委会